天水市

麦积区年鉴

2018 MAI JI QU NIAN JIAN

天水市麦积区人民政府 主管
天水市麦积区地方志办公室 编

方志出版社
Publishing House of Local Records

图书在版编目（CIP）数据

麦积区年鉴 .2018/天水市麦积区地方志办公室编.
--北京 ： 方志出版社，2018.9
ISBN 978-7-5144-3301-2

Ⅰ.①麦… Ⅱ.①天… Ⅲ.①区（城市）-天水-2018-
年鉴 Ⅳ. ①Z525.24

中国版本图书馆CIP数据核字(2018)第224335号

麦积区年鉴（2018）

编　　者：天水市麦积区地方志办公室

责任编辑：刘方圆

出 版 人：冀祥德

出 版 者：方志出版社

地址　北京市朝阳区潘家园东里9号（国家方志馆4层）

邮编　100021

网址　HTTP://www.fzph.org

发　　行：方志出版社图书经销中心

电话（010）67110500

经　　销：各地新华书店

印　　刷：天水中核复兴科工贸公司印刷厂

开　　本：889×1194　1/16

印　　张：29.625

字　　数：803千字

版　　次：2018年9月第1版　　2018年9月第1次印刷

印　　数：0001 ～ 800册

ISBN　978-7-5144-3301-2　　定价：198.00 元

天水市麦积区地方志编纂委员会

《麦积区年鉴》（2018卷）编辑部

主　　编　阎小鹏　成红梅（女）
副 主 编　刘世清　侯新平
编　　辑　吴　霞（女）　赵明霞（女）　蒲　平
　　　　　　张红霞（女）　尤九成　季会东
　　　　　　温耀文　田玲玲（女）　杜学军
摄　　影　尤　斌　董斌博　董　栋　张东峰
　　　　　　李王强　杨路军　窦耀辉

编辑说明

一、《麦积区年鉴》（2018卷）坚持以马克思列宁主义、毛泽东思想、邓小平理论、“三个代表”重要思想、科学发展观、习近平新时代中国特色社会主义思想为指导，贯彻落实党的十九大精神，是一部全面系统反映天水市麦积区2017年经济建设、政治建设、文化建设、社会建设、生态文明建设等各个方面的综合性、年度资料性文献，为了解区情，建设富强民主文明和谐美丽新麦积服务。

二、麦积区年鉴根据麦积区实际，借鉴省、市年鉴体例，设特载、经济社会发展公报、大事记、区情概览、党政机关、民主党派与工商联、社会团体、军事·法治、城乡建设、环境保护·国土资源管理、工业、经济园区、农业·农村经济、水务、交通运输·邮政、商贸、经济管理与监督、财政·税务、金融·保险、教育体育、科技·卫生、文化·传媒·旅游、社会服务与管理、镇·街道、人物荣誉榜、统计资料、附录等篇目，篇下分为类目、分目、子目、条目4个层次，各具体事项设专题性条目。卷首反映麦积区2017年度重大事件图片。

三、麦积区年鉴资料所反映事实，都是由相关单位供稿，并经单位负责人审核批准报送的。统计数字，凡麦积区管单位所报数据与区统计局数据不符者，均采用区统计局公布的法定数据。

四、为节省文字，压缩篇幅，对各单位、各部门2017年工作没有作全面记述，只是选择有特色、有亮点、有创新并各有侧重2—3个专题进行记述，带有普遍性和共性的工作，只是从主管部门或业务部门专题中加以记述。另外，文中记到甘肃省、天水市时，在不产生歧义的情况下，一律简称省、市，麦积区简称区，单位简介第一次出现时写全称，以下写简称。

五、麦积区年鉴所有专题条目中，除注明年月者外，凡直接写月日的均属2017年。

六、专题条目没有署名的均为相关单位办公室供稿。

七、具体事项跨年度的（如个人获奖、2017年的成绩、颁奖在2018年），也收录在麦积年鉴中。

八、麦积区年鉴专题条目记述均以麦积区境为界限，个别事物为保持其完整性和连续性，有越境记述特例。

10月18日，麦积区干部群众收看党的十九大开幕式盛况，聆听习近平总书记报告

8月2日，中共麦积区委八届三次全体会暨全区工作会议

12月27日，麦积区第八届人民代表大会第二次会议开幕

12月26日，政协天水市麦积区第八届委员会第二次会议开幕

7月11日,省委书记、省人大常委会主任林铎（中）一行，在市政协副主席、区委书记张智明（右二），区委副书记、区长成少平（右一）陪同下观摩麦积区项目建设

12月29日，麦积区监察委员会挂牌成立，市政协副主席、区委书记张智明（右一），区委常委、纪委书记、监察委员会主任孙忠平揭牌

3月30日，麦积区举行党川乡撤乡改镇揭牌仪式

7月22日~23日，2017绿色及可持续发展麦积山论坛在麦积镇麦积山论坛永久性会址举行

10月29日，天津市西青区对口支援麦积区人才招聘暨劳务洽谈会在天水商贸城举行

9月12日，2017花牛苹果·潘苹果新果上市暨京东·各大商超基地直采合作发布会在天水花牛苹果产业园举行

麦积籍全国知名企业家，SOHO中国董事长潘石屹为花牛苹果公益代言

天水长城果汁集团有限公司天水高新技术工业园花牛苹果汁生产线

麦积镇陈山村美丽乡村建设

元龙镇井儿村美丽乡村建设

7月9日，徐州至兰州高速铁路客运专线宝鸡至兰州段开通运营

宝鸡至兰州高速铁路客运专线渭南镇南河川段

宝鸡至兰州高速铁路客运专线天水南站

改造提升后的天水火车站

5月4日，麦积至甘谷公路改建正式通车，图为中滩镇段

10月4日，成纪新城天秀桥通车

提升改造后的埠南路

东岔镇码头村文化广场

6月21日，2017年（丁酉）年民间祭祀人文始祖伏羲典礼在渭南镇卦台山举行

10月16日，麦积区举行喜迎十九大专题文艺晚会

6月24日，麦积区博物馆新馆开馆

石佛镇非物质文化竹编手工艺品——蚂蚱笼

6月24日，中国龙舟公开赛（麦积站）暨中国·天水·麦积第三届“伏羲杯”龙舟大赛在翠湖公园举行

9月23日，甘肃省第十七届钓鱼锦标赛在甘泉镇九华山渔园举行

10月21日，中国·天水·麦积第五届“麦积山杯”全国山地自行车邀请赛在麦积山景区举行

天水一中麦积校区秋季开始招生

天润学校秋季开始招生

天水市启升中学新校址秋季投入使用

麦积景园城

盛达广场

目　录

特　载

经济社会发展公报

大事记

区情概览

党政机关

民主党派与工商联

社会团体

城乡建设

环境保护·国土资源管理

工 业

经济园区

农业·农村经济

水 务

交通运输·邮政

商　贸

经济管理与监督

教育体育

科技·卫生

文化·传媒·旅游

社会服务与管理

镇·街道

人物 荣誉榜

统计资料

重要文件辑录

在区委八届二次全体会议暨全区经济工作会议上的讲话

中共天水市麦积区委书记　张智明

（2017 年 3 月 9 日）

各位委员、同志们:

现在,我代表区委常委会报告去年的工作,就做好今年工作讲些意见。

关于过去一年区委常委会的工作

2016 年,在市委、市政府的正确领导下,区委常委会以党的十八大和十八届三中、四中、五中、六中全会精神为指导，深入贯彻习近平总书记系列重要讲话精神和在甘肃考察时提出的“八个着力”要求,坚持稳中求进工作总基调,坚持新发展理念,按照“一枢纽、一中心、四高地”的总体发展构想,紧紧围绕年初既定的目标任务,奋力拼搏,真抓实干，经济社会保持平稳健康发展，实现了“十三五”良好开局。全区实现生产总值 163.74 亿元,同比增长 7.4%;规模以上工业增加值(不含园区)47.8 亿元,同比增长 5.1%;固定资产投资 111 亿元，同比增长 12.16%；社会消费品零售总额 92.84 亿元，同比增长 10.04%；大口径财政收入 15.4 亿元,同比增长 12.45%;一般公共财政预算收入 5 亿元,同比增长 10.94%;城镇居民人均可支配收入 23006 元,同比增长 8.8%;农村居民人均可支配收入 6503.7 元,同比增长 8.5%。

一是因村因户精准施策，脱贫攻坚取得新成效。紧盯“六个精准”要求,全面落实“853”挂图作业,对建档立卡贫困人口进行了精准再识别,分季度完成了信息采集、录入和动态管理工作,精准落实到村到户各项措施。因地制宜引导贫困农户发展多元富民产业,新建贫困村果品基地 1.9 万亩,新增蔬菜面积 1.93 万亩，畜禽饲养总量达 28.75 万头(只),组织输转务工人员 11.3 万人(次)、创劳务收入 19.49 亿元;发放扶贫专项贷款 4 亿元,争取落实中央和省、市财政专项扶贫资金 1.23 亿元,整合省级“1236”扶贫攻坚行动项目资金 7.75 亿元,加大贫困村基础设施建设力度,实现了乡镇中心幼儿园、1500 人以上建制村幼儿园、村文化图书室、标准化村卫生室、村便民超市、体育活动设施、贫困村扶贫互助资金协会、山洪灾害防治区“户户知”工程“8个全覆盖”和沥青(水泥)路、动力用电、安全饮水、4G互联网络“4个村村通”。充分发挥社会保障兜底作用,落实农村低保、五保供养、医疗救助等资金1.1亿元;全面落实“三户一孤”大病救助保险政策。扎实开展全区贫困退出验收工作,经市上贫困退出抽查验收组核查和省上第三方评估组核实,认定我区2016年脱贫人口2.433万人,贫困发生率为12.41%。

二是全面深化改革开放,发展活力进一步增强。认真落实中央和省、市委关于全面深化改革的各项决策部署,研究制定了2016年区委全面深化改革工作要点,各项改革任务有序落实。深化投融资体制改革,充分利用“一中心、八公司”投融资开发建设平台,累计争取到国家投资额度大的棚户区改造、城镇化建设等各类资金40多亿元。按时完成了公务用车制度改革,扩大政府公共服务购买范围,先后分两批购买了31家社会审计力量。深化民主政治领域体制改革,创建国家和省、市级“民主法治示范村(社区)”39个。社会体制改革、文化体制改革等领域改革协调推进。不断加快对外开放步伐,成功举办了中国龙舟公开赛、“双玉兰杯”全国钓鱼邀请赛、全国山地自行车锦标赛和邀请赛等赛事;不断加大项目争取和招商引资力度,组织参加“兰洽会”等各类大型招商活动,共签约和实施招商引资项目79个、到位省外资金89.13亿元;争取项目225个,到位资金14.47亿元。

三是统筹推进城乡发展,经济实力明显增强。认真落实扶持工业企业发展的各项措施,工业经济发展后劲进一步增强。天祥公司新型干法水泥生产线建成投产,众兴菌业杏鲍菇工厂化生产技术研究与应用项目即将竣工验收。积极实施“一十百千”现代农业建设工程,16个市列科学示范点建设全面完成,新建果品基地2.3万亩、设施蔬菜1500亩,建成标准化规模养殖场11个,完成高效节水灌溉工程2处、新一轮退耕还林1万亩。不断健全商贸流通体系,甘泉物流园区一期320亩征地全面完成,滨河广场、伯阳下河综合农贸市场投入运营,全区农村电商实现销售额1.32亿元。大力实施文化旅游重点项目,我区成功入选全国第二批全域旅游示范区创建单位。扎实推进城乡建设,11个城市片区开发改造、12个保障性安居工程有序推进,马跑泉公园改造全面完工,完成26条城区小巷道治理,兴陇路改造、林水路十字人行天桥竣工投入使用,区府路西延段、颍川西路建成通车,19条农村公路通畅工程全面完工。深入开展城乡环境综合整治工作,从严从实办理中央和省、市交办的环境信访案件,城乡环境面貌持续改善。

四是加快发展社会事业,人本民生持续改善。加快科技成果的应用推广,组织实施各类科技项目99项,科技对经济增长的贡献率达到55.1%,比全省平均水平高3.8个百分点,比市上高3.2个百分点。稳步推进教育事业均衡发展,2016年总上线率和应届上线率连续三年居全市第一,高铁新城、颍川家园幼儿园项目启动实施,市一中麦积校区初中部教学楼、街子初中综合楼等全面完工,职业教育集团化办学深入推进。不断完善公共文化服务体系,区博物馆项目建设正在扫尾,大革命历史纪念馆和“三馆一站”免费开放工作持续深化,公共文化吸引力不断提升。不断提高公共卫生水平,区中医医院迁建、康宁医院等项目加快建设,“全面二孩”政策顺利实施,我区荣获2014—2016年全国计划生育优质服务先进单位。全力承办省、市确定的惠民实事,3880套保障性住房全面开工、竣工率达95%,自然灾害应急避难场所建成并投入使用,全国综合养老示范基地完成资产股权重组。加强和创新社会管理,严格落实安全生产责任制,认真落实区级领导重点信访案件包案制度和坐班接访制度,一批群众关心的热点难点问题得到有效解决,社会大局持续保持和谐稳定。

五是加强和改进党的建设,基层基础不断夯实。扎实开展“两学一做”学习教育,区四大组织党员领导干部率先垂范,带头讲党课,带头学习研讨,带头查摆问题,主动落实整改,带动了全区“两学一做”学习教育的深入开展。扎实做好乡镇领导班子换届工作,建立了区四大组织党员领导干部乡镇换届工作联系点制度,成立17个党代会指导组、6个乡镇换届工作督导组,逐乡镇逐村督查换届纪律,全区17个乡镇党委、人大和政府换届工作圆满完成。坚持正确用人导向,结合乡镇换届,选拔5名实绩突出的区直机关部门优秀干部、6名大学生村官、26名乡镇事业干部和3名优秀村党组织书记进入乡镇领导班子,进一步拓宽了选人用人渠道。严格落实《区直部门单位“一把手”抓班子带队伍职责及问责办法》,加强对科级领导班子和领导干部的跟踪问效,设立200万元的专项奖励资金,对班子建设、脱贫攻坚等工作成效显著的65个村班子进行了表彰奖励。狠抓基层党建工作重点任务落实,17个乡镇“六小”工程基本建成,新建、改扩建村级组织活动场所58个,整顿转化软弱涣散党组织69个,创建区级党建示范点29个,基层党组织活力不断增强。

*六是认真落实主体责任,党风廉政建设和反腐败工作深入推进。*认真落实省委“3783”主体责任体系以及衡量检验办法、督查落实机制,全面落实从严治党主体责任,层层传导责任压力,推动党风廉政建设深入开展。整合优化区纪委机关内设机构,选优配齐了20个乡镇、街道的纪(工)委书记,进一步加强了各级纪检监察组织工作力量。严格落实“四级约谈”工作机制,对新任乡镇党政“一把手”进行了任前廉政谈话,区级领导约谈376人次,乡镇、部门领导班子成员约谈1600人次,及时提醒纠正了工作中存在的问题和偏差。层层开展“三述”,认真落实“两个责任”工作报告制度和重大事项报告制度。加大纪律审查力度,进一步完善了乡镇划片交叉纪律审查制度,建立了职能科室划片指导、纪委常委联系包案、案件质量定期评查等机制,广泛开展村级组织巡察工作,深入开展扶贫领域“两查两保”专项行动,实践运用“四种形态”,坚持有信必查、有访必查,对发现的苗头性、倾向性问题,早打招呼、早提醒、早纠正,先后诫勉谈话30人,立案145件,给予党政纪处分138人。

总体来看,2016年我区经济发展呈现出“缓中趋稳、稳中有进、进中向好”的特点,各项事业取得了较好成绩,但仍然存在着一些困难和问题,主要表现在:一是经济结构性矛盾较为突出。部分骨干工业企业生产下降,新的工业经济增长点培育缓慢;农业基础条件薄弱,农业现代化程度较低;第三产业发展速度较慢,产业拉动效应不明显,城乡居民收入渠道狭窄。二是贫困人口脱贫任务还很艰巨。虽然麦积区近年来大力发展果品、畜牧、蔬菜等富民产业,但个别贫困村、户由于受多种条件等因素制约,尚未建立起富民产业,贫困户增收渠道单一,全面稳定脱贫难度较大。三是维稳形势依然严峻。近年,全区落地实施重点项目多,征地拆迁量大面宽,一些历史遗留问题尚未得到彻底解决,加之,随着经济发展进入新常态和各领域改革的深化,因利益格局调整导致的就业、劳资纠纷等各种矛盾不断增多,群体性上访、越级上访、反复缠访的现象时有发生;另外,由于一些干部工作方法简单粗暴、工作作风漂浮,基层群众工作还有不到位的地方,引起基层群众的积怨和不满,导致一些潜在的矛盾和问题不同程度存在,维护全区社会稳定的任务仍然艰巨。四是基层党建还需加强。一些基层党组织对加强党员教育特别是思想政治教育抓得还不紧不实,一些党员党性观念淡薄、宗旨意识不强、作风不实、不敢担当,等等。对这些问题,我们将在今后的工作中认真加以解决。

今年工作的总体要求和着力重点

虽然全区在加快发展中还存在不少的困难和问题,但同时也面临着许多难得的重大机遇和有利条件:从面临机遇看,中央和省、市科学规划“十三五”发展,国家深入实施“一带一路”和西部开发战略、推进关中—天水经济区建设等政策效应不断释放,特别是中央经济工作会议释放了许多积极信号，将加大结构调整专项奖补资金和就业专项资金倾斜,加大对深度贫困地区、重点贫困群体的帮扶，提高贫困地区和贫困群众自我发展能力等等,对我们加快民生工程、基础设施建设和打赢脱贫攻坚战,提供了难得的政策机遇；省上大力实施“经济、文化、生态”三大国家级战略平台和打造“六大支撑”，为我区经济转型升级发展提供了新空间；随着天水发展大城市和城市发展重心的东移,特别是市委、市政府强力推进天水机场迁建和成纪新城、麦积新城、高铁新城、颖川新城、东柯新城的开发建设,以及经济技术开发区扩区增容、农业科技园提质扩园、麦积山大景区建设,为我们进一步拓展城市空间、吸附项目投资、带动经济发展提供了新动力。从自身发展看,全区综合实力明显增强,基础设施条件不断改善,发展环境更加优化,生产要素聚集能力不断增强,一些新的经济增长点逐步形成，为实现转型升级发展奠定了坚实基础；通过“两学一做”学习教育和全面从严治党的逐步深入,全区党员干部的思想观念和工作作风进一步好转,风清气正的干事创业氛围更加浓厚,全区干部群众求富裕、盼发展的积极性空前高涨,为全区经济社会持续健康发展提供了有力保障。

今年是实施“十三五”规划的重要一年,也是推进供给侧结构性改革的深化之年。根据面临的形势,结合我区实际,全区工作的总体要求是：全面贯彻落实党的十八大和十八届三中、四中、五中、六中全会精神,以邓小平理论、“三个代表”重要思想、科学发展观为指导,深入贯彻习近平总书记系列重要讲话精神和在甘肃考察时提出的“八个着力”要求,以“四个全面”战略布局为统领,自觉践行五大发展理念,坚持稳中求进工作总基调,持续实施好“一枢纽、一中心、四高地”总体发展构想,以推进供给侧结构性改革为主线,以提高发展质量和效益为中心,聚焦精准扶贫精准脱贫，全力加快新型工业化、信息化、城镇化和农业现代化进程,协调发展各项社会事业,落实全面从严管党治党要求,奋力推进全面建成小康社会取得新的重大进展。

全区经济社会发展的预期目标是：全区生产总值增长 8%,一般公共预算收入增长 8%,固定资产投资增长 11%，规模以上工业增加值增长 9%，社会消费品零售总额增长 10%，城镇居民人均可支配收入增长 9.2%，农村居民人均可支配收入增长 12.5%,万元生产总值综合能耗控制在省、市目标之内。

为顺利实现今年经济社会发展预期目标,确保经济社会平稳健康发展，需要重点抓好以下九方面的工作：

一要深入实施精准扶贫，坚决打赢脱贫攻坚战。目前,我区未脱贫的村基础设施欠账大、富民产业培育缓慢、致富增收渠道不宽、人口素质相对较低,是贫中之贫、困中之困的“硬骨头”;2016 年全省实际完成减贫 69.07 万人、比原计划少了近 31 万人,我区实际减贫 2.43 万人、比原计划少了近 1 万人,贫困人口基数仍然较大;目前全区剩余贫困人口 5.67 万人、贫困发生率 12.41%,2017 年要实现全区整体脱贫、贫困发生率下降到 3%以内、必须减贫 4.4 万人以上,但按照中央关于精准扶贫精准脱贫的新精神、新要求,省上对年度贫困人口脱贫规模作了压减,2017 年全省减贫人口计划由 100 万人下调到 60 万人,下达我区减贫人口指导计划由原来的 3.36 万人调整为 1.3 万人,比必须减贫 4.4 万人、实现整体脱贫的目标少了 3.1 万人,贫困发生率高了 9.41 个百分点,要在年底使我区的贫困发生率下降到 3%是不可能的,要按原计划在今年实现全区整体基本脱贫是不现实的。鉴于这种情况,区委、区政府及时向省、市汇报,科学调整脱贫思路,合理确定脱贫时序,自觉将我区脱贫退出时序推迟,

这是区委、区政府坚持实事求是,认真分析上情、吃透区情作出的慎重决策。脱贫退出时序的推后,绝不意味着责任的松懈、压力的递减。我们必须清醒地认识,脱贫攻坚越到后面难度越大,每年脱贫的人口必然将会减少，全区上下一定要按照习近平总书记提出的“七个强化”(强化领导责任、

强化资金投入、强化部门协同、强化东西协作、强化社会合力、强化基层活力、强化任务落实)、“三个必须”(扶贫工作必须务实,脱贫过程必须扎实,脱贫结果必须真实),坚持把脱贫攻坚作为“一号工程”来抓,认清脱贫攻坚的政治性、脱贫工作的严肃性、脱贫进程的艰巨性,持续用劲抓好各项措施落实,决不能降低标准、弱化力度,决不能忽略政策落实的难点盲点,把工作做实、做细,不能搞数字脱贫和虚假脱贫,真正让脱贫成效获得群众认可、经得起实践和历史检验,确保如期实现脱贫攻坚目标。要突出问题导向,按照习近平总书记提出的“要坚持精准扶贫精准脱贫,开展‘绣花式’扶贫”的要求,坚持用清单式的办法抓好“1+18”精准脱贫方案等政策措施的落实,坚持有什么问题就解决什么问题,什么问题突出就解决什么问题,进一步补齐弱项短板、夯实发展基础,真正把脱贫攻坚各项措施落实到户、落实到人,决不能停留在口上、落实在文件上。要大力改善基础设施条件,紧盯水、电、路、网,集中力量攻克薄弱环节,持续改善贫困村户生产生活条件。特别要坚决抓好农村危房改造这个脱贫攻坚的重点任务,集中人力、财力、物力,打一场农村危房改造攻坚战,确保年内农村D级危房全面消除、力所能及改造C级危房。要找准当地优势,积极帮助和引导贫困群众培育发展富民产业,尽快实现所有贫困村户都有致富产业,确保贫困群众收入增速持续高于农民收入平均增速。区扶贫、统计和行业主管部门要共同担起核查责任,驻村帮扶队、双联单位领导和干部要切实发挥把关作用,尽快对现有脱贫人口一家一户重新算账核实并签字,让脱贫成效真正获得群众认可。要注重贫困群众致富技能培训,进一步提升文化素质、强化市场思维,增强他们的自我发展能力,让他们通过自己勤劳的双手摆脱贫困、改变命运。全区广大干部尤其是领导干部要扑下身子,扶真贫、真扶贫,与贫困群众同甘共苦,到田间地头了解群众所想所需,为贫困群众帮办实事好事,让贫困群众共享改革发展成果。要严格管理扶贫资金,坚决查处虚报冒领、截留私分、贪污挪用、挥霍浪费等违纪违法问题,决不能乱花扶贫资金一分一厘,发挥扶贫资金的最大效益。在这里我特别强调,区委、区政府将结合省上“明察暗访督查年”活动,组织精干力量对脱贫工作和成效进行跟踪督查,对弄虚作假搞形式主义的、急躁冒进搞“大跃进”的、不严不实搞“花架子”的,将采取约谈、诫勉、问责等形式严肃追责问责。

二要协调推进三产发展,提升产业发展后劲。全区各级各部门要紧紧抓住供给侧结构性改革的机遇,既要立足现有产业基础,做好调整存量、优化增量的工作,又要善于做无中生有、有中生辉的文章,把我们的自身优势和潜力分析准、挖掘透,围绕全产业链把好的产品做出大市场、把有市场前景的企业做成行业龙头,加快经济结构的战略性调整。要牢固树立区域大工业发展理念,大力实施工业强区战略,认真落实扶持企业发展的各项措施,坚持落实县级领导干部联系重点企业制度,积极帮助企业解决生产、经营过程中遇到的困难和问题,着力创造宽松的外部发展环境,鼓励支持区内企业做大做强,走出一条“资源集约利用、技术装备提升、竞争优势明显”的工业发展新路子。要加快实施工业企业技改项目,大力支持骨干企业“出城入园”,加快东柯河工业园区建设,培育工业新的增长点。要按照“区域化布局、标准化生产、产业化经营、品牌化销售”的思路,全面实施“13565”现代农业推进计划,以高标准建设现代农业示范区和农业科学发展示范点为抓手,在确保粮食稳产增产的同时,大力发展林果、畜牧、蔬菜等富民产业。林果产业要在巩固提高原有果品基地的基础上,切实加强技术服务指导,帮助果农不断提高果园作务标准化程度,促进林果产业提质增效;畜牧养殖要大力发展设施畜禽规模养殖,鼓励配套建设机械化自动化设施设备,提升养殖设施化水平;蔬菜产业要积极推广工厂化育苗、设施改造提升等技术,大力提升河谷川道区设施蔬菜、城郊区“菜篮子”蔬菜基地标准化生产水平。要大力扶持发展农产品深加工企业,促进农产品生产、销售,提升农产品的附加值,持续增加农民收入。要大力推进城区中心购物圈和商业综合体建设,改造提升乡镇农贸市场和社区便民市场,不断完善城乡商贸流通体系。要加快文化旅游融合发展,推进文化旅游重点项目建设,充分挖掘资源优势,精心开发精品旅游线路,大力发展乡村旅游,全力创建全国第二批全域旅游示范区。

三要加快改革开放步伐,提高开放型经济水平。要坚持正确方向,树立大局意识,该中央和省、市统一部署的我们不抢跑,该尽早推进的我们不拖沓,该试点的我们不仓促推开,该深入研究的仔细研究后再推进,该得到法律授权的不超前推进,一步一个脚印推进改革任务落实。要加快推进供给侧结构性改革,科学做好"三去一降一补"工作,提高全要素生产率和潜在增长率,全力实现供求关系新的动态平衡。要深化农业供给侧结构性改革,优化产业结构,注重品质提升,着力构建农产品质量和食品安全监管体系。要深化行政审批"放管服"改革,大力推进政府部门权力清单、责任清单和市场准入负面清单制度,今年要着力解决一些单位审批事项还未进驻政务大厅办理业务、窗口授权不充分、审批工作效率低等突出问题。要加快产权保护制度改革,坚守土地公有性质不改变、耕地红线不突破、农民利益不受损"三条底线",明晰农村集体产权归属,推进农村土地所有权承包权经营权"三权"分置,落实土地集体所有权、稳定农户承包权、放活土地经营权。要加快财政金融体制改革,用足用活政策,管好"钱袋子",促进金融市场稳定健康发展。要进一步提升山地自行车赛、龙舟公开赛、钓鱼赛等体育赛事的档次和水平,不断提高麦积的知名度和美誉度。要把招商引资放在更加突出的位置,积极参加各类经贸洽谈活动,创新方式和机制,鼓励引导民间资本投入,引进一批集约用地型、优势互补型、填补空白型和梯度转移型项目,不断提高招商引资的质量和效益。

四要以项目建设为统揽,协调推进城乡发展。要统筹加快城市开发和小城镇建设步伐,坚持国家和省、市列重大项目抓协调保障,续建项目抓投资进度,新建项目抓落地实施,前期项目抓手续办理,全面落实区级领导包抓项目责任制,坚持实行"月调度、季督查",深入基层、深入一线,强化项目调度,协调解决项目建设中遇到的征地、拆迁、融资等方面的困难和问题,确保各类项目建设达到时序进度。要加大城市开发建设力度,严格落实天水市城市发展总体规划,加快片区开发、城中村改造和城市道路桥梁、公共停车场、社区市场、城区环卫设施、小巷道等项目建设进度,不断提升城市承载能力和服务功能。要扎实推进小城镇和新农村建设,抢抓国家第三批新型城镇化试点建设机遇,坚持规划先行、适度超前,因地制宜、多方参与的原则,加快建设一批各具特色的风情小镇。要加大城乡交通道路建设力度,大力实施"6873"交通突破行动,着力提升城乡道路通达能力。要做好项目统计工作,及时跟踪统计重大项目建设情况,认真研究、探索固定资产投资打捆包装等有效措施,做到应入尽入、应统尽统,确保全区固定资产投资增速保持在全市前列。

五要坚持可持续发展理念,不断加强生态文明建设。要牢固树立尊重自然、顺应自然、保护自然的生态文明理念,坚决摒弃以牺牲环境、破坏资源为代价的粗放型增长模式,着力建设天蓝、地绿、水净的美好家园。要实施工业污染源全面达标排放计划,实现城镇生活污水、垃圾处理设施全覆盖和稳定运行。要加大生态环境治理力度,实施好天保二期、三北五期防护林和新一轮退耕还林、中小河流治理等重点生态工程。要加大节能新产品研发、推广力度,落实节能减排目标责任考核制度,推进传统产业绿色改造。要严格执行环境保护"党政同责、一岗双责"制度,以整改中央环保督察组转办信访投诉和后续反馈问题为抓手,从严落实《党政领导干部生态环境损害责任追究办法(试行)》,大力推进大气、水、土壤污染综合防治,确保不存疑点、不漏空档、不留死角,该关停的坚决关停，该拆除的立即拆除，该处罚的从重处罚，该追责的绝不放过。要持续加大城乡环境综合整治，进一步完善城乡环境卫生"网格化"管理机制，强化交通违法行为整治，严厉查处"两违"建筑，集中整治农村"八乱"现象，营造环境优美、生态宜居、安全舒适的人居环境。

六要着力改善人本民生，提高人民群众幸福指数。要强化宗旨意识，坚持把民生作为人民幸福之基、社会和谐之本，全面落实中央和省、市各项惠民政策，兴办一批改善民生的好事实事。要加快推进区域科技创新体系建设，不断推动科技成果转化应用。要坚持教育优先发展战略，统筹推进各类教育协调发展，加快实施"全面改薄"项目，着力提升教育资源服务水平。要深入推进"健康麦积"建设，持续优化医疗卫生机构布局，促进医疗资源城乡均衡发展。要进一步整合各类培训资源，认真落实就业培训政策，加大对各类劳动力的培训力度，鼓励以创业带动就业，推动实现更加充分、更高质量的就业。要加大各类保障性住房建设和农村危房改造力度，不断改善低收入群众居住条件。要统筹城乡社会救助体系建设，抓好社会救助、优抚安置等重点工作，全力推进"五险合一"信息系统建设和全民参保登记工作，实现基本社会保障覆盖全民、人人享有。要大力创建"丝绸之路双拥文明线"，着力促进军民融合深度发展。要加强安全生产，深刻汲取近年来全国全省重大安全生产事故教训，严格落实"党政同责、一岗双责、失责追责"安全生产责任制，紧盯重点企业、重点行业、重点区域、重点部位，排查各类隐患，堵塞安全漏洞，确保人民生命财产安全。要扎实推进"七五"普法，深化"平安麦积"建设，加强社会治安防控体系建设，严厉打击各类违法犯罪活动，尤其是影响干扰农村发展和基层工作顺利推进的"村霸"和宗族恶势力，认真落实县级领导坐班接访制度和重点信访案件包案制度，密切关注非法集资、劳资纠纷、医患矛盾等方面可能出现的不稳定因素，加强矛盾纠纷摸底排查和调处，严防发生重大集体上访和群体性事件，确保社会大局和谐稳定。

七要加强干部队伍建设，培树干事创业中坚力量。要以"党员固定活动日"为抓手，健全和规范"三会一课"等制度，严肃党内政治生活，持续推动"两学一做"学习教育常态化、制度化，教育引导广大党员干部践行"四讲四有"要求，切实做到政治合格、执行纪律合格、品德合格、发挥作用合格。要坚持定期对乡镇、街道、区直部门科级领导班子运行情况开展综合分析研判，特别是要抓好乡镇换届后领导班子思想政治建设工作，对班子运行情况、新进班子成员履职情况等进行调研和分析研判，全面掌握班子整体作用发挥、班子成员团结协作、党政主要负责同志抓班子带队伍等情况。要持续强化对换届过程中乡镇、街道新进领导班子成员以及新提拔任用科级干部的教育培训和跟踪管理，及时掌握领导干部思想动态。要认真落实好干部标准，旗帜鲜明地树立忠诚干净担当的用人导向、不让老实人吃亏的用人导向、从基层一线培养选拔干部的用人导向，切实把党和人民需要的好干部尽快培养起来、及时发现出来、合理使用起来。要积极推进干部交流，采取单位内部岗位调整、竞争上岗等方式，进一步加大区直部门股级干部的轮岗交流力度，尤其是管人、管事、管资金、管项目审批等关键人员和重要岗位及在同一岗位上工作时间较长干部的轮岗交流，着力优化干部队伍结构，切实提高区直部门机关干部队伍活力。要严格管理干部，认真贯彻区委出台的《科级党政正职抓班子带队伍职责问责办法》，全面落实党政正职抓班子带队伍职责，切实加强对本单位、本系统领导班子成员和干部队伍的日常教育、管理和监督，教育引导本单位、本系统党员干部强化纪律和规矩意识，坚持以党的旗帜为旗帜、以党的方向为方向、以党的意志为意志，切实把党纪党规内化于心、外化于行，使每位党员干部知敬畏、守规矩、听指挥，始终保持党员队伍的先进性和纯洁性。

八要扛牢党建主业主责，进一步夯实基层基础。各级党组织要强化主业主责意识，进一步健全和认真落实党建工作“三级联述联评联考”和督查问责机制,实行区四大组织党员领导干部“一岗双责”抓党建工作制度和包抓基层党建重点工作制度,建立党建工作督查队伍,定期进行巡回督导,推动党建各项工作任务落实。要认真贯彻全市县区委书记、全区乡镇街道部门单位党委书记抓基层党建述职评议会议精神,制定整改方案,建立区乡两级整改台账,层层签订党建工作项目责任书,理清各级党组织书记抓党建问题清单、任务清单、责任清单。要以推进“服务型党组织、为民型干部、富民型党员”建设为重点,坚持分类指导,在农村继续全面推行村级事务代办制和村干部轮流坐班服务制,引导村级党组织发展特色产业,充分发挥村级党组织战斗堡垒作用;在机关继续全面推进党组织联村、党员干部联户的党建扶贫制度;在社区继续深化民情流水线工程,推行居民说事制度,不断提高服务社区居民的水平;在“两新”组织、教育卫生等薄弱领域重点抓党组织工作规范和作用发挥,提升各领域党组织的服务功能。要不断加大村和社区组织活动场所建设力度,采取多种形式,确保完成新建改扩建54个村级和6个社区组织活动场所的任务。加大党建示范典型的培树和推广力度,围绕310国道、宝天高速公路、羲皇大道和麦积山大道、麦甘公路沿线及城郊区“四线一区”,全力推进麦积党建示范长廊建设,力争年内一类乡镇创建3—4个示范点,二、三类乡镇和街道办事处创建2—3个示范点。区委将给区委各常委、区政府各党员副区长确定包抓的党建示范点,具体指导示范点建设。要加大软弱涣散基层党组织的转化整顿力度,按照10%的比例持续抓好后进党组织整顿转化,确保今年61个软弱涣散基层党组织全部实现晋位升级。要继续坚持基层党建工作与项目工作“双观摩”,在半年督查观摩项目时,对党建工作同督查、同观摩。要全力抓好村社“两委”换届扫尾工作,依托组织开展的“夜学夜谈夜访”活动,强化对新当选村(社区)干部的培训教育,不断提高村社“两委”干部理论水平和工作能力。要落实村组干部报酬正常增长机制,根据全区财力增长情况,逐年提高村干部报酬,加大村干部激励保障力度,充分调动村干部工作积极性。要完善人才工作发展机制,健全完善注重工作实绩的人才评价体系,大力宣传优秀人才的典型事迹,进一步完善人才引进机制,最大限度地引进和发挥人才作用。

九要加强党风廉政建设,大力营造良好政治生态。各级党组织要严格执行党的政治纪律和政治规矩,必须维护党中央权威、向党中央看齐,绝不能层层都喊维护自己的权威、层层都喊向自己看齐,做到党中央提倡的坚决响应,党中央决定的坚决执行,党中央禁止的坚决不做。各级党组织要坚持严字当头、实字托底,以高度政治自觉和行动自觉,认真落实省委“3783”主体责任体系以及衡量检验办法、督查落实机制,把“四级约谈”、“三述”、报告工作等制度落细落实;党委(党组)书记要认真履行好第一责任人责任,做到真管真严、敢管敢严、常管常严;班子成员要严格落实“一岗双责”,对分管领域和单位党风廉政建设负好责,做到“七必须七同步”(组织分管领域分管部门开展业务学习活动时,必须同步学习党风廉政建设相关规定;安排部署分管领域分管部门工作时,必须同步安排党风廉政建设相关任务;督促检查分管工作时,必须同步督查党风廉政建设工作进展;深入基层调研时,必须同步调研党风廉政建设的新情况新问题;谈话约谈时,必须同步约谈党风廉政建设工作要求;研究解决分管领域和分管部门存在的问题时,必须同步分析研判并排查梳理廉政风险隐患点,及时提出防范对策和措施)。全区纪检监察组织要紧盯重点开展监督检查,做到“四个着力”(着力发现是否存在顶风违纪搞“四风”和违反中央八项规定精神等问题;着力发现领导干部是否存在权钱交易、以权谋私、贪污贿赂、腐化堕落等违纪违法问题;着力发现领导干部是否存在对重大政治问题公开发表反对意见、搞“上有政策、下有对策”等违反政治纪律的问题;着力发现是否存在买官卖官、拉票贿选、违规提拔干部等选人用人上的不正之风和腐败问题）。要坚持惩前毖后、治病救人,探索建立实践运用“四种形态”的具体办法,对苗头性倾向性问题及时提醒、尽快处置,综合运用批评教育、组织处理、纪律处分等多种方式,层层设防,防止小问题演变成为大问题。要加强和改进纪律审查工作,坚持和完善交叉审查、划片指导和重要问题线索管控等机制,紧盯抓好权利集中、资金密集、资源富集、资产聚集的部门和岗位,紧盯抓好作风问题、腐败案件易发多发的领域和行业,着力抓好市纪委全会提出的“七个严查”(严查一把手腐败行为,严查市管干部腐败行为,严查重点领域、重点行业、重点岗位腐败行为,严查一批大案要案,严查中央和省上转办的问题线索,严查侵害群众利益的突出问题,严查以吃拿卡要为重点的基层梗阻、中梗阻等突出问题),以零容忍的态度严肃查办各类违纪案件。要深入推进村级组织党风廉政建设巡察全覆盖,持续深化“两查两保”专项行动,强化农村基层干部廉洁教育,从严整治和查处侵害群众利益不正之风和腐败问题,让广大群众感受到全面从严治党的实际成效。要不断深化廉洁从政教育,用身边事教育身边人,进一步筑牢拒腐防变思想防线,督促党员领导干部按本色做人、按角色办事。要持续深化“三转”,加强全区纪检监察组织建设,稳步推进区纪委派驻机构改革,打造“忠诚、干净、担当”的纪检监察队伍。

确保全年既定目标任务落到实处

今年工作的目标任务已经明确。全区各级各部门要以强烈的责任感和紧迫感,崇尚实干、狠抓落实,切实让改革发展稳定各项任务落下去,让惠及群众的各项工作实起来。

*一要着力营造抓落实的舆论氛围。*各级各部门尤其是各级领导干部要深入学习贯彻党的十八大和十八届三中、四中、五中、六中全会精神以及习近平总书记系列重要讲话精神,特别要学深、悟透、笃用、践行习近平总书记视察甘肃时作出的“八个着力”重要指示精神,进一步树牢“四个意识”,教育引导全区广大党员干部把讲政治作为第一遵循、第一标准、第一要求,经常同党中央对表、校正自身的思想和行动,时刻向党中央看齐、向党的理论路线方针政策和决策部署看齐,切实保持狠抓落实的政治定力,不打折扣落实好中央和省、市、区委各项决策部署。宣传部门要持续深化“中国梦”和社会主义核心价值观主题教育实践活动,实施好人知人晓、人信人守工程,真正把社会主义核心价值观要求融入到市民公约、学生守则、行业规定、乡规民约之中,渗透到培育传承良好家教家风、校风校训、企业精神和乡贤文化之中,以先进典型彰显主流价值、引领社会风尚。要广泛宣传埋头苦干、开拓创新的先进典型人物及事迹,大力倡导讲责任、讲担当的良好风气,积极营造崇尚担当、敬重担当的生动局面,真正使敢于担当成为党员领导干部的自觉追求,让勇担当、敢作为在干部队伍中形成风尚。要善于把握社会心理,做好突发事件的疏导应对,消除诱发矛盾的负面因素,增强全社会对经济发展的信心,形成全社会关心、支持、推动发展的良好氛围。

*二要领导干部带头抓落实。*领导干部是否会抓落实、善抓落实,关乎区委、区政府各项决策部署能否落地生根。为此,各级领导干部要率先垂范、躬身实践,在落实重点工作、推进重大项目上亲力亲为、亲自安排,对重点环节和突出问题,亲自过问、亲自督导。要坚持走动式管理,带着具体问题、病症根源,多调查研究,多督促检查,多到矛盾突出的基层去,多到困难较多的一线去,掌握第一手资料,向群众问计问策,真正在克服困难、化解矛盾、解决问题中抓落实、促发展、出实绩。要以身作则,坚持一张蓝图绘到底,咬定青山不放松,一任接着一任干,新人要理旧账,始终保持工作的连续性和稳定性。要严于律己,严格遵守工作纪律,进村入户轻车简从、不讲排场,开展调研直面问题、不走过场,真正以“严”与“实”的过硬作风,促进各项工

作措施得到有效落实。

三要以敢于担当的精神抓落实。能不能担当作为,是衡量和检验干部作风的"试金石"。全区广大干部特别是各级领导干部要以为党尽忠的政治品格、迎难而进的政治勇气、舍我其谁的政治担当,务实进取、克难攻坚,少讲办不成的理由、多找干成事的办法,危险面前敢于担当、关键时候善于担当、紧急时刻能够担当,真正做到贯彻决策部署不打折扣、推动事业发展不讲条件、狠抓工作落实不搞变通。强调担当,不能有勇无谋、不讲科学,而是既要有敢于担当的勇气,也要有善于担当的能力,这就要求全区广大干部一定要常怀"能力不足"的恐慌感、"本领不足"的危机感,进一步优化知识结构,自觉抓好战略新兴产业、先进制造业、现代服务业、新型城镇化、市场金融等方面知识的学习,增长见识、拓宽视野,以能力水平的提升适应新形势、应对新情况、解决新问题。

四要用正确的用人导向促落实。全区各级党组织要坚持把"五条标准"贯穿干部选拔任用始终,以选拔政治上靠得住、工作上有本事、作风上过得硬、人民群众信得过的优秀干部为目标,注重在基层一线和完成急难险重任务中培养锻炼干部、考察识别干部,旗帜鲜明地肯定和重用埋头苦干、狠抓落实的干部,教育和调整只尚空谈、不干实事的干部,问责和惩处弄虚作假、失职渎职造成重大损失和严重后果的干部,努力营造崇尚实干、恪尽职守、勇于奉献的良好氛围。各级领导干部尤其是"一把手"要切实发挥表率作用和督促作用,率先垂范、靠前指挥,崇尚实干、善抓落实,带出抓落实的班子、抓落实的团队,确保全区各项工作任务全面落实。

五要以严肃的考核问责倒逼落实。要严格执行干部能上能下《实施细则》,将考核结果与干部的升降去留直接挂钩,对忠诚事业、干净做人、担当任事的要给予鼓励表彰,对遇事退避三舍、谋事浅尝辄止、干事虚与委蛇的严肃处理,树立能者上、庸者下、劣者汰的鲜明导向。要全面落实《中国共产党问责条例》,对履行工作职责不到位、工作效果不明显、年度任务完不了的,该约谈的约谈,该问责的问责;对失职失责造成严重后果的,要严肃查处、一查到底,通过问责追责倒逼负责尽责。要建立健全容错纠错机制,宽容干部在工作中特别是改革创新中的失误,保护那些作风正派又敢作敢为、锐意进取的干部,激励他们更好地带领群众干事创业。

同志们,重任在肩必须勇担当,努力奋斗才能大作为。大家一定要更加紧密团结在以习近平同志为核心的党中央周围,在省、市、区委的正确领导下,始终保持迎难而上、真抓实干的精气神,大力弘扬抓铁有痕、踏石留印的好作风,撸起袖子加油干,扑下身子抓落实,奋力开创全区经济社会发展新局面,以优异成绩迎接党的十九大和省第十三次党代会胜利召开!

政府工作报告

在天水市麦积区第八届人民代表大会第二次会议上

麦积区区长 成少平

（2017年12月27日）

各位代表：

现在，我代表区人民政府向大会报告工作，请予审议，并请各位政协委员和其他列席人员提出意见。

2017年工作回顾

2017年是麦积经济社会发展经受严峻考验、取得明显成效的一年。在市委、市政府和区委的坚强领导下，在区人大、区政协的监督支持下，全区上下认真学习贯彻习近平总书记系列重要讲话及视察甘肃“八个着力”重要指示精神，全面落实国家和省、市一系列决策部署，坚持“稳中求进、好中求快”主基调，有效应对经济下行压力影响，砥砺前行，负重奋进，全区经济社会呈现平稳较快发展的良好态势。预计全年实现生产总值173亿元，增长5.6%。其中：第一产业14亿元，增长5.8%；第二产业74亿元，增长5%；第三产业85亿元，增长6.1%。固定资产投资112.11亿元，增长1.1%。规模以上工业增加值50亿元，增长5%。社会消费品零售总额102.12亿元，增长10%。大口径财政收入16.3亿元，增长5.66%；一般公共预算收入5.4亿元，增长8%。城镇居民人均可支配收入25076.54元，增长9%；农村居民人均可支配收入7121.55元，增长10%。

重大项目保障有力。全力做好重大项目征地拆迁、群众安置、资金筹措、建设调度等保障推进工作，确保了项目顺利实施。备受社会关注的宝兰客专和高铁天水南站建成运营，天水南站综合交通枢纽及站前广场中轴线和中区旅客通道建成投入使用，“天水号”高铁成功首发，高铁佳苑一期工程主体完工，公园佳苑等13个安置区建设顺利实施、部分实现入住，新改造完成G310至东岔高铁站道路及景观绿化等工程，配套启动建设了东岔汽车站项目；天水火车站站房改造即将完成，火车站广场地下人防及商埠路埠北路地下商业街项目完成规划设计和招商即将全面启动建设；商贸城会展中心建成运营，麦甘公路、天秀大桥建成通车；麦积山大道及景区旅游公路、东柯大道及街亭出口至温泉公路、天平高速、陇海铁路元龙段改线、廿铺大桥及接线工程、成纪新城地下净水厂、成纪新家园、曲溪城乡供水、市体育中心顺利实施；百花小镇、华昌欢乐城、麦积山自驾游房车露营基地、麦积山景区游客服务中心、天水大剧院、天水国际陆港、太昊客机改货机等一批重大项目启动实施；机场片区完成土地储备3300亩。加大项目争取和招商引资力度，争取项目240个，到位资金15.8亿元；招商引资项目42个，到位资金85.13亿元。

精准扶贫扎实推进。狠抓“1+18”精准帮扶措施落实，扎实推进“七个一批”工程，全年减贫1.5万人，9个贫困村实现整村脱贫。统筹整合财政涉农资金3.85亿元，完成建档立卡贫困户危房改造

511户，建成精准扶贫农村安全饮水工程5处、贫困村全面改薄项目5个，新建贫困村综合性文化服务中心143个，改造提升镇综合文化站4个，14个易地扶贫搬迁安置点和19条建制村通畅工程有序推进。大力发展扶贫产业，新建干鲜果品基地5200亩、规模养殖场6个，新发展种植蔬菜1.53万亩、中药材3200亩、中蜂养殖1.07万箱，组织输转贫困劳动力1.28万人次，创劳务收入2.95亿元。深入推进东西部扶贫协作、定点帮扶，落实天津市西青区帮扶资金1171.3万元、中车集团帮扶资金200万元，甘泉片区农村饮水改造提升等一批帮扶项目建成投入使用，与西青区劳务和人才对接洽谈会成功签约1990人。争取到农村基础设施和人居环境综合治理专项贷款14.8亿元，在全省率先启动了国开行综合授信15亿元的扶贫特色产业发展专项贷款。全面提升农村低保、特困供养标准，加大临时救助、医疗救助力度，发放社会救助资金1.11亿元，为贫困户兑付门诊、住院补偿费用3.41亿元，为“三户一孤”人员兑付医疗保险352万元。

特色产业提质增效。农村经济稳步提升，组织实施农业项目144个，完成投资22.28亿元。实现粮食总产15.73万吨。渭南渭西设施农业等16个科学发展示范点全面建成，花牛苹果产业园基础设施不断完善，入园的金盛彩印包装、花牛苹果集团2万吨气调库等项目实现年产值1.87亿元；成功承办了2017年天水花牛苹果宣传推介会、京东·全国各大商超基地直采合作发布会等系列活动。全区新建果品基地1.53万亩、设施蔬菜1000亩、标准化养殖场12个，新发展龙头企业27家、合作社123家、家庭农场24家，推广旱作农业12.18万亩，新流转土地1.13万亩。完成营造林4.18万亩，新修梯田3840亩，石佛北山等7处农村供水改造提升、花牛白家河等4处高效节水灌溉工程建成使用，三岔尚家崖不稳定斜坡、麦积贾河苜蓿梁滑坡治理基本完工。工业经济转型发展，争取扶持工业发展专项资金3889万元，落实区级工业企业奖励资金284.37万元。东柯河工业园二期建设全面完工，累计完成投资2.5亿元；区军供站粮食仓库建成投入使用，霞宇科技智能化节水项目启动建设，长城果汁十万吨高端果蔬汁罐装示范基地项目完成立项选址。甘铺示范区岐黄中医药产业园研发中心等主体完工，中石油昆仑燃气CNG母站建成运营。锻压机床制管生产线升级改造、众兴菌业7200吨杏鲍菇生产线等17个重点项目完成投资9.81亿元，天祥水泥日产2500吨干法水泥生产线建成即将投产。依法取缔“土小”企业55户。第三产业活力增强，东柯河甘泉物流园完成征地425亩，天水邮件处理中心入园建设，南崖物流园启动实施；麦积景园城、天豫商贸城、新亚购物广场二期、天庆国际、煤炭一级配送市场和伯阳下河农贸市场等建成运营，桥南商场改扩建、菜篮子工程麦积（仓储）配送中心等有序实施。改造提升乡镇电商服务站7个，新建村电商服务点85个，17个镇电商服务站和170个建档立卡贫困村电商服务点实现线上线下管理。国家全域旅游示范区创建工作全面启动，黄河雕漆文化博览园、麦积山石窟艺术研究所科研基地、红崖生态养生福地和乡村旅游示范村建设加快推进。预计全年接待游客1461万人次，创旅游综合收入75亿元，分别增长31.6%、28.9%。非公经济规模不断壮大，新增个体工商户2220户、私营企业830户。

城乡环境明显改善。国家新型城镇化综合试点工作有序推进，实施城镇化重点项目63项，完成投资30.16亿元。马跑泉公园、翠湖公园配套设施不断完善，马跑泉公园游乐场和翠湖水面经营项目招商运营。埠南路、华阳路提升改造及街景整治、陇昌路排水及路面铺油改造、新建巷改造基本完工，天润路、颍川东路和颍川河马跑泉段防洪及生态治理正在建设。新建停车场3处，新增停车位2270个，改造小巷道20条、人行道5万平方米。深入开展国家园林城市创建，新增城市公共绿地1万多平方米，绿地率达33.71%。加快城市开发改造，建成了恒顺·紫御润园、省建投·上尚宅、盛达新城、晟世珑庭等一批高档住宅小区，湖畔雅居、天庆·麦积小镇、保利·上河雅颂、秦都·褐石公馆、育才名苑等开发项目加快实施，道北铁路棚改、道北运输公司和金苹果公司、镇建二院（锦华名苑）、影剧院（雅澜国际）、乡企局（华世雅居）、桥南商场（金地·理想城）、肉联厂（明昊家园）等片区开发、旧城改造项目加快推进。全力实施安置区和保障性安居工程建设，颍川佳苑一期、祥丰佳园全面建成，天邦·翠湖湾、金鹏家园、金驼家园、双泉家园、崖湾家园、什字坪家园加快建设。新争取到原甘泉物流园、麦积新城等7宗1534.16亩土地开发利用权，有力支持了教育公益事业、基础设施、旧城改造、新区开发工作。街亭古镇保护开发、甘泉玉兰小镇、峡门风情小镇有序实施，建成省、市级美丽乡村示范村7个、环境整洁村50个，新阳镇胡大村被评为全国美丽宜居村庄、全国文明村。改造县乡公路2条16公里，完成生命安全防护工程2条28.58公里、“千村美丽”示范村村组道路3条29.85公里，改造加固危桥2座。建立了环境保护“八项机制”，深入推进污染治理“十大工程”，全面整改中央环保督察反馈问题，大气、水、土壤污染防治初见成效，新改造燃煤锅炉35台，累计完成改造194台，华瑞热力和典盛热力燃煤锅炉脱硫脱硝改造完成投入使用。深入开展全域无垃圾三年专项治理行动，与北京环卫集团达成了城乡环卫一体化服务协议，6处城区生活垃圾收集处理站启动建设，新建改建公厕13座，全面清理城乡陈年垃圾，积极探索不同模式的农村垃圾治理体系，城乡环境卫生得到明显改善。完成了渭河等可采区采砂权拍卖，建立了区、镇、村三级“河长制”，加大对非法违法行为的打击整治力度，河道管理、采砂采石采矿秩序明显好转。突出重大项目建设区域和重点公路沿线，扎实开展“两违”整治活动，启动了优化城市环境、提升城市形象工程，大力推进市容市貌精细化网格化管理，全面落实“门前五包”责任制，城乡建设管理水平进一步提高。

*各项改革持续深化。*积极推进“接放管服”改革，取消、停征行政事业性收费事项41项。全面实施“多证合一”和企业简易注销制度，新增市场主体2432户。事业单位分类改革和全民参保工作有序开展。监察体制改革试点稳步推进；村妇代会改建妇联工作全面完成；组建成立了区机关事务管理局、区互助资金管理中心，设立了镇农村公路管理所；整合区属国有公司资源，组建成立了区城乡投资发展集团公司，积极开展重大项目融资，争取到国开行“十三五”授信120亿元的县域合作示范县区和24亿元的棚户区改造项目融资贷款，与甘肃银行、浙商银行分别达成了5年内综合授信各50亿元的信贷意向；麦积融兴村镇银行开业运营，浙商银行麦积支行即将开业。农村土地确权登记79.28万亩，果树经济林确权颁证7.23万亩；农村“三变”改革试点、农村房屋补充调查及确权登记发证和第三次全国农业普查进展顺利。“四馆一站”免费开放，仙人崖、石门文管所移交麦积山大景区管理，区秦剧团、电影管理站、影剧院转企改制完成，公立医院改革稳步推进。

*社会事业全面进步。*实施科技项目90项，取得科技成果29项。天水一中麦积校区、天润学校建成招生，职业中专实训楼、区府路小学综合楼全面完工，实验小学荣获第一届全国文明校园称号。“三园式”校园建设深入推进，高考二本上线1454人，上线率36.59%。实施体育健身工程21个，道北体育中心即将完工。马跑泉卫生院、麦积卫生院街亭分院迁建、康宁医院项目有序实施，建成标准化村卫生室115个。区博物馆新馆建成开放，完成了区广播电视台制播能力提升改造、村村通有线电视、仙人崖石窟安防系统等工程，霍松林文化艺术陈列馆等项目有序推进，新建改建行政村综合文化服务中心302个，基本实现了行政村全覆盖。在麦积镇红崖村拍摄的电视剧《苦乐村官》在央视及各地方台热播。成功协办了2017绿色及可持

续发展麦积山论坛，精心举办了中国龙舟公开赛暨第三届“伏羲杯”龙舟大赛、中国山地自行车公开赛、第五届“麦积山杯”全国山地自行车邀请赛、中国垂钓电视直播精英赛、第二届“双玉兰杯”全国钓鱼邀请赛等体育赛事，我区被评为全国群众体育先进单位、2017中国山地自行车公开赛年度优秀赛区、全省自行车运动训练基地、全省全民健身自行车运动示范区。落实全面“二孩”政策，人口自然增长率5.56‰。统计调查、外事侨务、残疾人、防震减灾、档案史志、气象、人防、精神文明、妇女儿童、老年人和关心下一代等工作取得了新进步。

人本民生有效保障。省、市、区列35件民生实事全面落实，全国综合养老示范基地建设全面推进。新建保障性安居工程4843套，发放城镇住房保障家庭租赁补贴1984户545.6万元，1041户农村D级危房改造全面完成。14村1036户易地扶贫搬迁进展顺利。城乡低保实现应保尽保，“五险合一”上线运行，新农合参合率达98.23%，为13.6万参合农民落实补偿资金2.13亿元，受益率达156.78%。城乡居民社会养老保险续保率达97.68%。为3119名大学生发放生源地助学贷款1945.69万元；实名登记注册高校毕业生1213人，就业率达85.9%；发放大学生创业就业贷款5030万元；新增城镇就业1.5万人，输转劳动力11.15万人次，创劳务收入21.32亿元。全面落实安全生产责任制，加强重点行业、重点领域安全隐患排查治理，安全生产形势总体向好。依法严厉打击各类违法犯罪活动，侦破各类刑事案件130起，社会大局和谐稳定。

政府建设不断加强。主动接受人大法律监督、政协民主监督和社会各界监督，办理市、区人大代表建议和政协提案274件、网民诉求214件。“七五”普法全面启动，法律援助覆盖领域持续扩大，公共法律服务体系不断完善。严格落实区级领导信访包案、坐班接访和问责机制，办结重点信访案件18件。扎实开展“明查暗访督查年”活动和“三纠三促”专项行动，政府公信力和执行力不断提升。认真落实党风廉政建设主体责任和“一岗双责”，政府运转协调顺畅、公正透明、廉洁高效。

各位代表，过去的一年，我们积极应对各种困难和挑战，求实奋进，开拓创新，取得了令人鼓舞的成绩。重大项目点多面广，经济实力不断增强，社会事业全面进步，人民生活水平稳步提高。这是市委、市政府和区委正确领导的结果，是区人大、区政协及社会各界支持、监督的结果，是全区人民齐心协力、奋力拼搏的结果。在此，我代表区人民政府，向全区广大干部群众、各级人大代表、政协委员、各人民团体、民主党派、工商联、无党派人士、离退休老干部和社会各界人士，向驻区人民解放军、武警官兵、驻区单位，表示崇高的敬意和衷心的感谢！

回顾一年来的工作，我们也清醒地认识到，我区经济社会发展还面临一些困难和问题：一是经济结构性矛盾仍较突出，工业骨干企业产品结构、筹融资渠道单一，效益下滑；农村基础条件薄弱、产业化程度不高、农民增收渠道不宽，深度贫困镇村脱贫攻坚任务十分艰巨；第三产业发展层次较低，现代服务业发展较慢，文化旅游产业链还不长。二是受经济下行压力、营改增、减税降费及各类刚性政策、刚性增资、刚性支出等因素叠加影响，区级财政收支矛盾突出，保工资、保运转、保稳定、保增长、促发展的压力很大。三是城乡基础设施欠账较大，旧城改造和新城开发的任务重、难度大，征地拆迁、群众安置等问题较多，涉及群众切身利益的问题还需进一步解决。四是大气污染防治形势依然严峻，城市管理精细化水平不高，全域无垃圾、河长制落实和河道管控、“两违”整治还需加大力度。五是信访维稳、安全生产、治安防控、交通秩序管理、公共服务等有待加强，改善民生、维护稳定的任务仍然艰巨。六是一些干部开拓创新、主动担当意识不强，锐意进取的劲头不足，学习政策、钻研业务不够，工作漂浮、效率不高等现象依然存在。对于这些问题，我们将高度重视，采取有效措施,逐步加以解决。

2018 年奋斗目标和主要任务

2018 年是全面贯彻落实党的十九大精神的开局之年,也是加快实施"十三五"规划、打赢脱贫攻坚战、决胜全面建成小康社会的关键一年。随着国家、省、市主体功能区的开发建设和"一带一路"战略的深入实施,一大批重大交通、商贸物流和文化旅游等项目落地麦积,我区的区位交通、生态环境、旅游资源、文化底蕴等比较优势更加凸显,有利于我们进一步扩大对外开放,承接产业转移,加快发展步伐。我区被确定为国家新型城镇化综合试点县区和第二批国家全域旅游示范区创建单位,国家、省、市将在政策、项目、资金等方面给予更大的倾斜支持,为我们加快发展提供了难得的历史机遇。我们必须牢牢把握发展主动权,以更加坚定的决心、更加昂扬的斗志、更加有力的举措,抢抓机遇,攻坚克难,扎实工作,奋力推进麦积经济社会大发展。

2018 年政府工作的总体思路是:认真学习贯彻党的十九大精神,坚持以习近平新时代中国特色社会主义思想为指导,全面落实习近平总书记视察甘肃重要讲话和"八个着力"重要指示及省第十三次党代会精神,牢固树立和贯彻新发展理念,坚持"稳中求进、好中求快"的主基调,紧紧围绕全区"一枢纽、一中心、四高地"总体发展构想,以"聚焦精准脱贫、突出项目建设、全面建成小康"为主线,着力优化经济结构、着力保障重大项目、着力推进新型城镇化、着力加快改革创新、着力改善人本民生,扎实推进丝绸之路经济带宜居宜业宜游现代化新麦积建设,全力推动麦积经济社会转型升级发展,更好地满足全区人民日益增长的美好生活需要。

主要预期目标:生产总值增长 6.5%;一般公共预算收入增长 7%;固定资产投资增长 6%;规模以上工业增加值增长 5%;社会消费品零售总额增长 9%;城镇居民和农村居民人均可支配收入分别增长 9%和 10%;城镇失业登记率控制在 4%以内;万元生产总值综合能耗和能源消费总量控制在省市目标之内。

围绕上述目标,将着重抓好以下十个方面的工作:

一、聚焦深度贫困区域,全面加快脱贫攻坚步伐

紧盯 2019 年全区整体脱贫、2020 年与全国同步建成全面小康社会的奋斗目标,大力实施"七个一批"工程,全面落实到村到户到人措施,打好脱贫攻坚战,年内实现减贫 1.2 万人以上。

夯实扶贫工作基础。按照建档立卡贫困人口识别标准、程序和脱贫收入"十不算"、"三保障"、"十不脱"等要求,加强建档立卡动态管理,持续做好脱贫退出、返贫纳入等工作,全面提升精准识别、精准管理水平。逐村逐户制定完善脱贫攻坚方案,定准目标,定实措施,深入开展精细、精准、精微的"绣花式"扶贫,切实做到真扶贫、扶真贫、真脱贫。

改善贫困村基础条件。加快贫困村基础设施和公共服务设施建设,实施好贫困村 133 条 339 公里自然村通畅道路、160 条 62 公里村内主巷道、359 公里村内小巷道硬化、16 处安全饮水、17 处农村电网改造提升、464 户贫困户农村 C 级危房改造、15 村 303 户贫困户易地扶贫搬迁和 37 个村幼儿园建设,年内完成 70 个贫困村村容村貌整治。实施好元龙花椒产业园道路、渭南左尧基础设施提升等东西协作帮扶项目。深入实施"三户一孤"大病医疗救助保险,免补贫困家庭学生普通高中学杂费。

培育发展富民产业。积极实施"一镇一业"、"一村一品"产业培育工程,贫困村新发展果品 3000 亩、蔬菜 1.3 万亩、中药材 3000 亩、中蜂规模养殖基地 5 处 1 万蜂群,输转贫困劳动力 9000 人次,创劳务收入 2.1 亿元,持续增加贫困群众收入。积极培育壮大新型经营主体,不断完善与贫困户利益联结机制，拓宽贫困群众增收致富渠道。新发展电商网店100家，实现所有镇和80%以上行政村物流快递服务全覆盖。

完善扶贫责任体系。按照“盯到镇、定到村、扶到户”的要求，加强与天津市西青区、中车集团及省、市帮扶单位的对接合作，全面开展“千企帮千村”行动，充分发挥驻村帮扶工作队“精准滴灌”作用，统筹各方力量，积极构建“政府引导、多元主体、群众参与”的大扶贫格局。坚持扶贫与扶志扶智相结合，深入开展“双提”培训工程，进一步激发贫困群众内生动力，变“要我脱贫”为“我要脱贫”。充分利用好农村基础设施和人居环境综合治理、特色产业发展、易地扶贫搬迁贷款，放大资金使用效益，助推群众脱贫致富。

二、高度重视项目建设，不断夯实经济发展基础

牢固树立抓项目就是抓发展的理念，认真落实“三重”“三一”要求，千方百计抓好各类项目的落地、实施、见效。

科学谋划争取项目。深入研究产业政策、市场导向和国内外知名企业动向，积极争取国家各类项目专项资金和支持深度贫困地区政策性贷款融资、国家新型城镇化建设基金，用足用好投融资政策，着力争取和引进一批投资规模大、产业关联度高、带动能力强、科技含量高、市场前景广、惠民效益好的重点项目落地实施。突出基础设施、工业发展、特色农业、商贸物流、文化旅游、康体养生、民生保障等重点领域，建立高质量的项目库，形成储备一批、论证一批、引进一批、建成一批的良好机制。全方位拓宽引资渠道，广泛开展招商引资和项目推介，力争全年实现招商引资到位资金90亿元以上。

加大力度实施项目。继续抓好天水南站综合交通枢纽及站前广场、天平高速、麦积山大道及景区旅游公路、麦积山景区游客服务中心、市体育中心、麦积客运站、机场片区土地储备、天水大剧院、廿铺大桥及接线工程、太昊客机改货机、曲溪城乡供水、引洮供水、有轨电车示范线等重大项目征迁安置建设等协调保障工作，确保项目顺利实施。积极配合做好国际陆港、秦麦高速市政化改造及渭河三号桥、罗家沟接G30城市道路至三阳川隧道及连接线和麦甘公路加宽工程、天水南站新增动车组存车配套设施、静天高速、G310城区过境段改线提升、S03北绕城高速、和谐家园二期、藉河生态环境综合治理二期等项目前期工作，力促项目尽早启动建设。全力实施好火车站广场地下人防及商埠路埠北路地下商业街、东柯大道及街亭出口至温泉公路、东岔汽车站等区列重点项目建设，确保早日建成投入使用。

完善机制保障项目。认真落实区级领导包抓项目、月调度、季督查和一个项目、一套班子、一抓到底的工作机制，加强项目和资金调度，确保征迁安置、项目建设等有序实施。积极推行政府和社会资本合作PPP模式，引导金融机构扩大信贷规模，加大对重点项目、优势产业、精准脱贫等领域和工业企业、新型合作组织的信贷支持。完善并联审批机制，定期开展重大项目联审联批，大力推行投资项目在线审批、一站式服务和限时办结、跟踪督办制度，着力优化发展环境。坚持项目审批制和备案登记制，全面落实项目建设法人制、招投标制、合同管理制、工程监理制、质量终身制，规范项目建设管理和投资预决算管理，加强审计监督，确保资金、人员安全。

三、实施乡村振兴战略，加快农业农村现代化步伐

紧紧围绕“产业兴旺、生态宜居、乡风文明、治理有效、生活富裕”的目标，积极实施乡村振兴战略和“13565”现代农业推进计划，加强农业农村基础设施建设，提高农业发展质量效益，促进农民持续增收，改善农村人居环境。

加快建设农业产业园。抓好花牛苹果产业园后续建设，完成金盛彩印包装二期项目，启动园区综合服务中心、果品交易市场建设，多方引进一批苹果、葡萄、核桃、大樱桃等特色农产品精深加工企业，延伸产业链条，提高园区辐射带动能力。加快元龙花椒产业园规划建设，努力打造以花椒为主、干鲜果交易、物流、仓储、深加工及综合服务功能为一体的产供销平台。积极谋划、多方推动甘泉核桃产业园和三阳川国际葡萄酒庄项目落地实施，延伸产业链条，带动核桃、葡萄产业发展。积极推进琥珀旱地无公害农产品示范园项目优化重组，促其早日建成运营。实施好九龙山区域生态循环农业示范项目。

做强做优特色产业。突出抓好翠山梁、石佛北山2个市级现代果品产业示范基地和利桥菌业、黑木耳以及东岔土蜂养殖等产业基地建设，不断调整优化粮食、果品、畜牧、蔬菜区域布局和种植结构。新发展果品标准化基地1.2万亩，提升改造老果园1万亩，新建无公害设施蔬菜基地1000亩。完成新一轮退耕还林5000亩、生态造林1.5万亩、三北工程退化林分改造1万亩。建成10个畜禽标准化规模养殖场，加快畜禽粪污资源化利用，促进产业循环发展。实施科技增粮工程，推广旱作农业12万亩以上。加快甘泉甘江等休闲生态农业示范点建设，大力发展以森林康养、田园采摘、农耕体验、乡村手工艺、创意农业、影视拍摄、生态放养鸡、农家乐、特色饮食等为主的休闲观光农业和乡村旅游业。发展中药材种植和深加工产业，认真抓好东岔龙凤中药材立体栽培和培训产业基地建设，在五龙、利桥等适宜区域积极推广党参、冬花、黄芪等中药材种植。健全农产品销售网络和质量监测体系，加大宣传推介力度，加快农产品“三品一标”认证，打造农产品名优品牌。

改善农村基础条件。抢抓全省实施农村基础设施和人居环境综合治理专项贷款及扶贫特色产业发展扶持资金工程机遇，坚持规划先行、点面结合、示范引领、整体提升，加快推进农村基础设施和美丽乡村建设，不断改善农业发展条件和农村人居环境。完成易地扶贫搬迁15村387户，实施好农村C级危房改造，推进宝天高速、310国道、麦甘公路、麦积山大道、东柯大道、羲皇大道、庄天公路、锻凤公路等沿线综合整治。建成县乡道生命安全防护工程95.7公里，硬化自然村道路211条545公里、村内主巷道249条96公里，完成好羲皇大道至邓河等农村公路拓建工程。加快农村客货运服务体系建设，调整优化公交线路，增加镇村和偏远地区营运专线。实施好伯阳西坪等32处农村安全饮水改造提升、渭南南山等4处高效节水灌溉、街亭水土保持综合治理及渭河渭南至东岔堤防等工程，新发展高效节水灌溉1.4万亩、流域治理10平方公里。完成10个省、市级美丽乡村规划编制工作，创建省、市级美丽乡村示范村7个、整洁村50个以上。

深化农村产权改革。以我区被列为全省农村“三变”改革试点县区为契机，全力推进完成花牛白家河等4个省级“三变”改革试点及区级试点工作，突出抓好确权颁证、产业培育、主体选择、规范入股、融资投入等重点工作，为全区整体推进试点积累经验。统筹做好集体林权制度改革和经济林确权颁证工作，新建林业专业合作经济组织2个，发展家庭林场1个，完成经济林确权颁证5万亩以上、抵押林权贷款750万元以上。加快推进农村“房地一体”不动产登记、农村房屋补充调查和颁证、不动产权抵押贷款，依法保障广大农户合法权益。多方扶持发展一批新型经营主体，新发展龙头企业20家、农民专业合作社50家、家庭农场12家以上，新建小冷库40个。

四、提升区域工业实力，促进工业经济转型升级

坚持区域工业一体化发展，以国家级天水经济技术开发区为依托，改造提升传统产业，培育壮大新兴产业，努力实现工业经济质的提高和量的突破。

加快工业园区建设。积极支持社棠工业园区建设，提升工业集群示范引领带动能力。完成东柯河工业园滨河东路南延段建设，完善园区绿化、亮化工程，启动三期500亩土地报批征收；全力协调推进长城果汁10万吨高端果蔬汁罐装示范基地项目落地开工；加快孟姑发酵食品及手工挂面苦荞加工、霞宇科技智能化节水项目建设；积极配合西北永新管业实施股份制改造，尽快启动实施西北永新高新滴灌管材项目。抓好廿铺示范区、下曲工业园现有企业达产达标，完成岐黄中医药产业园后续建设。积极利用盘活工业园区等土地资源，多方招商引进一批新型工业项目，为区域工业注入新动能。

扶持发展骨干企业。以创新发展和“中国制造2025”为指导，加大市列“10强50户”企业扶持力度，支持企业去产能、去库存、去杠杆、降成本、补短板，推进现有企业改造升级和新上项目引进，促进产业优化重组和工业转型升级，培育工业新的增长点。多方协调推动风动、星火、锻压等区域内骨干企业挖潜增效、技术创新，通过实施名牌战略、调整产品结构、资本优化重组、拓宽融资渠道，实现逆势突围、企业改革发展壮大。积极开展银企对接活动，搭建融资担保平台，力争年内培育入规上限企业2家以上，增强工业发展后劲。

培育壮大新型产业。围绕创建国家装备制造循环经济基地，加快培育发展新型工业。实施好润德沼气有机肥生态循环利用、华建新材料年产100万吨建筑固废物资源化利用等项目建设。谋划好东柯河大健康产业园规划建设，多方引进一批生物制药、中医药养生保健研发、深加工、综合利用等项目入驻。做好卷烟厂老厂区新项目引进培育，支持岐黄药业做好高品质彩印项目前期工作，力促尽早启动建设。编制完成全区建筑用石料矿专项规划，清理规范采石企业，积极推广砖瓦行业新技术新工艺，建成砖瓦新工艺生产企业3家以上，促进采石砖瓦行业绿色环保、规模化、集约化发展。

五、坚持统筹城乡发展，不断提高新型城镇化水平

紧紧围绕创建国家新型城镇化综合试点县区，突出“四区五城六线”，全力推进旧城改造、新城开发、景区提升和特色小镇建设，不断完善基础配套设施，增强城镇承载服务功能。实施城镇化项目120项，当年计划投资127亿元。

加快城市基础设施建设。完成马跑泉公园引水入园工程，做好后续征地拆迁，启动南门、西门建设，打通一级园路，加快胡氏民居、大革命历史纪念馆建设；完善马跑泉公园和翠湖公园公益基础设施，改造提升北山公园，做好园林绿化和景观节点，为市民打造特色鲜明的主题文化、休闲健身、绿色生态公园。完成陇林路提升改造、埠南路电力杆线入地、工学院人行天桥、羲皇大道天河酒厂至啤酒厂段路灯改造，加快颍川西路北延段和颍川东路建设，抓紧协调兰州铁路局天平公司共同实施好北社路还建工程，启动北外环路拓建、107号路西延段、泉湖路、成纪大道东段路面提升改造，打造埠南路等8条示范路、华阳路等6条整洁路、区府路等26条规范路，整治提升6个城市出入口。做好成纪大道城区西段街景整治、仿古街提升改造、310国道马跑泉至元龙段景观改造及桥南集中供热扩容工程。持续推进国家园林城市创建活动，不断提升城市绿化、亮化、美化水平。实施好颍川河马跑泉段防洪及生态环境治理、城区13座桥梁加固维修及美化亮化、市政设施更新和养护工程，抓紧完善规划、适时启动建设东排洪渠、东柯河、颍川河滨水景观和渭河城区段综合治理二期工程，进一步完善城市服务功能，提升城市品位。

加大城市开发改造力度。续建完成恒顺·紫御润园、省建投·上尚宅、天庆·麦积小镇、天邦·翠湖湾、凤凰公馆、锦华名苑、湖畔雅居、华世雅居、育才名苑等住宅小区项目，加快实施雅澜国际、明昊家园、保利·上河雅颂、金地·理想城、秦都·褐石公馆等片区开发改造新城项目。完成公园佳苑一期、颍川佳苑一期和高铁佳苑一期等安置区和保障房后续配套设施建设，加快颍川佳苑二期、双泉家园、崖湾家园、什字坪家园、金驼家园、玉兰家园等棚户区改造和安置区建设，确保重大项目拆迁群众尽快入住。实施好渭滨佳苑、公园佳苑二期、道

北体育中心综合商务楼、桥南国投综合商务楼建设。大力推进翠山新村棚户区改造大沟和石咀安置区、马跑泉主镇区棚户区改造一期安置区、道北棚户区改造及铁路沿线车辆段(天弘园)、机务新村(亲水湾)片区棚户区改造等项目建设,完成团庄城中村改造手续完善和后续建设,启动实施原亚太大酒店、胡王工业园、陇林饭店等片区开发改造,有力推进旧城改造、新城开发。

全力推进新型城镇化综合试点。完成镇级新型城镇化试点方案和剩余34个村庄规划编制,实现村镇规划编制和管理全覆盖。加快推进户籍、土地、投融资、财政、社保等方面的改革,全面推行居住证制度,有序推进农业转移人口市民化。积极申报国家新型城镇化专项建设基金,培育发展特色产业,加快补齐城镇建设短板。不断完善新型城镇化建设项目库,创新多元化可持续投融资机制,鼓励社会资本参与投资新型城镇化项目建设和运营。加快建设智慧城市、绿色城市、海绵城市、人文城市等新型城市,着力增强城镇综合功能和人口、产业吸纳能力。扎实推进甘泉国家级特色小镇建设,完成甘泉玉兰小镇主体和峡门风情小镇后续建设,启动玉兰湾农业文化产业园建设。加快街亭古镇保护开发,完成街亭、温泉片区修建性详规和核心区道路桥梁、景观绿化、生态堤防、供水排污等基础建设,实施好传统院落修缮工程,积极合作引进有实力的投资商做好街亭片区的投资开发、运营管理。加快百花小镇基础设施和接待中心等建设,建成核心景观区和养生度假样板区。实施好新阳胡大传统村落保护开发后续工程,做好花牛镇罗家沟田园综合体项目前期工作。

六、加快发展商贸旅游业,促进第三产业快速发展

以创建国家全域旅游示范区为契机,深入推进文化旅游深度融合发展,大力发展现代商贸服务业,促进第三产业全面升级。

加快建设物流园区。全力配合做好国际陆港规划建设,及时做好土地报批、资金争取、安置区选址建设等工作。争取落实场站建设补助资金,启动东柯河甘泉物流园横七路、横八路建设及配套工程,完成天水邮件处理中心一期工程,引进一批有实力、符合产业定位的物流加工企业入驻园区。完成南崖物流园建设,搬迁桥南建材市场物流园和颍川西路配送中心。完成花牛曹埂社区便民市场、马跑泉龙槐果品市场等后续建设,启动元龙井儿果品市场等提升改造工程,搬迁道北北山路市场,做好马跑泉综合市场和三阳川、伯阳物流园前期工作。

大力发展现代服务业。积极争创国家电子商务进农村综合示范县区,实施好马跑泉、石佛、新阳、五龙、琥珀5镇电子商务服务站提升改造工程,新建村级电商服务点209个。积极开展贫困村电商实用技术培训,打造精品电商服务站和服务点,实现行政村电商服务点全覆盖。加强与校企、知名电商交流合作,建成一批综合性电子商务站和交易中心。加快发展农超对接、连锁经营、快运配送、电子商务、信息服务等现代服务业,构建适应消费需求变化的新型业态。

全力创建全域旅游示范区。创新旅游管理体制机制,组建成立区旅游发展委员会,深入实施全域旅游发展规划,积极构建全域共建、共融、共享的旅游发展新格局。利用"旅游+""生态+"等模式,推进旅游与农业、林业、教育、体育、文化、康养等产业深度融合。加快智慧旅游平台和游客服务中心、停车场、旅游厕所、交通道路、电力通讯、标识标牌、旅游市场等基础设施建设,多方推进景区景点、旅游饭店星级创建、提档升级,编制多种旅游手册、地图,强化旅游宣传推介,全力打造旅游目的地。实施好天水华昌欢乐城建设,完成一期丝路文化街、如见天水剧场、水上乐园等主体工程。完成黄河雕漆文化博览园一期工程。加快推进麦积山自驾游房车露营基地建设,完成道路、停车场等基础设施。全面启动翠园文化产业园一期工程,积极做好麦积世界、卦台山伏羲始祖文化旅游产业园、东柯神农养生谷、中华养蜂鼻祖姜岐故里蜜蜂文化产业园、《苦乐村官》影视基地旅游环线等项目前期工作，加快推进建设。完成全区乡村旅游发展规划编制，开展专业旅游村、乡村旅游示范村创建，全力打造乡村旅游特色品牌。年内新建旅游厕所 10 座，新发展农家乐 70 户以上，接待游客 1700 万人次以上，创旅游综合收入 90 亿元以上。

七、不断深化改革开放，持续增强经济发展活力

坚持新发展理念，深入推进各项改革，全方位扩大对外开放，不断激发全社会创造活力，增强内生发展动力。

加快管理体制改革。深入推进“接放管服”改革，进一步精简行政审批事项，简化审批环节，提高行政审批效率。深化商事制度改革，简化企业注销登记，实现市场准入退出便利化。全面落实“双随机、一公开”监管机制，防范市场风险。积极推进纪检监察、司法及生态文明体制改革，优化综合行政执法体制。持续深化公立医院改革，推进医疗联合体建设，推行家庭医生签约服务，积极落实分级诊疗制度。大力推进教育领域综合改革，健全完善保障教育优先发展机制，鼓励支持民办教育发展，破解城乡教育资源分布不均衡难题，促进教育公平。

深化经济体制改革。深入推进供给侧结构性改革，积极落实“三去一降一补”任务，着力构建促进产业结构优化的体制机制，切实增强经济增长动力和发展活力。全面落实市场准入负面清单制度，大力推动民营企业发展，激发各类市场主体活力。建立健全生态保护补偿机制，不断深化生态文明体制改革。推进农村供销合作社综合改革，规范完善村级供销综合服务社建设。全面开展第三次全国土地调查和第四次全国经济普查工作。

推进财税金融改革。全面贯彻营改增、资源税、消费税和个人所得税等各项税制改革政策，建立健全综合治税信息共享和税收源泉管控机制，严格执行“以地控税”、“以票控税”、委托代征管理制度，依法强化财税征管，巩固和培育财源。大力推进预算体制改革，深化国库集中收付制度改革，加大对优势产业、基础设施、社会事业的投入，严格政府性债务管理，切实把资金用在改善民生、促进发展上。深化投融资体制改革，加快推进麦积农商行改制，规范完善融资平台运行机制，加强金融监管，防范金融风险，推动金融业健康发展。

加强对外交流合作。全面加强与丝绸之路经济带沿线及友好城市、关天经济区等地的协作交流，广泛开展经济贸易、建设规划、基础设施、产业发展、文化旅游等方面的务实合作，促进优势互补、共赢发展。进一步深化东西部扶贫协作交流，加强在电子商务、劳务输转、旅游规划、人才交流等方面的深层次合作，努力形成“优势互补、互惠互利、长期合作、共同发展”的良好格局。积极参加敦煌文博会、兰洽会、西洽会、伏羲文化旅游节等重大节会活动，加强与国内外知名企业、上市公司和央企等方面的洽谈合作，多方招商引进一批大项目、好项目。协办好绿色及可持续发展麦积山论坛，举办好各类精品体育赛事，进一步扩大我区知名度和影响力。

八、协调发展社会事业，不断提升公共服务水平

深入实施科教兴区和创新驱动战略，统筹发展各项社会事业，努力提供多样化服务，让发展成果更多地惠及广大人民群众。

坚持教育优先发展。统筹抓好学前教育、义务教育、普通高中、职业教育和民办教育，全面提升教育公共服务水平。做好天水一中麦积校区、天润学校后续建设，积极推进天润学校与桥南联中联合办学，不断扩大一中麦积校区和天润学校招生规模，续建完成桥南小学教学楼等 7 个全面改薄项目，启动实施龙园中学综合楼、东岔交川幼儿园等 37 个全面改薄、学前教育重点项目，争取实施市九中教学楼、伯阳中心学校教师周转宿舍等中央预算内投资项目，积极协调落实新建大型住宅小区配套建设幼儿园、中小学政策，多方改善办学条件，着力解决城镇学生择校“大班额”问题。加快普通高中特色实验校和示范校建设，优化师资力量配置，加大教师补给和培训力度，提高高中阶段教育质量和普及水平。深化省级可持续发展试验区建设成果，争取实施科技项目60项以上，不断增强区域自主创新能力。

大力发展文化体育事业。实施好双玉兰堂景观提升改造、霍松林文化艺术陈列馆建设，启动麦积剧院、东柯杜甫文化主题公园建设，推进和完善综合性文化服务中心、“历史再现”工程博物馆、农村电影固定放映点等建设，构建覆盖城乡的公共文化服务体系。大力推进体育健身工程，完成道北群众文化体育活动中心建设，启动桥南体育场提升改造工程，完善翠山山地自行车运动训练基地配套设施，积极申报第十四届全运会山地自行车比赛场地，精心筹办好龙舟赛、山地自行车赛、垂钓赛等精品赛事。

提升公共卫生服务水平。加快区中医院、马跑泉中心卫生院、麦积卫生院街亭分院、康宁医院建设，启动广济医院、广业医院建设，争取实施甘泉中心卫生院门诊楼等项目，完成20个标准化村卫生室，不断改善群众就医条件。推进镇卫生院规范化建设，提高卫生院全科医生比例，着力解决村医养老问题，大力发展中医药事业和健康服务，积极引进建设医养结合医院。加强计划生育服务管理，落实各项优先优惠政策，完善利益导向机制，不断提升信息化和优质服务水平。

九、高度关注人本民生，不断增进人民群众福祉

坚持以人民需要为中心，尽心尽力保障改善人本民生，让更多的发展成果转化为惠民实效。

完善社会保障体系。加快全国综合养老示范基地后续工程和配套设施建设，实施好天水人文纪念园及殡葬服务站、综合社会福利院和老年活动中心重建、道南和道北日间照料中心、城乡社区老年人日间照料中心、农村互助老人幸福院等项目建设，推进养老社会化、规范化、常态化。统筹做好社会保险、城乡低保、救灾救济、优抚安置等工作，规范有序推进被征地农民养老保险工作，完善城乡居民医疗保险制度整合。积极开展农民工工资“治欠保支”专项整治行动，落实农民工工资保证金制度，切实维护农民工合法权益。

加强生态环境保护。加强城市管理和环境监管网格化管理，着力整改环境保护突出问题，坚决打好蓝天保卫战，持续改善全区环境质量。严格落实小陇山林区生态环境保护各项措施，严厉打击各类涉矿违法行为，保持矿区安全稳定。全面落实河长制，确保全区境内河道尽早实现“河畅、堤固、水清、岸绿、景美”的目标。深入开展全域无垃圾三年专项治理行动，全面建立农村“农户分类、村组收集（处理）、镇（景区）转运（处理）、市区集中处理”等不同模式的农村垃圾治理体系，推进城乡环卫一体化改革，实施好与北京环卫集团全域无垃圾项目合作，完善和运营伯阳西坪、中滩生活垃圾填埋处理场，推进羲皇大道等重点道路沿线排污管网铺设改造建设，大力整治城市黑臭水体，扎实开展“厕所革命”，分期实施好乡镇污水处理站建设，不断提升城乡环境卫生水平。

全面加强社会治理。积极开展法治宣传教育，深入推进“七五”普法。大力推进全国文明城市创建和社会主义核心价值观十大创建行动，培育社会公德、职业道德、家庭美德、个人品德。完善村规民约，加强新时代农民培训教育，提升农民素质和村庄管理水平。创新社区管理，健全网格化管理体系，提升社区服务职能。深化“平安麦积”建设，完善治安防控体系，提高反恐维稳应急处突能力。全力排查和化解社会矛盾，严厉打击网络诈骗、电信诈骗和非法集资等违法犯罪活动，切实保障群众利益。加强重点行业和领域安全隐患排查治理，坚决遏制重特大事故发生。深入开展国防教育和军民共建活动，加强气象、地震等自然灾害监测预警预报能力建设，全面提升防灾减灾水平。

突出办好民生实事。在全面完成省、市民生实事的同时，全力办好我区民生实事：⑴建成标准化村卫生室20个；⑵完成17镇电商服务站提升改造工程；⑶完成15镇81个行政村农村饮水安全巩固提升工程；⑷实施乡镇和社区体育健身中心1个、行政村农民体育健身工程10个；⑸新增城镇就业1.2万人，输转城乡劳动力11.14万人次，创劳务收入23亿元；⑹扶持200名高校毕业生到企业和基层就业；⑺完成棚户区改造3313套、农村C级危房改造1130户；⑻在城区新建公厕26座、改建5座，建成生活垃圾收集处理站6个、右转弯车道2处，改造人行道3万平方米；⑼提高城乡低保和农村特困供养补助标准；⑽在城区建设港湾式公交车站25处，对城郊和农村公交车、班线车换乘站进行逐步提升改造。

十、加强政府自身建设，努力建设人民满意政府

新时代新任务，对政府自身建设提出了新的更高要求。我们要坚持以人民为中心的思想，坚持不懈地加强政府自身建设，努力建设人民满意的政府。

加强学习，提高能力。全面学习贯彻党的十九大精神和习近平新时代中国特色社会主义思想，认真落实习近平视察甘肃重要讲话和“八个着力”重要指示精神，切实增强政治意识、大局意识、核心意识、看齐意识。注重加强干部队伍对新理念、新政策、新知识和新方法的学习，努力提升研究、运用和落实政策的能力。加强调查研究，深化区情认识，准确把握发展瓶颈、关键环节、重点难点，转变思维方式，推动工作创新，切实增强抓好经济工作和社会管理的能力。

依法行政，民主决策。坚持把法治精神、法治思维、法治方式融入政府工作全过程，坚决服从区委的领导，自觉接受区人大及其常委会的法律监督和工作监督，区政协的民主监督和社会各界的监督，认真听取民主党派、工商联和社会各界的意见建议，做好人大代表建议和政协提案办理工作。坚持法定职责必须为、法无授权不可为，依照法定权限和程序行使职权、履行职责。严格执行重大行政决策公众参与、专家论证、风险评估、合法性审查、集体讨论决定，推动决策科学化、民主化、法制化。

优化服务，提升效能。增强服务意识，优化政务服务，深化政务公开，增强政府公信力和执行力。加强电子政务信息平台建设，积极推行无纸化办公，提升行政工作效能。聚焦经济社会发展突出问题和弱项短板，对照重点工作部署和主要目标任务，坚持“一线工作法”，现场办公解决问题。突出问题导向，加大督查力度，问题不解决不销号，任务不完成不放过。强化责任落实，层层传导压力，严肃问责追责，促进依法履职尽责，确保各项决策部署落地生根。

求真务实，改进作风。始终把加快发展作为第一要务，把干好事业作为第一追求，积极践行“三严三实”，勇于改革创新，强化责任担当，切实转变作风。综合运用法律、政策、经济、行政等手段和教育、调解、疏导等办法，把群众合理合法的利益诉求解决好。结合“三纠三促”专项行动，加强对重点领域、关键环节、重要岗位权力运行的监督制约，坚决纠正损害群众利益的不正之风，坚决整治庸懒散软拖等不作为、慢作为、乱作为现象，形成作风建设的高度自觉。

严于律己，勤政廉政。按照习近平总书记“持之以恒正风肃纪”的部署要求，不断加强纪律作风建设，深入持久纠正“四风”问题，健全激励和容错纠错免责机制，让干部敢干事、能干事、想干事，形成干事创业的良好氛围。巩固拓展中央“八项规定”精神，严格执行廉洁自律准则和各项规定，认真履行主体责任和“一岗双责”，抓好党风廉政建设，推动监察和审计全覆盖，保持政府系统廉洁高效。

各位代表，新的机遇，令人鼓舞，新的挑战，催人奋进。我们要在市委、市政府和区委的坚强领导下，在区人大和区政协的监督支持下，团结带领全区人民，不忘初心、牢记使命，锐意进取、主动作为，扎实做好各项工作，为坚决打赢脱贫攻坚战、决胜全面建成小康社会、建设幸福美好新麦积而努力奋斗！

2017年麦积区国民经济和社会发展统计公报

一、综合

初步核算，全年全区实现生产总值175.3亿元，比上年增长4.7%。其中，第一产业增加值13.6亿元，增长6.1%；第二产业增加值74.1亿元，增长3.5%；第三产业增加值87.6亿元，增长5.8%。三次产业结构比为7.8：42.2：50.0。

年末全区常住人口56.81万人，比上年末增加0.28万人。其中，城镇人口30.89万人，占常住人口比重为54.37%，比重比上年末提高2.32个百分点。全年出生率为12.38‰，死亡率为6.93‰，人口自然增长率为5.45‰。

年末全区就业人员13.08万人；年末实有失业人员0.42万人；年末城镇登记失业率为3.11%。

全年居民消费价格比上年上涨1.5%。

全年一般公共预算收入5.4亿元，比上年增长8.0%。其中，税收收入3.7亿元，增长4.25%；非税收入1.7亿元，增长17.19%。一般公共预算支出38.2亿元，增长13.21%。其中，一般公共服务支出2.9亿元，增长16.68%；城乡社区支出2.19亿元，增长32.13%；公共安全支出1.45亿元，增长8.44%；教育支出9.22亿元，增长25.01%；农林水支出6.74亿元，增长30.72%；医疗卫生与计划生育支出4.56亿元，增长12.41%。

表1 生产总值及其增长速度

单位：亿元、%

指　标	绝对数	比上年增长
生产总值	175.3	4.7
第一产业增加值	13.6	6.1
第二产业增加值	74.1	3.5
工业	61.0	3.1
建筑业	13.6	5.7
第三产业增加值	87.6	5.8
#交通运输、仓储和邮政业	8.8	11.1
批发和零售贸易业	20.4	3.3
住宿和餐饮业	5.1	6.4
金融业	9.3	2.1
房地产业	5.6	8.4

二、农业

全年粮食总产量16.42万吨，比上年减产2.31%。其中，夏粮产量6.13万吨，增产6.79%；秋粮产量10.29万吨，减产0.19%。

粮食作物种植面积63.13万亩，比上年增加0.11万亩；油料种植面积7.74万亩，减少0.14万亩；蔬菜种植面积9.52万亩，增加0.46万亩；中药材种植面积1.22万亩，与去年持平。果园面积24.2万亩，增加0.15万亩。

主要经济作物中，油料产量 1.14 万吨，增产 3.48%；蔬菜产量 23.02 万吨，比上年增产 6.73%；园林水果产量 29.97 万吨，增产 7.19%；中药材产量 3763.8 吨，增产 6.99%。

全年肉类总产量 9341.8 吨，比上年增长 1.72%。其中，猪肉产量 7513.1 吨，增长 2.49%；牛肉产量 939.8 吨，增长 5.04%；羊肉产量 209.1 吨，增长 3.68%；禽肉产量 612.9 吨，下降 12.13%。年末大牲畜存栏 4.57 万头（只），比上年末下降 1.3%。牛存栏 3.52 万只，减少 1.4%；牛出栏 0.94 万只，增长 5.62%。羊存栏 2.68 万只，增长 5.1%；羊出栏 1.39 万只，增长 3.73%。生猪存栏 8.99 万头，下降 7.03%；生猪出栏 10.73 万头，增长 2.48%。

全年水产品产量 270 吨，增长 3.85%。

表 2 主要农产品产量及其增长速度

产品名称	单位	产量	比上年增长(%)
粮食	吨	164193.8	2.31
油料	吨	11367	3.48
# 油菜籽	吨	8623	3.01
中药材	吨	3763.8	6.99
园林水果	吨	299702.5	7.19
蔬菜	吨	230184	6.37
肉类	吨	9341.8	1.72
# 猪肉	吨	7513.1	2.49
牛肉	吨	939.8	5.04
羊肉	吨	209.1	3.68
禽肉	吨	612.9	-12.13
水产品	吨	270	3.85

三、工业和建筑业

全年全部工业增加值 61 亿元，比上年增长 3.1%。规模以上工业增加值 47.2 亿元，增长 2.8%。在规模以上工业中，分经济类型看，国有及国有控股企业完成工业增加值 43.4 亿元，增长 3.2%；股份制企业完成工业增加值 3.6 亿元，增长 0.4%；外商及港澳台投资企业完成工业增加值 0.16 亿元，下降 19.5%。分轻重工业看，轻工业增加值 45.0 亿元，增长 3.3%；重工业增加值 2.1 亿元，下降 6.5%。

全年啤酒产量 29342.7 千升，下降 14.5%；果汁产量 2.1 万吨，增长 15.1%；卷烟产量 2000754 万支，增长 8.1%；水泥 40.4 万吨，下降 44.4%；商品混凝土 135.9 万立方米，下降 11.35%；乳制品 4533.4 吨，下降 9.1%；纱 1077.5 吨，下降 21.4%。

表 3 主要工业产品产量情况

产品名称	单位	产量	比上年增长(%)
卷烟	万支	2000754	8.1
金属切削机床	台	932	1.7
锻压机床	台	254	81.4
果汁饮料	吨	2	15.1
商品混凝土	万立方米	135.9	-11.35
啤酒	千升	29342.7	-14.5
水泥	万吨	40.4	-44.4
乳制品	吨	4533.4	-9.1
纱	吨	1077.5	-21.4

全年规模以上工业企业实现利润总额 3369 万元，比上年净减 1.1 亿元，其中国有及国有控股企业实现利润 397.4 万元，比上年净增 901.8 万元。规模以上工业亏损企业亏损额 1.4 亿元，比上年增长 73.6%，其中股份制及其它企业亏损额 1.3 亿元，增长 73.1%。年末规模以上工业企业资产负债率为 58.46%，比上年末上升 1.13 个百分点。

全年建筑业实现增加值 13.6 亿元，比上年增长 5.7%。

四、固定资产投资

全年固定资产投资 115.6 亿元，比上年增长 4.31%。按三次产业分，第一产业投资 5.6 亿元，下降 42.7%；第二产业投资 9.5 亿元，下降 2.8%，其中工业投资 9.5 亿元，下降 2.8%；第三产业投资 100.5 亿元，增长 10.1%。

全年房地产开发投资 9.3 亿元，比上年增长 24.38%。

五、国内贸易和对外经济

全年社会消费品零售总额 101.2 亿元，比上年增长 9.05%。按经营地统计，城镇消费品零售额

94.5 亿元,增长 9.23%;乡村消费品零售额 6.7 亿元,增长 6.53%。

全年批发业实现商品销售额 113.8 亿元,比上年增长 10.36%;零售业实现商品销售额 73.6 亿元,增长 6.64%;住宿业实现营业额 1.95 亿元,增长 13.93%; 餐饮业实现营业额 13.8 亿元, 增长 14.7%。

六、交通、邮电和旅游

全年交通运输、仓储和邮政业实现增加值 8.8 亿元,比上年增长 11.1%。

年末公路里程达到 1921.3 公里,增加 75.7 公里。行政村通车率达到 100%。

全年完成邮电业务总量 1.5 亿元, 比上年增长 13.6%。其中: 电信业务总量 0.9 亿元, 增长 17.4%;邮政业务总量 0.5 亿元,增长 7.3%。互联网上网用户 22.3 万户,增长 138%。

全年接待国内外游客 1469.1 万人次,比上年增长 28%。其中,接待国外游客 1997 人次,比上年增长 326.3%; 旅游综合收入 75.4 亿元, 增长 36.2%。

七、金融

年末全区金融机构人民币各项存款余额 242.7 亿元,增长 7.22%,其中住户存款余额 174.1 亿元,增长 7.16%。金融机构各项贷款余额 179.9 亿元,增长 13.38%。

八、人民生活和社会保障

全年全区城镇居民人均可支配收入 24973.1 元,增长 8.6%;农村居民人均可支配收入 7056.5 元,增长 8.5%。按常住地分,城镇居民人均消费支出 10481.7 元,下降 2.56%;农村居民人均消费支出 8216.4 元,比上年增长 6.6%。

年末全区参加城镇职工基本养老保险人数 2.1 万人,其中职工 1 万人,离退休人员 1.1 万人。参加城乡居民基本养老保险人数 29.24 万人,比上年增长 0.03 %。参加城乡基本医疗保险人数 8.91 万人。其中,参加职工基本医疗保险人数 2.56 万人,下降 0.37 %;参加城乡居民基本医疗保险人数 6.35 万人。参加失业保险人数 1.13 万人,与去年持平。参加工伤保险人数 1.73 万人, 增长 6.66%。参加生育保险人数 1.78 万人, 增长 2.74 %。全年各项社会保险基金总收入 4.1 亿元,各项社会保险基金总支出 5.66 亿元。全年资助 1.6 万人参加基本医疗保险。

九、教育和科学技术

普通高级中学 8 所,在校生 1.23 万人,下降 1.6%。初级中学 18 所,九年一贯制 16 所,在校生 1.97 万人,下降 3.29。普通小学 99 所,教学点 162 个,在校生 4.07 万人,增长 7.24%。幼儿园 151 所,在园幼儿 1.87 万人,增长 4.35%。学前三年毛入园率 91.83%,九年义务教育巩固率 95.62%,高中阶段毛入学率 92.51%。完全中学 1 所、中职学校 2 所、教师进修学校 1 所。

全区共建成国际级和省级企业技术中心 10 家,建立企业研发中心 21 家,通过认证的高新技术企业 6 家; 共 22 项成果获得区科技进步奖,其中一等奖 5 项,二等奖 11 项,三等奖 6 项,奖励金额 25.76 万元;受理专利申请 298 件,其中发明专利 30 件, 实用新型专利 129 件, 外观设计专利 139 件。

十、文化、卫生和体育

年末广播综合人口覆盖率 99.7%, 与上年持平;电视综合人口覆盖率 99.2,与上年持平。

年末全区共有医疗卫生机构 640 个, 其中医院、卫生院 55 个,妇幼保健院 1 个,专科疾病防治所 1 个,社区卫生服务中心(站)24 个。卫生机构拥有床位 4511 张。卫生机构职工数 2352 人,其中城区卫生机构职工 1682 人,乡镇卫生院职工 670 人。

全年体育事业经费支出 1057 万元。体育场地 700 个,实施体育惠民工程 10 个。

十一、环境和安全生产

全年平均气温为 12.7℃,与上年持平;年日照小时数 1934.4 小时,比上年减少 178.2 小时;年降水量 660.5 毫米,比上年增加 200.2 毫米;全年无霜期 210 天,比去年增加 31 天。

全年共发生各类生产安全事故 22 起,比上年上升 69.2%;死亡 20 人,下降 4.7%;受伤 4 人,下降 80.9%；直接经济损失 4.85 万元，下降 99.4%。

注：

1.本公报各项统计数据为初步统计数。部分数据因四舍五入的原因，存在着与分项合计不等的情况。

2.生产总值、各产业增加值绝对数按现价计算，增长速度按不变价计算。

3.物价价格指数均采用全市数据。

4.规上工业财务相关指标不含天水卷烟厂。

5.人民生活数据由国家统计局麦积调查队提供。

6. 本公报中社会保障数据来自区人社局，财政数据来自区财政局，货币金融数据来自中国人民银行天水支行，旅游数据来自区旅游局，交通运输数据来自区交通局、区公安分局，教育和体育数据来自区教体局，气象数据来自区气象局，文化数据、广播、电视数据来自区文广局，卫生数据来自区卫生局，安全生产数据来自区安监局，科技数据来自区科协和区科技局。

大事记

一月

3日—4日 区委书记张智明主持召开经济社会发展重点工作重点项目总结谋划汇报会。区领导贾应珍、成少平、杨续祥、吴健、牛新虎、赵继文、高志强等出席会议。

5日 区委书记张智明主持召开新调整科级干部任前集体谈话会。区领导成少平、吴健、荀钟灵、赵继文出席会议。

是日 区委副书记吴健主持召开全区村和社区“两委”换届工作推进会。区领导赵继文、杜根祥出席会议。

9日 副市长郝文杰带领市房管局主要负责人深入麦积区对棚户区改造项目建设工作进行督查。区领导张智明、吴健、樊华一同督查。

14日 区委书记张智明主持召开乡镇街道、区直部门党(工)委书记抓基层党建工作述职评议大会。市委组织部副县级组织员、组织二科科长张靖泰,干部监督科苏天仙出席指导会议。区领导吴健、张麟、牛新虎、赵继文等出席会议。

是日 区委书记张智明主持召开保障农民工工资支付工作专题会议。区领导吴健、牛新虎出席会议。

16日 中国共产党甘肃省第十二届纪律检查委员会第七次全体会议在兰州召开。张智明、贾应珍、杨续祥、吴健等区四大组织在家领导在麦积分会场收听收看会议实况。

17日 市委常委、统战部部长温利平带领市委考核组对麦积区2016年度市管领导班子及领导干部工作政绩、党风廉政建设、基层组织建设和人才工作进行考核。张智明、贾应珍、杨续祥等区四大组织领导和有关单位主要负责人参加会议。

18日 张智明、杨续祥带领相关部门负责人走访慰问部分老干部、困难党员、优秀知识分子、残疾人及二女户等。区领导赵继文、杨根林、吴建武、杜根祥等一同参加慰问。

是日 区委书记张智明带领区委办负责人深入花牛镇白家河村开展节前慰问活动，并对白家河村精准扶贫精准脱贫工作进行督查指导。

19日 市委副书记、市长杨维俊带领市直相关部门负责人深入麦积区慰问困难群众、困难企业、困难党员和优秀知识分子、劳动模范等。市区领导蒲朝晖、程伟东、逯克宗、张发魁、王祥林、张智明、牛新虎一同参加慰问。

20日 张智明、杨续祥带领相关部门负责人，对驻区部队及部分重点项目建设单位进行春节前走访慰问。区领导牛新虎、赵双喜、杜根祥一同参加慰问。

23日 省人大常委会党组书记、副主任罗笑虎，省人大常委会副秘书长、办公厅主任马森，省财政厅副厅长祁建邦，省人大常委会办公厅综合处处长包义成一行深入麦积区开展“送温暖”慰问活动。市区领导王锐、王光庆、杨维俊、王国先、贾应珍、成少平等参加慰问活动。

是日 市委副书记、市长杨维俊全程参加指导区委常委班子2016年度民主生活会。市领导王祥林、熊卫三、剡海明出席指导会议。贾应珍、杨续祥列席会议。

24日 张智明、贾应珍、杨续祥、汪亚伟、成红梅一行专程赴陕西周至县楼观台，看望全国政协常委、全国政协民族和宗教委员会副主任、中国道教协会咨议委员会主席任法融。

25日 区委书记张智明主持召开区委常委会议。学习中央和省委政法工作会议以及省市宗教工作会议精神；听取2016年经济指标完成情况等工作汇报；研究2016年接收转业士官安置等事宜。

是日 麦积区隆重举行2017年迎春茶话会。区领导张智明、贾应珍、成少平、杨续祥等区四大组织在家领导与前来参加茶话会的单位、部门负责人及社会各界人士代表欢聚一堂，喜迎鸡年新春佳节。

26日 张智明、贾应珍带领相关部门主要负责人，前往区环卫局、天水自来水公司麦积水厂、华瑞热力公司等单位，看望慰问坚守和奋战在基层一线的广大干部职工。区领导杜峥嵘、成红梅、赵延祺等一同参加慰问活动。

二月

3日 张智明、贾应珍、成少平、杨续祥等四大组织在家领导，深入部分区直各机关单位，对春节后恢复正常上班的干部职工进行走访慰问。

4日 区委书记张智明主持召开区委常委会议。学习省委农村工作会议和全省扶贫开发工作会议精神，研究贯彻落实意见。

6日 市委常委、常务副市长赵卫东带领市发改委负责同志深入麦积区，对宝兰客专项目协调保障工作进行现场督查。区领导张智明、赵双喜、王启峰参加督查活动。

8日 区委书记张智明参加指导花牛镇党委2016年度领导班子民主生活会。

9日 区委书记张智明主持召开麦积区公车制度改革情况汇报会。区领导汪亚伟、樊华出席会议。

10日 区委副书记吴健参加指导中滩镇党委2016年度领导班子民主生活会。

13日—14日 区委、区政府召开全区脱贫攻坚领导小组(扩大)会议。张智明、贾应珍、成少平、杨续祥、吴健、张麟、牛新虎等四大组织在家领导出席会议。

16日 省人民检察院党组书记、检察长路志强一行深入麦积区，就项目预防工作、乡镇检察室建设、“保民生、促三农”专项行动等检察工作进行调研。市区领导蒋晓强、张发魁、张智明、牛新虎、杜峥嵘、高志强等参加调研。

17日 市委副书记王军深入麦积区专题调研重点项目建设及农业产业发展情况。市区领导于旭峰、成少平、李凤奇、吴健、长牛新虎、长王启峰一同调研。

20日 区委、区政府召开大气污染防治暨环境突出问题整改落实工作推进会议。张智明、成少平、杨根林、刘海鹰等区四大组织领导出席会议。

是日 区委书记张智明主持召开宝兰客专麦积段联调联试协调保障工作调度会。区领导成少平、高志强、赵双喜、王启峰、杨树棠出席会议。

22日 张智明、成少平带领相关部门、单位专题督查天水高铁南站站前广场综合交通枢纽协调保障及高铁佳苑项目建设，并召开调度会。区领导牛新虎、赵双喜一同督查并参加会议。

23日 市委常委、统战部部长温利平带领调研组在麦积区开展统战工作专题调研。市区领导马全荣、张智明、汪亚伟出席调研座谈会并陪同调研。

27 日 省政协副主席张世珍带领省政协视察组深入麦积区视察天水太昊大型客机改货机、中航天水飞机工业有限责任公司、天水高铁南站片区等重点项目建设。省政协常委、港澳台侨和外事委员会主任黄周全等一同视察。市区领导郝文杰、刘永年、王小林、成少平、杨续祥、辛国俊、吴健等参加视察活动。

28 日 副市长霍卫平带领市农业局、林业局负责人深入麦积区调研农业农村工作。区领导成少平、吴健、王启峰一同调研。

三月

7 日 区委、区政府召开全区大气污染防治工作推进会议。区委书记张智明出席会议并讲话。区领导成少平、杨根林、樊华、成红梅、杜根祥、王启峰参加会议。

是日 区委书记张智明主持召开区委常委会议。会议学习习近平总书记在中央政治局第三十九次集体学习时的讲话；听取区委八届二次全体会议暨全区经济工作会议筹备情况汇报；讨论《八届区纪委二次全会工作报告(讨论稿)》；传达七届市纪委二次全体会议等会议精神，并研究贯彻落实意见。

8 日 省第八考核组组长、省委农工办副主任朱宝莹带领省考核组成员，对麦积区 2016 年度脱贫攻坚工作成效及贫困县区党政领导班子和党政正职经济社会发展实绩进行考核。市领导霍卫平、任留栓以及张智明、贾应珍、成少平、杨续祥等区四大组织在家领导参加会议和考核活动。

9 日 区委书记张智明主持召开区委八届二次全体会议暨全区经济工作会议。贾应珍、成少平、杨续祥等区四大组织在家领导出席会议。

11 日 中国共产党天水市麦积区第八届纪律检查委员会召开第二次全体会议。区委书记张智明出席会议并讲话。市纪委副书记熊卫三指导会议。区领导贾应珍、成少平、杨续祥、吴健、张麟、牛新虎、杜峥嵘等出席会议。

是日 区委、区政府召开全区政法工作会议。区委书记张智明出席会议并讲话。区领导成少平、杜峥嵘、高志强、方明太、杜根祥、成映平出席会议。

15 日 区委副书记吴健主持召开全区河道综合整治工作会议。区领导刘海鹰、王启峰、杨树棠出席会议。

是日 区委副书记吴健主持召开 2017 年重大动物疫病防控暨畜牧工作会议。区领导刘海鹰、王启峰、杨树棠出席会议。

16 日 区领导吴健、王启峰带领区农业局、林业局等部门负责人，深入相关镇就当前农业重点工作进行督查和指导。

17 日 全省学习贯彻全国两会精神领导干部大会在兰州召开。张智明、贾应珍、杨续祥、苟钟灵、汪亚伟等区四大组织在家领导在麦积分会场收看会议视频。

18 日 区委副书记吴健主持召开省委第二巡视组反馈意见整改落实情况“回头看”工作汇报会。区领导苟钟灵出席会议。

20 日至 21 日 天津市西青区委常委、组织部部长李东升，西青区政府副区长方伟带领相关单位、部门负责人专程深入麦积区就扶贫协作和对口帮扶事宜进行考察调研与协商对接。区领导张智明、贾应珍、杨续祥、吴健、牛新虎、赵继文等一同考察。

22 日 天津市西青区对口帮扶麦积区座谈会召开。李东升、方伟、张智明、成少平、王洪生、毛玉虎、王学锁、吴健、赵继文、赵双喜、王启峰等参加会议。天津医院专家王志达应邀参加会议。座谈会后，双方举行实施携手脱贫攻坚奔小康行动签约仪式。

是日 区委书记张智明主持召开区委理论中

心组学习会议。会议传达学习《中共中央办公厅关于印发 < 中国共产党党委(党组)理论学习中心组学习规则 > 的通知》《中共甘肃省委办公厅关于 < 认真学习习近平总书记在中央政治局第三十九次集体学习时的重要讲话精神切实做好精准扶贫精准脱贫工作 > 的通知》等。

是日 区委书记张智明主持召开区委常委会议。会议学习市政府关于中央第三巡视组巡视“回头看”反馈意见和有关审计问题整改工作等会议精神;听取工商联(民间商会)换届工作情况汇报;研究 2016 年度全区农业农村工作先进集体和先进个人表彰奖励等事宜。

24 日 麦积区全民义务植树活动在石佛镇北山全面展开。区领导张智明、贾应珍、成少平、杨续祥等四大组织在家领导一起开展义务植树活动。

是日 区委、区政府召开农村基层党建工作暨脱贫攻坚工作会议。张智明、贾应珍、成少平、杨续祥等四大组织在家领导及各部门、单位及驻区有关单位主要负责人、各行政村党支部书记等参加会议。

27 日 麦积区召开违法用地违法建筑管控查处整治专题会议。区委书记张智明出席会议并讲话。区领导成少平、牛新虎、苟钟灵、高志强、杨根林、杜根祥出席会议。

是日 区领导张智明、成少平带领区直相关部门、单位主要负责人,深入麦积区东部水源地保护区周边督查环境综合整治工作。高志强、杜根祥一同督查。

是日 区领导张智明、成少平带领区直相关部门、单位主要负责人,督查庄天公路沿线及社棠镇区环境综合整治工作。杜根祥一同督查。

28 日 市委副书记王军深入麦积区调研春季植树造林、旱作农业顶凌覆膜、春季畜禽防疫、劳务输转等农业农村重点工作。市区领导于旭峰、张智明、吴健一同调研。

29 日 省委常委、副省长黄强对宝兰客专联调联试进展情况进行调研,并就天水南站综合交通枢纽及站前广场项目建设进展情况进行督查。市区领导王锐、赵卫东、张智明、成少平、杨永晖、牛新虎等参加调研活动。

是日 麦积区召开全区宗教工作会议暨 2017 年全区统战工作会议。区委书记张智明出席会议并讲话。区领导成少平、汪亚伟、吴建武、杜根祥、杨树棠出席会议。

30 日 区委书记张智明主持召开 2016 年度绩效考核后进单位约谈会。区领导吴健、苟钟灵、赵继文参加约谈。

是日 区委书记张智明主持召开 2017 年统筹整合使用财政涉农资金专题会议。区领导吴健、牛新虎、王启峰出席会议。

31 日 区委副书记吴健主持召开创建国家园林城市工作推进会。区领导牛新虎、刘海鹰、王启峰、杨树棠出席会议。

是日 区委书记张智明带领区直相关部门、单位和镇主要负责人,就全区重大项目征地拆迁协调保障工作进展情况进行专题督查与指导。区领导牛新虎、高志强、杨根林、石胜利、赵双喜参加督查活动。

是日 区委办公室召开机关党支部 2016 年度组织生活会。区委书记张智明参加会议并讲话。

四月

1 日 区领导张智明、成少平带领区直有关部门单位负责人专题督查大气污染防治和环境整治工作。高志强、汪亚伟、杨根林、杜根祥一同督查。

5 日 市委副书记、市长杨维俊带领市直有关部门、单位主要负责人,深入麦积区就天水商贸城项目建设工作进行专题督查与指导。市区领导何东、王祥林、焦新德、杨胜利、张智明、成少平、李尚平、牛新虎参加督查活动。

6 日 区委书记张智明带领区委办、政府办、发改、财政、建设等部门单位负责人，就包抓重点项目进展情况进行督查指导。区领导杨根林、樊华一同督查。

是日 区委副书记吴健带领区委办、建设局等单位负责人，就包抓重点项目建设工作进行督查指导。

7日 区委书记张智明深入渭南镇督查精准扶贫精准脱贫工作。张麟、余金龙一同督查。

10日 省农牧厅畜牧处副处长米小泉带领考察组一行，来麦积区就拟申报的天水国家现代农业产业园发展情况进行考察。市区领导张智明、成少平、王学峰、逯国文、孙晓、张麟、王启峰等陪同考察。

是日 麦积区2017年村党支部书记培训班在区委党校开班。区委书记张智明出席开班仪式并讲话，区领导赵继文出席开班仪式。

11日 区委书记张智明带领区委办、扶贫办、水务局等单位负责人，深入石佛镇就精准扶贫精准脱贫工作和北山供水改造提升工程建设情况进行督查指导。余金龙一同督查。

12日 区委、区政府召开扶贫审计反馈疑似问题信息核查整改工作安排会议。区领导张智明、成少平、吴健、方明太、杨彦芳出席会议。

是日 区领导张智明、成少平带领区直相关部门、镇主要负责人，对麦积山大景区及旅游公路建设协调保障工作进行专题督查与调研。康泰来、杨根林、成红梅、王启峰一同督查。

是日 区委副书记吴健主持召开河道综合整治工作推进会议。王启峰出席会议。

13日 中央第七环境保护督察组督察甘肃情况反馈会在兰州召开。张智明、成少平、杨续祥、吴健、苟钟灵、赵继文等区四大组织在家领导在麦积分会场收看会议视频。

14日 区委书记张智明主持召开区委常委会议。会议学习《甘肃省推动全面从严治党主体责任落实督查办法(试行)》;传达全市保密工作会议精神;讨论《区委常委会带头履行全面从严治党基本职责工作制度》等;听取汇财公司工作开展情况汇报等事宜。

15日 区四大组织领导张智明、贾应珍、成少平、吴健等，带领相关区直部门负责同志，对第一季度全区重点项目进展情况进行督查指导。

是日 区委、区政府召开全区重点项目督查推进会。张智明、贾应珍、成少平、吴健、牛新虎等区四大组织在家领导出席会议。

是日 区委书记张智明主持召开党政联席会议。区领导成少平、吴健、牛新虎、苟钟灵、赵继文、杜峥嵘、高志强等出席会议。

17日 区委、区政府召开环境保护领导小组工作会议。区领导张智明、成少平、牛新虎、杜峥嵘、高志强等出席会议。

17日至18日 省政府研究室副巡视员张泽林、农村处处长陈祖贵，省农村经济管理总站站长雷耀武等相关人员，就麦积区农村集体经济发展和脱贫攻坚资金到位及安排使用等情况进行专题调研。区领导吴健、高志强陪同调研。

19日 省渔业渔政工作会议在麦积区召开，并现场观摩麦积区休闲渔业发展工作。省农牧厅副厅长妥建福、省农牧厅渔政处处长王武松，市区领导霍卫平、张智明、张麟、王启峰等出席会议。

是日 区委、区政府召开全区安委会2017年第二次全体(扩大)会议。区委书记张智明出席会议并讲话。区领导杜峥嵘、吴建武、樊华、杜根祥、赵延祺出席会议。

20日 区领导张智明、吴健、王启峰带领区直相关单位、部门负责人前往天津市西青区进行回访考察，并就对口帮扶相关事宜进行具体对接洽谈。

24日 市委、市政府在秦州大剧院召开全市创建全国文明城市动员大会。区委书记张智明代表麦积区作表态发言。

是日 区委书记张智明前往新阳镇凤凰敬老

院看望老人,为他们送去党和政府的深情关怀。

24日至25日 省安全生产第二巡查组副组长、省政府督查室副主任李政伟带领巡查组在麦积区巡查安全生产工作。区领导张智明、杜峥嵘、杜根祥一同督查。

25日 由全国政协常委、全国政协民族宗教委副主任任法融捐助,市、区两级政府配套建设的麦积区石佛北山供水改造提升工程正式竣工通水。任法融出席竣工仪式并讲话,市区领导王锐、杨维俊、宋建平、唐宏伟、王祥林、汪杰刚、张陇平、张智明、成少平、吴健等出席竣工仪式。

27日 区委、区政府召开马跑泉片区重点项目建设工作推进会。区领导张智明、成少平、吴健、杜峥嵘、高志强出席会议。

是日 区委书记、关工委主任张智明主持召开关心下一代工作座谈会。市关工委主任李世荣出席指导会议。成红梅、张钰等出席会议。

28日 区委书记张智明带领区直有关部门、单位主要负责人,对麦积山大道沿线行车安全和旅游景区安全工作进行专题督查。区领导杜根祥一同督查。

五月

3日 市委副书记、市委党校校长王军一行深入麦积区就党校工作进行专题调研。区领导张智明、吴健、赵继文陪同调研。

是日 区委、区政府召开党政联席会议,传达全市"双审"工作会议精神和省安委会安全生产第二巡查组反馈意见。区领导张智明、成少平、吴健、张麟、牛新虎、苟钟灵、赵继文等出席会议。

5日 宝兰客专(甘肃段)开通运营全省护路联防工作推进会在麦积区召开。省委政法委副书记、省综治办主任、省综治委铁路护路联防领导小组副组长牛纪南,省综治委铁路护路联防领导小组成员、兰州铁路局党委副书记、纪委书记苏军等,市区领导蒋晓强、张智明、杜根祥出席会议。

是日 区委书记张智明主持召开全区农村土地承包经营权确权登记颁证工作推进会议。区领导吴健、张麟、窦顺良、王启峰、杨树棠参加会议。

是日 麦积区召开扶贫审计反馈疑似问题信息核实整改暨扶贫项目建设推进会议。区委书记张智明出席会议并讲话。区领导吴健、张麟、窦顺良、王启峰、杨树棠出席会议。

是日 区委副书记吴健主持召开麦积区2017年抗旱防汛工作会议。区领导张麟、窦顺良、王启峰、杨树棠出席会议。

8日 麦积区召开迎接义务教育均衡发展省级督导评估安排会。区领导张智明、杨根林、赵双喜、成红梅、杨彦芳出席会议。

9日 麦积区召开义务教育均衡发展省级督导评估汇报会。省政府教育督导评估组组长闫林德及督导组成员,市区领导张建杰、伏金祥、张智明、杨根林、赵双喜、成红梅、杨彦芳等出席会议。

10日 省环保厅副厅长闫子江带领督查组一行来麦积区,就今年第二季度大气污染防治改造措施落实情况进行督查。市区领导温利平、张智明、杜根祥一同督查。

12日 区委书记张智明深入五龙镇、新阳镇就精准扶贫工作情况进行督查指导。区领导张麟等一同督查。

13日 区领导张智明、成少平带领区直相关部门、单位主要负责人深入东岔镇就宝兰客专东岔站、东岔汽车站建设以及G310国道至东岔车站沿线综合开发建设、东岔镇政府至宝天高速东岔出口沿线街景整治等工作进行专题督查。谈启明、王启峰、杨树棠参加督查。

14日 区委书记张智明主持召开麦积区精准扶贫第三方评估相关工作专题培训辅导会。北京师范大学资源管理学院党委书记刘学敏教授,北京师范大学资源管理与土地研究所李强教授,中央党校党史部程连升教授三位专家应邀参会。区党政班子成员,区人大、区政协联系领导参加会议。

15日 市委常委、组织部部长王正茂带领市直相关部门负责人，深入麦积区就基层党建和包抓重点项目建设情况进行专题调研与指导。区领导张智明、赵继文、樊华一同调研。

16日 区委书记张智明主持召开区委常委会(扩大)会议。会议传达市委常委会(扩大)会议及全市提升统计质量工作会议精神；听取中央环保督察反馈意见整改情况汇报；通报全区元至4月主要经济指标完成情况、重点项目建设情况等。

17日 市委副书记、市政府党组书记王军深入麦积区,专题就2017年市列重大项目建设情况进行调研督查。市区领导赵卫东、王祥林、左绍君、王小春、杨文元、张栋梁、高翔宇、张永刚、张智明、成少平等参加调研活动。

18日 区委书记张智明主持召开区委理论中心组学习会议。会议传达学习习近平总书记在中央全面深化改革领导小组第三十三次会议上的讲话精神、《甘肃省脱贫攻坚责任制实施办法》及《甘肃省党委(党组)网络意识形态工作责任制实施细则》。

是日 区委书记张智明主持召开区委常委会议。会议集中学习《中央纪委公开曝光七起违反中央八项规定精神问题》;听取区委第三轮巡察工作筹备情况、天水市创建全国文明城市麦积区动员大会筹备情况汇报;讨论《麦积区创建全国文明城市2017-2020年工作计划》《天水市麦积区“明查暗访督查年”工作实施方案》等。

19日 区委书记张智明深入道北街道张家村等地,实地查看“5·18”暴雨对群众生产生活的影响情况,检查指导道北街道城中村建设等工作。

是日 区委、区政府召开天水市创建全国文明城市麦积区动员大会。市文明办主任张秀丽出席指导会议。区领导张智明、成少平、杨续祥、吴健、苟钟灵、赵继文、杜峥嵘、高志强等出席会议。

20日 麦积区召开第三轮村级组织党风廉政建设巡察工作动员会。区委书记张智明出席会议并讲话,区领导吴健、苟钟灵、赵继文参加会议。

是日 区委、区政府召开第二十八届中国天水伏羲文化旅游节组委会全体会议。区领导张智明、成少平、吴健、牛新虎、杜峥嵘、杨根林等出席会议。

六月

3日 市委副书记、代市长王军带领相关部门负责人深入麦积区，对城市建设重点项目进行调研。市区领导何东、王祥林、张智明、牛新虎参加调研活动。

5日 区委书记张智明主持召开区委全体会议,传达学习省第十三次党代会精神。区委委员贾应珍、杨续祥、吴健、张麟、苟钟灵、赵继文、杜峥嵘、高志强等出席会议。

是日 麦积区召开全面深化改革领导小组第六次全体会议。区委书记张智明出席会议并讲话,区领导贾应珍、杨续祥、吴健、张麟、苟钟灵、赵继文、杜峥嵘、高志强等出席会议。

6日 区领导张智明、贾应珍、杨续祥、杨根林等带领招委各成员单位及区直相关部门负责人,深入城区各考点和区高考指挥中心,对全区高考备考工作进行巡查。

7日 市委书记王锐、市委副书记、代市长王军带领市直相关部门,对宝兰客专天水南站至东岔站沿线环境整治工作进行检查。市区领导蒋晓强、赵卫东、王祥林、张智明、成少平等参加检查活动。

8日 市扶贫办主任杨保珍一行深入麦积区，就精准扶贫精准脱贫工作进行专题调研与督查。区领导张智明、高志强、王启峰等一同调研。

是日 区领导张智明、成少平带领相关部门、单位负责人，就伏羲文化旅游节及龙舟公开赛筹备和环境综合整治工作进行督查。牛新虎、杜峥嵘、杨根林、樊华、成红梅一同督查。

9日 区委、区政府召开安全生产委员会扩大会议。区领导张智明、成少平、吴健、牛新虎、苟钟灵、赵继文等参加会议。

是日 区领导张智明、成少平带领有关部门、单位负责人，深入渭南镇、中滩镇、石佛镇就2017(丁酉)年卦台山民间祭祀中华人文始祖伏羲典礼活动筹备工作及三阳川周边环境综合整治情况进行现场督查指导。杨根林、成红梅、王启峰一同督查。

12日 区委、区政府召开《天水市城市总体规划(2015-2030年)纲要》征求意见会。区四大组织领导张智明、贾应珍、成少平、吴健、牛新虎、刘海鹰、樊华、王启峰、胡桂琳出席会议。市规划局副局长刘云、市城乡规划设计院院长杨怀亮应邀出席会议。

是日 区委书记张智明主持召开宝兰客专麦积段沿线环境综合整治工作专题会议。区领导成少平、杨根林、王启峰、杨树棠出席会议。

13日 中国中车集团公司董事长、党委书记刘化龙，集团公司副总经理、党委常委魏岩等集团领导一行来麦积区调研定点扶贫工作。市区领导蒲军、张智明、成少平、吴健、郭大伟、王启峰陪同。

14日 市委书记王锐，市委副书记、代市长王军带领市发改委等相关部门负责人深入麦积区，就重点项目建设进展情况进行调研。市区领导蒋晓强、赵卫东、王祥林、张智明、成少平、牛新虎、杨根林等陪同调研。

15日 文化部党组成员、部长助理于群，文化产业司副司长高政带领督察组来麦积区就文化文物单位文化创意产品开发情况进行督察。省政府副秘书长尺润林，省文化厅副厅长朱玉兰，市区领导王军、张建杰、王祥林、张有信、仙松涛、张智明、成少平等一同督查。

16日 区委、区政府召开宝兰客专天水南站东岔站开通运营保障工作协调会议。区领导张智明、成少平、牛新虎、杜峥嵘、赵双喜、王启峰、杨树棠出席会议。

19日 区领导张智明、成少平带领区直相关部门和单位负责人，对2017年伏羲文化旅游节及中国龙舟公开赛(甘肃·天水·麦积站)暨中国·天水·麦积第三届"伏羲杯"龙舟大赛筹备工作进行督查。杜峥嵘、杨根林、成红梅、杜根祥一同督查。

是日 区领导张智明、成少平带领区直相关部门、单位主要负责人，就2017年伏羲文化旅游节和中西部名优特新产品及旅游商品展筹备情况进行专题督查。高志强、汪亚伟、樊华、杜根祥一同督查。

21日 由当地各界群众自发组织的2017(丁酉)年民间祭祀中华人文始祖伏羲典礼在麦积区卦台山举行。市区领导王国先、王晓琴、程伟东、唐宏伟、张智明、成少平、杨续祥、苟钟灵、杜峥嵘等参加活动。任法融应邀出席祭祀活动。

22日 省委书记、省人大常委会主任林铎，省委副书记、省长唐仁健等领导来到天水商贸城会展中心参观中西部名优特新产品及旅游区域联盟城市旅游商品展。市区领导王锐、王军、张智明、成少平等陪同参观。

是日 全国政协副主席王家瑞到中国中西部名优特新产品暨旅游区域联盟城市旅游商品展麦积馆进行参观。省政协主席冯健身及市区领导雷鸣、何东、王振宇、张智明、汪亚伟等参加有关参观活动。

23日 省委、省政府召开全省祁连山自然保护区生态环境问题整改工作领导干部会议。区四大组织领导张智明、贾应珍、成少平、杨续祥、吴健、牛新虎、苟钟灵、杜峥嵘、汪亚伟、周岳红等在麦积分会场收看会议视频。

24日 2017年中国龙舟公开赛(甘肃·天水·麦积站)暨中国·天水·麦积第三届"伏羲杯"龙舟大赛在麦积区举行。国家体育总局社会体育指导中心二部主任、国际龙舟协会副秘书长、亚洲龙舟协会秘书长、中国龙舟协会秘书长余汉桥，市区领蒋晓强、蒲朝晖、张建杰、屈光平、张智明、贾应珍、成少平、杨续祥等出席预赛点睛仪式。

是日 麦积区博物馆新馆开馆仪式在龙园举行。市区领导蒋晓强、蒲朝晖、张建杰、屈光平、张智明、成少平、杨根林等出席开馆仪式。

25日 2017年中国龙舟公开赛(甘肃·天水·麦积站)暨中国·天水·麦积第三届“伏羲杯”龙舟大赛在麦积区翠湖公园隆重举行。国家体育总局社会体育指导中心副主任刘北剑，国家体育总局社会体育指导中心二部主任、国际龙舟协会副秘书长、亚洲龙舟协会秘书长、中国龙舟协会秘书长余汉桥，省政协原副主席张津梁、张景辉，省体育局体育指导中心副主任孙玉炜，市四大组织领导王光庆、王军、蒋晓强、蒲朝辉、张建杰、苏定武、屈光平、张智明、成少平、刘文玺、王东红、贾忠慧、索鸿宾、陈晰、周伟东等出席开幕式。

26日 区委、区政府召开土地利用总体规划调整项目审定会议。区领导张智明、成少平、牛新虎、刘海鹰、樊华、成红梅出席会议。麦积山景区管委会主任康泰来应邀出席会议。

是日 全省脱贫攻坚推进大会在兰州召开。区四大组织领导张智明、贾应珍、成少平、吴健、苟钟灵、杜峥嵘、高志强、汪亚伟、周岳红等在麦积分会场收看会议视频。

29日 区委召开纪念建党96周年座谈会。区委书记张智明出席会议并讲话。区领导成少平、贾应珍、杨续祥及区四大组织在家党员领导干部出席会议。

是日 区委书记张智明主持召开固定资产投资和项目工作紧急调度会议。区领导成少平、赵继文、汪亚伟、樊华参加会议。

30日 区委书记张智明带着党组织的关怀走访看望慰问老党员和生活困难党员，为他们送去节日的祝福。赵继文一同慰问。

是日 省检察院党组书记、检察长路志强带领省检察院预防处处长张泽武等人员赴麦积区就乡镇检察室建设工作进行专题调研。市区领导蒋晓强、张发魁、王骅、熊鹏飞、张智明、成少平、杜峥嵘、张国仓等一同调研。

七月

1日 区委书记张智明主持召开区委理论中心组学习会议。贾应珍、成少平、杨续祥、牛新虎、苟钟灵、赵继文、杜峥嵘、高志强、汪亚伟、杨根林、周岳红等区四大组织在家领导参加会议。

是日 区委书记张智明主持召开区委常委会议。会议集中学习《中国共产党工作机关条例(试行)》,讨论《天水市麦积区信访工作责任制实施办法》等方案和实施意见,研究 表彰奖励2016年度科技特派员工作先进单位、先进工作者和优秀特派员等有关事宜。

是日 区委、区政府召开脱贫攻坚工作推进会议。区委书记张智明出席会议并讲话。区领导贾应珍、成少平、杨续祥、吴健、牛新虎、苟钟灵、高志强、汪亚伟、杨根林、周岳红等出席会议。

4日至5日 省委农工办副主任朱宝莹带领省委调研组一行深入麦积区,就村“两委”班子、村第一书记、驻村帮扶工作队等“三支”队伍作用发挥情况进行专题调研。市区领导李晓东、张思佳、张智明、吴健、王启峰等陪同调研。

5日 市委书记王锐来麦积区宣讲辅导省第十三次党代会精神。张智明、贾应珍、成少平、杨续祥等区四大组织在家领导聆听报告。

6日 第二十三届中国兰州投资贸易洽谈会隆重开幕。区领导张智明、成少平、汪亚伟、樊华等在甘肃国际会展中心参加巡馆活动。

7日 区领导张智明、成少平带领区直有关部门、单位负责人到保利地产集团甘肃公司考察有关项目建设情况。牛新虎、汪亚伟、樊华一同考察。

9日 区领导张智明、成少平带领区直相关部门、单位和镇主要负责人,对重点项目建设及环境综合整治情况进行 专题督查与指导。市区领导伏金祥、杜峥嵘、高志强、汪亚伟、杨根林等参加督查活动。

10日 区委、区政府召开街亭古镇规划设计方案汇报会。张智明、贾应珍、成少平、杨续祥、吴健、牛新虎等区四大组织在家领导出席会议。麦积山景区管委会主任康泰来等市直有关领导和专家应邀出席会议。

11日 省委书记、省人大常委会主任林铎率全省项目观摩督查活动第一组来到麦积区观摩项目建设。省领导王玺玉、欧阳坚、黄选平、张建昌、李德新、张永贤、张勤和、王建中、魏宝君、包东红、等一同观摩督查。市区领导王锐、赵卫东、张建杰、何东、张智明、成少平参加观摩督查活动。

13日 省财政厅厅长张勤和，国家开发银行甘肃省分行行长方笑明，农行甘肃省分行党委委员、副行长魏孔山，省农村信用社主任王广平等一行来麦积区就产业扶贫专项贷款开展和农村人居环境综合整治情况进行专题调研。市区领导赵卫东、张栋梁、张智明、成少平、牛新虎、周岳红等参加调研活动。

是日 区委、区政府召开国开行农村基础设施融资项目建设推进会议。区委书记张智明出席会议并讲话。区领导成少平、周岳红、杜根祥、王启峰出席会议。

14日 区委、区政府召开推进“两学一做”学习教育常态化制度化工作会议。区领导张智明、贾应珍、杨续祥、苟钟灵、赵继文、高志强、汪亚伟、杨根林等出席会议。

17日 省高级人民法院副院长陈天雄、省林区中院院长张天林等一行来麦积区，就小陇山林区法院建设进行调研并召开座谈会。市区领导王勇谋、王清利、张智明、杜峥嵘、杜根祥、余翔出席会议。

18日 区领导张智明、成少平带领区直有关部门、单位及相关镇负责人对绿色及可持续发展麦积山论坛筹备情况及沿线环境秩序进行专题督查。牛新虎、高志强、成红梅、杜根祥一同督查。

19日 区委书记张智明带领区直相关部门负责人就全区环境保护工作进行督查指导。杨根林、杜根祥一同参加督查活动。

是日 省纪委副书记高继明深入麦积区调研纪律检查工作。市区领导王国先、曹明忠、张智明、成少平、苟钟灵一同调研。

20日 市委副书记、市长王军带领相关部门负责人来到麦积山论坛永久性会址，就2017绿色及可持续发展麦积山论坛筹备情况进行 督导检查。市区领导李晓东、王祥林、高媛瑾、杨胜利、张智明、成少平、霍定明等一同检查。

25日 区委、区政府召开环湖赛垂钓赛及足球赛筹备工作推进会议。区委书记张智明出席会议并讲话。区领导成少平、杜峥嵘、杨根林、成红梅、杜根祥参加会议。

26日 区委书记张智明深入花牛镇宣讲省第十三次党代会精神。

是日 区领导张智明、成少平等区四大组织领导带领区委办、区政府办、区总工会等部门、单位主要负责人，看望慰问基层一线干部职工，为他们送去 夏季防暑消暑慰问品。吴健、牛新虎、杜峥嵘、赵双喜、成红梅等一同慰问。

27日 第十六届环青海湖国际公路自行车赛天水－平凉赛段发车仪式在麦积区博物馆（龙园）举行。发车仪式结束后，市领导王锐、王军、张明泰、蒋晓强、蒲军、蒲朝晖、张建杰等参观 麦积区博物馆。区领导张智明、贾应珍、成少平、杨续祥、杨根林、成红梅等陪同参观。

29日 2017年中国垂钓电视直播精英赛(FTT甘肃天水站)在麦积区甘泉镇九华山渔园开赛。国家体育总局社会体育指导中心副主任、中国钓鱼运动协会秘书长尹国臣，国家体育总局社会体育指导中心三部主任、中国钓鱼运动协会副秘书长苏宝生，市区领导王军、蒲朝晖、张建杰、苏定武、王祥林、高岩杰、宋忠庆、黄啸、仙松涛、马瑛、康泰来、张智明、贾应珍、成少平、杨续祥、杜峥嵘、杨根林等出席开幕式。

31 日 副市长霍卫平带领全市精准扶贫观摩督查组深入麦积区，就上半年精准扶贫重点工作及“双线排序比对法”进展情况进行 督查评比。市区领导于旭峰、杨保珍、张智明、成少平、吴健、王启峰一同观摩督评。

是日 区领导张智明、贾应珍、成少平、杨续祥带着全区人民的祝福，走访慰问 驻地部队官兵，向他们致以节日的问候。杜峥嵘、高志强、窦顺良、杜根祥、成映平一同慰问。

八月

1 日 区委书记张智明带领区直相关部门深入五龙镇调研脱贫攻坚工作。区领导吴健、周岳红、王启峰参加 调研活动。

2 日 区委、区政府召开八届三次全体会暨全区工作会议。张智明、贾应珍、成少平、杨续祥、吴健、牛新虎、苟钟灵、赵继文、杜峥嵘、高志强、汪亚伟、杨根林、周岳红等区四大组织在家领导出席会议。

是日 区委书记张智明主持召开区委理论中心组学习会议。贾应珍、成少平、杨续祥、吴健、牛新虎、苟钟灵、赵继文、杜峥嵘、高志强、杨根林、周岳红等区四大组织在家领导参加会议。

3 日 省交通运输厅厅长李睿，副厅长秦雪滨一行深入麦积区，就农村公路建设情况进行调研。区领导张智明、王启峰陪同调研。

11 日 省政协副主席李沛文就加快现代农业发展在麦积区调研。省政协常委、省政协社会和法制委员会主任侯文彬，省政协农业和农村工作委员会副主任火荣贵，省政协农业和农村工作委员会副主任付怀明等一同调研。市区领导唐宏伟、张智明、杨续祥、王启峰、杨树棠参加调研。

15 日 市委常委、常务副市长赵卫东带领市委巡察组、市交通运输局等部门负责人，深入麦积区部分交通重点项目施工现场，实地督查项目建设进展情况。区领导张智明、牛新虎、王启峰一同督查。

16 日 区委书记张智明带领区委办、政府办、水务局、环保局、交通局等部门负责人深入渭河流域部分镇督查河长制、全域无垃圾创建和精准扶贫精准脱贫等工作落实情况。区领导王启峰一同督查。

17 日 区委书记张智明主持召开 “颖川新城、东柯新城”文化旅游重点项目推进会。区领导樊华参加会议。

是日 市委书记、渭河市级河长王锐带领市委研究室和市水务、环保、交运、国土等相关部门负责人深入麦积区，对渭河河长制落实情况进行调研。市区领导蒲军、刘天波、张智明、王启峰参加调研。

18 日 区委、区政府召开全域无垃圾创建工作现场督查促进会。区委书记张智明出席会议并讲话。区领导牛新虎、高志强、方明太、王启峰、陈兆亭、赵延祺参加会议。

21 日 麦积区召开天水市 2017 年第二环境保护督察麦积区工作动员会议。市第二环境保护督察组组长赵贵平，及区领导张智明、杨根林、杜根祥出席会议。

是日 区委书记张智明主持召开麦积区全面深化改革领导小组第七次会议，会议传达学习 中央和省委全面深化改革领导小组有关会议精神，并听取 7 个专项小组改革工作进展情况汇报。区领导贾应珍、吴健、任崄凭、苟钟灵、杜峥嵘、高志强、汪亚伟、杨根林、周岳红等出席会议。

22 日 区委书记张智明与帮扶单位工商银行甘肃分行相关负责人深入五龙镇舍安子村调研精准扶贫工作，并主持召开座谈会。

25 日 省国土资源厅厅长王忠民一行深入麦积区调研地质灾害综合治理工作。省国土资源厅规划处处长戴威、地环处调研员刘星一同调研。

区领导张智明、成少平、牛新虎参加调研活动。

是日 省地税局党组书记、局长吴仰东深入麦积区调研地方税务工作。省纪委派驻省地税局纪检组组长万凌云，省地税局办公室副主任张峰一同调研。区领导张智明、成少平等陪同调研。

26日 区委、区政府召开"两违"整治暨市环境保护督察反馈问题整改和全域无垃圾创建工作推进会议。区委书记张智明出席会议并讲话。区领导成少平、吴健、牛新虎、高志强、汪亚伟、杨根林等参加会议。

28日 区委、区政府召开马跑泉片区开发建设有关事宜专题办公会议。区领导张智明、成少平、吴健、牛新虎、高志强、赵双喜出席会议。

29日至30日 省人大常委会副主任李建华一行深入麦积区五龙镇调研脱贫攻坚工作。省人大常委会副秘书长、办公厅主任马森，省人大农业与农村工作委员会主任沙拜次力，省人大财经预算工作委员会副主任苟少峰，省人大财经预算工作委员会预算审查监督处副处长朵建东等一同调研。区领导张智明、贾应珍、成少平，吴健、任崄凭等参加调研活动。

30日 麦积区召开省直单位帮扶麦积区脱贫攻坚工作推进会。省人大常委会副主任李建华出席会议并讲话，省人大常委会副秘书长、办公厅主任马森主持会议。省人大农业与农村工作委员会主任沙拜次力，省人大财经预算工作委员会副主任苟少峰等参加会议。区领导张智明、贾应珍、成少平、杨续祥、吴健、任崄凭等参加会议。

31日 区委、区政府召开项目融资建设推进会。区领导张智明、成少平、吴健、牛新虎、赵继文、周岳红、等出席会议。

九月

1日 区委书记张智明主持召开区委常委会会议。会议传达学习习近平总书记"7·26"重要讲话精神、市委七届三次全体会议暨县区委工作汇报会议精神等；讨论《天水市麦积区"十三五"脱贫攻坚规划》《天水市麦积区脱贫攻坚责任制实施细则》；听取区委第三轮村级巡察工作情况汇报和"三纠三促"专项行动进展情况汇报。

是日 市委书记、渭河市级河长王锐带领市水务、环保、国土等相关部门负责人来麦积区对渭河河长制落实情况进行调研。市区领导蒋晓强、王国先、何吉洲、张智明、成少平等参加调研活动。

4日 区委书记张智明参加区委办公室机关党支部开展的"党员固定活动日"活动。

6日至7日 省委常委、副省长宋亮深入麦积区，就重点项目建设进展情况进行调研。省市领导王锐、李沛兴、郭鹤立、蔡林铮、赵卫东、郝文杰等一同调研；区领导张智明、成少平等参加调研活动。

13日 区委书记张智明深入花牛镇南山万亩花牛苹果基地、花牛镇白家河村等地，就当前重点工作进行督查调研。区领导王启峰一同调研。

14日 区委书记张智明主持召开全区党建工作座谈会。区领导苟钟灵、杨根林出席座谈会。

15日 市人大常委会主任王光庆带领人大立法调研组深入麦积区，对2017年度立法计划执行情况和制定2018年度天水市地方立法计划项目及今后城乡建设与管理、环境保护、历史文化保护等方面立法存在的问题、意见、建议进行专题调研。市区领导张克强、杨坤、张智明、贾应珍、成少平陪同调研。

是日 区委书记张智明带领区委办、政府办、宣传部、教体局、公安分局等相关部门、单位和镇主要负责人，赴翠山梁国家山地自行车训练基地实地督查指导2017年全国山地自行车公开赛筹备情况。区领导杜峥嵘、杨根林、成红梅等一同督查。

是日 区委、区政府召开全区财政专项扶贫项目推进会。区委书记张智明出席会议并讲话。区领导成少平、牛新虎、杜峥嵘、汪亚伟等出席会议。

16日 2017年中国山地自行车公开赛（甘

肃·天水·麦积站）在麦积区翠山国家山地自行车训练基地举行。省市领导王锐、丁慧茹、蒲军、蒲朝晖、张建杰、苏定武、何吉洲；区领导张智明、贾应珍、成少平、杨续祥等出席开幕式。

18日 2017年天水市全国科普日暨中国流动科技馆第二轮巡展(麦积)启动仪式在麦积区博物馆举行。市区领导王正茂、李晓东、蒲朝晖、苏定武、张智明、杨续祥等出席开幕式。

是日 天水市2017年第二环境保护督察组督察麦积区工作反馈会议在麦积区召开。市区领导赵贵平、张智明、杨根林、杜根祥出席会议。

19日 区委书记张智明主持召开马跑泉镇信访问题专题会议。区领导牛新虎、杜峥嵘、高志强、杜根祥出席会议。

20日 国务院安委会安全生产大检查第二十三督查组来麦积区，就安全生产大检查工作进行综合督查，并召开工作汇报会。督查组组长、国家安全监管总局人事司监察专员杨占科，国家煤矿安监局技装司处长王铁根；省安监局党组书记、局长郭鹤立，省煤监局党组书记、局长赵永鑫，省安监局党组成员、副局长潘卫东；市区领导郝文杰、安平原、崔玉军、张智明、杜峥嵘等参加会议。

21日 区委书记张智明主持召开麦积区精准扶贫精准脱贫互查互比暨专项调查工作会议。区领导任崚凭、方明太、王启峰、杨树棠出席会议。

22日 区委书记张智明主持召开区委政协工作会议。区领导杨续祥、任崚凭、牛新虎、苟钟灵、赵继文、杜峥嵘、高志强、杨根林、周岳红等出席会议。

23日 2017年甘肃省第十七届钓鱼锦标赛总决赛暨中国·天水·麦积第二届“双玉兰杯”全国钓鱼邀请赛在麦积区甘泉镇九华山渔园开赛。省社会体育管理中心副主任孙玉炜，市区领导蒋晓强、王晓琴、何东、苏定武、张有信、张智明、成少平、杨续祥等出席开幕式。

23日 区委书记张智明带领区直相关部门、单位和镇主要负责人，对党川镇花庙村美丽乡村建设、利桥镇吴河村建设情况和甘泉农村饮水安全工程提升改造项目等重点项目建设情况进行督查。区领导吴健、王启峰、高福光一同督查。

25日至26日 天津市西青区领导陈绍旺、王洪茹、方伟带领相关单位、镇、街道负责人，深入麦积区就东西扶贫协作和对口帮扶事宜进行考察调研与协商对接。区领导张智明、贾应珍、吴健、任崚凭等一同考察。

27日 麦积区召开天津市西青区与天水市麦积区对口帮扶工作座谈会。西青区领导陈绍旺、王洪茹、方伟；麦积区领导张智明、贾应珍、成少平出席会议。会后，两地政府举行2018年对口帮扶项目签约仪式，双方领导见证签约。

29日 区委书记张智明带领区直相关部门就国庆节、中秋节前旅游景区安全工作进行督查。区领导杜峥嵘、高志强、成红梅、杜根祥、王启峰一同督查。

30日 区领导张智明、成少平、杨续祥等在社棠镇半山村烈士墓群出席2017年烈士纪念日公祭活动。

是日 区委、区政府召开全区信访维稳工作专题推进会议。区领导张智明、成少平、杜峥嵘、杜根祥出席会议。

是日 区委、区政府召开会议专题研究卦台山景区打造和麦积镇红崖村乡村旅游发展事宜。区领导张智明、成少平、杨根林出席会议。

是日 区委书记张智明主持召开区委理论学习中心组学习会议。区领导成少平、杨续祥、吴健、任崚凭、苟钟灵、赵继文、高志强、汪亚伟、杨根林、周岳红等区四大组织在家领导参加会议。

是日 区委书记张智明主持召开区委常委会会议。会议传达学习《中共中央办公厅关于印发〈市县党委建立巡察制度的意见〉的通知》精神、习近平总书记对反邪教工作的重要批示；讨论《〈中国共产党甘肃省第十三次代表大会报告〉涉及麦积区主要工作任务分解方案》等；研究成立区城乡投资发展(集团)有限责任公司党委等有关事宜。

十月

10日 读者出版社集团有限公司党委书记、董事长王永生一行来麦积区进行考察调研。市区领导王正茂、张智明、王小熊、赵继文、杨根林一同考察。

是日 区委书记张智明主持召开2017年度贫困退出验收工作会议。区领导吴健、任崯凭、窦顺良、郭大伟等出席会议。

11日 麦积区举行琥珀镇上善桥竣工通车仪式。全国政协常委、全国政协民族宗教委副主任、中国道教协会咨议委员会主席任法融，市区领导、蒋晓强、张建杰、张智明、贾应珍、成少平等出席通车仪式。通车仪式后，市区领导一同督查霍松林文化艺术陈列馆项目建设情况。

是日 区委书记张智明带领区委办、扶贫办、区委督查室等单位主要负责人，深入琥珀镇就精准扶贫精准脱贫工作进行督查指导。

12日 区委书记张智明主持召开全区精准扶贫驻村帮扶工作队培训会。区领导吴健、赵继文、窦顺良、王启峰等一同出席会议。

13日 区委书记张智明带领区委办、扶贫办、区委督查室等单位主要负责人，深入花牛镇督查指导精准扶贫精准脱贫工作。

是日 区委、区政府召开农业农村重点工作专题会。区领导张智明、成少平、吴健、王启峰等参加会议。

16日 2017年天水花牛苹果宣传推介活动在麦积区举行。省政协副主席张世珍、省人大常委会副秘书长陈田贵、国家林业局造林绿化司巡视员刘树人、农业部经济研究中心主任宋洪远、省林业厅厅长宋尚有、省农牧厅副厅长韩临广、省商务厅副厅长张世恩等应邀出席开幕式。市区领导王光庆、王军、蒲军、张克强、霍卫平、唐宏伟、王祥林、张智明、贾应珍等一同出席开幕式。

是日 省人大常委会副秘书长陈田贵、省纪委派驻省人大常委会机关纪检组组长、机关党组成员杨天恩等一行来麦积区五龙镇凌温村开展脱贫攻坚帮扶工作。区领导张智明、贾应珍、赵双喜等一同参加。

18日 中国共产党第十九次全国代表大会开幕会在人民大会堂举行。区领导张智明、贾应珍、杨续祥等区四大组织领导及机关干部收看党的十九大开幕盛况。

21日 2017年中国·天水·麦积第五届“麦积山杯”全国山地自行车邀请赛在麦积区麦积山开赛。省自行车运动训练管理中心主任、自行车运动协会副主席刘顺义；市区领导蒲朝辉、张建杰、苏定武、师平安、张智明、贾应珍、杨续祥等出席发车仪式。

是日 区委书记张智明带领区委办、扶贫办等单位主要负责人深入麦积镇督查指导精准扶贫精准脱贫工作，并主持召开座谈会。

21日至22日 国家安全监管总局监管一司司长裴文田带领第二十三检查组来麦积区开展安全生产大检查“回头看”，重点对问题隐患整改情况、严格规范执法情况和安全防范责任措施落实情况等开展检查。省安委办主任、省安监局局长郭鹤立、省煤监局局长赵永鑫；市区领导赵卫东、安平原、崔玉军、张智明、杜峥嵘等陪同检查。

23日 区委、区政府召开脱贫攻坚领导小组会议。区领导张智明、贾应珍、成少平、杨续祥、吴健等出席会议。

24日 省委组织部干部教育处处长徐建群，省委组织部研究室副主任杨晓军等一行深入麦积区调研农村基层党建和党员干部教育培训工作。市区领导王鸿岳、张智明、成少平、吴健、赵继文一同调研。

是日 区委书记张智明带领区委办、扶贫办等单位负责人深入中滩镇丁赵村，就精准扶贫精准脱贫工作进行督查指导。

是日 省人大科教文卫委员会主任委员孙伟、省人大常委会办公厅正厅级巡视员刘士华、省人大科教文卫委员会副主任委员张令平带领相关人员深入麦积区开展精准扶贫帮扶工作。区领导张智明、贾应珍、任崄凭、窦顺良一同参加。

26日 区委、区政府召开党政联席会议。区领导张智明、成少平、吴健、任崄凭、牛新虎、荀钟灵、赵继文、杜峥嵘、高志强、汪亚伟、杨根林、周岳红等参加会议。

27日 区委、区政府召开创建国家全域旅游示范区工作推进会。区委书记张智明出席会议并讲话。区领导成少平、杨根林、方明太、成红梅、赵国平、杨彦芳等出席会议。

是日 区委书记张智明主持召开区委理论中心组学习会议。贾应珍、成少平、杨续祥、吴健、任崄凭、荀钟灵、赵继文、杜峥嵘、高志强、汪亚伟、杨根林、周岳红等区四大组织在家领导参加会议。

是日 区委书记张智明主持召开区委常委会会议。会议传达学习党的十九大报告精神、《关于坚决全面彻底肃清王三运流毒和影响进一步净化政治生态的意见》等；讨论《天水市麦积区党委（党组）意识形态工作责任制考核办法（试行）》等；研究村组干部基本报酬和村级组织办公经费补助标准等有关事宜。

29日 2017年天津市西青区和天水市麦积区人才招聘暨劳务洽谈会在麦积区举行。西青区领导方伟、张兰旺；市区领导张建杰、张智明、成少平等出席开幕式。

十一月

1日 区委书记张智明主持召开区委常委会扩大会议。会议传达 省委常委会扩大会议和省政府第十五次全体会议精神及市委常委会（扩大）会议精神。区领导贾应珍、成少平、杨续祥等区四大组织在家领导出席会议。

2日 市委副书记、市长王军主持召开麦积区重点项目方案汇报会，对天水华昌欢乐城、天水火车站站前广场提升改造等项目方案进行研究。市区领导张建杰、何东、王祥林、张智明、成少平等参加会议。

3日 市委副书记、市长王军带领市政府督查室、工信委、财政、规划、国土等部门主要负责人，到天水长城果汁集团有限公司专题调研长城果汁10万吨果蔬汁项目建设情况。市区领导郝文杰、王祥林、张智明，成少平、何晓斌等一同调研。

是日 市委书记王锐带领有关部门负责人深入麦积区，调研脱贫攻坚、富民产业培育、全域无垃圾创建、大气污染防治等工作，并为基层党员干部群众宣讲党的十九大精神。市区领导蒋晓强、张智明、成少平、吴健、杨根林等陪同调研。

是日 麦积区召开镇、街道人大工作和建设经验交流会议。区委书记张智明出席会议并讲话。区领导贾应珍、高志强等出席会议。

6日 市委常委、常务副市长赵卫东带领市政府办、市环保局等市直相关部门、单位负责人深入麦积区，就大气污染防治工作进行督查。区领导张智明、杨根林一同督查。

是日 省委书记、省人大常委会主任林铎在兰州主持召开党的十九大精神宣讲报告会。中央宣讲团成员、全国政协港澳台侨委员会副主任高虎城作宣讲报告。区领导张智明、成少平、吴健、任崄凭、牛新虎、荀钟灵、赵继文、杜峥嵘、高志强、汪亚伟、杨根林、周岳红等区四大组织在家领导在麦积分会场收看会议视频。

7日 区领导张智明、成少平为麦积区华瑞热力、典盛供热公司的锅炉点火。吴健、牛新虎等参加点火仪式。

是日 区委办公室机关召开党支部会议，区领导张智明、吴健、任崄凭出席会议。

是日 区委书记张智明主持召开区委理论中心组学习会议。会议学习 党的十九大报告。区领导成少平、吴健、任峻凭、杜峥嵘、高志强、汪亚伟、杨根林、周岳红等区四大组织领导在家领导参加会议。

8日 区委书记张智明主持召开麦积区农村“三变”改革推进会议。区领导吴健、窦顺良、王启峰、杨彦芳参加会议。

是日 区委书记张智明主持召开麦积区贫困退出验收督查工作会议。区领导吴健、苟钟灵、王启峰参加会议。

9日 区委书记张智明主持召开五龙镇精准扶贫精准脱贫工作推进会。区领导任峻凭、赵双喜、窦顺良等出席会议。

10日 区委书记张智明，区委副书记、区长成少平带领区直相关部门和单位负责人，就全区大气污染防治工作进行专项督查。区领导牛新虎、汪亚伟、杨根林、成红梅、杜根祥一同督查。

是日 区委书记张智明主持召开全市贫困退出抽查验收麦积区工作会议。区领导任峻凭、王启峰、胡桂琳出席会议。

11日 区委、区政府召开2017年大气污染防治工作推进会。区委书记张智明主持会议并讲话。区领导成少平、牛新虎、汪亚伟、杨根林等参加会议。

13日 省人大常委会副主任、党组副书记李建华一行深入麦积区五龙镇调研脱贫攻坚工作。省人大常委会农工委副主任汪振江，市区领导宋建平、张智明、任峻凭等参加调研活动。

是日 省人大常委会副主任、党组副书记李建华在麦积区宣讲党的十九大精神。省人大常委会农工委副主任汪振江，区领导张智明、贾应珍、杨续祥等区四大组织在家领导、区直各部门、各镇(街道)、驻区有关企事业单位负责同志及五龙镇28村党支部书记参加宣讲会。

14日 区委书记张智明带领区委办、扶贫办等单位负责人深入花牛镇罗集村，督查调研脱贫攻坚工作。

16日 区委、区政府召开天水市2017年度贫困退出抽查验收工作麦积区通报会。市区领导王正茂、宋建平、张智明、成少平、吴健、任峻凭、高志强等参加会议。

是日 市委常委、组织部部长王正茂带领市委组织部班子成员，科室负责人和各县区委常委、组织部部长等组成的全市组织工作督查观摩组，对麦积区组织工作进行集中督查观摩。区领导张智明、赵继文一同督查观摩。

17日 全省推开监察体制改革试点工作动员部署电视电话会议在兰州召开，省委书记、省深化监察体制改革试点工作小组组长林铎出席会议并讲话。区领导张智明、贾应珍、苟钟灵、杜峥嵘、杨根林等在麦积区分会场收看 会议视频。

18日 麦积区第七次妇女代表大会隆重开幕。市妇联主席何忠兰及区领导张智明、贾应珍、成少平、杨续祥、吴健、赵继文、汪亚伟等出席会议。

20日 市委书记王锐，市委副书记、市长王军深入麦积区对部分全市重点项目建设进行督查调研。市区领导蒋晓强、赵卫东、王祥林、张智明、成少平、牛新虎、杨根林、王启峰等参加调研活动。

21日 区委书记张智明主持召开2017年度扶贫开发工作成效考评会议。区领导赵双喜、王启峰、杨树棠等出席会议。

是日 区委书记张智明主持召开全面深化改革领导小组第八次会议并讲话。区领导贾应珍、杨续祥、苟钟灵、赵继文、杜峥嵘、高志强、杨根林等出席会议。

22日 省政府第八督查组副组长、省交通运输厅副厅长盖宇仙带领督查组来麦积区就全区国务院第四次大督查反馈问题整改和省政府目标任务完成情况开展督查。区领导张智明、成少平、牛新虎、杨根林等参加督查活动。

是日 省政府督学、甘肃农业职业技术学院院长李敏骞和省教育厅改薄办综合处处长高彩玲带领省政府教育督导团深入麦积区，就全面改善贫困地区义务教育薄弱学校基本办学条件工作进行专项督导。区领导张智明、成少平等一同检查。

24日 区委书记张智明主持召开全区全域无垃圾创建工作推进会。区领导成少平、牛新虎等出席会议。

是日 区委书记张智明主持召开区委理论学习中心组学习会议。区领导贾应珍、成少平、杨续祥、任崄凭、牛新虎、苟钟灵、赵继文、杜峥嵘、高志强、汪亚伟、杨根林等区四大组织在家领导参加会议。

是日 区委书记张智明主持召开区委常委会会议。会议传达学习 中国共产党第十九次全国代表大会关于《中国共产党章程(修正案)》的决议以及中央、省、市委深化监察体制改革试点工作有关精神；听取 区关工委成立25周年纪念活动筹备、天水火车站站前广场提升改造等项目推进情况汇报；审议《麦积区残联换届工作实施方案》《天水市麦积区公证处体制改革实施方案》等；研究2016年公务员(参照公务员)考核"优秀"奖励等事宜。

28日 区委书记张智明带领区委办、环保局、商务局等单位主要负责人深入社区、村，就城市管理及环境监管网格化工作进行督查指导。区领导高志强、汪亚伟参加督查活动。

30日 市委书记王锐到麦积区宣讲党的十九大精神。区领导张智明、贾应珍、成少平、杨续祥等区四大组织在家领导参加 宣讲会。

十二月

1日 区委、区政府召开专题会议，就双玉兰堂景观提升改造项目及红崖村《苦乐村官》影视基地旅游经济环线项目设计方案进行研究审定。区领导张智明、贾应珍、成少平、杨续祥、杨根林等出席会议。

是日 麦积区召开农村"三变"改革试点工作推进会。区委书记张智明，区委副书记、区长成少平出席会议并讲话。区领导吴健、窦顺良、王启峰、成映平出席会议。

4日 省委农工办副主任陈崇贵带领省委督查组深入麦积区督查驻村帮扶暨"三变"改革试点工作开展情况。区领导张智明、吴健、任崄凭一同督查。

6日 区委书记、区深化监察体制改革试点工作小组组长张智明主持召开全区深化监察体制改革试点工作小组第一次会议。区领导牛新虎、苟钟灵、杜峥嵘等参加会议。

7日 区委书记张智明主持召开区委理论中心组学习会议。会议学习 党的十九大报告；传达学习 省委、省政府《关于深化扶贫领域腐败和作风问题专项治理的意见》以及《甘肃省生产经营单位安全生产主体责任规定》。区领导贾应珍、成少平、杨续祥、吴健、任崄凭、牛新虎、苟钟灵、赵继文、杜峥嵘、高志强、汪亚伟、杨根林、周岳红等参加会议。

是日 区委书记张智明主持召开区委常委会会议。会议审议通过《中共天水市麦积区委巡察工作规划(2017-2021年)》等；听取 区八届人大二次会议筹备情况汇报，以及区政协八届二次会议筹备情况和增补区政协委员、常委情况汇报；研究区监委领导班子成员建议人选和区纪委班子成员调整事宜。

9日 区委、区政府召开全域无垃圾创建和河长制工作推进会。区委书记张智明出席会议并讲话。区领导成少平、吴健、牛新虎、高志强、王启峰出席会议。

11日 区委书记张智明主持召开党政联席会议，听取今年重点工作重点项目完成情况和明年项目谋划情况汇报。区领导贾应珍、成少平、杨续祥、吴健、牛新虎、苟钟灵、赵继文、杜峥嵘、高志强、汪亚伟等参加会议。

12日 省扶贫开发工作成效第四考评组组长、省水利厅副厅长姚进忠带领考评组一行来麦积区，就扶贫开发特色亮点工作进行实地查看。市区领导霍卫平、张智明、杨保珍、王启峰参加活动。

是日 区委、区政府召开建筑用石料矿规划编制和砖瓦行业推广新工艺工作专题会议。区委书记张智明出席会议并讲话。区领导成少平、吴健、牛新虎、樊华、杜根祥等参加会议。

15日 区委书记张智明深入五龙镇小窑村入户走访贫困户,并调研脱贫攻坚驻村帮扶工作。区领导任崄凭一同走访。

16日 区委书记张智明主持召开区委常委会会议。会议传达学习《中共中央办公厅印发习近平总书记关于进一步纠正"四风"、加强作风建设重要批示的通知》精神;听取2017年主要经济指标完成情况汇报;审议《政府工作报告》《天水市麦积区2017年国民经济和社会发展计划执行情况及2018年国民经济和社会发展计划(草案)的报告》等。

18日 区委书记张智明,区委副书记、区长成少平带领区直相关部门、单位和相关镇主要负责人,对全区重点项目建设进展情况进行专题督查与指导。区领导杜峥嵘、樊华、成红梅、杜根祥一同督查。

19日 天水市麦积区渭滨佳苑等10个城乡建设暨教育重点项目集中开工。市区领导王锐、王军、蒋晓强、蒲朝晖、王振宇、王祥林、张智明、成少平等出席开工仪式。

是日 区委常委会召开肃清王三运流毒和影响专题民主生活会。区委书记张智明主持并讲话。区委常委吴健、任崄凭、苟钟灵、赵继文、杜峥嵘、高志强、汪亚伟、杨根林、周岳红先后发言,成少平、牛新虎分别做书面发言。

21日 市委副书记、市长王军带领相关部门负责同志深入麦积区,对甘肃成纪生物药业有限公司进行检查调研。市区领导郝文杰、王祥林、张智明、汪亚伟一同检查调研。

是日 麦积区召开纪念关工委成立25周年暨全区关心下一代工作表彰大会。市人大常委会原主任、关工委主任李世荣,区领导张智明、吴健、赵继文、周岳红等出席会议。

26日 政协区八届二次会议隆重开幕。区领导张智明、贾应珍、成少平、杨续祥、吴健、任崄凭、苟钟灵、赵继文、杜峥嵘、高志强、汪亚伟、杨根林、周岳红等区四大组织领导出席会议。

是日 区委书记张智明主持召开区委常委会会议。会议研究 区监察委员会主任、副主任、委员提名事宜。

27日 区八届人大二次会议隆重开幕。区领导张智明、贾应珍、成少平、杨续祥、吴健、任崄凭、孙忠平、苟钟灵、赵继文、杜峥嵘、高志强、汪亚伟、杨根林、周岳红等区四大组织领导出席会议。

是日 麦积区召开脱贫攻坚领导小组(扩大)会议。区委书记张智明出席会议并讲话,区委副书记、区长成少平主持会议并讲话。区领导吴健、任崄凭、赵双喜、窦顺良、王启峰、杨树棠等出席会议。

28日 政协区八届二次会议胜利闭幕。区领导张智明、贾应珍、成少平、杨续祥、任崄凭、孙忠平、苟钟灵、高志强、汪亚伟、杨根林等区四大组织领导出席闭幕式。

29日 区八届人大二次会议胜利闭幕。区委书记张智明出席闭幕式并讲话,区领导贾应珍、成少平、杨续祥、吴健、孙忠平、苟钟灵、赵继文、杜峥嵘、高志强、汪亚伟、杨根林等区四大组织领导出席闭幕式。

是日 浙商银行麦积支行举行开业仪式。市区领导程伟东、张智明、贾应珍、成少平等出席开业仪式。

是日 天水大革命历史纪念馆铁路分馆在麦积区实验小学举行开馆仪式。市区领导蒲军、张建杰、张智明、贾应珍、成少平、张有信、杨根林等出席开馆仪式。

是日 区八届人大二次会议选举区委常委、纪委书记孙忠平为区监察委员会主任。会后,区委书记领导张智明,区委常委、纪委书记、监委主任孙忠平为区监察委员会揭牌,麦积区监察委员会正式成立。

区情概览

自然概况

麦积区中华人民共和国成立前后为天水县。1949年8月，天水县解放。1958年12月，天水县并入天水市。1961年12月，天水市、县分设，恢复天水县建制。1962年7月县治迁北道埠。1985年7月，经国务院批准，撤销天水地区和天水县，实行市管县体制，天水市升为地级市，设立北道、秦城两个县级区。2005年1月，因境内有驰名中外的麦积山石窟，北道区更名为麦积区，仍隶甘肃省天水市。

麦积区是甘肃省和天水市的“东大门”。地处陕、甘、川之要冲，东接陕西省宝鸡市，南邻秦州区、两当县、徽县，西靠甘谷县，北连清水县、秦安县。地处东经105° 25′ ~106° 43′，北纬34° 06′ ~34° 48′ 之间。全境总面积3483平方公里（2017年有耕地面积71.08万亩），东西长123公里，南北最宽处50公里，最窄处不足5公里，横跨黄河、长江两大流域。东南部绵亘百余里秦岭山峦叠翠，西北部黄土高原川梁沟峁纵横交错，境内森林覆盖率达63.5%。

麦积区属大陆半湿润季风气候，日照充足，降水适中，全年平均气温12.7℃，平均降水量660.5毫米，从南向北依次减少。年日照1934.4小时，每天平均5.3小时，日照百分率47%，日照地域间差别大，北部山区较多，东南部林区较少。全年无霜期210天。夏无酷暑，冬无严寒，四季分明，景色秀美，资源丰富，民风淳朴，是名副其实的陇上“小江南”。

麦积区地跨长江、黄河流域，以秦岭为分水岭，岭北为黄河支流渭河水系，流域面积2180平方公里，占全区总面积的62.6%。渭河水系在境内主要支流有藉河、葫芦河、牛头河、东柯河、东岔河等。岭南为长江支流嘉陵江水系，流域面积1300平方公里，占全区总面积37.4%。嘉陵江水系在境内主要支流有红崖河、花庙河和白家河；土壤以褐色土、绵土居多。独特的地形、土壤、气候，使麦积区不仅农特产品质优品繁、名优荟萃，而且物华天宝、资源丰富。“花牛”苹果、“下曲”葡萄、元龙花椒、立远板栗、伯阳鲜桃、新阳杏子、甘泉大樱桃以及猕猴桃、核桃、木耳、生漆、食用菌等优质干鲜土特产品和蒜苔等蔬菜畅销全国；区内森林资源丰富，木本植物83科，221属，973种，其中白皮松、粗榧、玉兰、杜仲、白檀、铁橡、银杏、金钱槭、红豆杉等珍稀树种分布较多。有中药材274种，主要有党参、当归、川芎、天麻、大黄、茴香等；珍稀动物牛羚、大鲵、猕猴、金猫、水獭、林麝、鬣羚、红腹锦鸡、鸳鸯等常出没于山谷丛林间；麦积区矿产资源丰富，现有矿产地98处，探明储量矿产有56种，主要有铅、锌、金、钼、粘土、石灰石、钾长石、矿泉水、地热水等,尤以非金属矿产资源储量较大。

麦积区历史悠久,是中华民族的发祥地之一。伏羲在卦台山演绎八卦,神农在神农山尝百草,黄帝在刑马山、轩辕谷活动,大禹在导流山导流治水,秦人在放马滩屯兵牧马,秦人首设邽县之县治,老子在伯阳老子讲经台传经授道,三国时麦积区是魏、蜀军队争夺的地域之一,佛教沿丝绸之路传入在麦积山留下了中国四大石窟之一的麦积山石窟,唐僧西天取经途经社棠哂经台晾晒经卷,杜甫流寓东柯谷居杜甫草堂,吴璘在吴寨抗金,明清以来三阳川、新阳镇手工业兴起,红二十五军长征途经麦积区等重大历史事件,在境内发生。从汉至清,境内设过邽县、上邽、望垣、罕幵、临渭、新阳、绵诸、伯阳、秦岭、陇城等县及广魏郡(后改略阳郡)和三岔厅。孕育发华了祖脉文化、先秦文化、老子文化、前秦文化、石窟文化、三国文化、西游文化、杜甫文化、民俗文化等民族地域文化。

麦积区是中国四大石窟之一、"东方艺术雕塑馆"麦积山石窟所在地,境内旅游资源丰富,有人文始祖伏羲创画八卦的卦台山、天水"第一洞天福地"仙人崖、享有"小黄山"美誉石门、九曲清幽曲溪胜景、荟萃珍奇物种小陇山植物园,还有许多天酿佳泉和古遗址、古建筑、古墓葬。

麦积区人杰地灵、数千年来,人才辈出。众多英雄豪杰、志士仁人、均留有历史痕迹。有前秦天王苻坚、陇上名儒王尚概、现代教育的先驱潘世俊、进步人士王汝翼、实业家胡汝冀、爱国将军邓宝珊、革命先驱王承舜、北伐名将胡文斗、抗日名将王治岐、布衣将军徐国珍、革命烈士岳景宗等。

麦积区是陇东南的交通枢纽和商埠"旱码头"。早在汉唐时期,就是货通南北、物济东西的地方,有"丝路商贸明珠"之美誉。陇海铁路、G30 高速公路和 310 国道横贯东西,天水机场开通民航,天水至平凉铁路建成通车,宝鸡至兰州高速铁路客运专线开通运营,天水至平凉高速公路正在建设,天水至静宁高速公路即将开工。公路、铁路、航空运输四通八达。

建置沿革

麦积区作为县级建置,历史悠久。境内发现十多处仰韶、齐家文化遗址证明,至少在六七千年以前新石器时代,原始先民们就在这里繁衍生息。三皇之首伏羲,其活动中心就在渭河上游今三阳川一带。地处渭南镇的卦台山,相传为人文始祖伏羲创画八卦之处。这里至今留有伏羲庙、龙马洞、分心石等遗迹。

夏商之际,境内为羌、戎族活动之地,属《禹贡》雍州之域。商朝中后期,秦人西迁至西垂(今礼县境内),境内遂成为秦人活动地域。周孝王时(前 891—前 886 年),嬴非子因在今党川镇放马滩一带牧马有功,被周孝王赐封为附庸,赐号秦嬴。此后,境内便成为秦人与戎人争夺区域之一。东周初年,秦族人在境内崛起,称霸西戎。秦文公四年(前 762 年),秦人举族迁移关中。秦文公五十年(前 716 年),秦文公卒后,族人为表示不忘故土,仍从前制葬于故地麦积山(时称西山)。秦武公十年(前 688 年),秦伐邽戎,设置邽县,确立在境内统治,这是中国见于史载最早县级行政建置。秦惠公五年(前 395 年),秦灭绵诸戎,置绵诸道(治今清水县贾川乡),今区境东部属绵诸道。秦昭襄王二十八年(前 279 年),郡县制在今辖区正式确立,今区境大部属邽县。秦始皇二十六年(前 221 年),秦始皇扫灭六国统一全国后,因在今陕西渭南设下邽县,原邽县改称上邽。秦在境内孕育、崛起,进而雄踞中原建立中国历史上第一个中央集权的封建帝国。在此期间,秦人兼取华夏与羌戎文化之长,创造了具有鲜明民族特色并对秦汉文明的形成产生深远影响的先秦文化。1986 年放马滩秦墓出土木板地图、秦简和秦纸,其木板地图详细标注以邽县为中心山川形势，为迄今所知世界上最早实物地形图；秦纸为中国最早纸张实物；而放马滩秦简比湖北云梦秦简更早，把中国古代简书历史向前推进几个世纪。这些表明秦祖先在境内一带已创造出灿烂文化。

汉代以来，区境作为“丝绸之路”东段南道上的重镇，是西域文化与中原文化的交汇点。汉武帝元狩四年（前119年），张骞第二次出使西域后，境内遂成为“丝绸之路”南道必经之地。汉武帝元鼎三年（前114年），境内中部和东南部属上邽县，西北部属望垣县（治今三阳川），东南部属罕开县（治今区境东南部），中部渭河以北属绵诸道。西汉末年，王莽篡改汉制，更换郡县名称。新莽地皇四年（23年）成纪人隗嚣割据陇右后，恢复郡县原名，建都上邽冀县，名震西州。今麦积山雕窠峪有隗嚣避暑宫遗址。东汉光武帝建武十年（34年），隗嚣政权被灭，境内归东汉。汉明帝永平十七年（74年），绵诸、罕开并入上邽。

三国时，境内为魏、蜀争战之地。魏文帝黄初元年（220年），撤望垣县，设新阳县（治今新阳镇），属秦州天水郡。黄初二年（221年），从天水郡分置广魏郡，置临渭县。郡、县治均在今社棠镇。蜀汉建兴六年（228年），蜀丞相诸葛亮第一次兵出祁山，天水叛魏降蜀，境内归蜀。同年街亭兵败后复属魏。

西晋武帝泰始五年（269年），重划陇右版图，上邽、新阳二县均隶秦州天水郡。广魏郡改称略阳郡，郡治仍在临渭，属秦州。太康三年（282年）后，境内渐成为陇上交通枢纽，除通往今陕西、陇西的东西大道外，开辟向北至略阳郡直达安定（今平凉东部），向南至仇池经武都可通四川的南北大道。东晋元帝大兴二年（319年）后，北方进入五胡十六国时期，战乱频仍，区境归属变化频繁，先后为前赵、后赵、前秦、仇池、后秦、西秦、夏等割据政权占据。这一时期，民不安命，佛教在境内得以广泛流传。麦积山始开窟造像。

南北朝时期，各族统治者为争夺陇右，境内一直处于割据状态，战火连绵不断，成为汉、羌、戎等民族融和的大舞台。至北魏统一黄河流域以后，境内出现短暂安定局面。北魏太平真君八年（447年），撤临渭县，置绵诸县（治今社棠镇），属略阳郡。孝武帝永熙三年（534年），北魏分裂后，区境属西魏。西魏文帝大统元年（535年），撤绵诸县，设伯阳县（治今伯阳镇）。这一时期，洛阳沙弥法生来麦积山造像立碑，西魏文帝皇后乙弗氏隐居麦积山修行，北周大都督李允信在麦积山建造七佛阁，南朝才子庾信为麦积山撰铭，给麦积山留下一笔丰厚历史文化遗产。

隋唐时期，境内经济发达，民富物丰，商贸繁盛，“丝绸之路”上商贾往来频繁。隋文帝开皇三年（583年），撤销郡级建置，实行州县二级制，伯阳县改称秦岭县，属秦州。唐高祖武德元年（618年），唐平陇右后，境内归唐。唐太宗贞观三年（629年）玄奘法师由长安出发，沿渭水西行，前往印度取经，经社棠、马跑泉抵秦州。这里至今有晒经台、渗经寺等遗迹。唐肃宗乾元二年（759年），“诗圣”杜甫流寓秦州，游历太平寺、麦积山，夜宿故友赞公土室，在族侄杜佐隐居东柯谷结草堂而居，创作咏物怀人、记录行程《秦州杂诗》九十多首，留下一段千古佳话。

五代十国时期，区境先后为岐、前蜀、后唐、后晋、后蜀、后周所占据。后唐长兴三年（932年），曾在今马跑泉镇西设陇城县（治今马跑泉镇西），辖境内中部和东南部，隶秦州。

北宋初，境内分属成纪、陇城二县。当时北宋实际控制的西部疆域只达夕阳镇（今新阳镇）。以渭河为界，南属北宋，北为土蕃各部控制。宋太祖建隆二年（961年）置定西寨（治今新阳镇西）；开宝元年(968年),设三阳寨(治今渭南镇东)。二寨均隶秦州。南宋时期,境内成为宋金争夺的战略要地。宋高宗建炎二年(1128年),金兵攻陷秦州。此后,抗金名将吴玠、吴璘兄弟在吴砦(今三岔镇吴寨村)屯兵筑寨,与金沿渭河一线形成对峙局面,境内东南部及渭河以南属南宋,西北部及渭河以北属金。

元初,成纪县改属陕西行省巩昌总帅府(治今陇西县)秦州。元至元七年(1270年),废陇城县,辖域并入秦州成纪县。州、县治沿金制未变。

明太祖洪武二年(1369年),大将军徐达西征,境内归明。同年,撤销成纪县,今区境大部由秦州直辖,称东乡;三阳川一带称北乡。明世宗嘉靖年间(1522—1566年),三阳川、新阳镇兴起手工纺织业,后逐步发展为规模较大的家庭作坊式手工业。明毅宗崇祯八年(1635年),李自成起义军一部至三阳川,被明军击败后东退。

清初,沿袭明制。清世宗雍正七年(1729年),秦州升为直隶州,直隶甘肃布政司。清高宗乾隆二十六年(1761年),划秦州东南部73村置三岔厅,厅治初设三岔(今利桥乡散岔村),不久迁建吴砦(今三岔镇吴寨村)。

中华民国2年(1913年),北洋政府推行省、县二级制,暂存道制。秦州直辖地改为天水县,境内属天水县,隶甘肃省陇南道(同年6月改称渭川道,民国16年又改为渭川行政区);三岔厅建制保留,撤州判署,设三岔警察分所。民国10年(1921年),三岔厅并入天水县。民国23年(1934年),区境改属天水行政督察区;民国24年(1935年),天水行政督察区改称甘肃省第四行政督察区。同年8月,红二十五军长征途经境内。民国35年(1946年)8月,八路军南下支队又途经境内北返,在中国革命史上写下了光辉的篇章。民国末年,随着陇海铁路的开通,外来人口剧增,北道埠渐成为陇东南商贸重镇和交通枢纽。

1949年8月,天水县解放。区境属天水分区行政督察区(12月又改称天水专区)。1950年2月,析天水县置天水市(县级建制)。以城区作为天水市的行政区域,城区以外为天水县(治今秦州区天水郡)行政区域。1958年12月,天水县并入天水市。1961年12月,天水市、县分设,恢复天水县建制。1962年7月县治迁北道埠。1985年7月,撤销天水地区和天水县,实行市管县体制,天水市升为地级市,设立北道、秦城两个县级区,以原天水县辖东南、西北22乡和北道镇设北道区(治北道埠),其余17乡组建秦城区。2005年1月1日,经国务院批准,北道区更名为麦积区,仍隶甘肃省天水市。区人民政府驻道北街道办事处张家村。

行政区划

2017年,麦积区下辖马跑泉镇、甘泉镇、社棠镇、渭南镇、东岔镇、花牛镇、中滩镇、石佛镇、新阳镇、琥珀镇、三岔镇、元龙镇、伯阳镇、麦积镇、利桥镇、五龙镇、党川镇17个镇、道北、桥南、北道埠3个街道办事处、379个行政村、35个社区。

人口

全区总人口数645000人,年末全区常住人口56.81万人,比上年末增加0.28万人。其中,城镇人口30.89万人,占常住人口比重为54.37%,比重比上年末提高2.32个百分点。全年出生率为12.38‰,死亡率为6.93‰,人口自然增长率为5.45‰。

民族

区境内古代是多民族杂居地区。西周时,有邽戎、冀戎、绵诸戎等。后秦人兴起,与戎族融合,成为汉族的一部分。两汉时,陇右以西的羌、氐族人不断迁入,形成以汉族为主,与羌、氐杂居状况。东晋时,迁入少数屠各、休官、丁零人。至隋、唐间,境内汉、羌、氐等族逐渐融合,形成以汉族为主体民族结构。元、明之际，始迁入少量回族人口。1953年，回族人口928人，占总人口0.4%，其余为汉族。因此境内民族主要为汉族，其次是回族。少数民族与汉族大杂居，小聚居。区内有少数民族34个，分别是回族、蒙古族、满族、壮族、土家族、锡伯族、藏族、白族、苗族、东乡族、朝鲜族、维吾尔族、布依族、彝族、瑶族、羌族、黎族，侗族，哈尼族，哈萨克族，傣族，傈僳族，佤族，畲族，高山族，纳西族，柯尔克孜族，土族，达斡尔族，毛南族，仡佬族，俄罗斯族，保安族等，总人口5764多人，占全区总人口的1%，主要是回族，有4123人，主要分布在马跑泉、花牛、党川、利桥、元龙、三岔等6个乡镇和城区3个街道办事处。

宗教

区内佛教、道教、伊斯兰教、基督教、天主教五大宗教俱全，有佛教协会、道教协会、伊斯兰教协会、基督教“三自”爱国运动委员会、天主教爱国委员会5个爱国宗教团体，均成立于1986年。境内有政府批准开放的宗教活动场所（处所）106处，其中佛教43处，道教29处，伊斯兰教8处，基督教22处，天主教4处。有教职人员259人，其中：佛教91人，道教45人（正一派34人，全真派11人），伊斯兰教12人，天主教4人，基督教107人（牧师3人，长老35人，传道员69人）。共有信教群众3.9万人，其中：佛教12000人，道教15000人，伊斯兰教3800人，天主教4200人，基督教4000人。

综合

2017年，实现生产总值175.3亿元，同比增长4.7%；其中，第一产业增加值13.6亿元，增长6.1%；第二产业增加值74.1亿元，增长3.5%；第三产业增加值87.6亿元，增长5.8%，三次产业比为7.8:42.2:50.0。

2017年，全区固定资产投资115.6亿元，比上年增长4.31%。按三次产业分，第一产业投资5.6亿元，下降42.7%；第二产业投资9.5亿元，下降2.8%，其中工业投资9.5亿元，下降2.8%；第三产业投资100.5亿元，增长10.1%。

全年房地产开发投资9.3亿元，比上年增长24.38%。

2017年，全区争取各类项目240个，涉及总投资20.8亿元，到位资金15.8亿元。其中争取到2017年中央预算内投资项目18个，到位中央预算内投资1.81亿元。

2017年，全区完成招商引资到位省外资金85.13亿元，新建项目到位资金49.28亿元，续建项目到位资金35.85亿元，重点产业到位资金65亿元。新引进1亿元以上项目15个。

财政金融

2017年，全区完成大口径财政收入17亿元，公共财政预算收入5.4亿元，增长8%，地方财政支出44.17亿元，增长12.33%。

年末全区金融机构各项存款余额242.7亿元，比上年末增长7.22%，其中，住户存款余额174.1亿元，增长7.16%。年末全区金融机构各项贷款余额179.9亿元，增长13.38%。

农业农村经济

2017年，全区粮食总产量16.42万吨，比上年减产2.31%。其中，夏粮产量6.13万吨，增产6.79%；秋粮产量10.29万吨，减产0.19%。粮食作物种植面积63.13万亩，比上年增加0.11万亩；油料种植面积7.74万亩，减少0.14万亩；蔬菜种植面积9.52万亩，增加0.46万亩；中药材种植面积1.22万亩，与上年持平。果园面积24.2万亩，增加0.15万亩。年末，全区大牲畜存栏4.57万头（只），比上年末下降1.3%；牛存栏3.52万头，减少1.4%；羊存栏2.68万只，减少5.1%；生猪存栏8.99万头，下降7.03%。牛、羊、猪出栏分别为0.94

万头、1.39万只和10.73万头，分别比上年增长5.62%、3.73%和2.48%。全年肉类总产量9341.8吨，比上年增长1.72%，其中猪肉产量7513.1吨，增长2.49%；牛肉产量939.8吨，增长5.04%；羊肉产量209.1吨，增长3.68%；禽肉产量612.9吨，下降12.13%。全年水产品产量270吨，增长3.85%。

工业与建筑业

2017年，全区规模以上工业增加值47.2亿元，同比增长2.8%。轻工业完成增加值45.0亿元，比上年增长3.3%；重工业完成增加值2.1亿元，下降6.5%。全年规模以上工业企业实现利润总额3369万元，比上年净减1.1亿元，规模以上工业亏损企业亏损额1.4亿元，比上年增长73.6%。

全年建筑业实现增加值13.6亿元，比上年增长5.7%。

交通、邮电和旅游业

2017年，全区交通运输、仓储和邮政业实现增加值8.8亿元，比上年增长11.1%。全区公路里程达到1921.3公里，增加75.7公里。行政村通车率达到100%。

全年完成邮电业务总量1.5亿元，比上年增长13.6%。其中：电信业务总量0.9亿元，增长17.4%；邮政业务总量0.5亿元，增长7.3%。互联网上网用户22.3万户，增长138%。

2017年，全区接待国内外游客1469.11万人次，比上年增长28.02%。其中，接待国外游客1997人次；实现旅游综合收75.38亿元，增长31.16%。农家乐接待游客612.9万人次，农家乐创收42761万元。新增农家乐62户。

商贸流通

2017年，全区实现社会消费品零售总额101.2亿元，比上年增长9.05%。全年实现批发业销售额113.8亿元，增长10.36%；实现零售业销售额73.6亿元，增长6.64%；实现住宿业营业额19539万元，增长13.93%；实现餐饮业营业额138026万元，增长14.7%。

城乡建设

2017年，市上下达全区棚户区改造项目10个4843套，建筑面积41万平方米，概算投资14.4亿元，开工率100%，主体竣工率71.4%，基本建成项目8个，分配入住1886套，分配入住率73.6%。

2017年，全区市政设施维修路灯2300余盏，故障处理196次，更换电缆850余米，架空线500米，更换校正路灯杆90余杆，维修渭河两岸楼体亮化4000余根LED数码管。提升改造花坛、绿化带3.9万平方米，新增绿地面积1.8万平方米。全区绿地面积达475.38万平方米，绿化覆盖面积达524.13万平方米，绿地率达33.71%，绿化覆盖率达37.17%，人均公共绿地面积8.20平方米。

环境保护

2017年，全区空气质量可吸入颗粒物(PM10)平均浓度为90微克/立方米，细颗粒物（PM2.5）较年均值42微克/立方米，二氧化硫（SO2）平均浓度为19微克/立方米，二氧化氮（NO2）平均浓度33微克/立方米，空气质量优良天数为281天，集中式饮用水水源地水质100%达标。区域环境，交通干线噪声平均值分别为52.9分贝和65.8分贝，均达到要求。

科技、教育、文化

2017年，全区组织实施科学研究、科技试验示范及推广项目90项，其中省列项目4项，市列项目14项，区列项目72项，全区争取科技项目到位资金505万元；通过鉴定验收项目30项，取得科技成果12项。专利申请量322件。

2017年，全区有各级各类学校458所，在校学生92926人,在岗教职工7888人。学校占地总面积216万平方米，校舍建筑面积93.7万平方米。区境内有省内重点大专院校两所。教育基础设施快速发展,新建天水一中麦积校区、天润学校秋季开始招生,天水市启升中学新校址投入使用。

2017年，全区有文化馆1个，公共图书馆1个,博物馆1个。广播和电视综合人口覆盖率分别为99.68%和99.22%。全年实现文化产业发展增加值5.7亿元,同比增长25%,资产总额18.49亿元。

医疗卫生

2017年，全区有医疗卫生计生机构640个。其中:市级医疗机构4个,区级医疗机构 5 个,乡镇卫生院及分院23个,社区卫生服务中心、站24个,驻区厂矿医疗机构5个,民营医院27个,诊所75个,村卫生室476个(含97个分室),区级医疗卫生管理机构1个。卫生机构拥有床位4511张。

人民生活与社会保障

2017年，全年农村居民人均可支配收入7056.5元,增长8.5%,城镇居民人均可支配收入24973元，增长8.6%。全年城镇新增就业人员15925人。年末城镇登记失业率为3.12%。

全区参加城乡居民基本养老保险人数29.23万人；参加城镇职工基本养老保险人数1.99万人;参加城镇居民医疗保险人数6.35万人;参加失业保险人数1.06万人；参加工伤保险人数1.7万人;参加生育保险人数1.5万人。征缴城镇职工基本养老保险15141万元,基金支出18919万元,占年控制线18375万元的102.96%；征缴城镇职工基本医疗保险6311.97万元，基金支出5353.5万元,占年控制线5606万元的95.50%;征缴城镇居民基本医疗保险767.62万元，基金支出1801.84万元，占年控制线3004万元的59.98%；征缴失业保险283万元,基金支出67万元,占年控制线68万元的98.52%；征缴工伤保险377.09万元,基金支出287.83万元,占年控制线172万元的167.34%;征缴生育保险278.64万元,基金支出239.24万元,占年控制线192万元的124.60%；城乡居民养老保险参保率95.55%，续保率97.68%。城乡居民养老保险养老金发放率100%。参加新农合433096人,参合率98.23%;年内为参合患者补偿25925.18万元。全区输转劳务11.15万人，其中有组织输转6.83万人，境外输转692人。创劳务收入21.32亿元。培训务工人员1.46万人,其中引导性培训2.38万人,技能型培训1.46万人。

全区城市低保标准由原来月人均426元提高到460元;农村低保标准由原来年人均2855元提高到3500元；农村五保供养标准由4512元提高到4923元。全区有城乡低保对象17950户53736人，累计发放城乡保障补助资金13568.16万元；农村五保供养对象1476人，发放五保供养金825.87万元。孤儿基本生活费发放及时到位,全区有孤儿40人,发放孤儿保障金30.72万元。对因突发事件、意外事件导致基本生活出现问题的低收入家庭及时给予临时生活救助，全年救助770户2918人,发放救助金349.48万元。开展流浪乞讨人员救助工作和“送流浪孩子回校园”行动,全年救助流浪乞讨人员300人次。

全区大病医疗救助112526人、发放救助金2024.81万元。其中资助住院人数1851人、发放救助金1458.298万元;资助参合人数110675人、拨付资助资金566.512万元。

(供稿:吴霞)

党政机关

中国共产党天水市麦积区委员会

区委常委会议纪要

【纪要一】2017年1月25日上午，区委书记张智明主持召开了区委常委会议，成少平、吴健、牛新虎、苟钟灵、赵继文、杜峥嵘、高志强、汪亚伟、杨根林、周岳红出席会议。会议主要研究了以下议题：

一、关于中央和省委政法工作会议精神的贯彻落实

会议传达学习了中央和省委政法工作会议精神，研究了贯彻落实意见。

原则同意区委政法委提出的贯彻落实意见，责成区委政法委牵头负责，相关单位、部门积极配合，全力抓好贯彻落实。

会议强调，2017年将要召开党的十九大和省第十三次党代会，做好全区信访维稳工作压力很大。政法各部门要进一步提高思想认识，认真学习贯彻中央和省委政法工作会议精神，时刻绷紧维护社会大局稳定这个弦，决不能有丝毫的麻痹大意。各级各部门要按照区委、区政府的安排部署，加大矛盾纠纷化解力度，对目前仍未解决的矛盾，要采取强有力的稳控措施，坚决防止矛盾再次激化；对出现的影响社会稳定的苗头性、倾向性问题要及时处置化解，确保党的十九大、省第十三次党代会期间全区社会大局和谐稳定。要强化应急值班值守，认真落实24小时值班制度、领导在岗带班制度，畅通应急报警电话，确保遇到突发事件和紧急事务指挥畅通、处置及时。

二、关于省市宗教工作会议精神的贯彻落实

会议传达学习了省市宗教工作会议精神，研究了贯彻落实意见。

会议议定，1. 原则同意召开全区宗教工作会议，责成区委统战部认真做好会议筹备各项工作，确保大会圆满成功。2.责成区委统战部牵头负责，区委组织部、区委党校、区人社局积极配合，立足麦积实际，采取适当方式，分批分类对各乡镇（街道）宗教工作分管领导、专干和宗教界人士开展学习培训，原原本本学习中央和省市宗教工作会议精神，组织开展讨论交流，进一步增进思想共识，不断提升全区宗教工作水平。3.确定各乡镇（街道）分管文化教育的副乡镇长、副主任兼管民族宗教工作，各乡镇文化站站长兼任宗教工作专干，各村党支部书记、社区书记为宗教工作联络员，进一步完善基层宗教工作网络。

三、关于区级民主党派换届方案及人选有关事宜

会议听取了区委统战部关于区级民主党派换届方案及人选有关情况的汇报。

会议议定，1.原则同意《麦积区委统战部关于协助民主党派做好区级组织换届工作的实施方案》，责成区委统战部根据会议讨论情况，对《方案》进一步修改完善后，按程序印发实施。2.原则同意区委统战部提出的新一届民主党派领导班子

拟任人选，责成区委统战部会同区委组织部按程序办理。3.原则同意未进区级领导班子的民主党派主委享受正科级级别工资待遇，专职副主委(第一副主委)享受副科级级别工资待遇。

四、关于2016年接收转业士官安置事宜

会议听取并原则同意区民政局关于2016年接收转业士官安置有关情况的汇报，责成区人社局牵头负责，区人武部、区编委办、区财政局、区民政局、区城管局等相关单位积极配合，按照公开、公正的原则，制定详细具体的安置办法，确保2016年接收转业士官稳妥安置。

五、关于2016年经济指标完成事宜

会议听取并原则同意区统计局关于2016年经济指标完成情况的汇报。

会议要求，一要加强衔接汇报。由区政府分管领导会同统计、发改等部门，主动加强与市直主管部门的汇报衔接，确保2016年统计数据准确客观反映全区经济社会发展的实际水平。统计部门要加强沟通联系，全力做好上限企业的统计入库工作，为科学监测经济运行情况打下良好基础。二要做好排查统计。各级各部门负责人尤其是区委、区政府分管领导要依据各自职责，对2017年重点项目的开工实施、服务行业部门经营等情况，全面开展一次排查统计，准确掌握真实数据，做到应统尽统，确保第一季度经济工作实现开门红。三要开展业务培训。由区政府分管领导负责，区统计局具体实施，依据新的统计报表制度，及时举办统计业务培训班，加强对各乡镇(街道)、各有关部门统计工作分管领导和专干的业务培训，不断提升统计人员业务能力和工作水平。四要加大考评力度。区委组织部、区委考核办要将全区统计工作纳入年终绩效考核范围，加大统计工作的考核权重，注重考核结果运用，对工作不力或没有完成任务的，按照《麦积区绩效考核奖励问责暂行办法》严格兑现奖惩。

六、关于麦积区出席省第十三次党代会代表候选人推荐人选有关事宜

会议听取并原则同意区委组织部关于出席省第十三次党代会代表候选人推荐人选有关情况的汇报。

会议议定，按照市委组织部关于推荐省第十三次党代表候选人推荐人选名额和比例、代表条件要求，经基层党组织酝酿，反复沟通，推荐张智明(区委书记)、高志强(区委常委、马跑泉镇党委书记)、陶军(天水众兴菌业科技股份有限公司党总支书记、董事长)、白青军(麦积区花牛镇白家河村党支部书记)、余成蛟(区畜牧局副局长)等5名同志为我区出席省第十三次党代会代表候选人推荐人选，责成区委组织部按程序上报。

七、关于干部处分有关事宜

会议听取并原则同意区纪检委关于干部处分有关情况的汇报意见，责成区纪检委会同区委组织部、区编委办、区财政局、区人社局、区公安分局等部门，按程序办理。

八、关于区四大组织领导排名有关事宜

会议听取并原则同意区委组织部关于区四大组织领导排名有关情况的汇报，责成区委办、区人大办、区政府办、区政协办依照执行。

会议还研究了干部有关事宜。

【纪要二】2017年2月4日，区委书记张智明主持召开了区委常委会议，成少平、吴健、牛新虎、苟钟灵、赵继文、杜峥嵘、高志强、汪亚伟、杨根林出席会议。会议主要研究了以下议题：

一、关于省委农村工作会议和全省扶贫开发工作会议精神的贯彻落实

会议传达学习了省委农村工作会议和全省扶贫开发工作会议精神，研究了贯彻落实意见。

会议议定，1. 责成区委农工部、区扶贫办负责，结合我区实际，就贯彻落实省委农村工作会议和全省扶贫开发工作会议精神，认真研究，着手筹备全区农村工作会议和扶贫开发工作会议。2.责成区委、区政府分管领导牵头，区扶贫办具体负责，会同各行业主管部门以及各乡镇、道北街道，立即开展对农村道路、危房改造、安全饮水、村卫生室、乡村舞台等建设情况的排摸，进一步摸清脱

贫短板、掌握真实情况,并择期召开专题汇报会,逐行业听取相关情况汇报,切实为区委、区政府合理调整全区脱贫退出时序提供科学依据。

会议要求,一要进一步提高思想认识。全区各级各部门要认真学习贯彻省委农村工作会议和全省扶贫开发工作会议精神,领会核心要义、掌握精神实质,杜绝侥幸心理和麻痹思想,切实把全区广大干部职工的思想和行动统一到中央和省、市的决策部署上来,统一到区委、区政府的具体要求上来,始终坚持"三农"工作重中之重地位不动摇,脱贫攻坚"一号工程"不动摇,切实增强做好农业农村工作和打赢脱贫攻坚战的思想自觉。二要统筹解决贫困村和非贫困村扶贫进展不均衡的问题。全区各级各部门要牢固树立"一盘棋"思想,统筹兼顾、整体推进,在做好贫困村各项工作的同时,也要抓好非贫困村的精准扶贫工作,加大帮扶和政策落实力度,决不能让一个贫困户掉队,确保全区精准扶贫精准脱贫工作均衡发展。三要认真做好2016年度实绩考核各项准备工作。由区委、区政府分管领导牵头,各行业主管部门具体负责,认真做好2016年度贫困县党政领导班子和党政正职经济社会发展实绩考核准备工作。各级各部门要对考核各个环节全面进行梳理,算透时间账、任务账,倒排工作时间表,吃透省市考核方案精神,采取切实有力的措施抓好"1+18"方案落实,针对问题逐项整改完善,真正把迎接考核验收的各项准备工作做细、做深、做实、做好。各相关部门要主动加强与省市主管部门的衔接沟通,做好工作汇报,确保部门测评有个好结果。四要进一步加大培训工作力度。由区委、区政府分管领导牵头,区扶贫办具体负责,邀请"1+18"方案牵头部门主要负责人,重点围绕《全省贫困县党政领导班子和领导干部经济社会发展实绩考核办法》,逐行业对各乡镇、道北街道党政主要负责人、分管领导、精准扶贫工作站站长以及驻村帮扶干部开展集中培训,让他们全面掌握考核方法、程序及量化评价标准。五要进一步加强驻村帮扶工作队管理。区委组织部及各乡镇、道北街道要严格落实《贫困村驻村帮扶干部管理考核办法》,切实加强对驻村帮扶工作队员的管理,给他们压担子、提要求、交任务,督促他们严格落实驻村考勤和请销假制度,严格遵守工作纪律,对不到村履职和驻村天数达不到要求的队员及时进行谈话提醒,努力打造群众满意的驻村帮扶工作队。六要进一步强化督促检查。区委各常委、区政府各副区长要把精准扶贫工作任务落实情况作为"明查暗访督查年"的重点内容,定期不定期深入村、户,加大对危房改造、农村安全饮水、乡村舞台、村级卫生室等方面的督查频次,协调解决到村到户项目落实中存在的困难和问题,确保各项工作按进度、按要求落到实处。

二、关于十八届中央纪委七次全会和十二届省纪委七次全会精神的贯彻落实

会议传达学习了十八届中央纪委七次全会和十二届省纪委七次全会精神,研究了贯彻落实意见。

会议要求,一要认真学习领会精神。全区各级党组织和纪检监察组织一定要原原本本学习、全面深刻领会中央纪委和省纪委全会精神,切实把思想和行动统一到中央和省委的部署要求上来,以坚强的政治定力、敢于担当的勇气、求真务实的举措,认真履行全面从严治党政治责任,继续在常和长、严和实、深和细上下功夫,不断巩固党风廉政建设和反腐败工作成果。二要广泛深入宣传。由区委宣传部牵头,区纪检委配合,充分利用政府网站、电视等各种宣传媒介,加大对中央纪委和省纪委全会精神在社会层面的宣传力度,扩大宣传范围和知晓面,在广大党员和干部群众中掀起学习热潮。三要强化党风廉政建设培训。区纪检委要结合村"两委"换届,采取各种有效方式,对全区纪检监察干部和村干部集中开展党风廉政建设专题培训,提升纪检监察干部的履职能力,切实让村干部懂规矩、守纪律、明底线、知敬畏。

三、关于2016年度全区纪检监察工作和巡察工作有关事宜

会议听取了区纪检委关于2016年度全区纪

检监察工作和巡察工作有关情况的汇报。

会议认为,2016年以来,区纪检委按照区委的统一部署,认真落实全面从严治党"3783"主体责任体系,实践运用"866"衡量检验标尺,把纪律和规矩挺在前面,综合运用执纪监督"四种形态",加大纪律审查工作力度,扎实开展两轮巡察工作,查处了一批典型案件,党风廉政建设和反腐败工作取得了明显成效,巩固和保持了良好的政治生态。

会议要求,一要强化压力传导。全区纪检监察组织要持续传导全面从严治党责任压力,加强对基层乡镇站所、学校和卫生院的监督管理,加大对站所、学校、卫生院负责人及单位部门中层干部、村干部的约谈函询力度,严厉查处公职人员违规经商办企业问题,切实将全面从严治党责任压力传导到基层末梢。二要确保政令畅通。全区各级纪检监察组织要把严明党的政治纪律和政治规矩放在首位,牢固树立纪律意识和规矩意识,围绕全区重点工作任务落实,不断加强执纪问责力度,及时整治干部队伍中存在的不作为、慢作为、乱作为的问题,坚决纠正上有政策、下有对策,有令不行、有禁不止的行为,对落实政策不力、出现重大失误的要严肃追责问责。三要注重巡察结果运用。区纪检委要进一步扩大巡察覆盖面,坚持"用身边事教育身边人",以案明纪,进一步唤醒党员领导干部的党章党规党纪意识,让纪律和规矩真正成为不可触碰的底线,达到查处一案、警示一片的目的。

四、关于2016年重点项目建设及2017年项目谋划有关事宜

会议听取并原则同意区发改局关于2016年重点项目建设及2017年项目谋划有关情况的汇报,责成区发改局牵头负责,相关部门积极配合,尽快编制《麦积区2017年项目手册》,明确责任目标、责任单位及负责人、包抓领导,确保重点项目有人抓、有人管。

会议要求,区四大组织领导要与项目责任单位负责人一道,主动深入各自包抓项目一线,加强对包抓项目的督查指导和协调调度,全力推进项目建设,对国家和省、市列重大项目抓协调保障,对续建项目抓投资进度,对新建项目抓落地实施,对前期项目抓手续办理,确保各类项目早落地、早实施。

五、关于国投公司和聚信公司工作开展有关事宜

会议听取并原则同意区国投公司和区聚信公司关于工作开展情况的汇报。

会议认为,区国投公司和区聚信公司成立以来,紧紧围绕全区经济社会发展大局,积极作为,不断拓宽投融资渠道、盘活城市固定资产,扎实推进保障房、棚户区改造、城中村改造、片区开发、城乡基础设施、易地扶贫搬迁安置和特色小城镇等重点项目建设,为全区社会经济转型升级发展作出了重要贡献。

会议要求,一要进一步加大投融资力度。要运用科学的金融发展观和现代金融理念,用足用活用好国家投融资政策,加强与国开行、农发行等金融机构的衔接,抢抓机遇,积极运用PPP合作模式,加大资金回笼力度,保障全区重点项目建设的顺利实施。二要努力破解发展瓶颈。要积极适应经济发展和国家投融资政策的新形势新要求,沉着应对,大胆创新,进一步加强与区直各部门、乡镇以及各类金融机构的衔接配合,合力解决征地拆迁、投融资等方面的问题,推动公司加快发展。三要强化公司内部管理。要严格执行国有资产管理和投融资建设各项管理办法,健全各项规章制度,严明工作纪律,对出现的苗头性、倾向性问题及时咬耳、扯袖,确保资金安全、人员安全。

六、关于《天水市麦积区加快转变农业发展方式实施方案》

会议听取并原则同意区委农工部关于制定《天水市麦积区加快转变农业发展方式实施方案》有关情况的汇报,责成区委农工部根据会议讨论情况,进一步修改完善后,按程序印发。

七、关于《天水市麦积区法制宣传教育第七个五年规划(2016—2020年)》

会议听取并原则同意区司法局关于制定《天水市麦积区法制宣传教育第七个五年规划（2016—2020年）》有关情况的汇报，责成区司法局根据会议讨论情况，进一步修改完善后，按程序印发。

八、关于《中共天水市麦积区委关于依法治区重要举措实施规划（2016—2020年）》

会议听取并原则同意区依法治区办关于制定《中共天水市麦积区委关于依法治区重要举措实施规划（2016—2020年）》有关情况的汇报，责成区依法治区办根据会议讨论情况，进一步修改完善后，按程序印发。

九、关于《天水市麦积区统筹整合使用财政涉农资金管理办法（试行）》

会议听取并原则同意区财政局关于制定《天水市麦积区统筹整合使用财政涉农资金管理办法（试行）》有关情况的汇报，责成区财政局根据会议讨论情况，进一步修改完善后，按程序印发。

十、关于机构调整设置和2016年度项目人员入编有关事宜

会议听取并原则同意区编委办关于机构调整设置和2016年度项目人员入编有关情况的汇报意见，责成区编委办牵头负责，区委组织部、区人社局、区财政局等相关部门积极配合，按相关程序办理。

十一、关于区法院、区检察院党组成员调整事宜

会议听取并原则同意区委组织部关于区法院、区检察院党组成员调整有关情况的汇报意见，责成区委组织部按程序办理。

会议还研究了干部有关事宜。

【纪要三】2017年3月22日下午，区委书记张智明主持召开了区委常委会议，成少平、吴健、牛新虎、苟钟灵、赵继文、高志强、汪亚伟、杨根林、周岳红出席会议。会议主要研究了以下议题：

一、关于中央第三巡视组巡视“回头看”反馈意见和有关审计问题整改工作会议精神的传达学习

会议传达学习了市政府关于中央第三巡视组巡视“回头看”反馈意见和有关审计问题整改工作会议精神。

会议强调，一要提高政治站位。全区各级各部门要高度重视巡视整改工作，切实树牢“四个意识”，增强抓好巡视整改的思想自觉、政治自觉和行动自觉，以更高标准、更严要求、更实作风，扎实有效抓好中央第三巡视组巡视“回头看”反馈意见和有关审计问题整改工作。区委、区政府分管联系领导要切实负起牵头抓总作用，督促各责任单位“一把手”认真落实第一责任人责任，对整改工作亲自部署、亲自过问、亲自协调、亲自督办，确保反馈问题全面整改到位。二要认真开展自查自纠。各级各有关部门要坚持问题导向和破题指向，按照中央和省、市要求，主动认领，自觉开展整改“回头看”工作，对已整改到位的，持续巩固、举一反三，扩大整改成效；对还没有整改到位的，紧盯快办、马上整改；对需要一段时间解决的，细化方案、明确时限；对需要长期坚持的，治标治本、持续用力，确保问题整改到位。三要强化问责倒逼整改。区纪检委要会同区委督查室、区政府督查室把反馈问题整改作为“明查暗访督查年”的重点督查内容，强化督促检查，加强跟踪督办，严格落实《中国共产党问责条例》，对履行工作职责不到位、问题整改不彻底的，该约谈的约谈，该问责的问责，通过问责追责倒逼负责尽责。

二、关于中央纪委《关于六起落实全面从严治党主体责任和监督责任不力被问责典型案例的通报》和省纪委《关于四起违规管理使用公务用车问题的通报》精神的传达学习

会议传达学习了中央纪委《关于六起落实全面从严治党主体责任和监督责任不力被问责典型案例的通报》和省纪委《关于四起违规管理使用公务用车问题的通报》精神。

会议强调，全区各级党组织和党员领导干部要认真学习中央纪委和省纪委《通报》精神，紧密联系思想和工作实际，深入分析查找本部门、单位在落实“两个责任”中存在的问题，举一反三，引以

为戒，强化责任意识，始终做到守土有责、守土负责、守土尽责。各级纪检监察组织要坚持把纪律和规矩挺在前面，及时依规依纪严肃处理不守纪律、不讲规矩的党员干部，用《通报》中的典型案例，教育警示党员干部尤其是各级领导干部尊崇党章党纪党规，切实担负起管党治党责任。要强化监督执纪问责，加强党员干部日常教育监督管理，对苗头性倾向性问题及时提醒、尽快处置，综合运用批评教育、组织处理、纪律处分等多种方式，防止小问题演变成为大问题。

三、关于区工商联（民间商会）换届工作有关事宜

会议听取了区委统战部关于区工商联（民间商会）换届工作有关情况的汇报。

会议议定，1.原则同意《区工商联（民间商会）换届工作方案（草案）》，责成区委统战部根据会议讨论情况，对《换届工作方案》进一步修改完善后，按程序印发实施。2.原则同意区工商联第七届执委会常委、主席（会长）、副主席（副会长）和秘书长建议名单，责成区委统战部会同有关单位召开区工商联换届工作会议。

四、关于2016年度全区农业农村工作先进单位和先进个人表彰奖励事宜

会议听取了区委农工部关于2016年度全区农业农村工作先进单位和个人奖项设置有关情况的汇报。

会议议定，1. 原则同意区委农工部提出的2016年度农业农村工作先进单位和先进个人表彰奖励建议名单，责成区委农工部根据会议讨论情况，对建议名单进一步修改完善后，在麦积区农村基层党建暨脱贫攻坚工作会议上进行表彰。2.奖励所需经费由区财政局核拨。

五、关于第十二批区级农业产业化重点龙头企业命名事宜

会议听取了区委农工部关于第十二批区级农业产业化重点龙头企业命名情况的汇报。

会议议定，同意按照《麦积区农业产业化重点龙头企业管理暂行办法》相关规定，对天水九鑫源果品有限公司、天水天鼎特色农业发展有限公司等27家农业企业命名为第十二批区级农业产业化重点龙头企业。

六、关于2016年度全区绩效考核工作有关事宜

会议听取了区委组织部关于2016年度全区绩效考核工作有关情况的汇报。

会议议定，1.同意区委组织部关于2016年度全区绩效考核奖惩有关情况的汇报意见，分别对甘泉镇、区教体局、区编委办、区国土分局等20个绩效考核优秀单位以及五龙镇、区卫计局、区审计局、区地税局等19个绩效考核先进单位予以表彰奖励，并对受到表彰的镇和区直部门的党政主要负责人在公务员年度考核中直接评为优秀等次；对2016年度绩效考核排名最后3名的琥珀镇、区文联、区人防办、中国银行麦积支行等12个单位，按照《麦积区绩效考核办法》和《麦积区绩效考核奖励问责暂行办法》相关规定兑现问责。2.奖励所需经费由区财政局核拨。3.责成区委组织部根据经济社会发展的新形势、新任务，参照省、市绩效考核办法，结合我区绩效考核实践经验和年度工作重点，进一步修改完善《麦积区绩效考核办法》，以便更加客观准确地评价被考核单位年度工作。

七、关于全区基层党建示范点命名事宜

会议听取了区委组织部关于全区基层党建示范点命名有关情况的汇报。

会议议定，1.同意对马跑泉镇大沟村党支部等17个村党组织、道北街道红旗社区等 3 个社区党组织、区人社局党委等4个部门机关党组织、天水众兴菌业科技股份有限公司党总支等 1 个“两新”组织党组织和区府路小学等 2 个教育卫生系统党组织命名为“全区基层党建示范点”。2.同意对命名的基层党建示范点给予一定的补助资金，用于党员教育培训等，补助资金由区财政局核拨。

八、关于2016年度全区先进村表彰奖励事宜

会议听取了区委组织部关于2016年度全区先进村表彰奖励有关情况的汇报。

会议议定，1.同意根据《麦积区村组干部待遇激励保障机制实施细则》相关规定，对2016年度在班子建设、重大项目实施、扶贫攻坚、基础设施建设、综治维稳、产业发展等工作突出的68个村进行表彰奖励，每村奖励3万元，奖金直接兑现到村干部个人。2.奖励所需经费由区财政局核拨。

九、关于2016年度国家和省市重大项目协调保障工作先进个人表彰事宜

会议听取了区发改局关于2016年度国家和省市重大项目协调保障工作先进个人表彰有关情况的汇报。

会议议定，1. 原则同意区发改局提出的2016年度国家和省市重大项目协调保障工作先进个人表彰奖励建议名单，在麦积区农村基层党建暨脱贫攻坚工作会议上进行表彰。2.奖励所需经费由区财政局核拨。

【纪要四】2017年4月14日下午，区委书记张智明主持召开了区委常委会议，成少平、吴健、牛新虎、苟钟灵、赵继文、杜峥嵘、高志强、汪亚伟、杨根林、周岳红出席会议。会议主要研究了以下议题：

一、关于《甘肃省推动全面从严治党主体责任落实督查办法(试行)》的传达学习

会议集中学习了《甘肃省推动全面从严治党主体责任落实督查办法(试行)》。

会议强调，全区各级党组织和党员领导干部要坚持反反复复、认认真真地学习《中国共产党廉洁自律准则》《中国共产党纪律处分条例》和《关于新形势下党内政治生活的若干准则》《中国共产党党内监督条例》，切实加强对广大党员干部的日常纪律教育，真正把政治纪律和政治规矩挺在前面。要进一步扛牢党风廉政建设主体责任，党委（党组）书记要认真履行好第一责任人责任，切实把管党治党主体责任放在心上、扛在肩上、抓在手上；班子成员要认真履行“一岗双责”，严格按照市上提出的“七必须七同步”的要求，抓好分管领域内的党风廉政建设。全区各级纪检监察组织要充分发挥党内监督专责机关职能，按照市纪委提出的“七个严查”要求，紧盯重点领域、重点行业、重点岗位，充分运用监督执纪问责的“四种形态”，对苗头性、倾向性问题及时提醒、尽快处置，从严惩治那些不收敛、不收手、问题特别严重的极少数党员干部，彻底清除党内毒瘤，持续强化“不敢腐”的震慑作用。

二、关于《区委常委会带头履行全面从严治党基本职责工作制度》《区委常委会会议前学习党章党规党纪制度》

会议听取并原则同意区纪检委关于制定《区委常委会带头履行全面从严治党基本职责工作制度》《区委常委会会议前学习党章党规党纪制度》有关情况的汇报，责成区纪检委根据会议讨论情况，对两个《制度》进一步修改完善后，以区委文件印发。

三、关于全市保密工作会议精神的传达学习

会议传达学习了全市保密工作会议精神。

会议强调，保密工作事关重大，关系到国家安全、改革、发展、稳定大局。全区各级领导干部要进一步认清保密工作的严峻形势，不断强化保密意识，增强做好保密工作的责任感，切实抓好新形势下的保密工作。各级各部门要强化保密相关政策的宣传教育，引导本单位干部职工特别是保密工作人员要充分认识保密工作的重要性，认真学习保密工作制度，督促他们严格遵守保密守则，履行保密职责，规范保密程序，确保保密工作严密、高效、安全运转。

四、关于《天水市麦积区各级领导干部安全生产职责清单》《天水市麦积区各级各部门安全生产工作责任清单》

会议听取并原则同意区安监局关于制定《天水市麦积区各级领导干部安全生产职责清单》《天水市麦积区各级各部门安全生产工作责任清单》有关情况的汇报，责成区安监局根据会议讨论情况，对两个《清单》进一步修改完善后，以区委办公室、区政府办公室文件印发。

五、关于《天水市麦积区违法用地违法建筑管

控查处细则》

会议听取并原则同意区城管局关于制定《天水市麦积区违法用地违法建筑管控查处细则》有关情况的汇报，责成区城管局根据会议讨论情况，对《细则》进一步修改完善后，以区委办公室、区政府办公室文件印发。

六、关于区汇财国有资产经营管理有限责任公司工作开展有关事宜

会议听取并原则同意区汇财国有资产经营管理有限责任公司关于工作开展情况的汇报。

会议认为，区汇财国有资产经营管理有限责任公司成立以来，紧紧围绕全区经济社会发展大局，积极作为，不断拓宽投融资渠道，有力保障全区重点项目建设资金，为全区社会经济转型升级发展作出了重要贡献。

会议议定，责成区监察局牵头，区财政局、区汇财国有资产经营管理有限责任公司配合，抽调精干力量，组成工作组，对全区行政事业单位经营性资产进行调查摸底，摸清底数、掌握实情，对存在的违纪违法问题，从严追责问责，确保行政事业单位经营性资产清理整顿到位。

会议要求，要运用科学的金融发展观和现代金融理念，用足用活用好国家投融资政策，全力做好后续贷款工作，加强与国开行、农发行等金融机构的衔接，抢抓机遇，积极运用 PPP 合作模式，加大资金回笼力度，保障全区重点项目建设的顺利实施。要进一步加强与有关部门、镇以及金融机构的衔接配合，积极做好农村 D 级危房改造贷款的承接和拨付工作。要积极适应经济发展和国家投融资政策的新形势新要求，沉着应对，大胆创新，积极研究解决投融资等方面的问题，走出发展新路子，推动公司加快发展。

七、关于《中共天水市麦积区委关于进一步加强新形势下统一战线工作的实施意见(草案)》

会议听取并原则同意区委统战部关于制定《中共天水市麦积区委关于进一步加强新形势下统一战线工作的实施意见(草案)》有关情况的汇报，责成区委统战部根据会议讨论情况，对《实施意见》进一步修改完善后，以区委文件印发实施。

会议还研究了干部有关事宜。

【纪要五】2017 年 5 月 18 日上午，区委书记张智明主持召开了区委常委会议，成少平、吴健、牛新虎、苟钟灵、赵继文、杜峥嵘、高志强、杨根林、周岳红出席会议。会议主要研究了以下议题：

一、关于《中央纪委公开曝光七起违反中央八项规定精神问题》的传达学习

会议集中学习了《中央纪委公开曝光七起违反中央八项规定精神问题》。

会议强调，全区各级党组织要结合“两学一做”学习教育，进一步加强对廉洁自律有关规定的学习和掌握，不断增强廉政风险防控能力；要切实负起从严管党治党的政治责任，教育引导广大党员干部不断强化纪律意识和规矩意识，始终把中央八项规定精神牢记于心，把守纪律、讲规矩内化为自觉意识、外化为自觉行动。各级领导干部要率先垂范、以身作则，带头遵守廉洁自律各项规定，从严从实抓好本部门本单位作风建设。各级纪检监察机关要认真履行监督执纪专责，加大明察暗访的力度，紧盯重要时间节点，从严从重处理公款吃喝、公款送礼等各类违纪行为，持续释放越往后执纪越严的强烈信号。

二、关于区委第三轮巡察工作筹备有关事宜

会议听取了区纪检委关于区委第三轮巡察工作筹备有关情况的汇报。

会议议定，1.原则同意《区委第三轮巡察工作实施方案》，责成区纪检委根据会议讨论情况，对《区委第三轮巡察工作实施方案》进一步修改完善后，按程序印发实施。2.同意召开区委第三轮党风廉政建设巡察工作动员会和业务培训会，尽快启动第三轮巡察工作。3.区委第三轮巡察工作经费由区纪检委列出预算，区财政局核拨。

会议强调，要扎实开展村级巡察工作，通过巡察发现与民争利、以权谋私、贪污侵占、优亲厚友以及发生在群众身边的腐败问题，依规依法处理

一些违纪违法案件，真正发挥巡察的震慑作用。要把巡察工作和落实村级干部管理制度结合起来，进一步完善对村干部的监管机制，通过巡察推动长效机制的建立，以此遏制村干部发生违纪违法问题。各巡察组要尽职尽责，把发现问题作为主要任务，对群众反映强烈的问题线索，要盯紧抓牢，不能不闻不问、有意隐瞒。

三、关于《天水市麦积区“明查暗访督查年”工作实施方案》

会议听取并原则同意区委办公室关于制定《天水市麦积区“明查暗访督查年”工作实施方案》有关情况的汇报，责成区委办公室根据会议讨论情况，对《天水市麦积区“明查暗访督查年”工作实施方案》进一步修改完善后，按程序印发。

会议强调，要紧盯市委、市政府确定的四项重点督查内容和全区各项重点工作，加大督查频次和力度，始终坚持问题导向，及时发现问题，督促整改落实，不能一查了之，对发现的问题要进行跟踪督查，直到问题彻底整改落实到位。

四、关于天水市创建全国文明城市麦积区动员大会筹备情况、《天水市创建全国文明城市麦积区推进计划（2017—2020年）》和《天水市创建全国文明城市麦积区实施方案》

会议听取了区委宣传部关于天水市创建全国文明城市麦积区动员大会筹备情况的汇报。

会议议定，1. 原则同意召开天水市创建全国文明城市麦积区动员大会，责成区委宣传部做好会议筹备各项工作，确保大会圆满成功。2.原则同意《天水市创建全国文明城市麦积区推进计划（2017—2020年）》和《天水市创建全国文明城市麦积区实施方案》，责成区委宣传部根据会议讨论情况，对《天水市创建全国文明城市麦积区推进计划（2017—2020年）》和《天水市创建全国文明城市麦积区实施方案》进一步修改完善后，按程序印发。3.同意成立天水市创建全国文明城市麦积区指挥部办公室，具体负责相关业务和衔接协调工作。4.同意增添部分办公设备及办公用房。5.创建活动经费由区财政局核拨，公务用车由区政府机关事务管理局协调解决。

五、关于《天水市麦积区进一步扩大对外开放实施方案》《天水市麦积区参与建设丝绸之路经济带和21世纪海上丝绸之路工作方案》

会议听取并原则同意区发改局关于制定《天水市麦积区进一步扩大对外开放实施方案》《天水市麦积区参与建设丝绸之路经济带和21世纪海上丝绸之路工作方案》有关情况的汇报，责成区发改局根据会议讨论情况，对《天水市麦积区进一步扩大对外开放实施方案》《天水市麦积区参与建设丝绸之路经济带和21世纪海上丝绸之路工作方案》进一步修改完善后，按程序印发。

六、关于《天水市麦积区关于深入推进农业供给侧结构性改革加快培育农业农村新动能的实施方案》《2017年麦积区双联工作要点》

会议听取并原则同意区委农工部关于制定《天水市麦积区关于深入推进农业供给侧结构性改革加快培育农业农村新动能的实施方案》《2017年麦积区双联工作要点》有关情况的汇报，责成区委农工部根据会议讨论情况，对《天水市麦积区关于深入推进农业供给侧结构性改革加快培育农业农村新动能的实施方案》《2017年麦积区双联工作要点》进一步修改完善后，按程序印发。

七、关于市委政协工作会议精神的传达学习

会议传达学习了市委政协工作会议精神，研究了贯彻落实意见。

会议议定，1.由1名区政协副主席牵头负责，区委办、区委组织部、区委统战部、区编办、区财政局、区人社局等相关部门积极配合，尽快组织开展调研，并起草《区委关于进一步加强政协工作推进人民政协协商民主建设的实施意见（草案）》，提交区委常委会讨论。2.同意适时召开区委政协工作会议，责成区政协办牵头负责，相关部门配合，全力做好会议筹备各项工作，确保大会圆满成功。

八、关于《天水市麦积区法治政府建设实施方案（2016—2020年）》

会议听取并原则同意区政府法制办关于制定《天水市麦积区法治政府建设实施方案(2016—2020年)》有关情况的汇报,责成区法制办根据会议讨论情况,对《天水市麦积区法治政府建设实施方案(2016—2020年)》进一步修改完善后,按程序印发。

九、关于《天水市麦积区城乡投资发展(集团)有限责任公司组建方案》

会议听取并原则同意区汇财公司关于制定《天水市麦积区城乡投资发展(集团)有限责任公司组建方案》有关情况的汇报,责成汇财公司根据会议讨论情况,对《天水市麦积区城乡投资发展(集团)有限责任公司组建方案》进一步修改完善后,按程序印发。

【纪要六】2017年7月1日上午,区委书记张智明主持召开了区委常委会议,成少平、吴健、牛新虎、苟钟灵、赵继文、杜峥嵘、高志强、汪亚伟、杨根林、周岳红出席会议。会议主要研究了以下议题:

一、关于《中国共产党工作机关条例(试行)》的传达学习

会议传达学习了《中国共产党工作机关条例(试行)》精神,研究了贯彻落实意见。

会议强调,《中国共产党工作机关条例(试行)》是加强党的组织制度建设的又一重要成果,充分体现了以习近平同志为核心的党中央推进全面从严治党、制度治党、依规治党的坚定决心。全区各级党组织要从讲政治的高度,认真学习《条例》,准确掌握《条例》内容,深刻领会《条例》的精神实质,不断提高运用《条例》做好党的工作机关工作的能力和水平。区委组织部要充分发挥职能作用,全力抓好督促落实,适时对《条例》实施情况进行专项检查,确保各项规定要求落到实处。

二、关于国家和省、市精准扶贫工作会议精神的传达学习

会议传达学习了国家和省、市精准扶贫工作会议精神,研究了贯彻落实意见。

会议议定,1.区扶贫办要按照《甘肃省精准扶贫精准脱贫突出问题整改方案》,抓紧制定麦积区整改方案,明确责任主体,按照部门职责,按期完成整改任务。2.区"1+18"方案责任单位要对照贫困退出验收的38项指标,查漏补缺,弥补短板,完善"七个一批"清单式管理,加大数据比对的力度,加快项目建设进度,提高扶贫资金使用的精准性和实效性。3.各镇、道北街道及有关部门要根据天水市脱贫攻坚领导小组办公室关于转发《市委市政府主要领导对扶贫互助资金及"双助贷"工程批示》的通知精神,对工作进展缓慢、资金滞留较大的村,在镇(街道)内紧盯需求,调剂给扶贫互助资金及"双助贷"使用较好的村,使其发挥更大的效益,推动脱贫攻坚工作扎实开展。

会议强调,全区各级各部门要认真学习领会中央和省委、省政府关于精准扶贫精准脱贫工作的新要求、新政策,并落实到我区脱贫攻坚各项工作中;一定要清醒地认识到,脱贫攻坚越到后面难度越大,要按照习近平总书记提出的"七个强化"、"三个必须"和省、市、区委的要求,坚持把脱贫攻坚作为"一号工程"来抓,持续用劲抓好各项措施落实,决不能降低标准、弱化力度。有关部门、单位要切实加强与区扶贫办的衔接,积极推广运用"双线排序比对法",切实加强贫困人口动态管理,全面落实精准管理措施,确保脱(返)贫人口精准识别、精准退出。"1+18"方案责任单位要各司其职、各负其责,对承担的到村到户项目,积极主动担当负责,加强对项目实施的监管,不能给乡镇一推了之。各镇、道北街道要切实加强对驻村工作队的管理,对不到村履职和驻村天数达不到要求的队员及时谈话提醒,坚决杜绝"走读"、混日子现象发生;派出单位要加大对常驻工作队员的支持力度,严格落实驻村帮扶工作队员不再参与本单位工作的要求,避免出现工作队员"两头跑"的现象。区纪委、组织部、农工部、人社局等部门要加大对驻村工作队员到岗到位情况的督查力度,开展常态化督查,对存在"挂名式"、"两头跑"、"走读式"、帮扶工作不力的队长和队员通报批评、限期整改。各

镇要高度重视各级督查中指出的问题，认真研究整改措施，及时加以解决，确保全区脱贫攻坚各项工作任务落实到位。

三、关于省、市委意识形态工作会议精神的传达学习

会议传达学习了省、市委意识形态工作会议精神，研究了贯彻落实意见。

会议议定，1.责成区委宣传部负责，尽快起草《麦积区党委(党组)意识形态工作责任制实施方案》《党委(党组)意识形态工作责任制督查方案》《党委(党组)意识形态工作责任制考核办法》。2.同意适时召开全区意识形态工作会议，由区委宣传部牵头，相关部门配合，全力做好会议筹备的各项工作。

四、关于《天水市麦积区信访工作责任制实施办法》

会议听取并原则同意区信访局关于制定《天水市麦积区信访工作责任制实施办法》有关情况的汇报，责成区信访局根据会议讨论情况，对《天水市麦积区信访工作责任制实施办法》进一步修改完善后，按程序印发。

五、关于2016年度科技特派员工作先进单位、先进工作者和优秀特派员表彰奖励事宜

会议听取并原则同意区科技局关于2016年度科技特派员工作先进单位、先进工作者和优秀特派员表彰奖励有关情况的汇报。

会议议定，1.同意区科技局提出的2016年度科技特派员工作先进单位、先进工作者以及优秀科技特派员表彰奖励建议名单，经公示无异议后，以区委、区政府文件进行表彰。2.表彰奖励经费由区财政局核拨。

六、关于《天水市麦积区创建全省健康扶贫工程示范区工作实施方案》

会议听取并原则同意区卫计局关于制定《天水市麦积区创建全省健康扶贫工程示范区工作实施方案》有关情况的汇报，责成区卫计局根据会议讨论情况，对《天水市麦积区创建全省健康扶贫工程示范区工作实施方案》进一步修改完善后，按程序印发。

七、关于《天水市麦积区深化供销合作社综合改革的实施意见》

会议听取并原则同意区供销联社关于制定《天水市麦积区深化供销合作社综合改革的实施意见》有关情况的汇报，责成区供销联社根据会议讨论情况，对《天水市麦积区深化供销合作社综合改革的实施意见》进一步修改完善后，按程序印发。

会议强调，区农业局、区供销联社要将深化供销合作社综合改革与推进农村资源变资产、资金变股金、农民变股东的“三变”改革紧密结合起来，充分利用现有的农业龙头企业和资源禀赋，以提高农民的组织化程度、提高农民收入为目标，以创新基层社和联合社治理机制为重点，按照“双线运行”的总要求，围绕打造规模化经营主体和培育社会化服务实体，加快建成适应社会主义市场经济需要、适应现代农业发展需要、适应全面小康社会建设的“三社合一”的组织体系和服务机制，推动全区供销合作事业发展实现新突破。

八、关于《甘肃德诚工贸有限公司(煤场)“8·22”事故调查报告》《天水天泽悦品餐饮娱乐有限公司“4·12”事故调查报告》

会议听取并原则同意区安监局关于《甘肃德诚工贸有限公司(煤场)“8·22”事故调查报告》《天水天泽悦品餐饮娱乐有限公司“4·12”事故调查报告》有关情况的汇报。

会议议定，1. 责成区安监局按照法定程序，将《甘肃德诚工贸有限公司(煤场)“8·22”事故调查报告》《天水天泽悦品餐饮娱乐有限公司“4·12”事故调查报告》上报区政府，并请区政府予以批复。2.责成区安委会办公室就“8·22”事故中，市建设工程安全质量监督管理处和市城市管理行政执法支队监管不到位等情况，向市安委会办公室进行书面报告，建议市安委会办公室分别追究其责任。3.责成花牛镇就“8·22”事故，桥南街道办事处就“4·12”事故，分别向区委、区政府作出深刻书面检查。

会议强调，安全生产无小事。全区各级各部门一定要时刻绷紧安全生产这根弦，切实把安全生产工作牢牢记在心上、抓在手上。区委、区政府分管联系领导要严格按照"党政同责、一岗双责、齐抓共管、失职追责"和"三管三必须"(管行业必须管安全、管业务必须管安全、管生产经营必须管安全)的要求，率先垂范、亲力亲为，深入一线、靠前指挥，对各自分管联系领域的安全生产工作及时部署、及时调度、及时督办，坚决堵塞生产安全漏洞。区政府分管领导、区安监局要围绕国家安全生产督查，每季度邀请一次市上的专家，对我区安全生产工作把脉号诊，认真查找潜在的安全生产隐患，对存在的问题下发整改通知单，并及时督促整改；要严格按照《天水市麦积区各级领导干部安全生产职责清单》《天水市麦积区各级各部门安全生产工作责任清单》，层层靠实监管责任，一项一项紧盯落实，确保安全生产各项措施在本辖区、本行业全面落实。

九、关于《中共天水市麦积区委关于加强社会主义协商民主建设的实施意见》

会议听取并原则同意区委统战部关于制定《中共天水市麦积区委关于加强社会主义协商民主建设的实施意见》有关情况的汇报，责成区委统战部根据会议讨论情况，对《中共天水市麦积区委关于加强社会主义协商民主建设的实施意见》进一步修改完善后，按程序印发。

十、关于《麦积区妇联改革方案》

会议听取并原则同意区妇联关于制定《麦积区妇联改革方案》有关情况的汇报。

会议议定，1. 责成区妇联在指导各行政村推选村妇联主席时，优先考虑现任女村干部，由女村干部兼任村妇联主席。2.责成区妇联根据会议讨论情况，对《麦积区妇联改革方案》进一步修改完善后，按程序印发实施。3.镇(街道)妇联工作经费和村(社区)妇联主席报酬由区级财政解决。

会议强调，区妇联改革工作领导小组要对全区妇联改革工作负总责，领导小组办公室要全力抓好妇联改革工作的部署、指导和督查，把方案要求落实到位，按程序实施好改革工作；要始终做到该中央和省、市统一部署的我们不抢跑，该尽早推进的我们不拖沓，该试点的我们不仓促推开，该深入研究的仔细研究后再推进，该得到法律授权的不超前推进，一个脚印一个脚印推进改革任务落实；要做到吃透上情和区情，积极借鉴兄弟县区的成功经验，及时掌握兄弟县区的改革进度，确保改革事项稳步推进。

十一、关于全区推进"两学一做"学习教育常态化制度化有关事宜

会议听取并原则同意区委组织部关于制定《天水市麦积区推进"两学一做"学习教育常态化制度化实施意见》和7个分领域实施方案以及3个责任清单等有关情况的汇报。

会议议定：1.责成区委组织部对《天水市麦积区推进"两学一做"学习教育常态化制度化实施意见》和天水市麦积区农村、街道社区、机关、事业单位、国有企业、非公经济组织、社会组织7个分领域实施方案，以及《区委常委会推进"两学一做"学习教育常态化制度化责任清单》《区直部门单位党组(党委)推进"两学一做"学习教育常态化制度化责任清单》《镇(街道)党(工)委推进"两学一做"学习教育常态化制度化责任清单》，根据会议讨论情况，进一步修改完善后，按程序印发实施。2. 同意适时召开全区推进"两学一做"学习教育常态化制度化工作会议，责成区委组织部牵头，相关部门配合，全力做好会议筹备工作。3.同意区委组织部提出的关于在"两学一做"学习教育中清缴党费的使用意见，重点用于党员走访慰问、开展教育培训、支部活动经费等工作。

会议强调，区委办公室、区委组织部要加强衔接，共同承担好区委常委层面的"两学一做"学习教育各项工作，将常委个人学习计划、制度清单等全部上墙公示，积极落实好集体学习、讲党课等各项制度，为全区推进"两学一做"学习教育常态化制度化做出示范。各级党组织要把学习教育与学

习贯彻省第十三次党代会精神结合起来，与做好脱贫攻坚、项目建设、改革发展稳定等各项工作结合起来，与做好本部门、本单位日常工作结合起来，经常性地进行对标检查，寻找差距不足，激发内生动力，增强责任担当，引导党员干部切实把心思和精力用在抓工作上，做到两手抓、两促进。区委组织部要结合“明查暗访督查年”活动，会同区委督查室等有关单位，采取明查暗访、随机抽查等方式，对“两学一做”学习教育常态化制度化工作、驻村帮扶工作队到岗到位情况等重点工作进行督查，确保各项工作任务落实到位。

十二、关于《天水市麦积区关于推行“党建 +”工作的实施意见》

会议听取并原则同意区委组织部关于制定《天水市麦积区关于推行“党建 +”工作的实施意见》等有关情况的汇报，责成区委组织部根据会议讨论情况，对《天水市麦积区关于推行“党建 +”工作的实施意见》进一步修改完善后，按程序印发实施。

会议强调，“党建 +”是一种新形式和新载体，其目的是通过抓好党建工作，促进各项具体工作的有效开展。各级党组织要通过抓党建，不断提高党员政治觉悟，充分发挥基层党组织的战斗堡垒作用和党员先锋模范带头作用，带动其他非党员齐心协力做好各项工作，努力将党建优势转化为发展优势、将党建资源转化为发展资源、将党建成果转化为发展成果。

十三、关于区直相关部门单位设立党组事宜

会议听取并原则同意区委组织部关于区直相关部门单位设立党组有关情况的汇报，责成区委组织部根据会议讨论情况，进一步修改完善后，按程序实施。

会议议定，1.由区委常委、纪委书记苟钟灵负责，就区发改局、工信局、民政局、人社局、住建局、水务局、农业局、林业局、工商局、文广局、城管局、司法局、财政局、交通局、质监局、食药监局 16 个部门纪委书记改任纪检组长事宜与上级部门进行衔接，按程序审定后实施。2.由区纪委和区委组织部负责，就下一步区纪委派驻机构设立纪检组织事宜进行研究协商，提出切实可行的意见，按程序审定后实施。

会议要求，区委组织部要从运行规范、工作机制等方面进一步明确拟设立的部门党组与机关党委之间，部门机关党委和区直机关工委之间的关系、职责、制度，提出操作性强的意见，确保区直相关部门单位设立党组工作规范有序开展。同时，要采取举办培训班等形式，对新任党组成员加强《中国共产党党组工作条例(试行)》《中国共产党党和国家机关基层组织工作条例》和省、市关于成立党组相关要求的学习培训，使其明确党组织改革的内容和要求，确保党组织各项工作顺利开展。

十四、关于成立天水众兴菌业科技股份有限公司党委事宜

会议听取并原则同意区委组织部关于成立天水众兴菌业科技股份有限公司党委有关情况的汇报，责成区委组织部根据会议讨论情况，按程序办理，并会同区纪委在天水众兴菌业科技股份有限公司设立党的纪检组织。

会议还研究了干部有关事宜。

【纪要七】2017 年 9 月 1 日下午，区委书记张智明主持召开了区委常委会议，成少平、吴健、任崯凭、苟钟灵、赵继文、杜峥嵘、高志强、汪亚伟、杨根林、周岳红出席会议。会议主要研究了以下议题：

一、关于习近平总书记“7·26”重要讲话精神的传达学习

会议传达学习了习近平总书记“7·26”重要讲话精神。

会议强调，习近平总书记在省部级主要领导干部专题研讨班上的重要讲话，深刻阐述了新的历史条件下坚持和发展中国特色社会主义的一系列重大理论和实践问题，深刻阐明了未来一个时期党和国家事业发展的大政方针和行动纲领，提出了一系列新的重要思想、重要观点、重大判断、重大举措，为党的十九大胜利召开奠定了重要的政治、思想和理论基础。全区各级党组织要切实提

高政治站位，增强政治自觉，认真领会、全面把握习近平总书记“7·26”重要讲话精神实质，全力抓好贯彻落实。全区各级党员领导干部和广大党员干部要把学习贯彻落实习近平总书记“7·26”重要讲话精神作为当前的一项重要政治任务，全面领会、准确把握讲话的丰富内涵，进一步增强“四个意识”，坚定“四个自信”。要聚焦“学习习近平总书记重要讲话精神，迎接党的十九大”这个主题，围绕决胜全面小康目标，始终保持专注发展战略定力，全力推进当前各项工作任务落实。

二、关于市委七届三次全体会议暨县区委工作汇报会议精神的传达学习

会议传达学习了市委七届三次全体会议暨县区委工作汇报会议精神。

会议强调，市委七届三次全体会议暨县区委工作汇报会议，科学分析了当前面临的形势，并对下半年各项工作作了全面安排部署，全区各级各部门要结合实际，认真抓好贯彻落实。现在，已进入9月，有效工作时间不足4个月，要完成今年既定的各项目标任务，时间紧、任务重。全区各级各部门要进一步增强工作责任感和紧迫感，对照年初确定的目标任务，坚定发展信心，提振精神状态，抢抓有效工作时间，采取超常规的工作措施，全力以赴做好项目建设、民生实事办理、脱贫攻坚、全域无垃圾创建、落实河长制、作风建设、党风廉政建设和中央环境保护督查反馈意见整改等各项工作，确保中央和省、市、区委各项决策部署落实到位。

三、关于甘肃省东部片区纪委书记座谈会精神的传达学习

会议传达学习了甘肃省东部片区纪委书记座谈会精神，研究了贯彻落实意见。

会议强调，全区各级党组织和纪检监察组织要认真学习贯彻甘肃省东部片区纪委书记座谈会精神，结合推进“两学一做”学习教育常态化制度化，不断将学习教育引向深入，真正把党的思想政治建设抓在日常、严在经常。要提高站位推进扶贫领域监督执纪问责工作，深入推进“两查两保”专项行动，“零容忍”查处扶贫领域问题。全区各级纪检监察组织要进一步加强和改进监督执纪工作，把讲政治与抓纪检监察业务融为一体，坚持治标与治本有机结合，积极实践监督执纪“四种形态”，严格落实纪律审查安全责任。要刀刃向内加强纪检监察队伍管理监督，建立和完善“一案双查”机制，从严查处跑风漏气、瞒案抹案、以案谋私等行为，以实际工作成效迎接党的十九大胜利召开。

四、关于《天水市麦积区“十三五”脱贫攻坚规划》《天水市麦积区脱贫攻坚责任制实施细则》《天水市麦积区进一步加强与天津市西青区东西部扶贫协作工作的实施方案》和《天水市麦积区脱贫攻坚领导小组专责工作组人员组成及工作职责》

会议听取并原则同意区扶贫办关于制定《天水市麦积区“十三五”脱贫攻坚规划》《天水市麦积区脱贫攻坚责任制实施细则》《天水市麦积区进一步加强与天津市西青区东西部扶贫协作工作的实施方案》和《天水市麦积区脱贫攻坚领导小组专责工作组人员组成及工作职责》有关情况的汇报，责成区扶贫办根据会议讨论情况，对《天水市麦积区“十三五”脱贫攻坚规划》《天水市麦积区脱贫攻坚责任制实施细则》《天水市麦积区进一步加强与天津市西青区东西部扶贫协作工作的实施方案》和《天水市麦积区脱贫攻坚领导小组专责工作组人员组成及工作职责》进一步修改完善后，按程序印发。

会议强调，全区各级各部门要深入学习贯彻习近平总书记扶贫开发战略思想，强化“一号意识”，确保思想认识到位。要进一步规范完善工作程序，大力实施扶贫互助资金“双助贷”工程，充分发挥扶贫互助资金在富民产业培育、加快精准脱贫进程等方面的优势作用。要认真履行各自职责，进一步加大工作力度，采取清单式管理模式，抓好“七个一批”举措落地见效。要积极主动与天津市有关方面开展互访对接，深化拓展扶贫协作和对口帮扶工作，切实提高协作质量和帮扶效果。

五、关于《甘肃省综治组织执行社会治安综合

治理领导责任制问责办法》的传达学习

会议传达学习了《甘肃省综治组织执行社会治安综合治理领导责任制问责办法》，研究了贯彻落实意见。

会议强调，全区各级党政组织和政法部门要牢固树立“底线思维”，采取更加有效的措施，统筹推进以审判为中心的刑事诉讼制度改革，严厉打击各类违法犯罪活动，积极化解各类社会矛盾纠纷，切实为全区经济社会发展保好驾、护好航。要坚持以网格化管理、社会化服务为抓手，进一步改进社会治理方式，健全完善党委领导、政府负责、社会协同、公众参与、法治保障的社会治理网络。要以推进平安麦积、法治麦积、过硬队伍建设为抓手，统筹整合各种力量、资源、手段，深入开展打击“盗抢骗”、“黑拐枪”、“黄赌毒”等专项行动，打源头、端窝点、摧网络、斩链条，持续降低案件高发势头。特别要高度重视信访维稳工作，按照“属地管理、分级负责”和“谁主管、谁负责”的原则，切实承担起化解本领域信访问题的责任，依法、及时有效化解来区到市赴省进京集体上访、非正常重复上访等重大社会矛盾积案，对诉求合理的解决问题到位，对诉求无理的思想教育到位，对生活困难的帮扶救助到位，对无理缠访闹访或以上访为名制造事端、煽动组织闹事的要依法坚决打击，为党的十九大胜利召开创造安全稳定的社会环境。

六、关于《区委关于加强和改进新形势下党校工作的实施意见》

会议原则同意区委党校关于制定《区委关于加强和改进新形势下党校工作的实施意见》有关情况的汇报，责成区委党校根据会议讨论情况，对《区委关于加强和改进新形势下党校工作的实施意见》进一步修改完善后，按程序印发。

会议认为，加强和改进党校工作是落实全面从严治党的内在要求，党校作为党委的重要部门，是培训轮训党员干部的主渠道、学习传播党的理论的主阵地、加强党性锻炼的大熔炉，肩负着加强党性党风教育、传承党的优良传统的重要使命。

会议强调，区委党校要坚持党校姓党根本原则，牢固树立“四个意识”，严守党的政治纪律和政治规矩，自觉在思想上政治上行动上同以习近平同志为核心的党中央保持高度一致。要以党章和党规党纪学习教育为重点，引导学员全面深入学习马克思主义经典原著，学习习近平总书记系列重要讲话精神和治国理政新理念新思想新战略，扎实推进“两学一做”学习教育常态化制度化，不断提高党员干部运用理论指导实践、推动工作的能力水平。要围绕全区改革发展重点难点问题和人民群众关心关注的热点焦点问题，深入开展调查研究，努力发挥服务区委、区政府重大决策的智库作用。

七、关于《天水市麦积区生态环境保护工作责任规定（试行）》

会议听取并原则同意区环保局关于制定《天水市麦积区生态环境保护工作责任规定（试行）》有关情况的汇报，责成区环保局根据会议讨论情况，对《天水市麦积区生态环境保护工作责任规定（试行）》进一步修改完善后，按程序印发。

八、关于《天水市麦积区党政领导干部生态环境损害责任追究实施办法（试行）》

会议听取并原则同意区环保局关于制定《天水市麦积区党政领导干部生态环境损害责任追究实施办法（试行）》有关情况的汇报，责成区环保局根据会议讨论情况，对《天水市麦积区党政领导干部生态环境损害责任追究实施办法（试行）》进一步修改完善后，按程序印发。

会议强调，生态环境保护是功在当代、利在千秋的事业。全区各级各部门要清醒认识保护生态环境、治理环境污染的紧迫性和艰巨性，清醒认识加强生态文明建设的重要性和必要性，以对人民群众、对子孙后代高度负责的态度和责任，下决心把环境污染治理好、把生态环境建设好，为广大人民群众创造良好的生产生活环境。

九、关于《天水市麦积区贯彻落实中央环境保护督察反馈意见整改方案》

会议听取并原则同意区整改办关于制定《天水市麦积区贯彻落实中央环境保护督察反馈意见整改方案》有关情况的汇报，责成区整改办根据会议讨论情况，对《天水市麦积区贯彻落实中央环境保护督察反馈意见整改方案》进一步修改完善后，按程序印发。

会议强调，全区各部门、单位主要负责人要把环保督察反馈问题整改工作牢牢抓在手上，亲自安排部署、亲自推动落实，确保在规定时间内完成环保督察反馈问题整改。相关镇和部门、单位要站在遵守政治纪律的高度，抱着对组织和自己负责的态度，如实答复反馈问题整改情况，对已经完成整改的要及时答复上报，对没有完成整改的要按实际进展情况如实答复，决不能弄虚作假。

十、关于《天水市麦积区关于推进供给侧结构性改革的方案》《天水市麦积区关于加快补齐发展短板促进经济社会协调健康发展工作实施方案》

会议听取并原则同意区发改局关于制定《天水市麦积区关于推进供给侧结构性改革的方案》《天水市麦积区关于加快补齐发展短板促进经济社会协调健康发展工作实施方案》有关情况的汇报，责成区发改局根据会议讨论情况，对《天水市麦积区关于推进供给侧结构性改革的方案》《天水市麦积区关于加快补齐发展短板促进经济社会协调健康发展工作实施方案》进一步修改完善后，按程序印发。

会议强调，全区各级各部门要紧紧抓住供给侧结构性改革的机遇，既要立足现有产业基础，做好调整存量、优化增量的工作，又要善于做无中生有、有中生辉的文章，把我们的自身优势和潜力分析准、挖掘透，围绕全产业链把好的产品做出大市场、把有市场前景的企业做成行业龙头，加快经济结构的战略性调整。

十一、关于《天水市麦积区关于深化体制机制改革加快实施创新驱动发展战略的实施意见》

会议听取并原则同意区科技局关于制定《天水市麦积区关于深化体制机制改革加快实施创新驱动发展战略的实施意见》有关情况的汇报，责成区科技局根据会议讨论情况，对《天水市麦积区关于深化体制机制改革加快实施创新驱动发展战略的实施意见》进一步修改完善后，按程序印发。

十二、关于《天水市麦积区河道采砂规划（2017—2020年）》

会议听取并原则同意区水务局关于制定《天水市麦积区河道采砂规划（2017—2020年）》有关情况的汇报，责成区水务局根据会议讨论情况，对《天水市麦积区河道采砂规划（2017—2020年）》进一步修改完善后，按程序审定实施。

十三、关于区委第三轮村级巡察工作事宜

会议听取并原则同意区纪检委关于区委第三轮村级巡察工作有关情况的汇报。

会议认为，区委第三轮村级巡察工作始终坚持问题导向，突出政治巡察，紧盯群众关心的热点难点问题，把发现问题、形成震慑作为主要任务，严格巡察程序，严把关键环节，改进巡察方法，查找出了被巡察镇村存在的突出问题和问题线索，为八届区委实现巡察全覆盖目标奠定了良好基础。

会议强调，区委巡察办要对发现的问题及问题线索紧盯不放，积极督促相关单位全力做好整改工作。各镇、村要按照区委巡察组反馈的整改要求，认真核查交办的问题线索，及时制定整改方案，逐一建立整改台账，明确整改责任人、整改措施和整改时限，确保问题整改到位。各级党委（党组）书记要认真履行好党风廉政建设第一责任人责任，做到真管真严、敢管敢严、常管常严；班子成员要严格落实"一岗双责"，按照"七必须七同步"要求，全力抓好分管联系领域党风廉政建设工作。

十四、关于"三纠三促"专项行动进展事宜

会议听取并原则同意区纪检委关于"三纠三促"专项行动进展情况的汇报。

会议强调，全区上下都要高度重视、扎实开展"三纠三促"专项行动，着力解决党员干部中存在的履行职责不担当、为民服务不作为、落实任务弄虚作假的问题，促进中央和省市区委、政府决策部署落实、促进全区经济社会健康发展、促进党员干部作风明显好转。全区各级纪检监察组织要实践运用监督执纪“四种形态”，进一步加强党员干部日常教育监督管理，勤扯“袖子”、常咬“耳朵”，对苗头性倾向性问题及时提醒、尽快处置，真正消除在萌芽状态。

会议还研究了干部处分有关事宜。

【纪要八】2017年9月30日上午，区委书记张智明主持召开了区委常委会议，成少平、吴健、苟钟灵、赵继文、杜峥嵘、高志强、汪亚伟、杨根林、周岳红出席会议。会议主要研究了以下议题：

一、关于《中共中央办公厅关于印发〈市县党委建立巡察制度的意见〉的通知》的学习

会议学习了《中共中央办公厅关于印发〈市县党委建立巡察制度的意见〉的通知》精神，研究了贯彻落实意见。

会议指出，《市县党委建立巡察制度的意见》对市县建立巡察制度提出了总体要求，明确了巡察机构队伍建设和巡察工作任务，为进一步发挥好政治巡察“显微镜”和“探照灯”作用提供了政策依据和工作方向。

会议强调，全区各级纪检监察组织要切实提高政治站位，牢固树立“四个意识”，深入学习、准确理解《意见》的精神实质，并将其转化为思想自觉和行动自觉；要不断强化责任担当，敢于坚持原则，勇于较真碰硬，充分发挥巡察利剑作用，着力发现基层组织党的领导弱化、党的建设缺失、全面从严治党不力等突出问题；要进一步健全完善巡察制度，优化工作流程，不断探索创新监督形式、方法、手段；要加强巡察队伍自身建设，完善巡察干部激励约束机制，严格要求、严格管理、严格监督，用铁的纪律打造忠诚干净担当的巡察干部队伍。

二、关于《〈中国共产党甘肃省第十三次代表大会报告〉涉及我区主要工作任务分解方案》

会议听取并原则同意区委办公室关于制定《〈中国共产党甘肃省第十三次代表大会报告〉涉及我区主要工作任务分解方案》有关情况的汇报，责成区委办公室根据会议讨论情况，对《〈中国共产党甘肃省第十三次代表大会报告〉涉及我区主要工作任务分解方案》进一步修改完善后，按程序印发。

会议强调，《中国共产党甘肃省第十三次代表大会报告》对今后5年全省工作作了战略性部署，内涵丰富、重点突出，为全省经济社会发展提出了新目标、新任务、新要求。全区各级各部门要树牢“一盘棋”思想，对照任务分解方案，科学统筹谋划，加强衔接沟通，全力抓好工作落实，确保取得实效。各牵头单位要充分发挥牵头抓总和统筹协调作用，按工作计划和阶段任务，加快工作进度，全力推动工作落实。各配合单位要按照任务分工主动担责、积极配合，与牵头单位一道研究解决工作推进中存在的困难和问题，确保顺利完成各项工作任务。

三、关于《2017年天水市麦积区全面从严治党“两个责任”工作清单》

会议听取并原则同意区纪委关于制定《2017年天水市麦积区全面从严治党“两个责任”工作清单》有关情况的汇报，责成区纪委根据会议讨论情况，对《2017年天水市麦积区全面从严治党“两个责任”工作清单》进一步修改完善后，按程序印发。

会议认为，《2017年天水市麦积区全面从严治党“两个责任”工作清单》，是强化“四个意识”、净化政治生态的务实之举，是坚持问题导向、深化全面从严治党的推进之举。全区各级党组织要进一步提高政治站位，充分认识开展“两个责任”清单管理工作的重大意义，坚持把落实“两个责任”作为必须履行的政治责任、必须完成的政治任务，扛在肩上、抓在手上，全力推动“两个责任”在本单位落地生根。

会议强调，全区各级党组织要强化责任担当，自觉对照《工作清单》，履好责、找准位，细化措施，聚焦发力，以务实之举将《清单》落实落好。各级党组(党委)书记要认真履行第一责任人职责，带头严肃党内政治生活，落实《关于新形势下党内政治

生活的若干准则》,模范遵守党章党规,严守党的政治纪律和政治规矩,认真贯彻民主集中制,完善党委议事规则和程序,为广大党员做出示范;要带头加强作风建设,坚持以身作则、以上率下,以更高标准、更严要求加强作风建设,做廉洁从政的表率。党组(党委)成员要认真履行"一岗双责",紧盯风险点和薄弱环节,加强对分管领域党员干部的经常性教育、管理和监督,发现问题及时咬耳扯袖,早提醒、早纠正。纪委书记(纪检组长)要履行好"监督执纪问责"第一责任人职责,聚焦主业主责,提升运用"四种形态"的思想政治水平和运用政策策略的能力,对苗头性倾向性问题及时提醒、尽快处置,综合运用批评教育、组织处理、纪律处分等多种方式,防止小问题演变成为大问题;对那些不收敛、不收手、问题特别严重的极少数党员干部,严肃追究责任,及时清除党内毒瘤。

四、关于《天水市麦积区实践监督执纪"四种形态"实施办法(试行)》

会议听取并原则同意区纪委关于制定《天水市麦积区实践监督执纪"四种形态"实施办法(试行)》有关情况的汇报,责成区纪委根据会议讨论情况,对《天水市麦积区实践监督执纪"四种形态"实施办法(试行)》进一步修改完善后,按程序印发。

会议强调,全区各级党组织要将实践运用"四种形态"与开展"三纠三促"专项行动结合起来,坚持把纪律和规矩挺在前面,真正让党员干部敬畏纪律、执行纪律,心有所戒、行有所止。各级党组(党委)书记要履行好"抓班子带队伍"职责,充分利用批评与自我批评两大武器,通过咬耳扯袖,红脸出汗,使每位党员都受到教育、得到警醒、获得提高;要发挥示范引领作用,以上率下,带头抵制"四风",树立良好形象。要支持纪委履职尽责,推动党的纪律检查工作双重领导体制具体化、程序化、制度化,为执纪执法机关履行职责提供保障。各级纪检组织要强化权力监督制约,盯紧重点岗位、关键环节,深查廉政风险点,把可能出现的漏洞及时堵住;要切实维护群众利益,对损害群众利益的行为,要严肃查处、绝不姑息。

五、关于省、市脱贫攻坚工作有关会议精神的传达学习

会议传达学习了省、市脱贫攻坚工作有关会议精神,研究了贯彻落实意见。

会议强调,一要迅速传达会议精神。全区各级各部门要及时组织全体干部职工,认真学习领会习近平总书记扶贫开发重要战略思想特别是在深度贫困地区脱贫攻坚座谈会上的重要讲话精神,全面贯彻落实全省深度贫困地区脱贫攻坚专题工作会、全省帮扶工作暨先进事迹报告视频会议精神及省市关于精准扶贫精准脱贫工作的新政策、新要求,进一步统一思想、提高认识,凝聚推进脱贫攻坚的思想共识。二要强化驻村帮扶工作队管理。各镇要履行属地管理责任,严格工作队日常管理;区委组织部、区委农工部、区扶贫办等部门要加强工作指导,强化业务培训,进一步提高驻村帮扶工作队队员的工作能力和水平。各驻村帮扶工作队要充分发挥精准扶贫精准脱贫"滴灌管道"作用,严格按照"六个精准"和"七个一批"清单式管理要求,对接落实省"1+17",市区"1+18"方案,突出改善贫困村、户发展条件,抓好政策宣传培训、台账资料完善、到村到户措施落实等重点工作。区纪委、区委组织部、区委农工部、区委督查室和区政府督查室要组成联合督查组,根据阶段性工作任务,开展有针对性的督查,尤其是对未进驻到村开展工作的工作队队员,派出部门、单位要向区委、区政府说明原因,真正督促驻村帮扶工作队队员蹲下去熟悉情况、落实政策,推动工作任务落实。三要加快项目建设进度。各镇、道北街道及区直相关部门要认真对照项目实施年度计划,进一步明确工作任务,倒排项目工期,全力加快项目实施进度,确保在省市评估验收前,全面完成年度项目建设任务。要加快财政扶贫资金报账进度,完善报账资料,规范报账程序,提高报账效率,必须在11月中旬前项目资金拨付率达到95%以上。四要激发贫困群众的内生动力。区人社、扶贫、农业等

相关部门要积极整合各类培训资源，大力开展劳务技能、实用技术等培训，进一步提高贫困户的自我发展能力。要注重帮助贫困群众换思路、扶志气、增技能，破除等靠要依赖思想，教育引导广大群众用自己的辛勤劳动实现脱贫致富，激发他们改变贫困面貌的干劲和决心。五要全力做好年度考核验收准备工作。各镇、道北街道及区直相关部门要认真学习研究第三方评估验收标准和《全省贫困县党政领导班子和党政正职经济社会发展实绩考核实施细则》，全面掌握考核方法、程序及量化评价标准，紧盯贫困村20项、贫困户11项脱贫验收指标，逐一开展对照自查自纠，找准存在的差距和不足，有针对性制定整改措施，尽快弥补弱项短板，真正把工作做细做实。各级主要负责同志要扑下身子抓工作，亲自深入现场，掌握实情，及时发现和指导解决工作推进中遇到的问题，确保退出验收各项指标全部达标、取得优异成绩。

六、关于习近平总书记对反邪教工作重要批示精神的传达学习

会议传达学习了习近平总书记对反邪教工作重要批示精神，研究了贯彻落实意见。

会议认为，反邪教工作是维护国家安全的一项重要工作，也是争取人心的一项重要工作，事关人民群众切身利益，事关社会和谐稳定。全区各级各部门要担负起应有的政治责任，加强组织领导，重视队伍建设，加强工作措施，真正把反邪教各项工作做实做好。

会议议定，1. 原则同意适时召开全区防范和处理邪教工作专题会议，安排部署相关工作。2.责成区委政法委负责，指导各镇、街道成立反邪教办公室，村、社区成立反邪教工作站，并明确专兼职工作人员，确保工作有人抓、有人管、有人干。3.原则同意对举报邪教案(事)件、提供信息的社会各类人员进行奖励，并将每年10万元的警示教育宣传和奖励经费列入年初区财政预算。

会议强调，全区各级各部门要牢固树立政治意识，强化主体责任落实，结合深入推进“七五”普法教育，认真做好广大党员群众的思想教育工作，引导他们充分认清邪教组织反科学、反人类、反社会、反政府的本质。政法、公安、检察、司法等部门要坚持抓早抓小、主动进攻、露头就打，紧盯重点区域和重点行业，充分利用“雪亮”工程掌握线索，从严从速从重打击邪教组织和邪教人员的违法犯罪活动，坚决维护全区社会大局稳定。尤其对参与邪教活动的公职人员，各级党组织必须以“零容忍”的态度，发现一例、处理一例。要深化反邪教警示教育，充分利用多种宣传媒介，大力宣传邪教组织的社会危害性，发动群众广泛监督，有效发挥综治信息员的作用，形成全社会齐抓共管的良好局面。

七、关于《天水市麦积区环境保护“八项机制”》

会议听取并原则同意区环保局关于制定《天水市麦积区环境保护“八项机制”》有关情况的汇报，责成区环保局牵头负责，区工信局、水务局、国土分局、发改局、食药监局、商务局、城管局等部门配合，根据会议讨论情况，对《天水市麦积区环境保护“八项机制”》进一步修改完善后，按程序印发。

会议认为，生态环保工作是生态文明建设的重要内容，事关千家万户和每个人的切身利益，是重大的社会问题和政治问题，更是重大的民生问题。全区各级各部门要切实增强政治意识，深化对生态环保工作的认识，深刻学习领会习近平总书记“绿水青山就是金山银山”等重要论述，不折不扣落实中央和省、市各项部署要求，时刻从讲政治的高度做好环境保护和环境改善工作。

会议强调，区委、区政府责任领导要切实担负起牵头抓总作用，对各自分管的环保工作认真研究，靠前指挥，现场督办，及时协调解决问题，做到亲自安排、亲自研究、亲自督促，以此推动环保工作顺利开展。全区各级各部门要认真落实环境保护“八项机制”要求，按照“管行业必须管环保、管生产必须管环保、管业务必须管环保”的原则，进一步强化责任当担，定期不定期深入一线开展督查，重点查找土小企业清理取缔、河道采砂、矿产

资源勘查开采、清洁能源推广使用、餐饮油烟治理、煤炭市场管理、城市综合管理、建筑渣土管理等方面存在的问题，对发现的问题，制定有针对性的整改措施，确保工作取得实效。

八、关于《天水市麦积区综合治税信息共享工作办法》以及1—9月全区财政预算执行有关事宜

会议听取并原则同意区财政局关于制定《天水市麦积区综合治税信息共享工作办法》有关情况的汇报，责成区财政局负责，区发改局、人社局、国税局、地税局等部门配合，根据会议讨论情况，进一步修改完善后，按程序实施。

会议强调，全区各财税部门要充分认识做好财税工作的重要意义，认真落实《天水市麦积区综合治税信息共享工作办法》，强化财税信息分析对比，加强依法治税和税源管控，规范税收秩序，努力做到应收尽收。各项目主管单位要不断强化项目纳税意识，在项目立项审批、土地出让、报账结算等工作中，进一步加强涉税信息报送和项目税收管理，确保区内建设项目税收全部实现区内缴纳，决不允许出现区内实施项目区外纳税现象。区财政部门要进一步优化支出结构，按照“有保有压”的原则，积极压缩一般性支出，全力保障干部工资、机构运转、民生实事等各项资金，确保按期全面完成年度财税工作任务。

九、关于《天水市麦积区关于调整乡村教师生活补助标准提高班主任津贴的实施方案》

会议听取并原则同意区教体局关于制定《天水市麦积区关于调整乡村教师生活补助标准提高班主任津贴的实施方案》有关情况的汇报，责成区教体局根据会议讨论情况，对《天水市麦积区关于调整乡村教师生活补助标准提高班主任津贴的实施方案》进一步修改完善后，按程序印发。

十、关于《天水市麦积区全面落实河长制工作实施方案》

会议听取并原则同意区水务局关于制定《天水市麦积区全面落实河长制工作实施方案》有关情况的汇报，责成区水务局根据会议讨论情况，对《天水市麦积区全面落实河长制工作实施方案》进一步修改完善后，按程序印发。

会议认为，全面落实河长制，是深入贯彻落实五大发展理念、推进生态文明建设和实现可持续发展的重要举措。全区各级各部门要进一步统一思想认识，强化责任担当，加大工作力度，扎实推进河长制各项工作任务落实。

会议强调，各级河长要认真履行职责，经常深入一线走动管理，做到重点工作亲自部署、重要问题亲自协调、重大事项亲自督办。要着力抓好重点任务，强化红线约束、空间管控、污染防治、生态修复和执法监管，确保全区水生态环境持续改善。要强化工作措施，凝聚各方力量，实行联防联控，建立完善机制，严格考核问责，加强宣传监督，努力开创全区河流管理保护工作新局面。

十一、关于成立麦积区企业党工委和区城乡投资发展(集团)有限责任公司党委有关事宜

会议听取了区委组织部关于成立区城乡投资发展(集团)有限责任公司党委有关情况的汇报。

会议议定，1. 原则同意成立麦积区城乡投资发展(集团)有限责任公司党委，暂隶属于区财政局机关党委管理；原则同意在麦积区城乡投资发展(集团)有限责任公司党委设立派出纪检组。2. 原则同意撤销天水市麦积区国有资产经营投资有限责任公司党委，改设为党支部，隶属于麦积区城乡投资发展(集团)有限责任公司党委管理。3.责成区委组织部牵头，区直相关部门配合，对区属国有企业党组织成立情况开展一次全面摸底，对未成立党组织的企业，及时按照有关规定程序，成立相应党组织。4.责成区委组织部负责，根据会议讨论情况，认真研究成立区企业党工委相关事宜，并提出具体意见。

会议还研究了干部有关事宜。

【纪要九】2017年10月27日上午，区委书记张智明主持召开了区委常委会会议，成少平、吴健、任崄凭、牛新虎、苟钟灵、赵继文、杜峥嵘、高志强、汪亚伟、杨根林出席会议。会议主要研究了以

下议题：

一、关于省市抓党建促脱贫攻坚和城市基层党建工作会议精神及省市督查我区基层党建工作反馈意见的传达学习

会议传达学习了省市抓党建促脱贫攻坚和城市基层党建工作会议精神及省市督查我区基层党建工作反馈意见，研究了贯彻落实意见。

会议议定，1. 责成区委组织部负责，区委党校、区扶贫办等相关部门配合，重点围绕基层党建、扶贫政策等内容，对各镇、街道的党务工作者及驻村帮扶工作队第一书记进行集中培训。2.责成区委组织部负责，近期对各镇、街道领导班子运行情况开展综合分析研判，全面掌握班子整体作用发挥、班子成员团结协作、党政主要负责同志抓班子带队伍等情况，并将研判结果以书面形式上报区委。

会议强调，全区各级党组织要紧紧围绕脱贫攻坚这个头等大事和第一民生工程，建强农村基层党组织，选优配强贫困村党组织带头人，管好用好第一书记和驻村帮扶工作队，推动脱贫攻坚各项任务有效落实。要紧盯城市基层党建面临的新形势新任务，推进街道社区党建、单位党建、行业党建互联互动，扩大园区企业、商务楼宇、商圈市场等新兴领域党建覆盖面，不断提高我区城市基层党建工作整体水平。要坚持问题导向，结合省、市督查我区基层党建反馈问题整改工作，对当前基层党建各项任务落实情况认真开展“回头看”，针对存在的问题不足，采取切实有效的举措，认真加以整改，确保基层党建各项工作落地见效。

二、关于全省县乡人大工作和建设经验交流会议精神的传达学习

会议传达学习了全省县乡人大工作和建设经验交流会议精神，研究了贯彻落实意见。

会议议定，1. 原则同意加强区人大工作机构建设，逐步为区人大及其常委会有关工作机构配备法律、财会、环保等专业知识人员。2.责成区人大办会同区委办、区政府办，进一步健全完善讨论决定重大事项有关工作联席会议机制。3.原则同意适时召开全区镇(街道)人大工作和建设经验交流会，责成区人大办认真做好各项筹备工作。

会议强调，全区各级各有关部门特别是各镇、街道人大要认真学习全省县乡人大工作和建设经验交流会议精神，切实把学习会议精神的成果转化为推动人大工作和建设的能力，确保各项工作任务落实到位。各镇党委、街道党工委要高度重视人大工作，切实把人大工作列入党委工作的总体布局，全力支持和保障人大开展工作。要充分发挥好“人大代表之家”作用，常态化开展联系代表、代表联系选民、代表述职评议等活动，为人大代表依法履职搭建平台。

三、关于《天水市麦积区党委(党组)意识形态工作责任制考核办法(试行)》《贯彻落实〈天水市麦积区党委（党组）意识形态工作责任制实施方案〉专题督查实施方案》

会议听取并原则同意区委宣传部关于制定《天水市麦积区党委(党组)意识形态工作责任制考核办法(试行)》《贯彻落实〈天水市麦积区党委(党组)意识形态工作责任制实施方案〉专题督查实施方案》有关情况的汇报，责成区委宣传部根据会议讨论情况，对《考核办法(试行)》《实施方案》进一步修改完善后，按程序印发。

四、关于全区禁毒工作有关事宜

会议听取了区禁毒办关于全区禁毒工作的汇报。

会议议定，1.责成区编办负责，积极向市编办争取将禁毒办机构单设，列入行政机构。2.原则同意将禁毒工作纳入党政领导班子和领导干部年终绩效考核内容。3.原则同意择址新建1所建筑面积不少于500平方米的青少年毒品预防教育基地。

五、关于区第七次妇女代表大会筹备方案及人选有关事宜

会议听取了区妇联关于区第七次妇女代表大会筹备方案及人选有关情况的汇报。

会议议定，1. 原则同意区第七次妇女代表大会筹备方案。2.原则同意区妇联第七届执行委员

会委员、常委、挂职副主席、兼职副主席、副主席、主席候选人建议名单。3.会议所需经费由区财政局核拨。

六、关于《天水市麦积区新型城镇化综合试点工作实施方案》

会议听取并原则同意区发改局关于制定《天水市麦积区新型城镇化综合试点工作实施方案》有关情况的汇报，责成区发改局根据会议讨论情况，对《实施方案》进一步修改完善后，按程序印发。

七、关于《天水市麦积区关于深入贯彻新发展理念实施方案》

会议听取并原则同意区发改局关于制定《天水市麦积区关于深入贯彻新发展理念实施方案》有关情况的汇报，责成区发改局根据会议讨论情况，对《实施方案》进一步修改完善后，按程序印发。

八、关于《天水市麦积区关于进一步发展壮大村级集体经济的实施意见》

会议听取并原则同意区农业局关于制定《天水市麦积区关于进一步发展壮大村级集体经济的实施意见》有关情况的汇报，责成区农业局根据会议讨论情况，对《实施意见》进一步修改完善后，按程序印发。

九、关于提高村组干部基本报酬和村级组织办公经费补助标准有关事宜

会议听取了区委组织部关于提高村组干部基本报酬和村级组织办公经费补助标准的汇报。

会议议定，1.原则同意村干部报酬从2017年7月1日起，每人平均每年按1.8万元发放，责成区财政局负责，补齐2017年村干部报酬的短缺资金，对2017年下拨资金中调拨发放2016年第四季度村组干部报酬及绩效工资短缺资金，继续从下一年省上拨付的资金中调拨。2.责成区委组织部和区民政局分别向市级和省级对应部门汇报关于我区1个行政村、4名村干部、51个村民小组以及历年村组干部报酬和办公经费少拨付资金的问题，核准有关基数，由区财政局向省市财政部门汇报，确保历年应补助资金及时补拨到位。3.原则同意从2017年7月1日起，区级财政为每个行政村再配套补助办公经费0.5万元。4.责成区财政局负责，补齐省上今年少拨付的村级办公经费。5.责成区财政局负责，将村级办公经费补助列入财政预算。6.原则同意村务监督委员会主任基本报酬和村务监督委员会办公经费，继续由区民政局负责发放。

十、关于区国土资源分局设立党组及规范有关单位和村、社区党组织设置有关事宜

会议听取了区委组织部关于区国土资源分局设立党组及规范有关单位和村、社区党组织设置的汇报。

会议议定，1. 同意撤销中共天水市国土资源局麦积分局委员会，设立中国共产党天水市国土资源局麦积分局党组。同意成立天水市国土资源局麦积分局机关党总支，隶属于区直机关党工委管理。2.责成区委组织部督促区国土资源分局，尽快制定完善党组工作规则，并报区委备案。3.同意撤销中共天水市麦积区国家税务局委员会、中共天水市麦积区地方税务局委员会，成立中共天水市麦积区国家税务局机关党委、中共天水市麦积区地方税务局机关党委，均隶属于区直机关党工委管理。4.责成区直机关党工委负责，指导新成立的区国土资源分局机关党总支、区国税局机关党委、区地税局机关党委选举工作。5.同意成立马跑泉镇胡王村委员会、中滩镇张白村委员会、中滩镇渠刘村委员会、石佛镇石佛村委员会、新阳镇胡大村委员会，分别隶属于所在镇党委管理。6.同意成立社棠镇社棠社区委员会、桥南街道埠南社区委员会、桥南街道龙园社区委员会、北道埠街道大桥社区委员会、北道埠街道工业园社区委员会、北道埠街道铁路社区委员会、北道埠街道渭滨社区委员会、北道埠街道下曲社区委员会、北道埠街道商埠社区委员会、道北街道滨河社区委员会、道北街道道北社区委员会、道北街道前进社区委员会、道北街道北山路社区委员会，分别隶属于所在镇党委或街道党工委管理。7.同意成立马跑泉中心学

校委员会、花牛中心学校委员会，新成立的2个中心学校党委均隶属于区教体局党委管理。8.责成各相关镇党委、街道党工委、区教体局党委负责，分别指导新成立的5个村级党委、13个社区党委、2个中心学校党委，选举产生党委和纪检机构组成人员，并报区委组织部备案。

十一、关于麦积区推荐出席省十三届人代会代表建议人选有关事宜

会议听取并原则同意区委组织部提出的麦积区出席省十三届人代会代表推荐人选建议名单，责成区委组织部负责，以区委文件形式上报市委。

会议还研究了干部有关事宜。

【纪要十】2017年11月24日下午，区委书记张智明主持召开了区委常委会会议，成少平、任崯凭、牛新虎、苟钟灵、赵继文、杜峥嵘、高志强、汪亚伟、杨根林出席了会议。会议主要研究了以下议题：

一、关于《中国共产党第十九次全国代表大会关于<中国共产党章程(修正案)>的决议》的学习

会议学习了《中国共产党第十九次全国代表大会关于<中国共产党章程(修正案)>的决议》。

会议强调，全区各级党组织要把学习党章与学习党的十九大精神紧密结合起来，与深入推进“两学一做”学习教育常态化制度化紧密结合起来，迅速掀起学习党章、遵守党章的热潮。各级党员领导干部要把学习党章作为必修课，带头遵守党章各项规定，带头执行党的政治纪律，做到党章规定的、不折不扣坚决执行，党章禁止的、一丝一毫不能违背，时时处处践行讲政治的要求，使自己的政治能力与担任的领导职责相匹配。全区各级党员干部要进一步增强学习党章、遵守党章、贯彻党章、维护党章的自觉性，不断加强党性修养，自觉践行全面从严治党各项要求，把党章的各项规定落实到具体工作中，做“四讲四有”合格共产党员。

二、关于中央及省市委深化监察体制改革试点工作有关精神的传达学习

会议传达学习了中央及省市委深化监察体制改革试点工作有关精神，研究了贯彻落实意见。

会议议定，1.原则同意《麦积区深化国家监察体制改革试点工作方案》，责成区纪检委根据会议讨论情况，对《麦积区深化国家监察体制改革试点工作方案》进一步修改完善后，按程序上报市改革试点工作小组办公室审批，再报省改革试点工作小组办公室备案后印发实施。2.原则同意区纪检委提出的麦积区深化监察体制改革试点工作小组及办公室人员建议名单。3.由区委常委、常务副区长牛新虎同志牵头，区机关事务管理局负责，区纪检委、区编委办、区财政局、区政府后勤服务中心配合，在摸清全区现有办公用房的基础上，暂通过临时借用等方式从全区调剂解决区纪检委、区监委合署办公用房；同时，与市级有关部门衔接沟通，在市级各有关部门同意的基础上，结合区人防指挥中心项目建设，彻底解决办公用房问题。4.责成区政府办负责，制作“天水市麦积区监察委员会”牌子，待区人大组织依法选举后挂牌。5.责成区纪检委负责，以区人代会召开时间为节点，把监察委员会组建、涉改人员转隶和挂牌作为试点工作的关键步骤，列出任务清单，明确“时间表”，细化“施工图”，有力有序做好各项工作。

会议强调，全区各级各部门要切实提高政治站位，增强“四个意识”，充分认识深化监察体制改革的重大意义，坚决完成好改革试点工作任务。要全面把握改革试点的总体要求、时间节点和关键环节，精准对标对表，加快完成我区监察委员会组建工作。要突出转隶这个改革试点的关键环节，对转隶人员开展深入细致的思想政治工作，引导他们全力拥护改革，积极投身改革。区人大及其常委会要根据全国人大常委会的决定，确保按时产生监察委员会、选举和任命组成人员。区委组织部要配合做好转隶人员情况摸底、审核把关工作，会同区纪检委做好监察委员会班子成员的提名考察，配强配优监察委员会班子，妥善安排好有关干部。区委政法委要牵头制定政法机关支持配合监察委员会工作的意见，组织协调区法院、区检察院、区公安分局、区司法局分别制定配合监察委员会开

展工作的制度规定，确保监察权有效行使。区检察院要配合做好职能划转、人员转隶和线索移交等相关改革工作。区编委办要按照“编随事走”的原则，负责做好检察院涉改部门编制划转工作，配合做好监察委员会“三定”方案提请区编委会研究的有关工作。区财政、人社、机关事务管理局等部门要做好办公经费划拨、资产设备划转、办公用房保障等工作，健全完善符合纪检监察业务特点的经费保障和财务管理体制。

三、关于区关工委成立25周年纪念活动筹备情况有关事宜

会议听取并原则同意区关工办关于区关工委成立25周年纪念活动筹备情况的汇报。

会议议定，1. 同意适时召开麦积区关心下一代工作委员会成立25周年纪念大会。2.责成区关工办负责，进一步征求相关部门对拟表彰的30个先进单位、40名先进个人、6名“五老”荣誉奖的建议名单的意见，并在区政府门户网站、区电视台进行公示，无异议后以区委、区政府名义表彰。3.责成区关工办负责，相关部门配合，认真做好《麦积二十五年关工路》编辑出版工作。4.会议所需经费和资料汇编经费由区财政局核拨。

四、关于天水华昌欢乐城、天水人文纪念园(暂定名称)、天水火车站站前广场提升改造及商埠路埠北路地下商业街人防工程等项目推进情况有关事宜

会议听取了区颖川办、区建设局关于天水华昌欢乐城、天水人文纪念园(暂定名称)、天水火车站站前广场提升改造及商埠路埠北路地下商业街人防工程等项目推进情况的汇报。

关于天水华昌欢乐城项目，会议议定，1.由副区长樊华同志牵头，区颖川办负责，按照市委、市政府有关会议纪要的要求，进一步完善项目规划设计，确保高起点规划、高水平管理。2.责成甘泉镇负责，进一步强化工作措施，加大工作力度，全面完成项目一期剩余6户农户房屋拆迁工作。3.责成区国土分局负责，加强与市国土局的衔接协调，完成项目土地利用规划的调整审批工作。4.责成区颖川办负责，加快项目前期工作进度，确保该项目于2018年3月启动实施。

关于天水人文纪念园(暂定名称)项目，会议议定，1.由副区长樊华同志、副区长杜根祥同志牵头，区颖川办负责，区民政局配合，从突出人文关怀的角度，尽快确定天水人文纪念园(暂定名称)项目名称，并征求相关方面意见建议。2.责成区建设局负责，区颖川办、伯阳镇配合，尽快启动伯阳镇小城镇总体规划修编工作，将天水人文纪念园(暂定名称)项目一期及远景规划、静天高速公路出口服务区等一并纳入修编规划范围。3.责成区国土分局负责，加强与市国土局的衔接协调，加快完成项目土地利用规划的调整审批工作。

关于天水火车站站前广场提升改造及商埠路埠北路地下商业街人防工程，会议议定，1.责成区建设局负责，把该项目的建设与完成城市服务功能、提升城市品位结合起来，认真做好项目规划、设计、论证工作。2.责成区建设局负责，委托有资质的第三方机构进行地勘评估，并在充分论证投资建设主体有无技术保障能力、对地上建筑物有无安全影响的前提下，做好施工基坑开挖等工作。3.责成区委政法委负责，全力做好该项目的稳定风险评估工作。4.责成区建设局负责，认真做好项目宣传解释工作，确保项目建设得到群众的大力支持。

会议强调，区级包抓领导要坚持“走动式”管理，带头深入各自包抓项目一线，加强对包抓项目的督查指导和协调调度，全面了解所包抓项目的进展情况，认真分析研究项目建设中遇到的困难和问题，制定有针对性的措施，确保重点项目有力有序推进。项目建设单位要对本单位承担的各类项目，认真开展一次“回头看”，对尚未开工或进展缓慢的项目，倒排工期，制定推进计划，细化量化工程任务，排出时间表、落实责任人，全力以赴抓项目开工、抓工程进度。发改、统计等部门要进一步改进统计方法，主动作为，及时跟踪统计重点项

目建设情况，认真抓好项目数据的采集、上报、入库工作，做到应统尽统。

五、关于《麦积区残联换届工作实施方案》

会议听取并原则同意区残联关于《麦积区残联换届工作实施方案》起草制定情况的汇报。

会议议定，1.责成区残联负责，根据会议讨论情况，对《麦积区残联换届工作实施方案》进一步修改完善后，按程序印发实施。2.责成区残联负责，全力做好区残联换届各项筹备工作。3.责成区委组织部负责，认真做好新一届区残联执行理事会组成人员提名工作。4.各镇、街道残联有关换届工作原则上于2017年12月15日前完成，区残联换届工作于2018年元月中旬前完成。

会议强调，全区各级残联组织要充分认识做好换届工作的重大意义，按照《中国残疾人联合会章程》和省、市文件要求，认真组织开展换届工作。要认真履行“代表、服务、管理”三大职能，切实做好残疾人精准脱贫、康复治疗、惠残项目落实等重点工作，全面完成年度既定的各项目标任务。要以换届为契机，不断加强自身建设，进一步规范业务工作机制、提升服务能力水平，着力建设“政治坚定、纪律严明、助残惠残、管理规范”的残联机关，使各项残疾人工作高效运转，为全区经济社会发展做出应有的贡献。

六、关于《天水市麦积区公证处体制改革实施方案》

会议听取并原则同意区司法局关于《天水市麦积区公证处体制改革实施方案》起草制定情况的汇报。

会议议定，1.责成区司法局负责，根据会议讨论情况，对《天水市麦积区公证处体制改革实施方案》进一步修改完善后，按程序印发实施。2.责成区司法局牵头，区财政局配合，现任公证处主任具体负责，依法做好清产核资、产权登记、资产移交、公证档案承接等工作，防止国有资产流失。3.责成区委组织部、区编委办、区人社局会同区司法局，对18名区公证处现有在职人员进行妥善安置，对不具备公证执业资格的1名副主任和1名副主任科员逐步进行调整，对具备公证执业资格的2名科员直接安排到区司法局，对3名事业干部和11名工勤人员可以继续留在公证处，也可以按照“人随编走”的原则由人事部门统筹安排到其他事业单位。4.责成区司法局负责，结合党的十九大精神宣讲，全力做好相关人员的思想政治工作，保证人员安置有序，单位正常运转，改革顺利推进。

会议强调，公证处体制改革是推动全区法治建设的重要内容，各相关部门要切实加强组织领导，周密安排部署，结合全区经济社会发展程度、人口数量、公证业务等实际情况，建立健全布局合理、权责分明、运转高效的公证管理体制。要加强政策衔接，认真做好机构编制核定、现有人员安置、运转经费保障以及国有资产管理等重点工作，积极稳妥推进公证处体制改革，为全区经济社会发展提供优质高效的公证法律服务和保障。

七、关于《天水市麦积区全面推进卫生与健康事业发展的实施方案》《天水市麦积区整合城镇居民基本医疗保险和新型农村合作医疗制度实施方案》

会议听取并原则同意区卫计局关于《天水市麦积区全面推进卫生与健康事业发展的实施方案》《天水市麦积区整合城镇居民基本医疗保险和新型农村合作医疗制度实施方案》起草制定情况的汇报。

会议议定，1.责成区卫计局负责，根据会议讨论情况，对《天水市麦积区全面推进卫生与健康事业发展的实施方案》《天水市麦积区整合城镇居民基本医疗保险和新型农村合作医疗制度实施方案》进一步修改完善后，按程序印发实施。2.责成区编委办会同区人社局、区卫计局，按照“编随事走、人随编走”的原则，将区新型农村合作医疗管理委员会办公室的职责、编制、人员、办公设备、资料、档案、资产经费转入区人社局管理，确保2017年12月底完成整合工作。3.责成区审计局负责，加强与市审计局的衔接，全力做好在城镇居民基本医疗保险和新型农村合作医疗整合过程中审计发现问题的整改工作。

会议强调，各级各部门要充分认识做好卫生与健康工作的重要性，树立大卫生、大健康的观念，建立健全健康教育体系，深入推进医药卫生体制改革，健全完善医疗卫生服务体系，发展健康产业，全面提升居民健康素养水平。

会议强调，区人社局、区卫计局等相关部门要将整合城镇居民基本医疗保险和新型农村合作医疗工作列入重要议事日程，精心组织谋划，科学安排部署，切实把这项惠民工程抓紧、抓实、抓好。要把握重点环节，抓好政策衔接，做好划转工作，逐步实现全区城乡居民医保“六统一”管理，确保城乡居民公平享有医疗保障。

八、关于《天水市麦积区支持科技创新若干政策措施》

会议听取并原则同意区科技局关于《天水市麦积区支持科技创新若干政策措施》起草制定情况的汇报，责成区科技局根据会议讨论情况，对《天水市麦积区支持科技创新若干政策措施》进一步修改完善后，按程序印发实施。

会议强调，全区各级各部门要以实施创新驱动战略为主线，以深化科技体制改革为动力，充分发挥科技创新在全面创新中的引领作用，增强整体素质和竞争力，加快培育发展新动能。要不断增强自主创新能力，在先进装备和智能制造、生物医药等领域，力争突破一批关键核心技术和共性技术，推动高科技产业发展壮大。要建立完善企业为主体、市场为导向、产学研用相结合的技术创新体系，培育一批有核心竞争力的创新型企业，促进重大科研成果产业化。要着力构建良好创新环境，大力营造鼓励创新、宽容失败的社会氛围，激发全社会创新创业活力，形成大众创业、万众创新的生动局面。

九、关于《天水市麦积区城镇住房保障家庭租赁补贴实施办法(试行)》

会议听取原则同意区房管局关于《天水市麦积区城镇住房保障家庭租赁补贴实施办法（试行)》起草制定情况的汇报，责成区房管局根据会议讨论情况，对《天水市麦积区城镇住房保障家庭租赁补贴实施办法(试行)》进一步修改完善后，按程序印发实施。

会议强调，各相关单位要认真做好住房租赁补贴的发放工作，按照“严格程序、规范运作、严肃纪律”的要求，坚持一把尺子量到底，对申请租赁补贴的家庭自下而上层层筛选，反复核实，做到真实准确、应保尽保。要严格执行“两审、两榜公示”制度，并按照“公平、公正、公开”的原则，对补贴对象、住房面积、补贴标准等信息及时进行公示，确保操作阳光透明。

十、关于2016年公务员(参照公务员)考核“优秀”奖励事宜

会议听取了区人社局关于2016年公务员(参照公务员)考核“优秀”奖励情况的汇报。

会议议定，1.原则同意对2016年度按规定条件、标准和程序评为优秀等次的公务员和记三等功的公务员给予奖励，对评为优秀等次并受到嘉奖的260名公务员，每人给予一次性奖励现金800元;对2014、2015、2016年连续三年评为优秀的40名公务员，各记三等功，每人给予一次性奖励现金1500元，奖励所需经费由区财政局核拨。2.责成区人社局负责，区委组织部、区编委办、区财政局等相关单位配合，按程序实施奖励。

十一、关于解除干部政纪处分事宜

会议听取并原则同意区纪检委关于解除干部政纪处分有关情况的汇报，责成区纪检委会同有关方面按程序办理。

【纪要十一】2017年12月7日上午，区委书记张智明主持召开了区委常委会会议，成少平、吴健、任峪凭、牛新虎、苟钟灵、杜峥嵘、高志强、汪亚伟、杨根林、周岳红出席了会议。会议主要研究了以下议题：

一、关于《中共天水市麦积区委巡察工作规划(2017—2021年)》

会议听取并原则同意区纪检委关于《中共天水市麦积区委巡察工作规划(2017—2021年)》的

汇报，责成区纪检委根据会议讨论情况，对《规划》进一步修改完善后，按程序印发实施，并认真抓好贯彻落实。

会议强调，区委巡察工作领导小组要切实履行组织实施责任，坚决落实区委部署，研究提出巡察年度计划和阶段性任务安排，协调解决工作中的困难和问题，把握工作方向，加大推进力度。区委巡察办要当好参谋助手，发挥承上启下、协调内外的枢纽作用，切实履行统筹协调指导职责。要聚焦全面从严治党，紧盯重点人、重点事、重点问题，着力发现和解决基层党组织及党员干部队伍建设中存在的突出问题，持续强化对群众身边违纪违法行为的震慑、遏制和治本效果，不断推动全区党的先进性和纯洁性建设。

二、关于天水市麦积区贯彻新发展理念 19 个实施方案(考核办法)》

会议听取并原则同意区发改局关于《天水市麦积区贯彻新发展理念 19 个实施方案（考核办法)》的汇报，责成区发改局根据会议讨论情况，对《实施方案(考核办法)》进一步修改完善后，按程序印发实施。

三、关于《麦积区关于加强和改进新形势下宗教工作的实施意见》

会议听取了区民族宗教事务局关于《麦积区关于加强和改进新形势下宗教工作的实施意见》的汇报。

会议议定，1.责成区财政局负责，从 2018 年起，将民族宗教工作经费纳入区级财政预算。2.责成区编委办负责，为区民族宗教事务局核定 3 名行政编制。3.责成区人社局、区编委办会同区民族宗教事务局，从区直全额拨款事业编制人员中连人带编再选调 7 名干部到区民族宗教事务局清真食品服务中心。4.责成区政府后勤服务中心负责，统筹解决区民族宗教事务局的办公用房。

会议强调，全区各级党政组织要严格落实宗教工作主体责任，坚持把宗教工作纳入重要议事日程，及时解决重要问题，推动宗教工作深入开展。全区各级领导干部要深入学习领会习近平总书记在全国宗教工作会议上的重要讲话精神实质，牢固树立和不断增强宗教工作法治思维，带头履行法律，严格依法行政，运用法治方式妥善处理宗教领域的各种矛盾问题。统战部门要切实承担牵头协调职责，做好理论政策研究、重大问题处理，统筹宗教界代表人士的联系、培养和牵头人事安排。宗教部门要依法加强宗教事务管理，规范宗教界的各种事务和对外交往，积极引导宗教与社会主义社会相适应。公安部门、宗教部门要加强情报信息工作，依法严厉打击非法、违法宗教活动，不断提高宗教工作法治化水平。各级各有关部门要各司其职、密切配合，共同做好宗教工作，维护民族团结、宗教和顺、社会稳定的良好局面。

四、关于区八届人大二次会议筹备情况事宜

会议听取了区人大党组关于区八届人大二次会议筹备情况汇报。

会议议定，1. 原则同意召开区第八届人民代表大会第二次会议，时间拟定于 12 月下旬，责成区人大办公室做好会议各项筹备工作。2.原则同意会议议程和日程(草案)。3.责成区财政局在严格遵守相关规定的前提下，核拨会议经费。4.原则同意区人大党组提出的会议工作机构设置建议和相关建议名单(草案)。5.区八届人大二次会议第二次全体会议后，按规定召开党员大会。6.责成区人大办公室、区委组织部加强与市人大办公室、市委组织部的衔接沟通，确定区八届人大二次会议具体事宜，并参照市人代会程序执行。

五、关于区政协八届二次会议筹备情况和增补区政协第八届委员会委员、常委情况有关事宜

会议听取了区政协党组关于区政协八届二次会议筹备情况和增补区政协第八届委员会委员、常委情况的汇报。

会议议定，1.同意召开区政协八届二次会议，时间拟定于 12 月下旬，责成区政协办公室做好会议各项筹备工作。2.原则同意会议议程和日程(草案)。3. 原则同意区政协党组提出筹备工作领导小组组

长、常务副组长、副组长和大会秘书处建议名单。4.原则同意区政协党组提出的拟增补的31名政协委员和新增的6名常委建议名单。5.责成区财政局在严格遵守相关规定的前提下，核拨会议经费。

会议强调，区人大党组、区政协党组要高度重视党风廉政建设，把党风廉政建设的各项规定和要求落实到“两会”的全过程，教育引导区人大代表，区政协委员严格执行中央八项规定和省市区党风廉政建设各项规定精神，严禁吃请和请吃。要全力做好选举的各项准备工作，严格按照选举相关程序，依法依章顺利完成选举。各相关部门要把筹备好“两会”作为当前的一项重要工作，各司其职、协作配合，全力做好会议期间各项服务保障工作，确保“两会”顺利进行。

六、关于区监委领导班子成员建议人选和区纪委班子成员调整事宜

会议原则同意区委组织部提出的区监委领导班子成员建议人选和区纪委班子成员调整的建议名单，责成区纪检委会同区委组织部，按程序办理。

七、关于干部处理有关事宜

原则同意区纪检委的汇报意见，责成区纪检委牵头负责，区委组织部、区人社局等部门积极配合，按程序办理。

【纪要十二】2017年12月16日上午，区委书记张智明主持召开了区委常委会会议，成少平、牛新虎、苟钟灵、赵继文、杜峥嵘、高志强、汪亚伟、杨根林、周岳红出席会议。会议主要研究了以下议题：

一、关于《中共中央办公厅印发习近平总书记关于进一步纠正“四风”、加强作风建设重要批示的通知》精神的传达学习

会议传达学习了《中共中央办公厅印发习近平总书记关于进一步纠正“四风”、加强作风建设重要批示的通知》精神。

会议认为，习近平总书记的重要批示，充分表明了以习近平同志为核心的党中央坚定不移全面从严管党治党、持之以恒正风肃纪的鲜明态度和坚定决心，对于我们学懂弄通做实党的十九大精神、进一步加强作风建设具有重要指导意义。

会议强调，全区各级党委(党组)要迅速将习近平总书记重要批示精神传达到全体党员、干部，结合深入学习贯彻党的十九大精神和习近平新时代中国特色社会主义思想，组织党员干部开展学习讨论，掌握精神实质，真正把习近平总书记重要批示精神传达到基层末梢。要充分发挥各级领导干部的带头作用，更加严格地遵守、执行作风建设规定要求，管好自己、管好本部门、本单位每一名干部职工。要持续改进工作作风，主动担当作为，在落实各项工作任务时，注重出实招、用实劲、求实效，确保各项工作全部落实到位；要把贯彻落实中央八项规定精神、转作风改作风情况作为年底召开民主生活会和组织生活会的重要内容，联系各自思想工作实际，认真对照检查，查摆自己在“四风”方面存在的问题，明确整改目标和下一步打算，确保整改取得实效。各级纪检监察组织要紧盯元旦、春节等时间节点，强化监督检查，严肃执纪问责，保持高压态势，坚决防止“四风”反弹回潮，不断巩固和拓展落实中央八项规定精神的成果。

二、关于2017年主要经济指标完成情况和2018年经济社会发展主要预期目标

会议原则同意区统计局关于2017年主要经济指标完成情况和区发改局关于2018年经济社会发展主要预期目标的汇报。

会议强调，区委、区政府分管领导和各有关部门要抢抓有效工作时限，紧盯主要经济指标和年初既定目标任务，认真分析原因，逐项列出工作清单，逐项研究解决，全力抓好固定资产项目数据的采集、上报、入库工作和三产统计工作，确保各项主要经济指标按期完成；要加强与上级部门的沟通衔接，紧盯市上明年预期目标任务，结合区情实际，认真研究把握，科学合理确定我区明年经济发展主要预期目标；要按照圆满完成今年既定目标任务，确保明年各项工作开好局起好步的要求，以项目工作为重点，认真谋划好明年各项工作。

三、关于《政府工作报告》《天水市麦积区

2017年国民经济和社会发展计划执行情况及2018年国民经济和社会发展计划(草案)的报告》《麦积区2017年财政预算执行情况和2018年财政预算(草案)的报告》

会议听取并原则同意区政府办公室、区发改局、区财政局关于《政府工作报告》《天水市麦积区2017年国民经济和社会发展计划执行情况及2018年国民经济和社会发展计划(草案)的报告》《麦积区2017年财政预算执行情况和2018年财政预算(草案)的报告》起草情况的汇报,责成区政府办公室、区发改局、区财政局根据会议讨论情况,分别对三个《报告》进一步修改完善后,按程序提请区八届人大二次会议审议。

四、关于《区人大常委会工作报告》《区政协常委会工作报告》

会议听取并原则同意区人大办公室、区政协办公室关于《区人大常委会工作报告》《区政协常委会工作报告》起草情况的汇报,责成区人大办公室、区政协办公室根据会议讨论情况,分别对《区人大常委会工作报告》《区政协常委会工作报告》进一步修改完善后,按程序提请区八届人大二次会议、区政协八届二次会议审议。

【纪要十三】2017年12月26日,区委书记张智明主持召开了区委常委会会议,成少平、吴健、任崄凭、苟钟灵、赵继文、杜峥嵘、高志强、汪亚伟、杨根林、周岳红出席会议,会议专题研究了天水市麦积区监察委员会主任、副主任及委员候选人提名事宜。

会议听取并原则同意区委组织部关于区监察委员会主任、副主任及委员候选人提名情况的汇报意见。责成区纪检委、区委组织部负责,按照有关程序,将监察委员会主任候选人名单以区委文件形式向区八届人大二次会议主席团推荐,提请区人代会选举;副主任人选、委员人选由新当选的区监察委员会主任向区人大常委会提请,由区人大常委会任命。

【纪要十四】2017年12月28日,区委书记张智明主持召开了区委常委会会议,吴健、牛新虎、孙忠平、苟钟灵、赵继文、杜峥嵘、高志强、汪亚伟、杨根林、周岳红出席会议,会议专题研究了区政协副主席候选人有关事宜。

会议听取并原则同意区委组织部关于区政协副主席候选人有关事宜的汇报。责成区委组织部负责,根据有关程序,将区政协副主席候选人名单以区委文件形式向区政协党组推荐,按政协章程规定,提交区政协八届二次会议进行选举。

办公室工作

【群众来信来访】做好群众来信来访工作作为畅通信息渠道、沟通干群心声、集中群众智慧、落实信访轮流值班制度,每天由1名副主任牵头、1个组室负责,做到对每一位上访群众热情接待,对每一位问询群众都耐心讲解政策,防止上访人员过激行为,确保区委机关正常办公秩序。全年接待来访48起108人(次),转办登记信访材料6件,转办率100%。

【秘书文档】按照“规范、精细、及时”要求,坚持对上、下级来文接收、运转和保管实行全程登记,对文件传递去向建立台账详细记载,为随时查找公文和跟踪催办奠定基础;对区委及办公室制发文件,实行区委领导、办公室领导政策把关、分管文秘副主任文字把关、文档室格式印制把关分层把关制度,公文质量进一步提高;严格公文发送、传阅范围,并及时存档,全年起草领导讲话和大型会议主题报告75份,整理起草区委常委会议纪要17期,下发区委和区委办文件237件,收发、转办上级各类公文530份,整理区委大事记6期。

【信息服务】拓展信息容量,注重信息源头建设,关注政策反响、经济社会发展亮点、难点及群众关注焦点问题,主动收集素材,加强分析研判,反馈至领导和各级各部门。全年编发上报各类党委信息685条,信息工作连续多年位于全市前列。

【强化督查】坚持把落实区委常委会会议议定事项、领导批示交办工作和脱贫攻坚、重点项目、环境整治、干部作风整顿等作为督查重点，建立五类督查工作台账，进行登记编号、分解量化、立项督查，明确工作目标、完成时限、责任单位、督查专人，并根据当月新增督查内容和督办事项完成情况，对5类台账进行动态更新；同时对照完成时限、工作进展和完成情况开展跟踪督查，对督查中发现问题进行解剖分析予以全区通报、限期整改。全年向市委报送《督查专报》38期，报送专项报告22件，办理省、市、区领导批示件65件，督办《人民网地方领导留言板》留言和省委网信办转办网络舆情87条。

中共天水市麦积区委员会班子成员

书　　记：张智明

副 书 记：成少平

吴　健

张　麟(挂职、7月止)

任峻凭(挂职、8月任)

区委常委：张智明

成少平

吴　健

张　麟(挂职、7月止)

任峻凭(挂职、8月任)

牛新虎

孙忠平(12月任)

苟钟灵

赵继文

杜峥嵘

高志强

汪亚伟

杨根林

周岳红

天水市麦积区委办公室

主　　任：汪晓平

副 主 任：熊永辉(4月任)

王　璐(2月任)

安小童(2月任)

(供稿：雒秀明)

组 织

【**概况**】中天水市麦积区委组织部内设办公室、组织一组、组织二组、干部组、党员干部教育培训办公室、人才工作领导小组办公室6个机构，挂区委党建领导小组办公室、非公经济组织和社会组织党工委牌子，核定编制数16名，其中行政编制8名，工勤编制1名；其中领导职数为5名，非领导职数3名。部长1人，由区委常委兼任；副部长5人，其中1人兼任区委老干部局局长、1人兼任区编委办主任（2人所占领导职数和编制各计入区委老干部局、区编委办）；区委党建办专职副主任1名。区委组织部下属事业单位4个，分别为区直机关工委、区委考核办公室、区委党代表联络办公室、区农村党员干部现代远程教育办公室。区直机关工委为参照公务员管理正科级全额拨款事业单位，核定参照公务员管理事业编制8名，设书记1名、副书记1名。区委考核办公室为正科级全额拨款事业单位，核定事业编制4名，设主任1名、副主任1名。区委党代表联络办公室为正科级全额拨款事业单位，核定事业编制5名，设主任1名、副主任1名。区农村党员干部现代远程教育办公室为副科级全额拨款事业单位，核定事业编制5名，设主任1名(副科级)。年底，区委组织部有工作人员29人。全区有党组织1556个，其中党委59个、党工委8个、党总支77个、党支部1412个；有党员25363人，其中女党员5450人、农民党员11411人。年内新发展党员199名。全区有远程教育站点401个(区级2个、镇17个、村379个、社区3个)，其中卫星模式站点180个，电信模式站点221个，省级示范点6个，市级示范点20个，区级示范点48个。

【**干部工作**】换届后，轮训150名镇领导班子成员，邀请精准扶贫国家第三方评估组专家教授集中辅导区、镇党政领导干部，选派200多名领导干部外出学习。提拔调整41名在高铁南站、麦积山大道改建等重大项目征地拆迁、协调保障及脱贫攻坚工作中实绩突出干部到重要岗位。年初，表彰奖励上年度绩效考核排名靠前38个镇和部门，12个排名靠后单位主要负责人诫勉谈话。10名同一镇工作满一届班子成员交流、5名成绩突出区直机关部门优秀干部选拔到乡镇任职。5月下旬，对换届后17个镇领导班子运行情况进行综合分析研判，研判结果作为评优选先重要依据。54名县级领导干部和258名科级干部个人有关事项进行集中填报，专项审核12433名个人档案。召回轮换帮扶到期和不能胜任工作帮扶干部，将361名近两年新提拔科级干部；科级后备干部和业务骨干充实到帮扶工作队；调整选派727名干部到209个贫困村开展驻村帮扶工作；将10名大学生村官、“三支一扶”等项目生优先分配到深度贫困镇五龙镇工作。岗前分期培训新选派调整的223名第一书记和工作队长。会同区纪委对帮扶队员到岗履职情况常态化督导、督查。由各镇推荐表彰奖励2—3名帮扶工作队员，特别优秀者优先提拔任用。作风漂浮、表现差、群众不满意的帮扶工作队员，派出单位召回撤换，本人年度考核直接列为不称职等次。

【基层党建】逐级召开党组织书记抓基层党建述职评议会议，建立区、镇、村三级整改台账，党建工作细化为22个具体项目，层层签订责任书，理清抓党建问题清单、任务清单、责任清单。区四大组织党员领导干部包抓246个基层党建工作联系点重点工作，村、社区办公经费分别提高到3.1万元和10万元，区财政年列支1500万元用于基层服务型党组织建设。2017年，区财政投入基层党建工作经费2603万元，较上年度增加72%。专门拿出200万元资金奖励班子建设、产业发展和脱贫攻坚改制成效显著的68个先进村给予3万元奖励，奖金直接兑现到村干部个人。村组干部年均报酬分别达到1.8万元和5400元；连续任职20年以上，且现已离任的141名村干部每人每年发放600至1200元补贴，党龄在30年以上、年龄在80岁以上的630多名农村高龄党员每人每年发放生活补贴360元。实行一个县级领导包抓、一名科级领导蹲点指导、一个项目配套扶持，整顿转化软弱涣散基层党组织72个。创建命名区级以上党建示范点31个。整合卫计等部门项目资源，多方筹措资金3600多万元，新建、改扩建村级组织活动场所76个。“两新”组织党组织覆盖，非公企业和社会组织党组织组建率分别达到55.3%、73.3%。统一刻制村、社区和机关单位党组织印章，统一印制会议记录薄，规范党组织名称标识，1545个党支部规范化建设达到48%。31个区直部门单位设立党组，22个部门单位成立机关党组织，规范党组议事规则和基层党组织设置。会同区纪委编制《村和社区干部廉洁教育读本》，用身边人、身边事警示教育镇村干部。集中培训669名村、“两新”组织、教育卫生系统党组织书记和五龙镇28个行政村干部及全区300余名党员发展对象。分批组织村党组织书记到康县观摩学习。

【人才工作】建成19个农村实用人才培训基地和5个果品产业科技平台，实施精准扶贫劳动力培训，从人社、教体、农业、林业、畜牧等部门选派出一批专业技术人员，培训农村贫困劳动力7500余人次；从农口部门选派192名农业科技人员驻村担任科技特派员，在田间地头、生产一线培训指导群众1.5万余人次，发放科技书籍1000余份；依西青区《互派干部挂职锻炼和优秀人才学习交流框架协议》，选派麦积区5名扶贫骨干人才赴西青区进修学习，拓宽人才培养渠道；制定《麦积区深化人才发展体制机制改革实施意见》、出台《麦积区人才工作专项资金管理使用办法》年投入人才工作资金不少于100万元；出台《麦积区领军人才选拔管理办法》，区四大组织领导分别联系全区16名优秀人才，定期走访慰问，协调解决各类人才工作生活困难。争取省级和市级重点人才项目落户麦积区，落实扶持资金总额70万元，区级财政配套资金30万元；投入40万元，对副高级职称以上和近三年引进急需紧缺人才521人进行健康体检、建立健康档案。发放政府贴息创业担保贷款3470万元给347名高校毕业生、举办创业培训6期,培训1091人。

天水市麦积区委组织部

部　长: 赵继文(区委常委)
常务副部长: 温绪祖(1月任)
副　部　长: 温绪祖(1月止)
乔　琬
王晓君(1月任)
谢建民(兼区委老干部局局长)
唐海明(兼区编委办主任)

(供稿:天水市麦积区组织部办公室)

宣　传

【督查保障】2017年,制定印发《在全区开展中心组理论学习督查通知》《进一步加强全区各级党委(党组)理论学习的通知》等文件,结合"明查暗访督查年"开展督查工作,对区直部门、各镇、街道党委(党组)中心组及成员学习情况督查检查。为全区各级党委(党组)中心组编发《学习参阅》17期,《学习活页》44期,订阅《全面从严治党面对面》《习近平的七年知情岁月》《习近平谈治国理政》《习近平总书记系列重要讲话读本(2016年版)》等学习教材,推荐中央和省市重点学习篇目60余篇,动员党员干部观看《不忘初心 继续前进》等电视专题片,推广订阅"共产党员"、"学习微讲堂"等理论学习微信公众号。

【理论调研】组织撰写思想政治工作、农村精神文明建设、意识形态领域、全域旅游示范区建设等方面的课题研究成果、调研报告28篇;以"一带一路"国际高峰论坛为契机,在全区组织开展"丝绸之路经济带"、"关中 — 天水经济区建设"、"陇山文化"为主题课题研究活动,全区干部撰写理论文章100多篇,筛选上报"陇山文化发展论坛"征文13篇。

【网络舆情管控】开展网络环境综合整治和网络传播对党的十九大政治性有害出版物及信息清网专项整治,对全区152家网站进行网上监测和有害信息排摸,对68家(无法访问网站46家,违规采编类网站3家,虚假谣言类网站13家,色情低俗类网站6家)不规范网站按程序及时给上级主管部门汇报。对全区党政事业单位网站管理责任人进行集体约谈,对网站维护和运营主体人进行网站意识形态安全和信息化管理知识集中培训,落实网络意识形态安全管理责任。建立健全《网站安全维护运营制度》,设置中国互联网违法和不良信息举报中心链接,畅通举报通道。网络舆情监测,对涉及区内舆情实行24小时动态监控,实时调控、研判舆情。坚持舆情备案制度,建立舆情收录登记台账,整理各类舆情,共监控舆情信息660条,报送《舆情专报》22期。组织区公安、教体、城管、网信等部门联合处置重点舆情28起。组建全区网评员队伍,参与十九大网评工作演练,保质保量完成评论任务175条。针对"蠕虫"式勒索病毒第一时间以发布应急措施,实施网络安全维护管理,指导全区网民和各单位修复漏洞和病毒应对清除。

【专项宣传】开设"盘点2016"、"春季春忙"、"精准扶贫"、"聚焦民生"、"两违整治"、"项目直击"、"环保动态"、"安全生产"、"最美麦积"、"文明城市创建"、"巾帼风采"、"非遗传承人"、"喜迎节会"、"赛事快讯"、"庆七一"、"百课百讲"、"省党代会精神宣讲"、"喜迎十九大"等20多个专题专栏。对2017年召开省第十三次党代会和党的十九大,开展"砥砺奋进的五年"、"五年点滴印记分享"等群众性主题宣传教育活动,报道麦积区在经济、社会、民生、医疗、教育等方面五年的发展成就。在麦积新闻网共发布各类信息2200条,中新网、甘肃日报、每日甘肃网、中国甘肃网、甘肃新闻网、天水日报等省市媒体转发840条,其中2篇新闻报道获天水市第二十届新闻奖二等奖荣誉称号。

【对外宣传】对外宣传推介麦积，制作《魅力麦积》等宣传专题片、短视频5部，宣传推介"羲皇故里"寻根祭祖游、百里石窟艺术走廊游、陇上江南生态休闲游等旅游品牌；宣传推介以"花牛"苹果为代表的区内优质农产品，刊发、推送相关宣传报道40余篇，主动加强与各级媒体交流合作。年内接待中央电视台、新华社、甘肃日报、甘肃电视台等媒体30多批（次）500多人次，协助配合完成《航拍中国》《中国兵道》《任法融和他的丝路仙都》等栏目，以及宝兰高铁沿线城市宣传联盟在麦积区的拍摄任务；区内拍摄反映精准扶贫工作的电视剧《苦乐村官》在央视8台、1台轮番播出后，组织在拍摄地红崖村开展文化三下乡演出和网络、电视、社会等各层面宣传活动。在中央和省、市主流媒体发表有影响力新闻报道稿件140多篇。

【文明创建】召开创建全国文明城市全区动员大会和网格化管理培训会，给各责任单位制定印发《天水市创建全国文明城市麦积区推进计划（2017—2020年）》和《天水市创建全国文明城市麦积区实施方案》。印发创城简报40期、设置宣传标语400余条、发放《宣传手册》《倡议书》5万余份、开展联合督查三次，促进各项创建任务开展。新阳镇胡大村、实验小学分别被评为全国文明村、全国文明校园；市九中、城管局、卫计局、红旗路社区被评为省级文明单位；大革命纪念馆、博物馆、烈士陵园、马跑泉公园分别被评选为市级爱国主义基地、国防教育基地。转发《关于在全市实施农村精神文明建设"十个一"示范工程的通知》，开展"讲文明、树新风"和"图说我们的价值观"公益广告征集活动，上报图片、音视频等类型公益作品110余幅；开展"做文明有礼天水人"、"传家训、立家规、扬家风"的个人文明素质和家庭家风家教培养活动；旅游旺季，在各宾馆、饭店、景点等公共场所悬挂文明旅游宣传画300余幅，发放宣传资料1000余份；推进"红黑榜"建设，发布有信守信、孝老爱亲、交通守法等领域"红黑榜"。

【公民道德建设】制定印发《麦积区第三届道德模范暨首届十佳美德少年、首届十佳文明家庭、首届十佳文明服务窗口评选实施方案》，开展评选活动。经组织推荐、评委审核、征求意见、公示公告等环节，到年底，推荐道德模范候选人13人、美德少年候选12名、文明家庭候选户12户、文明服务窗口候选12个。同时，从全区各行各业推选"最美甘肃人物"16类73人、"最美天水人"21人、"天水好人"22人、"首届天水文明家庭"5户、"第五届天水美德少年"候选人8名，其中利桥中校教师胡根存被评为第一季度"天水好人"，新阳镇胡大村胡勤真入围2017年"中国好人榜"敬业奉献类候选人。实施未成年人思想道德建设"金种子"工程，以全区各类乡村少年宫为基地，在未成年人中开展网上清明祭英烈、庆"六一"文艺演出、"开学第一课"等主题活动。

【文化旅游产业】全区实现文化产业增加值2.91亿元，增速达23%，资产总额17.5亿元，文化机构数208个，文化类法人单位从业人数4397人；签约完成文化产业项目投资2.9亿元，在建施工项目10个；文化旅游深度融合类产业项目5个，完成投资2000万元，其中银行及非金融机构贷款700万元，自筹资金1300万元；全区15个重点文化在建项目，累计完成投资7.63亿元。2017年，全区接待各类游客858.4万人次，创旅游综合收入44.12亿元，同比分别增长28.23%和32.43%，其中乡村旅游接待游客200.7万人次，同比增长31.84%，创旅游综合收入1.39亿元，同比增长32.72%。

【公共文化服务】组织开展送戏下乡100多场次、送文化下乡8场次，送图书下乡10场次，送书画下乡6场次，非物质文化遗产展示展演活动8场次，农村电影放映工程2000余场次。顺利通过中宣部"百县万村"综合文化服务中心项目验收，全区223个村级综合性文化服务中心全面建设。实施有线数字电视"村村通"惠民工程，主干光缆已通入17个镇，完成前端机房建设17个，220个行政村开通信号。区博物馆陈列布展顺利完成并开馆运行，何家山调频转播台基础设施工程全面完工，胡氏民居迁建项目设计方案通过省文物局评审，双玉兰堂景观提升改造工程征地拆迁进入扫尾阶段，霍松林文化艺术陈列馆项目当年实施主体工程建设。

天水市麦积区委宣传部

部　　长:杨根林(区委常委)
常务副部长:刘亚斌
副　部　长:刘景涛(文明办主任)
王旺红(外宣传办主任)
文明办副主任:姚　君

(供稿:天水市麦积区宣传部办公室)

政　法

【**概况**】麦积区委政法委是麦积区委一个职能部门,内设机关办公室、国家安全领导小组办公室、社会治安综合治理委员会办公室、防范和处理邪教问题领导小组办公室、维护社会稳定工作领导小组办公室、护路护线办公室、依法治区办公室七个机构,有人员28名,其中:书记1名、副书记2名、主任7名(含区委依法治区办主任)、副主任3名、副科级干部4名、副主任科员1名、科员5名、事业干部4名、工勤人员1名。

【**综治信息平台建设**】划分综治网格2072个,网格员新增至854名,全部配备新手持终端,按每部手机86元月标准纳入财政预算;新增7个社区配发综治E通专用电脑。接通17个镇、3个街道、221个村、35个社区、27家综治成员单位综治信息网络线路;录入居民基础数据59.43万人,录入率98%,上报事件19945件,成功办结19128件,办结率95.9%,社会治安、机构队伍、电子地图、事件处理、两新组织、矛盾纠纷、通用办公、绩效考核、分析研判、日志管理等各个模块正常运行。

【**综治中心建设和视频资源整合**】全部镇(街道)和80%村(社区)综治中心挂牌运行。整合13家单位313个视频监控,共整合798个,与公安视频资源互联互通资源共享。申请财政资金220万元,实施20个镇(街道)和教育、城管2个部门视频监控分中心建设。社棠镇、北道埠街道办事处视屏监控分中心建成。马跑泉镇黑王村、中滩镇四合村试点启动"雪亮"工程,依托广电网络电视机顶盒,实现村民在家适时观看周边视频监控情况,人人成为治安员。

【**特殊人群服务管理**】实行"153311"流动人口管理模式(一本册子、五种档案、三个星级户别管理法、三个星级人口管理法、一个人口管理平台、一个微信公众平台),全区累计登记暂住人口27512人,其中2017年登记暂住人口7884人;登记出租房屋6644户,新增1273户;安置帮教组织与监狱无缝对接,落实必接必送,市内衔接率达到100%。"三无人员"和"重点预防人员"一律主动跟进、健全档案。接收刑释人员151人,落实帮教措施151人。累计接收各类矫正对象1333名,成功解除矫正对象987名,在册接受社区矫正对象346人。严重精神障碍患者救治和管控排摸出患者3097名,将"以奖代补"资金纳入到财政预算,监护人年人均标准100元,申请保险金30万元购买监护人责任保险。25名住院治疗严重精神障碍患者由区财政兜底救助治疗。

【**铁路护路联防**】区护路办与铁路沿线镇(街道)签订铁路护路联防目标管理责任书,与铁路沿线2.5公里范围内村委会、企事业单位、中小学校及机动车户主、大牲畜饲养户、中小学生、五残人员监护人签订铁路路外安全责任书。排查消除各类涉路隐患100多起,开展集中宣传活动4次,出动宣传车辆20余辆,展示铁路法规宣传展板80多块,发放铁路护路宣传资料3000余份,悬挂横幅10余幅。发放中小学生爱护铁路倡议书3000余份,签订学生爱护铁路保证书750余份,直接受教育人群15000多人。

【矛盾纠纷排查化解】排查矛盾纠纷2568件，调成2546件，化解率99.1%，处理化解疑难矛盾纠纷18件。重点关注因拖欠农民工工资、城市供暖、征地拆迁遗留问题、涉军人员、交通事故和突发事件引发信访矛盾和问题，对群众法制宣传和教育、引导，化解处理一批久拖不决、反复上访等重点矛盾纠纷。防止因矛盾纠纷排查化解不力引发影响社会稳定案(事)件。进村入户摸排3000多人次，排查矛盾纠纷783起，化解775起，化解率98%。

【打击各类违法犯罪】立刑事案件2778起，破获1346起。八类案件立案75起，破案64起，公诉犯罪嫌疑人486人。受理各类治安案件3677起，查处3055起；查处交通违法行为181043起；破获毒品案件48起，公诉犯罪嫌疑人43人；依法打击村霸案件1起。

天水市麦积区委政法委

书　记：杜峥嵘（区委常委）

常务副书记：赵　宏

副　书　记：徐卫东

（供稿：魏达理）

统　战

【概况】区委统一战线工作部，人员编制12人，其中：行政6人，参公6人，工勤1人；领导班子职数3人(统战部长1人，常务副部长1人，副部长1人)，在职13人。下设参公事业单位1个：区委台湾工作办公室(区政府台湾事务办公室)。

区委统一战线工作部与区民族宗教事务局合署办公，实行两块牌子、一套班子。2017年10月，区民族宗教事务局机构单设。

【宗教概况】截至2017年底，全区有正式批准开放场所106处，其中：佛教43处，道教29处，伊斯兰教8处，天主教4处，基督22处；共有教职人员259人，其中：佛教91人，道教45人(正一派34人，全真派11人)，伊斯兰教12人，天主教4人，基督教107人(牧师3人，长老35人，传道员69人)；有信教群众约3.9万人，其中：佛教12000人，道教15000人，伊斯兰教3800人，天主教4200人，基督教4000人。

【宗教工作】开展以"规范"为主题"和谐寺观教堂"创建活动，规范审批各类宗教活动，使宗教活动坚持就地、小型、安全、有序原则进行；严格把关、规范审批程序，坚持宗教场所建筑物体现中国文化元素，坚决遏制未批先建、批小建大等违法违规现象；进一步加强朝觐出境管理工作；组织干部职工、宗教团体负责人和教职人员学习新修订《宗教事务条例》，指导宗教界开展践行社会主义核心价值观活动，按照"市长办公会议纪要"精神，有序推进天主教教产落实工作；开展宗教领域矛盾纠纷隐患排查，确保宗教领域和谐稳定。

【民族概况】截至2017年底，麦积区有33个民族，其中少数民族户籍人口5861人，散居在全区17个镇、3个街道办事处。其中人口较多的回族4213余人，主要分布在马跑泉、花牛、党川、利桥、三岔、元龙等镇；另有满族987余人，蒙古族104余人，藏族82余人集中麦积主城区；其他民族人口较少，分布较为分散。

【民族工作】开展第14个民族团结进步月宣传活动，联合宣传部、桥南办事处共同举办民族进步集中宣传展览，为全区民族团结营造良好氛围。由区民宗局牵头，区食药监、工商等部门参加，联合开展4次"清真概念泛化"专项治理活动，集中对麦积区清真食品生产加工企业、大型综超卖场开展排查整治，对检查中发现面粉、食用油和食醋等产品滥用"清真"标识现象，进行集中整治，有效遏制"清真"概念泛化、肃清清真食品市场秩序。开民族团结示范单位展创建工作，天河社区被省上命名为第四批全省民族团结进步示范单位。

【民主党派工作】围绕筑牢思想共识这一主线，通过开展"坚持和发展中国特色社会主义学习实践活动”、“双学四促进四提升”等活动，引导各民主党派更加自觉地坚持中国共产党领导，坚定“四个自信。完成区级各民主党派换届工作，支持民主党派和无党派人士开展考察调研、民主监督、社会服务，召开民主党派负责人和无党派代表人士座谈会，研究确定并督促完成调研课题。按照政党协商相关要求，组织各民主党派和相关部门负责人召开政情通报会，各民主党派通过提案办理协商等形式，开展民主协商、参政议政。

【党外代表人士和新社会阶层人士统战】落实领导干部联系党外代表人士制度，及时调整县级领导干部联系党外代表人士名单，指导区党外知识分子联谊会完成换届工作。在工信、商务、司法、工商、文广等部门大力支持下，通过摸底调研，初步建立新社会阶层代表人士信息库，汇总统计民营企业和外商投资企业管理技术人员、中介和社会组织从业人员、自由职业人员、新媒体从业人员代表人士信息 430 名，将他们纳入到统一战线大工作格局中。

【非公经济领域统战】坚持“两个健康”工作主题，着眼构建“亲”“清”新型政商关系，围绕增强非公有制经济人士“四信”，组织广大非公有制经济人士深入学习习近平新时代中国特色社会主义思想和党十九大精神，全区非公有制经济代表人士政治把握能力、参政议政能力、合作共事能力进一步提高。重点引导年轻一代坚定发展信心，促进政治素质和责任意识双提升。坚持体现理想信念教育活动实践特色，继续深化“四大双百”活动，动员广大非公经济人士踊跃投身“百企帮百村”、精准扶贫及光彩事业。由区委统战部牵头，14 个相关部门、单位联合开展综合评价，筛选出 55 名非公代表人士，进入新一届区工商联执委会，初步建立非公经济人士综合评价信息库，在此基础上，指导并帮助区工商联完成换届工作。

天水市麦积区统战部

部　长：汪亚伟（区委常委）

副部长：王平德（1 月任）

严晓东（兼民族宗教局局长　1 月止）

（供稿：胡旭辉）

老干部工作

【老干部政治待遇】2017 年，麦积区委老干局按照政治上尊重、思想上关心和老干部基本政治待遇不变原则，完善各项制度措施，落实老干部各项政治待遇。抓好老干部政治理论学习，坚持和完善每月 1 次例会学习制度。组织离休干部学习 14 次，座谈讨论 10 次；坚持老干部阅文制度。为离休干部借阅读书 400 余册，集体组织离休干部阅览读书、报刊、杂志 8 次；建立离休干部座谈讨论制度，每季度一次，召开 4 次会议，重点交流和讨论中央、省、市有关老干部政策方面文件精神，研究和讨论老干部工作中存在问题及取得成绩，推动老干部工作又好又快地发展；发挥老干部活动中心主阵地作用，组织老干部开展书法、象棋、麻将、扑克等十多种经常性文体活动，真正把老干部活动中心建成老干部学习课堂、娱乐场所；10 月 19 日—21 日利用 3 天时间在桥南体育场举办麦积区第二十五届离休干部运动会，运动会设 10 个竞赛项目，经过比赛，决出一等奖 11 人，二等奖 8 人，鼓励奖 50 人；利用社区资源搞好老干部服务工作取得新进展。局领导分片区对社区开展老干部服务工作进行督查调研，全区有阵地社区全面开展服务老干部活动；组织离休干部和全局干部开展“两学一做”学习教育活动，给老干部送学上门，征求老干部意见和建议，征求到意见和建议 40 余条。

【老干部生活待遇】2017 年，麦积区委老干局进一步健全和完善“三个保障机制”，确保离休干部离休费和各项津补贴按时发放，医药费实报实销。

开展特殊困难离休干部和遗属慰问活动，对 18 户困难离休干部和遗属，每户发放 1500 元慰问金。

开展离退休干部健康体检活动。给全区离休干部和县级退休干部进行一次免费健康体检，并建立健康档案。2017年，组织232名老干部到广济医院和市第二人民医院进行体检。

开展离退休干部视察活动。每年组织两次工农业生产和重大项目建设视察活动。2017年11月3日，组织30余名离退休干部，先后到新阳镇新镇区、麦甘公路、西坪供水工程、石佛镇夏家(陶家)规模建园等项目施工现场，实地参观视察麦积区部分省、市重大项目协调保障、重点项目建设及灾后重建工作等工作，听取相关负责人情况介绍及工作汇报。

【关心下一代工作】3月初，区关工委4位副主任分别带队，深入到5个乡镇、5个学校、6个社区、4个企业，采取现场看点等形式，对基层关工工作开展情况进行深入调研。

将北道埠街道工业园社区同酒钢公司联合建立工业园社区企业联合关工委，将道北街道滨河社区同省建五公司、市八中联合建立社区学校企业联合关工组织滨河社区联合关工委，将桥南街道天河社区同桥南小学联合建立天河社区联合关工委，将道北街道红旗社区和张家村委会联合建立社区村联合关工委。

印发《麦积区第三届"关爱明天、普法先行"——青少年普法教育活动实施方案》，5月份，区检察院、区关工委和区教体局联合举办以治理校园欺凌为主题中小学生普法宣讲活动12场。6月份，邀请"五老"和法律志愿者参加"青少年普法教育宣讲团"，组织"宣讲团"成员深入到马跑泉中心小学、花牛中小等十余所学校开展"关爱明天、普法先行"主题宣讲活动。6月底，到甘泉中学开展1场600多名师生参与"警示教育"活动。

推进"两史四情"教育进学校、进农村、进社区、进企业、进家庭。通过参观龙园教育示范基地、开展国学经典诵读、"中华魂" 主题读书活动、学"双百"人物、唱红歌、党史国史知识竞赛、"优秀小公民"、"环保小卫士"评选活动。

4月份与区妇联、团委、区卫计局等部门联手开展一次预防甲肝、常见传染病防治、计划免疫宣传月关爱活动。5月份动员桥南建材市场、永盛公司、太盛祥药业等一些民营企业对农村留守儿童进行爱心捐款，募捐善款50000元。选择5所学校开展5场"关爱明天、普法先行"报告会，听报告、看展览师生达3000多人。

天水市麦积区委老干部工作局

局　长：谢建明(兼区委组织部副部长)

副局长：刘淑娟

安正贤

关工办

主　任：唐宏亮

副主任：刘　长

(供稿：伏国栋)

党史工作

【概况】中共天水市麦积区委党史办公室成立于2011年3月，为正科级参照公务员管理事业单位，隶属麦积区委办公室，核定编制6名。2016年，在岗编制人员4名，其中主任1名，副主任1名。

【《中国共产党天水市麦积区历史》(第一卷)终审】《中国产党天水市麦积区历史》(第一卷)以年为经，以事为纬，讲述中国产党1921年到1949年在天水县革命活动。全书10万余字，麦积区第一部地方党史正本，涵盖中国中产党在天水县早期活动；地下党组织党组织创建、崛起；领导天水县人民解放；解放初期中国产党整顿社会秩序；新民主主义革命时期中国产党天水县活动大事记；天水县党史人物简介等章节。2017年底完成市党史研究室对该书提出修改意见，形成终审稿。

【宣传教育】7月份，给党史联系点甘泉镇甘江村送去2电脑和40册党史资料书籍，开办"麦积区党史知识大讲座"为甘江村乡亲们讲述麦积区党史人物和党历史；8月份，在“八一建军节”节日之际，为麦积区武警中队送去《葛霁云传》《麦积区党史资政论文合集》各20册，还举办“麦积区党史知识大讲座”，为武警官兵宣传麦积区党历史。

中共天水市麦积区委党史办公室

主　任：蔡　甦

副主任：高银华

（供稿：李　璠）

党校工作

【概况】麦积区委党校地处麦积区桥南建新路4号，校园总面积13333平方米，总建筑面积5600平方米，校内绿化面积3781平方米，有综合办公楼、教学楼、住宅楼各一幢，有图书阅览室、学术报告厅(全新装修，有空调，各种放映设备一应俱全)、多媒体教室(开通中央党校远程教学网和区域宽带网)，有数码照相机一部、笔记本电脑2台、复印机1台、打印机2台、电视机27台，有教职工会议室(全新装修，有空调)2间、办公室14间，有标准教室8个，(其中两个安装空调)、学员宿舍30多间，可供600多人同时上课，160多人住宿就餐。

区委党校同时加挂“麦积区行政学校”和“中共甘肃省委组织部基层党员干部教育培训麦积区基地”牌子，一套班子，三块牌子。区委党校同时还兼办“天水市麦积区科技培训中心”、“天水市麦积区廉政教育基地”、“甘肃省天水市麦积区道德讲堂”、“天水市麦积区预防职务犯罪教育基地”。2012年起，区委党校设立甘肃省领导干部“富民兴陇”系列讲座视频直播麦积区分会场，迄今为止成功举办48期，全区县级干部及党校教师5000多人次收看视频直播。

区委党校内设办公室、教务处、学员处、科研处、后勤处、信息资料室6个处室。现有教职工38人，其中女干部职工7人，中共党员33人。专职教师23人，行政管理人员8人，图书管理、文印以及后勤服务人员7人。教师队伍现状为：高级讲师5人、讲师14人、助理讲师4人。

【干部教育培训】2017年，举办各类主体班10期，参训2000余人(次)；挖掘潜力，充分利用现有培训资源，开展多渠道办学，承办部门培训8期(次)，参训1700余人(次)；参加区委宣传部十三次党代会、十九大精神宣讲60余场（次），参加5000余人(次)。此外，在党校设立甘肃省领导干部“富民兴陇”系列讲座视频直播麦积区分会场，2017年，成功举办11讲，全区县级干部及全区各单位、各部门主要负责人和干部职工600多人(次)收看视频直播；在做好校内主体培训班同时，充分利用现有培训资源，开展多渠道办学，2017年麦积区精准扶贫第一书记(队长)培训班、全区党务干部培训班、全区环境保护专题培训班、麦积区非公企业和社会组织党建工作培训班、全区教育卫生系统党组织书记培训班、第八届八大代表培训班、全区统战理论培训班、麦积区2017年度党员发展对象培训班等12余期，培训人数达2400余人(次)。

2017年，分别举办全区十八届六中全会培训班、村党组织书记培训班、乡镇党委副书记组织干事培训班、教育卫生系统党组织书记培训班；社会组织党组织书记培训班；全区村妇代会主任培训班；全区驻村帮扶工作队培训班72期，培训人数5000余人(次)。开设各种非主体班次50期，培训人数6000余人(次)。

【科研工作】2017年，撰写论文22篇，其中交流论文22篇，其中何朝晖校长《我国基层政府治理法治化研究》获得甘肃省科学社会主义学会2017年学术年会理论征文一等奖。丁帅老师《对创新农村基层治理体制机制几点思考》、张淑萍老师《精神脱贫助推脱贫攻坚》均获得甘肃省科学社会主义学会2017年学术年会理论征文三等奖。

【办公条件改善】针对区委党校设施破旧、设备老化现状，本着务实、节俭、高效原则，不断改善办公环境和条件，多方筹集资金购置办公电脑；更新办公室门窗；新添办公桌、椅等办公用品，新购一批图书资料；改造会议室，新装投影设备专门供教师集体学习；对办公楼内外和校园防护栏进行粉刷和油漆，对学校招待所电路设备进行彻底改造；发动全体教职工定期清理校园环境卫生，美化校园环境。使学校面貌较为改观，教学条件、办公条件有一定程度改善。

天水市麦积区委党校

校　　长：吴　健（区委副书记兼）

常务副校长：曹淑红

副　校　长：何朝晖（12月止）

丁继峰

办公室主任：丁继峰（代）

（供稿：刘　楠）

机构编制工作

【概况】天水市麦积区机构编制委员会办公室是区机构编制委员会常设办事机构。内设综合组、机构编制管理组、机构编制督查组。核定行政编制10名，其中：主任1名、副主任2名、区编委督查专员1名。

【机构设置情况】新成立机构：成立天水市麦积区机关事务管理局、区信访接待中心、区互助资金管理中心、区工商电子政务中心、乡镇农村公路管理所、天水市公安局麦积分局花牛派出所天水南站警务室、区天润学校、区民族宗教事务局、区城市管理行政执法大队天水南站中队、天水市公安局麦积分局交警大队天水南站中队。

更名机构：将天水市公安局麦积分局交通警察大队景区中队更名为天水市公安局麦积分局交通警察大队麦积山大景区中队，将天水市公安局麦积分局麦积山风景区派出所更名为天水市公安局麦积分局麦积山大景区派出所，将区房地产管理处更名为区房地产管理局，将区渭滨公园管理处更名为区翠湖公园管理处，将区社会管理综合治理委员会办公室更名为区社会治安综合治理委员会办公室，将区国库集中收付核算中心更名为区收付中心，将区第二职业高级中学更名为渭南初级中学，将中共天水市麦积区五龙乡委员会更名为中共天水市麦积区五龙镇委员会，将区五龙乡人民政府更名为区五龙镇人民政府，将区五龙乡农业技术推广与综合服务中心更名为区五龙镇农业技术推广与综合服务中心，将区五龙乡财政管理所更名为区五龙镇财政管理所，将区五龙乡社会事业服务中心更名为区五龙镇社会事业服务中心，将区五龙乡综合文化站更名为区五龙镇综合文化站，将区五龙乡动物疫病防控与畜牧技术服务中心更名为区五龙镇动物疫病防控与畜牧技术服务中心，将区五龙乡人口与计划生育服务中心更名为区五龙镇卫生和计划生育服务中心，将中共天水市麦积区党川乡委员会更名为中共天水市麦积区党川镇委员会，将区党川乡人民政府更名为区党川镇人民政府，将区党川乡农业技术推广与综合服务中心更名为区党川镇农业技术推广与综合服务中心，将区党川乡财政管理所更名为区党川镇财政管理所，将区党川乡社会事业服务中心更名为区党川镇社会事业服务中心，将区党川乡综合文化站更名为区党川镇综合文化站，将区党川乡动物疫病防控与畜牧技术服务中心更名为区党川镇动物疫病防控与畜牧技术服务中心，将区党川乡人口与计划生育服务中心更名为区党川镇卫生和计划生育服务中心。

挂牌机构：区互助资金管理中心加挂区东西协作项目管理办公室牌子，区安全生产执法监察大队加挂区安全生产应急救援指挥中心牌子，区人工影响天气办公室加挂天水市麦积区预警信息发布中心牌子，区文化馆加挂区非物质文化遗产中心牌子。

撤销机构：撤销仙人崖文管所、石门文管所、区秦剧团、区电影管理站、区人民影剧院、区东方红电影院、区监察局。

变更机构体制机构：将区广场管理处隶属关系由区住房和城乡建设局调整到区城市管理行政执法局。

【机构编制管理】组织各部门、单位核查确认机构编制实名制数据，各单位实名制数据与机构编制台帐、机构编制管理证和实有人数、实配领导相一致、相对应。按《关于进一步加强全区党政群机关事业单位机构编制实名制管理工作通知》，依据机构编制实名制数据审核调整财政预算和统发工资数据库，拨付工资、编制预算，实现财政预算、统发工资系统与机构编制实名制系统无缝对接。依据《事业单位人员编制结构管理办法》，核减区委组织部、区卫计局、区工商局、区农业局、区工信局工勤编制各1名；随行政许可事项取消、核减区人社局1名行政编制，区卫计局2名行政编制，区工信局3名行政编制；核减区残联、区招商局等37家事业单位87名全额拨款事业编制；撤销天水市麦积区第二职业高级中学，编制、人员及资产经费保留在天水市麦积区渭南初级中学；天水大革命纪念馆调增2名事业编制；北道埠、桥南、道北3个街道社区服务中心分别调增11名、7名、5名事业编制；区地震局调增1名事业编制。

【行政管理体制改革】经区第十次编委会议研究，将区广场管理处隶属关系由区住房和城乡建设局调整到区城市管理行政综合执法局。设立天水市麦积区机关事务管理局；设立天水市麦积区互助资金管理中心；设立天水市公安局麦积分局交通警察大队天水南站中队，设立天水市公安局麦积分局天水南站派出所和天水市麦积区城市管理行政执法大队天水南站中队；设立天水市麦积区天润学校；区委统战部挂牌机构民族宗教事务局调整单设为区政府工作部门；设立天水市麦积区河长制办公室；在天水市麦积区互助资金管理中心加挂天水市麦积区东西协作项目管理办公室牌子；在天水市麦积区安全生产执法监察大队加挂天水市麦积区安全生产应急救援指挥中心牌子；在天水市麦积区文化馆加挂麦积区非物质文化遗产中心牌子；撤销天水市麦积区仙人崖文物管理所和石门管理所，其职责、编制、人员及资产整建制转入麦积山大景区建设管理委员会。

【行政审批制度改革】取消25家区级政府部门、单位91项行政审批事项，取消3家驻区单位114项行政审批事项，简权、转权。年底，全区24个政府部门及9个承担行政职能事业单位保留行政权力2482项、责任清单17642项、追责情形23983条。

【事业单位分类改革及管理】将生产经营性事业单位区秦剧团、电影管理站、人民影剧院、东方红影剧院转企改制。通过撤销、重组、整合形式，改制成立天水市麦积区秦剧团有限责任公司，隶属于天水丝路文化旅游传媒有限公司，实施企业工商注册登记，具有独立法人资格。3月底，事业单位法人年度报告公示271家(其中变更登记56家，新设立登记4家)，事业单位法人年度报告公示率达100%。出台《天水市麦积区事业单位登记管理“双随机，一公开”监管工作实施细则》。机关、编办直接管理机构编制群众团体等72家单位提前完成统一社会信用代码赋码工作，赋码率达100%。

天水市麦积区机构编制委员会办公室

主　　任：唐海明(兼区委组织部副部长)
副 主 任：王治国
孙　毅(7月止)
吴艾芳(7月任)
督查专员：温晓虎
事业单位登记管理局局长：吴艾芳(7月止)
孙　毅(7月任)
事业单位登记管理局副局长：李　鑫
区机构编制电子政务中心主任：杨霞霞

(供稿：张瑞虎)

天水市麦积区人民代表大会常务委员会

【概况】2017年，区人大常委会工作机构沿袭上年编制。麦积区人民代表大会设立法制、财政经济两个专门委员会，作为人民代表大会常设工作机构，受区人民代表大会领导，在大会闭会期间，受区人大常委会领导。区人大常委会下设办公室、代表人事工作委员会、农业农村工作委员会、教科文卫工作委员会、城建环保工作委员会。麦积区人大常委会组成人员31名，年度内30名，缺1名，专门委员会设主任委员1名（正科）、副主任委员1名（副科）、委员7名，人大常委会办公室设主任1名、副主任2名，各工委设主任1名（正科）、副主任1名(副科)。在八届4次常委会上，教科文卫工委、农业农村工委、城建环保工委分别聘任兼职委员各3名。

【区八届人大二次会议】2017年12月26日，天水市麦积区第八届人民代表大会第一次会议隆重召开，于29日胜利闭幕，会期4天。本次会议以习近平新时代中国特色社会主义思想为指导，牢固树立和贯彻新发展理念，围绕全区"一枢组、一中心、四高地"总体发展构想和区委部署要求，与会227名代表集中时间、听取审议区人民政府、计划、财政报告及区人大、法院、检察院等六个工作报告，审查批准2017年国民经济和社会发展计划执行情况报告及2018年国民经济和社会发展计划报告，审查批准2017年财政预算执行情况报告和2018年财政预算报告，并作出相关决议。大会选举孙忠平同志为麦积区监察委员会主任。

【监督工作】2017年，区人大常委会听取和审议4个专项工作报告和计划、财政、审计方面报告。

听取和审议《区人民检察院刑事执行监督工作情况报告》以及全区精准扶贫精准脱贫工作、城市停车管理工作等方面工作报告和常委会相关工委所做调查报告，

听取和审议区人民政府关于2016年财政预算执行情况和其他财政收支情况审计报告，并根据审议情况做出《天水市麦积区人大常委会关于2016年区级财政预算执行和其他财政收支审计工作审议意见》。审议2017年财政决算报告，根据预算执行情况，审查并批准2016年财政决算，同意区财政局长所做报告。

听取和审议2017年上半年财政预算执行情况报告和财政经济专门委员会相关调查报告，根据预算执行情况，会议审议并作出关于进一步做好财政预算执行工作审议意见。

听取和审议区人民政府《关于提请审议天水市麦积区2017年区级财政预算调整方案议案》，审查区人民政府《关于天水市麦积区2017年区级财政预算调整方案》，会议同意区人大财经委关于《天水市麦积区人民政府关于提请审议2017年区级财政预算调整方案议案》，根据预算执行情况，审查和批准预算调整报告，并作出相关决议。

【专题调研】根据天水市麦积区人大常委会2017年度工作要点安排，常委会责成相关工委和部门组成专题调研组，分别就区人民法院执行工作情况，全区基础性教育工作情况，全区新型农村合作医疗运行情况，全区保障性住房建设情况进行专题调研。针对法院执行工作中"被执行人难找、执行财产难寻、应执行财产难动"问题突出，机制不健全，执行人员素质有待提高，司法救助资金还需大力支持等问题，常委会做出《天水市麦积区人大常委会关于进一步加强法院执行工作审议意见》。针对新型农村合作医疗运行情况，常委会从政策宣传，提高乡村医生培训力度，完善信息网络，加强对医疗机构监管等方面提出要求和建议。对保障性住房建设情况，常委会责成城建环保工委和相关部门加大调研力度，对调研中发现问题要求政府部门着力重点解决，提高保障房入住率。对全区基础性教育工作情况，常委会成立区人大义务教育均衡发展工作专题调研组，听取和审议区人民政府关于全区义务教育均衡发展情况报告，并对工作情况进行满

意度测评，与会23位组成人员，16票满意，7票基本满意，测评结果为满意。

【专题询问】根据2017年工作要点安排，区人大常委会对全区城市最低生活保障工作进行专题询问。为切实通过询问解决全区停车难及停车管理混乱实际问题，在专题询问之前，区人大常委会组成专题询问调查组，深入区建设局、交警大队、城管局、运管分局等部门开展调查，并走访部分群众、小车业主，征求各方面意见。之后，调研组又召开专题会议，分类梳理调研发现问题，确定10个问题在常委会上对相关单位进行专题询问。针对停车管理中存在机动车数量增长与停车位短缺矛盾、占道停车影响通行、乱停乱放屡禁不止、停车场规划建设滞后、协调机制不健全等问题，常委会建议：相关部门要加强管理，协调联动，奖罚并举，促使人行车道畅通。要求建设、交警、运管等相关部门高度重视询问中提出问题，进一步完善停车场规划建设，把建设停车场与城市建设改造规划相结合，超前谋划；按照“定路段、定人员、定时间、定车辆、定责任”网络化路面管控要求，严管重罚，加大巡查执法力度；引导非机动车辆有序规范停放，制定收费标准，对公益性停车泊位与经营性停车泊位区别收费；奖惩并重，加重违法占道停车罚款与免费停放同时进行；吸引社会资本参与公共停车场建设，多渠道解决停车难、车辆乱停乱放占道问题。

【代表意见和建议办理】区八届人大一次会议期间，与会代表全区社会发展、事关民生、社会关注热点、难点问题，建言献策，共向大会提出涉及经济建设、科教兴区、教育改革、医疗保险、旅游资源开发、产业结构调整、依法治区、维护社会稳定等各类意见、建议147件。截至2017年底，所有意见、建议已全部办结。解决或基本解决98件，占总数67.12%，代表所提建议列入计划逐步解决46件，占承办建议总数31.5%，代表所提建议因受政策、资金、权限等客观因素制约无法解决2件，占承办建议总数1.37%。区人大常委会高度重视意见建议办理工作，对大会收到意见建议进行分解、分类，召开意见建议交办会，进行安排部署。并确定7件意见建议，作为重点督办案件，由常委会主任、副主任领衔督办。2017年11月，在伯阳镇召开区八届一次会议6号意见建议督办会，共同探讨案件办理新思路、新方法。向各承办单位印发《人大代表建议办理情况意见征询表》，促进办案质量。采取现场办案、联合办案、开门办案等多种途径，探索办案办法，创新办案方式，推动疑难件办理工作较好落实。

【执法检查】2017年，区人大常委会对《中华人民共和国大气污染防治法》《甘肃省食品小作坊小餐饮小摊贩管理条例》《中华人民共和国会计法》《中华人民共和国动物防疫法》等4部法律进行执法检查。

区人大常委会在执法过程中，针对麦积区大气污染防治形势依然严峻，扬尘管控措施实施不到位，清洁能源推广使用范围不大，监控能力较弱等问题，督促相关部门采取有效措施，着力加以改进，并对今后工作提出建议，做出审议意见。针对麦积区监管部门对“食品三小”经营户底数不清、登记办证率不高，经营条件简陋落后、卫生环境较差，群众食品安全意识较差，监管部门执法监管不到位现象，常委会组成人员讨论，提出改进建议，要求相关部门进一步改进工作作风，加强协作配合，加大监管力度，及时消除隐患，完善相关制度，建立健全联合管控长效机制。

对《中华人民共和国动物防疫法》《会计法》实施情况分别进行执法检查，听取和审议检查组工作报告，与会人员从不同角度就贯彻落实情况作交流发言，相关部门就麦积区贯彻两部法律实施情况作全面汇报。针对麦积区群众防疫意识淡薄，基层防疫执法力量薄弱、防疫人员素质参差不齐、疫情监控体系不完善等问题，常委会指出相关部门应在完善动物疫情防控体系监管上下功夫，应加大宣传力度、提高疫病防控人员素质，建立管理长效机制。针对会计队伍业务水平参差不齐、会计监督职能发挥不到位，对会计工作重要性认识不足情况,常委会做出相应审议意见。

区人大常委会依法对《关于进一步加强全区非物质文化遗产保护工作审议意见》《关于加快推进新一轮退耕还林工作审议意见》贯彻落实情况进行跟踪监督,肯定成绩,指出不足,提出意见和建议。从加大资金投入,完善制度措施,整合资料数据库方面建议相关部门群策群力，建立健全非物质文化遗产保护对应工作机构。

配合市人大常委会对《中华人民共和国安全生产法》《中华人民共和国水污染防治法》《中华人民共和国固体废物污染防治法》在麦积区实施情况进行执法检查。市人大还就《中华人民共和国科学技术进步法》所做审议意见贯彻落实和整改情况来麦积区进行调研跟踪督查,对制定出台《天水市违法建设查处办法》进行立法调研。相关工作机构均予以配合。

全力配合省人大对接麦积区五龙镇脱贫攻坚工作。

【决定重大事项】2017 年，按照年度计划,常委会选择事关发展大局和群众切身利益重大事项,深入调查研究,依法作出决议决定,督促"一府两院"认真落实。八届一次常委会上讨论做出《天水市麦积区人大常委会关于批准区人民政府将马跑泉镇区 353.25 亩土地整理购买服务资金纳入财政预算决议》；为进一步推进依法治区进程,推进法治麦积建设、促进民生保障、维护社会稳定,八届 2 次常委会上审议作出《天水市麦积区人大常委会关于开展第七个五年法治宣传教育决议》;八届 3 次常委会上讨论作出《天水市麦积区人大常委会关于批准区人民政府 2017 年区级财政预算调整方案决议》;八届 4 次常委会上作出《天水市麦积区人大常委会关于批准 2016 年区级财政决算决议》;八届 7 次常委会会议通过区八届二次会议关于设立麦积区监察委员会决定。对 3 份规范性文件向市人大常委会报请备案审查。

【人事任免】2017 年,区人大常委会依法任免国家机关工作人员共计 36 人。其中:任命区人民政府副区长 3 名,政府组成人员 5 名;免去政府副区长 2 名,政府组成人员 1 名。任命区人民法院工作人员 4 名,免职 1 名。任命区人民检察院工作人员 1 名,免职 2 名。任命区人大常委会工作人员 3 名,免职 4 名;任命街道联络处主任 1 名,免职 3 名。任命区监察委员会副主任 2 名、委员 4 名。

【代表工作】区人大常委会组织区镇两级人大代表进行培训。5 月份,在区委党校举办为期三天八届代表培训班,并于 3 月、9 月分两期举办部分人大代表赴外地交流培训会。完善八届代表列席常委会例会和参加调研、执法检查、视察活动制度。依托镇、街道"人大代表之家",以"家"为单位,开展各种代表活动。

【制度建设】2017 年,重新修订《天水市麦积区人民代表大会常务委员会组成人员守则》《天水市麦积区人民代表大会常务委员会议事规则》《天水市麦积区人民代表大会常务委员会主任会议议事规则》《天水市麦积区人民代表大会常务委员会关于列席区人大常委会会议规定》《天水市麦积区人民代表大会常务委员会任免国家机关工作人员暂行办法》《天水市麦积区人民代表大会常务委员会会议考勤制度》《天水市麦积区人民代表大会常务委员会信访工作办法》等 7 部制度办法,为常委会依法监督履职提供法律依据。

【信访工作】继续坚持常委会领导联系信访、分管领导坚持批阅每一份信访件制度，全年受理群众来信来访 18 案 25 批次，联名访和群体访 6 案 9 批次,重信重访 6 批次,接待上访群众 88 余人次，跟踪督办上级人大转办、交办信访件 4 件次。电话协调处理 3 案,移交政府信访局并案处理一案,转交办 13 案,复查一案。督促解决一批有影响信访案件。

天水市麦积区人大常委会班子成员

主　任:贾应珍

副主任:石胜利　赵双喜　吴建武

方明太　刘海鹰　窦顺良

天水市麦积区第八届人民代表大会法制委员会

主任委员：王彩兰

副主任委员：范　昊（1月止）

曹慧英（7月任）

委　　员：王　萍　卢军辉　杜　瑜

杨晓强　周晓梅　董小军

谢全红

天水市麦积区第八届人民代表大会
财政经济委员会

主任委员：张随宽

副主任委员：谢望海

委　　员：吴　平　刘　瑜　张彦会

杨侑仓　胡玮玲　温绪祖

缑泽民

天水市麦积区人大常委会专门工作委员会

办公室

主　任：南光明

副主任：赵永成

杨晓强

代表人事工作委员会

主　任：赵亚明

副主任：廖瑞芸

教科文卫工作委员会

主　任：刘　明

副主任：丁　榕

农业农村工作委员会

主　任：刘亚明

副主任：霍定军（1月止）

吴　平（7月任）

城建环保工作委员会

主　任：陈国栋

副主任：何　平（7月任）

（供稿：刘向捷）

天水市麦积区人民政府

区政府常务会议纪要

【八届三次】2017年1月6日，区长成少平主持召开了八届区人民政府第三次常务会议。现将会议决定的主要事项纪要如下：

一、集中学习中办、国办印发的《党政主要责任人履行推进法治建设第一责任人职责规定》和国办《关于对真抓实干成效明显地方加大激励支持力度的通知》、省政府、市政府办《关于认真贯彻落实国务院对真抓实干成效明显地方加大激励支持力度政策的通知》。

（一）集中学习《党政主要责任人履行推进法治建设第一责任人职责规定》

会议要求，区政府班子成员及全区各级各部门各单位要认真学习《党政主要责任人履行推进法治建设第一责任人职责规定》，深刻领会精神实质，切实抓好贯彻落实。特别是各级各部门、各单位党政主要负责同志要认真履行法治建设第一责任人的职责，做法治建设的组织者、推动者和实践者，坚持以身作则、以上率下，带头学法尊法守法用法，不断提升运用法治思维和法治方式深化改革、推动发展、化解矛盾、维护稳定的能力和水平。各乡镇、街道及区直各部门、各单位要深入推进“七五”普法宣传教育，进一步提高全民法制意识，加强法治工作队伍建设，依法全面履行政府职能，全面推进政务公开，推动严格规范公正文明执法，自觉维护司法权威，着力将法治建设各项任务落到实处，努力为全区改革发展稳定营造良好的法治环境。

（二）国办《关于对真抓实干成效明显地方加大激励支持力度的通知》、省政府、市政府办《关于认真贯彻落实国务院对真抓实干成效明显地方加大激励支持力度政策的通知》。

会议要求，区政府班子成员及各级各部门各单位都要紧紧围绕党中央、国务院和省、市的决策部署，对照目标任务，明确责任，抢抓机遇，攻坚克难，力促各项工作见实效、出成绩，以保证政策的有效落实、工作的快速推进、项目的全面建成，争取国务院激励措施的更大支持。要结合全区督查工作会议精神，逐条逐项认真学习研究24条激励措施，深刻理解政策内涵，抢抓政策机遇，主动作为，积极衔接对接，争取国家和省、市更多更大的激励政策的支持。特别是发改、财政、工信、商务、建设、环保、民政、卫计等部门要紧盯国务院激励措施中项目、资金投放重点和政策清单，明确时间节点，全力争取各项激励措施在麦积区落地见效。该事宜按程序提交区委常委会议研究。

二、关于2016年经济指标完成情况

会议听取了区统计局关于全区全年主要经济指标预计完成情况的汇报。

会议认为，2016年，在市委、市政府正确领导下，全区上下紧紧围绕年初既定的目标任务，努力克服经济下行压力加大影响，强化措施，狠抓落实，全区经济运行总体平稳，各项主要经济指标稳步增长，基本上达到了预期目标。但规上工业增加值、社会消费品零售总额等指标仍有差距，完成全年目标任务的压力较大。对此，各有关方面要切实引起高度重视，采取更加务实有效的措施，全力以赴抓好落实，确保全面完成全年各项目标任务。

会议要求，区政府班子成员及统计、发改、建设、工信、商务等经济职能部门要针对当前经济运行情况，对照既定目标任务，对2016年经济指标完成情况再进行全面细致梳理，积极查漏补缺，加强协调调度，采取针对性措施，强化数据统计、报送，狠抓统计入库，确保各项经济指标达到时序进度要求，客观反映2016年全区经济社会发展成效。该事宜按程序提交区委常委会议研究。

三、关于2016年重点项目建设及2017年项目谋划情况

会议听取了区发改局关于全区2016年重点项目建设及2017年项目谋划有关情况的汇报。

会议认为，2016年，全区上下坚持把项目建设作为推动经济社会持续转型发展的重要抓手，认真研究国家宏观经济政策导向，不断加强与各有关方面的衔接协调，沉着应对宏观经济下行压力加大的严峻形势，超前谋划项目，积极争取项目，扎实推进项目，项目建设取得新成效。2017年元月上旬，区四大组织集中分口召开了全区经济社会发展重点工作重点项目总结谋划汇报会，专题听取了全区重点工作、重点项目谋划情况，2017年全区共谋划各类项目达513个，项目谋划总体较好。但也存在部分项目定位不准确、时限安排不合理、资金来源渠道不科学、建设内容不太完善、与省市沟通衔接不到位、归类分类不准确等问题。对此，区政府班子成员和项目主管部门必须引起高度重视，对2017年重点建设项目进行再梳理、再筛选、再归类、再完善，再充实，真正谋划一批资金额度大、发展潜力好、有亮点有规模、能够落地实施的项目，不断推动全区经济转型升级发展。

会议要求，区政府班子成员和项目主管部门要坚持问题导向，集中时间、集中精力，继续加强衔接协调，认真盘点梳理项目，把重点环节抓细、把薄弱环节抓实、把难点问题抓紧，真正把各项工作做到位。要抢抓国开行、农发行等重点银行政策贷款机遇，进一步创新投融资机制，着力解决项目建设资金短缺问题。各乡镇、街道和各部门、单位要进一步加强衔接协调，认真研究国家、省、市政策和投资导向，时刻关注研究相关信息，要提早做好项目立项、融资筹划、土地手续办理等各项前期工作，确保开春后重点项目能够立即启动实施。区发改局要充分发挥牵头抓总的职能作用，强化调度衔接，统筹好各领域各行业的项目，深入研究挖掘基础设施投资需求和投资潜力，切实把2017年的重点建设项目谋划的更全面、更准确、更有效，把项目库做充实、做充分。要紧盯国家、省、市列重大项目建设，积极主动衔接，及时研究困难问题，切实做好各项协调保障工作，确保重大项目按时序进度要求扎实推进。区发改、财政、统计、审计、监察等部门要认真履行职责，强化监督检查，确保

工程建设依法规范实施,确保建设资金使用安全。该事宜按程序提交区委常委会议研究。

四、关于第三次全国农业普查工作

会议听取了区统计局关于全区第三次农业普查工作进展有关情况的汇报意见。

会议认为,第三次全国农业普查工作开展以来,各乡镇、道北街道及统计等相关部门严格按照国家和省、市统一部署,强化组织领导,精心安排部署,积极开展宣传动员、业务培训等工作,按时开展入户登记,全区第三次农业普查工作总体进展顺利。但在工作中还存在一些单位不重视、工作安排不及时、宣传动员不到位、业务培训不扎实等问题,影响了全区第三次农业普查工作总体进度。对此,各有关方面要引起高度重视,采取切实有效措施,全力加快工作进度,确保按期完成第三次全国农业普查工作。

会议要求,区政府分管副区长和各乡镇、道北街道及统计等相关部门,要严格按照全区第三次全国农业普查方案和普查登记程序,紧盯时限要求,进一步加强组织领导,靠实工作责任,强化统筹调度,加强业务指导和督促检查,全面扎实做好农业普查入户登记各项工作,确保圆满完成普查目标任务。各乡镇、道北街要利用户外广告、标语、宣传栏等形式,进一步加大宣传力度,制定详细的宣传计划,广泛宣传农业普查的目的意义和有关法律、法规要求,切实提高普查对象的政策知晓率,真正让广大普查对象了解、支持和配合普查工作,积极为入户登记工作的顺利开展营造浓厚的舆论氛围。

五、关于《天水市麦积区发展众创空间推进大众创新创业实施方案》

会议听取并原则同意区科技局关于《天水市麦积区发展众创空间推进大众创新创业实施方案》有关情况的汇报意见。由副区长成红梅牵头,区科技局负责,发改、人社、工信、商务、农业等单位配合,根据会议讨论意见,进一步修改完善后,按程序印发实施。

六、关于《天水市麦积区人民政府关于改进加强区级财政科研项目和资金管理办法》

会议听取并原则同意区科技局关于《天水市麦积区人民政府关于改进加强区级财政科研项目和资金管理办法》有关情况的汇报意见。由副区长成红梅牵头,区科技局负责,发改、财政、教体、工信、农业、政府法制办等单位配合,根据会议讨论意见,进一步修改完善后,按程序印发执行。

七、关于《天水市麦积区统筹整合使用财政涉农资金管理办法(试行)》

会议听取并原则同意区财政局关于《天水市麦积区统筹整合使用财政涉农资金管理办法(试行)》有关情况的汇报意见。由副区长王启峰牵头,区财政局负责,农工部、发改、人社、卫计、政府法制办等单位配合,根据会议讨论意见进一步修改完善后,按程序提交区委常委会议研究。

八、关于视频监控资源整合和落实严重精神障碍患者监护人以奖代补经费事宜

会议听取并原则同意区综治办关于视频监控资源整合和落实严重精神障碍患者监护人以奖代补经费事宜的情况汇报。

会议议定:1.原则同意在区城管局、教体局和17个乡镇及3个街道办事处等22个单位分别建设一个视频监控指挥中心,整合全区所有视频监控探头,按照各自职责,重新进行编组分发接入,实现一次建设,多家循环利用和资源共享。22个视频监控指挥中心平台建设费用约需220万元,由区财政予以保障。由区综治办负责,区城管局、教体局及各乡镇、街道办事处配合,尽快完成项目评审及招投标等相关手续,按程序启动建设。2.根据《天水市实施严重精神障碍患者监护人以奖代补工作实施细则(试行)》(天综治委〔2016〕9号)精神,原则同意对纳入"国家严重精神障碍信息系统"的在管2047名严重精神障碍患者监护人落实2017年度以奖代补经费294.768万元。由区财政局负责,区综治办、区卫计局审定,各乡镇、街道办事处具体发放,按实有患者人数足额保障、及时拨

付经费。3.原则同意根据每年9月底前区卫计局统计上报区综治办、区财政局的严重精神障碍患者监护人数，核定落实以奖代补经费，纳入区财政预算。

九、关于建立农产品质量安全追溯体系事宜

会议听取并原则同意区委农工部关于建立农产品质量安全追溯体系有关情况的汇报意见。

会议议定：1.根据《中华人民共和国食品安全法》有关要求，原则同意采取市场化运营模式，通过公开招标方式，确定一家科技软件公司独家特许经营，全额投资建设全区农产品质量安全追溯体系。中标公司通过收取信息服务费收回建设成本，建设成本收回后平台所有权归属区政府所有。由副区长王启峰牵头，区政府采购办负责，区委农工部配合，尽快组织招投标，启动建设。2.由区物价局负责，区委农工部配合，根据相关政策，尽快核定信息服务费收取标准和收费年限。3.由区食药监局负责，区委农工部、农业、林业、果业、畜牧等相关部门单位配合，积极动员龙头企业、合作社入驻追溯平台，切实提高全区农产品质量和安全。

十、关于《天水市麦积区三网融合推广实施方案》

会议听取并原则同意区工信局关于《天水市麦积区三网融合推广实施方案》有关情况的汇报意见。由副区长樊华牵头，区工信局负责，发改、财政、建设等部门和网信办、移动公司、电信公司、联通公司、广电网络公司配合，根据会议讨论意见进一步修订完善后，按程序印发执行。

十一、关于《麦积区区级粮食风险基金管理暂行办法》

会议听取并原则同意区粮食局关于《麦积区区级粮食风险基金管理暂行办法》有关情况的汇报意见。由副区长樊华牵头，区粮食局负责，发改、财政、审计、食药监等单位配合，根据会议讨论意见，进一步修改完善后，按程序印发实施。

十二、关于对事业单位工作人员违法违纪处理事宜

会议听取并原则同意区人社局关于事业单位工作人员违法违纪处理的汇报意见。

会议议定：1.根据《事业单位工作人员处分暂行规定》有关规定，依据天水市中级人民法院(2015)天刑一初字第26号刑事判决书，同意给予中滩镇政府事业工人李X明开除处分，解除与原单位聘用关系。2.由区人社局负责，区委组织部、编办、财政局和中滩镇配合，按有关规定办理。

十三、关于安置2016年服务期满“三支一扶”服务生事宜

会议听取并原则同意区人社局关于安置2016年服务期满“三支一扶”服务生有关情况的汇报意见。

会议议定：1.根据省委组织部、省人事厅、省教育厅、省财政厅、省卫生厅、省扶贫开发办公室、共青团省委《关于组织开展高校毕业生到农村从事支教、支农、支医和扶贫工作的实施意见》(甘人通〔2006〕59号)和《天水市麦积区选拔到农村从事“三支一扶”和“进村(社区)”高校毕业生管理办法》(麦人社发〔2011〕72号)精神，原则同意对2014年“三支一扶”招录的服务期满、考核结果合格的17名各类高校毕业生予以安置原服务单位就业，2017年1月1日起工资纳入区财政统发，按正式事业单位人员管理。2.责成区人社局负责，区编办、财政等单位配合，严格按照安置原则和程序，尽快办理相关手续。

十四、关于2016年接收转业士官安置事宜

会议听取并原则同意区民政局关于2016年接收转业士官安置有关情况的汇报意见。

会议议定:1.根据《退役士官安置条例》有关规定，原则同意对2016年接收符合条件的15名转业士官安置到区城管局，其中：马跑泉城管所6名、花牛城管所5名、甘泉城管所和麦积城管所各2名。2.原则同意安置到区城管局下属单位马跑泉城管所、花牛城管所人员，分别由马跑泉镇、花牛镇统一使用管理。按照“谁用人、谁负责”的原则，责成区城管局、马跑泉镇、花牛镇共同做好人

员管理、年度考核等工作。3.由副区长杜根祥牵头，区民政局负责，区编办、人社局、财政局等部门配合，对2016年接收符合条件的转业士官进一步审核后予以公示，并做好转业士官人员编制、档案接收、工资核定等工作。该事宜按程序提交区委常委会议研究。

十五、关于有关干部处理事宜

会议听取并原则同意区监察局关于对违纪人员处理情况的汇报意见。由区监察局负责，区委组织部、人社局、编办、财政局等部门配合，按照有关程序办理。

会议还结合八届区政府组成部门及下属单位、区政府直属事业单位换届人事调整到位和年末岁首各项工作实际，就加强政府系统自身建设及做好当前重点工作进行了安排部署。一要严明组织纪律，切实加强政府系统自身建设。要按照“讲政治、顾大局、明事理、懂规矩、守纪律、求发展”的要求，进一步强化政治意识、大局意识、核心意识、看齐意识，自觉维护区委、政府权威，不折不扣地贯彻执行区委、区政府的各项决策部署，全力推动政府各项工作扎实有序开展。要确保政令畅通，令行禁止，严格执行请示、报告制度，严肃工作纪律，落实好领导带班和值班人员24小时值班制度。要带头严格遵守党风廉政建设各项规定，履行好抓班子、带队伍的责任，务必抓好本部门、本单位的廉政建设工作。特别是要严格遵守节日期间纪律作风规定，自觉抵御各种不良风气，坚决遏制大吃大喝、公款送礼和铺张浪费等不正之风，严格执行公务用车制度改革要求，切实营造风清气正的节日氛围。对主体责任不落实、期间发生顶风违纪行为的，将严肃追究相关领导责任。二要精心谋划项目，着力为加快发展夯实基础。要按照区委、区政府的决策部署和总结谋划汇报会精神，进一步对今年谋划的项目进行再梳理、再充实、再完善，尽快制定2017年全区项目手册，明确项目工作责任、时序进度要求，按程序审定后实施。要紧盯当前谋划的重点项目，把握好国家和省上政策投资导向，全力以赴争项目、争资金。要精心包装项目，加大宣传推介，主动加强对接，全力争取好各方面的金融信贷，积极采用PPP及市场化融资代建等方式，拓宽投融资渠道，为项目建设提供资金保障。要高度重视项目前期工作，抓紧完善项目各项前期手续，力争项目早日启动建设。同时，要切实做好省、市各项考核工作，对照目标责任书和各项经济指标以及主要工作，逐项进行再梳理，认真做好查漏补缺，全力及时认真准备，确保各项指标和工作实现争先进位，取得好名次。三要坚持统筹协调，及早抓好春节期间各项活动安排。要提早做好春节期间群众文化活动整体活动的策划、方案制定和活动开展的指导、组织和协调工作，加强春节期间群众文化活动安全和突发事件管理，提前制定好应急预案，确保活动万无一失。要积极组织好节日氛围营造工作，尽快确定节日氛围营造方案，组织各有关方面抓好城市主干道亮化美化、灯笼悬挂、广告版面更换、花坛设置、绿化带隔离栏维修更换、清洗清洁、环境卫生整治等工作，积极营造浓厚的节日氛围。要严格按照各自职责，制定方案，靠实责任，切实做好春节期间市场供应、物价稳定、食品药品监管和春节期间供水供电供热供气保障工作等工作，全力保障春节期间市场消费、物价稳定和食品安全，让广大群众度过一个祥和、文明、喜庆的春节。四要强化工作措施，全力维护社会和谐稳定。要坚持“属地管理、分级负责”和“谁主管、谁负责”的原则，紧紧围绕重点领域、重点行业、重点人群，深入排查各类矛盾纠纷，妥善化解处置各类矛盾问题。要认真落实信访工作责任制，全力以赴解决好征地拆迁、农民工工资拖欠等信访问题。要做好重点人群防控工作，强化社会面控制，严厉打击各类违法犯罪活动。要切实安排好困难群众生产生活，积极开展春节前各项慰问活动，做好扶贫济困送温暖工作，确保困难群众基本生活有保障，安全越冬。要毫不松懈地抓好安全生产工作，不折不扣地落实各级领导责任、部门监管责任和企业主体责任，扎实做好安全生产大排查大整治活动,加大安全隐患排查治理力度,及时消除安全隐患,严防各类安全事故发生,促进全区安全生产形势持续稳定向好。要抱着“守土有责、守土尽责、高度负责”的态度,紧盯重大项目建设和重点区域,切实履职尽责,加大巡查力度,加强联合执法,持续保持对“两违建设”整治的高压态势,坚决依法强制拆除一批严重违反城乡规划、影响恶劣、存在重大安全隐患的违法建设,维护良好的城乡建设秩序。

【八届四次】2017 年 3 月 21 日,区长成少平主持召开了八届区人民政府第四次常务会议。现将会议决定的主要事项纪要如下:

一、集中传达学习有关文件精神

(一)传达全省县(市、区)长“生态保护修复与生态安全屏障建设专题研讨班”精神

会议认为,全省县(市、区)长“生态保护修复与生态安全屏障建设”专题研讨班紧紧围绕加快转型发展,建设国家生态安全屏障综合试验区的目标要求和主要任务,系统学习了党中央、国务院关于生态文明建设的重大方针及省委、省政府出台的一系列决策部署,深入研讨了全省生态安全屏障建设、生态保护红线划定与严守生态治理与修复等重大理论与现实问题,引导大家牢固树立新发展理念,将生态文明建设贯穿到经济社会发展全过程,切实提高生态保护修复和生态综合治理的思想意识、履职能力和工作水平。

会议要求,麦积区作为国家和全省主体功能区重点开发区域,各级各部门各单位一定要站在促进社会发展、推动人类进步、增进人民福祉的角度,始终坚持“守土有责、守土负责、尽职尽责”的态度,牢固树立四个意识,切实将生态文明建设和保护生态环境作为神圣使命扛在肩上、入脑入行。要结合国家主体功能区和生态安全屏障综合试验区“南部基地”建设,以更加清醒的认识、更加有力的举措、更加有效的落实推动全区生态文明加快建设,为全市乃至全省生态建设及环境保护工作做出积极贡献。

(二)集中学习中办、国办《生态文明建设评价考核办法》《关于划定并严守生态保护红线的若干意见》和省委、省政府《甘肃省加快推进生态文明建设体制改革实施方案》《甘肃省生态文明体制改革实施方案》《甘肃省党政领导干部生态环境损害责任追究办法(试行)》

会议要求,国家和省上一系列政策措施的出台,充分表明加强生态建设和环境保护工作的极端重要性。全区上下要深入学习领会,把握精神实质,认真分析研究,结合区情实际,尽快制定麦积区关于加强生态建设和环境保护工作方面的相关规定、办法和实施方案,指导麦积区生态建设和环境保护工作的有序有效开展。要牢固树立绿色和生态优先的发展观念,主动肩负起主管、监管的主体责任,按照生态建设和环境保护工作要求,严把项目谋划、审批和建设关,依法依规做好各项工作,确保经得起历史和时间的检验。环保、发改、林业、水务、国土、建设、旅游等相关部门要认真学习研究国务院《全国主体功能区规划》和省政府《甘肃省主体功能区规划》,认真贯彻中办、国办《关于加强资源环境生态红线管控的指导意见》精神,结合麦积区实际,准确分析研判定位,进一步细化麦积区主体功能区、重点开发区、生态保护区等具体区域,设定资源消耗上线,严守环境质量底线,划定生态保护红线,全面做好生态建设和环境保护各项工作,着力构建人与自然和谐发展的现代化建设新格局。

二、关于《天水市麦积区各级领导干部安全生产责任清单》

会议听取并原则同意区安监局关于《天水市麦积区各级领导干部安全生产责任清单》有关情况的汇报。由副区长杜根祥同志牵头,区安监局负责,根据会议讨论意见,进一步修改完善后,按程序提交区委常委会议研究。

三、关于《天水市麦积区各级各部门安全生产责任清单》

会议听取并原则同意区安监局关于《天水市麦积区各级各部门安全生产责任清单》有关情况

的汇报。由副区长杜根祥同志牵头，区安监局负责，区发改、教体、公安、工信等相关部门配合，根据会议讨论意见，进一步修改完善后，按程序提交区委常委会议研究。

四、关于《天水市麦积区安全生产委员会及成员单位安全生产工作职责》

会议听取并原则同意区安监局关于《天水市麦积区安全生产委员会及成员单位安全生产工作职责》有关情况的汇报。由副区长杜根祥同志牵头，区安监局负责，区公安、国土、建设、教体等相关部门单位配合，根据会议讨论意见，进一步修订完善后，以安委办名义下发实施。

会议要求，区政府领导班子成员和各级各部门各单位主要负责同志要进一步提高思想认识，按照“党政同责、一岗双责、齐抓共管、失职追责”的要求和“谁分管、谁负责”、“谁审批、谁负责”、“谁发证、谁负责”的原则，认真贯彻落实安全生产领导责任、监管责任和主体责任。要对照责任清单，紧盯重点领域、重点行业、重点设施和重点企业、重点场所的安全监管，各司其职、各负其责、密切配合，齐心协力抓好安全生产各项工作。特别是各乡镇、街道办事处主要负责人务必要担负起第一责任人的职责，对安全生产工作做到亲自安排部署、亲自协调处理、亲自督促检查。区发改、公安、交通、水务、国土、建设、教体、供电、文广、林业、农业、质监等有关部门，要按照有关规定，分别负责抓好各自职责范围内的安全生产监督管理工作，依法依规行使监管责任，确保安全生产各项措施落实到位。

五、学习《天水市违法用地违法建筑管控查处办法》，审议《天水市麦积区违法用地违法建筑管控查处细则》

（一）集中学习《天水市违法用地违法建筑管控查处办法》

会议要求，《天水市违法用地违法建筑管控查处办法》对违法用地、违法建筑管控查处工作提出了“消化存量、零增量、零容忍”的新要求，明确规定了部门职责分工、监管处置和考核追责，对案件移送、信息共享、督导检查、考核评比、责任追究等工作进行了明确要求，为有效遏制违法用地违法建筑，改善城乡人居环境，进一步提高城市管理水平提供了重要遵循和法律依据。全区各级各部门各单位都要认真学习领会，严格按照“政府组织、协调联动、属地管理、分级负责、依法处置、分批处置”的原则，全力做好违法用地违法建设管控查处工作。

（二）关于《天水市麦积区违法用地违法建筑管控查处细则》

会议听取并原则同意区城管局关于《天水市麦积区违法用地违法建筑管控查处细则》有关情况的汇报。由区委常委、副区长牛新虎同志和副区长杜根祥同志牵头，区城管局、国土分局、法制办分别负责，公安、建设、交通、水务等相关部门、单位及乡镇、街道办事处密切配合，根据会议讨论意见进一步修改完善后，按程序提交区委常委会议研究。

六、关于聘请区政府法律专家咨询委员事宜

会议听取了政府法制办关于聘请区政府法律专家咨询委员有关情况的汇报。

会议议定：1.同意区政府法制办提出的6名区政府法律专家咨询委员人选名单，聘期自2017年1月至2019年1月，按程序发布聘请公告，并利用区上召开的会议专门列出议程，向法律专家咨询委员颁发聘书。2.同意对聘任人员报酬进行适当提高，具体报酬按照每人每年不高于2万元的标准确定，由区财政局负责拨付区法制办，区法制办按照实际工作情况具体确定发放。3.区政府法制办负责，加强区政府法律专家咨询委员管理，充分发挥法律专家咨询委员会的作用。

七、关于麦积区第十二批农业产业化龙头企业命名事宜

会议听取并原则同意区委农工部关于拟命名麦积区第十二批农业产业化龙头企业有关情况的汇报。由副区长王启峰牵头，区委农工部负责，区

监察、公安、审计等部门配合，对今年拟命名的龙头企业相关情况进行严格审查，按程序审定后予以命名。

八、关于《天水市麦积区进一步扩大对外开放实施方案》

会议听取并原则同意区发改局《天水市麦积区进一步扩大对外开放实施方案》有关情况的汇报。由副区长樊华牵头，区发改局负责，区农工部和财政、人社、教体、文广、招商、工商等部门配合，根据讨论意见进一步修改完善后，按程序提交区委常委会议研究。

九、关于《天水市麦积区参与丝绸之路经济带和21世纪海上丝绸之路工作方案》

会议听取并原则同意区发改局《天水市麦积区参与丝绸之路经济带和21世纪海上丝绸之路工作方案》有关情况的汇报。由副区长樊华牵头，区发改局负责，区人社、教体、文广、建设、工信、交通等部门配合，根据讨论意见进一步修改完善后，按程序提交区委常委会议研究。

十、关于有关人员处分事宜

会议听取并原则同意区监察局关于解除有关人员政纪处分和对天水市利鑫石化有限公司“6·12”事故负有责任人员处理情况的汇报意见，责成区监察局负责，区组织、人社等部门配合，按有关程序办理。

【八届五次】2017年4月28日，区长成少平主持召开了八届区人民政府第五次常务会议。现将会议决定的主要事项纪要如下：

一、集中学习《中华人民共和国公共文化服务保障法》、省办《甘肃省政府和社会资本合作(PPP)项目工作导则》和市政府办《天水市2017年丝绸之路经济带暨关中—天水经济区建设工作要点》

会议要求，《中华人民共和国公共文化服务保障法》(中华人民共和国第60号主席令)的出台施行，对于推进各级政府文化治理能力现代化和加快公共文化服务体系，提供了坚实的法律保障。国家从立法层面明确提出公共文化服务要在区域、城乡、群体等方面实现均等化发展，对于贫困县区来说是一次难得的发展机遇。区政府班子成员及全区各级各部门要认真学习，深刻领会，抢抓国家政策机遇，加强与省市相关部门的衔接协调，积极争取项目和资金，加大政策性融资贷款，大力实施公共文化服务保障项目，努力改变麦积区公共文化建设底子薄、欠账大的现状，让社会改革发展成果普惠到全区更多的人民群众。

《甘肃省政府和社会资本合作(PPP)项目工作导则》的实施，对于加快能源、交通运输、水利、环保、农业、林业等传统基础设施和科技、医疗、卫生、养老、教育、文化等公共服务设施建设具有重要指导意义。区政府班子成员及全区各级各部门要认真学习，深刻领会，切实抓好贯彻落实。由发改局负责，财政局、建设局、国土分局等部门及“一中心、八公司”共同参与，各尽其责、密切配合，建设PPP项目库，认真做好PPP项目有关工作。特别是各项目主管单位要用足用活政策，着力做好旧城改造、新城开发、棚户区改造、城乡基础设施等重点领域PPP项目工作，积极争取重点项目前期中央预算内投资专项补助资金和省、市专项补助资金，确保重点PPP项目顺利实施。

《天水市2017年丝绸之路经济带暨关中—天水经济区建设工作要点》，进一步明确了全市经济发展的战略重点和主要任务。区政府班子成员及全区各级各部门要紧紧围绕市上确定的重点工作，全力做好陇海铁路元龙段改线工程、天平高速、静天高速、三阳川国际陆港等有关省、市重大项目的协调保障工作，大力推进天水华昌欢乐城、天水邮件处理中心等重大项目建设，积极参加兰洽会、西洽会等重要节会，在招商引资、经贸洽谈、对外宣传等方面取得丰硕成果。要提前谋划筹备好山地自行车赛、龙舟赛、钓鱼赛等体育赛事，坚持不懈的打好文化旅游和体育赛事品牌，不断提高麦积区的知名度和影响力。

二、关于《天水市麦积区法治政府建设实施意见(2016—2020年)》

会议听取并原则同意区政府法制办关于《天水市麦积区法治政府建设实施意见(2016—2020年)》有关情况的汇报意见。由区委常委、常务副区长牛新虎牵头,区政府法制办负责,区编办、司法局、监察局、审计局等单位配合,根据会议讨论意见进一步修改完善,按程序提交区委常委会议研究。

三、关于《天水市麦积区人民政府工作规则(修订稿)》

会议听取并原则同意区政府法制办关于《天水市麦积区人民政府工作规则(修订稿)》有关情况的汇报意见。由区委常委、常务副区长牛新虎牵头,区政府法制办负责,监察局等单位配合,根据会议讨论意见进一步修改完善,按程序审定后印发执行。

会议要求,区政府班子成员和各部门、单位要认真学习政府工作规则,规范办事流程,提高工作效率,共同推进政府工作民主化、科学化、制度化和规范化。要严格执行请示、报告制度,副区长对工作中存在的重要问题和发现的重要情况,应及时和区委、区人大、区政协联系领导及有关方面对接;对涉及全局性的重大复杂问题,要在调查研究的基础上,提出解决问题的建议。政府各部门、各单位要及时将工作中的重大问题、重要情况向分管副区长汇报。要进一步严明组织纪律,副区长外出要向区长请假,给区政府办公室通气;部门一把手外出要向分管副区长和区长请假,副职外出要向正职请假。区委、区政府召开的会议和组织的活动必须按时参加,确有特殊情况不能参加的,要提前向区委办、政府办说明情况,并按规定程序请销假。

四、关于《天水市麦积区水土保持法实施办法》《天水市麦积区水土保持方案审批管理办法》《天水市麦积区水土保持设施验收管理办法》

会议听取并原则同意区水保局关于《天水市麦积区水土保持法实施办法》《天水市麦积区水土保持方案审批管理办法》《天水市麦积区水土保持设施验收管理办法》有关情况的汇报意见。由副区长王启峰牵头,区水保局负责,区政府法制办、发改局、财政局、水务局、交通局、国土分局等单位配合,根据会议讨论意见,进一步修改完善,按程序审定后印发实施。

五、关于麦积区水土保持工作情况汇报

会议听取了区水保局关于麦积区水土保持工作情况的汇报。

会议议定:1. 原则同意为区水保局解决预防监督执法工作经费35万元,用于执法宣传培训,购置执法服装、摄像机、照相机、录音笔等执法装备及电脑、打印机等办公设备。责成区财政局负责,区水保局配合,积极筹措资金,尽快落实到位。2.由区机关事务管理局、发改局负责,区财政局、水保局配合,尽快调剂落实区水保局预防监督执法车辆1辆,确保全区生产建设项目水土保持执法需要。3.原则同意恢复区水保局预防监督站机构,与水保局一套人马,两块牌子,再不增建人员编制,新增设专职副科级副站长1名。由区编办负责,区水保局配合,尽快按照程序上报审批。4.由副区长王启峰牵头,区水保局负责,区发改局、财政局、扶贫办、国土分局等单位配合,创新水土保持项目实施思路,积极向上衔接争取项目,精心策划包装、整合精准扶贫、国土部门土地整理等项目,包装转换成农业农村基础设施建设项目,切实提高全区水土保持项目的实施效果。

六、关于《天水市麦积区畜禽养殖禁养区划定工作方案》

会议听取并原则同意区畜牧局关于《天水市麦积区畜禽养殖禁养区划定工作方案》有关情况的汇报意见。由副区长王启峰牵头,区畜牧局负责,区政府法制办、发改局、财政局、农业局、环保局、水务局、旅游局、国土分局等单位配合,根据会议讨论意见,进一步修改完善,按程序审定后印发实施。

七、关于麦积区综治信息平台建设有关事宜

会议听取了区综治办关于麦积区综治信息平台建设有关情况的汇报。

会议议定:1. 由区综治办负责,区财政局、人社局、环保局、公安分局、城管局、各街道办、城郊有关乡镇参与，召开专题会议，提出整合综治信息员、环保监测信息员、治安巡逻员、城管网格员等资源的网格化管理实施方案，按程序审定后落实。2.由区财政局负责，按照先行衔接、逐步到位解决的方式落实2017年综治信息平台管理运行经费，从2018年起纳入财政预算，新增7个社区所需7台综治信息平台电脑资金由区财政局一次性拨付到位。3.原则同意区综治办关于与区电信公司续签合同的汇报意见，责成区综治办负责，法制办配合，按照预付费结算方式与区电信公司续签合同。

八、关于《天水市麦积区关于深入推进农业供给侧结构性改革加快培育农业农村新动能的实施方案》

会议听取并原则同意区委农工部关于《天水市麦积区关于深入推进农业供给侧结构性改革加快培育农业农村新动能的实施方案》有关情况的汇报意见。由副区长王启峰牵头，区委农工部负责，区发改局、财政局、农业局、林业局、果业局、畜牧局等单位配合，根据会议讨论意见进一步修订完善，按程序提交区委常委会议审定。

九、关于《天水市麦积区城乡投资发展(集团)有限责任公司筹建方案》

会议听取了汇财公司关于《天水市麦积区城乡投资发展(集团)有限责任公司筹建方案》的汇报。

会议认为，组建麦积区城乡投资发展(集团)有限责任公司，是主动顺应国家投融资体制改革要求，通过市场化方式积极筹措城乡建设资金、加快城乡基础设施建设步伐的客观需要，是盘活国有资产资源、实现国有资产保值增值的有效举措，对于破解城乡建设发展资金短缺难题，加强项目投资、建设、运营和管理，建立多元化的城乡建设投融资机制，加快推进全区新型城镇化建设具有十分重要的意义。各有关方面要紧抓国家政策“窗口期”机遇，严格按照“抱团发展、增大体量”的原则和集团公司“科学化管理、市场化运作、实体化经营”的总体要求，紧紧围绕组建方案确定的各项任务，充分利用和有效整合麦积区八公司资源，扎实有序推进区城乡投资发展(集团)公司组建工作。

会议议定：由区委常委、常务副区长牛新虎，区委常委、副区长周岳红共同牵头，区汇财公司负责，区编委办、金融办、人社局、财政局、建设局、工商局、审计局等单位及国投公司、聚信城镇化公司、交发公司、宏源水利公司、文旅公司及两城、颖川河农业等公司配合，根据会议讨论意见作进一步修订完善后，按程序提交区委常委会议研究。

十、关于马跑泉中心卫生院及街亭分院异地迁建项目事宜

会议听取了区卫计局关于马跑泉中心卫生院及麦积镇卫生院街亭分院异地迁建项目建设有关情况的汇报。

会议议定：1.由副区长成红梅牵头，区卫计局负责，发改局、建设局、国土分局、国投公司等部门、单位配合，加快马跑泉中心卫生院异地迁建项目立项、规划、环评、土地、初设等前期手续办理，为项目尽早开工创造条件。2.由区国投公司负责对马跑泉中心卫生院异地迁建项目代建，建设资金缺口先行垫付，项目完工后由区财政统一结算。3.由国投公司负责，卫计局、发改局、建设局、国土分局等部门、单位配合，加强与68212部队衔接沟通，待弹药库搬迁问题落实后立即启动马跑泉中心卫生院异地迁建项目建设。4.由区林业局、教体局负责，按照“边改造、边移交”的原则，尽快将原街子乡政府办公楼和街子初中学生公寓楼移交麦积镇卫生院街亭分院启动配建改造。5.由区卫计局负责，国土分局、麦积镇配合，尽快办理麦积镇卫生院街亭分院异地迁建项目土地手续，区财政局做好固定资产核算划拨及手续办理工作。

十一、关于《天水市麦积区煤炭质量监督管理实施方案》

会议听取并原则同意区商务局关于《天水市麦积区煤炭质量监督管理实施方案》的汇报意见。由副区长樊华牵头，区商务局负责，区政府法制办、财政局、建设局、工信局、工商局、质监局、城管

局等部门、单位配合,根据会议讨论意见进一步修改完善,按程序审定后印发执行。

十二、关于2016年招录13名公务员(人民警察)安置事宜

会议听取并原则同意区人社局关于安置2016年招录13名公务员(人民警察)有关情况的汇报意见。

会议议定:1.根据市人社局《关于录用陈赫等43名同志为公务员(人民警察)的通知》(天人社发〔2017〕92号)文件精神,原则同意对已录用的高开军等13名公务员(人民警察)予以安置上岗,参加工作时间、起薪时间自2017年5月1日起计算。2.责成区人社局负责,区编委办、财政局等单位配合,严格按照安置原则和程序,尽快办理相关手续。

十三、关于公开招聘交通协警事宜

会议听取并原则同意区人社局关于公开招聘交通协警有关情况的汇报意见。

会议议定:1.根据公安部"十三五"规划编报和《中共甘肃省委办公厅、甘肃省人民政府办公厅关于加强全省道路交通安全工作的意见》(甘办发〔2016〕46号)有关规定,原则同意新设成立17个镇交警中队,通过社会公开招聘方式招录交通协警37名(其中:新增30人,7名为政策3年到期轮换替补人员),所招录人员为公安机关"特定非执法岗位"人员,主要职责是协助交通警察开展交通安全管理工作,不享受民警相关待遇。2.责成区人社局负责,交警大队配合,严格按照程序做好人员招聘工作;交警大队具体负责所聘用人员的管理、考核等工作。3.责成区财政局负责,区人社局、交警大队等部门配合,对新招录的30名交通协管员,按照聘用合同日期起薪,在聘用期间内每人每用工资标准为2270元,将每年所需的35.25万元列入区财政解决。

十四、关于有关干部事宜

会议听取并原则同意区人社局关于有关干部处理的汇报意见。根据人社部、监察部有关规定,依据麦区监函字〔2017〕1号意见,同意给予区园林处干部张X军记过处分。由区人社局负责,区委组织部、区编委办、建设局配合,按有关规定办理。

会议还安排了"五·一"期间有关工作。会议要求,一要高度重视安全生产工作。要严格按照"党政同责、一岗双责、失职追责"的原则和"管行业必须管安全、管生产经营必须管安全、管业务必须管安全"、"谁主管、谁负责"的要求,认真落实党委政府领导责任、行业部门监管责任、企业的主体责任,持续加大安全生产大检查力度,确保节日期间安全生产不出任何问题。区安监局、公安分局、消防大队、交警大队、运管分局、食药监局、旅游局、林业局、森林公安等部门要认真履职尽责,切实加强景区道路交通疏导、客运车辆检查,严厉打击农用车非法载客行为,认真开展食品安全、宾馆消防、森林防火等重点部位的隐患排查整治工作,坚决遏制安全生产事故发生;各乡镇、街道要按照"属地管理"的原则,充分发挥乡镇安监站、交管站的职能作用,广泛开展整治活动,确保辖区安全生产形势平稳有序。对因工作责任不到位、措施不得力,造成安全生产事故的,要严格按照有关规定对相关单位主要领导和直接责任人进行严肃问责。二要持续加大"两违"整治力度。麦积区实施的重大项目多、拆迁任务重,加强对"两违"建设的常态化整治任务十分艰巨。特别是在节假日期间,"两违"建设呈现出高发态势,马跑泉镇、花牛镇、甘泉镇、麦积镇、社棠镇等城郊重点镇和区城管局、国土分局、公安分局等职能部门要加大动态巡查力度,把违法建规用地行为消除在萌芽状态,始终保持"两违"建设管控的高压态势。要严格按照"属地管理、条块结合、区别对待、分类处理"的原则,以建成区、羲皇大道沿线、马跑泉片区、高速公路出入口周边及城乡结合部、城中村和道北旧城改造片区、景区以及重大项目规划区等违法建设高发区域为重点,集中力量开展专项综合整治,坚决防止节假日期间违法用地违法建筑反弹,努力营造良好的城乡建设秩序。各位副区长要按分工负责,

抓好“两违”建筑整治的组织查处、督查落实工作，纪检监察部门要及时跟踪问效，对在管控、查处工作中存在不履行职责、主体责任落实不到位，部门单位推诿扯皮、执法不力、监管缺位，违法违规审批、日常巡查不及时、参与违法用地违法建设的，要严格按照有关规定，对相关单位和责任领导进行责任追究，严肃进行处理。三要严格落实节假日值班值守制度。各级各部门要认真做好节假日期间值班工作，班子成员要带头值班，保持通讯畅通。要严格落实领导在岗带班、首问负责、来电接听、值班记录、值班保密、值班抽查等有关工作要求，确保值班工作落到实处。要强化值班期间值守应急和突发事件信息报告工作，凡遇到的突发事件，要第一时间按程序办理，坚决杜绝迟报、漏报、谎报、瞒报、越级上报等情况，对造成严重后果的，对相关责任人严肃追责。

【八届六次】2017 年 6 月 7 日，区长成少平主持召开了八届区人民政府第六次常务会议。现将会议决定的主要事项纪要如下：

一、集中学习国办《关于创新农村基础设施建设投融资体制机制的指导意见》和《关于进一步激发社会领域投资活力的意见》《甘肃省食品小作坊小经营店小摊点监督管理条例》

会议要求，《国务院办公厅关于创新农村基础设施投融资体制机制的指导意见》是党中央、国务院对农业农村领域落实深化投融资体制改革工作的重要部署，对于促进农村产业发展、加快农村基础设施、增进农民福祉具有十分重要的意义。区政府班子成员和全区各级各部门要认真学习、深入领会，进一步拓宽投融资渠道，创新投融资体制机制，优化投融资模式，充分利用好国开行贫困村基础设施贷款、合作银行易地扶贫搬迁财政贴息贷款、农发行易地扶贫搬迁贷款等政策性贷款资金，全力争取国家、省、市支持，不断加大资金投入力度，切实提高全区农村基础设施建设和管理水平，持续加快补齐农村基础设施短板，推进城乡一体化发展，确保到 2020 年全区农村基础设施条件明显改善、美丽宜居乡村建设取得明显进展、广大农民共享改革发展成果的获得感进一步增强。

《国务院办公厅关于进一步激发社会领域投资活力的意见》在进一步激发医疗、养老、教育、文化、体育等社会领域的投资活力、增加农产品和服务供给、不断优化质量水平方面出台了政策性指导意见，对于挖掘社会领域投资潜力、保持投资稳定增长、培育经济发展新动能、促进经济转型升级、实现经济社会协调发展具有重要意义。区政府班子成员和全区各级各部门各单位要认真学习，深入领会。特别是文广、教体、卫计、民政等部门要坚持稳中求进工作总基调，以供给侧结构性改革为主线，积极引导社会资本以政府和社会资本合作(PPP)模式参与医疗机构、养老服务机构、教育机构、文化设施、体育设施建设运营，切实提升全区公共服务保障水平。

《甘肃省食品小作坊小经营店小摊点监督管理条例》的颁布施行填补了我省食品安全监管空白，为进一步规范小作坊、小经营店和小摊点生产经营行为，防控食品安全风险，提高食品安全水平，促进行业健康发展提供了有力的法律支撑和保障。区政府班子成员和全区各级各部门各单位要认真学习，深入领会，认真贯彻执行。食药监部门要认真履职尽责，严格按照《条例》规定，以最严谨的标准、最严格的监管、最严厉的处罚、最严肃的问责，全力抓好麦积区境内食品加工小作坊、小经营店和小摊点的监督管理工作。各镇、街道办事处和相关部门、单位要按照职责做好食品加工小作坊、小经营店和小摊点经营区域规划及配套设施建设，加强食品安全监督检查，形成食品安全监管的合力，确保全区食品安全。要通过电视、广播、网络等媒体，切实加大宣传教育力度，充分发挥消费者、行业协会、媒体等监督作用，为广大群众创造一个更加安全放心的生产生活环境。

二、关于《天水市麦积区信访工作责任制实施办法》

会议听取并原则同意区信访局关于《天水市

麦积区信访工作责任制实施办法》有关情况的汇报意见，由副区长杜根祥牵头，区信访局负责，区政府法制办、监察局、维稳办等单位配合，根据会议讨论意见修改完善后，按程序提交区委常委会议研究。

三、关于创建国家全域旅游示范区有关事宜

会议听取了区旅游局关于创建国家全域旅游示范区推进情况的汇报。

会议认为，全域旅游是国家在新常态下全面推动旅游业发展新的综合改革平台和载体，对于推动旅游业由“景区旅游”向“全域旅游”发展模式转变，促进旅游业转型升级、提质增效，构建新型旅游发展格局具有十分重要的意义。全区各级各部门要抢抓历史机遇，积极借鉴先进经验，结合深厚的人文资源和区位优势，深度开发挖掘旅游资源，全力打造特色品牌，扎实推进全区全域旅游示范区各项创建工作。

会议议定：1.由副区长成红梅牵头，区旅游局负责，区发改局、财政局、建设局、文广局、工信局、交通局、卫计局、公安分局等部门、单位配合，尽快召开专题会议，抓紧修改完善《麦积区创建国家全域旅游示范区工作实施方案》，广泛征求各方面的意见建议，确保创建方案充分体现特色、符合麦积区实际。2.由区旅游局负责，各有关部门、单位配合，尽快组建专门工作机构，认真学习借鉴先进地区经验，积极邀请专家指导，动员各有关方面参与，稳步推进创建工作。

四、关于麦积区新型城镇化综合试点工作

会议听取了区发改局关于麦积区新型城镇化综合试点工作进展情况的汇报。

会议议定：1.由副区长樊华牵头，区发改局负责，区建设局、财政局、公安分局等单位配合，积极借鉴外地先进经验，并结合麦积区实际，尽快完善试点实施方案，组建成立区四大组织主要领导任组长，分管联系领导任副组长的工作领导小组，细化责任清单，明确责任分工和时限要求，统筹推进全区新型城镇化综合试点创建工作。2.由区发改局负责，积极衔接国家及省、市发改部门，持续加大专项资金争取力度，保障试点工作扎实有序推进。3.由区委宣传部、文广局负责，充分发挥网络、电视、报刊等媒体的作用，广泛宣传，切实为试点工作有序开展创造良好的舆论氛围。

五、关于地质灾害搬迁避让工程实施有关事宜

会议听取了区国土分局关于地质灾害搬迁避让工程实施情况的汇报。

会议议定：1.由区委常委、常务副区长牛新虎牵头，区财政局负责，国土分局及相关镇配合，认真核对2015年全区地质灾害搬迁避让工程实施情况，抓紧完善相关手续，督促农户搬迁入住，尽快将2015年全区地质灾害防治专项补助资金拨付到位。2.由区委常委、常务副区长牛新虎牵头，区国土分局负责，财政局、发改局等配合，按照整合项目资金的要求，统筹做好各类地质灾害项目资金整合工作，重点向麦积镇贾河村苜蓿梁、区府路西延段等滑坡治理重点区域倾斜，充分发挥地质灾害专项治理资金作用。

六、关于城市管理及广场管理处移交运行有关事宜

会议听取了区城管局关于城市管理及广场管理处移交运行情况的汇报。

会议议定：1.由区委常委、常务副区长牛新虎牵头，副区长杜根祥参与，区财政局负责，城管局、建设局、广场管理处等单位配合，尽快完成广场管理处移交工作；区人社局、城管局等单位配合，尽快制定财政定补方案，逐步妥善解决好广场管理处自收自支人员工资待遇问题。2.由副区长杜根祥牵头，区城管局负责，环卫局、广场管理处和道北办、桥南办、北道埠办及城郊各镇配合，紧紧围绕各类节会、赛事活动的举办，扎实开展好市容市貌综合整治活动，持续改善城市环境秩序。

七、关于表彰奖励2016年度科技特派员工作先进单位、先进工作者和优秀特派员事宜

会议听取并原则同意区科技局关于表彰奖励2016年度科技特派员工作先进单位、先进工作者

和优秀特派员事宜的汇报意见。由副区长成红梅牵头，区科技局负责，区委组织部、宣传部、农工部和财政局、人社局、卫计局、法制办等单位配合，严格审查核实后，对6个科技特派员工作先进单位、6名科技特派员工作先进工作者和24名优秀科技特派员按程序予以表彰奖励。表彰奖励资金及奖牌、奖金、聘书工本费等所需经费，由区财政局负责，科技局配合，尽快核拨到位。以上表彰奖励事宜按程序提交区委常委会议研究。

八、关于《天水市麦积区创建全省健康扶贫工程示范区工作实施方案》

会议听取并原则同意区卫计局关于《天水市麦积区创建全省健康扶贫工程示范区工作实施方案》的汇报意见。由副区长成红梅牵头，区卫计局负责，区编办、发改局、财政局等部门、单位配合，根据会议讨论意见，进一步修改完善后，按程序提交区委常委会议研究。

九、关于2015—33号宗地使用权挂牌转让有关事宜

会议听取并原则同意区国投公司关于2015—33号宗地使用权挂牌转让有关情况的汇报意见。由区国投公司负责，区发改局、财政局、建设局、国土分局等单位配合，尽快完成2015—33号宗土地使用权挂牌转让工作，切实盘活固定资产，进一步提高该宗土地的使用价值，确保国有资产保值增值。

十、关于《麦甘公路麦积段沿线环境综合治理实施方案》

会议听取并原则同意区委农工部关于《麦甘公路麦积段沿线环境综合治理实施方案》有关情况的汇报意见，由副区长王启峰牵头，区委农工部负责，区发改局、建设局、交通局等部门、单位配合，根据会议讨论意见，进一步修改完善后，按程序提交区委常委会议研究。

十一、关于《天水市麦积区深化供销合作社综合改革的实施意见》

会议听取并原则同意区供销联社关于《天水市麦积区深化供销合作社综合改革的实施意见》有关情况的汇报意见。

会议议定：1.由副区长王启峰牵头，区供销联社负责，区委组织部、农工部和发改局、财政局、编办、人社局等单位配合，根据会议讨论意见修改完善后，按程序提交区委常委会议审议。2.由区供销联社负责，工信局(企改办)介入配合，要根据全国供销深化改革的政策要求，借鉴外地先进经验，采取改革的办法，盘活资产，及时核销历史欠账，尽快解决拖欠职工社保费、社员股金、职工工资等历史遗留问题。3.由区供销联社负责，立足区位资源优势，积极打造亮点，有序推进供销“三变”(资源变资产、资金变股金、农民变股东)改革，深入开展探索供销改革的新路子。

十二、关于街亭古镇项目建设有关事宜

会议听取了聚信公司关于街亭古镇项目建设情况的汇报。

会议议定：1.由副区长汪永臻牵头，聚信公司负责，建设局、小城镇办和麦积镇配合，积极衔接设计单位，围绕古镇修建性详规、产业培育、管理运营、古院落改造等工作，尽快完善制定方案设计。2.由副区长成红梅牵头，区文广局负责，旅游局、档案局、地方志办和麦积镇配合，尽快开展街亭古镇历史文化资源和底蕴的挖掘、搜集、整理等工作，并汇编成册，为街亭古镇保护开发提供依据。3.由副区长汪永臻牵头，聚信公司负责，积极衔接农发行、国开行等政策性银行，争取贷款资金尽快到位。4.由聚信公司负责，区建设局、水务局、交通局等部门、单位和麦积镇配合，科学调度、稳步推进项目建设。5.由区财政局、颍川办负责，聚信公司、麦积镇配合，从东柯河流域易地搬迁贷款资金中筹措4100万元，用于兑付街亭古镇项目建设征地补偿资金，待聚信公司融资资金到位后返还。6.由副区长汪永臻牵头，区国土分局、颍川办负责，建设局、小城镇办、聚信公司和麦积镇配合，抓紧衔接市国土部门调整街亭南川储备地用地规划。7.由副区长王启峰牵头，聚信公司负责，按照

区林业局、城管局、聚信公司、公安警务室办公实际需要,合理安排综合楼办公用房。8.由麦积镇负责,区城管局、公安分局、国土分局配合,加强街亭古镇保护开发的宣传,加大“两违”建筑管控力度,确保建筑风格符合古镇整体风貌。9.由区发改局、财政局、交通局负责,聚信公司、麦积镇配合,统筹整合棚户区改造、易地扶贫搬迁、地质灾害治理、水利堤防、造林绿化和交通道路等项目资金,积极争取农发行、国开行等政策性银行贷款,为街亭古镇保护开发项目建设提供充足的资金保障。10.由区招商局负责,区文广局、旅游局、聚信公司、颍川办、麦积镇等部门、单位配合,按照“招大引强”的原则,进一步加大招商引资力度,持续引进实力强、信誉好、经验丰富的古镇保护开发企业参与街亭古镇开发建设及运营,确保项目扎实有序推进。

十三、关于公开招聘公安协警事宜

会议听取并原则同意区人社局关于公开招聘公安协警有关情况的汇报意见。

会议议定:1.原则同意通过社会公开招聘方式招聘公安协警20名,所招录人员为公安机关“特定非执法岗位”人员,主要职责是协助公安警察开展治安管理工作,不享受人民警察相关待遇,以劳务派遣的方式安置到公安协警公益性岗位。2.由区人社局负责,区公安分局配合,严格按照招聘程序做好人员招聘工作;区公安分局具体负责所聘用人员的管理、考核等工作。3.由区财政局负责,人社局、公安分局配合,对新招录的公安协警,按照聘用合同日期起薪,在聘用期间内每人每月工资标准为2270元,每年所需的23.4万元工资和当年应缴纳的1000元的手续费(每人50元)由区财政解决。

十四、关于《甘肃德诚工贸有限公司(煤场)“8·22”事故调查报告》《天水天泽悦品餐饮娱乐有限公司“4·12”事故调查报告》

会议听取并原则同意区安监局关于《甘肃德诚工贸有限公司(煤场)“8·22”事故调查报告》和《天水天泽悦品餐饮娱乐有限公司“4·12”事故调查报告》有关情况的汇报意见。

会议议定:1.由副区长杜根祥牵头,区安监局负责,区建设局、城管局、食药监局等单位配合,根据会议讨论意见,进一步修改完善后,按程序提交区委常委会议研究。2.原则同意由区质监局负责麦积区行政区域内各类升降机的日常监督管理工作。区质监局和相关部门要严格按照《特种设备使用管理规则》及相关规定要求,本着标准从高的原则,督促生产经营单位落实安全生产主体责任,坚决防止升降机伤亡事故的发生。

十五、关于有关干部处理事宜

会议听取并原则同意区人社局关于有关干部处理的汇报意见。由区人社局负责,区委组织部、编办、水务局配合,按照有关规定办理。

会议还就全区固定资产投资入库和宝兰客专麦积段沿线环境整治有关工作作了安排部署。

会议指出,2017年,市政府下达麦积区固定资产投资122.99亿元,增速要达到11%,全年增量必须要达到12亿以上,任务十分艰巨。会议要求,全区各级各部门要认真贯彻落实省、市、区关于固定资产统计工作相关专题会议精神,强化工作措施,狠抓任务落实,加强协作配合,确保全面完成半年目标任务。一要对照目标任务,全力加快项目建设。全区各级各部门要紧盯任务分解目标,切实把项目工作作为促进固定资产投资增长的重要支撑,全力以赴抓项目建设,积极争取项目建设资金,加快项目前期手续和征地拆迁工作进度,确保项目尽快落地实施。同时,要及时协调解决影响项目实施的困难和问题,采取有效措施,加快项目实施进度;对计划年内竣工的项目,要加大现场督办、跟踪督查,切实抓好工程建设进度和质量,促使项目按期完工。二要完善资料手续,加快固定资产投资项目入库工作。发改、统计、工信、聚信公司等单位要加强与市直相关部门的衔接协调,积极做好业务指导,尽快完善入库要件,确保5000万元以上项目全部入库、不足500万的项目打包入库。三要加强协调配合,持续加大督促检查力度。

各位副区长要加大项目调度和督查力度，及时协调解决矛盾问题，确保全区项目建设、固定资产投资入库工作高效有序实施。各项目主管部门要切实把固定资产投资统计及入库工作摆上重要议事日程，根据工作重点和任务时限要求，确定专人负责，将具体的工作任务逐项分解，抓好落实，真正把固定资产统计及入库工作做到位。统计、发改部门要会同“两办”督查室加强对固定资产投资入库工作的跟踪督查，对措施落实不到位、工作进展缓慢的单位，要进行通报批评，限期整改；对整改不及时、不到位，影响全区整体进度的单位，要严肃问责。

会议认为，随着伏羲文化旅游节的临近和宝兰客运专线的开通运营，采取切实有效措施，高标准、全覆盖推进宝兰客专麦积段沿线环境综合整治工作，抓好环境综合整治客专开通运营保障及沿线各项工作刻不容缓。会议要求，各相关部门及沿线镇要扎实开展沿线环境综合整治工作，努力将宝兰客专麦积段建设成为景观带、经济带和展示麦积形象的重要窗口，全力保障宝兰客专按期开通运营。一要全力推进环境综合整治。宝兰客专协调办负责，建设、城管、水务等部门及沿线10镇配合，紧扣整洁化、规范化的要求，结合村容村貌整治、农村危房改造等重点工作，尽快制定宝兰客专麦积段环境综合整治实施方案，启动整治工作。重点要对沿线可视范围的房屋、围墙外立面及拆迁遗留的“残垣断壁”，按照“统一风格、统一色调”的要求进行粉刷改造，对镇村范围内的历史垃圾进行彻底清理，对空闲地段进行绿化美化。由农工部牵头，农业、林业、畜牧、果业等部门及沿线10镇负责，按照各自职责分工，对宝兰客专沿线各类农业产业基地进行一次拉网式排查，对影响宝兰客专运营安全、沿线环境面貌的重点龙头企业及合作社进行综合整治。二要尽快完成水井、彩钢房等剩余拆迁。宝兰客专协调办、建设、水务、城管等部门及相关镇要尽快组织精干力量，抓紧对甘青铁路公司反馈的影响宝兰客专运营安全的6处水井进行现场勘察，并明确提出水井保留或关闭意见，确保6月20日前全面完成4处灌溉井的关闭工作。宝兰客专协调办、建设、城管等部门及相关镇要积极协调甘青铁路公司、兰州铁路局等单位，对沿线影响宝兰客专运营安全的彩钢房进行全面摸底，并提出加固或拆除意见，按程序评估后进行加固或拆除，确保宝兰客专开通运营安全。三要全力做好天水南站及高铁东岔站保障运营工作。宝兰客专协调办、高铁新城协调办、城管、工商、食药监、公安等部门及花牛镇要积极配合市交通部门，全力做好天水南站及周边区域的综合整治、客运交通保障和站前广场及综合交通枢纽项目建设、开通运营等各项协调保障工作。要尽快制定高铁东岔站开通运营保障工作方案，确保东岔高铁站安全、快捷、有序、高效运营。

【八届七次】2017年8月3日，区长成少平主持召开了八届区人民政府第七次常务会议。现将会议决定的主要事项纪要如下：

一、集中学习《中华人民共和国网络安全法》和中办、国办《关于加强乡镇政府服务能力建设的意见》

会议认为，《中华人民共和国网络安全法》是我国第一部全面规范网络空间安全管理问题的基础性法律，对于保障网络安全，维护网络空间主权和国家安全、社会公共利益，保护公民、法人和其他组织的合法权益，促进经济社会信息化健康发展具有十分重要的意义。会议要求，区政府班子成员和全区各级各部门、各单位要认真学习、深入领会，进一步落实互联网保密、网络安全责任，切实把好信息公开“保密关”，坚决杜绝擅自发布可能引发涉密事件的信息，严防泄密事件发生。要加强网络安全防护，重点加强门户网站的管理，认真开展检测评估和安全建设，定期对网站进行安全检查，及时消除隐患。要不断完善网站安全防护措施，加强日常巡检和监测，发现问题或出现突发情况要及时妥善处理，确保网站平台安全、稳定、高效运行，不断提升全区网上履职能力和服务水平。

会议认为，中办、国办《关于加强乡镇政府服务能力建设的意见》总结了近年来各地推进乡镇改革发展的实践经验，明确提出加强乡镇政府服务能力建设的新目标、新任务和新要求，为当前和今后加强乡镇政府建设，推进基层治理体系和治理能力现代化提供了重要遵循。会议要求，各镇及各相关部门、单位要高度重视，认真学习贯彻中办、国办《关于加强乡镇政府服务能力建设的意见》文件精神，坚持问题导向，转变思想观念，不断改进作风，切实增强乡镇政府的服务能力，为全区广大人民群众提供更加精准有效的服务。区委组织部、编办和有关方面要结合区情实际，尽快研究制定贯彻实施意见，指导全区乡镇服务能力建设工作有序开展。

二、关于《天水市麦积区生态环境保护工作责任规定(试行)》和《天水市麦积区土壤污染防治工作方案》事宜

会议听取并原则同意区环保局关于《天水市麦积区生态环境保护工作责任规定(试行)》和《天水市麦积区土壤污染防治工作方案》的汇报意见。由副区长杜根祥牵头，区环保局负责，区委组织部、发改局、人社局、财政局、水务局、农业局、国土分局、畜牧局等单位配合，根据会议讨论意见，进一步修改完善后，对《天水市麦积区生态环境保护工作责任规定(试行)》，按程序提交区委常委会议研究，对《天水市麦积区土壤污染防治工作方案》按程序印发执行。

三、关于《天水市麦积区安全生产事故应急预案》事宜

会议听取并原则同意区安监局关于《天水市麦积区安全生产事故应急预案》的汇报意见。由副区长杜根祥牵头，区安监局负责，区委政法委、宣传部、武装部、发改局、财政局、人社局、建设局、交通局等单位配合，根据会议讨论意见，进一步修改完善，按程序审定后印发实施。

四、关于《天水市麦积区贯彻落实中央环境保护督察反馈意见整改方案》事宜

会议听取并原则同意区整改办关于《天水市麦积区贯彻落实中央环境保护督察反馈意见整改方案》的汇报意见。由副区长杜根祥牵头，区整改办、环保局负责，区发改局、建设局、交通局、水务局、国土分局、城管局等单位配合，根据会议讨论意见，进一步修改完善后，按程序提交区委常委会议研究。

五、关于推广砖瓦行业新工艺(项目)有关情况事宜

会议听取了区工信局关于推广砖瓦行业新工艺(项目)有关情况的汇报。

会议认为，随着全区以砖瓦为主的“土小”企业清理取缔，农村市场对砖瓦的刚性需求问题突出。在全区适时启动砖瓦行业推广新工艺(项目)十分必要。

会议议定：1.原则同意全区范围内布点推广砖瓦新工艺(项目)10个，其中：五龙镇1个、新阳镇1个、渭南镇1个、石佛镇1个，中路片3个，东路片3个，由相关镇负责砖瓦行业新工艺(项目)的选址和实施企业的推荐，实施主体原则以乡镇企业为主，新项目选址原则上要利用原老旧砖瓦厂集体建设用地和黏土矿山。2.禁止在城市规划区、生态保护区、风景名胜区、文物古迹保护区、生活饮用水水源地保护区、基本农田保护区范围内布局新建砖瓦项目；同时，在国道、省道、铁路、高速公路、城乡交通主干道沿线可视范围内原则不予布局新建砖瓦窑项目，禁止布局的具体范围以国家和省、市及相关部门公布的规划为准。3.成立全区砖瓦行业推广新工艺(项目)工作领导小组，由副区长樊华负责，区工信局牵头，发改局、水务局、环保局、建设局、国土分局、安监局等部门、单位配合，按照各自职责，积极做好砖瓦行业新工艺(项目)的联审联批，加强对全区砖瓦行业推广新工艺(项目)的协调指导和审核把关。4.由区工信局负责，区发改局、财政局、建设局、环保局等单位配合，根据会议讨论意见，制定相关配套措施规定，促进全区砖瓦行业推广新工艺(项目)有序推进。

会议要求，区工信局和各有关镇、部门要在认真做好“土小”企业清理取缔工作的基础上，大力推广砖瓦行业新工艺（项目），实现全区砖瓦行业整体升级。金融办要积极协调驻区金融机构，加大对砖瓦行业新工艺、新装备、新项目的信贷支持，对实施砖瓦行业推广新工艺（项目）的砖瓦企业，纳入全区产业扶贫专项贷款范围，享受基准利率贷款支持。各镇要认真落实“土小”企业清理取缔主体责任和属地管理职责，在8月底前完成辖区内老旧工艺砖瓦窑的拆除工作，严防私自恢复生产和死灰复燃现象。

六、关于《天水市麦积区2017年丝绸之路经济带暨关中—天水经济区建设工作要点》

会议听取并原则同意区发改局关于《麦积区2017年丝绸之路经济带暨关中—天水经济区建设工作要点》有关情况的汇报。由副区长樊华牵头，区发改局负责，区人社局、建设局、文广局、交通局、水务局等单位配合，根据会议讨论意见，进一步修改完善后，按程序印发执行。

七、关于《天水市麦积区关于推进供给侧结构性改革的方案》《天水市麦积区关于加快补齐发展短板促进经济社会协调健康发展工作实施方案》《关于推进供给侧结构性改革降低实体经济企业成本的实施方案》

会议听取并原则同意区发改局关于《天水市麦积区关于推进供给侧结构性改革的方案》《天水市麦积区关于加快补齐发展短板促进经济社会协调健康发展工作实施方案》《关于推进供给侧结构性改革降低实体经济企业成本的实施方案》有关情况的汇报。由副区长樊华牵头，区发改局负责，区财政局、人社局、教体局、农业局、交通局、文广局等单位配合，根据会议讨论意见，进一步修改完善后，按程序提交区委常委会议研究。

八、关于《天水市麦积区“十三五”脱贫攻坚规划》《天水市麦积区脱贫攻坚责任制实施细则》《麦积区进一步加强与天津市西青区东西部扶贫协作工作的实施方案》

会议听取并原则同意区扶贫办关于《天水市麦积区“十三五”脱贫攻坚规划》《天水市麦积区脱贫攻坚责任制实施细则》《麦积区进一步加强与天津市西青区东西部扶贫协作工作的实施方案》有关情况的汇报意见。由副区长王启峰牵头，区扶贫办负责，区农工部、发改局、财政局、交通局、水务局、人社局、教体局等单位配合，根据会议讨论意见作进一步修订完善后，按程序提交区委常委会议研究。

九、关于《天水市麦积区关于深化体制改革加快实施创新驱动发展战略实施意见》

会议听取并原则同意区科技局关于《关于深化体制改革加快实施创新驱动发展战略实施意见》的汇报意见。由副区长成红梅牵头，区科技局负责，区发改局、区财政局、人社局、农业局、教体局、科协、国税局、地税局等单位配合，根据会议讨论意见，进一步修改完善后，按程序提交区委常委会议研究。

十、关于天水市麦积区第十批拟取消新增行政审批项目等事项事宜

会议听取并原则同意区编办关于天水市麦积区第十批拟取消新增行政审批项目有关情况的汇报意见。由区编办负责，发改局、财政局、监察局、法制办、行政审批中心等单位配合，根据会议讨论意见，进一步审查完善后，按程序公布执行。

十一、关于《天水市麦积区城乡居民临时救助实施办法》《天水市麦积区城乡居民医疗救助实施细则》《天水市麦积区经营性殡仪服务站审批管理暂行办法》事宜

会议听取并原则同意区民政局关于《天水市麦积区城乡居民临时救助实施办法》《天水市麦积区城乡居民医疗救助实施细则》《天水市麦积区经营性殡仪服务站审批管理暂行办法》的汇报意见。

会议议定：1.由副区长杜根祥牵头，区民政局负责，各相关单位配合，根据会议讨论意见，对《天水市麦积区城乡居民临时救助实施办法》《天水市麦积区城乡居民医疗救助实施细则》进一步修改

完善后，按程序印发实施。2.由副区长樊华、杜根祥牵头，区民政局负责，相关单位配合，根据会议讨论意见，并积极借鉴先进地区经验，对《天水市麦积区经营性殡仪服务站审批管理办法》进一步修改完善后，按程序提交区委常委会议研究。

十二、关于《天水市麦积区河道采砂规划》(2017—2020年)、《天水市麦积区农村饮水安全工程维修基金管理办法》

会议听取并原则同意区水务局关于《天水市麦积区河道采砂规划》(2017—2020年)、《天水市麦积区农村饮水安全工程维修基金管理办法》有关情况的汇报意见。由副区长王启峰牵头，区水务局负责，区发改局、财政局、交通局、国土分局、环保局等单位配合，根据会议讨论意见，进一步修改完善后，按程序提交区委常委会议研究。

十三、关于吴俊同志见义勇为先进事迹表彰奖励事宜

会议听取并原则同意区综治办的汇报意见，由副区长杜根祥牵头，区综治办负责，区财政局、民政局等单位配合，按规定程序审核认定后，对吴俊同志见义勇为行为进行表彰奖励，5000元奖励金从区政府见义勇为奖励和保护专项资金中支付。

十四、关于设立天水市麦积区天润学校事宜

会议听取并原则同意区教体局关于设立天水市麦积区天润学校事宜的汇报意见。

会议议定：1.原则同意设立天水市麦积区天润学校，学校属九年一贯制学校建制(其中小学学段6年，初中学段3年)，为全额拨款事业单位，隶属区教体局，主要承担城区分路口片区适龄儿童、少年接受义务教育的办学职责。2.由区编办负责，教体局配合，按照学校办学规模分期分批核定教师编制。3.由副区长成红梅牵头，区教体局负责，区委组织部、编办、发改局、人社局、财政局等单位配合，按规定程序办理学校设立的相关手续。

十五、关于公开招聘城管协管员事宜

会议听取并原则同意区人社局关于公开招聘城管协管员有关情况的汇报意见。

会议议定：1.原则同意通过公开招聘方式招聘城管协管员60名，主要协助区城管局工作人员开展日常城市市容市貌、违法建设巡查及相关法律法规政策和宣传教育工作，具体权利义务在聘用合同中约定。2.由区人社局负责，区城管局配合，严格按程序做好人员招聘工作；区城管局具体负责所聘用人员的管理、考核等工作。3.由区人社局负责，财政局、城管局等单位配合，对新招录的城管协管员，按照聘用合同日期起薪，在聘用期间内每人每月工资标准为2270元(区人社局从就业资金中支付每人每月1370元的公益性岗位补贴，区财政每人每月支付补助900元)，所需资金由区财政解决。

十六、关于干部职工违纪处理事宜

会议听取并原则同意区人社局关于有关干部违纪处理建议的汇报。由区人社局负责，区委组织部、编委办、财政局、农业局配合，按有关规定办理。

十七、关于有关干部处理事宜

会议听取并原则同意区监察局关于干部政纪处分的汇报意见。由区监察局负责，区委组织部、人社局、农业局配合，按有关规定办理。

会议还就机关事业单位工作人员相对集中年休假工作进行了安排。会议要求，各镇、街道和部门、单位要科学合理制定休假计划，按照交叉轮流、就地就近、不贻误工作的原则，在确保各项工作正常运行的前提下，充分尊重机关干部职工意愿，对机关事业单位工作人员休假做出统筹安排，并明确休假期间主持工作的领导，向区委办、政府办、组织部报备。处于休假期间的相关领导和干部职工，要保持通讯畅通，遇有重要工作需到岗工作的，要立即返回工作岗位，投入正常工作，确保工作不断线、力度不减弱。如确有事务外出的，要落实请假报告制度，未经允许的，不得擅自外出。

【八届八次】2017年9月28日，区长成少平主持召开了八届区人民政府第八次常务会议。现将会议决定的主要事项纪要如下：

一、集中学习省委、省政府《关于推进安全生

产领域改革发展的实施意见》和省政府办《关于加强和改进城市道路交通管理工作的意见》

会议认为,省委、省政府《关于推进安全生产领域改革发展的实施意见》围绕解决安全生产体制机制发展等深层次问题，提出了加强和改进安全生产工作的一系列重大改革举措和任务要求，是今后一个时期指导全省安全生产工作和安全生产领域改革发展的综合性、指导性、纲领性文件。会议要求,区政府班子成员和全区各级各部门、各单位,特别是安监部门要认真学习,尽快制定全区推进安全生产领域改革发展的实施方案，为全区安全生产工作有序开展提供更加直接的遵循。各镇、街道办事处及各相关部门、单位要以道路交通、非煤矿山、建筑施工、危险化学品、烟花爆竹、公共消防、旅游等行业领域为重点,定期开展全区安全生产大检查，着力抓好各类安全生产专项整治工作,深入排查消除安全隐患,确保全区安全生产形势始终保持平稳状态。

会议认为,省政府办《关于加强和改进城市道路交通管理工作的意见》从指导思想、工作目标、工作措施、工作要求等方面,对提升全省城市道路交通管理水平,改善交通环境,促进城市建设和交通协调发展作出了明确规定,对进一步优化交通组织,推进智能交通管理体系建设和应用,创建安全、有序、畅通的城市道路交通环境,维护人民群众切身利益都具有重大的现实意义。会议要求,区政府班子成员和全区各级各部门、各单位,特别是交通管理部门要认真学习,深入领会,全面加强和改进全区道路交通安全工作，切实保障人民群众生命财产安全。要按照“主动预防、标本兼治”原则,进一步加强交通安全教育宣传，加大现场执法查处力度,加强重点车辆专项整治,全面排查治理隐患路段,强化科技手段建设应用,积极预防和遏制道路交通事故,为全区广大群众创造一个安全、放心的交通环境。

二、关于《天水市麦积区新型城镇化综合试点工作实施方案》

会议听取并原则同意区发改局关于《天水市麦积区新型城镇化综合试点工作实施方案》有关情况的汇报意见。由副区长樊华牵头,各相关副区长参与,区发改局负责,区委农工部、财政局、建设局、交通局、城管局等单位配合,根据会议讨论意见,进一步修改完善后,按程序提交区委常务会议研究。

三、关于《天水市麦积区关于深入贯彻落实新发展新理念实施方案》《天水市麦积区建立完善守信联合激励和失信联合惩戒制度加快推进社会诚信建设的实施方案》和《天水市麦积区农业环境突出问题治理实施方案》

会议听取并原则同意区发改局关于《天水市麦积区关于深入贯彻落实新发展新理念实施方案》《天水市麦积区建立完善守信联合激励和失信联合惩戒制度加快推进社会诚信建设的实施方案》和《天水市麦积区农业环境突出问题治理实施方案》有关情况的汇报意见。由副区长樊华牵头,区发改局负责,区委农工部、财政局、人社局、农业局、林业局、水务局等单位配合,根据会议讨论意见进一步修改完善,将《天水市麦积区关于深入贯彻落实新发展新理念实施方案》按程序提交区委常委会议研究,将《天水市麦积区建立完善守信联合激励和失信联合惩戒制度加快推进社会诚信建设的实施方案》和《天水市麦积区农业环境突出问题治理实施方案》按程序印发实施。

四、关于1—9月财政预算执行情况和《天水市麦积区综合治税信息共享工作办法(试行)》

会议认为，今年元至9月全区经济运行总体平稳，但受区域内骨干企业生产效益下滑、“营改增”政策性调整、重大项目推进、土地出让收入减收、小税种减少及各类刚性政策、刚性增支、刚性支出等诸多因素影响,财政持续增收困难,收入质量下降,部分收入增长乏力,全区财政收支矛盾、财力供给保障压力较大。会议要求,区政府班子成员和各部门各单位，特别是财税部门要切实加大组织收入工作力度,全力提升依法治税的水平,为稳增长提供有力支撑和保障。一要全力做好土地挂牌出让工作。要按照“谁分管、谁负责”的原则，全力做好华昌城、翠园、桥南商场、镇建二院片区等项目土地挂牌出让和项目争取工作，全力推动重大项目顺利建设。二要统筹推进二、三产业发展。区建设局、工信局、工商局、商务局等部门要积极推进产业融合，加快对全区现有二、三产业的改造和发展，推动区域经济加快发展。三要全力促进财税稳定增长。要按照“依法治税、协税护税、综合治税、共建共保”的原则，在项目立项审批、土地出让、报账结算等工作中加强项目税收管理，确保区内建设项目税收全部实现区内缴纳，坚决不允许出现区内实施项目区外纳税的现象。同时，在“同质同价”前提下，全区在建项目采用的材料要优先选用本地企业产品。

会议听取并原则同意区财政局关于《天水市麦积区综合治税信息共享工作办法(试行)》有关情况的汇报意见。由区委常委、常务副区长牛新虎牵头，区财政局负责，区发改局、人社局、建设局、国税局、地税局等单位配合，根据会议讨论意见进一步修改完善后，按程序提交区委常委会议研究。

五、关于全区政府性债务情况和《天水市麦积区关于加强政府性债务管理的实施意见》《天水市麦积区政府性债务风险应急处置意见》

会议认为，近年来，各有关方面抢抓国家金融政策机遇，通过积极融资贷款，有效缓解了城乡基础建设、主导产业发展、重大项目征迁安置等方面资金短缺难题，对全区经济社会持续发展提供了有力的资金保障。会议要求，根据全省政府性债务会议有关精神，严格按照“区别对待、分类处置、合理化解”的原则，对商业性和政策性债务进行合理化解，今后政府及部门、单位不得出具承诺函，已出具的承诺函按程序收回。

会议听取并原则同意区财政局关于《天水市麦积区关于加强政府性债务管理的实施意见》《天水市麦积区政府性债务风险应急处置意见》有关情况的汇报意见。由区委常委、常务副区长牛新虎牵头，区财政局负责，区发改局、审计局、建设局、交通局、水务局等单位配合，根据会议讨论意见进一步修改完善后，按程序印发执行。

六、关于环境保护“八项机制”有关事宜

会议听取并原则同意区环保局关于环境保护“八项机制”有关情况的汇报意见。由区政府各分管副区长牵头，区环保局、水务局、发改局、商务局、城管局、工信局、国土分局、食药监局等单位分别负责，区财政局、教体局、文广局、卫计局、林业局等单位配合，根据会议讨论意见，进一步修改完善后，按程序提交区委常委会议研究。

七、关于《麦积区全面落实河长制工作实施方案》

会议听取并原则同意区水务局关于《麦积区全面落实河长制工作实施方案》有关情况的汇报意见。由副区长王启峰牵头，区水务局负责，区环保局、建设局、国土分局、交通局、城管局、林业局、畜牧局等单位配合，根据会议讨论意见，进一步修改完善后，按程序提交区委常委会议研究。

八、关于《天水市麦积区关于进一步发展壮大村级集体经济的实施意见》

会议听取并原则同意区农业局关于《天水市麦积区关于进一步发展壮大村级集体经济的实施意见》有关情况的汇报意见。由副区长王启峰牵头，区农业局负责，区委组织部、农工部、发改局、财政局、扶贫办、水务局、林业局、畜牧局等单位配合，根据会议讨论意见，进一步修改完善后，按程序提交区委常委会议研究。

九、关于《天水市麦积区关于进一步加强和规范村级财务管理工作的意见》

会议听取并原则同意区农业局关于《天水市麦积区关于进一步加强和规范村级财务管理工作的意见》有关情况的汇报意见。由副区长王启峰牵头，区农业局负责，区委组织部、农工部、发改局、财政局、审计局、民政局、扶贫办等单位配合，根据会议讨论意见，进一步修改完善后，按程序印发实施。

十、关于《天水市麦积区工业领域去产能去库

存降成本实施方案》

会议听取并原则同意区工信局关于《天水市麦积区工业领域去产能去库存降成本实施方案》有关情况的汇报意见。由副区长樊华牵头，区工信局负责，区发改局、财政局、建设局、科技局、工商局等单位配合，根据会议讨论意见，进一步修改完善后，按程序印发实施。

十一、关于《天水市麦积区城市公立医院综合改革实施方案》

会议听取并原则同意区卫计局关于《天水市麦积区城市公立医院综合改革实施方案》有关情况的汇报意见。由副区长成红梅牵头，区卫计局负责，区编办、发改局、财政局、人社局、教体局、文广局、食药监局、卫生监督分局等单位配合，根据会议讨论意见，进一步修改完善后，按程序提交区委常委会议研究。

十二、关于桥南商场改扩建项目拆迁补偿协议书相关事宜

会议听取了桥南商场管委会关于桥南商场改扩建项目拆迁补偿协议书有关情况的汇报。

会议议定：1.已拆除的桥南综合商场位于麦积区新阳路5号，为商业用途。该片区拆除房屋及街夹道大棚价值按照天水启诚房地产评估咨询有限责任公司估价报告所定(评估编号:天启估征字第(2016)077号)。2.房屋征收补偿方式按照原地建成商业和酒店采取产权调换方式，以建成商业面积向桥南商场补偿返还拆除面积。3.按照“拆一还一”的土地熟化补偿原则，由天水金地鸿业公司将建成验收合格的5号商业综合体集中商业和酒店按施工蓝图标注的位置和面积返还给桥南商场11020平方米。4.天水金地鸿业公司向桥南商场支付的项目建设保证金1000万元人民币转变为2011年至2016年临时过渡补助费。另2017年1月1日至2019年6月31日由天水金地鸿业公司向桥南商场支付过渡性补偿费标准为255万元/每年。5.天水金地鸿业公司应在2018年12月31日之前将合格达标的房屋交付桥南商场。6.由副区长樊华牵头，桥南商场管委会负责，区发改局、财政局、建设局、房屋征管中心等单位配合，根据会议讨论意见，抓好落实。

十三、关于行政事业单位国有资产处置事宜

会议听取了区财政局关于行政事业单位国有资产处置有关情况的汇报。

会议议定：1.由区委常委、常务副区长牛新虎牵头，区财政局负责，区发改局、机关事务管理局、交警大队等单位配合，根据《甘肃省行政事业单位国有资产管理办法》(甘肃省人民政府令第52号)、《天水市麦积区行政事业单位国有资产管理办法》《麦积区公务用车制度改革涉及车辆处置办法》，对区检察院等17个部门单位的22辆符合报废标准的车辆按程序予以报废；对符合报废标准的75辆公车按程序予以报废，对经评估公司鉴定仍有一定使用价值，且维修后尚能正常使用未到达报废条件的58辆公车按程序公开拍卖，拍卖前车辆保险、审验由原单位负责办理。2.由区委常委、常务副区长牛新虎牵头，区财政局负责，区发改局、机关事务管理局、交警大队等相关单位配合，根据甘肃省行政事业单位国有资产管理办法》(甘肃省人民政府令第52号)、《天水市麦积区行政事业单位国有资产管理办法》，对五龙、麦积、社棠、新阳等中心学校和甘泉、新阳等中学共8所学校19081.93平方米房屋，按程序予以报废拆除；对区农机管理站已拆除的200平方米房屋按程序报废。

十四、关于《天水市麦积区关于调整乡村教师生活补助标准提高班主任津贴的实施方案》

会议听取并原则同意区教体局关于《天水市麦积区关于调整乡村教师生活补助标准提高班主任津贴的实施方案》的汇报意见。

会议议定：1.在2016年乡村教师生活补助标准的基础上，依据农村任教年限，调整提高发放标准，按照一类地区教师在乡村工作5年(含5年)以下每人每月补助500元，6至10年每人每月补助550元，10年以上每人每月补助640元；二类

地区教师在乡村工作5年(含5年)以下每人每月补助300元,6至10年每人每月补助350元,10年以上每人每月补助430元；三类地区教师在乡村工作10年（含10年）以下每人每月补助150元,10年以上每人每月补助190元。乡村教师生活补助调整后的标准自2017年9月10日开始执行。2.提高班主任津贴的发放范围为全区公办中小学、幼儿园、职业中专的班主任。发放标准按照幼儿园、义务教育阶段学校45人以下班额每人每月100元,45人以上(含45人)班额每人每月150元;高中学校、职业中专每人每月300元。提高后的班主任津贴自2017年9月起执行，一年按10个月发放,2月、8月不在享受之列。

十五、关于《天水市麦积区教育教学质量奖励办法》

会议听取并原则同意区教体局关于《天水市麦积区教育教学质量奖励办法》的汇报意见。

会议议定：区财政每年列支不低于260万元作为教育教学质量奖励金，对教育教学质量突出的学校和个人进行重奖,其中高中占二分之一,初中、小学各占四分之一。奖项分集体奖和个人奖两大类,其中集体奖包括高考奖、初中质量奖、小学质量奖三类,个人奖包括优秀校长奖、名师奖、高考优秀教师优秀班主任奖、高考校长特别奖等四类。教育教学质量奖从2017年起实施。

会议还研究了区政府有关领导工作分工调整事宜。

十六、关于甘泉镇利用世行贷款建设农村经济综合开发示范镇项目提灌工程相关事宜

会议听取区政府督查室和区发改局关于甘泉镇利用世行贷款建设农村经济综合开发示范镇项目提灌工程延期问题调查情况的汇报。

会议认为，甘泉镇利用世行贷款建设农村经济综合开发示范镇项目提灌工程于2014年4月开工建设，因水源地变更及施工单位进度管理存在问题,合同期满仅完成工程量的20%;2016年5月28日,区世行项目办与施工单位依据有关程序又签订了延期合同,于2016年10月15日延期合同到期工程仍未完工，对万亩苹果园及早发挥效益造成了一定影响。

会议议定:1.对甘泉镇利用世行贷款建设农村经济综合开发示范镇项目提灌工程建设监管不力,执行施工合同不严的区世行项目办在全区范围内通报批评,由区政府分管领导对区世行项目办主要负责人及项目负责人进行约谈;2.甘肃正德工程建设集团有限公司因组织不力、管理不善,从工程款中扣除违约金10万元,用于解决该项目配套资金缺口。3.责成区世行项目办汲取教训,调整工作思路,督促施工单位全面清理剩余工程量,合理安排施工计划,补办相关延期手续,加强管理,加快施工进度,确保甘泉镇利用世行贷款建设农村经济综合开发示范镇项目提灌工程年底前必须竣工。

会议还就国庆、中秋“两节”期间有关工作及固定资产投资入库工作作了安排。会议要求,一要切实抓好安全生产工作。各级各部门各单位要严格按照“党政同责、一岗双责、齐抓共管、失职追责”、“管行业必须管安全、管生产经营必须管安全、管业务必须管安全”、“谁主管、谁负责”的原则,牢固树立安全生产红线意识,坚决克服麻痹侥幸心理,扎实开展安全生产大检查活动,及时排查整治道路交通、危险化学品、食品卫生、特种设备、建筑施工、公共消防、景区景点、人员密集场所、地质灾害隐患区域、林区防火等各类安全隐患,坚决遏制各类安全生产事故发生，确保节日期间安全生产不出任何问题。二要积极做好“两节”氛围营造工作。各级各部门各单位要按照“新颖、大方、合理、节俭”的原则,以城区重要节点、高速公路沿线及出入口、城区主要路段、广场、车站、步行街、旅游景点等重要场所为重点,积极做好“两节”宣传、道路补修、墙面粉刷、园林市政设施的维护,全面营造“两节”氛围,充分展示麦积良好形象。要精心组织各类健康有益、激励进取、群众喜闻乐见的文体娱乐活动,让广大人民群众度过一个愉快、健康的节日。三要扎实开展城乡环境综合整治。各级各

部门各单位要结合全域无垃圾创建工作，持续加大城乡环境卫生综合整治力度，突出问题导向，坚持因地制宜，综合施策、标本兼治，全面消除历史垃圾，规范处理新增垃圾，着力改善全区人居环境和城乡面貌。城区及城郊要继续加强对羲皇大道、区府路、陇昌路、商埠路、火车站等重点路段和重点区域的环境卫生清扫保洁，及时清理清运垃圾，确保城市环境卫生干净整洁。农村要以镇区街道、公路沿线、河流沟渠、村内巷道、房前屋后等区域生活垃圾、建筑垃圾及污水清理清运为重点，积极组织辖区内干部群众深入开展环境卫生集中整治活动，彻底清理历史存量垃圾、生活资料、无用广告及废弃物，确保现状明显改观，全面清除农村垃圾围村的现象。四要切实规范交通旅游秩序。区公安、交通、交警、运管等部门要持续加大交通安全监管和联合执法力度，严厉打击全区道路旅游客运市场的违法违规行为，净化旅游客运市场，树立文明规范、安全有序的道路旅游客运形象。区建设、交通、交警、市政等部门、单位要积极 做好街道路面的硬件维护保养工作，尽快完成城区已修补路面标线画线工作，全力做好麦积山大道沿线、天水南站、天水火车站等一些通往景区景点、交通枢纽重点区域的整治，营造畅通便捷的交通旅游秩序。五要持续加大“两违”整治力度。各级各部门各单位要严格按照“属地管理、条块结合、区别对待、分类处理”的原则，以建成区、羲皇大道沿线、麦积山大道沿线、马跑泉片区、高速公路出入口周边及城乡结合部、城中村和道北旧城改造片区、景区以及重大项目规划区等违法建设高发区域为重点，集中力量开展专项综合整治，坚决防止节假日期间违法用地违法建筑反弹，努力营造良好的城乡建设秩序。六要严格落实节假日值班值守制度。各级各部门各单位要认真做好节假日期间值班工作，班子成员要带头值班，保持通讯畅通。要严格落实领导在岗带班、首问负责、来电接听、值班记录、值班保密、值班抽查等有关工作要求，确保值班工作落到实处。要强化值班期间值守应急和突发事件信息报告工作，凡遇到的突发事件，要第一时间按程序办理，坚决杜绝迟报、漏报、谎报、瞒报、越级上报等情况，对造成严重后果的，对相关责任人严肃追责。七要认真抓好固定资产投资入库工作。区政府各位副区长及各相关部门、单位要紧盯年初全区各项责任目标，抢抓有限的工作时间，针对当前经济运行中出现的问题，提出有效对策措施，并加强与市直有关部门的衔接沟通，着力抓好各项经济指标的统筹调度，及时化解决各类困难和问题，督促各项目建设单位严格执行固定资产投资项目报送制度，按照统计制度及时报送相关报表，切实做到应统尽统，确保完成好三季度和全年各项经济社会发展目标任务。对任务落实不及时、不到位，导致影响全区进度和指标的，要严肃问责，确保全面完成既定目标任务。

【八届九次】2017 年 11 月 6 日，区长成少平主持召开了八届区人民政府第九次常务会议。现将会议决定的主要事项纪要如下：

一、关于《天水市麦积区贯彻新发展理念 19 个实施方案(考核办法)》

会议听取并原则同意区发改局关于《天水市麦积区贯彻新发展理念 19 个实施方案（考核办法)》有关情况的汇报意见。由副区长樊华牵头，区发改局负责，区委组织部、农工部、发改局、财政局、统计局等单位配合，根据会议讨论意见对 19 个方案进一步修改完善后，按程序印发执行。

二、关于《天水市麦积区石油天燃气管道突发事件应急预案》《天水市麦积区关于创新管理优化服务培育壮大经济发展新动能的实施方案》

会议听取并原则同意区发改局关于《天水市麦积区石油天燃气管道突发事件应急预案》《天水市麦积区关于创新管理优化服务培育壮大经济发展新动能的实施方案》有关情况的汇报意见。由副区长樊华牵头，区发改局负责，区财政局、建设局、人社局、工信局、安监局、环保局等单位配合，根据会议讨论意见对 2 个方案进一步修改完善后，按程序印发执行。

三、关于《天水市麦积区突发地质灾害应急预案》

会议听取并原则同意区国土分局关于《天水市麦积区突发地质灾害应急预案》有关情况的汇报意见。由区委常委、常务副区长牛新虎牵头,区国土分局负责,区发改局、财政局、教体局、卫计局、文广局等单位配合,根据会议讨论意见进一步修订完善后,按程序印发执行。

四、关于《天水市麦积区整合城乡居民基本医疗保险和新型农村合作医疗制度实施方案》《天水市麦积区全面推进卫生与健康事业发展的实施方案》《天水市麦积区“十三五”卫生和人口发展规划》《天水市麦积区医疗卫生服务体系规划(2016—2020年)》《天水市麦积区“十三五”中医药发展规划》和《天水市麦积区农村贫困人口大病专项救治工作方案》

会议听取并原则同意区卫计局关于《天水市麦积区整合城乡居民基本医疗保险和新型农村合作医疗制度实施方案》《天水市麦积区全面推进卫生与健康事业发展的实施方案》《天水市麦积区“十三五”卫生和人口发展规划》《天水市麦积区医疗卫生服务体系规划(2016—2020年)》《天水市麦积区“十三五”中医药发展规划》和《天水市麦积区农村贫困人口大病专项救治工作方案》有关情况的汇报意见。由副区长成红梅牵头,区卫计局负责,区发改局、财政局、人社局、编办、扶贫办等单位配合,根据会议讨论意见进一步修改完善,将《天水市麦积区整合城乡居民基本医疗保险和新型农村合作医疗制度实施方案》和《天水市麦积区全面推进卫生与健康事业发展的实施方案》按程序提交区委常委会议研究,将《天水市麦积区“十三五”卫生和人口发展规划》《天水市麦积区医疗卫生服务体系规划(2016—2020年)》《天水市麦积区“十三五”中医药发展规划》和《天水市麦积区农村贫困人口大病专项救治工作方案》按程序印发执行。

五、关于《天水市麦积区城镇住房保障家庭租赁补贴实施办法(试行)》

会议听取并原则同意区房管局关于《天水市麦积区城镇住房保障家庭租赁补贴实施办法(试行)》有关情况的汇报意见。由区委常委、常务副区长牛新虎牵头,区房管局负责,区发改局、人社局、建设局、审计局、民政局、工商局等单位配合,根据会议讨论意见进一步修订完善后,按程序提交区委常委会议研究。

六、关于《天水市麦积区支持科技创新若干政策措施》

会议听取并原则同意区科技局关于《天水市麦积区支持科技创新若干政策措施》有关情况的汇报意见。由副区长成红梅牵头,区科技局负责,区委组织部、发改局、财政局、人社局、编办等单位配合,根据会议讨论意见进一步修改完善后,按程序提交区委常委会议研究。

七、关于《天水市麦积区深入推行科技特派员制度的实施方案》

会议听取并原则同意区科技局关于《天水市麦积区深入推行科技特派员制度的实施方案》有关情况的汇报意见。由副区长成红梅牵头,区科技局负责,区委组织部、财政局、人社局、农业局、林业局、水务局、科协等单位配合,根据会议讨论意见进一步修改完善后,按程序印发执行。

八、关于《天水市麦积区公证处体制改革实施方案》

会议听取并原则同意区司法局关于《天水市麦积区公证处体制改革实施方案》有关情况的汇报意见。由副区长杜根祥牵头,区司法局负责,区委组织部、财政局、人社局、编办等单位配合,根据会议讨论意见进一步修改完善后,按程序提交区委常委会议研究。

九、关于有关干部解除处分事宜

会议听取并原则同意区监察局关于有关干部解除政纪处分情况的汇报意见,责成区监察局负责,区委组织部、区人社局等部门配合,按相关程序办理。

十、关于有关干部处理事宜

会议听取并原则同意区人社局关于有关干部

解聘(辞退)情况的汇报意见。根据国务院《事业单位人事管理条例》(国务院令第652号)有关规定,同意对长期无故脱岗的东岔镇政府九级职员张X解除与原单位的聘用合同,人事关系终止。由区人社局负责,区委组织部、财政局、监察局、编办、东岔镇等单位配合,按程序办理解聘手续。

十一、关于2016年公务员(参照公务员)考核“优秀”奖励事宜

会议听取并原则同意区人社局关于对全区公务员(参照公务员)2016年度考核被评为“优秀”等次情况及实施相关奖励情况的汇报意见。

会议议定:1.根据市人社局、市财政局《关于落实公务员奖励经费有关问题的通知》(天人社发〔2010〕347号)精神,原则同意对2016年度按规定条件、标准和程序评为“优秀”等次的公务员和计三等功的公务员给予奖励,对评为优秀等次并获嘉奖的260名公务员,每人给予一次性奖励800元;对2014年、2015年、2016年连续三年评为优秀应记三等功的40名公务员,每人给予一次性奖励1500元,所需经费列入区级财政预算。2.由区人社局负责,区委组织部、财政局、编办等单位配合,按程序及时办理。以上事宜提交区委常委会议研究。

会议还研究了有关人事任免事宜。

【八届十次】2017年11月28日,区长成少平主持召开了八届区人民政府第十次常务会议。现将会议决定的主要事项纪要如下:

一、集中学习中办、国办《关于支持深度贫困地区脱贫攻坚的实施意见》《甘肃省深度贫困地区脱贫攻坚实施方案》和《甘肃省生产经营单位安全生产主体责任规定》

会议认为,中办、国办《关于支持深度贫困地区脱贫攻坚的实施意见》提出,深度贫困地区脱贫攻坚工作要坚持中央统筹、省负总责、市县抓落实的管理体制和专项扶贫、行业扶贫、社会扶贫“三位一体”的大扶贫格局,紧盯最困难的地方,瞄准最困难的群体,扭住最急需解决的问题,集中力量解决本区域内深度贫困问题,确保深度贫困地区与全国同步建成小康社会。《甘肃省深度贫困地区脱贫攻坚实施方案》进一步明确了全省深度贫困地区脱贫攻坚的范围、导向、重点及政策措施等内容,对于推进全省深度贫困地区按期脱贫、与全国同步建成小康社会具有十分重要的意义。会议要求,区政府班子成员和全区各级各部门、各单位,特别是扶贫、发改、人社、农业、卫计、教体、民政、文广等10个专责工作组相关部门、单位要认真学习,深入领会,抢抓国家、省、市支持深度贫困地区脱贫攻坚的重大机遇,用足、用活、用好扶贫政策,聚焦深度贫困区域和特殊困难群体,谋划储备、包装争取一批基础设施建设、富民产业培育、公共服务保障类项目,尽快完善制定区、镇、村三级脱贫攻坚实施方案,为今后三年全区脱贫攻坚扎实有序开展提供重要遵循和行动指南。

会议认为,《甘肃省生产经营单位安全生产主体责任规定》的出台对生产经营单位安全生产主体责任进一步落实提供了法律依据,既确保国家决策部署的全面贯彻落实,又注重与全省已出台的相关政策制度的衔接。会议要求,区政府班子成员和全区各级各部门、各单位,特别是安监等部门要认真学习,深入领会,严格按照十九大提出的“树立安全发展,弘扬生命至上、安全第一的思想,健全公共安全体系,完善安全生产责任制,坚决遏制重特大事故,提升防灾救灾能力”工作要求,以道路交通、公共消防、危险化学品、特种设备、景区景点、建筑施工等行业领域为重点,认真开展安全生产大检查、大整治工作,确保全区安全生产形势持续稳定向好。

二、关于《天水市麦积区自然灾害救助应急预案》

会议听取并原则同意区民政局关于《天水市麦积区自然灾害救助应急预案》有关情况的汇报意见。由副区长杜根祥牵头,区民政局负责,区发改局、财政局、建设局、水务局、交通局、国土分局、法制办等单位配合,根据会议讨论意见进一步修

改完善后，按程序印发实施。

三、关于天水市麦积区综合社会福利院和老年活动中心迁建、日间照料中心等项目建设事宜

会议听取了区民政局关于天水市麦积区综合社会福利院和老年活动中心迁建、日间照料中心等项目建设有关情况的汇报。

会议议定：1.由副区长杜根祥牵头，区民政局负责，区发改局、环保局、国土分局、颍川办等单位配合，尽快制定天水市麦积区综合社会福利院和老年活动中心迁建项目规划设计方案，加快办理项目规划、用地、环评等各类前期手续，确保年内完成设计方案评审工作，争取项目早日启动实施。2.由马跑泉镇负责，区民政局、财政局配合，在满足天水市麦积区综合社会福利院和老年活动中心迁建项目建设用地的基础上，统筹做好该区域的土地征收工作。3.由副区长杜根祥牵头，区民政局负责，区发改局等单位配合，积极衔接市直相关部门，尽快办理道北日间照料中心项目规划手续，完成项目立项变更，做好项目后期建设，尽早投入运营。4.由副区长杜根祥牵头，区民政局负责，区财政局、发改局、聚信公司等部门单位配合，积极推进道南日间照料中心项目建设。

四、关于麦积区2017年退役士兵安置事宜

会议听取了区民政局关于麦积区2017年退役士兵安置有关情况的汇报。

会议议定：1.根据《退役士兵安置条例》有关规定，原则同意对2017年符合安置条件的27名退役士兵进行安置。2017年退役士兵安置计划为，13名退役士兵安置到区城管局，须先在区国土分局矿政执法大队工作满1年以上，经考核合格后回区城管局工作；4名退役士兵安置到区商务局电子服务中心，须先在区商务局下设的3个煤炭检查站工作，满2年以上经考核合格后，回区商务局电子服务中心工作；8名退役士兵安置到五龙镇政府所属事业单位工作；2名因公伤残退役士兵安置到区军供站工作。由副区长杜根祥牵头，区民政局负责，区人社局、编办等单位配合，按照民政部、总参谋部《符合政府安排工作条件退役士兵服役表现量化评分办法(试行)》规定要求，对符合安置条件的25名退役士兵(2名因公伤残退役士兵除外)，进行量化评分，并将评分结果进行公示。公示期满无异议后，按照得分由高到低顺序，由退役士兵结合2017年安置计划自主择岗。2.按照“谁用人、谁负责”的原则，责成区城管局、商务局、国土分局、军供站、五龙镇做好人员管理、年度考核等工作。3.由副区长杜根祥牵头，区民政局负责，区人社局、财政局、编办等单位配合，严格按照国家、省、市退役士兵安置相关政策，做好相关人员编制、档案接收、工资核定和医疗保险、养老保险接续等工作，所有安置士兵从2017年11月1日开始起薪。

会议要求，今后全区退役士兵安置工作要严格贯彻落实《退役士兵安置条例》及国家、省、市退役士兵安置工作的决策部署，按照“随到随安置”和“公平、公正、公开”的原则，每年对符合安置条件的退役士兵进行量化评分，并对评分情况、当年退役士兵安置岗位计划进行公示，公示期满无异议后，由退役士兵本人按当年区政府退役士兵安置岗位计划，依公平按序自主择岗。

五、关于天水华昌欢乐城项目建设事宜

会议听取了颍川办关于天水华昌欢乐城项目建设有关情况的汇报。

会议议定：1.原则同意颍川新城东柯新城开发建设公司与华昌公司合资组建股份公司，按照《公司法》有关规定，在项目一期“如见天水剧场”项目展开合作，由华昌公司控股经营。2.由颍川新城东柯新城开发建设公司负责，按照市政府专题会议纪要精神和“先文化旅游，后配套地产开发”的原则，尽快与华昌公司签订补充协议，明确双方权责，确保项目建设顺利进行。3.由国土分局负责，颍川办配合，积极协调省、市国土部门，尽快办理项目一期60亩生态控制区土地和二、三期477亩农用地规划调整手续。4.由副区长樊华牵头，颍川办、甘泉镇分别负责，尽快完成部队弹药库处置

及项目一期剩余6户农户房屋拆迁工作。

六、关于崔仲伍和雷鸣两同志见义勇为先进事迹表彰事宜

会议听取并原则同意区综治办的汇报意见，由副区长杜根祥牵头，综治办负责，区公安分局、区财政局、区人社局等单位配合，按规定程序审核认定后，对崔仲伍和雷鸣两同志见义勇为行为进行表彰奖励，每人奖励现金10000元，并授予“见义勇为先进群体”荣誉称号，奖励资金从区政府见义勇为奖励和保护专项资金中支付。

七、关于《天水市麦积区国有林场改革方案》

会议听取并原则同意区林业局关于《天水市麦积区国有林场改革方案》有关情况的汇报意见。由副区长王启峰牵头，区林业局负责，区财政局、人社局、编办等单位配合，根据会议讨论意见，进一步修改完善后，按程序提交区委常务会议研究。

八、关于2017年度麦积区科技进步奖表彰奖励事宜

会议听取了区科技局关于2017年度麦积区科技进步奖表彰奖励事宜有关情况的汇报。

会议议定：1.原则同意区科学技术奖励委员会关于2017年度科技进步奖建议名单，对22项科技成果给予表彰奖励。由副区长成红梅牵头，区科技局负责，区财政局、人社局等单位配合，按程序进行表彰奖励。2.由区财政局负责，科技局配合，尽快筹措落实表彰奖励资金及证书工本制作费、评审费等费用25.758万元。

【八届十一次】2017年12月13日，区长成少平主持召开了八届区人民政府第十一次常务会议。现将会议决定的主要事项纪要如下：

一、集中学习《中华人民共和国行政复议法》《甘肃省行政复议和行政应诉若干规定》《甘肃省政府安全生产监督管理责任规定》《甘肃省安全生产“党政同责、一岗双责”制度实施细则》

会议认为，《中华人民共和国行政复议法》通过立法的形式明确了今后从事行政复议工作人员的准入条件，提高了行政复议人员准入门槛，对于加强行政复议专业化队伍建设、提高行政复议工作效能具有十分重要的意义。《甘肃省行政复议和行政应诉若干规定》对行政复议和行政应诉的责任主体、工作职责，行政机关负责人出庭应诉的强制性规定，行政复议与信访、行政诉讼的衔接等事项作出了明确规定，为有效解决行政复议和行政应诉存在的具体问题提供了重要的法律法规依据。会议要求，区政府班子成员和全区各级各部门、各单位要认真学习，深入领会，充分认识行政复议、行政应诉工作的重要性，依法规范行政行为，提高行政执法活动的水平和质量，从源头上减少行政争议，促进法制政府建设。同时，要高度重视法律专业人才队伍建设，利用行政复议这一有效途径，努力将行政争议化解在初发阶段，化解在基层，化解在行政程序中，从长远和整体上推进依法行政。

会议认为，《甘肃省政府安全生产监督管理责任规定》从靠实安全生产“三管三必须”职责出发，进一步明确了县级以上政府安全生产职责、政府安全生产委员会的法律地位和职责、政府有关部门的共同职责和专项职责，健全完善了安全生产监管责任追究制度。《甘肃省安全生产“党政同责、一岗双责”制度实施细则》从靠实安全生产“党政同责、一岗双责”职责出发，对各级党委、政府及各有关部门、生产经营单位的安全生产工作职责，从制度和责任上进行了细化明确，对于加强安全生产监管执法力度，促进全省安全生产形势根本好转具有十分重要的意义。会议要求，区政府班子成员和全区各级各部门各单位要认真学习，深入领会，严格按照“党政同责、一岗双责、齐抓共管、失职追责”和“管行业必须管安全，管业务必须管安全，管生产经营必须管安全”的总要求，不折不扣地落实各级领导责任、部门监管责任和企业主体责任，紧盯道路交通、公共消防、建筑施工、特种设备、烟花爆竹、危险化学品等重点领域，扎实组织开展好安全生产隐患大检查、大整治活动，确保全区安全生产形势持续稳定向好。各镇、街道及各相关部门、单位要高度重视火灾安全防控工作，严格

按照省委、省政府领导批示要求，积极吸取近期国内多地突发火灾教训，提高警惕，时刻关注，认真抓好火灾高风险场所隐患排查治理工作，确保全区消防安全形势持续稳定；要充分认识连霍高速G30秦州隧道单幅全封闭施工以来，车辆分流给麦积区交通保畅、道路交通安全、大气污染防治等方面带来的巨大压力和全区道路交通安全面临的严峻形势，持续加强安全监管，认真做好交通疏导、安全应急等工作，切实有效预防和减少道路交通安全事故发生；要深入广泛开展预防煤烟、煤气中毒安全知识宣传活动，切实提高广大群众安全意识，规范操作、科学使用铁炉子等冬季取暖设备，最大程度减少煤烟、煤气中毒事件造成的危害，确保全区广大群众生命财产安全。

二、关于2017年主要经济指标完成情况和2018年主要经济指标预期目标

会议分别听取了区统计局、发改局关于全区2017年主要经济指标完成情况、2018年主要经济指标预期目标的汇报。

会议认为，今年以来，在各有关方面的共同努力下，全区2017年经济运行平稳，总体呈现出“止滑趋稳、稳中有升”的态势。但地区生产总值、固定资产投资、规上工业增加值等指标与预期目标仍有一定差距，完成全年目标任务压力仍然很大。

会议要求，区政府班子成员及统计、发改、建设、工信、商务等相关部门要按照分工，紧盯年初确定的目标任务，全面细致梳理工作进度，针对问题短板强化统筹调度，亲临一线攻坚克难，全力以赴推动各项指标全面完成。工信、商务、交通、建设、统计、运管、邮政等职能部门要深入分析当前三次产业发展形势，摸清底子、查明问题、找准症结、强化措施，力促三次产业各项指标均衡增长；要深入开展统计巡查，不断加强与重点项目单位、重点行业领域的对接衔接，认真做好各项服务协调，切实做到应统尽统。各级各部门各单位要高度重视主要经济指标的统计、报送工作，准确理解和把握指标内涵，盯住关键环节、关键节点，精心组织指标数据的统计、核算和及时报送，全面提升统计数据质量。发改、财政、统计、调查队等部门要加强与上级业务部门的沟通，完善相关统计资料，确保统计数据真实客观反映今年全区经济社会发展成果；国税、地税、财政等部门要做好财税征收工作；财政、国土、颍川办等部门、单位要做好今年已挂牌土地的出让工作。

三、关于政府、计划、财政三个报告

会议听取并原则同意区政府办、发改局、财政局关于《政府工作报告》《天水市麦积区2017年国民经济和社会发展计划执行情况及2018年国民经济和社会发展计划报告》（以下简称《计划报告》）和《天水市麦积区2017年财政预算执行情况和2018年财政预算草案的报告》（以下简称《财政报告》）有关情况的汇报意见。由区委常委、常务副区长牛新虎，副区长樊华牵头，区政府办、发改局、财政局负责，根据会议讨论意见，进一步对3个报告进行修改完善，按程序提交区委常委会议审定后，提请区八届人大二次会议审议。

会议要求，区政府班子成员要高度重视，认真审核把关，切实把各自分管领域的工作准确、充分地体现到政府工作报告中。区政府办要根据各有关方面的意见建议，反复对报告进行修改完善，努力使《政府工作报告》内容上更加充实、表述上更加准确、文字上更加精炼；同时要加强与发改、财政、统计等相关部门的沟通衔接，使《政府工作报告》涉及的经济社会发展指标和重点工作与《计划报告》《财政报告》相统一，与各单位的具体工作完成情况和工作目标相衔接，确保在数据指标、项目名称、文字提法、时序安排等内容上协调一致，真正使《政府工作报告》成为指导明年全区经济社会发展的纲领性文件，充分发挥振奋人心、凝聚力量、鼓舞干劲、促进发展的作用。

四、关于《天水市麦积区突发环境事件应急预案》《天水市麦积区重污染天气应急预案》《天水市麦积区辐射事故应急预案》和《天水市麦积区土壤污染事件应急预案》

会议听取并原则同意区环保局关于《天水市麦积区突发环境事件应急预案》《天水市麦积区重污染天气应急预案》《天水市麦积区辐射事故应急预案》和《天水市麦积区土壤污染事件应急预案》有关情况的汇报意见。由副区长杜根祥牵头，区环保局负责，区发改局、农业局、水务局、畜牧局、法制办等单位配合，根据会议讨论意见对4个《应急预案》进一步修订完善后，按程序印发实施。

五、关于《加快天水市麦积区教育发展的实施方案》《天水市麦积区教育综合改革实施方案》《天水市麦积区关于统筹推进区域内城乡义务教育一体化改革发展实施方案》

会议听取并原则同意区教体局关于《加快天水市麦积区教育发展的实施方案》《天水市麦积区教育综合改革实施方案》和《天水市麦积区关于统筹推进区域内城乡义务教育一体化改革发展实施方案》有关情况的汇报意见。由副区长成红梅牵头，区教体局负责，区发改局、财政局、人社局、民政局等单位配合，根据会议讨论意见对3个《实施方案》进一步修订完善后，按程序印发实施。

六、关于《天水市麦积区"十三五"公共文化服务体系建设规划方案》

会议听取并原则同意区文广局关于《天水市麦积区"十三五"公共文化服务体系建设规划方案》有关情况的汇报意见。由副区长成红梅牵头，区文广局负责，区发改局、财政局、建设局、教体局等单位配合，根据会议讨论意见进一步修订完善后，按程序印发实施。

七、关于《天水市麦积区"十三五"残疾人事业发展规划》

会议听取并原则同意区残联关于《天水市麦积区"十三五"残疾人事业发展规划》有关情况的汇报意见。由副区长杜根祥牵头，区残联负责，区发改局、财政局、人社局、民政局、法制办等单位配合，根据会议讨论意见进一步修订完善后，按程序印发实施。

八、关于何兴才同志见义勇为先进事迹表彰事宜

会议听取并原则同意区综治办关于何兴才同志见义勇为先进事迹表彰有关情况的汇报意见。由副区长杜根祥牵头，区综治办负责，区财政局、人社局等单位配合，按规定程序审核认定后，对何兴才同志见义勇为行为进行表彰奖励，授予"见义勇为先进分子"荣誉称号，奖励现金10000元，资金从区政府见义勇为奖励和保护专项资金中支付。

九、关于解除有关干部政纪处分事宜

会议听取并原则同意区监察局关于解除有关干部政纪处分情况的汇报意见。由区监察局负责，区委组织部、人社局、扶贫办、建设局、工信局、供销联社、渭南镇、中滩镇等单位配合，按相关规定办理。

十、关于有关干部处理事宜

会议听取并原则同意区监察局关于有关干部处理意见的汇报。由区监察局负责，区委组织部、人社局、三岔镇配合，按相关规定办理。

十一、关于2017年服务期满特岗教师安置和执业医师录用事宜

会议听取并原则同意区人社局关于2017年服务期满特岗教师安置和执业医师录用有关情况的汇报意见。

会议议定：1.根据省教育厅、省人社厅《关于做好2010年服务期满特岗教师考核安置工作的通知》（甘教厅〔2010〕52号）精神，原则同意将麦积区2014年招聘的20名服务期满、经考核合格的特岗教师予以安置到原单位就业，按正式在编教师管理。安置人员工资纳入区财政预算，从2017年11月1日起执行。2.根据原省卫生厅《关于公布2010年乡镇卫生院招聘执业医师项目聘用人员的通知》（甘卫人发〔2012〕311号）和原省人事厅、财政厅《关于乡镇卫生院聘用执业医师纳入正式编制管理的意见》（甘卫人发〔2008〕235号）精神，原则同意将麦积区2012年招聘的5年服务期满、经考核合格的东岔镇卫生院医师郭升卯予以安置到原单位就业，按全额事业单位人员管理。安置人员工

资纳入区财政预算，从 2017 年 10 月 1 日起执行。3.由区人社局负责，区委组织部、编办、财政局、教体局、卫计局配合，按程序办理相关手续。

十二、关于有关干部职工处理事宜

会议听取并原则同意区人社局关于对违法违纪人员进行处理情况的汇报意见。1.根据人社部、监察部第 18 号令《事业单位工作人员处分暂行规定》有关规定，依据天水市麦积区人民法院（2017）甘 0503 刑初 2 号刑事判决书，同意给予区委党校事业工勤人员闫 X 公开除处分，解除与原单位的聘用合同，工资从 2017 年 3 月 1 日起停发。2.由区人社局负责，区委组织部、编办、财政局、党校等单位配合，按相关程序办理。3.责成区委党校负责，区人社局、财政局配合，妥善处理好闫 X 公工资停发事宜。

办公室工作

【工作推进】深入解区情实际，加大合作交流，强化对公文写作、调查研究、信息督办等业务知识学习，注重领导批示件落实，2017 年撰写各类讲话发言、汇报材料、调研报告、论文等 340 余篇，落实领导批示件 560 多份，完成重要文稿 60 篇。强化责任意识，公文运转及时高效。按照国家规范标准印制公文，加强文件立卷归档管理，全年制发各类公文 660 多件，运转各类公文 3000 多件，收发各类传真 1000 多件。加强组织协调，筹备政府常务会、区政府有关专题会以及上级检查汇报会、座谈会等各类会议 120 余次，协调省、市及区有关乡镇、部门，成功协办绿色暨可持续发展论坛，筹办 2017 年中国龙舟公开赛（甘肃·天水·麦积站）暨中国·天水·麦积第三届“伏羲杯”龙舟大赛、2017 年中国山地自行车公开赛、第五届麦积山杯全国山地自行车邀请赛、中国垂钓电视直播精英赛、中国·天水·麦积第二届“双玉兰杯”全国钓鱼邀请赛等六大体育赛事，加强区政府门户网站建设和管理，结合全区经济社会发展各项重点工作，全面推进政务信息采编、上报和信息公开工作，全年编发《政务信息》12 期，上报市政府信息 980 多条，通过省、市、区政府门户网站公开信息 6100 多条，加大督查力度，对区政府常务会议议定事项、区长现场办公会议纪要、市区目标管理责任书、精准脱贫、大气污染防治、重点项目、为民办实事、城市管理、“两案”办理等方面工作进展情况开展专项跟踪督查 70 余次，全年印发《政务督查》27 期、《督查专报》15 期，办理市、区人大代表建议和政协提案 274 件，办复率 100%，办理人民网.地方领导留言板、《市委书记、市长留言板督办专报》《市长信箱》等网民诉求 214 件。

法制工作

【依法科学民主决策】修订完善《天水市麦积区人民政府工作规则》，制定《天水市麦积区法治政府建设实施方案（2016—2020 年》，执行《天水市麦积区人民政府重大行政决策程序规定》，把公众参与、专家论证、风险评估、合法性审查和集体讨论决定作为政府重大决策法定程序，促进决策科学化、民主化。落实重大决策集体讨论、合法性审查和专家论证制度。加强重大决策跟踪反馈和责任追究。

【规范性文件管理】贯彻落实《甘肃省规范性文件管理办法》《天水市人民政府规范性文件备案审查办法》，按照《天水市麦积区人民政府规范性文件制定程序规定》和规范性文件“三统一”制度，坚持合法性审查、统一登记、统一编号、统一发布和上报备案、定期评估清理等管理制度。所有规范性文件草案都在充分调研论证基础上，征求各方面意见，经区政府法制办审查把关，并一律提交区政府常务会议讨论通过后统一编号印发执行。2017 年，区政府制定出台《天水市麦积区水土保持实施办法》《天水市麦积区水土保持设施验收管理办法》《天水市麦积区水土保持方案审批管理办法》等 9 件规范性文件，在区政府网站向社会进行公开，并按规定时限向市政府和区人大常委会进行备案，报备率达到 100%，做到应备尽备。开展规范性文件清理工作，共清理出区政府规范性文件 32 件，继续有效 18 件，修订 4 件，废止 4 件，已修订6件;清理出政府部门规范性文件9件,继续有效5件,修订1件,废止3件。

【行政监督】主动接受人大法律监督和政协民主监督，办理人大代表建议和政协提案。重视“市委书记、市长留言板”及其他新闻媒体反映问题办理和答复工作，执行《天水市麦积区市委书记、市长留言板督促办理工作制度》，截至11月底,办理“市委书记、市长留言板”及其它新闻媒体反映问题2284件,督促办理、答复2215件,办结率97%。收到《市委书记、市长留言板督办专报》52期96件,已答复96件,答复率100%。加大审计发现问题整改落实力度,采用会议交办、挂牌督办等方式,对审计发现问题进行整改,全区财政资金和专项资金使用、土地征收补偿、房屋拆迁安置、项目审批管理规范化、制度化水平不断提高。纪检监察部门不定期对重点领域、重要时间节点进行明察暗访和廉政手机短信提醒,执行公务用车、公务接待规定,党风廉政主体责任进一步靠实。

【行政执法】健全完善行政执法案件评查、行政执法过错责任追究、行政执法文书使用和管理等行政执法责任制度,执行立案、告知、听证、裁决、送达等程序规定。开展重大执法决定法制审核试点工作,2017年，区工商局经法制机构核审案件87件,提出核审意见120条,杜绝未经法制机构核审作出处罚决定。

加强行政执法体制建设和行政执法队伍建设,增加公安、交警、城管执法力量,落实经费和装备保障，开展全区行政执法主体资格审查和执法人员清理工作,注销1个行政执法主体资格,注销25名行政执法人员执法资格，理顺行政执法体制,规范行政执法行为。执行罚缴分离和收支两条线制度。

【依法行政能力建设】开展区政府常务会议会前学法6次,对《中华人民共和国公共文化服务保障法》《党政主要责任人履行推进法治建设第一责任人职责规定》《甘肃省食品小作坊小经营店小摊点监督管理条例》等法律法规进行集中学习。各执法部门通过会前学法、专门会议学法等形式,开展会前学法80多次,举办各类法律法规学习培训班和法制讲座43期(次)。

【化解社会矛盾纠纷】信访维稳工作纳入全区绩效考核,建立健全信访工作综合协调机制,落实信访联席会议制、信访维稳工作一把手负责制、信访维稳责任倒查追究制、信访督查督办工作规则等工作制度,信访维稳工作高效有序开展。实行网上信访工作模式，推行信访事项依法分类处置和简易办理,规范信访复查复核。区委、区政府主要领导每月接访不少于2次，区四大组织副职领导每天轮流接访,重点案件包案领导一包到底,受理群众来信78件,群众来访186件,网上投诉53件,群众集体访55批646人(次)。区政府受理行政复议案件15件,其中:维持11件,不予受理3件,未审结1件。

【法治宣传教育】推行“谁执法谁普法”责任制度,坚持执法和全民守法相结合,开展法律“八进”活动,利用农村集市、传统庙会和节假日等群众聚集场所宣传法律法规，引导群众依法理性表达诉求,依法维权。同时,利用广播、电视、宣传橱窗、网络、手机短信等宣传平台开展法治宣传。截至11月底,组织开展面向社会大型依法行政宣传活动28场(次),散发各类宣传材料12万余份,解答群众咨询700余人(次)。

天水市麦积区人民政府领导班子成员

区政府

区　长:成少平

副区长:牛新虎

周岳红(挂职)

汪永臻(挂职、7月止)

郭大伟(挂职)

樊　华

成红梅

杜根祥

王启峰

陈兆亭(挂职、7月任)

高福光(挂职、7月任)

赵国平(挂职、8月任)

天水市麦积区政府办公室

主　任:温建军

副主任:杨学文(信访局局长)

刘亚平(法制办主任　1月止)

王利琴(法制办主任　1月任)

何军平

孟想定(2月任)

张全林(2月任)

张文选(2月任)

(供稿:岳永奇)

机关事务管理工作

【**概况**】根据2017年1月4日区机构编制委员会办公室《关于设立天水市麦积区机关事务管理局通知》(麦机编办发〔2017〕4号)精神,区机关事务管理局为公益一类全额拨款事业单位,正科级建制,隶属区政府办公室,核定事业编制10名,其中局长1名,副局长2名,人员结构均为管理人员。主要职能是负责贯彻执行国家、省、市机关事务工作法规政策;负责建立区级机关一般公务用车服务平台和区直部门行政综合执法用车服务平台,制订区直部门公务用车制度改革后公务出行保障方案,负责服务平台公务用车管理、调度、使用、维修、更新等工作;负责全区公共机构节能工作推进、指导、协调和监督,组织开展能耗统计、检测和评价考核工作;承办区委、区政府交办其他工作。

2017年2月,区机关事务管理局正式组建,区委、区政府先后任命1名局长、2名副局长,根据工作需要按程序调入一般干部5名。2017年11月14日按程序成立天水市麦积区机关事务管理局党支部,隶属区政府办公室党总支。区机关事务管理局组建以来,着力在"抓统筹、明职责,建机制、严管理,重专业、促规范"上下功夫,重点突出制度建设和学习建设,用制度管人管事管资产,根据机构组建和工作进展情况,逐步制定完善岗位职责、学习制度、考勤制度、会议制度、工作制度、财务制度、车辆管理制度、公共机构节能制度等,有力促进区机关事务管理工作规范化、制度化建设。严格落实"三会一课"制度,严肃组织生活,深入开展"党员固定活动日"主题活动,认真学习贯彻党的十九大精神,扎实推进"两学一做"学习教育常态化制度化。有计划组织全体干部开展政治理论、法规政策、业务知识集中学习,组织编纂《天水市麦积区公共机构节能资料汇编》《公务用车制度改革相关资料汇编》等资料,强化学习体会交流,激发学习兴趣,提升业务水平,促进干部更好地履行岗位职责。

【**区级公务用车服务平台建设**】根据《麦积区公务用车制度改革总体实施方案》,主动加强对接衔接,进一步明确区机关事务管理局在公务用车制度改革中承担具体职责任务,有效推动改革措施落地见效。按照建设省、市、县(区)三级互联互通公务用车管理信息系统,实现公务用车管理"全省一张网"工作要求,及时建成区级公务用车管理调度平台(即:区级机关一般公务用车服务平台和区直部门行政综合执法用车服务平台),完成核定保留一般公务用车信息采集、资产划转、调拨过户、公车牌照更换、车载定位设备安装和一车一档建设工作,加快保留到平台行政综合执法用车调拨过户等工作,落实公务用车标识化管理措施。起草《麦积区区级机关公务用车制度改革后跨区域公务出行和区直部门行政综合执法服务保障方案》,启动平台公务用车调度审核和管理使用工作。

【**公共机构节能**】践行绿色发展理念,及时制定印发《天水市麦积区公共机构节约能源资源"十三五"规划》《天水市麦积区2017年公共机构节约能源资源工作要点》;广泛开展公共机构节能宣传周活动,在天水在线和麦积政府网站刊发《节能倡议书》;组织召开麦积区公共机构节能工作暨能耗统计培训会,印发《关于加强公共机构能源资源消费统计工作通知》《麦积区公共机构能源资源消费统计制度实施方案》和《公共机构能源资源消费统计工作资料汇编》等，对全区各级各部门和重点单位分管领导、能耗统计负责人、统计员进行业务培训；及时按要求向市机关事务管理局审核报送有关报表。开展节能示范单位创建活动，对全区各级各类公共机构节能工作情况进行专题调研，按照注重实际、分层分类、区别对待原则，摸清基本情况，向市上推荐申报创建国家级和省、市级示范单位各2家，并督促创建单位完善资料，加快创建步伐。全区公共机构节能工作取得新成效，荣获"2017年度全市公共机构节能工作先进单位"称号。

天水市麦积区机关事务管理局

局　长：王　军（2月任）

副局长：白　冰（4月任）

闫朝杰（11月任）

（供稿：郭充权）

行政服务工作

【概况】天水市麦积区行政审批服务中心是麦积区政务服务管理机构，成立于2009年5月，区政府直属正科级全额拨款事业单位，位于马跑泉路北段，现租用天水金都房地产有限公司盛达大厦一楼及二楼部分区域办公，办公面积1374平方米（其中：政务大厅办公面积964平方米），内设办公室、综合协调室、督查室、信息室四个科室，主要职能是代表区政府负责对进驻政务大厅单位窗口组织协调、管理监督和指导服务，对窗口单位及窗口工作人员综合考核，以及对乡村两级政务大厅业务指导工作。

区政府政务大厅现进驻单位30家（设人社、教体、民政、卫计等25个办事窗口，宗教、档案、旅游、司法、地震、粮食、工信等单位整合成1个综合窗口），服务范围涉及民政救助、教育卫生、社保就业、农林水务、环境保护、交通旅游等多个领域；进驻窗口工作人员43名；进驻30家单位中涉及21家单位159项行政许可事项，26家单位114项政务服务事项；全区159项行政许可事项现全部进驻到位。2017年，区政府政务大厅各窗口受理各类审批服务事项45632件，办结45621件，办结率99.9%，上缴行政事业性收费1078万元，接待办事群众12万人次，整体办理情况呈现持续上升状态。

【政务公开】依托麦积区政府门户网、区政务大厅网站、甘肃政务服务网站，将不涉密159项行政审批事项及666项便民服务事项面向社会公开，实现"阳光审批"，防止"暗箱操作"。并利用电子政务专网，将全区行政许可及政务服务事项办理情况在大厅LED电子屏、区政府门户网等多种形式对外公开。对现行行政许可事项和便民服务事项逐一编制业务手册和服务指南，设立电子查询机，制作行政许可事项审查工作细则、受理单样表和行政权力运行流程图，菜单式、图表化反映审批事项办理流程和行政权力运行路径。开通全程代办窗口、投诉咨询窗口，通过摆放留言薄，邀请社会监督员等多种形式接受社会各界监督。

【网上行权】全区建成政务大厅、17个镇和3个街道办事处及8个重点村（社区）便民服务中心29个"一站式"办理点。采取VPN形式将进驻单位与大厅窗口有效连接，达到总台办理发号、网上申报预批、窗口业务处理、领导辅助决策、远程层级审批等要求，初步实现部门与单位互联互通以及区、乡、村三级联网审批和电子监察全覆盖。先后完成"三张清单一张网"梳理及行政审批电子监察系统软硬件升级对接工作，梳理出全区688项便民服务事项。其中，22项因涉密、权限等问题属删除事项，其余666项便民服务事项及责任人全部在甘肃政务服务网上在线发布。159项行政审批事项实现甘肃政务网在线受理。

天水市麦积区行政审批服务中心

主　任：杨贵峰

副主任：胡旭东

（供稿：田佳龙）

信访工作

【来信来访接待办理】共接待群众来信来访、网上投诉359件1126人次，其中区级来信29件、上级转送交办信件57件，86件；个体上访152件211人次、集体上访53批761人次；网上投诉68件。北京地区非接待场所涉访人员8人28批28人次、赴省访5人29批38人次；中央第三巡视组转交非巡视范围信访事项22件。全部按要求规范办结上报，结办率100%。

【阳光信访】区财政拨款投入网络信息应用平台建设，全区17个镇、3个街道办事处、58个部门接入甘肃省网上信访信息系统，有156名专、兼职网上信访工作人员。纵向连接省、市、区、镇(街道)，横向覆盖区内各单位网上信访体系，形成信访事项“网上受理、网上运行、网下办理、网上回复”工作机制。各镇(街道)、各部门确立信访接待场所、配备工作人员、配置办公设备，创新信访模式。开展基础业务培训，8月，专人对各镇(街道)、部门信访业务专干分期一对一操作培训，规范信访事项登记、录入、转送、办理、回复等环节。按“应录尽录”原则，所有来信来访事项全部录入甘肃省网上信访信息系统，网上流转，规范信访事项受理、办理程序，公开信访事项办理环节。50件符合条件的信访事项，快速受理、快速办理、快速回复简易办理。9月，网上信访窗口在天水在线官网正式开通运行，与甘肃省网上信访信息系统互联互通，窗口设“网上投诉”、“信访指南”、“复查复核”、“满意度评价”和“人民建议征集”等功能。

【法治信访】分离涉法涉诉信访事项25件，引导信访人通过司法途径寻求解决，推动办事依法、遇事找法、解决问题用法、化解矛盾靠法。分类处理信访诉求，按国家信访局依法分类处理信访诉求要求和法定途径清单，对依法应当通过诉讼、仲裁、行政复议等法定途径分类处理信访投诉请求，运用信访信息系统，全程记录每一件投诉请求甄别、引导、分流过程，分类处理信访投诉请求有据可依、有章可循，群众知道“谁来办”、“怎么办”，引导群众通过法定途径解决信访问题。依法处置措施。坚持用法律手段化解矛盾，对家庭困难信访群众，按照政策，引导进入司法援助和司法救助环节，免费提供法律咨询援助。全年依法拘留4人次，教育训诫2人次。

【责任信访】区委区政府召开7次委常委会议和信访工作会议，10次召开重点信访事项协调会议，专题研究部署信访工作，解决重点信访突出问题，把信访工作与全区经济工作同安排、同部署、同检查、同落实。签订目标管理责任书。年初，区上与各镇、各部门签订《信访工作目标管理责任书》，单位主要负责人为信访工作第一责任人，分管领导为直接责任人。各镇和各部门召开专题会议，签订《信访工作目标管理责任书》，靠实责任。各级党政一把手亲自抓、分管领导具体抓，其他领导“一岗双责”责任体制；县级领导接访下访、包案责任制。下发《麦积区县级领导值班接访表》《关于落实重点信访案件包案责任制的通知》《化解信访积案集中攻坚实施方案》等一系列文件。同时，部门会同接访和县级领导干部接访、带案下访常态化制度化，党政领导包案督办机制。区级领导接访13批255人次，协调化解重大疑难复杂信访问题8件。年初，对21件重点信访案件，区级包案领导包抓化解。9月，32件重点信访案件再次包案，16名区级领导规范依法、逐级走访、包抓化解。“属地管理、分级负责”、“谁主管、谁负责”，未依法逐级走访及时进查整改、教育疏导，引导信访群众将越级上访、重复上访、多头上访变为就地反映问题，属地和基层解决群众诉求、化解矛盾纠纷。实施初信初访办理首办负责制，群众第一次来信、来访、网上投诉办理，经常性抽查督查。专人定期不定期对逾期信访事项督办、催办等，责任单位及时受理、按期规范答复信访群众，把信访事项解决在初始、化解在属地、消灭在萌芽状态。实施责任追究。信访考核重点在信访事项及时受理、按期办结和群众满意上，各镇和部门把精力放在及时解决问题、化解矛盾上，提升工作效率。建立责任追究机制，倒逼责任落实。7月，区信访联席办征求各成员单位意见，逐级报请区政府常务会、区委常委会制定《天水市麦积区信访工作责任制实施办法》，下发各镇和区直各单位，学习贯彻执行，落实信访工作责任。

【信访宣传】常态学习《信访条例》《信访工作责任制实施办法》《天水市麦积区信访工作责任制实施办法》等信访法律法规。10月份，信访局会同公、检、法、司及综治、反邪教等部门深入天水南站开展送《信访条例》、送《信访漫画》、送《信访工作责任制实施办法》活动。散发《信访条例》、涉法涉诉信访改革、依法逐级走访、网上信访等宣传资料2000余份，接待群众现场咨询120余人次，受教育群众2000多人次。将《信访条例》《信访工作责任制实施办法》、"依法逐级走访"、"关于维护信访秩序的通知"、"来访须知"、"接待制度"、"信访工作人员准则"等制作上墙，专人随时向来访人现场讲解宣传。把《信访条例》《信访工作责任制实施办法》和"引导群众依法走访"、"诉访分离"作为全区中青年干部轮训班学习内容。

天水市麦积区信访局

局　　长：杨学文

督查专员：张家祥

（供稿：杨芳国）

中国人民政治协商会议

天水市麦积区委员会

【提案工作】八届一次会议期间，区政协委员、各参加单位和专门委员会，共提交提案101件。经审查，立案91件，其中：经济方面19件，占总数21%；城乡建设与管理方面37件，占总数41%；科教文卫体方面13件，占总数14%；社会保障、民生及其他方面22件，占总数24%，这些提案由区政府召开提案交办会议分别交由有关部门、单位承办。截至2017年9月，八届一次会议审查立案91件提案已全部办理完毕，办理答复率100%。其中，已经解决、基本解决提案70件，占立案总数77%，列入计划逐步解决提案21件，占立案总数23%。

【重点提案办理】主要有《关于进一步加大精准扶贫力度建议》《关于在全区兴建水利设施建议》《关于加快推进家庭农场适度规模经营建议》《关于花牛苹果提质增效，确保可持续发展建议》《关于龙头企业带动贫困户致富建议》等。如委员提出《关于进一步加快麦积区花椒产业发展建议》，各镇和林业等部门依托精准扶贫富民产业培育，整合项目资金，推进花椒产业发展。截至2017年底，全区花椒面积达7万亩，年产量4500吨，产值在3.6亿元以上，倍受关注元龙花椒产业园启动建设，元龙花椒被国家农业部认证为绿色食品A级产品，"元龙红袍"花椒商标成功注册，并取得国家原产地城市产品保护和绿色食品认证。委员提出《关于加强农民培训，提高农民科学文化素质，助推精准扶贫精准脱贫建议》，区扶贫办和相关职能部门，结合全区产业发展布局和贫困户培训需求，先后在天水秦岭蜂业有限公司、利桥菌业公司和区职业中专等地，举办以果树管理、畜禽养殖、土蜂养殖、食用菌栽培、电焊技术等为重点内容农村实用技术培训，切实增强贫困户内生动力。

《关于规划建设麦积区花鸟市场建议》《关于巩固城市设施建设成果建议》《关于加强火车站站前广场管理建议》《关于完善环卫设施改善人居环境建议》《关于解决城市停车难建议》等，区民建、区民盟和九三学社提出《关于加强全区交通安全教育建议》，区交警大队利用重要节假日和"三下乡"活动等有利时机，采用发放宣传资料、设置宣传展板、开辟宣传专栏等形式，集中开展交通安全宣传教育。委员提出《关于加快推进麦积区天然气管网建设及供应建议》，区建设局加强与天然气公司对接衔接，加大城市天然气管网建设力度，城区大部分区域实现天然气管网覆盖。

有《关于加快麦积区龙园小学改扩建工程建议》《关于解决群众看病贵建议》《关于进一步促进麦积区劳务人才市场规范发展建议》《加强公共图

书馆及阅读点建设建议》《关于倡导民众绿色出行建议》《关于在居民区统一建设老年人活动室建议》《关于加强通讯网络管理，确保广大用户信息安全建议》等。例如，区民进、区民盟和九三学社提出《关于加强麦积、党川、利桥、东岔等镇自然风景区环境卫生整治建议》，麦积、党川、利桥、东岔等镇结合麦积山大景区建设，以全域无垃圾创建为抓手，全面开展城乡环境卫生综合整治活动，建立适合各自实际垃圾集中收集、转运、处理、保洁模。如区政协科教委提出《关于加强校园及周边食品安全管理建议》，依据《区政协主席、副主席督办重点提案实施办法》规定，被确定为主席重点督办提案，区食药监与教体等主管部门坚持集中整治和日常监管并重，密切配合，通力协作，联合执法，全力保障中小学校园及周边食品安全。

中国人民政治协商会议
天水市麦积区委员会班子成员

主　席：杨续祥
副主席：杨树棠
赵延祺
成映平
杨彦芳（女）
胡桂琳（女）
秘书长：张福元

政协天水市麦积区委员会内设专门委员会

办公室
主　任：赵和平
副主任：王可兵
提案法制委员会
主　任：温天才（11月止）
裴爱栋（11月任）
副主任：周枫生（11月止）
经济委员会
主　任：王维民
副主任：裴爱栋（11月止）
文史资料委员会
主　任：夏智芳（女）
副主任：胡晓利
科教文卫体委员会
主　任：张元生（11月止）
副主任：温祥生
民族宗教和港澳台侨联络委员会
主　任：王岁聪（11月止）
副主任：王丽娜（女）

（供稿：天水市麦积区政协办公室）

纪检·监察

【概况】区纪委与监察局合署办公，实行两块牌子、一套班子。人员编制42人，其中：行政25人，事业14人，工勤3人；领导班子职数8人（纪委书记1人，常务副书记1人，副书记、监察局局长1人，副书记1人）；区纪委（监察局）下设八室一中心：办公室、党风政风监督室、信访室、四个纪检监察室、审理室为行政单位，区效能投诉中心为事业单位。

【监察体制改革】区委先后5次召开常委会议和工作小组会议，专题研究试点工作，明确改革任务、细化工作措施、靠实工作责任、协调解决重大问题和重要工作。区委书记张智明同志履行“施工队长”职责，对试点工作亲自部署、亲自过问、亲自督促落实，为顺利推进监察体制改革试点工作提供有力组织保障。区纪委履行“施工队员”职责，起草制定《麦积区深化国家监察体制改革试点工作方案》，报市试点工作小组审批后印发实施，印发《做好有关人员思想政治工作实施方案》《监察委员会组建工作方案》《人员转隶工作实施方案》《经费资产划转和保障办公用房实施方案》《线索移交和案件查办衔接工作实施方案》《制度建设工作方案》等6项具体实施方案，进一步细化目标任务、实施步骤、完成时限和责任单位，确保工作任务落细落实。6月接到关于涉改部门有关干部工作通知后，及时与组织部门、编制部门、检察院衔接沟通，对涉改部门机构、编制和干部实行冻结管理。试点工作启动后，区纪委书记逐一与区纪委监察局班子成员谈心谈话，统一思想；区检察院对转隶人员做深入细致思想工作，确保改革期间拟转隶人员思想稳定。人员转隶前，区纪委、区委组织部相关负责同志与拟转隶人员逐一见面，深入沟通交流、解思想动态、打消思想顾虑。同时，对拟转隶人员进行严格“四必核”，严把政治关、廉洁关，9名拟转隶人员已全部到位。按照省改革试点工作小组《关于结合监察体制改革加强市县纪委监委领导班子和干部队伍建设意见》精神，坚持高标准严要求，拓宽选人视野，优化班子结构，注重选拔具有检察、审判、公安工作经历优秀干部充实到纪委监委班子，增强班子整体功能。区委、区政府高度重视纪委监委基础工作，按照区纪委监委合署办公要求，在政府综合大楼协调解决办公用房8间，区财政局牵头对检察院涉改部门资产进行摸底核实，提出划转资产设备清单。12月26日，区八届人大第二次会议产生区监察委员会，依法选举产生麦积区监察委员会主任，区八届人大常委会第八次会议依法表决，任命区监察委员会副主任、委员，12月29日区监察委员会挂牌，标志着麦积区监察委员会正式成立。新组建监察委员会，与纪委合署办公，履行纪检、监察两项职能，实行一套工作机构、两个机关名称，同设立内设机构，履行监督、调查、处置职责。改革后，区纪委监委有内设机构11个，在保持原来8个室的基础上，增设案件监督管理室，2个纪检监察室，纪检监察室数量增加至6个，人员编制42人，其中：行政25人，事业14，工勤3人；领导班子职数9人（纪委书记、监委主任1人，纪委副书记、监委副主任2人）。

【从严治党主体责任】层层签订《党风廉政建设目标责任书》，印发《2017年全区党风廉政建设和反腐败工作任务分工方案》《麦积区2017年纪律检查工作重点任务量化考核表》，将中央、省、市、区纪委全会确定各项工作任务层层分解，细化实化，形成责任明晰、任务具体责任体系。区委常委会带头履行管党治党政治责任，制定出台《区委常委会带头履行全面从严治党基本职责工作制度》《区委常委会会议前学习党章党规党纪制度》《落实全面从严治党主体责任“七必须七同步”通知》《2017年全面从严治党“两个责任”工作清单》等4项工作制度，2017年，区委常委会议专题研究党风廉政建设和反腐败工作16次，开展会前学习党章党规党纪11次。区委书记对各镇党委书记进行约谈，带动全区各级党组织层层开展“四级约谈”，镇、街道、区直部门单位主动承接，落实“七必须七同步”等各项制度规定，逐级压紧压实全面从严治党主体责任。区委对2017年度全区综合考核排名靠后单位党政负责人进行约谈，区纪委对党风廉政建设考核排名靠后单位纪检组长（纪委书记）进行约谈；针对落实主体责任方面执行制度不严格、压力传导不到位等问题通报单位21个；针对脱贫攻坚工作中对象识别不准、落实政策不力等问题严肃问责25人；针对低保评定工作中审批程序不规范、把关不严等问题严肃问责43人。

【作风建设】编印并发放《党风廉洁知识手册》3000册，组织开展各类警示教育活动53场（次），发送廉政短信2万余条；在村和社区开展“六个一”廉洁教育活动，编印《廉洁教育读本》，刻录廉洁教育光盘，建立村（社区）干部廉洁档案，制定村干部“十要十不准”要求，全区党员干部、村和社区干部廉洁自律意识明显增强。组织开展“党风廉政教育月”活动，制作两部专题片，家规家训专题片在甘肃电视台播出。举办“喜迎十九大、廉洁树新风”廉政书画展。组织开展纪律作风督查57次，发出通报16期，通报曝光169人，约谈部门、单位主要负责人18人次；查处违反中央八项规定精神问题12件19人，给予党政纪处分10人，组织处理9人。扎实推进“三纠三促”专项行动，各级各部门查摆梳理出10个方面516个问题，围绕脱贫攻坚、涉农扶贫项目、环保反馈问题整改、“两违”整治、全域无垃圾创建和河道滥采砂等问题组织开展督查活动，直指问题，见人见事，推动问题解决和任务落实。

【四种形态】制定《麦积区实践监督执纪“四种形态”实施办法(试行)》,运用“四种形态”,对苗头性倾向性问题早提醒、快处置,运用第一种形态处置373人次,占69%,第二种形态处置147人次,占27%,第三种形态处置10人次,第四种形态处置11人次;对经过初核失实结和谈话函询予以结80名被反映人进行函告;对受处分人员进行回访教育。制定《麦积区基层纪检组织办理重要问题线索管控办法(试行)》,形成以区纪委职能室分片指导为统领、以镇纪委交叉审查为主线、以重要问题线索管控为抓手纪律审查工作机制。各镇、街道纪(工)委初核问题线索316件,立案70件,各镇自办立案案件均有大幅提升。以市纪委“七个严查”为重点,受理信访举报248件,同比增长52.1%;处置问题线索481件,同比增长62.5%;初核462件,同比增长107%;谈话函询21件,结306件;立案125件,审结123件,给予党政纪处分164人;严重违纪涉嫌犯罪移送司法机关2案8人。

【专项整治】开展“三级联动、直通直查”扶贫领域突出问题专项督查,集中督查13镇52个行政村,发现并反馈问题210条,已完成整改182条,移交问题线索56条,全部完成初核。组织开展精准扶贫工作督促检查,发现并反馈问题596条,逐项督促整改落实。深化“两查两保”专项行动,查处扶贫领域问题27件40人。开展区委第三轮村级巡察,实现村级组织巡察全覆盖,向相关镇党委反馈问题858条,已督促完成整改,移交问题线索126条,正在进行集中核查。狠抓市委扶贫领域专项巡察反馈问题整改和问题线索核查,持续跟踪督促落实,确保按时逐项整改到位。建立网络舆情监测专报机制,编发《网络舆情专报》3期,发出督办通知61期,督办答复网民留言2526件;建立党风政风监督员制度,聚焦各部门各单位作风效能和干部队伍廉洁从政开展监督;紧盯群众反映强烈“关键人”“关键事”,查处发生在群众身边蝇贪、微腐败等问题44件75人。

【自身建设】全区纪检监察组织对照10方面35项具体内容查摆出问题421条,纪检监察干部查摆出问题780条,机关党员干部通过“十评十查”专题组织生活会查摆问题340条,已全部整改到位;建立《监督执纪工作规则》“1+20”配套制度,制定出台实践监督执纪“四种形态”等7项制度,修订完善区纪委机关管理28项规范性制度,确保监督执纪问责工作有规可依、有章可循。建成区纪委标准化谈话室4间,进行软包和防护处理,实现同步录像、录音、存储、检索等功能。督促17个镇全部建立谈话室,安装监控设备,实现同步录音录像。制定《机关执纪审查安全工作制度》等9项配套制度和相关措施,开展“地毯式”审查安全大检查,确保执纪审查工作安全。

天水市麦积区纪律检查委员会监察局

(监察委员会)

区委常委、纪委书记:苟钟灵(12月止)
区委常委、纪委书记、监委主任:
孙忠平(12月任)
区纪委常务副书记:王　振
区纪委副书记、监察局局长:张存善
区监察委副主任:张存善(12月任)
区纪委常委、监察局副局长:董彦全(7月止)
区纪委副书记、区监察委副主任:
董彦全(7月任)
区纪委常委:李雪松(7月止)
监察局副局长:李雪松(7月任)
区纪委常委:裴昱文(4月任)
党风室主任:裴昱文(1月任　4月止)
区纪委常委:李社荣(1月任)
区纪委常委、监委委员:张春强(12月任)
王亚军(12月任)
区监委委员:李燕燕(12月任)
贾旭东(12月任)

(供稿:何文斌)

民主党派与工商联

中国国民党革命委员会天水市麦积区总支部委员会

【组织建设】2017年2月份顺利完成总支换届工作，选举产生民革麦积区总支第二届委员会。全年新发展党员2名、预备党员2人。截至目前，麦积总支共有党员84名，其中70岁以上老党员4名。全年组织广大党员举办座谈交流会4次。春节前夕，总支一行4人走访慰问4名老党员。3月4日组织16名女党员参加民革天水市委会举办“欢庆三八”爬山比赛暨联谊活动，3月10日联合市委会在麦积区举办全市民革党员参政议政知识培训，中秋节前夕组织20多名党员参加市民革和市台联联合举办“欢庆中秋、呼吁两岸和平统一”主题联谊活动，10月28日召开全区民革党员学习十九大精神座谈会，10月29日组织20余名党员开展走访慰问优秀党员活动。

【参政议政】2017年民革麦积区总支中有2名市政协委员和7名区政协委员。分别向市、区政协提交《关于新建麦积渭河3号大桥，缓解城区交通拥堵建议》《关于加强通讯网络管理，确保广大用户信息安全建议》等提案6篇，这些提案建议绝大部分被采用并责成相关单位落实完成。总支委员会向区政协八届一次常委会提交《关于新建麦积渭河3号大桥，缓解城区交通拥堵建议》被列为第3号重点提案。同时组织动员广大党员开展调查研究和建言献策工作，完成全区农村电商、民间小额贷款等方面调研课题，撰写并提交《关于天水市麦积区农产品电子商务发展状况调研报告》《关于天水市麦积区小额贷款公司经营发展状况调研报告》。

中国国民党革命委员会天水市
麦积区总支部委员会

主　委：李海龙
副主委：刘红霞(女)
袁　平
秘书长：李　青

中国民主同盟天水市麦积区总支部委员会

【换届工作】2017年2月14月，在民盟天水市委、麦积区委、区政府坚强领导下、在麦积区委统战部指导、帮助下顺利完成了换届工作。选举产生了以丁喜林同志为主委、裴可仁、吕志奇同志为副主委、李洪涛同志为秘书长新一届总支委员会。民盟麦积总支在新一届领导班子带领下，将继往开来，围绕麦积区中心工作建言献策、努力工作。

【两会参会议政】民盟麦积总支丁喜林、李向东、裴可仁、李洪涛、郭孟霖、桑文学、林岚等8名盟员参加了麦积区政协会。盟员周晓梅参加了麦积区人大会,在两会上以总支名义提交议案两份,以盟员个人名义提交提案8份,共计10份全部立案。提案涉及文化、教育、医疗卫生、精准扶贫、城镇交通等方面。

中国民主同盟天水市麦积区总支部委员会

主　委:丁喜林

副主委:裴可仁

　　　　吕智齐

秘书长:李洪涛

中国民主建国会天水市麦积区总支部委员会

【履行参政党职能】聚焦全面深化改革和全面推进依法治国等重大战略部署,围绕麦积区中心工作和人民群众普遍关注的热点难点问题,如实反映群众呼声,深入开展调查研究,主动建言献策,扩大参政议政工作的参与面量。5–6月份组织骨干会员开展《关于加强民主党派自身建设情况的调研》,7–12月份开展《关于加强城市管理提升城市品位的调研》,确保高质量完成。

【自身建设】以建设高素质的参政党为目标,努力提高班子成员整体素质,由主委牵头组织,每季度召开一次班子成员政治理论学习会,做好学习笔记和记录。做好后备干部的发现、培养、选拔和推荐工作,加强后备干部队伍建设,培养一批政治素质高、参政能力强的优秀人才,为会组织的长远发展奠定坚实的组织基础。关心会员,为会员排忧解难,每当会员生病或家中有红白事情,总支委一旦得知要第一时间前去慰问和吊唁,同时1月份新春期间要对区民建历届老领导、70岁以上的老会员和生活困难的会员进行走访慰问,同时带去《甘肃民建》《民讯》等学习刊物,向他们通报一年的工作和组织发展情况,传承好民建麦积总支尊老敬老和关心困难会员的优良传统。3月份庆三八活动。三八期间组织女会员进行健康知识专题讲座,同时组织全体会员进行"关爱会员 健康体检"活动。

中国民主建国会天水市麦积区总支部委员会

主　委:胡桂林(女)

副主委:温　泉

　　　　张武娟

秘书长:陈仲平

中国民主促进会天水市麦积区委员会

【信息报送】根据省、市委会要求,区委会向市委会报送调研报告2篇,论文8篇,常规信息8条,社情民意类信息2条。向麦积区统战部报送调研报告2篇,论文4篇,常规信息10条。

中国民主促进会天水市麦积区委员会

主　委:王琪麟

副主委:杜　未

　　　　贺志胜

　　　　孟玉霞

秘书长:庞　静

中国农工民主党天水市麦积区总支部委员会

【参政议政】2017年,农工党麦积总支围绕区委、区政府中心工作,针对人民群众普遍关心热点、难点问题,主要从两个方面做好参政议政工作:选好课题、深入调研、抓好2017年调研工作。年初,召开主委办公会,就调研工作集思广益、精选课题,初步选定就"民主党派后备干部队伍建设问题”及“有关医疗废物处理问题”开展调研。建言献策，参政议政。参加市、区政协、区委统战部组织各种协商会、征求意见会、季度恳谈会等，向区委统战部提出意见和建议。

【社会服务】2017年5月19日、20日协助农工党天水市委会在麦积区举办“第二届关中—天水经济区中医药发展论坛”，助推麦积区中医药产业发展，展示和宣传麦积区良好形象。2017年7月9日，邀请区委统战部领导参与，组织部分书画家、文化教育界党员，在花牛镇师家河村举办“不忘合作初心，助力百姓健康”为主题三下乡活动，活动中，来自天水市二院、麦积区中医院、妇幼保健院各医疗专业22名农工党员医疗专家现场为近100名群众把脉问诊，就慢性病、常见病、多发病、老年病预防治疗和养生保健等相关知识进行讲解普及和用药指导。农工党员书画家现场挥毫泼墨，为群众即兴创作赠送书画作品20余幅。

中国农工民主党天水市麦积区总支部委员会

主　委：高国明

副主委：姚享军

师　焜

牛　健

秘书长：韩海吉

九三学社天水市麦积区委员会

【参政议政，民主监督】参政议政是参政党一项重要任务，九三学社麦积区委员会有省人大代表1名，市政协委员1名，区政协委员3名(其中区政协常委1人)。九三学社麦积区委员会在市、区级政协提交提案共5件，撰写统战论文5篇。

2017年区政协组织重点课题调研活动，开展《麦积区农民专业合作社和家庭农场发展现状调研》，选题后，组织社员参与策划、制定方案、组织实施、执笔撰写调研报告。

九三学社天水市麦积区委员会

主　委：张继东

副主委：徐　琨

陈红梅(女)

秘书长：王国宏

工商联

【概况】麦积区工商联第七届执行委员会由62人组成，第七届常务委员会由22人组成(主席1人，专职副主席0人，兼职副主席9人，兼职副会长6人，秘书长1人，常委5人)，执委24人。截至2017年底，麦积区工商联机关有干部职工11人，为正科级参照公务员管理事业单位。在62名执委中，党员20人，占32.2%，非党42人，占67.8%，非公经济人士55人，占88.7%。(其中区政协委员28名)。截至2017年底工商联有会员1258户（人），其中企业会员179户，个人会员1059户，基层商会20家(其中乡镇、街道商会12家，行业商会8家)，涉及制造、贸易、建筑建材、餐饮、服务等行业，会员结构得到优化。

【参政议政】在“两会”期间建言献策。向会议提交《关于加强农村人居环境综合治理建议》《关于规范校外教育培训机构建议》等提案。同时，联完成《关于开展统战工作专项调研督查工作》《麦积区工商联会员企业发展现状情况》调研报告2篇。收集整理企业意见、建议、难题15条，并及时向区委、区政府及有关部门进行反映和沟通，协调解决企业发展过程中困难。会员中政协委员撰写《关于麦积区统一供暖问题建议》《实施好残疾人精准康复为残疾人精准扶贫发力》等提案26件，涉及教育、医疗、农业、城建、规划、工商、环保及非公经济等多个领域。

【培训学习】2017年，推进宣讲十九大精神“进市场、进企业、进商会”系列活动，围绕开展改革开放40周年民营经济领域纪念活动，学习十九大精神引导非公经济人士开展“不忘创业初心，接力改革伟业”主题教育活动，提振发展信心，转变发展方式，鼓励非公有制企业在防范化解重大风险，脱贫攻坚、污染防治三大攻坚战中发挥作用。

【会员服务】商会参与建立“协调劳动关系三方会议机制”，引导会员企业合法诚信经营，引导企业家履行社会责任。加强与区直部门配合，建立银企司法部门联席会议制度。麦积区仲裁联络站工作正常运转，2017年以来对企业维权服务5起。续聘李洪涛律师为工商联法律顾问，为他们提供力所能及各种维权与服务活动。注重将新型社会经济组织中代表人士吸收到工商联组织中来，2017年以来，新发展会员50名。在服务会员企业上，创建麦积区工商联微信工作平台，已在今日头条、网络红页、区政府门户网站等媒体平台刊发信息动态40条，全面反映麦积区非公企业发展现状及会员风采。开展民企陇上行活动。联系、衔接国内知名商会和民营企业家走进麦积，实地考察项目，投资兴业。

天水市麦积区工商业联合会

主　　席：张建凤

党组书记：闫应仝（3月止）

王平德（3月任）

副 主 席：陶永芳（12月止）

（供稿：天水市麦积区工商联合会办公室）

社会团体

天水市麦积区总工会

【概况】麦积区总工会前身为天水县总工会，天水县委于1953年设工会工作委员会，“文革”期间活动中止，1973年恢复工会组织；1986年2月更名为天水市总工会北道区办事处，2005年1月更名为天水市总工会麦积区办事处，2007年3月又更名为天水市麦积区总工会，在同年7月和2012年11月分别召开区第一次、第二次职代会，选举产生区总工会第一届和第二届委员会、经费审查委员会和女职工委员会。

下设办公室、组织宣教部、法律保障部、女工部、财务部、帮扶中心等6个工作部门；区总工会现有专职干部职工10名，其中参照管理事业单位公务员5名，工人3名；配备主席1名(兼党支部书记)，副主席1名；主任科员1名，副主任科员1名，科员1名；下属事业单位麦积区工人文化宫主任1名(副科)；自收自支人员2名。

全区有各级工会组织624个，其中镇工会17个，街道办事处总工会3个，工业园区总工会4个，机关事业单位工会93个，企业工会中国有及控股企业2个，非公企业505家。全区有工会会员68728人，其中女会员32073人。

【维权工作】联合麦积区人社局、区工商联召开全区构建和谐劳动关系暨工资集体协商工作推进会，为来自全区各系统工会、直属基层工会、非公企业工会主席及负责人近150人进行业务培训；全年已有86家非公企业工会规范完善工资集体协商春季要约行动，全区新签企业工资专项集体合同19份，涉及职工654人；续签企业工资专项集体合同67份，涉及职工4325人；签订工资专项集体合同累计达86份，涉及职工4979人。对全区94家基层企业工会进行法人资格登记工作并办理法人资格证书；协调有关方面对2017年新建会8家非公企业签订集体合同，涉及职工314人；对去年到期29家非公企业续签集体合同，涉及职工2451人；累计签订企业集体合同118家，涉及职工4200人。与区安监局联合开展劳动安全卫生工作，对11家非公企业进行劳动安全卫生大检查及签订劳动安全卫生合同，涉及职工852人；签订女职工特殊权益专项保护合同24份；全区国有控股企业职代会建制面达100%，非公企业建制面达70%。17个镇、3个街道、4个工业园区中全部建立健全职代会制度。厂务公开在全区事业单位、国有控股企业建制面达100%，非公企业建制面达到80%。

【组织建设】2017年非公企业建会13家。发展农民工会员900名；对农民工集中办理入会手续，发放会员证2900本，吸收农民工新会员2900名，本年度新增农民工会员3800名；对所有基层工会开展基层工会规范化建设活动及深化“双亮”、落实会员“四权”工作；截至2017年底，全区各基层工会“双亮、四权”工作覆盖面达到90%以上；在十个镇工会和四个企业工会阵地规范化建设任务已全部完成；10月举办全区2017年基层工会干部培训班，全区80个非公企业、系统工会、直属基层工会相关工作人员300多人次参加此次培训。

天水市麦积区总工会

党组书记、主　席：吴　健

副主席：文自学

（供稿：王　璠）

共青团天水市麦积区委员会

【**概况**】麦积区现有基层团（工）委62个，团支部900个，直属团总支（支部）3个，团干部配备率98％，共青团员17986人，团青比21％。

【**宣传教育**】2017年，麦积团区委坚持用科学理论武装青年、教育青年、引导青年，组织团员青年学习党方针政策，特别是党十九大以后，团区委行动，迅速在全区团员青年中掀起学习高潮，进一步增强团员青年做好工作信心和决心。开展“中国梦”主题实践教育活动，解读“中国梦”历史底蕴与时代内涵，为青少年树立远大目标指明方向。同时，发挥共青团组织青年、引导青年职能作用，基层团组织普遍建设QQ群、微信群、微博等，以青年喜闻乐见新媒体工作平台组织开展政策宣传、形势解读、社会热点剖析、民族精神和时代精神教育等活动，不断提高青少年思想道德建设水平。

【**少先队工作**】团区委根据团中央和省市团委关于加强中学团组织和少先队辅导员队伍建设精神，发扬“全团带队”优良传统，指导各少先队组织开展环保小卫士、雏鹰行动等主题队日活动。5月30日，团区委配合团市委在麦积区实验小学举行“红领巾心向党，放飞中国梦”庆“六一”暨天水市“十大优秀少先队辅导员”、“优秀少先队员”、“百名四好少年”颁奖典礼。

【**爱心助学**】争取团市委2017年圆梦大学公益资助项目，按照贫困大学生资助规范，严格程序，公开透明，坚持品学兼优、雪中送炭原则，对麦积区5名家庭经济困难亟需资助大学新生予以一次性资助5000元。开展爱心助学，联系国酒茅台和省青基会为2017年新考上贫困大学生捐助助学金。

【**志愿者活动**】以“学习雷锋好榜样——青年志愿者在行动”为主题，3月5日，在麦积区火车站广场，团区委组织市二院、区疾控中心、区妇幼保健院、区人社局、区公安分局等青年志愿者开展“践行雷锋精神、开展志愿服务、建设美丽麦积”学雷锋志愿服务活动，发放宣传资料和便民服务手册一千余份，医疗卫生系统开展义诊活动，为群众免费体检、答疑解惑。同时，乡镇团干部和广大农村青年走向街道打扫卫生、并向路人发放生态环保宣传资料一万余份等。12月1日，在第30个“世界艾滋病日”来临之际，团区委联合麦积区防艾办、区疾控中心以及天水市第二人民医等单位组织麦积区广大青年志愿者在商埠路步行街联合开展12·1“世界艾滋病日”宣传活动，活动通过设置大型宣传展板、悬挂条幅、佩戴红丝带、派发宣传单、现场讲解义诊等方式，宣传艾滋病基本知识及相关政策法规等。2017年，组织青年志愿者服务20余场次。

【**西部计划及支教**】团区委根据团市委文件精神，向区委区政府主要领导汇报，协调联系区委组织部、区编办、区人社局开展考核安置工作，经区政府常务会议研究，已将麦积区服务期满两年4名甘肃籍“西部计划”大学生安置就业。2017年8月，团区委赴兰州接收1名甘肃籍“西部计划”大学生志愿者到麦积区开展工作。截至2017年底，麦积区现有“西部计划”大学生志愿者2人为麦积区开展志愿服务。

【**青年就业创业**】联合区劳务办，深入各乡镇，开展以“送岗位、送信息”为主题“春风行动”劳务宣传活动，宣传就业、创业相关优惠政策，提供劳务、维权等信息服务。除此之外，参加文化科技卫生“三下乡”活动，通过各种途径，向广大青少年宣传有利于青少年就业政策。团区委根据所提出意见建议，发挥共青团政治优势和组织优势，在引导青年创业和服务青年就业上发挥作用,更加有力落实各项措施,努力为全区农村创业青年在创业信息、创业技术、创业资金等方面提供实实在在帮助。

【预青工作】团区委开展好预青工作,协调相关部门及时联合下发有关文件,按照各自分工,依托乡镇街道、村组社区等基层组织,做好6至25周岁年龄段闲散青少年、不良行为或严重不良行为青少年、服刑在教人员未成年子女、农村留守儿童、流浪乞讨未成年人等五大类重点青少年群体排查摸底和数据更新,掌握重点青少年群体基本情况、家庭状况、主要困难、现实需求等信息,有针对性地提出预防重点青少年群体违法犯罪有效措施和政策建议。6月26日"国际禁毒日",在步行街组织开展以"关爱健康、远离毒品、共建和谐"为主题宣传教育活动,通过张贴宣传画、散发宣传资料、现场解答咨询等方式,向广大群众特别是青少年群体宣传预防青少年违法犯罪相关法律法规。

共青团天水市麦积区委员会

书　记:周鹏飞

副书记:贾文娟(女)

(供稿:吕少龙)

天水市麦积区妇女联合会

【概况】2017年,区妇联现有干部9名,其中主席1名,副主席1名,主任1名,副主任科员1名,科员5名。现有妇女组织55个,其中,乡镇妇联20个,区直机关妇委会30个,非公经济组织妇委会5个。

【基层妇联组织改革】按照中央和省、市、区委妇联改革各项决策部署,坚持"试点先行、由点及面、分步实施、有序推进"工作思路,以"增三性""去四化"为目标,以"建组织、扩队伍、强服务"为重点,坚持问题导向,着力解决基层妇联组织工作架构不齐全、工作经费缺乏、工作覆盖面窄、工作人员无报酬等问题。2017年率先于全市其他县区在马跑泉镇什字坪村试点完成村妇代会改建村妇联工作,经过全区上下各级党委、政府重视支持和妇联组织同努力下,截止9月底,全区村(社区)新成立妇联组织414个,新选出镇(街道)妇联主席20人,副主席20人,兼职副主席37人,执委523名;新选出村(社区)妇联主席414人,副主席856人,执委4940名,基本形成横向到边、纵向到底妇联组织网。11月中旬顺利召开麦积区第七次妇女代表大会,会上选举产生主席1名,副主席1名,兼职副主席4名,挂职副主席1名。七届一次执委委员37名,各级妇女代表大会召开,有力优化区、镇(街道)、村(社区)三级妇联组织领导机构和领导班子人员构成,切实健全区、镇(街道)、村(社区)三级妇联组织体系。村妇联主席每月300元报酬和各镇(街道)1万元妇联经费区财政预算纳入。

【巾帼脱贫】以"巾帼脱贫六大行动"为抓手,不断深化"陇原妹走出去、陇原巧手干起来、女能人带起来"行动,助推贫困妇女脱贫增收。2017年举办陇原巧手培训班9期,培训500人;培训陇原妹家政服务员500人;联合区人社局举办妇女创业技能培训班2期,培训妇女117人。依托巾帼家政示范基地输转家政服务员78人;培树创业女能人10名,组织10名妇女参加市妇联举办陇原巧手及电商培训班,组织15名妇女参加市妇联举办"两癌"贫困妇女创业技能和康复能力培训班;争取东西协作帮扶单位西青区妇联意向为麦积区2个贫困村争取财政资金20万元,发展养殖土蜂项目。

【家庭文明建设】坚持常态化开展寻找"最美家庭"活动。推荐表彰省级"最美家庭"2户、市级"最美家庭"14户;推荐全国最美家庭候选户1个;推荐省级五好文明家庭候选户1个、最美巾帼人物候选人3名;评选表彰平安家庭20户。联合区建设局深入开展美丽庭院创建活动,全区创建区级以上示范村16个,示范户35户。连续举办"母亲讲堂"六期,参与群众500多人。联合省、市妇联举办"陇原(天水)妇女面对面·母亲讲堂镇(村)行"讲座4期,参与妇女800人次。在伯阳镇、元龙镇、五龙镇、中滩镇等镇举办"麦积妇女面对面·母亲讲堂乡镇村行"讲座10期,参与人数1000人。

【妇女维权】依托区妇女儿童帮扶工作站、法律援助工作站、妇女维权法庭、"12338"妇女维权热线等工作载体，全力为广大妇女和家庭提供迅速、便捷、多样化维权服务；利用"三八维权周"、"12·4"、"6·26" 等重要节点开展维权法制宣传教育活动，编印并发放妇女维权手册、《反家庭暴力法》重点解读、未成年人安全知识教育手册、留守女童保护手册等各类知识读本500余份，举办各类维权知识讲座10余场，全年接待来访妇女儿童80余人，办结率达到100%。

【关爱妇女儿童】举办反家暴行动启动仪式暨志愿者培训会，来自不同行业志愿者计28人参加培训；巾帼志愿者们深入村、社区开展《反家庭暴力法》文化宣传活动；开展巾帼志愿服务4次，慰问帮扶空巢老人4名，心理援助困难家庭儿童4名。联合和雨东青少年帮教中心在胡大村举办智慧少年动力营活动；联合平安保险公司羲缘营业部组织"关爱留守儿童，奉献一份爱心"公益活动；携手童星幼教公益团队在绵诸村开展"关爱高龄党员、情暖留守儿童"为主题送温暖、献爱心活动。通过深入开展关爱空巢老人、留守老人、留守儿童活动，传递社会正能量，动员全社会都来关心空巢老人和爱护留守儿童，

【两规划】"两规划"93项可监测指标中89项提前实现2020年规划终期目标，4项指标按年计划如期推进，预期达标率95.7%。"母亲健康快车"公益项目全面实施，进村入户开展义诊咨询活动300多人次，健康普查208人次，发放妇幼宣传资料400多份，运送孕产妇5人次，利用节日节点，举办4次妇女儿童义诊活动，为300多名妇女群众进行免费体检，赠送药品价值1万元；"两癌"贫困妇女救助与摸底上报工作有序推进。全年为全区61名建档立卡"两癌"患病妇女争取到"两癌"救助金61万元。

天水市麦积区妇女联合会

主　席：谢小兰

副主席：高文霞

兼职副主席：焦　霞（11月任）

许江澜（11月任）

夏小娟（11月任）

高红红（11月任）

挂职副主席：蒋　露（11月任）

（供稿：潘翠蓉）

天水市麦积区科学技术协会

【概况】2017年，麦积区科协有工作人员8名，其中主席1名，副主席1名，主任科员1名，副科级干部1名，工作人员4名。机关设办公室，科普站、青少年学会部。区科协由全区性自然科学学会（协会）、乡镇、街道办事处科协组成。区、乡现有63个学会（协会），其中区级学会7个，会员620人，这些学会集中全区工、农、医等各学科、各专业科技人员；乡镇、街道科协20个，企业科协1个。

【科普宣传与咨询】参与"三下乡"活动。区科协作为"三下乡"活动重要成员单位，参加区政协和区委宣传部在新阳镇胡大村、三岔镇吴砦村、伯阳镇复兴村、渭南镇渭西村现场活动，为当地群众发放有关科学种植、养殖、新农村、健康生活等科普图书3000余册，无公害蔬菜、水果种植科普挂图1000份，新春挂历500多张。联合区科技局和区科教兴区成员单位、科技特派员、科普志愿者等500多人在麦积区二马路步行街举行以"科技强国·创新圆梦"为主题2017年科技活动周启动仪式。活动利用科普大篷车、科普挂图等展教设施为广大市民普及地震知识、公共卫生、安全生产等方面科普知识，并邀请专家现场进行节能环保、食品安全、减灾防灾等方面咨询，现场播放科普音像知识，发放科普图书及音像资料1000余份。在科技活动周期间，在新阳镇温集村、石佛镇周半村等村组织开展四场次果树实用技术培训班，在新阳镇温集初中、元龙中学等学校进行"科普大篷车"进校园等系列活动。承办2017年天水市全国科普日暨中国流动科技馆第二轮巡展（麦积）启动仪式。9月18日下午，2017年天水市"全国科普日"暨中

国流动科技馆第二轮巡展(麦积)启动仪式在麦积区博物馆举行。市科协、市教育局、市科技局、市环保局、市农业局、甘肃省科技馆、麦积区党政领导及有关学会、麦积区全民科学素质领导小组成员单位科技专家、科技工作者、科普志愿者、龙园小学部分师生以及新闻媒体记者共计500多人参加此次活动。活动现场,展出科普知识宣传展板200多块,悬挂条幅10余条、发放科普宣传彩页500余份,发放各类宣传手册2000多册,现场接受群众咨询200余人次。中国流动科技馆第二轮(麦积)巡展,以"体验科学"为主题,声光体验、电磁探秘、运动旋律、生命奥秘、数学魅力、球幕电影6个主题展区,有50余件小型化经典互动展品。现免费向全区青少年及社会公众开放,参观人数达10万余人次。上下联动,社区科普进活动丰富多彩。联合3个办事处分别在各自社区开展科普知识宣传活动,活动吸引8000多名群众驻足参观、咨询,展出科普展板220多块,派发各类科普宣传资料21000多份。参与各类科普活动。参与学雷锋科普宣传志愿服务活动、"5·12防灾减灾日"、"节能环保周"、食品安全宣传周、庙会科普、"扶贫日"等科普宣传活动。采取科普展览、科技咨询、科学体验等群众喜闻乐见形式开展科普宣传,观看科普展板群众达4000余人,发放科普资料、科普图书近8000份。

【科技培训与服务】围绕麦积区果品、畜牧、蔬菜、食用菌、中草药、土蜂蜜等产业区域发展,联合区林业、农业、果业、畜牧、区农经科技服务协会等单位深入48个贫困村,开展科普宣传38场次,举办各类实用技术培训班38场次(其中在深度贫困镇五龙镇举办花椒、核桃栽培培训班12期,培训贫困户400余名),受益群众达1万多名,印发各种实用技术图书资料5类2万余册(份),其中悬挂横幅36条,展出展板208块,送致富信息12余条,解答群众提出问题30余条。

【协会活动】新发展涉及种养殖农技协会1个,科普示范基地1个。动员农技协参与各类农洽会。南山苹果协会、花椒协会、蜂蜜协会巧借天津市西青区和麦积区对接帮扶契机,在天津市西青区帮扶天水市麦积区农副产品展区展出花牛苹果、元龙花椒、东岔土蜂蜜宣传麦积区特色农产品,拓展市场。区花椒协会还参与武都花椒洽谈会、重庆江津市场花椒交流会、陕西韩城花椒洽谈会推介麦积区花椒,使麦积花椒远销四川、重庆、河南、山东、北京、天津、东三省。区科协主席和联系区科协区政府领导参加10月15日至21日在南京农业大学由市科协、市委组织部共同组织天水市全民科学素质提升暨科技助力精准扶贫培训班。与区委组织部、区人社局联合发文开展麦积区在外高层次人才摸底工作,基本摸清麦积在外高层次人才,并及时上报市科协。开展农民技术员认定工作。针对果农外出务工,劳动报酬低,技能认可度低突出问题。区科协主动出击,动员区农经科技服务协会于陕西国家杨凌农业高新技术产业示范区衔接,拨付6500元培训费,组织麦积区219名果农在市二中举办国家杨凌农业高新技术产业示范区天水农民技术员评审工作,通过为期4天培训、笔试、现场操作,麦积区9人获高级农技师,17人获中级农技师,137人获农技员。由区科协牵头区农经协会承办组织全区19家农技协负责人和全区有影响技术能手赴陕西省宝鸡市千阳县现代苹果示范园,河南省三门峡市陕县绿色苹果示范园,花牛镇南山苹果基地,石佛镇大阳山苹果基地,新阳镇温志德苹果示范园,石佛镇周半村李文会苹果示范园现场观摩学习,并举办座谈会。选派1人参加中国科协在南京举办互联网家科普专题培训班。指派专人指导区花椒协会组建麦积花椒微信号,随时帮助指导椒农生产、发布供求信息。区农经科技服务协会建立麦积区苹果微信群按照病虫害防治日历指导果农生产。组织6家农技协参与甘肃省科技助力精准扶贫工作群,随时发布工作动态。区东岔小红珠中药材协会参与甘肃易农技平台交流群,已通过实地考核。

【青少年科普教育】开展"科普大篷车"进校园活动。充分发挥科普大篷车自身优势,参加甘肃省"科普大篷车进校园"成县活动,与区教体局举办麦积区2017年"科普大篷车进校园"巡展活动在花牛中学率先启动。此次活动从4月28日到12月31日,由区科协提供资源及指导工作。分别在城区和乡镇十余所中小学校开展，并在每个学校展示一周以上。截至12月底,"科普大篷车进校园"巡展10所中小学校,受益师生达2万余人。与区政法委联合举行科普宣传甘肃省林业学院活动，发挥科普大篷车优势向广大师生大力宣传科学知识。举办第32届天水市麦积区青少年科技创新大赛并召开表彰会。在本次活动中,全区有16所中小学校及幼儿园参与科技创新大赛，参与师生达6000余人,征集作品428件,经专家组评审,第32届天水市麦积区青少年科技创新大赛组委会复核审定,评出青少年优秀科技竞赛类项目48项;少儿科学幻想绘画43幅;优秀实践活动1项;优秀创意项目3项;优秀科学DV作品2项;科技辅导员创新成果竞赛项目11项;优秀科技辅导员25名;优秀组织奖7个。在天水市第32届青少年创新大赛上,麦积区获89项奖,在甘肃省第32届青少年科技创新大上,麦积区获25项奖(天水市共42项，麦积区科协获得第32届青少年科技创新大赛优秀组织奖)。在8月份结束第32届全国青少年创新大赛中,天水市第二中学张怡同学"强互动式激光全息投影"项目获优秀创意奖,天水市麦积区桥南小学李福怡同学"美丽都市"科幻画获三等奖。从7月份开始,与区教体局联合举办6期"麦积区2017年中小学青少年科技辅导员培训班",受益师生达2000余人。麦积区举行第33届青少年科技创新大赛评审会。10月27日，区科协、区教体局联合举办第33届天水市麦积区青少年科技创新大赛作品现场评审会,来自各学校11位评审老师组成2个评审工作组对作品进行现场评审。本次比赛收到少儿科幻画、青少年科技创新成果、青少年科技实践活动、科技辅导员科技创新成果项目等7类作品共800余件。大赛评审工作组根据《全国青少年科技创新大赛规则》中所规定标准,按照质量优先、兼顾大局原则,根据不同研究领域对参赛项目进行评选。经初步评选,择优推荐参加天水市举办第33届青少年科技创新大赛作品280件。

天水市麦积区科学技术协会

主　席:霍定军

副主席:漆亚毅

(供稿:张　健)

天水市麦积区
文学艺术界联合会

【主题文艺活动】3月底，组织摄影作品120幅,参加"影像丝绸之路——天水摄影双年展北京巡回展"。7月份,组织舞蹈节目12个,参加全市第三届"羲皇杯"舞蹈大赛,两个节目获二等奖,4个节目获优秀奖;8月份,组织区内十个声乐节目参加全市第二届"羲皇杯"声乐大赛,一人获老年组一等奖,两人获青年组二等奖;9月份,组织24名参赛选手参加第二届"羲皇杯"器乐大赛,有五人获得不同奖项。区内3人书画作品参加市上举办"中华同根·水墨情深"第四届海峡两岸名家书画展;区内21支业余舞蹈队参加市文旅局、市电视台主办全市广场舞大赛，四个代表队获得不同奖项。组织区文艺骨干参加市上举办"李杜诗歌节"，麦积区民俗学者李子伟应邀做专题辅导,5人诗歌作品入选会刊。以迎接党十九大为主题先后举办全区老干部职工喜迎十九大书画展（与区文化馆合办);麦积区廉政书画展、麦积区老干部书画、摄影作品展(与老干局、区文化馆合办),共展出区内文艺家精心创作书画、摄影作品300余幅。同时,组织艺术家参加市上组织"庆祝十九大·丹青颂华章——天水市中国画作品展","庆祝十九大·天水市第三届摄影艺术展","庆祝十九大——天水市首届正书展",50余幅书画、摄影作品入展。十九大召开前,组织摄影爱好者参加全国"喜迎十九大笑脸摄影"选送活动，上报作品50幅。开展2017年度"深入生活、扎根人民"主题实践活动。组织区内文艺工作者举办讲座两次，参加200多人次，分别由市文联及省书协专家讲解习近平总书记关于文艺工作者“深入生活、扎根人民”重要论述。组织书画、舞蹈等文艺工作者先后深入利桥镇、元龙镇井儿、下佃子村、花牛镇白崖村、沈家河村，三岔镇吴岩村、伯阳镇复兴存、渭南镇渭西村、新阳镇胡大村、赵家庄村、北道埠街道办事处、桥南建材、驻军某部队，进行文艺“五进”活动，参加文艺工作者及爱好者200多人，送书画作品500余幅，节目演出3场次，摄影采风活动一次，现场指导培训3次。

【申报省市文艺奖】申报“文艺百粒种子工程”项目3人，分别是麦积区元龙镇农民杨胡平儿童文学创作，退休干部张海玉文艺理论著作《杜甫秦州行》，农民刘应生长篇小说《路弯弯》。申报市政府“麦积山文学艺术奖”5项5人，其中，儿童文学1人，长篇小说1人，书法创作1人，理论研究1人，散文创作1人。

天水市麦积区文学艺术界联合会

主　席：吴全通

副主席：王文辉

（供稿：麦积区文学艺术界联合会办公室）

天水市麦积区消费者协会

【概况】天水市麦积区消费者协会常设办事机构是消协综合办公室，办公地点在天水市麦积区工商行政管理局，有兼职干部1人。区工商局派出机构14个工商所都成立消协分会。

【3·15国际消费者权益日】“3·15国际消费者权益日”当天出动170多人，设置宣传版40块，宣传条幅20条，发放消费维权知识宣传材料4000多份，受理咨询263人次，解决投诉2起。

【投诉受理】麦积区消费者协会受理消费者投诉133件，解决投诉351件，解决率100%，涉案金额94.9元，消费者挽回直接经济损失23.4万元；接待来访、咨询1400人/次，维护消费者合法权益。

天水市麦积区消费者协会

会　长：裴爱田

秘书长：王建军

（供稿：消费者协会办公室）

天水市麦积区残疾人联合会

【概况】麦积区残疾人联合会于1990年10月13日成立，属区政府领导正科级事业单位，财政全额拨款，编制单列，经费独立，具有法人资格。区残联有编制17人，实有工作人员17人，理事长1名，副理事长2名；乡镇街道理事长、专职委员40人；村(居)委会残疾人工作专职委员414人，志愿者600人。截至2017年12月31日持证残疾人有12405人，残疾人家庭11824户。

【扶助政策落实】农村生活困难、靠家庭供养且无法单独立户成年无业重度残疾人，经本人或其法定监护人申请，可按照单人户纳入低保范围。盲人、一二级残疾人免费乘坐县内公交及三四级残疾人乘坐县内公交享受半价优惠。对纳入城乡居民养老保险符合政府代缴政策16–59岁一、二级重度残疾人全部纳入代缴范围。残疾人大病住院期间，按规定比例报销后，再给予报销补助。

【就业工程】针对全区残疾人缺技术、缺资金、创业难、就业难实际问题，2017年区残联充分利用残疾人实名制就业和培训信息平台，对有培训需求1323名贫困残疾人实施一人一计划，兜底服务精准培训，对587名实施计算机、家电、手机维修、盲人按摩等培训，对35名下肢贫困残疾人进行修鞋培训，并免费提供修鞋设备，对27名贫困残疾人子女免费进行职业技能培训，通过实施全省残疾人就业创业“百千万”工程。确定2个残疾人就业创业基地（三岔镇麦积区丰杰果蔬农业专业合作社，天水博新农业有限公司）被确定省级扶持项目，各落实扶持资金30万元(合计60万元)，作为全区残疾人就业、创业培训基地。吸纳20名残疾人集中就业，扶持带动周边120名贫困残疾人就业。确定3个盲人按摩示范机构(佛泉盲人按摩院、李德喜盲人按摩院、师文学盲人按摩院),其中:佛泉盲人按摩院有5名盲人就业作,7张床位,营业面积100平方米,3200多名客户提供服务。作为全省A类机构,扶持资金10万元。师文学、李林生按摩院各吸纳2名盲人就业,床位5张,营业面积各80平米,1800名顾客提供服务。作为全省C类:扶持资金各3万元(合计6万元),按照省市残联"关于严格按标准建设盲人按摩示范机构标准"落实。

【康复服务】麦积区在健全残疾人康复网络基础上,加大残疾人康复服务体系建设,构建以专业康复机构为骨干、社区康复为基础、家庭康复为依托,以实用、易行、受益广康复为重点,全面开展肢体矫治、白内障复明、假肢装配、康复器具供应等服务。全年180名白内障患者实施复明手术,25名贫困患者实施肢体矫正手术,38名听障残疾人配发助听器,50名下肢功能障碍者免费配发轮椅拐杖,0-6岁脑瘫贫困残疾儿童开展筛查和抢救性康复。172名精神病患者实施彩票公益金救助项目,对精神病患者住院最高2000元补助,服药最高900元补助,发放补助资金36.3万元,做到救助一人,稳定一家,安全一片,切实改善贫困残疾人自身功能。千名听障儿童人工耳蜗手术后康复强化训练项目,省市下达麦积区12名18周岁以下(含18岁),家庭有能力配合并保证受助儿童在康复机构接受全日制式定期集中面授康复强化训练患者,在2017年7月24日在市康复中心进行人工耳蜗植入术后强化训练。帮助听障儿童提高语言精确度和交流能力,使其早日融入社会生活中。麦积区466名听障人士争取到由美国西门子集团免费捐赠斯达克品牌助听器932台，于2017年9月24日在天水市龙城广场由美国西门子集团专家集中适配到每位患者，每台6980万元,650.4万元,466名听障人士进行适配。

【教育维权】麦积区残联在贯彻落实《全省"百千万"残疾人教育就业扶贫工程实施意见》基础上,引导残疾人增强自我发展能力,全面落实推进特殊教育提升计划,进一步加强特殊教育、职业教育、职业技能培训,提高残疾人素质和能力,认真落实残疾学生及贫困残疾人家庭子女就学优惠政策,巩固随班就读成果,协助教育部门对重度残疾儿童少年开展随班就读和残疾学生高考录取工作及组织实施"彩票公益金"、助残教育专项补贴制度。实现肢体、视力、智力残疾儿童就近、就便入学和听力、言语儿童在特教学校全资助入学,全面落实"七彩梦"计划,35名城镇幼儿阶段残疾儿童每人每年500元补助,29名小学义务阶段残疾儿童每人每年600元补助,10名高中阶段残疾少年每人每年1500元补助,8名高等教育阶段大学生每人每年3000元补助,有效保障贫困残疾学生稳定就学。在做好残疾人信访维权工作同时,搭建残疾人信访信息平台,开通使用网上信访信息系统和12385残疾人服务热线,提高信访工作效率,残疾人提供实时服务。全年协调解决残疾人信访件33封,来访123人(次),正确引导残疾人依法逐级上访,使信访问题在属地得到妥善解决,切实发挥残联维护残疾人合法权益和维护社会稳定重要作用。

【文化体育】继续强化残疾人事业宣传。围绕残疾人小康进程推进、脱贫攻坚任务和"两项补贴"惠残政策落实、民生实事等重点工作,在全区筛选6名优秀残疾人运动员，推荐至市上组团参加在金昌开展全省残疾人青少年田径锦标赛,并取得好成绩,在"全国助残日"、"国际残疾人日"等重要时间节点策划活动，大力宣传残疾人自强典型、扶残助残典型事迹和残疾人工作先进经验。

天水市麦积区残疾人联合会

党组书记、理事长:余撒利

副理事长:夏晨阳

张寒梅

(供稿:何富存)

军事·法治

人民武装

【思想政治建设】围绕发展谋全局，用上级决策指示统领工作，用民主集中制规范组织领导，用务实作风推动部队建设，大事集体研究、工作齐心协力、处理关系不违背原则，培养法治思维，实施依法决策，民主决策，科学决策，确保党委集体领导落实。学习宣传贯彻十九大精神，采取组织干部职工收看直播、集中学习、宣传教育、撰写心得体会、重温入党誓词、理论考核、笔记展评等形式，结合民兵专业分队集中训练时机，组织专武干部、参训民兵解读宣讲“十九大”精神，并通过压力传导、改进作风、讨论辨析、组织清查等方式方法，贯彻落实中央八项规定、军委十项规定和禁酒令，彻底整治基层“微腐败”等现象和问题。

【军事工作】正规战备值班秩序。打牢应急备战基础。落实编制调整改革。学习贯彻“新体制新职能新使命”落实本级调整改革。

【军事训练】完善民兵信息管理机构，调整补充民兵信息员，建立健全民兵信息机构，完善区、镇、村信息机制和报告制度。开展干部军事训练。组织民兵专业训练。完成共同课目、专业抢修、防暴队形和警棍盾牌等训练内容。

【征兵工作】开展兵役登记，开展征兵宣传，落实体检站设置。设置相对独立封闭体检站，组织征兵工作领导小组、人武部干部、职工和基层专武干部认真学习上级有关廉洁征兵规定及通报，特别是“十条纪律规定”、“六个严禁”、“六个不准”具体内容，组织签订《廉洁征兵责任书》，落实上级有关廉洁征兵规定。

【安全管理】树立保持部队安全稳定就是讲政治理念，适应转隶后新体制、新职能、新使命，始终把安全管理作为工作头等大事和保底工作抓紧抓好，作为一项重要政治任务常抓不懈。健全安全组织，严格安全制度，突出安全重点，开展“学训整”活动，“百日安全”活动组织严密。枪弹“零持有”清查。

【双拥共建】参与“ 全域无垃圾”活动、组织官兵参加驻地义务植树和河道整治、荒山绿化，春节、国庆等重大节日，走访慰问辖区 10 户军烈属、老党员和两参人员，为贫困户送去米面油等生活用品；接待退伍军人查询档案和核定请领优抚金事宜，协调区民政局按时发放入伍大学生和高原条件兵一次性奖励金。2017 年安排投入扶贫资金 10 万元，杨家河村新建蔬菜大棚，协调相关部门为帮扶村开展果树种植、育苗技术培训，帮助贫困户解决实际困难，支援村貌美化、排水渠维修和巷道硬化等工程建设，利用学校新生入校、征兵宣传时机组织集中军训、国防教育等活动，处理军人家属涉法问题，为军人军属涉法提供制度保障。

天水市麦积区人民武装部

部　长：杨联继（5 月止）

政　委：钟慧杰

（供稿：丁福才）

人民防空

【概况】麦积区人民防空办公室为区直事业单位,现有工作人员8人,设主任1名、副主任1名、内设办公室和综合股。

【组织指挥建设】摸清各校2017年“三防知识”教育人数2935人,从市办联系到教材2960册,于6月底发放到城区7所中学各学校,同时,督促各校成立“防空知识”工作领导小组,制定教学计划,安排授课老师,完成2017年防空知识教育教学计划工作。配合市办完成麦积区2017年相关单位人防专业队伍组建工作。

【通信警报建设】落实与市办电台联络和值班制度,电台沟通率达95%以上。9月18日上午区人防办统一发放指令,警报鸣响率达到100%以上,完成9·18警报试鸣任务。7月份全省指挥通信培训会在麦积区举行,区人防派出1名职工参加培训会,同时参加甘川两省人防指挥跨区机动演练,整个演练历时7天;10月份,派出工作人员2名职工参加甘宁两省人防指挥通信拉练演练,两次野外演练活动中,区人防人员按照省办统一计划,拉动综合训练,完成机动指挥、行进编队、电台通信等多个科目训练。

【人防设施管理】2017年,区人防办组织工作人员对全区早期人防工程和新建人防工程进行检查,各工事单位派专人协助检查工作,对存在安全隐患部分工事当场告知,要求各单位限期整改。6月份,区人防组织工程股工作人员对全区人防工程进行汛期防护检查工作,对工程排水系统进行清理,确保在汛期工程不出现任何损失。9月份,区人防对全区新建人防工程进行检查,并将检查结果汇报市人防办,由于检查有力到位,本辖区人防工程未出现任何事故。

【人防宣传】向区四组织领导、区人武部、城区三个街道办事处送阅《甘肃人防》《中国人民防空》杂志等人防资料。在国家、省、市媒体刊登麦积区人防信息稿件10多篇。对桥南天河社区人防工作站阵地进一步完善。9·18警报试鸣日,在天水火车站广场利用广播音响宣传《中华人民共和国人民防空法》《甘肃省人民防空实施办法》等人防法律知识,发放人防宣传资料10000余份。

天水市麦积区人民防空办公室

主　任:陈润和

副主任:霍建春

(供稿:张景发)

公　安

【概况】麦积公安分局现有政工监督室、纪检监察室、信访室、警务保障室、指挥中心、审计室、刑科室、行政审批室、国内安全保卫大队、治安管理大队、法制大队、户政管理大队、刑事侦查大队、网安大队、出入境管理大队、禁毒大队、巡逻防暴警察大队、经济犯罪侦查大队、反恐大队、预审大队、渭滨公园治安管理大队、城市管理综合执法大队等22个内设科室和职能业务大队,下辖道南派出所、道北派出所、桥南派出所、社棠派出所、马跑泉派出所、花牛派出所、东岔派出所、元龙派出所、伯阳派出所、甘泉派出所、麦积派出所、中滩派出所、渭南派出所、新阳派出所、石佛派出所、五龙派出所、琥珀派出所、党川派出所、利桥派出所、三岔派出所、麦积山大景区派出所、高铁南站派出所22个基层派出所;辖有看守所、拘留所2个监管场所。

【治安管理】受理各类行政治安案件4456起、查处3789起,打击处理违法嫌疑人3244人;破获普通刑事案件61起;对全区60家娱乐场所、137家物流寄递业进行备案登记。

【交通管理】查处各类交通违法行为21.4万起(其中,查处11类严重交通违法行为16.3万起)。免费办理电动自行车和残疾人机动轮椅车“两类非机动车”注册登记业务,完成挂牌登记1.9万台。

【出入境管理】受理出国境证件1.87万人,接待境外人员住宿1997人,培训全区涉外宾馆外国人管理业务10次。新增国家工作人员报备829人、撤销101人、更新45人。

【消防安全管理】消防大队狠抓消防宣传教育和火灾隐患排查整治,接火警228起,没有人员伤亡。

【专项行动】组织“破案会战”、打击“盗抢骗”、“三打击一整治”等专项行动。打掉恶势力犯罪团伙5个,抓获犯罪团伙成员28人;破获敲诈勒索、盗窃、抢夺、诈骗等侵财类案件968起,涉案总价值2822万元。放火、爆炸、绑架、强奸、抢劫、抢夺、伤害等七类案件立案75起、破案67起,破案率89.33%;公诉犯罪嫌疑人550名。受理经济案件58起,立案53起,破案46起,挽回损失439万元。

【队伍建设】分五期、对全局308名45周岁以下在职民警进行轮训;完成新招录民警、协警岗前培训2期50余人,开展执法执勤安全防护业务培训1期60人、“一标三实”专业培训3期80余人、心理健康辅导6期360人次、刑事技术业务培训1期60余人、保密知识和信息化应用培训班8期600余人、户政业务培训3期60余人;相关警种还推荐骨干民警参加全国和省市业务培训30多人次。与天津市公安局和平分局相互开展警务交流3次。1个集体荣获全市“三八红旗集体”荣誉称号,5个集体分别被市公安局荣记三等功或被评为先进单位,3个集体被区政府评为先进单位;并先后4次受到通报表扬,1名个人入选公安部“情报研判人才专家库”,40余名个人被市公安局记功奖励或表彰奖励。

天水市公安局麦积分局

党委书记、局长:李世和

政　　委:张兴盛

专职副书记:师　勇

副 局 长:陈　诚

刘四海

郭宏彦

窦学智

纪检书记:杨作峰

(供稿:王　婷)

检　察

【概况】麦积区人民检察院有内设机构15个:办公室、政工科、反贪污贿赂局、反渎职侵权局、司法警察大队、侦查监督科、公诉科、民事行政检察科、职务犯罪预防科、控告申诉检察科、刑事执行检察局、检察技术科、监察室、案件管理办公室和未成年人刑事检察科。

【刑事犯罪】2017年,受理公安机关和本院自侦部门提请批捕各类刑事案件220件292人。经审查,批准逮捕127件149人,不批准逮捕93件143人,不捕率48.97%;受理移送审查起诉各类刑事案件347件455人。经审查,起诉至区人民法院315案407人,移送市检察院5案8人,移送其他法院1案2人,相对不起诉2案2人,撤回起诉1件1人,其余24件36人正在办理当中。以上批捕、起诉准确率均为100%。

【涉罪未成年人帮教】全年受理各类未成年人刑事案件42件49人,其中审查逮捕阶段21件25人,批准逮捕8件12人,不批准逮捕13件13人,不捕率为61.91%;审查起诉阶段21件24人,起诉法院14件17人,不起诉7件7人,不起诉率38.09%。按照未检工作少捕慎诉,最大限度挽救涉罪未成年人工作原则,本院在甘泉中学建成全市检察机关首个未成年人观护教育基地,开展法制宣传进校园活动9场,成功帮教10人,异地帮教1人,捕后改变强制措施1件1人,开展社会调查28人次。8月份,麦积区人民检察院组织带领6名符合条件涉罪未成年观护对象,乘坐飞机赴北京、天津等教育基地参观学习,通过生活对比、教育挽救、人心感化,激发他们对美好生活向往,重新规划自己人生,收到良好社会效果,开创涉罪未成年人观护帮教新模式。

【社会治安综合治理】把打击重点集中在严重暴力犯罪、多发性侵财犯罪,以及制售假冒伪劣食品药品、电信网络诈骗等严重危害民生犯罪等方面,适时提前介入重大案件侦查活动;加强与侦查、审判机关沟通配合,及时提出补充、完善和固定证据意见，认真开展羁押必要性审查和量刑建议工作。落实检察环节社会治安综合治理措施，立足办案排查社会风险，真正使执法办案过程成为化解矛盾纠纷、促进社会和谐稳定过程。

【查办和预防职务犯罪】在国家监察体制和检察机关自侦部门转隶改革之年，本院严格按照党委决策部署和上级检察院具体要求，持续保持惩治腐败犯罪高压态势，确保查办和预防职务犯罪工作力度不减、节奏不变。全年立案侦查各类职务犯罪案件6件18人，其中贪污贿赂案件3件14人、渎职侵权案件3件4人，通过办案为国家和集体挽回经济损失300余万元。截至2017年底，上述案件已全部侦查终结、移送审查起诉。在严肃查办职务犯罪案件同时，本院深入推进职务犯罪预防工作纵深发展，开展全覆盖跟踪预防服务，全年开展专项预防调查1项、职务犯罪案例分析6件，向发案单位发出检察建议4份，开展行贿犯罪档案查询1351次，开展职务犯罪预防约谈3人次，开展举报宣传、法制和警示教育69场次，并形成《预防职务犯罪年度工作报告》报送区委、区政府。

1989年反贪局成立；2004年预防职务犯罪科、2006年反渎职侵权局相继成立。本院反贪、反渎、预防三个部门充分发挥职能作用，自1994年以来，共立案侦查各类职务犯罪案件179件290人，帮助发案单位填补监管疏漏并形成规章制度17件，累计开展覆盖全区党政机关和群众法制宣传、警示教育1200余场次，建立市场廉洁准入机制，接受行贿犯罪档案查询8439次，对全区29个重大项目建设开展全程跟踪预防监督服务，并将预防工作纳入全区综合考核之中。2017年11月5日，随着国家监察体制改革在全国各地正式推行，检察机关职务犯罪侦查权开始向国家监察委员会转隶。

【刑事立案监督和审判监督】全年办理立案监督案件11件13人，其中监督立案3件4人，监督撤案8件9人；纠正漏捕4件7人，追诉漏犯5人；办理两法衔接案件1件，轻刑快审案件15件；针对侦查活动中违法行为发出书面纠正意见9份；提前介入重大案件21件，向法院提出量刑建议310份。

【控告申诉检察】建成集控告、举报、申诉、咨询、查询、远程接访功能于一体综合性控申接待窗口，全面落实涉检信访各项责任制度。全年受理群众来信来访案件96件，全部归口办理并及时回复当事人；启动人民监督员程序案件4件；受理刑事申诉案件3件，受理民事检察监督案件3件，受理举报线索31件；息诉罢访信访积案2件，检察环节无一“上市赴省进京”案件。本院控告申诉接待室2017年被评为全国检察机关“文明接待室”。

【刑事执行检察监督】完成与区看守所信息联网和监控联网建设。全年入所检察392人，出所检察384人；进行安全检察22次，权利义务告知392人次，与在押人员谈心谈话116人次；办理羁押必要性审查案件12件；针对监管场所存在问题发出纠正违法通知21份、检察建议2份；对291名监外执行社区矫正人员进行四次回访考察，监督社区矫正人员收监1人。2017年，本院驻看守所检察室被最高人民检察院评为“二级规范化检察室”。

【公益诉讼】民事行政检察全年办理执行监督案件3件，审判违法监督案件2件，督促履职案件10件。7月，司法体制改革公益诉讼工作试点结束，纳入检察机关监督行政机关依法履职日常工作全面推进，全年办理公益诉讼案件6件，向人民法院提起诉讼2件，诉讼请求全部得到支持.

【案件流程监督管理】对全部案件办理诉讼程序和实体质量实行动态监管。全年向本院办案部门发送流程监控通知书2份，统一监管各类法律文书635份，统一监管入库涉案物品236件，开展案件质量评查47件，接待律师阅卷41人次，接待当事人及其近亲属查询30人次，公开法律文书及程序性信息1118份。

【主题实践活动】以“党员固定活动日”活动为载体，认真学习贯彻党十九大精神和省第十三次党代会精神，深入推进“两学一做”学习教育，践行社会主义核心价值观，完善党员党性体检、积分管理、公开承诺和谈心谈话制度，坚定维护以习近平总书记为核心党中央权威和集中统一领导，确保党中央确定目标任务和战略部署在检察工作中落地生根。

【司法体制改革】统筹推进检察人员分类管理，细化落实办案质量终身负责制，提升检察官办案主体地位，推动完善职业保障机制；全面开展公益诉讼工作，推进行政违法行为监督和行政强制措施监督改革，本院民事行政检察部负责人被评为全省公益诉讼工作先进个人；全面推进内设机构改革，将原有15个科、室、局、队整合为“七部一办”管理模式。在区委、区政府大力支持下，本院派驻马跑泉镇等十个检察室按照“八有”标准和“1+2”人员配备模式，明确接访、监督、预防、服务“八字”职责，延伸法律监督触角促进检力下沉，打造群众家门口检察院。本院对十个检察室逐一进行调研后提出“一个标准、各有特色”做法在全市进行推广。特别是本院探索运用互联网+检察工作模式，组织开发“涉农惠农项目资金信息查询平台”，群众可以通过电脑、微信公众号和手机短信等多种方式，随时随地查询自己所享受全部惠农项目种类、政策依据、资金总量、分配标准及发放到位等情况。

【检察职能】本院坚持一手抓检察业务、一手抓检察服务工作思路，持续深化、整合拓展“保民生，促三农”、“两联系，两促进”和“两好两促”专项行动平台，确保国家扶贫资金流转到哪里，检察监督就跟进到哪里，服务重大项目和企业发展，打造检察机关服务发展特色品牌，成少平区长在兰州召开全省“两联系，两促进”专项行动总结大会上还做麦积经验交流发言。投身脱贫攻坚，扎根农户，摸清家底，找准原因，培训农户生产技术，启动整村致富项目，帮扶石佛镇石崖村，本院精准扶贫工作在省委考核中得到满分评价。按照区委统一安排部署，2017年10月份，本院帮扶对象更换为党川镇石咀村、马坪村和利桥镇利桥村，本院62名干警与3个村187名贫困户结成帮扶对子，9名干警分三组常驻村组投身帮扶工作。根据多次实地考察论证，本院因地制宜提出以土蜂养殖、木耳种植、苗木和中药材种植为主项目致富帮扶计划，并带领区农业技术人员、三个帮扶村支部书记和本院驻村第一书记赴康县、两当考察学习，专门解决木耳种植技术和养蜂技术，并向区委、区政府争取项目帮扶政策。截至2017年底，本院出资启动项目试点，待试验种植成功后引导和指导全体贫困户扩大规模整体实施。本院还根据人大代表建议，出资3万余元在区府路实验小学路段安装交通警示牌和警示灯，确保学校周边交通安全。

天水市麦积区人民检察院

检　察　长：张国仓
副检察长：张丰登
杨江涛
董　政
贾虎胜（2月任）
政工科科长：高丽莉（2月止）
杜　丰（2月任）

（供稿：董会斌）

法　院

【概况】麦积区人民法院始建于1949年12月，现审判综合大楼位于麦积区天河南路南段。法院下设政治科、办公室、信访室、司法警察大队、立案庭、审判监督庭、审判管理办公室、刑事审判庭、民事审判第一庭、民事审判第二庭、民事审判第三庭、行政审判庭、执行局、监察室等14个内设机构和花牛、甘泉、社棠、元龙、三阳川、新阳、北道埠7个人民法庭。2017年，全院受理各类案件5439件，审执、结5474件（含旧存65件），分别同比增长29.87%、31.02%，结案率为99.45%，收结案件数均再创历史新高。

【刑事审判】受理刑事案件414件，审结416件（含旧存7件），分别同比增长11.89%、13.35%，结案率为98.81%。加大对群众反映强烈非法吸收公众存款、网络诈骗以及数量大幅上升涉枪、涉毒类犯罪审判力度，从严从快审结诈骗、运输毒品等一大批案件，打击犯罪分子嚣张气焰，提升群众安全感。

【民商事审判】受理各类民商事案件3465件，审结3485件（含旧存41件），结案率99.4%。充分发挥民商事审判稳增长、促改革、调结构、惠民生、防风险职能作用，支持供给侧结构性改革，运用强有力司法手段服务保障经济社会持续健康发展。在涉民生案件审理中，注重对妇女儿童、老年人弱势群体法律保护，依法落实诉讼费减、缓、免，完善庭前调解，开展巡回审理，实施司法救助，让人民群众时刻感受到司法便捷和温暖。

【行政审判】受理各类行政案件34件，审结39件（含旧存6件），结案率为97.5%。受理行政非诉强制执行案件184件，裁定准予执行案件62件。在行政审判中融入绿色发展理念，依法审结检察机关支持起诉公益诉讼案件6件，其中1件被列入甘肃省环境资源审判典型案例。

【案件执行】受理执行案件1342件，执结1350件（含旧存11件），执结率为99.78%，执结标额1.32亿元。收结案数分别同比增长22.78%、22.72%。先后向市人大检查组、市委政法委、区人大常委会专题汇报执行工作，推进“清仓”、“飓风”等执行专项行动，向执行难宣战。依法拘传49人，拘留36人，通过公安机关采取“临控”措施191人，以拒不执行判决、裁定罪移送公安机关4案4人，宣判1人；利用淘宝网组织司法拍卖12次，成交金额450.79万元，实际执行标到位率提升至87.6%。

【审判管理】区法院充分发挥绩效考核指标导向作用，以强化审判质效为突破口，将原来分散于立案、审监等审判管理职能全部集中，由审管办进行统一管理。通过对短板指标逐项分析，有针对性地加以引导，确保弱项得到补强，优势得以保持。针对过去审判管理不规范、实用性不强、精细化程度不高等问题，制定完善8项审判管理制度，加强督导督办，确保各项管理措施落到实处。与此同时，依托数字业务系统，实现对案件同步跟踪，办案环节同步管理，全年电子卷宗覆盖率达到100%。推进庭审直播工作，通过新浪网进行直播481件，位居全省法院第二位。

【立案信访】区法院党组把涉诉信访维稳工作作为审判执行工作重中之重来抓，尽最大力量解决影响社会和谐不稳定因素。全年接待群众信访13件（来访7件，来信6件），同比下降35%，在党十九大召开等重要时间节点未出现缠诉闹访、越级上访情况。筹措资金对立案信访大厅进行改造，使其具备速裁案件条件，同时拓展执行中心信访功能。认真落实最高法院关于重大敏感案件依法处置、舆论引导、社会面管控“三同步”原则，将涉诉信访评估制度落实到办案各环节。加强日常接待和院长接访，除信访室全天候接待信访人员外，院长每月10日固定接访，其他院领导工作日轮流接访，最大程度实现矛盾化解。

【司法改革】参照1∶1∶1新型审判团队构架对现有人员优化重组，组建新型审判团队14个；省高院统一招录45名聘用制书记员，经过业务培训全部上岗；法官单独职务序列和工资制度改革相关工作全面完成，司法责任制改革扎实推进。案件办理均由审判团队独立完成，院庭长办案成常态。在此基础上，认真开展轻微刑事案件快速办理，推动繁简分流和调解速裁工作，成立速裁法庭；建立刑事等四个专业法官会议，为合议庭及承办法官裁判提供参考意见。

【队伍建设】区法院准确把握社会主要矛盾变化对法院队伍提出新要求，以争先创优为抓手，全面加强队伍建设，有3个集体、14名个人受到市级以上表彰。院党组带头开展党十九大、省第十三次党代会精神学习宣讲，督促干警经常学、长期学，以实际行动推动“两学一做”学习教育常态化制度化。“以赛代练”开展庭审观摩、庭审直播、案卷及裁判文书评查等工作，参与省内两个法院裁判文书评查，并内部组织案卷评查3536件；以天水创建文明城市为契机，在7个庭室开展文明单位及青年文明号创建活动，形成服务窗口集群效应。

天水市麦积区人民法院

党组书记、院长：余　翔

党组副书记、常务副院长：张建明

党组成员、副院长：陈江勇

赵少华

党组成员、纪检组长：许慧兰

党组成员、执行局长：赵宏江

党组成员、办公室主任：蒲建军

党组成员、政治科科长：石春霞（1月任）

党组成员、刑庭庭长：曹　勇（1月任）

（供稿：王强利）

司法行政

【概况】麦积区司法局成立于1980年11月，是区人民政府领导下主管司法行政工作政府职能部门，内设办公室、法制宣传教育股、基层工作股、安置帮教与社区矫正股、法律援助中心等5个工作部门，下辖区公证处和20个乡镇(街道)司法所，管理5家律师事务所。区司法局主要担负着法律服务、法制保障和法制宣传三大职能。法律服务包括律师、公证、法律援助、基层法律服务等，法制保障包括人民调解、社区矫正、安置帮教工作等，法制宣传主要是“七五”普法宣传工作。有在职职工87人，律师47人。

【人民调解】全区建立各级各类人民调解组织553个，其中专业性调委会7个。加强“三调联动”建设，建立重大矛盾纠纷排查调处应急机制，整合社会力量及时有效化解各类矛盾纠纷。排查各类矛盾纠纷2185件，调处2185件，调处率100%；案件调成2162件，调成率98.9%。

【安置帮教】全区有10个安置帮教基地，成功安置帮教人员113人。收到刑释解教人员通知书188份，衔接188人，安置188人，落实帮教措施188人，衔接率100%，安置率100%，帮教率100%。接收精神病患者17人，全部通过救助登记审核。

【法制宣传教育】全区各类宣传活动190余次，发放宣传资料12万余份、出动宣传车65辆（次）、赠送法律知识图书9800余册、向群众解答法律咨询1130余人次、宣传法律法规20余部、受教育群众达26万余人次。

【法律服务】全区办理公证事项1001件。律师事务所办理各类案件793件，基层法律服务所办理案件381件，法律咨询3525人次。

【法律援助】法律服务大厅设立法律援助便民服务窗口。建立“三级”（区、镇、村居）法援工作网络，新建立法院、看守所、小陇山林区法院、信访局等法律援助工作站，在全区各村（社区）建立法律援助联络点。受理法律援助案件116件，解答法律咨询306人次，受援助人数116人，当事人挽回经济损失37.7万元。

天水市麦积区司法局

党组书记、局长：朱满春

副 书 记：吕健康

副 局 长：李　豪

王志刚

纪检组长：王利琴（11月止）

陶永强（11月任）

（供稿：武智峰）

城乡建设

城市重点项目

【概况】2017年,承担建设项目80个,其中省市协调保障项目13个,区级重点建设项目27个,区级一般建设项目25个,前期项目15个。完成52个区级协调保障建设项目。谋划城镇化建设项目94个(不含前期储备与协调保障项目),概算总投资约104亿元。其中:续建项目20个约46亿元,新建项目74个约58亿元。2017年投资约56亿元,其中续建项目约28亿元,新建项目约28亿元。谋划前期项目8个,总投资约35亿元;另外,承担国家、省、市协调保障项目20个。

【新建巷拓宽改造】2017年3月动工,南起林水路,北至兴陇路,道路全长360米,设计路幅宽15米(人行道2米+车行道11米+人行道2米),沥青混凝土路面。建设内容包括拆迁、管线迁改、排污、排水、道路、人行道、绿化、路灯等。

【埠南路提升改造】拆除埠南路排洪渠护栏,对排洪渠进行加盖防臭处理,治理段全长1074.8米;对加盖后宽4米,长1534.66米排洪渠顶进行绿化,并在其上设置景观节点、花坛、雕塑等,并对沿街建筑外立面、人行道进行整治。

【庄天公路麦积段街景整治】整治全长5.8公里,总面积约16758平方米,于6月中旬全面完成,栽植红叶李、紫荆、雪松、碧桃等绿化苗木6100多株,砌筑景观墙1800米、花池1800米、垃圾池2个、沿街建筑立面粉刷1500平方米,建设文化广场3个、小游园2个。

【城区巷道改造建设】2017年,麦积区住房和城乡建设局对道北、道南、桥南20条1715米小巷道进行治理,截至10月底,20条巷道治理全面完成。对城区埠南路、陇昌路东段、桥南天河南路、琥珀路、石佛路、甘泉路、五龙路、伯阳路等道路人行道进行透水砖铺装改造,改造面积约5万余平方米,更换道牙4200米,修整行道树树池557个。

【排污收集改造及颍川河黑臭水体治理】配合市建设局完成东排洪渠污水治理工程,对渭河南堤20多个污水收水口进行改造,防治污水外溢;沿颍川河床西侧敷设直径为500毫米波纹管280余米,建设6个污水检查井及1.5×3米一个污泥沉淀井,将污水接入渭河南岸污水干管,用污水泵排除颍川河口污水,对河床沉积污水回填。

【停车场建设】完成中医院停车场、马跑泉公园北门地下停车场、交警队立体停车场建设,通过增设人行道停车位、片区开发配建等,2017年新增停车位2270个。

【簸箕沟防洪治理】位于小陇山林业局西侧,主要包括清淤18000多立方米、新建沉淀池2个,修筑混凝土防洪堤520米,围墙260米,建设垃圾收集点2处。工程8月底全面完成。

【人行过街设施建设】羲皇大道省工学院门口人行天桥正在进行桩基建设，商埠路—天河北路地下通道方案设计完成，与商埠路地下人防工程一并实施。

【市政设施维修】对城区37条主次干道6000多盏路灯及配套变压器进行大面积维修,2017年维修路灯1300余盏，故障处理196次，更换电缆350余米,架空线500米,更换校正路灯杆90余杆,新架新建巷路灯12盏,改造二号桥高杆灯(LED)2处,新增一号桥下、二号桥桥墩、东立交桥洞等3处亮化设施,维修4000余根LED数码管。实施城区交叉路口亮化提升工程,在天河南路什字、道北什字、分路口、二中路口、建材市场门口、马跑泉路口、泉湖路口、货运大厦丁字路口、陇昌路东、二院门口、张家村路口、工会什字等24个路口新架灯杆76杆。完成破损路面修补4.9万平方米,完成一勘院、烟草公司、百货站三个路口硬化571.5平方米；城区及羲皇大道清理水箅子2716个；疏通陇昌路、埠南路、天河南路等路段污水管道7公里,完成吸污31车,完成城区排洪渠清淤19000余立方米。

【保障性住房建设】2017年,麦积区棚户区改造项目10个4843套,建筑面积41万平方米,概算投资14.4亿元。全部开工,开工率100%。其中:崖湾家园(二期)项目278套,正在进行主体施工;吴河家园(双泉家园 二期)项目183套,正在进行主体施工;糖酒副食站项目850套(陇林路790套、陇林家园C区、60套),正在进行基础施工;玉兰家园项目1250套,正在进行基础施工;供销联社项目180套,正在进行基础施工;泰正公司项目386套,正在进行基础施工;渭滨佳苑项目300套,正在办理施工许可证;金驼家园项目342套,正在办理规划及土地变性手续;赵崖(高铁佳苑)棚户区改造项目294套,正在进行基础施工;颖川佳苑(二期)棚户区改造项目780套,正在进行基础施工。全年累计发放城镇住房保障家庭租赁补贴1984户545.63万元。

【供热锅炉脱硫脱硝提标改造及供热扩容】对典盛热力公司燃煤锅炉进行脱硫脱硝提标改造,同时,对典盛热力公司下曲热源厂、华瑞热力公司热源厂进行扩建,提升城区集中供热能力。典盛热力公司燃煤锅炉脱硫脱硝提标改造于2017年6月底完成，下曲热源厂扩建正在进行设备安装,华瑞热力公司扩容正在办理环评审批。城区集中供热平稳有序，供热质量和服务水平进一步提升,天伦民乐园、天通苑等居住小区多年供热突出矛盾全部解决。

【小城镇建设及精准扶贫危房改造】2017年,省、市下达麦积区D级危房改造任务1083户。按照省建设厅、省扶贫办动态调整要求,7月26日,经上报省市相关部门确认，对精准扶贫危房改造进行动态调整,麦积区D级危房改造户由1083户调整为1041户。截至11月底,1041户危房改造全面完成,开工率100%,竣工率100%。60个村庄规划地形图测绘，规划编制全面完成。传统村落保护、特色小镇、美丽乡村建设加快发展,街亭古镇、新阳镇胡大村村传统村落保护与开发建设正在有序实施,三岔镇吴砦村、党川镇马坪村申报第五批传统村落资料报省建设厅审查，甘泉镇被列入全国第二批特色小镇名单，麦积镇后川村入选全国“美丽乡村示范村”名录。

【片区开发】片区开发进展顺利,桥南外贸片区(水岸明珠)、新亚购物广场二期、晟世珑庭一期、盛泰商城、恒顺·紫御润园一期、省建投·上尚宅一期、盛达新城一期、御景泽源大酒店完成;华世雅园3、4号楼主体完成;天邦·翠湖湾、盛达新城二期、育才名苑(原人武部片区)正在进行基础及主体建设。

天水市麦积区住房和城乡建设局
党组书记、局长:李　杰

副 局 长:王 鑫
牛炳兴
周瑞君
副 书 记:叶 扬
纪检组长:裴世奎
总工程师:张 燕

（供稿:岳 巍）

天水市麦积区房地产管理局

【概况】麦积区房地产管理处于 2017 年 1 月 18 日正式挂牌升格为麦积区房地产管理局。天水市麦积区房地产管理局核定事业编制数 49 名,其中,局长职数 1 名,副局长职数 2 名。拥有 8 个内设机构为:办公室、住房保障股、物业管理股、廉租住房股、房改股、公房管理股、财务股、房地产市场督查股。天水市麦积区房地产管理局公益一类全额拨款事业单位,正科级建制,人员参照公务员法管理,隶属天水市麦积区住房和城乡建设局。主要职责是:负责全区保障性安居工程建设、管理工作。制订全区保障性安居工程中长期发展规划和年度计划,下达年度建设指标;负责落实全区棚户区改造、经济适用住房、公共租赁住房(廉租住房)和限价商品住房保障政策;负责发放全区低收入住房困难家庭租赁补贴工作。负责全区保障性安居工程分配、入住和管理工作。负责制订并组织实施住房制度改革实施方案,承担全区住房制度改革工作;负责审批公有住房(自管公房和直管公房)出售、住房补贴方案制定等工作。负责全区各类住房货币补贴政策落实工作。负责全区物业管理工作。并对物业企业资质进行审核。负责管理物业维修基金归集、使用和审批工作。负责全区公有住房管理工作。负责全区直管公房管理、维修和租金收缴工作;负责单位自管房管理工作。受主管部门委托,依法对全区房地产市场违规违法行为进行查处。负责全区房地产市场管理工作。

【保障性住房建设】2017 年,麦积区住房保障工作在天水市委、市政府正确领导下,在市直有关部门、单位大力支持和精心指导下,紧紧围绕麦积区《2017 年住房保障工作目标管理责任书》,坚持以科学发展观为指导,精心组织实施,狠抓任务落实,团结拼搏、攻坚克难,有力推进全区住房保障工作。2017 年市政府下达麦积区棚户区改造项目 10 个,4843 套,建筑面积 41 万平方米,概算投资 14.4 亿元。各项目全部开工,开工率 100%,主体竣工 3130 套,主体竣工率 71.4%;基本建成项目 8 个,2564 套,基本建成率 100%,分配入住 1886 套,入住率为 73.6%。

【房地产管理】2017 年,城镇住房保障家庭租赁补贴发放情况。进一步完善麦积区住房保障体系,解决城镇低收入家庭住房困难问题,切实做好城镇住房保障家庭租赁补贴发放工作,实现城镇住房保障家庭租赁补贴梯度保障、差别化发放,麦积区制定《天水市麦积区城镇低收入住房保障家庭租赁补贴实施办法》。全年按照新标准发放城镇住房保障家庭租赁补贴 1984 户,5261 人,发放金额 545.62 万元。2017 年麦积区国开行融资贷款 11 个项目,申请贷款 26 亿元,审核授信额度 24.12 亿元。2017 年收到各类住房保障补贴资金 2.67 亿元。进一步加强直管公房管理,加大房租收缴力度,2017 年收缴房租 18.8 万元,及时排查危房,完成直管公房维修加固 35 户,维修面积 1450 平方米;房改工作稳步推进,归集祥丰佳园小区购房款 2000 万元,归集天伦惠民小区物业维修资金 78.4 万元。完成保障性住房建设调研工作,形成保障性住房建设工作调研报告提交区人大审议。物业管理不断加强,区物业办认真贯彻落实《物业管理条例》《业主大会和业主委员会指导规则》,对 12 个住宅小区进行检查督查,对 33 家物业服务企业物业管理工作进行督查检查和年检考评;成立物业管理人民调解委员会，认真化解和调解物业管理工作中出现各类矛盾和问题，更好履行物业管理职责；加强对全区物业小区监管工作，定期不定期对各物业小区进行监督检查，规范物业公司服务行为，提高物业企业服务质量，加强小区管理，化解一批热点矛盾。办理区人大代表建议、政协委员提案5件，答复市长留言板问题50余件。

天水市麦积区房地产管理局

局　长：王继祖
副局长：杨利强
　　　　韩彦伟
副主任：胡广勇
　　　　吕　涛
　　　　杨　东
书　记：李林君
副书记：王建军

（供稿：天水市麦积区房地产管理局办公室）

城市管理

【概况】麦积区城市管理综合行政执法局成立于2003年11月，按照2014年12月24日天水市麦积区机构编制委员会办公室《关于区城市管理综合行政执法局和区城市管理综合行政执法大队更名通知》（麦机编办发〔2014〕86号）要求，天水市麦积区城市管理综合行政执法局更名为天水市麦积区城市管理行政执法局，天水市麦积区城市管理综合行政执法大队更名为天水市麦积区城市管理行政执法大队。内设办公室、执法股、法制股和督查股，下设北道埠、桥南、道北、社棠、马跑泉、花牛、甘泉、麦积、中滩、元龙等10个执法中队。

【执法效能建设】全年累计办理市、区两级人大议案、政协提案11件，受理市民群众电话投诉、举报362起，答复市委书记、市长留言板投诉反映问题357条、人民网留言13条，办理上级部门交办、督办信件、投诉件39件。

【市容市貌专项整治】开展为期40天市容市貌专项整治行动，集中力量对城区主干道和车站、商场周边临街门店倚门经商、占道经营等管理顽疾进行重点整治，累计取缔倚门经商、占道作业1020起，清理乱吊乱挂350余处。同时，在城区主干道采取“错时工作制”措施，加强“空档”时段管理，减少和杜绝摊点占道、商品倚门等现象，全年累计清理各类流动摊点5400余摊次。

【清理规范户外广告】全年拆除破损门头招牌广告203块，暂扣灯箱广告120余块，拆除各类楼顶标识标牌、广告牌、镂空字等92处、大型广告牌10块。

【清理城市牛皮癣】累计清理灯杆、墙体、桥梁等公共设施上乱张贴各类城市小广告12.3万余处，清洗粉刷办证号码11.5万余处，没收各类待张贴广告7800余张，当场制止并处罚随意乱张贴人员48人。

【乱停乱放整治】设置非机动车停放点60处，规范非机动车停放2900余台（次），现场批评教育乱停乱放机动车辆392辆，建立机动车“首次违停档案”1200余份，依法移送交警部门处理乱停放机动车4685辆。

【羲皇大道综合整治】对高家湾市场、锐义市场、马跑泉集贸市场周边进行全天候、不定时巡查，严厉查处各类乱摆摊设点、占路为市等行为，防止市场外溢，并对沿线常年占用人行道13辆“僵尸车”进行清理。

【道北旧货市场清理取缔】成立专项整治工作组，抽调50名执法人员，对区府东路旧货市场进行集中整治，累计搬迁占道经营户8户，清理旧货1.6万余件，拆除违章搭建简易棚1836平方米。

【城乡规划建设秩序整治】全年累计巡查发现

各类违法违章建筑439处，建筑面积15.24万平方米。其中:依法强制拆除125处4.85万平方米，实施行政处罚12处0.64万平方米,强制停工302处9.75万平方米。

【城区露天烧烤摊点集中整治】累计清理取缔各类露天烧烤摊点46处(规范进店经营16处,清理取缔30处),城区主干道沿线及公园、学校、居民小区等周边露天烧烤基本上做到全部清理取缔。

【城区垃圾焚烧查处】全年累计制止各类随意焚烧垃圾行为51起(其中:当场处罚18起、批评教育33起)。

【综合整治渣土运输车辆】按照环保工作要求,督促渣土运输车辆加装密闭盖板和顶灯装置,并开展多次突击整治行动。2017年,累计依法查处违规运输车辆1386辆(其中:立案查处38辆,当场处罚506辆,批评教育842辆),加装密闭盖板256辆。

【依法行政】结合"全国文明城市""国家园林城市"创建活动,通过采取定点执勤岗宣传、新闻媒体宣传等方式,累计散发各种宣传资料6100余份,设立咨询台15台次,接待市民各类咨询900余人次,各新闻媒体采纳报送宣传稿件68篇。组织25名执法骨干参加全市城管执法人员业务培训，对新入职15名城管执法队员进行为期15天法律法规专题培训。三始终坚持一案一审、案卷审查登记制度和三级审案制度,对重大、疑难案件提交案件审理委员会进行分析、研究、讨论并最终作出处罚决定,形成行政案卷法制化、程序化、规范化。全年办理简易程序案件1039起,一般程序案件239起，未出现一起因执法程序不当或运用法律条款不准而引起行政复议或行政诉讼案件。并严格按照行政处罚备案规定，向区法制办备案移送45起。先后制定《法制员工作制度》《重大行政执法决定法制审核工作制度》,在基层中队设立法制员岗位,完善执法内部监督机制,充分发挥重大执法决定法制审核制度监督纠错功能，进一步规范全局行政执法行为,提升执法效能和执法水平。对2016年6月1日至2017年5月31日以来全局办理297宗一般程序案卷进行全面认真评查，重点对执法案卷事实证据、执法程序、适用依据、量罚幅度、文书格式、案卷整理等方面进行综合分析和总结,促进全局法制工作不断向前发展。

天水市麦积区综合执法局

党组书记、局长:张敬忠(1月止)
王学文(1月任)

副　书　记:吕建平

副　局　长:杨天虎
孙建民
高原平

纪检组长:王秀平

执法大队大队长:陈鸿斌

执法大队副大队长:闫丽芳
刘晓军

(供稿:漆晓旭)

市场建设

【概况】天水市市场建设处麦积中心,天水市市场建设处直属主管全区市场建设参照公务员管理事业单位,正科级建制。1997年,天水市市场建设服务处成立,副县级事业单位,隶属市工商局领导。1998年12月,工商部门实行省级以下垂直领导，天水市市场建设服务处未纳入工商部门上划序列,于1999年移交市政府管理。2000年3月成立天水市个体私营经济管理局，与天水市市场服务处合署办公,两块牌子,一套人马,正县级事业单位,隶属市政府领导。下属秦州、麦积分局(中心)两个科级事业单位。2002年2月,在全市机构改革中，把个体私营经济管理职能划入天水市非国有制经济管理局，只保留天水市市场建设服务处，同时更名天水市市场建设处，直属单位2个，即秦州中心、麦积中心。在2010年全市机构改革中，天水市市场建设处由天水市城市与住房管理局归属管理，机构、名称设置不变。

【项目建设】按照年初确定市场建设任务，麦积中心负责重点市场建设项目10处，分别是：天水市菜篮子工程（仓储）配送中心建设项目、麦积马跑泉龙槐果品市场新建项目、桥南副食品综合市场续建项目、东岔镇立远综合农贸市场新建项目、开源商业步行街新建项目、林水路社区市场新建项目、麦积物流中心（华夏物流园）新建项目、高家湾农贸综合市场改建项目、桥南综合商场改建项目、天豫商贸城。以上建设项目总占地232.43亩，项目总投资9.88亿元，2017年年度计划完成投资3.26亿元。截至年底完成年度投资3.88亿元，完成全年投资建设任务119%。其中，麦积马跑泉龙槐果品市场、开源商业步行街、东岔镇立远综合农贸市场、林水路社区市场、天豫商贸城、天水市菜篮子工程（仓储）配送中心、桥南副食品综合市场等7个项目全部建成，投入使用。高家湾农贸综合市场改建项目因规划条件限制，暂未建设，正在协调，办理前期手续之中。麦积物流中心（华夏物流园）和桥南综合商场两个项目，按建设进度时限要求进展顺利。

【招商引资】2017年，完成招商引资建设项目2个，到位招商引资项目建设资金2.75亿元。

【项目争取及固定资产投资】按照年初天水市市场建设处麦积中心与市场建设处及区委、区政府签订目标责任书，协助全区各市场业主争取项目建设资金298万元，完成2017年任务280%，分别为：分路口商贸城争取省商务厅改造提升项目补助资金40万元。东岔镇立远农贸综合市场争取省商务厅新建项目补助资金40万元。天水花牛苹果产业园争取省商务厅建设项目补助资金200万元。社棠农贸综合市场争取市财政改建项目补助资金18万元。完成全年固定资产投资1.08亿元。

天水市市场建设处麦积中心

主　　任：赵小刚

党支部书记：惠施东

（供稿：何丽君）

环境保护·国土资源管理

环境卫生

【概况】2017年，城区全面实施机械清扫、除尘、喷雾抑尘和循环洒水降尘作业，日清扫保洁作业面积达到228万余平方米，路面清扫保洁率达到100%，机械化清扫率达到85%；城区生活垃圾“日产日清”，全年处置生活垃圾无害化共计6.8万余吨，垃圾清运率和无害化处理率均达到100%；年内新建城区公厕3座，购置大型洗扫车2辆，车载移动公厕2辆，清扫保洁车200辆，完成伯阳垃圾场填埋工程和渗滤液调节池加盖及维修工程，启动城区垃圾收集站工程。

【城市环境卫生日常管理】做好城区路面清扫保洁和垃圾收集、清运、处理工作。完成城区228万平方米路面清扫保洁和日产200余吨生活垃圾清运处置。在日常环境卫生管理上，执行路面清扫“六不、七净”标准，合理安排城区主要路段、重点区域清扫保洁人员和机械作业车辆，对城区主次干道进行机械清扫、除尘、洒水循环作业，确保路面整体干净、整洁。对辖区32座公厕，6座垃圾中转站，52个垃圾池，1500多个沿街果皮箱进一步加强管理，全面落实公厕管理制度，确保公厕开放时间。同时，进一步强化对果皮箱清掏抹洗，对垃圾收集设施、厕内设施等日常维护管理，做到“随坏随修”，保证所有基础环卫设施正常使用。全年城区生活垃圾清运率达到100%，城市生活垃圾无害化处置率达到100%。

【全域无垃圾创建】成立全域无垃圾创建工作领导小组，科学制定麦积城区全域无垃圾工作方案及麦积城区全域无垃圾清扫保洁责任区段划分表及示意图，明确责任区域；按照“多角度、全方位、不留死角、不留空挡”要求，对北山公路长期乱倒堆积生活垃圾和建筑垃圾进行专项整治清理，出动车辆60多辆次，清运生活垃圾120余方，并在沿路重点区域设置警示牌；配合各街道办事处、马跑泉镇、花牛镇清理背街小巷及城中村陈年垃圾720余吨；通过夜间值班管理、宣传引导、执法管理等措施对乱倒垃圾现象进行整治，做到城区死角垃圾“随发现随清理”，杜绝二次污染。

【北京环卫集团进驻麦积】城乡环卫一体化工作实施以来，为保障北京环卫集团在麦积区前期工作顺利进行，区环卫局及时召开会议充分酝酿讨论，成立全域无垃圾一期项目协调领导小组，按照时间节点及《天水市全域无垃圾一期项目实施方案》工作要求，配合北京环卫集团摸底人员，对承担清扫保洁范围、垃圾填埋场、车队、欣顺公司、公厕、果皮箱、垃圾点等逐区域进行现场踏勘和确认，并提供详细人员、车辆、设备等摸底表册，并就目前作业方式、作业标准、作业时间多次与北环集团进行现场交流探讨，对《方案》进行无缝对接，逐项逐路段提出修改意见，并对未纳入翠湖公园、北山公园及一些道路进行补充完善。

【大气污染防治】2017年，落实全区大气污染防治工作责任，持续加大城区道路机械化清洗清扫等低尘作业力度，增加道路洒水和喷雾抑尘作业频次，有效防治道路扬尘污染。同时，结合道路扬尘防治工作要求，落实建筑工地出入口物料车辆抛洒、带泥行驶管理责任，加大对路面抛洒、带泥行驶、乱泼乱倒等污染城市环境卫生行为管理和处罚力度，加强对一线环卫工人环境保护宣传教育，禁止环卫工人焚烧垃圾；对易发生燃烧垃圾中转站，实行24小时无空挡值守。

【环卫基础设施建设】2017年，环卫局推进项目争取和建设工作，全年新建水冲式公厕3座，提升改造公厕1座；购置大型洗扫车2辆，车载移动公厕2辆，清扫保洁车200辆；完成伯阳垃圾场填埋工程和渗滤液调节池加盖及维修工程；启动城区垃圾收集站工程，城区6个垃圾收集站规划、地勘、环评、能评、设备招标、可研、施工图审查等前期手续均已完成，截止2017年年底，区府路西延段、粮食转运站2个收集站已开工建设；完成区府路西延段环卫车队停车场及附属工程建设项目规划、环评、施工图设计、审查和概算、场地平整及围墙工程；北山垃圾场封场工程已完成初设、地勘、水评、环评等前期手续办理，并对入场道路进行平整，新设导气孔8个；全年累计维修果皮箱14个，安装137个，拆除111个。

天水市麦积区环境卫生管理局

局　长：李　杰（1月止）
　　　　杨文轩（1月任）
副局长：张晓林
　　　　田润仓（10月止）
　　　　王兴国（4月止）
　　　　张锋斌（11月任）
　　　　王义锋（11月任）

（供稿：张芳龙）

环境管理及监测

【概况】麦积区环境保护局于1998年2月成立，2010年成为区政府组成部门，下设办公室、财务股、管理股、总量减排股、生态法制股、环境监测站和环境监察大队7个职能室、股、队，全局现有职工49人。承担着全区17个乡（镇）、3个办事处环境监察和管理工作。

【区域环境质量】全年环境空气质量优良天数281天，占监测总天数81.9%，比2016年增加22天；二氧化硫（SO2）年均浓度19微克/立方米，二氧化氮（NO2）年均浓度33微克/立方米，一氧化碳（CO）年均浓度1.9毫克/立方米，臭氧（O3）年均浓度147微克/立方米，均达到国家二级标准要求；可吸入颗粒物（PM10）和细颗粒物（PM2.5）剔除沙尘天气影响后均达到市上下达控制目标；地表水水质年均达标率100%，东部集中式饮用水水源地水质达标率100%，16个乡镇集中饮用水水源地水质均达到目标要求。

【总量减排】实施燃煤锅炉淘汰改造、煤炭一级市场建设、清洁能源替代、餐饮油烟和机动车治理、城镇污水处理设施运营管理与提标改造、黑臭水体治理等污染治理工程。2017年化学需氧量可控在4094.13吨以内，氨氮可控在627.34吨以内，二氧化硫可控在2380.42吨以内，氮氧化物可控在2872.34吨以内。

【污染防治】整治分散燃煤锅炉35台97.78蒸吨，实现城区燃煤锅炉"清零"目标；建设一级煤炭专营市场1处并投入运营，在3个街道办及4个城郊乡镇布局建设二级煤炭销售网点19个，加强秦麦高速廿铺出口（高速公路三角地）、社棠镇李家渠村、锻压厂桥头西侧3个煤炭检查站运煤车辆检查和煤质抽检力度，抽调人员组成2个稽查组进行动态巡查；淘汰报废黄标车62台、老旧车2026台；督促城区建筑工地"六个百分百"扬尘防治措施，实施城区道路机械化清洗清扫等低尘作业方式，道路机械化清扫率达到85%；在3个街道办事处及马跑泉镇、花牛镇实施“三改一补”工程，累计改造土炕1243个，土灶983个，小火炉785个，共计3011个；实施道南片区城市排涝管网建设、陇昌路、前进南路路面及道路污水管网改造、麦积山大道沿线污水管网铺设等污水管网建设工程，提高污水收集率；完成东排洪渠黑臭水体治理工程和颍川河入渭河口黑臭水体截污工程；对全区33家到期砂场进行取缔关闭，清理河道50.8千米，清运垃圾2.8万立方米，完成天水华建工程新材料有限公司机制砂厂规范化建设项目；清理取缔“土小”企业87户；依法查处东部水源地保护区内秀水山庄、顺达驾校等4家违法企业，督促一级保护区内5家畜禽养殖场进行搬迁；补充划定中滩镇余家峡村东和琥珀镇罗家村川地2处1000人以上乡镇集中饮用水源保护区，对16处乡镇集中式饮用水源保护区实施保护工程，并定期采集水样监测，全面掌握水源地水质状况；开展区域土壤污染状况详查，核实农用地详查点位177个；完成全区土壤重点污染源遥感核查及13个土壤环境质量国控监测点位设置及采样监测工作；制定印发《天水市麦积区畜禽养殖禁养区划定工作方案》和《天水市麦积区畜禽养殖禁养区内养殖场(小区)、养殖专业户关闭或搬迁工作计划》，划定畜禽养殖禁养区域，完成禁养区内年度关闭、搬迁；委托省环科院编制《麦积区生态环境保护规划》和《麦积区生态保护红线划定方案》，组织召开《生态环境保护规划》意见征求会和专家初次评审会，完成生态保护红线划定数据、资料收集上报；完成国家重点生态功能区转移支付绩效评估考核；实施渭南镇西湖湾村农村环境综合整治项目；在花牛、新阳、伯阳、马跑泉、社棠等镇沿河、沿路建设一批垃圾收集点，配备保洁员和环卫车，确保垃圾日产日清。

【环境安全监管】加大对危废产生企业日常监管，及时开展危险废物在线申报登记，督促企业建立完善危废管理台账，规范危废收储管理，确保环境安全；组织辖区内医疗卫生机构参加辐射与安全防护培训，督促30家医疗卫生单位及时更换《辐射安全许可证》，确保辐射工作人员持证上岗率100%；对中航、玉隆矿业等11家企业开展环境隐患排查，建立健全隐患治理、危险源监控、环境安全事故预警预防和应急救援等工作制度；开展辖区内自然保护区、森林公园和风景名胜区管理与建设环保专项检查，确保自然保护区内环境安全；全面落实突发环境事件应急预案体系建设要求，制定《天水市麦积区土壤环境污染事件应急预案》，修订《天水市麦积区突发环境事件应急预案》《天水市麦积区重污染天气应急预案》和《天水市麦积区辐射事故应急预案》，严格执行突出环境事件信息报告制度，组织参加环境应急演练，提升环境应急能力。

【环境管理】落实重大项目环评督办、跟进、协调、服务和“接放管服”工作要求，行政审批事项全部进驻大厅实行“一站式”办理，全年办理审批建设项目环境影响报告书3个，建设项目环境影响报告表20个，建设项目环境影响登记表网上备案137个，建设项目竣工环保验收12个，夜间施工许可证3个。

【环境执法】开展环保交叉执法及案卷评查，执行《排污费征收使用管理条例》，不断强化环境信访投诉查处工作，对12369环保热线、市长留言板、办公电话投诉、群众来信、来访反应各类环境问题，记录，详细解答，及时查处，全年共受理群众来信来访110起，案件查处率100%。

【环境宣传教育培训】围绕“绿水青山就是金山银山”主题开展“六·五”环境日主题宣传活动；组织各镇、街道、区直部门分管领导和业务专干共计100余人在区委党校举办全区环境保护专题培训班；完成成纪药业等6家企业环境污染责任保险试点。

【中央环保督察反馈意见整改】成立区委、区政府主要领导任双组长督察反馈意见整改领导小组，制定《麦积区贯彻落实中央环境保护督察反馈意见整改方案》和《整改措施清单》，在全面认领涉及麦积区问题基础上，对上级历次检查指出生态环境问题一并列入整改，确定36个问题，提出131项措施。在36项问题中，立行立改16个问题和需2017年底完成12个问题已完成整改和清单销号，分年度整改8个问题正在按计划进行整改，开展中央环保督察整改“回头看”工作，确保整改工作全面到位，巩固整改成效。

【环境治理】2017年，全区累计投入环保运行、执法等经费累计500.35万元，比上年度增加44.62%；累计投入环保专项资金4916.49万元，用于污染减排、农村环境治理、大气、水污染防治等各项环保工作，从全区抽调业务能力强、综合素质高8名干部，充实到区大气办，强化对大气污染防治工作牵头协调、督促落实和巡查检查等工作；聘请10名专职网格监督员，发挥“显微镜”作用，对大气空污染源进行全面监控，对发现问题第一时间处理或转办，区环保局“冬防”期间组织监察人员不间断开展夜间巡查。

天水市麦积区环境保护局

党组书记、局长：孙紫剑

副局长：汪彦军

缑发祥(4月任)

(供稿：路娟)

国土资源管理

【国土资源概况】麦积区土地总面积348301.55公顷，其中耕地面积59763.77公顷，园地面积20461.93公顷，林地面积227061.21公顷，草地面积15589.84公顷，城镇村及工矿用地9672.87公顷，交通运输用地2875.56公顷，水域及水利设施用地4606.03公顷，其他土地8270.34公顷。

截至2016年底，全区发现铁、铜、铅、锌、钼、钨、钴、铀、钍、铬、镁、金、银、白云岩、白云母、石灰岩、大理岩、石英岩、硫铁、钾长石、花岗岩、硅石、石膏、石榴石、粘土、凝灰岩、透辉石、地下热水、热矿泉水等30多个矿种。发现矿床、矿(化)点86处，其中大型矿床4处，中型矿床2处，小型矿床11处，另外还有大量矿(化)点和一些物、化探异常。其中，非金属矿产有石灰岩、水泥用大理岩，透辉石、白云岩及饰面石材等，零星分布有白云母、石膏、硅石等；能源矿产为地热，基本探明资源储量有金、长石、水泥用灰岩、建筑石料用灰岩、玻璃用石英岩、白云岩、建筑用砂、砖瓦用粘土、透辉石等9个矿种。

【天水市国土资源局麦积分局概况】天水市国土资源局麦积分局为市国土资源局派出机构，正科级建制，加挂市不动产登记管理局麦积分局及市国土资源局麦积山大景区(麦积山风景名胜区)分局牌子，受天水市国土资源局委托，麦积分局主管麦积区土地资源、矿产资源规划、管理、保护、开发和利用。内设15个股室(办公室、督查室、纪检监察室、测管办、财务股、建设用地股、地籍股、耕保股、地质环境股、执法监察股、土地整理中心及不动产综合股、权属调查股、信息股、登记股、档案股)，下设1个正科级直属事业单位市土地储备中心麦积中心；2个副科级参照公务员管理事业单位(天水市麦积区国土资源执法监察大队、天水市麦积区矿产资源所)；3个副科级直属事业单位(天水市麦积区统征办公室、天水市麦积区地质环境监测站、天水市麦积区不动产登记事务中心)；10个乡镇国土资源(中心)所(正科级所2个，为天水市麦积区花牛镇、马跑泉镇国土资源所；副科级所8个，分别为天水市麦积区社棠镇国土资源所和天水市麦积区新阳、石佛、东岔、麦积、甘泉、渭南、元龙中心国土资源所)

【用地服务】上报各类建设用地报件4宗，面积669.4425亩，经国土部、省政府批准建设用地3宗878.454亩，翠园三期、陇海铁路、兰州分离科学研究所、街亭互通立交、自驾营地、玉兰小镇、天平高速等重点项目落地实施提供优质用地服务。累计完成宝兰客专征地5225.517亩(其中永久征地2372.697亩，临时征地2849.82亩)，完成征地验工计价19991.6115万元，拆迁验工计价6.2亿元，拨付各乡镇、企事业单位征地拆迁专项资金80961.8537万元；完成天平铁路征地448.794亩(其中永久征地325.039亩，临时征地123.755亩)，完成征地验工计价2890.9862万元，拨付征地拆迁专项资金6200万元；完成天平高速永久征地734亩，临时征地359亩；完成陇海线元龙段改线新征用地99亩(其中永久征地80亩，临时征地19亩)，拨付征地拆迁专项资金800万元；组织验收宝兰客专弃渣（土）场及临时用地复垦33处2013.86亩；并建立完善征地管理台账。全年储备土地4宗847.2亩(其中，供应291.76亩)，正在报批土地370亩。利用市土地储备收购中心融资规模平台落实到位1.5亿元贷款资金，申请上报5000万元土地储备政府专项债券全额下达并拨付到位。

【耕地保护】严格执行基本农田保护“五个不准”和非农建设用地“六个不报批”制度，所有报批建设用地均与报备土地开发整理项目实行挂钩，实现耕地占补平衡，确保全区耕地保有量稳定在89.25万亩，基本农田面积稳定在60.06万亩。完成投资2473.35万元1040.93公顷麦积区新阳镇、琥珀镇新寨等10村甘肃东部百万亩土地整治项目，新增耕地117.48公顷，通过省级验收；投资700万元石佛镇陶家庄高标准农田建设项目通过区级最终验收；结合“精准扶贫”，实施总投资766万元267.03公顷琥珀镇、花牛镇、甘泉镇、元龙镇青崖村等7个村土地整治项目，通过市级验收。两项目惠及群众2286户10212人。

【矿政管理】充分发挥“一部两站”哨卡作用，由副科级领导带队常驻矿区，联合安监、环保、水务、林业、公安、涉矿镇政府等相关部门开展多次联合执法行动，对各类保护区内所有矿权进行摸底排查和清理整顿，封堵进场15家金属矿山矿硐28个，出动铲车16台、运输车12辆，加盖防尘网总面积1.5万平方米、覆土8000余平方米，出动人力190余人次。

【地灾防治】在全区冻融期、汛前、汛期等6次地质灾害隐患大排查，排查隐患点317处，全部纳入群测群防和监测预警体系。组建72人应急抢险队伍，建立应急物资库，发生小规模地质灾害灾情3起，险情2起，提供应急服务12次。重新确定乡、村监测预警责任人计962人全部纳入预警范围，全年发布预警信息83次74368条，向隐患点责任单位和涉险住户发放防灾工作明白卡和避险工作明白卡8000余份。投资1500万元天水市麦积区城区(北山公园、张家村、何家村)滑坡治理和投资300万元伯阳镇虎头村泥石流治理2个项目施工图设计完成招投标，即将开工建设。

【执法监察】落实动态巡查责任制，出动执法人员200余人次，集中开展动态巡查50余次，制止纠正违法用地33宗。结合“两违”综合整治行动，全年立案查处案件192宗，下发处罚告知书192份，下发处罚决定书148宗，申请法院强制执行案件73宗，拆除违法建筑83宗4.2万平方米，收缴罚款124.2万元，并配合区水务局对全区35家采沙场进行全面清理整顿。对2016年度1345个土地卫片图斑进行认真核查，涉及78宗违法用地全部依法查处到位。同时对省厅会审下发124个图斑逐个进行检查核实、内业核对、解释说明，顺利通过省级质检。除华建公司外其余采石企业全部关停整顿。环保联合执法近30次，专项督查8次，动态巡查和突击检查40余次，配合工信部门对全区“土小”企业进行清理取缔。全年调查办理信访维稳案件67件，其中转办25起，市长留言板26起,12336投诉5起，来天水市国土资源局麦积分局直访11起,都按规定程序如期办结。利用“4·22”世界地球日、“5·12”防灾减灾日、“6·25”土地日、“8·29”测绘日等有利时机,通过出动宣传车辆、设立咨询台、发放宣传资料等形式,扎实开展耕地保护、地灾防治、不动产登记等国土资源法律法规知识宣传，悬挂横幅6条、制作宣传展板18个，群发短信3000余条，发放宣传资料2500余份,接待咨询群众1200余人次。

【不动产登记】麦积区12.5万宗集体土地使用权权属调查、地籍测量、数据库建设等成果顺利通过省市验收,被评为优秀等次。完成农村土地数据档案整合1672宗，完成农村房屋调查测量1672宗地,完成林权调查测量185宗地;颁发不动产权证书64本，完成数据整合汇交35宗48条。完成麦积镇8个行政村1900宗,农房入户调查和麦积镇滩子村266宗，宅基地699幢房屋等建筑物测量。

天水市国土资源局麦积分局

党组书记、局长:汪旭东

副　书　记:朱勤发

副　局　长:刘小东(兼麦积不动产登记管理分局局长)

方志军

纪 检 组 长:王晓明

国土资源执法监察大队长:雷保军

(供稿:王亮)

机械制造工业

天水星火机床有限责任公司

【经济运行】星火集团2017年年订货总额63572万元,同比增长17%,其中:新增订货51235万元,同比增长34%;完成工业总产值52275万元,同比持平;实现销售收入43916万元,同比持平;实现利润-3768万元,减亏11696万元;产品产量1147台,同比增长25%。公司在全国机床工具行业中,金切机床产值排名第10位,稳定企业排头兵地位。

【星火集团分公司】兰州星火机床有限公司经过班子调整,生产经营步入正轨,全年订货5930万元,同比增长29%;实现销售收入4807万元,同比增长116%;利润-46万元,减亏45万元;职工队伍保持稳定,各方面工作正常进行。

天水红山试验机有限公司通过班子调整,生产经营实现良性发展,全年订货2780万元,其中新增订货1120万元,同比增长25%;销售收入686万元,同比增长4%;利润-350万元,减亏196万元。

青岛亨利安传动机械有限公司依托先进制造设备,市场订单充足,全年订货1400万元,同比增长53%;实现销售收入1037万元,同比增长37%;利润78万元,同比增长6%;职工队伍保持稳定,生产经营情况良好。

法国索玛公司技术世界领先,拥有稳定市场订单,全年实现销售收入8960万元,同比下降12%;利润110万元,同比下降5%,通过中方经理进行监督管控,企业保持稳定发展。

【提质增效】2017年公司研发80余种新产品(含改进),申报专利总计21项、起草产品标准3项,开发适销对路新产品。

中国最大缸筒类多功能车镗加工机床(回转直径Φ2500毫米,镗孔长度12000毫米);

中国最大斜床身高精度加工机床(回转直径Φ850毫米,加工长度6000毫米);

中国最大CXK61125五轴联动大型精密车铣复合加工中心(回转直径Φ1250毫米,加工长度6000毫米);

公司研发新一代ZH500高速钻攻中心产品,参加第十九届中国国际高新技术成果交易会,产品受到众多客户青睐,获得第十九届高交会“十大人气产品奖”。

公司还研制开发TX-052铝棒加工专用车床、TX-043干锅切边专用车床、CK5716数控定梁立车、M84125A/6米全自动精密轧辊磨床(上料、加工、测量、下料自动完成)、CH61125LF/7米车铣加工中心、CK6030/5M阴极辊专用数控加工设备,这些产品在市场具有较强竞争力。

【项目建设】公司通过承担国家、省、市科技项目,保持技术前沿研究与应用,保持企业能够进入国家级研发项目承担者资格体系,实现创新能力良性循环,加快企业转型升级步伐。

2017年4月,公司参加国家科技重大专项--汉江滚动功能部件产业化关键技术开发与应用项目,实现国产化高精度功能部件研发及应用。

2017 年 7 月，公司“机床大规模个性化定制系统项目”被列入国家智能制造试点示范项目。可实现智能化产品大规模个性化定制，达到利用信息化技术改造传统制造业目标。

2017 年 10 月，公司研发 CNC850/3 米数控精密车削中心被列为甘肃省重点研发计划项目，可引领行业技术水平发展。

2017 年 11 月，公司承担天水市级科技重大专项“航空精密加工数控车床研发项目”通过验收。

2017 年 11 月，公司参加国家科技重大专项--汉江滚珠丝杠副高效生产线关键技术研究与应用项目。

2017 年 12 月，公司参加国家科技重大专项—“数控机床精度性保持性技术研究”项目正在进行预验收工作，通过与大连理工大学合作研发，提升企业高档机床精度及可靠性水平。

2017 年 12 月，公司新开发 CNC850/5 米船舶转子轴高精度加工机床、CKT61250×120×32R 大型烘缸数控多功能加工机床、ZH500 3C 中框高速加工中心三项新产品通过省工信委新产品鉴定，技术水平鉴定为国际先进水平。

2017 年 12 月，公司新研发“CKW61125XN/18 米超长型活塞杆车磨加工中心”项目，提升企业专用机床制造技术水平，正在组织申报天水市科技计划项目。

天水星火机床有限责任公司

董事长、总经理：李维谦（兼总工程师 7 月止）

书记、纪委书记：王永革（7 月止）
蒋　俊（7 月任）

常务副总经理：张宇震（2 月止）

副 总 经 理：刘　胜（2 月任）
刘　强（2 月止）
杨金来（3 月止）
郭建慧
汪继平
王兴国
刘生玉

总经理助理：段玉明
胡庆峰（5 月止）
展海瑜（4 月任）
汪旭东（5 月任）

（供稿：张玉琪）

天水锻压机床（集团）有限公司

【概况】天水锻压机床（集团）有限公司前身为天水锻压机床厂，是六十年代国家投资建设大二型国家重点骨干企业，2011 年组建天水锻压机床集团。公司占地面积 31 万平方米，其中生产建筑面积 6.3 万平方米。主要生产设备 300 多台（套），其中大型、精密设备约 30 台套。公司主导产品为制管成套设备、数控剪切中心、大型数控折弯机、压力机、全系列折弯机、剪板机和卷板机等。其中石油、天然气制管成套设备处于国际先进水平，大型剪、折机床技术处于国内领先水平。天水锻压是国家制管设备研发制造基地和出口基地，也是国内唯一能生产大型数控剪切中心和全套大口径直缝埋弧焊管生产线企业，产品出口世界 40 多个国家和地区。公司设有国家级企业技术中心和甘肃省制管及锻压设备工程中心，是中国机床工具协会理事单位，中国机床工具协会锻压分会理事单位，中国工程学会理事单位，全国锻压机械标准化技术委员会委员单位。注册商标“TSD”被国家工商总局认定为中国驰名商标，公司被授予“全国五一劳动奖状”和“全国实施用户满意工程先进企业”是国家认定高新技术企业和知识产权示范企业。

【技术研发】天水锻压在保持大型剪折和制管设备定制化生产加工同时以智能、高效、精密、复合、成线为产品升级方向，以节能环保产业所需专用设备为产品转型方向，研发基于轨道机器人剪、折、冲、仓储一体化智能钣金生产线；可剪板厚 25 毫米、可剪板宽 13000 毫米重型数控全自动剪切单元；JCOE 大直缝埋弧焊管生产线数字化、网络化、信息化、自动化改造升级；智能防霜机；压缩式垃圾站、竹缠绕复合材料管道生产线设备和可装配式建筑专用设备。

【项目专利】2017 年企业申报各类专利 19 项,获奖权专利 15 项,其中授权专利 3 项。折弯机矩形复合导轨系统获甘肃省专利奖二等奖;钣金加工轨道机器人获甘肃省机械工业学会科技进步奖二等奖;智能果园防霜机获市级科技进步三等奖;QD11K-20X13000 数控前送料重型剪切生产线和 Y45-800/6000X15000 数控龙门移动式液压机两种新产品通过省工信委组织鉴定,被评定为国际先进水平。申报各类项目 14 项,其中 8 项获得国家和省市扶持。

天水锻压机床(集团)有限公司

董 事 长:杨正法

总 经 理:关尚虎

党委书记:孙 宏

(供稿:董参捷)

天水风动机械股份有限公司

【概况】天水风动机械股份有限公司是中国凿岩机械与气动工具研发制造大型支柱企业,现为中国工程机械工业协会凿岩机械气动工具分会会长单位。行业产品检测中心、行业标准化委员会、甘肃凿岩机械工程技术研究中心、甘肃省凿岩机械工程研究中心、甘肃省工业设计中心均驻设在本公司。经过近五十年发展壮大,企业跨入中国机械工业 500 强、甘肃工业企业 100 强行列,工业经济指标在全国凿岩机械与气动工具行业中名列前茅。企业先后荣获甘肃省先进企业、全国机械工业管理进步示范企业、国家机械工业安全质量标准化一级企业、全国模范职工之家、国家标准化良好行为 4A 级企业、全国五一劳动奖状等称号,从 2004 年以来,连续四次荣膺“全国机械行业文明单位”殊荣。从 2007 年以来,连续被授予“全国安康杯竞赛优胜企业”称号。公司“质量、环境、职业健康安全”三大管理体系连续多次通过中国质量认证中心年度审核和换证审核。风动公司小件车间党支部荣获“全国创先争优先进基层党组织”称号,是天水迄今唯一获中共中央组织部表彰基层党组织。公司商标为中国驰名商标。

企业主要产品有:凿岩机械、凿岩钻车、气动工具、凿岩钎具、防霜机等 5 大类 28 个系列、171 个品种,是行业中产品品种最全、种类最多厂家。产品广泛应用于矿山采掘,能源交通、机械制造等领域。主导产品 YT28、YT24 型气腿式凿岩机多次被评为“甘肃省名牌产品”和“全国机械工业用户满意产品”称号(2001 年起连续)。公司技术中心为国家级企业技术中心。

公司现有职工 1210 余人,其中具有专业职称人员 270 多人,中、高级专业技术人员 110 多人,党员 340 多人,占职工总数 28%。主要设备 1000 多台套。

【新产品研制和四新技术应用项目】主要涉及气动凿岩机、液压凿岩机、钻架、气动工具、气镐、钎具、防霜机、石油钻杆等类及特殊订货产品。全年共开展技术项目 66 项,完成或阶段性完成 51 项;申请专利 10 项;立项行业标准 1 项;配合编写材料 4 项。

【重大项目申报、产品及成果鉴定、奖励】1 月,申请工业强市奖励 10 万元,项目为:国家级信息化和工业化融合管理体系贯标试点企业。

2 月,《YYG180J 型掘进用液压凿岩机研发》项目被列为天水市科技支撑计划项目,5 月获得 25 万元科技经费。

3 月至 11 月,分别完成省级工业设计中心、工程研究中心、工程技术研究中心评估材料,并通过复审,成绩合格。

3 月至 9 月,完成省级骨干企业、省级促转型增效益企业、省级诚信企业申报。

【标准化和专利】标准复审 55 项。网上标准备案 18 项,行业标准备案 10 项、企业标准备案 8 项。申请受理专利 10 项、授权专利 5 项。其中,防霜机申请专利 3 项。液压凿岩机、气动工具、气镐等产品 5 项专利。

【技措技改】技改技措实际投入资金 193.48 万元,主要投资方向为锅炉煤改气项目。

【凿岩机及气动工具研制】完成 YT28(T)特殊订货产品，已批量生产。设计完成 YYG145D 型低压液压凿岩机样机，已下发试制。完成 S40Z220A 型气砂轮设计，并试制 5 台。改进 G10 缸体结构，降低产品成本、提高生产效率；完成 S40Z190 六方传动结构设计，现已投入生产。

【防霜机研制】对 TN160A、TN160B、TN160C 型防霜机各项技术文件及关键零部件持续优化改进。推进 TN160D 远程智能控制型防霜机在厂内进行调试、改进及运行检验等各项试验工作，去条山农场向用户展示公司不断研发新型防霜机产品成果，使用户对公司产品更有信心。

【凿岩机、钻车、防霜机工艺改进】完成防霜机、齿轮箱体、传动轴等 100 多种零件批量机械加工工艺持续调整、改进和重新编制，调整设计齿轮箱体等加工专用夹具。

YG80 凿岩机、螺旋棒、活塞、齿轮箱体工艺重新编制，完成多种零件批量机械加工工艺持续调整、改进和重新编制、工装设计工作。

完成 FT160BC-F 气腿全部产品图设计调整、工艺工装设计、工艺制定调整

对 YT28、YT24、Y20、YG80，YSP45、FJY27、YGZ170 等产品进行工艺调整，设计部分刀具、附具及夹具；对凿岩机机头、柄体零件进行重点工艺攻关。

对磨工车间数控化改造加工工艺方进行案设计和论证，加工阀盖和活塞四台数控磨床已经订购；加工凿岩机缸体专机在进一步论证工作，第一台缸体专用数控磨床已进入正常运行阶段。完成磨工车间第一台普通磨床数控化改造。将原有 M2110 内圆磨床改造成数控磨床，应用专用磨削程序加工凿岩机阀柜。

【锻压、精铸、钎具】进行 YT28T-3.11 气管弯头热压模和锻造工艺；TBG38-1.12 柄体热压模设计；Y140-723A、Y142-723A、Q440-723A 三种钎头本热挤压模具设计及试验；设计和试验 FT160BC-12 锁紧圈弯曲、压型模具并进行试验（正在进行）；节材降耗：与工具车间、锻压车间协商减小部分工具锻件余量。

完成精铸车间型壳焙烧炉改造大修服务；FT160BC-12 锁紧圈铸件结构调整工艺工装设计及试验；配合精铸车间、设备处进行精铸车间燃煤焙烧炉改天然气炉工作；完成精铸车间保温房平面布置工作。

按照钎具产品升级为钻具系列产品要求，围绕公司目标，先期制定针对公司现状实施方案，对 Y140 钎头工艺进行准备工作。并对市场特殊订货产品进行产品开发和工艺编制，并设计工装 12 套。对钎具产品包装进行调整改进。

【经济指标】初步统计，全年完成工业总产值 1.11 亿元，同比增长 63%；销售回款 1.0 亿元，同比增长 28.4%，

【展会宣传】9 月 20–23 日，天水公司携凿岩机、钻车、气动工具、钎具四大类产品中新品、精品 100 多件，高规格亮相北京 2017 工程机械展会。展会期间，前国家机械部、标委会、行业协会领导、重点客户、620 多位客商，国外成队驻华商务官员约 30 人（首次）慕名光临公司展厅，央视等知名媒体先后来展厅追踪报道。

天水风动机械股份有限公司

董 事 长：吴兴太
党委书记：张亚非
总 经 理：单光利
实业公司总经理：鲜永坚
副总经理：赵存权
副总经理：姚文卿
副总经理：杨福才
工会主席：佟庆华

（供稿：王陆峰）

轻工业

甘肃烟草工业有限责任公司天水卷烟厂

【概况】甘肃烟草工业有限责任公司天水卷烟厂始建于 1970 年，2002 年与原兰州卷烟厂合并，

形成“一厂两点”运行管理模式。2007 年 12 月,国家局批复兰州卷烟厂更名改制甘肃烟草工业有限责任公司，企业成为甘肃烟草工业有限责任公司下辖卷烟厂。2017 年底,企业占地面积 103.46 万平方米,总资产 48.13 亿元,现有 1 条 6000 千克 / 小时制丝线、7 组 ZJ17-ZB45 硬盒卷包机组、3 组 ZJ112-ZB47 硬盒卷包机组、3 组 ZJ17- ZB25 软盒卷包机组、1 组 ZJ17-ZB45 硬盒卷包机组、1 组 ZJ17 卷接机组。年生产能力 50 万箱。有从业人员 868 人,其中劳务派遣人员 172 人。

【卷烟生产】主要生产“兰州(硬红)”、“兰州(软黄)”、“兰州（硬黄)”、“兰州（硬蓝)”、“兰州”(16 支吉祥）等规格兰州品牌 18 个规格中 15 个规格卷烟。生产卷烟 40.02 万箱,入库税金 34.23 亿元。

【节能减排】2017 年,综合能耗 17.59 千克标煤 / 箱,同比下降 0.68 千克标煤 / 箱。同时,单箱水耗、万箱二氧化硫排放量等环境指标也同比实现不同程度下降,节能减排推动提质降耗取得实效。

【易地技改】2017 年 6 月 29 日,通过开发区规划建设局工程总验收;2017 年 8 月，国家局审计评审组到甘肃烟草工业有限责任公司天水卷烟厂对项目竣工结算和财务决算进行审核，原则通过。正在申请国家局竣工总验收。

甘肃烟草工业有限责任公司天水卷烟厂

副总经理、厂长:王乐平

党委书记、副厂长:岳彦虎(兼工会主席)

副厂长:漆松柏

任春元

党委副书记、纪委书记:王　勇

(供稿:甄甲琦)

甘肃春风纺织(集团)有限责任公司

【概况】甘肃春风纺织(集团)有限公司地处中国历史文化名城甘肃天水市，拥有秦州区和麦积区两个主体厂区,是“中华老字号企业”。

春风(集团)公司经过十多年变革发展,逐步形成以雪莱羊毛衫为主主业;以物业、物流为主现代服务业;以锦江之星、春江楼为主酒店餐饮业;以春风传媒为主电子商务业；以春风颐养园为主养老休闲娱乐业”等五大板块”企业愿景。

【生产经营】2017 年，全公司实现经营收入 6983.25 万元,同比增长 0.1%。生产绒线 51.99 吨,较去年同期减少 35.79%；生产各类羊毛衫（裤）28121 件，同比增长 13.94%，其中外加工 12203 件,同比增长 6.33%。绒线库存 41.36 吨,去年同期为 51.4 吨,同比下降 19.53%;羊毛衫(裤)当前库存为 14130 件，去年同期为 3995 件，同比增长 253.69%;全年上缴社保费用 1554.8 万元;上缴税金 371.38 万元，同比增长 24.34%；税后利润 491.74 万元,同比增长 102%。

【项目建设】抓住国家相关政策,着眼企业可持续发展战略,投资 4000 余万元,完成天水市首家“煤改气”集中供热项目,一期供热面积达到 50 万平方米；完成以社棠养老服务为中心颐养园项目;完成社棠靠山楼全面改造工程。 社棠社区卫生院筹建、春风佳苑东侧步行街商铺及室外绿化等在建项目正在稳步推进;社棠综合楼加盟“锦江之星·品尚”店改造工程已完成前期设计。

甘肃春风纺织(集团)有限责任公司

董 事 长:陈　霆

党委书记:刘银惠

总 经 理:姚海良

(供稿:郭文斌)

地矿业

甘肃省核地质二一三大队

【概况】甘肃省核地质二一三大队座落于甘肃省天水市麦积区,其前身为成立于 1972 年甘肃省军区 207 工程指挥部科研队，后更名为核工业西北地质局二一三大队，隶属于中国核工业总公司。2000 年核地勘单位属地化管理后启用现名，现隶属甘肃省工业和信息化委员会,业务归口甘肃省核工业地质局管理。主要从事铀、金、及多金属区调、普查、详查、勘探。是机构设置齐全、专业手段全面、技术人员配套、资质级别较高地质勘查大队。

二一三大队内设科室10个。上级核定编制职工总数408人，领导干部职数7人。截止2017年12月底实有在编职工365人，劳动合同制职工75人，离退休职工485人。在职处级领导干部7人，全队现有在职专业技术人员145人。

二一三大队有地质调查院、测绘院、矿业权管理服务中心、地质钻探公司、天水中核复兴科工贸公司机械厂、天水中核复兴科工贸公司印刷厂、天水中核建设工程有限公司、核工业天水地质矿产分析测试中心、天水绿岛大酒店有限公司9个经营实体和物业公司、联办中学2个附属单位。

二一三大队取得固体矿产勘查、地球物理勘查、地质钻探、地质灾害施工四个甲级资质；区域地质调查、地球化学勘查、岩矿鉴定、岩矿测试、岩土试验、水文地质、工程地质、环境地质调查、工程测量、不动产测绘、地理信息系统工程、工程勘察、地质灾害评估、勘查、设计等15个乙级资质；地基与基础专业承包贰级；土石方工程专业承包叁级；出版物、包装装潢及其他印刷品印刷等印刷经营许可。拥有精良先进、配套完善、行业一流地质勘查仪器和产业设备。形成以“地质矿业及其延伸业”为主，“矿产及矿山设备制造、书刊彩色印刷等产品制造及服务业”为辅多业并举产业格局。从业单位全部通过“质量、环境、职业健康三体系”认证审核。2010年获省级文明单位称号，2015年获得军工涉密业务咨询服务认证证书。

【地质矿业】地调院全年实施各类地质项目5个，全年编写立项报告两份，评审验收往年遗留项目7个，完成归档报告10份。测绘院完成肃北县大敖包铜镍矿可控源音频大地电磁测深和合作市以南金矿勘查放射性评价等物探项目，实施西和、礼县土地确权等测量项目，验收北山实验室候选厂址数字地形图测量项目。全年共实施8个项目，完成5个项目。测试中心增加岩矿鉴定和水质分析项目，完成溶矿间通风系统及废气废酸净化处理系统升级改造。与天水李子园金矿、两当招金矿业等多家单位建立长期合作关系，拓展分析市场。承揽实施天水金源矿业侯家沟金矿详查项目。

【地质延伸业】建设公司全年完成地质灾害施工项目5个，祁连山地区矿山治理项目1个，地基基础项目5个，地质灾害评估、勘查、设计项目若干个。工程勘察项目独自完成10个，合作完成100多个。钻探公司全年共组织13台钻机投入生产，完工项目15个，正在实施项目4个，完成钻探工作量19600多米。在甘肃省国防科工局领导关心下，中标核工业北京地质研究院“十三五”地下实验室候选场址深部环境钻探工程。

【产品制造业】机械厂以市场为目标，千方百计扩大市场份额，销售矿车同时销售矿车配件及矿山用料。印刷厂以书刊印刷为主，兼顾商业广告、来料加工，不断扩大业务范围和市场份额。进一步深化天水市、陇南市县书刊印刷市场。绿岛大酒店认真贯彻大队决定，督促乙方完成餐饮部升级改造工作，平稳解除原餐饮部职工劳务关系，精简20%酒店机关管理人员，形成紧凑精干管理队伍。解决收购股权、转让登记、营业执照变更等“五证合一”历史遗留问题。在携程、艺龙、美团等网络开通网上订房业务，开通支付宝、微信等移动支付功能。酒店人员结构更加合理，营销渠道和发展环境更符合市场需求，为酒店进一步发展奠定基础。

【民生工程】在瑞和家园新建楼房交付使用同时，大队出资改造同小区4、5号老楼房暖气管线，彻底解决4、5号楼房暖气不热问题。针对开发区小区停车难问题，大队协调，拓宽小区道路，新增停车位50个，既解决停车难问题，也保证应急通道畅通。同时完成全队在职职工和离退休职工体检工作，健全并完善职工健康档案。

甘肃省核地质二一三大队

大 队 长：王正堂

党委书记：胡　勇（兼副大队长）

副大队长：王玉峰（兼总工程师）

孙　明

席甲平

石有智

党委副书记：李国彪（兼纪委书记、工会主席）

（供稿：郭振琴）

甘肃省地质矿产勘查开发局第一地质矿产勘查院

【概况】第一勘查院是甘肃省地矿局直属县(处)级事业单位，是一支从事区域地质调查、固体矿产勘查、地下水勘查、工程地质勘查、地质灾害勘查与防治、数字化测绘、岩矿测试等地质工作专业队伍。以从事地质找矿、矿业开发、地质工程测量、水文地质工程地质勘查、地质灾地害防治、地质环境治理、桩基施工、岩心钻探、实验测试、图纸报告制作出版等业务为主，担负着甘肃东部约12万平方公里地质找矿、地下找水任务。

全院有职工2321人，其中在职职工1036人，离退休职工1285人。在职职工中，有各类专业技术人员480人，其中正高级2人，副高级69人，中级161人，初级248人。院共设14个管理部门，14个生产经营单位，1个联办学校。

院拥有固体矿产勘查甲级、区域地质调查甲级、水文地质工程地质环境地质甲级、液体矿产勘查甲级、地质钻探甲级、地质实验测试（岩矿测试、岩土试验）甲级、地质灾害危险性评估甲级、地质灾害治理工程施工甲级、地质灾害治理工程设计甲级、地质灾害治理工程勘查甲级、甘肃省环境保护工程设计甲级、甘肃省环境污染防治工程甲级等20余项资质。拥有一级建造师2个，二级建造师证22个。

【地质找矿】2017年，落实各类地质项目59个，新提交矿产地1处，新发现矿致异常2处。提交金金属资源量7.8吨，铜铅锌金属资源量1.73万吨，银金属资源量34吨。

【地质找矿重点项目】徽县天子坪金矿普查项目，该项目为省基金续作项目，完成全部工作量通过局验收。主要成果：控制Ⅰ号金矿化带，由1600米延伸至2500米，新发现金矿体12条，提交金资源量11吨，矿床规模达中型。

【地质工程】2017年承揽总投资大于1000万施工项目共有5个：秦安县城区凤山不稳定斜坡群治理工程；庆城县鹅池洞湾滑坡治理工程（二期）；云南怒江州兰坪县河西乡政府驻地滑坡泥石流治理工程；临夏市城区北山滑坡泥石流综合治理项目；临夏市城区北山滑坡泥石流综合治理二期（第二标段）等项目为地勘经济发展发挥重要作用。

【灾害排查和抢险救灾】先后在秦州区进行汛期排查灾害点55处；在文县“8·7”特大暴洪泥石排查灾害点50处，在天水、陇南等地区进行40余处突发性地质灾害应急排查。被天水市委、市政府列为汛期地质灾害应急抢险排查技术支撑单位。

【职工生产生活】2017年，甘肃省地质矿产勘查开发局第一地质矿产勘查院联办桥南联中升学率名列全市第一，地质宾馆完成各项接待任务。投入693万元，新购航磁航测设备、数据采集仪、实验测试仪器、办公用电脑等96台/套。加强基地建设与物业管理。投入285万元新建马跑泉路54号基地大门；投入365万元对花牛路31号基地和马跑泉路54号基地进行“煤改气”和醇基燃料改造工作；投入108万元在各基地实施路面维修、墙面修补和供水管网改造等工作，进行垃圾分类处理，安装监控、健身设备，为广大住户提供良好服务，使各基地正常生产、生活得到保障。

筹资2825万元，为职工缴纳“五险一金”，关心下岗内退职工生活，全年发放生活保障费2741万元；筹资25万余元为全院771名离退休职工进行健康体检；主动联系外地退休职工建立档案信息，报销异地医药费178万元。新办理“五七工”、“家属工”52名，为12名低收入职工家庭子女申请“金秋助学金”，与天水市社保局接洽事业单位养老保险有关事宜，上报职工信息采集表，办理社会保障卡。

开展地矿文化创建活动。组织退休职工和8个职工业余文体协会，开展户外踏青、钓鱼比赛、篮球联赛、摄影作品展、读书征文、职工健身操比赛和冬季趣味运动会等活动。前半年在西和县孟林、张河两个村，开展冬送温暖、春送化肥等活动。7月份扶贫工作调整后，在麦积区五龙镇石洞沟村与村两委班子衔接，协助发展花椒种植产业，带领帮扶群众打赢脱贫攻坚战。

甘肃省地质矿产勘查开发局第一地质矿产勘查院

院　　长：肖玉斌

党委书记：张双悦

副 院 长：胡晓隆（兼总工程师7月止）

梁宏明（兼总工程师7月任）

王春凯（兼工会主席）

石生明（兼地质宾馆总经理）

卞伟强

王刚刚（7月任）

总会计师：王珍瑛

（供稿：李晓莉）

甘肃省有色金属地质勘查局天水矿产勘查院

【概况】天水矿产勘查院是甘肃省有色金属地质勘查局下属正县级事业单位，位于天水市麦积区社棠东路7号。全院拥有7个甲级资质、11个乙级资质。获得GB/T28001-2001职业健康安全管理体系认证。截至2017年底，全院职工1372人（其中离休7人、退休850人，在职515人），高级工程师105人，党员有332人。主要业务范围：地质调查、固体矿产勘查、地球化学勘查、地质钻探、地质实验测试、工程测绘、液体矿产勘查、地球物理勘查、水文地质、工程地质、环境地质调查、地质灾害治理工程勘查、监理、设计、危险性评估、施工以及土地规划、水污染治理、固体废物处理处置、生态修复、水污染防治、固体废弃物处理处置、生态修复及环境规划编制与调查等工作。测试中心获得（GB/T17025-2005）甘肃省技术监督局资质认证、ISO2002-9000国际质量认证、ISO18001-2008职业健康安全体系认证，为国土资源部甲级实验室，业务范围涵盖岩石矿物分析、地球化学样品分析、有色金属、原材料分析、矿产品分析、水质分析、岩矿鉴定、农业土壤分析、森林土壤分析、环境分析、生化分析等10大类，50个产品，635个参数。

设有地勘公司、兰天公司、测试中心、环境工程公司、物业公司5个内部企业化运行生产经营单位和相应职能科室。

【地质找矿】地勘公司实施各类地质勘查项目34个，发现金矿化体3处，铜矿化体1处，褐铁矿化点5处，综合异常5个。

【多种经营】天水兰天地质岩土工程公司完成钻探进尺22466米。甘肃有色地质测试中心完成分析及岩矿鉴定样品10万多件。化验测试向环境土壤分析、水质分析、农产品分析等领域迈进。环境工程公司全年完成地灾治理施工项目2个，监理项目8个，设计评估项目5个。工程勘察不断拓宽施工领域，努力向民生地质等方面延伸，承接并完成项目12个。水文地质项目10个。惠民物业服务有限公司注册成立于2017年，主要是转变后勤服务职能和管理模式，使物业管理逐步迈向市场化、产业化和专业化。

甘肃省有色金属地质勘查局天水矿产勘查院

院　　长：李　峰

党委书记、副院长：王国栋

副 院 长：赵生贵

刘卫东（兼纪委书记）

李克智

马东阳（兼总工程师）

何肇金

（供稿：丁广平）

经济园区

天水国家农业科技园区

【概况】天水国家农业科技园区始建于2002年7月,2007年被省政府升格为省级农业科技示范园区,2010年被科技部批准晋升为国家农业科技园区。截至年底,园区核心区建成面积5万亩,入园企业36家,建成智能化全自动连栋温室7座,优化节能日光温室246座,钢架塑料大棚414座;日产100吨食用菌工厂化生产线1处,大型果蔬气调库6座,工厂化标准养殖场4个,乳制品加工厂、沼气生产厂、有机肥厂各1户;天水花牛苹果、大樱桃脱毒组培中心、蔬菜种苗繁育中心、马铃薯脱毒快繁中心及生态观光园、农产品加工配送中心各1处;花牛苹果标准化示范园22000亩,优质薄皮核桃示范园4000亩,鲜食葡萄生产基地17000亩。

经过十多年发展,园区经形成众兴菌业、航天种业、特色果品、蔬菜、畜禽养殖、花卉、现代农业服务业七大主导产业,培育6条特色优势循环产业链条,探索循环经济——“天水模式”,打造天水循环经济产业园,初步形成技术创新、科技示范、产业孵化、培训交流、辐射带动、旅游观光六大功能。园区先后取得国家、省市级各类龙头企业命名、科技创新平台、基地、示范点、专利、产品产地认证、科技奖励、会展奖励、荣誉称号180多项。园区被确定或命名为“全国优秀农业园区”、“全国十大名园”、“中国西部航天育种基地”、“西部特色农产品加工基地”“国家科技特派员创业基地”、“全国农业旅游示范点”、“全国青少年科普教育基地”等。所有这些国家级品牌、命名、基地以及荣誉取得铸就园区科技创新实力、品牌建设能力、可持续发展潜力和辐射带动能力。

园区建设不仅进入“园区育企业、企业建基地、基地连农户、农户兴产业”现代农业产业化新阶段,而且以重点龙头企业全产业链单链循环为基本特征,主导产业相互融合、各产业链互动循环为基本特色科技园、示范园、产业园“三园俱”循环园区格局。形成以蔬菜、玉米、牧草研发为载体,“搭载—选育—制种—加工—推广”为一体航天育种产业链;以金针菇生产为载体,集“菌种研发—废弃资源再利用—食用菌生产—菌渣再利用”工厂化食用菌产业链;以苹果、大樱桃、葡萄、核桃栽培为载体,集“种苗繁育—果品种植—畜禽养殖—贮藏物流”为一体特色果品产业链;以设施蔬菜、花卉种植为载体,集“新品种引进—种苗繁育—种植—科普观光”为一体特色蔬菜、花卉产业链;以猪、鸡、牛养殖为载体,集“良种繁育—养殖—加工—贮藏物流”为一体生态畜禽产业链;以沼气工程建设为载体,优化集“畜禽粪便无害化处理—农作物废弃物利用—沼气生产—有机肥施用—有机农产品生产(群众生活)”为一体生态有机生产生活产业链;探索培育以构树产业为载体,集“构树种苗脱毒组培—苗木繁育—大田种植—饲料加工利用—畜禽养殖”为一体脱贫增收产业链,打造天水国家农业科技园区一、二、三产业联动发展现代工农复合型循环经济产业体系。

【科技创新】科技大市场年内引进省内科技研发、仪器检测、金融服务等各类服务机构20多家，完成各类技术交易3项，开展业务培训6场次，发布市场供需信息200多条。发展航天育种产业链，2017年航玉30进入甘肃省第二年区域试验；绿鹏186顺利进入2017年中晚熟旱地组区域试验；航玉31、航玉32、绿鹏31、绿鹏39、绿鹏312五个品种进入2017年甘肃省预备试验；三系配套辣椒进入制种阶段，三系优势杂交种达到12个，并完成品比试验；7叶型紫花苜蓿实施在省内不同生态区域第一年区试试验。增强园区科技创新能力，园区与农业部规划设计研究院同启动实施一批《黄土高原生态脆弱区农业产业园生产生活循环技术系统构建与示范》《科技服务试点示范》等一批国家、省市科技项目，组织引进新品种12个，示范推广新技术5项。

【循环经济】通过不断探索与实践，基本形成以循环经济理念为统领，以航天育种、工厂化食用菌、特色果蔬、生态畜禽养殖、农产品加工物流、现代农业服务业六大专业园组成循环经济产业园为支撑，以“种—养—加”、“畜—沼—果/菜”等8种循环农业模式为基本形式，以“单点成链、多链成环、环环成圈、系统循环、示范带动、促进发展”为基本循环路径，以“产学研结合、农科教一体、种养加循环、农工贸促进”为新型体系和“企业小循环、园区大循环”为基本格局循环经济——“天水模式”。巩固发展成果，不断优化产业布局，按照循环经济“天水模式”内在要求，建立完善天水国家农业科技园区一、二、三产业融合发展现代工农复合型循环经济产业体系，打造技术先进、设施配套、机制完善、生态环保循环农业示范区和样板区——天水国家农业科技园区循环经济产业园。众兴菌业通过新建、重组、兼并等形式资产总额31.66亿元，归属于上市公司净资产23.85亿元，营业收入5.14亿元，归属于上市公司净资产1.05亿元，该公司并于12月13日公开发行债券9.2亿元；九龙山禽业养殖在临夏州康乐县投资6.3亿元，开发现代农牧科技产业园项目，该项目将着力打造集农业科研—集约化养殖—有机种植—农产品加工销售—乡村休闲度假于一体现代化农业产业园，利用园区循环经济建设成功经验，引导带动周边农业科技园区建设和产业发展。

【项目建设】绿鹏公司实施科技重大专项“航天玉米新品种选育与产业化”进入第3年实施期，各项工作进展顺利，将于近期申请省级品种权审定，“三系配套羊角形辣椒新品种选育”列入甘肃省2017科技重大专项子课题，“甘肃省航天工程生物育种工程技术中心”、“甘肃省工厂化食用菌工程技术中心”顺利通过科技厅验收。众兴菌业投资1.1亿元建设“年产1.08万吨金针菇生产线市列重大建设项目”于12月中旬正式投产；润德沼气投资6000多万建设“1万方生物天然气及有机肥生态循环利用项目”于6月取得国家发改委立项批复，该项目申请中央预算内投资2500万元，同时，该公司与上海农乐生物科技有限公司开展2000吨功能有益菌有机肥生产与供销合作试点，完成1400多吨生产任务；嘉乐乳业投入2000多万元，新建年产1500吨酸奶生产线三条，生产车间一座，开发新产品8种，增收达300多万元，形成多样化奶品生产格局。九龙山禽业有限公司计划投入7000万元，新建“年产2万吨有机肥生产线1条”和“12万吨颗粒饲料生产线建设项目”；维亚实业公司计划投资5000多万元，建设“6万头生猪一体化繁育项目”。与上海农乐集团洽谈对接，初步形成以天水国家农业科技园区为依托，投资建设伏羲农耕文明馆、中国花牛苹果馆以及花牛苹果研究院意向，该公司投资建设天水农昕花牛农业开发有限公司为农户从种植源头到果品生产销售提供全方位解决方案。

【环保工作】2017年，园区不断加强环境保护工作力度，围绕从源头抓起，从基础抓起，严格控制，重点治理，全面达标总体要求，着力抓好生态环境和企业环境建设，一年来累计投入3000多万元用于环保项目建设。在园区推行清洁能源，投入50余万元，淘汰并改造提升2台10蒸吨燃煤小锅炉；园区投入13万元完成麦积区中惠渠二干渠园区过境段7.2公里主干渠清淤工作。维亚、嘉信、嘉乐、众兴等企业计投入950万元建设污水处理站；润德沼气开发有限公司投入1800万元，完成堆粪场搬迁新建工作。

【信息培训】2017年，园区不断丰富宣传形式，扩大宣传效果，强化辐射带动，全面提升园区知名度和影响力。对现有交通道口和关键区域广告牌进行集中维修改造，进一步扩大园区影响力。联系省市多家媒体对园区项目建设、科技示范工作进行专题宣传报道，并在甘肃电视台经济频道和天水广播电视台播出园区3部专题片16次，总时长480分钟。先后制定完善《天水国家农业科技园区信息工作制度》《天水国家农业科技园区信息报送工作考核办法》，通过建立健全信息发布和保密机制，加强动态监管，明确责任主体，确保园区网站安全运行。在园区网站、政府信息平台、天水在线等发布报送各类信息计484条。年内开展各类技术培训30余场次，培训农民5000多人次，发放技术资料1万余份；组织专业技术人员编写农情短信24期，发布信息累计1万多条。“百家媒体看天水”、“香港传媒学子范长江行动采访团”、江苏省帮扶工作队、甘肃农业大学等各类考察团体和有关专家考察访问计56批次4280余人，其中来自兰州、武威、平凉、陇南等各地农业科技工作者、农业大户和农民培训班学员参观学习10批次1000余人，接待游客2.1万人次。

【一区多园】重点指导麦积区九龙山2500亩绿色苹果基地、嘉园果蔬公司麦积区甘泉3000亩优质苹果基地、鑫盛源公司麦积区缑杨村1000亩设施蔬菜基地、三阳川区西芹一年两熟高效种植基地、武山科技示范园区特色蔬菜基地、秦安县蔡店近郊特色瓜菜基地、清水县农业科技园区高原夏菜基地、以神舟绿鹏公司航天蔬菜新品种示范推广为带动武山县高楼滩歌2000亩航天蔬菜种植基地和张川县胡川三乡4000亩航天辣椒基地、嘉信畜牧公司张川县万亩牧草种植基地。以园区科技大市场为平台，引进政策服务、技术监测、知识产权、金融证券等20多家服务机构，为企业提供项目申报、技术指导、金融贷款等便利服务，与国内建设最优西安科技大市场签订战略合作协议，形成关天经济区资源享、互惠互利、跨区域合作开发战略联盟，是关天经济区第一个形成具有时代气息、优势互补、合作赢特色科技创新平台，将对推动我市农业科技创新、促进成果转化、提升现代农业建设水平发挥重要作用。

天水国家农业科技园区管理委员会

党工委书记、主任：张进尚

副主任：苏定国

魏晓祥

曹金石

党工委副书记：宋立平

纪工委书记：赵跟明

（供稿：金　龙）

驻园企业

天水众兴菌业科技股份有限公司

天水众兴菌业科技股份有限公司创立于2005年11月，是一家专门从事食用菌研发、生产、销售农业产业化国家重点龙头企业，现有员工1800多人，公司分别在陕西杨凌、山东德州、江苏徐州、四川眉山、河南新乡以及德国托尔高设有子公司，总部位于天水国家农业科技园区。

企业通过GB/T19001-2008/ISO9001质量管理体系认证，采用标准化方式生产高品质食用菌产品，形成较好品牌效应，“羲皇”牌金针菇被中国绿色食品发展中心认定为“绿色食品A级产品”，“羲皇”商标被国家工商行政管理总局商标局认定为“驰名商标”。产品销往北京、上海、天津、郑州、西安、沈阳、兰州等城市，产销量名列前茅。公司凭借日趋完善管理体系、科学经营理念、先进科研成果、优质产品，在全国食用菌行业脱颖而出，于2015年6月26日在深圳证券交易所成功上市。公司正按既定方针稳步实施“立足西北、面向全国、走向世界”三步走发展战略，努力让食用菌这一朝阳产业，持续为人类健康服务。企业“立足西北”格局稳固，面向全国拓展，走向世界发展战略正在实施，公司正在为我国从食用菌大国成为食用菌强国而努力！

天水神舟绿鹏农业科技有限公司

天水神舟绿鹏农业科技有限公司成立于2001年，专业从事航天农作物新品种选育、制种、推广及产业化开发，现为是中国空间技术研究院下属企业，中国航天科技集团公司航天育种创新基地，甘肃省农业产业化重点龙头企业，省重点扶贫龙头企业，省质量免检防伪单位，AAA级信誉单位，2007年经甘肃省科技厅批准，成立甘肃省航天育种工程技术研究中心，2013年批准建设甘肃省航天工程生物育种实验室，初步构建航天育种科研创新平台，2014年经甘肃省院士工作领导小组批准成立院士工作站。

公司现有职工148人，其中技术人员78人，包括高级职称4人，中级职称35人，硕士研究生7人，委托在培博士1人。还为工程中心聘请国内大专院校、科研院所1位院士、27位教授、研究员组成专家委员会，加强科研创新队伍。

现拥有通过航天搭载航天蔬菜、粮油、花卉、牧草等9大类农作物999个品系，通过选择优良变异株系，育成22300份优异种质材料，育成38个航天农作物新品种通过科技成果鉴定和甘肃省农作物新品种审(认)定。育成新品种示范推广到甘肃、陕西、宁夏、青海、新疆、内蒙及四川、贵州、福建、云南、辽宁、河北、山东等25个省区，累计推广247.5万亩，实现农业产值95亿元，实现农业增加值19.5亿元。

先后承担完成国家星火计划、农业科技成果转化、国家高技术产业化航天蔬菜新品种生物育种、甘肃省重大专项、省科技孵化器等项目8项，协作完成国家863计划和科技支撑计划“航天蔬菜育种”子课题，研究水平均达国内领先。现承担着省科技支撑计划和省企业重点实验室（培育基地)项目2项。

天水嘉信畜牧有限公司

天水嘉信畜牧有限公司成立于2006年5月，位于天水国家农业科技园区内，属于天水嘉通建设集团子公司。公司占地面积260亩，注册资金1200万元，总投资7400万元，现有员工106人，有钢架结构标准化奶牛牛舍12栋，现存澳大利亚荷斯坦良种奶牛2200余头，是天水市乃至陇东南地区养殖规模最大、现代化程度最高一家大型民营养殖企业。公司先后被认定为“天水市农业产业化重点龙头企业”、“甘肃省农业产业化重点龙头企业”，被国家农业部评为“奶牛标准化养殖示范场”，公司生产生鲜牛乳获西北农林科技大学“有机产品认证证书”。

公司从意大利司达特国际公司引进TMR自走式饲料配送车一台、从德国韦斯伐里亚公司引进全自动并列式挤奶设备一套、从以色列引进SCR2*28并列式挤奶设备一套。公司采用全混合日粮饲养技术进行管理与饲喂，挤奶过程实现全自动化控制，通过3台10T、1台3T冷藏罐快速冷却贮藏生鲜牛奶，大大降低微生物繁殖，牛奶质量可靠，通过性别控制冻精技术培育犊牛，产母牛犊率达到93%以上。

为保证我市城乡居民喝上绿色、安全牛奶，嘉通建设集团投资成立天水嘉禾草业有限公司和天水嘉乐乳业公司，将种植业、养殖业及加工业有机结合，建立集团内循环与可持续生产体系，示范和带动当地种植业、养殖业、加工业等相关产业迅速发展，走“种—养—加”循环经济发展路子。天水嘉禾草业有限公司在张家川县流转土地1万亩，引进种植美国高粱、紫花苜蓿等良种牧草，并建成苜蓿深加工工厂，年自产青贮苜蓿6000吨，苜蓿甘草2400吨，带动周边乡镇农民种植苜蓿3万余亩，年产苜蓿草捆3万余吨。天水嘉信畜牧有限公司年定单收购玉米青贮（全贮）15000吨，带动4000余户农民增收200万元以上，有效解决部分农村剩劳动力，年产生鲜乳9000余吨。天水嘉乐乳业有限公司加工“白娃娃”巴氏消毒奶、酸奶、灭菌纯牛奶以及乳饮料等被西北农林科技大学认证为有机奶产品，保证天水城乡居民喝上最新鲜当地有机奶。

公司凭借资源优势、技术优势、区域优势和品牌优势，特别注重产业链衔接与延伸，生产鲜奶有稳定销售渠道，与天水嘉乐乳业有限公司、蒙牛乳业（宝鸡）有限公司、新希望四川分公司签订鲜奶长期购销合同，企业经济效益、社会效益和生态效益明显，发展前景广阔。，公司正着力于提升自身管理能力，推广先进饲养管理技术，提高标准化饲养水平，实现奶牛养殖精养高效，全力打造天水乃至甘肃省一流有机奶源基地、优良奶牛繁育基地、饲草料种植基地和有机鲜奶供应基地。

天水九龙山禽业养殖有限公司

天水九龙山禽业养殖有限公司成立于2008年，注册资金500万元，总资产1亿元，年产鲜蛋860万公斤，年销售收入8600万元。被农业部确定为“畜禽养殖标准化示范场”，通过“无公害农产品”产地认定和产品认证，是甘肃省禽业协会副理事长单位、天水市农业产业化龙头企业，获得“陇上九龙山”甘肃省著名商标是天水市消费者最信赖品牌。

公司现有员工43人，其中专业技术人员10名，管理人员10人，销售人员9人，普通职工14人，本科、大专以上文化水平人员占68%以上。内设生产部、销售部、行政部、财务部、设备维护部，蛋库等6个职能部门。员工队伍总体素质较高，对稳定提高产品质量、不断发展公司企业文化，生产安全优质蛋品奠定坚实基础。

公司建成44万只全自动化蛋鸡养殖场和96万只全自动化育雏育成场各1个，现有单栋养殖11万只蛋鸡鸡舍4栋及附属设施，单栋年育雏48万只育雏鸡舍2栋及附属设施，存栏蛋鸡44万只，育雏鸡12万只。

公司引进素有“养殖专家”美誉美国侨太（CHORE-TIME Tm）能够100%自动完成对蛋鸡饲养过程中所需喂料、饮水、温控、通风等生产作业，蛋鸡养殖设备和育雏育成养殖设备各2套，荷兰赛诺沃（SANOVO）公司鸡蛋自动分拣、包装、消毒、杀菌分级包装生产线1条，鸡粪烘干设备两套，实现鸡粪不见光烘干处理，生产设施设备自动化程度达到全国乃至亚洲最高或最先进目标，实现生产作业全程标准化和规范化，大大降低劳动强度，提高生产效率。

天水润德沼气开发工程有限公司

天水润德沼气开发工程有限公司是一家大型沼气集中供气、有机肥生产研发新型农业产业化企业，是天水国家农业科技园区入园民营企业。公司成立于2008年，注册资本800万元，企业占地面积42亩，资产总额2455万元，职工80人，公司经营范围沼气开发及利用，有机肥生产加工、研发和销售。企业在天水国家农业科技园区建设沼气集中供气、有机肥生产中心和饲料加工配送中心，充分利用园区内三大养殖企业产生粪污及园区农作物废弃物等资源，进行厌氧发酵产生沼气能源，年产沼气100万立方，沼气面向中滩镇广大农户集中供气，供气户数300户，户均节约生活成本

63元/月。产生沼渣用于制作有机肥，年产有机肥1万吨，年销售有机肥8000吨，覆盖天水及周边地区2万亩，受益农户1万户以上，户均增收900元/亩。反馈效果佳，群众口碑极好。最终形成“生产－废弃物资源化－种植业”良性循环经济，对废弃物综合利用，变废为宝，最大限度提高能源和资源利用率，实现园区污染物“零排放”。

天水维亚实业有限公司

天水维亚实业有限公司，该公司始建于1997年，属私有民营企业。现发展成为一家以生猪养殖为主导，兼营终端销售现代化养殖加工企业，公司致力打造从养殖到餐桌全产业链体系。公司下设有天水农业高新技术示范园区2万头良种猪繁育生产基地和2万头优质纯粮食商品猪肥育基地，以及扩散扩繁带动3万优质商品猪生产，专业从事现代化集约养猪、饲料生产加工及猪业科技服务公司。截至年底，公司投资近7200万元，存栏能繁母猪1100头。通过18年不懈努力，公司发展成为西北五省最大专业化养猪龙头企业，“农业部标准化养殖场”、“甘肃省无公害标准化生产基地”，并多次评为农业产业化先进企业。公司最新引进荷兰进口VELOS智能化种猪养殖生产线及丹麦华牧全自动输料线等世界先进养殖生产设备，建成“从源头到终端”完整安全猪肉产业链，在具有企业特点“维亚模式”生产管理下，为市场提供真正意义安全健康精品粮食猪。

公司在长期生产实践经营管理中不断开拓创新，严格执行无公害农产品生产标准，掌握成熟动物生物安全，免疫防治、保健营养等现代养猪生产技术和经营管理经验，建立定期稳定可靠营销网络，在行业内形成良好品牌效应，为今天发展大规模养猪产业化生产经营打造良好基础。公司项目辐射我市两区五县，特别是麦积区多个标准化养猪小区，我公司采用“基地＋农户”产业模式，推广无公害生猪饲养模式，带动一大批小规模、大群体养猪专业户，发挥地域优势在麦积区三阳川5个乡镇形成年产10万头优质商品猪为主导产品畜牧产业化生产经营格局。现在我公司通过合作制和合同制带动基地户56户，散养户1100户，其他农户4600户，年生产商品猪25000头，取得显著经济和社会效益。

为培养壮大龙头企业，提高养猪业整体素质，走产业化生产经营之路，将“无公害农产品”工作向社会全面落实。2013年总公司新投资3000余万元成立以“维嘉农庄”为注册品牌肉食品分公司，主要从事无公害冷鲜猪肉及肉食品深加工系列产品开发、生产、销售。分公司包括一个标准化冷鲜肉分割车间，冷却排酸冷库，急冻库、冷藏库，肉类深加工车间及无公害肉食品专营超市。重点推出一个健康、安全肉食品牌，向产、加、销一体化产业联合方向发展。肉食品分公司现有职工26人，其中管理人员6人，专业分割人员10人，专业销售人员10人。以我公司生猪产量计算，每年可向社会提供高品质无公害安全冷鲜肉及副产品4000吨。天水维嘉农庄食品有限公司与天水维亚实业有限公司通过产业链对接，形成自繁、自养、自制、自运、自销“五自方针”，生产出从生猪养殖、屠宰分割、配送到销售都没有受到污染无公害肉食品，形成“种猪繁育－商品猪养殖－猪肉深加工－肉食品连锁专营”一条龙生猪产业化发展模式。此项目建成将极大改善我省市长期以来供应“放心肉”市场环境，公司产品以“无公害农产品”推行标准化生产和全程控制，实行严格产地认定和产品认证制度，实现上市产品“生产有记录、流向可追踪、信息可查询、质量可追溯”，保证生产规范化和产品安全性，创建真正意义上“无激素残留、无药物残留”无公害冷鲜猪肉食品工程。

公司针对冷鲜猪肉及食品深工系列产品开发将极大解决市场需求。冷鲜猪肉安全系数高，口感好，鲜肉从原料检疫、屠宰、快冷分割到剔骨、包装、运输、贮藏、销售全过程始终处于严格监控下，防止可能污染发生。而且由于一直处于低温控制下,其卫生品质显著提高。冷鲜肉不脱水,水溶性维生素和水溶性蛋白质极少随水流出,保存住肉营养价值。冷鲜肉由于加工特殊性,肉制品安全卫生、肉嫩味美、便于切割优点赢得许多消费者特别是城市居民认同。冷鲜肉食品深加工项目首先是将每一头无公害生猪屠宰胴体经生物指标化验检测,而后经先进全自动肉类分割加工生产线及美国"快尔卫"冷鲜肉复合气调包装生产。冷鲜肉复合气调混合保鲜工艺技术不仅可以延长冷鲜肉保鲜期,而且令冷鲜肉外观色泽美观,吸引消费者。在0~4℃冷藏时,冷鲜肉保鲜期可达到7–10日。随着市场进一步拓展,人们对产品认可,公司通过直营和加盟形式在秦州区开设6家专卖店及商超专柜,计划2015年底达到15家,幅盖市区主要居民购菜点,形成广泛销售网络。

公司以各个环节高品质、高标准、高要求,建立"维嘉农庄"肉类产品全产业链品牌效应。公司计划后期项目将建立我市周边区域唯一一家3–4星级高标准生猪屠宰生产线及特色熟食品深加工项目,生产具有甘肃省本地特色熟肉制品,提高公司肉类产品附加值,加大维嘉农庄无公害猪肉产品销售范围,将产品面向全省乃至全国推广销售,成为甘肃省肉食品标志性品牌。

天水嘉乐乳业有限公司

天水嘉乐乳业有限公司是乳品加工和销售为一体农业产业化龙头企业。公司成立于2009年10月,注册资金1500万元,该公司累计投资达6000多万元,建成具有国内乳品生产领先技术8条生产线,日生产能力200吨,年生产能力7.3万吨,是陇东南地区唯一乳制品生产企业。

公司现有员工258人,管理人员52人,专业技术人员45人。是西北农林科技大学"产学研一体化科研基地"及"产品研发中心";产品巴氏奶、纯奶、酸奶取得"国家有机产品"认证,公司通过"ISO9001国际质量管理体系"认证;公司现有四大系列32个品项产品,"白娃娃"牌纯牛奶荣获"甘肃名牌产品"称号。

公司秉承"质量求生存,技术求发展"方针;以"产品等于人品,质量胜似生命"为目标;遵循"牛奶送到手,幸福千万家"服务理念。按照现代企业管理制度,建立完善生产管理和质量管理体系。严格按照国家标准要求对产品进行检验,为产品质量安全提供有力保证。

公司产品销售立足天水,辐射周边省市,充分发挥"自有牧场、就近加工、无污染、零添加和新鲜营养"产业链优势,从挤奶、生产到配送24小时内将最新鲜、最安全产品送到每位客户手中。

公司成立和发展,不仅有效解决当地部分劳动力就业问题,而且带动相关产业繁荣发展,填补陇东南地区规模化乳品加工企业空白,形成奶牛规模化养殖到乳品加工销售为一体超强产业链,为社会做出应有贡献。

(供稿:金 龙)

天水高新技术工业园

【概况】天水高新技术工业园管委会是2001年元月经省经贸委批复立项,2001年4月市政府正式批准成立,具有独立法人资格副县级事业管理机构,以发展股份制,股份合同制,私营个体和混合所有制企业为主体,项目建设服从国家和省、市产业政策,坚持以大型工业项目为骨干,大力发展中小企业,是全省第一个以非公有制经济为主体高新技术工业园区。

2017年底,园区一期建设基本完成,入园9户企业,其中八户企业正常运营,一户企业试生产。天水高新技术工业园是集招商引资、项目建设、管理、协调、服务为一体政府服务机构,现有工作人员14人。机构设置"三部一室"即项目管理部、规划建设部、综合服务部、办公室。

【招商引资】2017年，天水高新技术工业园区协助天水凯通新能源有限公司办理安全生产许可证及投产工作，该项目总投资5800万元。2017年工信委市级专项资金1760万元。

【生产经营】2017年，完成工业总产值53063万元，工业销售产值41878万元，工业增加值7990万元，税收2271.8万元，利润3674万元。

天水高新技术工业园管委会

主　　任：贾　珩

党工委书记：刘世平

（供稿：温刚刚）

驻园企业

天水华建混凝土工程有限公司

天水华建混凝土工程有限公司座落在天水市麦积区成纪大道东段下曲湾高新科技园。占地25640平方米，现有职工150余人。公司已建有180立方米/小时搅拌楼三座，120立方米/小时搅拌楼一座，公司现有混凝土泵车9辆，托式输送泵7台，车载泵5辆，混凝土搅拌车50余辆。具备连续生产、运输、泵送大方量混凝土能力；日生产能力4200立方米；年生产能力130万立方米。累计吸收下岗人员60余人，吸收大中专以上学历毕业生120余人。

天水长城果汁集团有限公司

天水长城果汁集团有限公司是兰州长城电工股份有限公司全资子公司，是生产、销售浓缩苹果汁现代化高科技企业。注册资金5000万元，位于天水经济技术开发区成纪大道东段下曲湾高新科技园。是国家级农业产业化重点龙头企业，国家扶贫龙头企业，全国农业产业化示范企业，甘肃省农产品出口重点骨干企业，也是甘肃最大果蔬汁加工企业。

天水天盼实业有限公司

天水天盼实业有限公司有职工68人，其中高级工程师两人，助理工程师三人，拥有现代化标准厂房10300平方米，固定资产1000多万元，流动资产800万元，主要产品有“天盼”防盗门、“兴陇”牌农用挂车。

天水嘉诚实业有限公司

天水嘉诚实业有限公司成立于2006年4月11日，注册资金1010万元，法人代表：王晓春。公司经营范围主要是混凝土浇筑工程施工及相关技术咨询服务，建筑设备材料租赁。

公司现有职工85人，其中高级工程师2名，工程师4人，助理工程师8人，技师40人，公司董事会设立五部二室，安全生产部、销售部、财务部、材料部、后勤部、试验室、办公室。

公司生产设备主要有：现有三一重工生产HZS120混凝土搅拌站生产线两条。臂架式汽车泵4台；分别为（37米、43米、46米、50米）均为三一重工产品。混凝土运输车辆18台。大型翻斗车6台，拖泵3台，布料机7台，100吨地磅1台，500型装载机两台，试验室设备30台；各种大、小设备齐全，达到全自动化生产要求，公司总资产将近6000万。

天水市大众公共交通有限公司

天水市大众公共交通有限公司原身是天水汽车运输总公司交通旅游公司，2005年8月由天水市羲通公共交通（集团）有限责任公司整合重组后更名为天水市大众公共交通有限公司，隶属于天水市羲通公交旅游集团公司。

公司注册资金200万元，法人代表郭成军，主营业务是城市公交、城乡公交和旅游客运以及车辆维修等。公司地址位于麦积区下曲湾，占地15亩左右，四层办公楼1栋，场内自有汽车修理厂1处。目前从业人员224人，其中管理人员18人，后勤人员7人,修理工8人。营运车辆103辆。营运线路15条。

天水市麦积区甘铺工业示范区

【概况】甘铺工业示范区规划东起卷烟厂西侧唐家沟,西到中石油燃气项目用地,南至南外环规划路,北临羲皇大道,东西长4650米,南北宽350—420米,总规划面积3180亩,其中村民、军队、企事业单位等现状用地约1680亩,园区实际可用地约1500余亩。

市规划、建设等部门对园区路网进行整体规划,确定“八纵三横”十一条路网布局,规划道路设计总长5.2公里,总投资3500万元,建成“五纵三横”八条道路,园区路网初具规模,市区两级累计投入1276万元对规划区内杆线管网和建筑物进行拆移改迁,并协调有关部门为入园企业开设供水管接口16个,排水接口23个,开设入场路口25个,铺设通讯电缆73000余米,架设工业用电变压器32个,供电线路5000余米。园区供排水、路、电、通讯、有线电视、天然气等基础设施基本完善。

甘铺工业示范区截至2017年底有入园企业50户,其中:电传所、中航、成纪药业、长城电工、岐黄药业、恒顺面业、中油燃气、建新科技、天道汽车、广容电器、长城通用、德盛果蔬、新旗食品、天星包装、华圆制药设备、万达电气、丰收农业、兰凌重汽、太盛祥医药、瑞霖医药、维康生物等47个项目建成投产,岐黄制药、雄风轮毂、兰州鸿卉3个项目正在建设。甘铺园区所有在建、续建项目累计完成固定资产投资2.3亿元。

【企业达产达标】2017年,园区47个建成投产项目,可完成工业生产总值18.05亿元,同比增长118%;可完成工业增加值5.719亿元,同比增长6.14%;上缴税金1.565亿元,同比增长24.1%。

【安全生产】与园区内50家企业签订《安全生产责任书》,召开企业安全生产会议4次,安全生产大检查6次,及时排查整治危险化学品、压力容器、电梯运行、建筑施工、特种设备、涉氨制冷、园区对所属50户企业下发150份安全整治指令书,提出整改隐患486条,现场整改438条,限制整改48条,现均整改完毕,截至年底,甘铺园区无一起安全事故发生。

【环境保护】园区煤改气实施,协调完成成纪药业、丰收农业、羲皇实业、中航等企业改造工程。配合开发区管委会和兰州大学对园区所属企业环评做进一步补充与完善。安装破损检查井盖21个,清运死角乱倒垃圾50余吨,维修人为破坏路面7处。

天水市麦积区甘铺工业示范区管委会

主　任:王晚青

副主任:马效君(回族)

吴　岗

(供稿:王文科)

驻园企业

甘肃成纪生物药业有限公司

甘肃成纪生物药业有限公司是集药品、医疗器械研发、生产、销售为一体,具有《药品生产许可证》和《医疗器械生产许可证》双证企业,成纪药业注册资本为人民币22900万元人民币,占地117亩。公司现有国家药品批准文号171个,医疗器械注册证8个。成纪药业现成为园区唯一一家上市企业。

公司现有员工416人,其中:博士和博士后18人(其中在职5人、兼职13人);教授、高级工程师12人;执业药师、工程师24人;硕士生28人;本科生92人;大专生121人。2017年实现工业生产总值41700万元,年销售收入达35633万元。

天水电气传动研究所有限责任公司

天水电气传动研究所有限责任公司（原名天水电气传动研究所，2008 年改为现名。该公司现有员工 495 人，其中专业从事电气传动自动化研究人员 152 人，教授级高级工程师 4 人，高级工程师 32 人，工程师 87 人，甘肃省领军人才 5 人，省级专业带头人 12 人，13 人享受国务院专家津贴。公司现设有党群中心、管理中心、技术中心、工程中心、营销中心、生产中心等 6 个工作中心。2017 年实现工业生产总值 38716 万元，年销售收入 21813 万元。

天水万达电气有限公司

天水万达电气有限公司创建于 1993 年，校企联建活动，依托省内外研发机构和技术院校，通过定向培训、委托培训等形式，多方引进先进技术、人才，现有员工 100 多余人，其中工程技术人员 30 多名，拥有全切机床、锻压设备、程控绕机等先进设备百余台，主要从事高、低压电器及机床电器原件加工制造，生产各种规格、型号封装线圈、电磁铁，并根据用户需求开发研制各种规格、型号产品。公司封装工艺系列，目前在国内外处于领先地位，并通过国家专利局批准注册，专利号为：ZL01273801.8: 其次，该公司生产绝缘材料 DMC 模塑料，通过机械工业部绝缘材料质量监督中心(IQTC)，国家进出口商品检验局绝缘产品质量认可实验室检测，各项指标均达到检验标准。2017 年实现工业生产总值 3055 万元，年销售收入 2712 万元。

天水恒顺面业有限公司

天水恒顺面粉有限责任公司隶属天水恒顺集团，是新建集粮食收购、加工、销售为一体现代化民营企业，法定代表人：马志忠，注册资金 200 万元。占地面积 32375 平方米。拥有年加工处理小麦 10 万吨专用粉生产线一条，储存 8000 吨小麦现代化立筒仓一座，占地 2000 平方米成品库一座等配套设施，现有固定资产三千余万元。可根据市场需求科学配制出高档专用粉、通用粉、普通粉三大系列十六个品种，2017 年实现工业生产总值 10537 万元，年销售收入 10223 万元。

甘肃丰收农业科技有限公司

甘肃丰收农业科技有限公司是从事马铃薯种子繁育、种植、深加工及淀粉衍生物研究、开发、生产、销售专业性高科技民营企业，总投资 6200 万元，年产 3 万吨马铃薯变性淀粉生产线；总投资 2700 万元，建成年产 5000 吨马铃薯水晶粉生产线等农副产品加工包装线，公司与江南大学合作成立“丰收农业—江南大学变性淀粉研究所”，与中国科学院兰州分院寒旱所联合成立“丰收农业马铃薯·百合脱毒研究中心”。2017 年实现工业生产总值 5310 万元，年销售收入 4955 万元。

天水市麦积区东柯河工业园区

【概况】天水市麦积区东柯河工业园区管委会（前身为原北道区甘泉乡镇企业示范区），成立于 1998 年 4 月，1999 年 9 月被天水市政府批准为“市级乡镇企业示范区”，2004 年 4 月被甘肃省乡镇企业管理局命名“天水市北道区乡镇企业科技园区”，2005 年 1 月经麦积区人民政府批准更名为天水市麦积区甘泉科技园区管委会。2012 年 10 月经麦积区人民政府批准更名为天水市麦积区东柯河工业园区管委会，园区管委会为全额拨款正科级事业单位，下设办公室、规划建设部和项目部。同月，经市政府批准，园区纳入天水经济技术开发区范围内。

东柯河工业园区位于东柯河谷北段（马跑泉镇东北角），羲皇大道(310 国道)至南侧东柯河谷

4.5公里，东西紧靠山脚。园区规划总面积167.83公顷，园区距麦积城区约7公里，距天水市城区约21公里，与宝天高速甘泉出入口相近，与国家级天水经济技术开发区隔河相望。产业定位为农副产品深加工、新型建材、电工电器、医药健康等。

截至12月底，园区完成固定资产投资7800万元，完成招商引资1.2亿元，完成工业总产值1.16亿元，同比增长5%，经济运行总体平稳。

【园区市政基础设施建设】园区市政基础设施工程建设有效开展，园区启动建设四项基础工程，完成三项，完成污水并网工程，铺设管道1260米，污水管道并入天水经济技术开发区污水处理厂，投入使用；完成滨河西路景观绿化工程，东柯大道潘集寨加油站至花牛苹果产业园两侧绿化面积达1.1万平方米；完成750米河道改道和河提建设工程；滨河东路南延段720米道路工程，完成路基和地下管网铺设，只剩下最后路面铺油工作。

【项目建设】全力抓好首批入园企业“提质增效”和“达产达标”工作。西北永新管业年产4.5万吨新型管材项目和三鑫商砼年产30万立方米商品混凝土搅拌站项目，自投产以来，企业不断狠抓内部管理，优化股权结构，开拓市场，企业管理水平不断提升，完成区军粮供应站粮食仓库搬迁年重建工作，于2017年11月底投入使用；认真抓好入园项目协调服务工作，及时解决项目推进中遇到各种困难和问题。总投资3100万元甘肃霞宇环保科技有限公司高效滴灌带项目，项目区域内拆迁经园区多次协调，现完成并进场建设；甘肃孟姑食品有限公司总投资4200万元食品深加工项目，确定选址，正在办理规划建设手续，总投资6.5亿元长城果汁集团公司10万吨高端果蔬汁加工灌装生产线建设示范项目可行性研究报告通过评审，并完成项目备案，该项目新选址在初步确定在东柯河工业园区西北永新管业以南，滨河东路以东，占地约180亩，现准备办理规划及土地手续前期工作。

天水市麦积区东柯河工业园区管委会

主　任：庞　龙（1月止）

马整安（1月任）

副主任：廖志杰

（供稿：东柯河工业园区管委会办公室）

天水市麦积区
三阳循环经济示范园区

【概况】天水市麦积区三阳循环经济示范园区管委会，成立于1999年6月，其前身天水市北道区三阳川乡镇企业工业示范区。2000年12月，被甘肃省乡镇企业局批准升级为省级乡镇企业工业示范区，2012年10月更名天水市麦积区三阳循环经济示范园区管委会。园区为全额拨款正科级事业单位，园区内设项目部、开发部和办公室“两部一室”，现有工作人员10人，办公地点设处在麦积区中滩镇。开发范围涉及中滩、渭南、石佛三乡镇川区地带。主要职责是负责园区招商引资和企业协调服务工作。

【项目建设】2017年，园区继续完善项目后续建设，全面完成招商引资及固定资产投资任务，园区现有招商引资项目建设4个，其中建成项目3个，在建项目1个。总投资10000万元三阳农产品批发市场项目在历年建设基础上，完成两幢商住楼室内墙体砌砖、门窗和下水管道安装及道路、场坪硬化工程。全年实现企业总产值1.52亿元，其中工业总产值0.48亿元、工业增加值0.26亿元，利税总额620万元。

天水市麦积区三阳循环经济示范园区管理委员会

主　任：马整安（1月止）

石玉峰（1月任）

副主任：王希君

（供稿：三阳循环经济示范园区管委会办公室）

天水甘泉物流园区

【概况】天水甘泉物流园区是市区“十二五”规划重点项目，被国家发改委列入“关中—天水经济区”发展规划，属于东柯新城一部分，为河谷工业、果品产业发展提供物流服务。园区位于甘泉镇窑庄新农村以北，马跑泉镇东柯村以南，西邻石街路，东临东柯大道，南北长约2500米，平均宽约280米，占地1044亩。规划24米宽道路横穿园区，距310国道3公里，距连霍高速街亭出口约7公里，园区紧邻东柯河工业园区，北接天水经济技术开发区社棠工业园，园区地理位置优势明显，布局合理。园区规划以物流配送为核心，建设商务中心和大型配送基地，打造成为“立足天水、服务陇东南、辐射大西北”现代化、规模化、信息化综合区域性物流园区。

【建设情况】2017年，园区完成地质勘查报告编制，环境影响评价报告和地质灾害评估报告书编制评审工作，项目选址意见书及用地规划许可证、建设工程规划许可证办理；园区801亩土地完成审批，完成征地清表约425亩，园区可研报告编制完成并经发改部门批复。修建性详细规划、产业定位规划市规划局审查批复。园区道路工程初步设计编制完成并经过规划部门审批，建设审查手续办理；公用部分土地证办理市长办公会通过，正在按程序办理，现正在进行道路施工图设计。园区重点招商项目天水邮件处理中心建设进展顺利，完成可研编制并经发改部门备案登记、计入固定资产投资项目库，项目红线图由市规划局审查批复，项目用地征收清表和地质勘查报告编制工作完成；现正在进行项目初步设计审查，项目用地挂牌出让手续办理；即将完成“两证”办理、建设方案审定、施工图设计及其他手续，并启动场地平整、附属设施施工及相关配套设施建设。

天水甘泉物流园区管委会

主　任：周　植

副主任：王　林

刘红斌

（供稿：唐 佳）

农业·农村经济

农村工作

【农村经济概况】全年粮食播种面积63.13万亩，油菜7.74万亩。粮食总产16.42万吨，同比增长2.31%；玉米全膜双垄沟播栽培12.175万亩，其中秋覆膜7.01万亩、顶凌覆膜5.165万亩。在新阳、中滩、石佛、渭南、花牛、马跑泉、甘泉、利桥8镇推广农田高效节水技术面积6.2万亩，推广测土配方施肥技术面积72.9万亩，测土配方施肥技术到户率95%。马铃薯脱毒种薯推广面积6.7万亩，其中原种200亩，一级种薯2000亩，二级种薯3000亩，马铃薯脱毒种薯覆盖率100%。农机总动力33万千瓦（含农用车），农机经营总收入1.3亿元。机耕整地作业76万亩，机播16万亩，机收25万亩，农作物耕种收综合机械化水平51%，投入农机具1.0813万台（套）。建成花牛镇百倾塬马铃薯、玉米全程机械化；渭南镇刘沟村机械铺膜；五龙镇柏树王中药材生产关键环节机械作业，新阳镇坚家山农机化等5个农业机械化示范点，建设面积达0.5万亩。新建9个农机专业合作社，规范扶持6个，结算农机具购置补贴资金210万元，任务完成率100%。举办农业科技培训班458期，培训农民25786人（次），认定新型职业农民251人。争取项目资金3536万元，固定资产投资12015万元。畜牧：畜禽饲养量412.87万头（只、匹），同比增长3.91%；肉、蛋、奶、鲜鱼总产量5.21万吨，同比增长4.01%；畜牧业生产总产值12.32亿元。完成11个新建、1个改扩建的标准化规模养殖场，累计完成投资2300万元，达到当年建设、当年投产要求。蔬菜：蔬菜种植面积16万亩，总产35.13万吨，同比增长6.17%。其中露地蔬菜6.24万亩、地膜蔬菜6.05万亩，早春地膜马铃薯和复种地膜架豆王各1.2万亩，总产量2.4万吨；新增钢架大棚面积1000亩，设施蔬菜种植面积3.71万亩，总产12.92万吨；利桥菌业和渭西设施蔬菜2个“一十百千”特色产业基地建成。中药材：完成中药材种植面积3.18万亩，其中中药材基地0.6万亩，年产量4770吨，产值1.43亿元。新建道北芍药；五龙板蓝根；桃花坪重楼、猪苓；东岔五味子、柴胡；利桥天麻、重楼等一批中药材种植示范点。土地流转：新增流转土地8287.16亩，全年累计流转耕地16.31万亩，占农村耕地总面积62.8万亩的25.97%，涉及农户43407户，占家庭承包经营耕地农户总数9.71万户的44.7%，签订流转合同33627份。专业合作组织：新成立合作社123家，至年底，围绕林果、蔬菜、畜牧等产业累计建立农民专业合作社1207家，注册资金33.81亿元，其中种植业804个（蔬菜42个），畜牧业295个，服务业47个（农机服务类26个），精准扶贫社、综合性等61个，入社成员达到27890人，带动农户4.55万户。争创各级示范社205家，有国家级4家，省级23家，市级65家，区级113家。成立麦积区花牛苹果农民专业合作社联合社等6家合作社联合社。推广休闲农业，建成花牛南雄公司、雪园公司等休闲农业示范点。

【人居环境】制定《2017年麦积区改善农村人居环境工作实施方案》《2017年麦积区整洁村整治实施方案》。围绕57个省、市级示范村创建工作，落实投资1.04亿元（其中区财政投入2170万元，整合项目资金7866万元，其它373.4万元）。栽植绿化树1244.6万株，硬化砂化村组道路104公里，硬化巷道120公里，新建垃圾池（箱）962个，投入垃圾清运车256辆，安装路灯4055盏，完成危房改造1041户4684间，改造危旧墙1.23万米，整理沟渠40公里。安排450万元专项资金对陈年垃圾进行集中清理，清理垃圾柴草等14.2吨。

【农业产业化建设】龙头企业：累计发展龙头企业276家，2017年新增27家。合作社：2017年新成立合作社123家。年底，林果、蔬菜、畜牧等产业累计建立农民专业合作社1207家，注册资金33.81亿元，其中种植业804个（蔬菜42个）、畜牧业295个、服务业47个（农机服务类26个），精准扶贫社、综合社等61个，入社成员27890人，带动农户4.55万户。争创各级示范社205家，其中国家级4家、省级23家、市级65家、区级113家。成立麦积区花牛苹果农民专业合作社联合社等6家合作社联合社。建成花牛南雄公司、雪园公司等休闲农业示范点。果品产业：果品产量64.8万吨，产值21.2亿元。新建果园1.53万亩、老果园改造1万亩、补植补造1.1万亩。石佛镇陶家村苹果、渭南镇霍卢村苹果核桃、石佛镇石崖村核桃花椒3个千亩点建成。城郊南山、石佛北山、甘泉甘江流域等重点果品区域完成提质增效22.5万亩；伯阳、元龙、花牛、渭南等乡镇完成果实套袋1.05亿个；颍川河翠山梁、甘泉镇大江沟、中滩镇九龙山、石佛镇北山、花牛镇元柳梁、马跑泉镇光坡梁等村镇完成果园覆黑膜10000亩、果园病虫害防治43万亩、疏花疏果21.2万亩。针对果农培训126期，培训1.9万人（次）。甘泉、石佛、渭南、花牛、马跑泉等乡镇收缴17415亩保费。新建果品贮藏库68座，新增贮量1.36万吨。党川、甘泉、中滩、渭南等乡镇企业、合作社和育苗大户繁育苹果苗木300亩，出圃苹果等苗木400万株。天水花牛苹果产业园完成滨河西路景观绿化工程、天然气及弱电管道辅助设施及观景凉亭建设；园区Ⅱ区道路完成道路土方、管道铺设工程；天水长城果汁集团投资年产10万吨果蔬汁罐装生产线项目启动。畜牧产业：畜禽饲养量412.87万头（只、匹），同比增长3.91%；肉、蛋、奶、鲜鱼总产量达到5.21万吨，同比增长4.01%，畜牧业生产总产值12.32亿元。11个新建、1个改扩建的标准化规模养殖场建设完成，累计投资2300万元。市级以上畜禽标准化养殖示范场共计26家，培育区级以上畜牧重点龙头企业35家。规模养殖比重达81%、规模养殖场畜禽良种化95%以上、养殖场建档率100%、畜禽养殖示范基地良种率达100%。实免补免猪口蹄疫，猪瘟40.644万头（次），鸡禽流感342.09万只（次），牛口蹄疫9.87万头（次），羊口蹄疫、小反刍兽疫8.285万只（次）。各类重大动物疫病强制免疫应免密度达100%，规模养殖场各类动物免疫密度达100%，农村散养户各类动物群体免疫密度达98.8%。共新增新一轮草原生态承包户2835户，总户数达到65595户，完成所有户数相片上传及牧户信息录入，通过省、市审核验收。麦积镇兽医站冻配点和麦积镇街子分站冻配点2个冻配改良点改扩建完成。冻配黄牛10237头，绵羊杂交改良0.58万只。畜产品抽检4次、兽药抽检1次、饲料抽检2次，配合省、市抽检354份，检测合格率均为100%，辖区标准化示范场按要求网上申报“三品一标”认证，通过“三品一标”认证畜产品24个，其中无公害产品17个，绿色畜产品4个，有机产品3个。蔬菜产业：蔬菜种植面积16万亩，总产35.13万吨，同比增长6.17%。其中露地蔬菜6.24万亩、地膜蔬菜6.05万亩、早春地膜马铃薯和复种地膜架豆王各1.2万亩，总产量2.4万吨；新增钢架大棚面积1000亩、设施蔬菜种植面积达3.71万亩，总产12.92万吨；利桥菌业和渭西设施蔬菜2个“一十百千”特色产业基地建成。中药材种植面积3.18万亩，其中，中药材基地0.6万亩，年产量4770

吨,产值1.43亿元。

【农村综合改革】成立区级农村土地承包仲裁委员会。完成370个行政村土地权属调查,确权到户耕地面积79.28万亩。林权抵押贷款800万元,培育林业专业合作组织3个,新增家庭林场2个,林下经济总产值1.7亿元;颁发果树经济林权证145本,颁证面积6.9512万亩,抵押贷款3家;12.5万宗农村宅基地摸底调查、与国土资源部信息平台对接;21个村级供销综合服务社建设有序推进。麦积区被列为省级农村“三变”改革试点县区,借鉴六盘水市农村“三变”改革经验,编制试点工作实施方案,农村“三变”改革各项试点工作有序推进。

天水市麦积区委农工部

部　长:王卫东

副部长:王进孝(扶贫办主任)

裴亚平

陶育宏(2月任)

(供稿:郭春燕)

农村扶贫

【扶贫概况】麦积区是全省23个深度贫困县区之一。全境东西长123公里,南北宽50公里,总面积3480平方公里,耕地面积72万亩。现辖17个镇(其中一个镇为全省深度贫困镇)、3个街道办事处,379个行政村(其中深度贫困村106个),总人口65万人,其中农村人口45万人。2017年全区脱贫3466户1.5万人,贫困人口由2014年10.3万人下降到目前4.38万人,9个贫困村实现整体脱贫,贫困发生率下降到9.5%。2017年到位各类央、省、市安排财政扶贫资金16355万(中央14825万元,省级938万元,市级592万元),第一批计划10864万元,第二批计划4245万元,易地搬迁资金604万元,国有贫困林场资金50万元,市级财政专项扶贫资金297万元。农村居民人均可支配收入达到7056元,增长8.5%。年底完成减贫1.5万人,实现9个贫困村整体脱贫退出,贫困发生率下降到9.5%。

【基础设施建设】按照项目计划和项目管理要求,完成村组道路硬化43.2公里、巷道硬化116.3公里,小型水利工程建2处,五龙镇33村安全饮水工程、注册成立扶贫互助社379个,建成文化广场308处村级阵地8座,村级卫生室5座,实施精贫困户危旧房改造322户。

【对口帮扶】主动对接协商,深入推进天津市西青区与麦积区扶贫协作工作。开展劳务洽谈,与西青区联合举办大型人才招聘暨劳务洽谈会,签订2300个岗位意向性合作协议。组织32人卫计系统代表团,赴天津市西青区借鉴和学习基本公共卫生服务、家庭医生签约等方面成功经验。与西青区签订《互派干部挂职锻炼和优秀人才学习交流框架协议》,西青区选派1名干部到麦积区挂职锻炼,麦积区选派5名优秀年轻干部赴西青区挂职锻炼,两地选派挂职工作持续深入开展。通过两区多次交流互访、实地调研,探索建立区与区、街镇与镇、村与村东西部扶贫协作“三级结对帮扶”模式,落实到位资金1171.3万元,完成甘泉片区农村饮水改造提升工程、利桥镇生态旅游保护发展、元龙镇花椒产业基地道路建设、党川镇花庙村农村居住环境治理等项目,落实贫困学生资助金79.3万元,资助贫困大学生100名,中小学生46名。同时,中车集团落实帮扶资金200万元,硬化新阳镇王家庄村产业路3.2公里、巷道1公里。

【保障机制】落实党政一把手主抓脱贫攻坚第一责任人责任,成立脱贫攻坚、精准扶贫大数据管理平台建设、脱贫攻坚成效考核3个领导小组及综合协调、资金保障、基础设施和易地搬迁、产业开发等11个专责工作组;建立“区级领导包镇,单位包村、干部包贫困户”精准扶贫工作责任落实机制,安排区级领导依次包抓深度贫困镇、106个深度贫困村,签订脱贫攻坚责任书,立下军令状,层层传导压力、逐级靠实责任；将新提拔科级干部、区管科级后备干部、各镇区直部门推荐提拔干部，充实到106个深度贫困村担任第一书记或帮扶工作队队长，对贫困村驻村帮扶工作队成员进行调整充实；分3期对全体帮扶队员进行封闭式轮训；按照“渠道不变、充分授权、统筹使用、权责匹配、注重实效”原则，2017年统筹整合财政涉农资金3.85亿元，争取到位中央和省市财政专项扶贫资金1.54亿元，落实区级财政扶贫资金7916万元，争取到国开行综合授信14.8亿元农村人居环境综合治理专项贷款，在全省率先启动国开行综合授信15亿元产业扶贫贷款工程，累计发放精准扶贫专项贷款11.8亿元，全区互助资金总量达到3.1亿元。开展预防扶贫领域职务犯罪专项行动，深化“两查两保”专项行动，查处扶贫领域不正之风和腐败问题27件40人，开展省市区镇“四级联动”直通直查扶贫领域问题专项行动，发现问题87人、问题线索90条，处置问题144个；结合“明查暗访督查年”活动，常态化开展精准扶贫督查督办，年内开展各类督查84次，印发督查通报23期，手机短信平台通报42次；组织各镇精准扶贫工作站站长在全区范围内开展为期一周“八查八看八比”活动，对查出问题进行跟踪督办、挂牌销号、限期整改、回访核实；专门组成由2名县级领导任组长督查工作组，对精准扶贫工作进行督查，每次下发督查通报，直指问题、点单位点具体责任人，限期整改。强化督查考评结果运用，对因履职不到位5名驻村帮扶工作队员进行问责，对抓精准扶贫不力2名镇党政主要负责人给予党纪政纪处分，对因工作不到位造成不良影响1名科级干部予以免职，并在全区范围内进行通报。

【动态管理】紧扣精准识别、动态管理、贫困退出验收等关键环节，按照“12345”贫困人口进出识别认定程序，进一步做实做细建档立卡，开展贫困人口动态管理工作。按照脱贫收入“十不算”和“三保障”“十不脱”核查标准，坚持“凡富必出”和“凡贫必进”原则，将国家审计署驻兰特派办、省审计厅反馈扶贫审计疑似问题整改与全区2014—2016年度脱贫人口核查相结合，全面开展核查，新识别纳入建档立卡贫困户245户881人，返贫508户1928人，剔除不符合识别标准贫困户760户3726人，回退脱贫人口285户1109人；推广应用“双线排序比对法”，对全区17个镇及道北办379个行政村13885户贫困户进行好、中、差排序，64891户非贫困户进行由差到好排序，筛选确定出年度预脱贫和重点管理人口13814户42150人，因户因人列出问题需求和九项到户措施落实“两个清单”，明确工作对象和重点任务，全面落实精准管理、精准帮扶措施，确保脱(返)贫人口精准识别、精准退出；紧盯贫困人口退出验收11项指标、贫困村退出验收20项指标和脱贫验收责任体系，执行《甘肃省贫困退出验收办法》，成立7个区级脱贫验收工作组，逐村逐户逐项开展贫困退出验收，验收达标拟退出贫困人口1.5万人、脱贫退出贫困村9个。

【贫困村户发展条件改善】2017年分四批整合财政“一事一议”、扶贫、发改、交通、水利等行业部门项目资金3.85亿元，完成农村公路路网改善工程16公里、千村美丽示范村村组道路建设工程29.85公里、安全生命防护工程28.58公里，实施通村道路、村组道路、产业路及巷道硬化207.15公里；建成农村供水巩固提升工程7处，解决2.2万户9.7万人饮水安全问题；实施易地搬迁1036户4743人，完成农村D级危房改造1041户，实现沥青(水泥)路、动力用电、安全饮水、4G互联网络“4个村村通”。

【多元富民产业】实施“一镇一业”产业对接和“一村一品”产业培育工程，因地制宜培育发展富民多元产业，2017年全区新建果品基地2.25万亩、实施果园提质增效4万亩，新建标准化规模养殖场6个，贫困村畜禽饲养量达到26.7万头(只)；新发展蔬菜1.3万亩、中药材种植6000亩；为贫困户发放蜂箱10700箱，组建土蜂养殖合作社8家，注册“天之蜜”、“桃花沟”蜂产品商标2

件，带动1000余户贫困群众发展土蜂养殖。培育新型经营主体，新发展龙头企业27家、全区龙头企业累计发展到276家，新发展农民专业合作社123家、全区农民专业合作社累计发展到1207家，新发展家庭农场24家、全区家庭农场发展到118家，流转土地1.13万亩、全区共流转土地16.3万亩，带动6000多户贫困户发展林果等特色产业。发展电子商务，新建电商服务点70个，实现电商服务站乡镇全覆盖，全区电商累计实现销售额9185万元。

天水市麦积区扶贫办公室

主　任：王进孝（兼农工部副部长）

副主任：李东平（10月止）

廖文斌

赵富志（10月任）

区外资管理中心主任：陈建民（10月止）

李东平（10月任）

纪检监察员：罗保健

（供稿：刘伊丽）

种植业

【**概况**】麦积区农业局在埠南路中段。下辖农村能源办公室、农业技术推广中心、农业机械技术学校、农机管理站、农机监理站、种子管理站、植保植检站、农民负担监督管理领导小组办公室、农业广播电视学校、农村经营管理站、农业行政综合执法大队、蔬菜中心、农产品质量安全检测中心、社棠良种场、农机公司等15个单位。现有在职人员341人，其中专业技术人员157人，包括高级农艺师21人，农艺师93人，初级职称42人。

【**农业综述**】现有耕地面积71.9万亩，其中山地62.64万亩，川地9.26万亩，分别占全区耕地面积87.12%和22.88%，辖区境内海拔748—2559米，属大陆性暖温带半湿润、半干旱气候过渡带，年平均温度10.2℃，无霜期168—182天，年平均降雨量506.3毫米。区域光、热、水资源丰富，四季变化明显，适合各种农作物生长，农业生产历史悠久。种植业主要以蔬菜、粮食作物、油料、中药材四大类为主。农村居民人均纯收入达7215.8元，较上年增长12.04%。种植业增加值较上年增长6%。农作物播种总面积88.47万亩，其中，粮食61.49万亩，油菜7.8万亩，蔬菜16万亩。中药材3.18万亩。

【**粮食生产**】完成粮食播种61.49万亩，总产16.30万吨，同比增长1%。其中，夏粮28.8万亩，亩产205.2公斤，总产5.91万吨；秋粮32.69万亩，总产10.39万吨，其中玉米22万亩（覆膜17.7万亩），马铃薯6.7万亩（覆膜1.5万亩），大豆2.92万亩，荞麦0.97万亩，其他小杂粮播种面积0.1万亩。

【**蔬菜生产**】完成蔬菜种植面积16万亩，总产35.13万吨，同比增长6.17%。其中露地蔬菜6.24万亩，地膜蔬菜6.05万亩，完成早春地膜马铃薯1.2万亩，总产量2.4万吨；年内新增钢架大棚面积1000亩，设施蔬菜种植面积达3.71万亩，总产12.92万吨。建成渭南镇西村绿色无公害标准化蔬菜基地，在琥珀、新阳、石佛、渭南、花牛、马跑泉、甘泉等镇蔬菜基地新建一批集约化育苗、水肥一体化和绿色防控技术示范点，投资2000余万，完成无公害设施蔬菜生产约2000亩。

【**中药材生产**】中药材种植面积3.18万亩。其中，中药材基地0.6万亩，产量6360吨，产值25440万元。新建道北芍药，五龙板蓝根，桃花坪重楼猪苓，东岔五味子、柴胡，利桥天麻、重楼等一批中药材种植示范点。投资900多万元，建中药材种植基地3800亩。

【**农业保险**】完成玉米、马铃薯种植保险承保面积9.38万亩，其中玉米承保面积3.17万亩，占任务数105.6%，马铃薯承保面积6.21万亩，占任务数103.5%。

【**旱作农业项目**】玉米全膜双垄沟播栽培任务面积12万亩，实际完成12.175万亩，其中秋覆膜7.01万亩，顶凌覆膜完成5.165万亩。建成新阳镇杨岘村、五龙镇陈山村、渭南镇刘沟村、石佛镇周半村等4个千亩示范点。

【农业科学发展示范点创建】全年创建4个市列农业科学发展示范点，分别是麦积区田润种植合作社循环农业示范基地、甘肃利桥菌业黑木耳生产示范基地、麦积区利丰种植专业合作社设施蔬菜生产示范基地、天水市麦积区花牛果品农民专业合作社果品基地示范点。坚持点面结合、统筹推进工作方法，以农业科学发展示范点典型效应积极推广农业提质增效综合技术，辐射带动农业产业结构和发展方式优化升级。

【测土配方施肥】测土配方施肥任务面积72万亩，配方肥施用面积35万亩。结合粮食绿色高产高效创建、设施蔬菜标准化生产、全膜双垄沟播、水肥一体化等重点项目，普及推广测土配方施肥技术面积35.2万亩，完成省上下达任务面积48.9%。其中粮食23.5万亩，油料0.3万亩，蔬菜5.6万亩，马铃薯5.2万亩。测土配方施肥技术到户率达90%；通过"321"农企对接活动、智能化配肥及"千乡千店、一机一屏"行动，完成配方肥施用面积20万亩，施用配方肥1.47万吨。开展培训22余场(次)，培训农民1500余人，发放资料4000余份(册)，广播电视宣传2次，网络宣传6次。

【农田高效节水】在新阳、中滩、石佛、渭南、花牛、马跑泉、甘泉、利桥8镇落实农田高效节水技术推广面积6.2万亩，其中垄膜沟灌5万亩，滴灌1.2万亩。落实核心示范面积0.19万亩，总示范点数达到8个，其中区级千亩示范点1个，镇级百亩示范点7个。全区累计开展各项培训85场(次)，培训人数10193人(次)，其中区级培训2次，培训乡镇技术人员40人、农民技术员140人；乡村级培训83次，培训农民10013人；发放明白纸10100份，举办广播电视讲座12次。

【耕地保护与质量提升】在五龙、新阳、琥珀完成油菜秸秆粉碎还田面积1000亩，完成省上下达任务面积100%。在五龙镇柏树王村建立百亩油菜秸秆粉碎还田示范点，在五龙镇柏树王村、汪山村，中滩镇谢坪村落实秸秆还田效果评价监测点1个，在五龙镇岳王村开展秸秆腐熟剂对比试验1个。

【病虫害防治】全年发生各类农作物病虫鼠草害面积195万亩，指导各类防治面积368.5万亩，挽回粮食损失10361吨，挽回油料损失114.8吨。农作物重大病虫害平均防控效果达到80%以上，病虫害损失率控制在5%以下。主要粮食作物专业化防治覆盖率达到25%，中短期预报准确率达98%。统防统治方概率达到34%。其中小麦病虫发生82.1万亩次，防治120万亩次；玉米病虫发生16.7万亩次，防治50万亩次；马铃薯病害发生3.8万亩次，防治8万亩次，挽回损失50.3吨；油菜病虫害合计发生4.9万亩次，防治10万亩次；农田鼠害发生10.5万亩次，农田灭鼠20万亩次。

【新型职业农民培训】在甘泉镇吴河村、马跑泉镇闫家庄村、花牛镇白家河村、麦积镇北湾村、元龙镇桑渠村开展专业技能各类培训300人，其中参训贫困户79人。认定新型职业农民341人。考核合格者，颁发麦积区新型职业农民资格证书。

【土地流转】围绕果品、畜牧、蔬菜三大支柱产业，新增流转土地8287.16亩，累计流转耕地16.31万亩，占农村耕地总面积62.8万亩25.97%，涉及农户43407户，占家庭承包经营耕地农户总数9.71万户44.7%，签订流转合同33627份。建成城郊南山万亩花牛苹果基地、天水盛龙果园股份有限公司三阳川万亩鲜食葡萄出口基地等一批在全市乃至全省有影响农业产业综合示范点。

【农村土地承包经营权确权登记颁证】在17个镇及道北办事处，370个村开展土地确权工作，完成调查农户99343户，应确权农户数约98263户，确权到户地块647844块，确权到户面积约79.28万亩；完善承包合同98263份，合同签订率100%，数据入库完成100%。到位中央、省、市确权专项资金1666.03万元，拨付专项资金1144万元；区级机房硬件和软件均配备安装到位；购置并安装档案管理软件，档案整理归档与数字化同步推进。

【新型农业经营主体培育】按照"13565"现代

农业推进计划，加快花牛苹果、元龙花椒、甘泉核桃、三阳川葡萄等特色产业园建设，积极培育新型经营主体，加快农产品加工转化，促进产业提质增效。新成立合作社 99 家，有林果、蔬菜、畜牧等产业农民专业合作社 1195 家，注册资金 33.81 亿元，其中种植业 801 个（蔬菜 42 个），畜牧业 286 个，服务业 47 个（农机服务类 26 个），精准扶贫社、综合性等 61 个，入社成员达到 27890 人，带动农户 4.55 万户。争创各级示范社 162 家，其中国家级 4 家，省级 14 家，市级 51 家，区级 93 家。成立麦积区花牛苹果农民专业合作社联合社等 6 家合作社联合社。

【农村集体“三资”管理】2017 年 6 月 6—8 日，区委督查室会同区农业局、财政局采取随机抽查、查看资料、现场核查方式，对全区“村财镇管”制度落实及“三资”监管体系建设情况进行专项督查。6 月 14—16 日，按照省站要求，东岔、三岔、新阳等 8 镇及道北办事处参加省农牧厅组织农村集体“三资”网络监管平台端口管理员、操作员、审核员培训班。经过培训后，这些乡镇都将开通端口，按照操作要求，及时规范开展录入、记账、核算等业务。

【农资打假】对城区、马跑泉、社棠、花牛集市区域农资批发市场进行拉网式排查，对农资进行登记、查验，查清进货渠道和销路，全年累计出动执法人员 564 人次，出动车辆 139 台次，检查整顿农资市场 19 个、农资经营主体 146 个次，其中检查农药经营门店 101 家，种子经营门店 36 家，肥料经营门店 78 家，立案 11 件，结案 7 件。调节农资纠纷 1 件，查处未取得农药登记证农药 15 公斤。农业行政执法大队被农业部授予“全国农业综合执法示范窗口”。

【农产品质量安全】“三品一标”农产品生产面积占全区使用农产品生产面积比重达 86%，新认证“三品一标”农产品 5 个（其中有机 1 个），地标 1 个。抽检农产品样品 1328 个，合格率达 100%。

【农机安全】应检农业机械 3231 台，实检 3011 台，检验率 93.2%；检验联合收割机 36 台，检验率 100%；注册入户拖拉机 184 台、联合收割机 3 台；应审验换证 812 本，审验换证 730 本，审验换证率 90%；开展 4 次农机驾驶员培训及考试，培训驾驶员 4 期，231 人，考试合格 221 人；农机具购置补贴注册登记及培训考证均达“双百”。对年初确定 4 镇、20 村 3 条重点区域路段全面组织开展农机安全专项整治工作。期间出动执法车辆 364 台／次，出动执法人员 960 人次；检查各类农业机械 2992 台／次，查处违章车辆 265 台。排查有关生产经营单位、场所 8 家，限期整改 4 项，；发放《事故隐患整改通知书》15 份。在农村集市、人口密集地段开展大型宣传教育活动 8 次，展示事故展板 96 块，发放农机安全生产知识等宣传资料 7 种类型 3600 余份，悬挂横幅 43 条，张贴标语 146 张，在天水农业信息网刊登信息 38 条，报刊报道 2 次，直播天水、麦积新闻报道 2 次；举办农机安全讲座 5 场。严抓秋季安全生产工作开展以来，出动执法车 75 台次，出动执法人员 248 人次，检查企业（单位）28 家（次），发现各类农机安全隐患 15 条，现场整改 13 条，限期整改 2 条（经全部整改落实）；下发责令整改通知书 5 份，整改率 100%。检查企业（单位）内无证驾驶 12 人、无牌行驶车辆 4 台（全部办理），整改率 100%。发放各类宣传资料 6 种类型 1500 余份。

【农机具购置补贴】完成农机具购置补贴 151.125 万元，占目标任务 71.96%。

【农机化发展】农机总动力 33 万千瓦，农机经营总收入 1.3 亿元，农机经营纯收入 0.45 亿元。完成机耕整地作业 65 万亩，机播 16 万亩，机收 25 万亩，农作物耕种收综合机械化水平达到 51%。投入农机具 1.0813 万台（套），其中拖拉机 0.176 万台，深松机 0.0137 万台，播种机 0.0006 万台，铺膜机 0.141 万台，其它农具 0.75 万台。举办机械化作业技术现场培训会 4 次，培训 750 人次。建立花牛镇百倾塬马铃薯、玉米全程机械化，渭南镇刘沟村建立机械铺膜，五龙镇柏树王中药材生产关键环节机械作业，新阳镇坚家山农机化等 5 个农业机械化示范点，建设面积达0.4万亩。农机专业合作社稳定发展，全区30个农机合作社上半年总收入410万元。新建9个，规范扶持6个。组织16家农机合作社农机手参加全市“一乡一农机合作社”农机手技能培训班。

【农业面源污染治理】建立尾菜处理示范点全区建成尾菜处理利用简易欧肥堆45个，尾菜处理技术推广面积1.03万亩，处理尾菜1.4万吨。全区尾菜处理利用率达到38%。设立17个镇级废旧农膜回收点，建成渭南镇刘家沟废旧农膜“以旧换新”回收试点。农膜使用总量2078吨，回收1620.8吨，回收率达到79%。完成测土配方施肥技术推广面积45万亩，配方施用面积22万亩，测土配方施肥技术到户率达80%，农作物化肥利用率达37%，传统施肥方式得到有效改进，主要农作物化肥施用总量增幅下降到0.6%。主要农作物应用测土配方施肥技术施肥量较农户习惯施肥量亩均少施0.5公斤，全区主要农作物施肥总量减少到225吨，有效减少土壤污染。绿色防控示范区农药使用量减少20%-40%，平均减少用药次数1-2次，农药利用率37%，绿色防控覆盖率25%。

天水市麦积区农业局

党组书记、局长：石永慎

副 书 记：雷福进

副 局 长：李婉霞（女）

王 钰

陈小军

纪检组长：温亮东

总 工：赵周全

（供稿：郭 瑞）

林 业

甘肃省小陇山林业

【概况】甘肃省小陇山林业实验局现隶属甘肃省林业厅。管辖小陇山林区全部和西秦岭、关山林区一部分。地跨长江、黄河两大流域，是兼有中国南北方特点典型天然次生林区，也是全国天然林保护工程重点实施区。总经营面积1243.05万亩，活立木总蓄积量4317.50万立方米，森林覆盖率67.07%。境内地理坐标东经104° 22′ —106° 43′ ，北纬33° 30′ —34° 49′ ，海拔700—3330米，年均气温7—12℃，年均降水量460—800毫米，无霜期140—218天。林区气候温和，雨量充沛，夏无酷暑，冬无严寒，自然条件优越，动植物种类繁多。现有21个国有林场，11个局直单位，2处国家级森林公园（麦积国家森林公园、小陇山国家森林公园）一处国家级自然保护区（小陇山国家级自然保护区）2处省级自然保护区（麦槽沟自然保护区、黑河自然保护区）7处省级森林公园（三皇谷、卧牛山、太阳山、云屏三峡、榜沙河、洮坪、李子园森林公园）。所辖林场分布于天水、陇南、定西三市秦州、麦积、清水、武山、徽县、两当、礼县、漳县八县（区）。现有林区干线公路436公里，简易公路及林道3166公里，道路网密度每公顷4.4米。建设生物防火林带500公里。与地方联建输电线路430公里。建成局、场、营林区三级超短波通讯网。全局开展林业科研、推广课题120项，通过省、市鉴定100项。其中《小陇山次生林综合培育技术研究》，获林业部科技成果三等奖、甘肃省科技推广一等奖。同时，与中国林科院、北京林业大学、西北农林科技大学、兰州交通大学等院所建立合作关系。全局现有在职职工近5000人，其中初级职称以上技术人员1000人以上。有副高以上技术职称人员近50人。局址设在天水市麦积区分路口。林区、林缘区有89个乡（镇），1920个行政村，126.9万人。

【机构设置】内设部门分别为局办公室、人事处、组织部、局计划财务室、造林处、资源林政管理处、森林防火办公室、科技教育宣传处、产业开发管理处、天然林保护工程办公室、纪律检查委员会、工会、团委、基建管理办公室、培训测试单位等14个。

【下属单位】下设局直单位有林业科学研究

所、林业调查规划院、林业有害生物防治检查站、机关后勤服务中心、基建管理中心、职工子弟学校、职工医院(即天水市骨科医院)、麦积植物园、陇林饭店、林木种苗管理站、天水大自然国际旅行社、小陇山国家自然保护区等13家,全部分布在麦积区城区内。下设林场21个,分别分布在天水市、陇南市、定西市所属8个县区。其中,在麦积辖区内分布林场有麦积、观音、党川、百花、龙门、东岔、立远、太碌8个林场。

此外,林区内还分布有麦积国家森林公园(下设植物园、净土寺、放马滩、曲溪等4个独立运营景点,全部分布在麦积区内)、小陇山国家森林公园(下设桃花沟、金龙山、碧峪、百花、龙门、黑河等6个独立景区,除黑河景区在两当县境内外,其余都在麦积区辖区内)、太阳山森林公园(麦积区、秦州区境内)、李子园森林公园(秦州区境内)、三皇谷森林公园(清水县境内)、卧牛山森林公园(武山县境内)、榜沙河森林公园(漳县境内)、洮坪森林公园(礼县境内)、云屏三峡森林公园(两当县境内)等森林旅游单位。这些森林公园(或景区)目前与所在林场实行一套人马,两块牌子管理模式。其中两个国家森林公园按照规定由小陇山林业实验局领导兼任公园主任。

【森林资源】截至2016年底,全局森林资源数据统计结果如下:全局活立木总蓄积量43174989立方米,总经营面积825910公顷,林地计692908.54公顷,其中,有林地554002.52公顷,疏林地220.57公顷,灌木林地99898.19公顷,未成林地5760.35公顷,苗圃地85.15公顷,无立木林地1376.57公顷,宜林地30843.51公顷,林辅用地721.68公顷;非林地计133001.46公顷,其中,农地120222.5公顷,牧地1.84公顷,水域5013.25公顷,未利用地162.25公顷,建设用地7601.65公顷,森林覆被率67.1%。

国有林资源部分,活立木总蓄积量41454816立方米,总经营面积630373.1公顷,林地计622898.01公顷,其中,有林地516313.17公顷,疏林地207.15公顷,灌木林地74052.24公顷,未成林地3909.12公顷,苗圃地62.28公顷,无立木林地1376.57公顷,宜林地26255.8公顷,林辅用地721.68公顷;非林地计7475.05公顷,其中,农地541.21公顷,水域5012.36公顷,未利用地162.25公顷,建设用地1759.23公顷。

集体林资源部分,活立木总蓄积量1720173立方米,总经营面积195536.9公顷,林地计70010.53公顷,其中,有林地37689.35公顷,疏林地13.42公顷,灌木林地25845.95公顷,未成林地1851.23公顷,苗圃地22.87公顷,宜林地4587.71公顷,非林地计125526.41公顷,其中,农地119681.3公顷,牧地1.84公顷,水域0.89公顷,建设用地5842.42公顷。

在麦积区分布森林资源情况:活立木总蓄积量22429798立方米,总经营面积231520公顷,林地计212133.9公顷,其中,有林地195008.5公顷,疏林地100.25公顷,灌木林地14348.26公顷,未成林地1109.43公顷,苗圃地27.88公顷,无立木林地147.22公顷,宜林地1182.01公顷,林辅用地210.38公顷;非林地计19386.06公顷,其中,农地15990.38公顷,水域1790.34公顷,未利用地3.54公顷,建设用地1601.8公顷。

野生动物有61科,357种;木本植物83科,221属,973种。

【森林资源保护】持续推进天保工程建设,压实森林资源保护监管责任,局、场、管护站、管护人员逐级签订森林资源管理目标责任书、森林资源承包管护责任书和森林管护责任协议书2406份,将全局1118.76万亩林地管护任务与责任,落实到林场、管护站和职工;建立健全森林资源管理领导责任体系和森林资源管理领导责任体系考核办法。落实公益林管护责任,逐级签订公益林管护责任书560份。严厉打击破坏森林资源专项行动5次,举办森林资源管理培训班2期,2017年向森林公安机关报案35起,报案率100%。对"62个疑似图斑"进行现地核查,并将核实结果上报,完善林地"一张图"数据库。

【林区生态环境排查整治】按照省市要求开展

林区生态环境整治工作，完成天水市委市政府对小陇山林区生态环境专项整治，清理排查涉及森林资源保护管理环境问题5次，参加市县(区)会议8次，配合市县(区)现场督查4次，对排查出问题及时进行整改，执行探采矿权涉及国有森林资源协查和探采矿联审联批联查制度，共办理核查(协查)函件51件，涉及项目134项(次)，及时向省市上报妥善处理小陇山林区矿产资源开发与环境保护意见报告。按照全面落实河长制实施方案，结合我局森林资源保护监管实际，进一步落实河流水域岸线范围内国有森林资源保护经营管理。

【森林防火】全面落实森林防火目标管理责任制。根据森林防火阶段性特点，先后4次对全局森林防火工作进行专项督查指导，做到督查指导全覆盖。建立健全森林防火责任体系，层层签订责任书，全力抓好火源管理、防火宣传和培训演练等工作。对重点时段、重要部位和薄弱环节实行超常规部署、全天候守护、满负荷运转，实现林区全年无森林火灾目标，获得全省森林防火专项考核第二名好成绩 。

【公益林建设】完成人工造林10006.2亩、封山育林10000亩，三北五期防护林建设人工造林2000.1亩，完成2016年第三批森林植被恢复造林2100.3亩，培育苗木243.6亩，培育绿化大苗33271.5亩4080万株。检验各类造林苗木245万株，合格率99%。完成珍稀树种培育基地建设3700亩。小陇山白皮松省级良种基地被国家林业局公布为第三批国家重点林木良种基地。

【林业有害生物防治】2017年，林业有害生物发生面积16.29万亩，其中实施有效防治面积12.79万亩，无公害防治面积11.67万亩，无公害防治率91.2%。产地检疫各类出圃苗木320万株，产地检疫率100%。

【森林可持续经营】完成森林可持续经营示范区示范林建设6425.5亩，设置对照监测区135.5亩。完成森林抚育36万亩，森林经营样板基地栎类示范林扩建300亩。严格采伐限额管理，坚持凭证采伐制度和凭证运输制度，申报签发《林木采伐许可证》249份，采伐面积15427亩，采伐总量16019立方米，运输木材4627立方米、剩余物520立方米、绿化苗木23714株、箭竹1223吨、栓皮37吨，全年未出现超限额、无证采伐和无证运输现象。森林可持续经营经验交流活动，有9批、包括14个国家在内林业专家学者400余人来局考察学习研讨。

【绿色产业】旅游宣传推介，举办“百家新闻媒体走进小陇山”活动，有力推动林区全域旅游发展。小陇山国家森林公园、卧牛山省级森林公园、榜沙河省级森林公园入选第三批“中国森林氧吧”。举办林业产业管理与技能培训班，加强业务技术培训，有效提升管理水平。2017年全局林业产业总收入4953.51万元。其中，旅游业接待游客52.88万人(次)，实现经营收入2041.53万元；林副产品经营收入242.63万元；销售各类苗木601.5万株，收入1626.86万元；成品油经营收入735.41万元，民爆品经营收入152.08万元，场地租赁收入155万元。

【林业科技、医疗、教育与信息化】完成50多个科研项目，授权专利2件，审定林木良种2个，制定行业标准3项，8项科研成果分获2017年甘肃省林业科技进步和天水市科技进步奖，新增国家、省、市科技计划项目12项，获助科研经费200多万元。森林培育与遗传改良研究团队承担国家“十三五”重点研发项目子课题，省级重点实验室培育基地通过省科技厅验收。林科所获全省“林业科技创新先进集体”称号。

甘肃省小陇山林业实验局

局长、党委副书记：寇明君
书　　记：王小平(7月止)
王作谊(7月任)
副 局 长：沈占江
李忠虎
何建平
刘昌明
潘德乾

张小平

总会计师：刘九林

局长助理：张爱国

（供稿：包卫东）

天水市麦积区林业

【林业自然资源概况】麦积区位于甘肃省东南部，地处黄河、长江两大流域过渡地带，渭河中上游黄土丘陵沟壑区，属暖温带大陆性干旱、半干旱气候，适宜多种林果生长发育，是著名品牌"花牛苹果"故乡，是全省13个重点林区县（区）之一。全境总面积3480平方公里，林地面积387.86万亩，其中有林地330.99万亩，灌木林地35.31万亩，疏林地1.71万亩，全区森林覆盖率63.5%，区属森林覆盖率25.65%。境内动植物种类繁多，木本植物达83科、221属、973种，依附植物群落生存野生动物100多种，麝、锦鸡、牛羚、大鲵、熊等珍禽异兽12种。

【麦积区林业局概况】麦积区林业局是主管全区林果业建设政府职能部门，内设办公室、计划财务股、资源林政股、造林经营股、林业改革发展股）5个股（室）；下辖区果品产业局、区森林公安分局、区林业工作站、区林业技术推广中心、区林业综合服务中心、南北二山林业工作站、三阳苗圃、甘泉苗圃、元龙苗圃、码头苗圃、凤凰林场、凤凰园艺场、街子林场、园店木材检查站、利桥木材检查站、东岔木材检查站、中心苗圃17个直属行政事业单位；区设天保办、三北办、林改办、公益林办、凯迪项目办、盛龙项目办、亚行办7个职能办公室。有职工357人，其中行政人员66人，专业技术人员73人。全区林果业总产值21.8亿元。

【重点林业生态工程】完成退耕地还林1.125万亩；三北工程人工造林0.2万亩，退化林分修复1.5万亩；森林抚育1.3万亩；造林补贴人工造林1.55万亩。重点生态公益林建设工程重新划分管护区域、确定管护人员、签订管护合同，69.64万亩公益林全部封禁管护。同时，中央森林生态效益补偿基金通过"一折通"全部拨付到农户。

【林果产业建设】年初天水市下达果品基地建设任务3.5万亩，其中：新建果品基地1.5万亩，补植补栽1万亩，老果园改造1万亩。完成新建果园栽植1.53万亩，完成老果园改造1万亩，完成补植补造1.1万亩。在甘泉镇包沟村，花牛镇沽沱村等完成经济林0.95万亩；在甘泉镇包沟村、甘江村、朝阳等村实施果园提质增效4万亩。编制完成《五龙镇脱贫攻坚林果产业发展规划》，并按照规划完成花椒建园11200亩。区果业局完成各类技术培训12000多人（次）。

【农业科学发展示范点建设】天水市确定麦甘公路向面坡中滩镇九龙山为林业生态造林科学发展示范点。全年完成麦甘公路向面坡中滩镇九龙山造林绿化工程1100亩，栽植油松、侧柏等苗木12.1万株。

【重点林业生态工程建设】南北两山绿化麦积段提升改造工程。工程实施面积3460亩，建成樱花园、紫荆园、榆叶梅园、红叶碧桃园4处；完成地埂补植立体绿化93.5千米；营建以油松、雪松为主生态景观林2070亩，以侧柏、刺槐为主水保林997亩；完成道路绿化3条3.5千米，栽植各类苗木161.33万株。麦甘公路沿线绿化工程。完成绿化面积4610亩，栽植各类苗木57.03万株。麦甘公路行道树绿化长度13.7公里（单侧长度），栽植樱花、玉兰、红叶李等各类苗木5300株。天水高铁南站绿化美化工程。完成绿化长度1.15公里，平均宽14米，总面积16100平方米，栽植雪松168株、木槿333株、紫薇331株。庄天公路麦积段绿化工程。完成绿化长度6.2公里，栽植塔柏、柳树苗木3350株；荒山造林对重点区域向面坡进行全面绿化，完成绿化面积150亩，栽植侧柏5030株。

【集体林权制度改革】完成抵押林权贷款800万元，成立农民林业专业合作经济组织3个，新增家庭林场2个，实现林下经济总产值1.703亿元。

【林政工作】完成宝兰客运专线、330千伏供电工程等重点工程征占用林地勘验、赔偿兑付及临时占用林地审批上报工作，征占用林地审核率达到100%。查处无证、伪装运输苗木林业行政案件5起。依法查处各类破坏森林资源案件27起，出动警力600余人次，处罚违法人员27人，放生野生动物16只，依法责令补栽树木1442株。完成市林业局下达森林覆盖率年度增长目标任务，区属森林覆盖率达到25.65%。完成林地变更调查工作，更新完善林地“一张图”、退耕还林、公益林区划落界数据库建设。出动防火宣传车110多台(次)，书写防火宣传标语850多条，刷新固定标语牌16块，发放防火宣传画23000份、宣传彩页2600份；制定《麦积区森林防火应急预案》，组织凤凰林场等护林防火重点单位进行护林防火应急演练，未发生重大森林火灾，森林火灾受害率控制在0.9‰以内。

【病虫害防治】刺槐尺蠖、松叶蜂和松材线虫疫情监测，全区监测面积112万亩，监测覆盖率达到100%。麦积区林业局与小陇山林业局采用化学药物碰洒、烟雾防治方式在甘泉镇麦积林场41号林班3–6号4个小班(甘泉镇峡门村区域内)进行中华松针蚧防治工作，防治面积3200亩。对苹果蠹蛾进行全面防控，与全区18个镇及街道办事处签订防控目标责任书，制订防控预案，建立健全苹果蠹蛾疫情监测防控体系，未发生苹果蠹蛾疫情。林业有害生物成灾率控制在4.8‰以内，无公害防治率达到90%以上，测报准确率达到86%以上，种苗产地检疫率达到99%以上；新造林鼠兔灾害致死率没有超过15%，中幼林鼠兔灾害致死率没有超过10%，监测信息准确率达到98%。

【义务植树】3月24日组织全区社会各界人士在石佛镇石佛村参加义务植树活动，栽植油松、侧柏等树种2万余株120余亩。各乡镇也结合补植补造、公路绿化等工程，扎实开展义务植树活动。全区参加义务植树人数达32万人，义务植树尽责率90%以上。

【道路绿化】全区在中滩、渭南、新阳、元龙等乡镇栽植以塔柏、速生柳、雪松等为主行道树100公里，占总任务100%。

【育苗工作】完成育苗2600亩。其中国营苗圃育苗780亩，专业户育苗15处700亩，群众育苗1120亩。出圃各类苗木2600万株，留床苗1450万株。

天水市麦积区林业局

党组书记、局长：杨晓东
副　书　记：严晓东(4月止)
　　裴爱田(4月任)
副　局　长：赵　琳
　　高元虎(2月止)
　　温玉红
　　李建国(2月任)
纪 检 组 长：李建国(2月止)
　　张焕杰(2月任)
总　　　工：缑泽民
区森林公安分局局长：房日坤
区果品产业局局长：史永国

(供稿：刘志文)

果　业

【概况】1992年12月，在原区林业局园艺站基础上成立天水市北道区园艺局，副科级事业单位。1996年11月，区园艺局升级正科级事业单位，。2005年4月，更名麦积区果品产业局，区级事业单位。单位自成立以来一直隶属林业局。果业局机构设置“一室三站”，即办公室、果树技术推广站、果树病虫害防治站、花卉管理站。

2017年3月，单位现有人员40人，有技术干部35人，其中高级农艺师2人，农艺师10人，助理农艺师23人。主要负责制定全区内果品业发展规划，果品基地建设，新品种、新技术、新成果引进试验、示范、推广和科技成果转化，优质品牌开发，质量监测及产前、产中、产后贮藏、加工、促销等服务工作。

【果品基地建设】2017年在石佛、渭南、新阳等镇完成新建果园栽植1.53万亩,完成老果园改造1万亩,完成补植补造1.1万亩。建成石佛镇陶家村苹果（1380亩）、渭南镇霍卢村苹果+核桃（1200亩)、石佛镇石崖村核桃+花椒(1520亩)等3个果品基地千亩点。截至2017年底,全区干鲜果种植总面积65.4万亩，挂果面积49.2万亩,总产量64.05万吨,总产值21.8亿元。

【国家级标准化示范园】麦积区南山万亩花牛苹果基地 麦积区是驰名中外"花牛苹果"故乡,也是中国果品产业龙头县区。2005年,按照"农业重点抓产业、产业优先抓果品、果品突出抓苹果、苹果着重抓花牛"发展思路,启动实施城郊南山万亩花牛苹果基地建设。

该基地横跨马跑泉镇稠泥河、花牛镇横河和甘泉镇大江沟流域,涉及花牛、马跑泉、甘泉3镇26村,总面积100平方公里。按照"项目整流域实施,产业整流域开发,水土整流域治理,扶贫整流域推进,群众整流域脱贫"设计原则和"山、水、林、田、路综合治理"要求,通过市场引导,协会搭桥,能人带动,政府服务,不断创新体制机制,引导扶持经营主体采取转包、租赁、互换经营和土地股份合作等方式加快土地流转建园,形成"公司+合作社+协会+基地+农户"产业化发展模式。该基地累计建园8000公顷,绿化造林153公顷,配套新修主干道240公里,硬化水泥路115公里,打通农机路网320公里,建成上水工程2处,安装预防霜冻灾害防霜机，累计为基地内合作社和龙头企业融资贷款4000多万元人民币，受益农户达到5444户24220人。

在南山万亩花牛苹果基地带动下,从2005年开始,区委、区政府坚持"适地适种,果品产业全覆盖"理念,先后建成以城郊南山和渭北干旱山区为重点花牛苹果基地，以城郊北山和三阳川川区为重点鲜食葡萄基地，以渭北山区和高寒冷凉山区为重点花椒基地，以林区、林缘区为重点核桃基地,打造出"花牛苹果"、"下曲葡萄"、"元龙花椒"、"甘泉大樱桃"、"麦积核桃"等一批知名品牌,启动天水花牛苹果产园区建设,打造"潘苹果"网络销售平台,初步走出一条"区域化布局,规模化生产,品牌化经营"产业化发展路子。

【标准园创建】相继创建龙槐村省级苹果标准化示范园、周家湾省级苹果标准化示范园、包家沟村省级苹果标准化示范园、下坪村省级苹果标准化示范园、花牛镇兴旺山苹果标准化示范园、马跑泉镇余刘湾苹果标准化示范园、渭南康晟源合作社苹果标准化示范园、甘泉镇乐心园苹果标准化示范园、九峪村省级苹果标准化示范园、九龙山省级苹果标准化示范园、麦积区中山流域葡萄标准化示范园、甘泉镇包沟村鲜食葡萄标准化示范园、元柳村省级苹果标准化示范园、中滩镇后川村苹果矮砧密植标准化示范园、渭南镇马王村花牛苹果标准化示范园、石佛镇陶家村花牛苹果标准化示范园、甘泉镇八槐村花牛苹果标准化示范园、马跑泉镇阮家山村花牛苹果标准化示范园等。

麦积区九龙山花牛苹果标准化示范园 天水洁通农业科技有限公司位于卦台山下,三阳腹地,陇海复线,天水市农业高新技术示范园区,自然条件优越,生态环境优雅。公司现在资产2600多万元,现有职工126人,季节职工300多人。

洁通公司创建九龙山花牛苹果标准化示范园,面积1000亩,栽植品种瓦里短枝、首红、阿斯等,树龄8年,砧木为海棠,授粉品种为金矮生和宫崎富士,授粉品种与主栽品种配置比例1:8,株行距3×4米,亩栽56株。

余刘湾村光坡梁省级苹果标准化示范园 余刘湾村位于城郊南山，全村现有3个自然村,290户,1108人,耕地面积2305亩,其中苹果栽植面积1900亩,全为山地梯田及缓坡果园,集中连片,主干道硬化,灌溉条件。

该村创建省级苹果标准化示范园面积550

亩,天水晟林果业有限公司“订单”收购果园,涉及120户果农,树龄8–10年,主栽品种元帅系首红、矮鲜,授粉品种短枝型富士和金矮生,砧木都为山定子,授粉品种与主栽品种配置比例1:6–7,株行距3×4米,亩栽56株。

兴旺山村省级苹果标准化示范园 兴旺山村有三个村民小组,127户538人,总劳力232人,耕地总面积2610亩,人均耕地4.89亩,现有果园2100亩。2012年注册天水市麦积区兴旺农民果业专业合作社,有会员120人,其中有农民技师2人、农民技术员20人。

兴旺山省级苹果标准示范园面积400亩,位于麦积区城郊南山,全为山地梯田及缓坡果园,集中连片,该果园具有二级上水工程和三级管网灌溉设施,交通便利,果园海拔在1020～1440米。该果园树龄6～8年,主栽品种元帅系首红、瓦里短枝,授粉品种为短枝型富士和金矮生,砧木都为山定子,授粉品种与主栽品种配置比例为1:6～7,株行距2×4米,亩栽83株。

麦积区康晟源合作社省级苹果标准化示范园 天水市麦积区康晟源果品农民专业合作社,是集果品种植、产品加工、市场销售于一体市级农业产业化龙头企业。涉及渭南镇张石、张新、吴家、霍卢、王新等五村,以土地流转形式,集中连片开发种植“花牛”系列特色优质苹果6000亩。

合作社现有管理人员43人,其中中高级技术人员12人,办公场所1200平方米,管理人员办公室6间,工人宿舍4间。下设11个生产项目部,建有11个管护站,配有警务室2处,警务车2辆,旋耕机、开沟机等农用机械40余台。2009年被甘肃省农牧厅授予“示范性合作社”称号,2011年被省供销社评为“优秀农民专业合作社”。

麦积区康晟源合作社创建省级苹果标准化示范园 面积800亩,果园海拔在1200—1400米。全为山地梯田及缓坡果园,集中连片,主干道硬化,有灌溉条件。该示范园主栽品种元帅系首红、瓦里短枝,授粉品种金矮生,砧木都山定子,授粉品种与主栽品种配置比例1:8,株行距3×4米,亩栽56株。

龙槐村省级苹果标准化示范园 龙槐村位于马跑泉镇稠泥河流域,全村现有6个自然村,444户,2128人,有耕地面积5945亩,其中苹果栽植面积5000亩,全为山地梯田及缓坡果园,集中连片,主干道需硬化,无灌溉条件。该村种植苹果有30多年历史,果农种植苹果经验丰富,现成立宇龙苹果种植专业合作社,有会员398人,其中农民技师3人、农民技术员13人。

该村创建省级苹果标准化示范园面积530亩,涉及62户果农,树龄10–12年,主栽品种元帅系首红、矮鲜,授粉品种短枝型富士和金矮生,砧木都山定子,授粉品种与主栽品种配置比例1:6–7,株行距3×4米,亩栽56株。

周家湾省级苹果标准化示范园 周家湾是新胜村一个自然村,与龙槐村毗邻,位于马跑泉镇稠泥河流域南坡,全村现有43户,178人,有耕地面积570亩,其中苹果栽植面积500亩。全山地果园,果园集中连片,道路需拓宽沙化,无灌溉条件。该村种植苹果有30多年历史,果农种植苹果经验丰富,2006年注册兴果苹果种植专业合作社,吸纳新胜村会员154人,其中农民技师2人、农民技术员18人。

该村创建省级苹果标准化示范园面积500亩,涉及43户果农,树龄10–12年,主栽品种元帅系首红、瓦里短枝、阿斯,授粉品种短枝性富士和金矮生,砧木都为山定子,授粉品种与主栽品种配置比例1:7,株行距3×4米,亩栽56株。

包家沟村省级苹果标准化示范园 包家沟村地处甘泉镇大江沟二阴山区,全村现有7个村民小组,282户,1370人,总耕地面积3800亩,其中果园3100亩,人均2.36亩。该村有沼气池130眼,果园集中连片,路网、灌溉设施齐全,有6500平方米果品交易市场1处,2007年注册麦积区包沟苹果种植专业合作社,现有会员256人。

该村创建省级苹果标准化示范园面积550亩,涉及58户果农,农民技师2人,农民技术员20人。树龄9–10年,主栽品种元帅系首红、阿斯、俄矮2号,授粉品种金矮生,砧木为山定子,授粉品种与主栽品种配置比例1:8,株行距3×4米,亩栽56株。

下坪村省级苹果标准化示范园 下坪村地处伯阳镇西山、310国道沿线,全村现有2个自然村,6个村民小组,314户,1534人,总耕地面积2560亩,其中果园2280亩。该村有沼气池150眼,果园集中连片,路网、灌溉设施齐全,作务管理主要依托于麦积区伯阳镇果业协会。

该村创建省级苹果标准化示范园面积520亩,涉及72户果农,农民技师3人,农民技术员15人。树龄8–14年,主栽品种元帅系首红、矮鲜、栽培2号,授粉品种为富士、金矮生,砧木为山定子,授粉品种与主栽品种配置比例1:10,株行距3×4米,亩栽56株。

九峪村省级苹果标准化示范园 九峪村位于麦积区城郊南山,距羲皇大道12公里、火车站22公里、宝天高速入口处15公里,交通便利,通讯便捷。项目区地处渭河流域南山,属温暖带半湿润半干旱气候,光照充足,降雨适中,气候温和,四季分明,冬无严寒,夏无酷暑。

该村创建省级苹果标准化示范园面积680亩,种植品种为瓦里短枝、首红等,树龄8年,进入盛果期。株行距3×4米,亩栽56株。

元柳村省级苹果标准化示范园 该示范园位于花牛镇元柳村,海拔1280米,属大陆半湿润季风气候,冬无严寒,夏无酷暑,气候温和,四季分明,日照充足,降水适中,年平均降水量600毫米。年均日照2800小时,全年无霜期近200天。交通便利,水、电设施齐全,种植花牛苹果面积560亩,栽植品种瓦里、俄矮等,树龄6年,株行距3×4米,亩栽56株。

中滩镇后川村苹果矮砧密植标准化示范园 该示范园位于中滩镇后川村,利用矮砧密植苹果便于机械操作、早结果、早丰产、提高土地利用率等优点,建成苹果矮砧密植示范点1处,面积200亩。主栽品种为矮砧M9–T337烟富8号苹果,授粉品种为维纳斯黄金,栽植密度1.5×4米。

渭南镇马王村花牛苹果标准化示范园 该示范园位于渭南镇马王村,通过综合运用山地苹果园旱作集成、土壤有机质提升、病虫害生物物理绿色防控等新技术建立苹果标准化生产示范园720亩,主栽品种俄矮、阿斯,株行距3×4米。

石佛镇陶家村花牛苹果标准化示范园 该示范园位于石佛镇陶家村,严格按照"宽行密植、水肥一体、机械作务"操作规程,建成花牛苹果标准化示范园540亩,主栽品种首红,株行距2.5×4.5米,并配套安装完成果园灌溉设施。

甘泉镇八槐村花牛苹果标准化示范园 该示范园位于甘泉镇八槐村,通过综合运用山地苹果园旱作集成、土壤有机质提升、病虫害生物物理绿色防控等新技术,建成苹果标准化生产示范园526亩,主栽品种俄矮等,株行距3×4米。

马跑泉镇阮家山村花牛苹果标准化示范园 该示范园位于马跑泉镇阮家山村,通过果园土壤有机质提升,防灾减灾措施运用及病虫害生物防治等技术,建立苹果标准化生产示范园510亩,主栽品种俄矮等,授粉品种烟富8,同时搭建防雹设施100亩,安装防霜机6台,配套完善水电路等基础设施。

天水市麦积区果品产业局

党支部书记、局长:史永国

副　局　长:高永新

(供稿:董清山)

畜牧水产业

【概况】麦积区畜牧兽医局是参照公务员管理事业单位,负责区境内畜牧养殖、动物疫病防控、动物卫生监督、兽药饲料监察、渔业生产和草原建设与管理等业务工作。下设畜牧技术推广站(加挂草原监理站牌子)、动物疫病预防控制中心、动物卫生监督所(加挂兽药饲料监察所牌子)和渔业技术推广站(加挂渔政监督管理站牌子)4个站(所)。

【畜禽养殖】全区畜禽饲养量412.87万头(只、匹),同比增长3.91%。其中:生猪存栏26.42万头,出栏34.10万头;牛存栏8.84万头,出栏3.98万头;家禽存栏181.02万只,出栏146.10万只;羊存栏7.15万只,出栏4.15万只,其他1.08万头(只、匹);肉、蛋、奶、鲜鱼总产量达到5.21万吨,同比增长4.01%;畜牧业总产值12.19亿元。

【标准化养殖场建设】建成3个市列畜牧科学发展示范点,累计完成投资2770万元,天水田园农丰公司2万吨有机肥加工循环发展示范点投资450万元,建成有机肥加工生产车间及发酵车间8500平方米;天水君太华远养殖有限责任公司2万头仔猪繁育示范点,投资1510万元,建成标准化母猪舍1栋、产房及保育舍2栋,5300平方米;天水泓晟渔业有限责任公司水产健康养殖场建设项目投资410万元,建成标准化流水池15座2000平方米、孵化室1栋60平方米、沉淀进化池30立方米,配套购置孵化设备6套。进行"五化"(畜禽良种化、养殖设施化、生产规模化、防疫制度化、粪污无害化)建设,投资2300万元,完成新建11个、改扩建1个标准化规模养殖场,其中生猪养殖场7个、肉羊养殖场1个、蛋(肉)鸡养殖场3个、中蜂养殖场1个,累计建成各类畜禽标准化圈舍1.98万平方米,改扩建标准化圈舍2200平方米,建成全自动蜂蜜灌装加工生产线一条。配套建设饲料库房、兽医室、消毒室、办公生活区等基础设施3800平方米,新增畜禽饲养量10.7万头(只)。

【草场建设】新增草原承包户2835户,总户数达65595户。对11个固定监测样地进行非围栏草原监测工作,设置样方32个,全区草原植被总盖度84.74%。草原普法和防火宣传活动4次,发放宣传材料(环保袋、抽纸、雨伞等)5000余份,补充采集制作草原普查植物标本室植物标本98种,收集植物标本达到169种。

【水产养殖】有养殖水面274.9亩,投放苗种22吨,引进鱼苗192万尾,全年鲜鱼产量达到260吨。推广"鱼菜生态循环养殖技术"面积100亩,东岔镇桃花沟虹鳟鱼养殖农民专业合作社通过省级审核验收。

【养蜂产业】在东岔、元龙、利桥、三岔等乡镇发展养蜂产业。政府补助资金近400万元,为贫困户购置蜂箱13000个,创建蜂合、天蕊、永辉、乡土风情、焦军明、天健等中蜂养殖专业合作社和蜂产品加工公司7个,注册"熙福渊"蜂产品商标1件。举办养蜂技术培训班5期,培训130多人。

【疫病监测】全年拉网排查牲畜口蹄疫、H7N9流感和小反刍兽疫等重大动物疫病和人畜患病6次,累计排查及疫病监测畜禽310万头只(次)。完成天水市实验室抗体监测任务,采购重大动物疫病抗体检测试剂11种,实验室检测抗体监测血样9134份,免疫抗体合格率总体达91.7%,完成牛羊血清布病检测5780份,完成奶牛结核病监测2605头,完成包虫病监测160份,全部为阴性。狂犬病免疫工作,全年免疫犬8000多只。无区域性重大动物疫情发生。

【疫病防控】全年应免动物免疫密度均达到100%,免疫抗体合格率在91%以上,无区域性重大动物疫情发生。全年集中免疫应免猪 40.21 万头、牛 10.45 万头、羊 8.64 万只、鸡 247.2 万只。调入、发放各类重大动物疫病疫苗 285 万毫升（头份、羽），发放各类防疫物资用品 8.5 万个(件)。全年实免补免猪口蹄疫、猪瘟 40.644 万头(次)，鸡禽流感 342.09 万只，牛口蹄疫 9.87 万头，羊 8.285 万只，全年应免畜禽免疫密度达到 100%，做到“应免尽免、不留空当”。在 3 月、8 月中旬至 9 月初，集中为期 2 个多月集中消毒灭源工作，累计投入各类消毒药 9560 千克(毫升)，累计消毒面积 940 多万平方米。

【畜产品质量安全监管】动物检疫工作全区产地检疫电子出证 71 万头(只)，规模养殖场产地检疫率达到 100%以上，散养户达到 90%以上。督促生猪屠宰企业完善各项管理制度，进一步靠实屠宰厂主体责任。全年屠宰检疫生猪 4980 头，无害化处理 33 头。瘦肉精检测 624 份(阴性)。全年养殖环节无害化处理病死猪 680 头，确保畜产品质量安全。年底通过“三品一标”(“三品一标”认证指:1 个无公害农产品、1 个绿色农产品、1 个有机农产品和 1 个地理标识认证。)认证畜产品有 21 个，其中无公害畜产品 14 个，绿色畜产品 4 个，有机 3 个。配合农业部、省、市完成畜产品质量安全检测抽样 154 份，经检查全部合格。同时，生猪扫雷行动 6 批(次)，检查乡镇和城郊活畜禽交易及畜产品交易市场 6 批(次)、58 个规模养殖场瘦肉精检测 842 份，规模养殖场和屠宰场累计完成“瘦肉精”抽检 1465 份。

【监督执法】从 3 月上旬开始至 10 月下旬，组织执法人员 25 人，动物卫生、兽药饲料、疫苗监管、生猪屠宰监管和“宣传月”等活动。集中活动 10 批次，监督检查兽药饲料经营企业、经销点 72 家(次)、乡村兽医门诊 72 家(次)、规模养殖场 170 户(次)，出具《责令改正通知书》18 份。同时，通过 12316 信息平台向全区 12 家兽药饲料经销户、284 家规模养殖场宣传食品安全政策，发布假劣兽药饲料名录。兽药饲料执法大检查 9 批次，检查通过 GSP 认证兽药生物制品经销企业 2 户 9 次，配合省动检所抽检兽药 15 份。通过执法行动，查处各类违法违规案件 15 起，全部结案。

【养殖粪污治理】严格规范畜禽养殖项目审批程序。推广绿色生态养殖。实施 19 个养殖场污染防治项目，建成 12 个果(蔬菜)畜结合循环农业示范点。甘肃田园农丰生物菌肥科技有限公司投资 850 万元，建年产有机肥 20000 吨有机肥生产线项完成主体工程。搬迁风景区沿线养殖场 2 家。

【畜牧培训】全年累计举办畜牧富民产业培训、生猪产业技术培训、生态放养鸡养殖技术培训、养蜂技术培训等各类培训 44 期(次)，培训人员 3042 人(次)，发放自编培训教材 9 种 1000 余份。

天水市麦积区畜牧兽医局

党组书记、局长:邵海云

副 局 长:余成蛟

都良宝

(供稿:郭朝刚)

水 务

水务工作

【概况】麦积区水务局属区水行政主管部门，内设1个办公室，4个职能股室，12个直属单位，6个基层水务站。在职干部职工263人，专业技术人员90人，其中水利副高级工程师16人，水利工程师56人，水利助理工程师18人。主要职能是组织拟定全区水利发展规划，统一管理全区水资源和节约用水工作，拟定水土保持综合治理规划并组织实施，负责水法、水保法、防洪法等法律、法规组织实施和监督检查，负责全区农村水利、饮水和村镇供水工作，承担河道管理和抗旱防汛等日常工作。

【饮水工程】农村饮水安全巩固提升工程5处，分别为中石农村饮水巩固提升工程、马跑泉镇慕滩村农村饮水巩固提升工程、新阳镇温集村农村饮水巩固提升工程、利桥镇利桥村农村饮水巩固提升工程、利桥镇百花村农村饮水巩固提升工程，涉及中滩、石佛、马跑泉、新阳、利桥5镇44个行政村98个自然村14993户66995人饮水不稳定问题，其中贫困户4331户，贫困人口18325人。项目总投资3795万元，工程于6月20日在天水市公共资源交易中心完成招投标工作，6月28日开工建设。建成主体工程，并投入试运行。

【甘泉片区农村饮水改造提升】该工程是天津市西青区与麦积区在东西部扶贫协作中第一个帮扶项目，项目概算总投资675.31万元，其中天津市西青区农委对口帮扶600万元，项目区群众自筹75.31万元。工程于6月19日在天水市公共资源交易中心完成招投标工作，6月28日开工建设。截至年底，完成投资479万元。该项目建成后可从根本上解决麦积镇、甘泉镇2乡镇10个行政村22个自然村2745户11957人饮水问题，其中涉及贫困户258户，贫困人口993人。

【石佛北山农村供水改造提升】该工程是科学示范点项目，总投资579.7万元，其中任法融先生捐助善款200万元，市、区政府筹资379.7万元。工程于4月竣工通水，彻底解决石佛北山23个行政村和秦安县王尹乡2村行政村2.2万名群众饮水。

【社棠镇郭坪高效节水灌溉】工程于2016年8月20日开工建设。节水灌溉面积5600亩，工程总投资1524万元，完成新打机井3眼，建设泵房3座，新建泵站2座，安装输水钢管3062米，PE管1200米，铺设配水干支管1.8公里，调蓄池25座，完成投资1524万元，工程于2017年11月底全面完成建设。

【渭南镇南山高效节水灌溉】2017年6月30日开工建设，高效节水灌溉面积5500亩，新打机井3眼，建设井泵房3座，新建泵站2座，高位水池1座，调蓄池17座，铺设上水管道3550米，工程于2017年11月底全面完成建设任务。累计完成投资1186万元。

【石佛镇盛龙高效节水灌溉】高效节水灌溉面积7200亩。工程于9月7日开工建设，安装潜水泵17台套，建设首部17座，铺设供水主干管

12634米、干管1.08公里、支管及分支管5.69公里,完成投资1339.2万元。

【国家水土保持重点工程】完成麦积区石佛北山项目建设，新增水土流失治理面积12平方千米，总投资600万元，其中中央财政资金420万元,地方配套及群众投劳折资180万元。该工程于2017年8月30日通过市级验收。启动实施国家水土保持重点工程街亭项目,2017年完成工程任务80%。

【项目争取】完成项目储备15个,位列全市第一,包括高效节水项目2个,农村饮水安全项目2个,山洪灾害治理项目1个,堤防项目3个,水上流失综合治理项目1个,其他项目2个。争取水利投资1.2357亿元。

【河道整治】投入资金310余万元,出动执法人员900多人次，调动装载机等大型机械620余辆,拆除采砂设备72台套,摧毁采砂料台55个,回填砂坑34万方,平整河道65公里,关闭拆除砂场43家,集中力量对渭河、葫芦河、颖川河、东柯河等河流内各类垃圾进行全面清理，清理河道50.8公里,清理清运垃圾2.8万立方米。

【河长制落实】在全区104条河流及山洪沟道中选择12条主要河流,设立18个区级河长、区级分段河长、区级副河长,分别由区委、区政府领导担任;依据镇、村行政区域和河流流域,划分镇级河流区段134个、村级河流区段453个，分别由134个镇党委及镇政府班子成员担任镇级河长、453个村级干部担任村级河长,辖区内流域面积5平方公里以上河流、沟道均建立区、镇、村三级河长体系。计划设立省级河流公示牌16个、市级河流公示牌4个、区级河流公示牌12个、镇级河流公示牌36个,镇级公示牌设立到位。

【水土保持】全年完成梯田面积0.51万亩。其中国土整理项目0.31万亩；基本口粮田项目0.2万亩;全年完成流域治理任务23.5平方公里。

【水资源管理】在“世界水日”与“中国水周”进行水法规宣传活动，在城区主要路口和企业设置25个LED高清大屏幕，滚动播放水法宣传标语、政策法规等,发改宣传册、宣传单8500余份,悬挂宣传横幅7条,张贴宣传画30幅。通过宣传,增强全民水安全与水资源保护意识。全面实行用水企业总量控制,定额管理,严格按照《取水许可和水资源费征收管理条例》和《甘肃省行业用水定额》标准,重新核定取水量,下达年度用水计划,有效推进取水许可管理。

天水市麦积区水务局

党组书记、局 长:雷建平
副 书 记:刘志强
副 局 长:马鹏飞
王 昀
周存花
纪委书记:漆剑骅
总 工:李永强

(供稿:李新兆)

黄河水利委员会
天水水文水资源勘测局

【概况】天水水文水资源勘测局成立于1964年（沿革:64年～68年为甘谷水文中心站,72年迁入天水市更名为天水水文中心站,89年11月更名为天水水文水资源勘测队,92年更名为天水水文水资源勘测大队,96年10月更名为天水水文水资源勘测局)，地处甘肃省天水市麦积区,是专业水文水资源勘测及研究河流水文基本规律机构,并承担防汛和水环境监测任务。

2017年天水勘测局在职职工39人,退休职工34人,工程师以上14人,技师以上工人4人。下设办公室、技术科和财务科三个部门。下辖国家基本水文站6处,二类站三个(北道站、武山站、秦安站),三类站三个(甘谷站、天水站、社棠站)。雨量站70处,蒸发站2处。分布在甘肃省4地市、16个县区，所辖测区位于渭河上游,控制流域面积26717平方千米，地理坐标为东经104° 01′ ～106°

25′，北纬34° 11′ ~36° 12′，所属各站均位于甘肃省天水市行政区内，区内渭河主要支流有榜沙河、葫芦河、散渡河、藉河、牛头河、秦祁河等。担负测区各种水文信息采集，承担向中央防总、黄河防总以及各级防汛部门提供水情报汛任务。现开展主要工作项目有水位、冰情、流量、含沙量、降水量、蒸发量、输沙率测验计算和水文调查、水资源评价监测、水文分析计算、水情予报、测绘等。

天水测区是黄河中游水沙主要来源区之一，气候特点为春旱少雨，夏秋季多东南风，雨量相对多而集中，冬季多西北风干旱少雨，多年平均降水量513毫米，年平均气温5~11°，流域内大部分为黄土覆盖，植被较差，降水、洪水多发生在5~9月，洪水具有暴涨暴落特点，测验段面一般冲淤多变，水位~流量关系较散乱，一般无单一水位~流量关系。水沙量主要集中在汛期，汛期径流量约占全年水量70%左右，枯水期水量较小。泥沙主要集中在汛期洪峰过程，往往几场洪水输沙量占年输沙量90%以上，枯季输沙量很小，约占年输沙量5%左右，含沙量横向分布均匀，表现在单~断沙关系曲线上为45° 直线，用单沙可直接代替断沙。

【水文监测设施】流量测验设施、泥沙测验设施、雨量观测设施、蒸发观测设施、通讯设施、照明设施六大类。设备主要有各种光学水准仪、光学经纬仪、全站仪，LS系列流速仪、微波流速仪、雷达水位计、风向风速仪、智能流速测算仪、电子平板交汇仪、横式采样器、电子天平，JDZ-1型固态存储雨量计、遥测雨量计，20厘米口径蒸发皿、E601蒸发器。通讯主要使用GSM、RTU设备、网络和卫星通讯设备，有线与无线电话、对讲机，探照灯(聚光灯)等，各水文站均配备小型发电机作为自备电源。

【雨水概况】2017年天水测区6-10月降水量与多年均值比较持平。平均降水量380.9毫米，比多年均值偏少0.4 %。

【泥沙及输沙率测验】测区各站全年泥沙测验次数1760次，实测最大单样含沙量654千克/立方米；实测输沙率12次。单次质量合格率100%，年最大输沙率411吨/秒。

【洪水测验情况】2017年1—12月，天水测区实施流量测验432次，(天水站66次，社棠站57次，秦安站78次，北道站91次，甘谷站68次，武山站72次)。北道站7月27日实测天水测区年最大流量283立方米/秒；武山站8月25日实测天水测区年次大流量237立方米/秒。

【报汛】2017年各水文站汛期拍发水情电报2433份，平均洪峰估报精度99.5%，无错报、缺报、漏报等情况发生。

黄河水利委员会天水水文水资源勘测局

局　长：蔡世林

副局长：牛文虎

伏元洲(4月止)

王　琨(4月任)

(供稿：董晋妤)

交通运输·邮政

公 路

【概况】天水市麦积区交通运输局区交通运输局内设党政综合办公室、财务股、设计室、工程建设股4个室(股)。下辖麦积区农村公路养护站、麦积区路政管理大队和麦积区农村公路建设管理中心3个全额拨款事业单位，有干部职工90人,其中局机关公务员14人,事业单位管理人员11人,专业技术人员33人,工勤人员32人。

公路通车总里程1,585.26公里。其中,县道209.43公里,乡道159.61公里,专用公路112.72公里,村道1,103.51公里。17个乡镇全部通乡油路,所有行政村通沥青(水泥)路。固定资产投资任务4亿元,完成53559万元,占总投资133.8%。

【天平高速公路】天平高速公路途径境内中滩、石佛、渭南3镇,11个行政村,线路总长13.67公里，需征收永久性用地689亩，拆迁农户房屋35户、砖厂及养殖场10户,拆迁房屋面积1万多平方米,拆迁塑料大棚6267平方米,迁坟102座。省项目办拨付征地拆迁补偿资金8959.3万元,兑付到位资金4600万元；完成用地丈量登记689亩，完成征地并交付使用500亩，临时用地350亩;完成拆迁房屋评估45户,拆除砖厂1户,项目正在建设。

【麦积山景区旅游公路】麦积山景区段旅游公路。起于甘泉镇玉兰村,终于麦积山景区停车场,涉及甘泉镇甘泉、麦积镇贾河等8村,全长18.33公里，其中甘泉至麦积山景区主线全长15.8公里、景区连接线长2.40公里、贾河连接线长0.13公里。甘泉镇至峡门村店子段7.02公里按照城市主干道标准建设,路面宽度34米;店子村至麦积镇贾河村段6.40公里按照一级公路标准建设,路基宽度为20米;贾河村至终点段(包括景区支线)4.91公里均按照三级公路技术标准，路基宽度采用8.5米。项目需征地304亩,拆迁房屋192户、面积3.38万平方米,其中农家乐42户,需迁坟35座。完成项目征地304亩;全线192户房屋评估工作完成。

【S529清水县城至社棠公路改建】S529清水县城至社棠公路改建工程(麦积段)可行性研究报告编制完成,报送市发改委且批复 。正在办理项目工可批复前期土地预审手续。起于S529线清水段K30+323处(清麦县界),途径雷神庙、高河村、后坪里、步沟村、风动厂、向阳砖厂、终点与庄天二级路K94+040相接。路线全长12.18公里。全线采用四级公路技术标准进行建设,路基宽度7.5米,路面宽度6.5米，路面结构采用5厘米厚AC-16中粒式沥青混凝土上面层18厘米厚,水泥稳定碎石基层15厘米厚水泥(4.5%)稳定碎石底基层15厘米厚天然砂砾垫层，设计速度20千米/小时。新建桥梁1座,87.6米，新建涵洞10道,101米。项目总投资金额7974.99万元。其中建筑安装费4981.13万元,每公里建安费654.76万元。

【麦积区潘集寨至街亭出口至温泉旅游公路】起于马跑泉镇潘集寨,终于街亭温泉(麦积镇宏罗村),途经马跑泉镇东柯、甘泉镇吴家寺、麦积镇宏罗等7村，全长15.51公里，按一级公路标准建设,设计速度60千米/小时,总投资5.90亿元。分潘集寨至街亭出口(东柯大道)、街亭出口至温泉两段实施。其中潘集寨至街亭出口(东柯大道)段路线长10.8公里,预算总投资4.30亿元,起点接国道310线,沿东柯河西岸向南布线,终于街亭温泉与Y629公路顺接。街亭出口至温泉段路线长4.71公里,预算总投资1.6亿元,起点接连霍高速街亭出口平交,沿高速南侧坡脚由西向东行进,终点至街亭温泉与Y629公路顺接。全线路基宽度21米。麦积区潘集寨至街亭出口至温泉公路全线需征地988亩,拆迁134户。完成征地978亩,签订拆迁协议74户,完成拆迁30户,剩余104户评估均完成，签订协议65户。项目建设资金到位3.95亿元,其中国家补助资金6493万元、区级自筹3.3亿元。东柯大道段k0+000-K1+640完成建设，东柯大桥下部工程完成，东柯大道段k1+640-K10+800正在进行路基、管网及桥梁上部、涵洞施工;街亭出口至温泉段正在进行路基及桥梁下部施工。

【东岔镇310国道至金龙山旅游道路】起于310国道月亮坝隧道口,途经东岔镇交川村、盘龙村、腰庄村、立远村、大沟村,终于小陇山立远林场金龙山景区门口。全长11.67公里,路基宽度6.5米-7.5米,路面宽度6米-7米。全线采用水泥混凝土路面,新建中桥1座、小桥4座,利用旧桥2座,新建涵洞21道,利用1道,桥涵设计荷载采用公路—Ⅱ级。总投资约4164万元。一标段5.3公里,高铁东岔站站前广场和停车场完成全部建设,累计完成投资3140万元;二标段完成部分路基清表及征地拆迁。

【县乡道安全生命防护】路线2条,28.58公里,分别为Y704线红花咀至刘坪公路和X045线锻凤路，隐患里程28.58公里。总投资210.86万元,省级补助资金200万元。完成薄壁式防撞护栏460米和C级波形梁护栏2000米，示警桩完成1140根,11月底完成。

【县乡公路改造】该项目为南河川至甘谷(7.8公里)和渭南-中滩-张白(8.2公里)改建工程2条16公里。全线采用三级公路技术标准,设计速度30千米/小时,路基宽度7.5米,路面宽度6.5米。路面结构采用3厘米细粒式沥青混凝土面层,4厘米中粒式沥青混凝土面层,20厘米冷再生水泥稳定碎石基层和4厘米中粒式沥青混凝土面层,20厘米冷再生水泥稳定碎石基层两种形式。总金额3463.57万元。其中国家补助资金2560万元。11月25日全面完成建设,项目到位资金1750万元,全部拨付。

【示范村道路硬化】区境三镇三村29.85公里道路硬化,党川镇花庙村,路线总长10公里;麦积镇后川村,路线总长9.85公里;新阳镇胡大村,路线总长10公里。省级补助资金597万元,年底完成建设。

【公路养护】全区17个镇设立农村公路养护管理所,乡镇政府管理正科级事业单位,所长由乡镇领导兼任,配备副所长1名,按乡镇类别确定工作人员3名-5名修复水毁路基塌方二十多处,8269.47立方米,清理边沟17公里,修补油路面病害3800多平方,整修路肩28多公里。查处天水燃气公司随意开挖风南路社棠段案件一起，收缴公路补偿费55万元,案件经办结。拆除秦南公路石佛段违章建筑32户852平方米,清理违法占用公路用地4385平方米。利用村镇集镇日、庙会等活动,进行农村公路普法宣传10次,发放宣传资料六千余份,出动宣传车辆4台。

天水市麦积区交通运输局

党组书记、局长:赵进才(1月任)
副　书　记:缑培桢
副　局　长:李引明
马　亮
王建国
纪检书记:陈登录
总工程师:李　煜

(供稿:温春燕)

道路交通安全管理

【概况】麦积公安分局交警大队成立于1974年3月，原名天水县公安局交通民警队;2005年1月1日改名天水市公安局交通警察支队麦积区大队;2015年3月1日更名天水市公安局麦积分局交通警察大队正科级建制，现有人员240人，其中民警45人，职工3人，事业编制警察19人，辅警40人，协警133人。大队内设26个中队，综合勤务中队(副科级)、事故处理中队(副科级)、车辆管理所(副科级)、指挥中心、法制宣传中队、秩序管理中队、违法处理中队、城区一中队(副科级)、城区二中队、麦积山大景区中队(副科级)、马跑泉中队(副科级)、南站中队(副科级)、元龙中队(副科级)、甘泉中队、社棠中队、东岔中队、三岔中队、伯阳中队、党川中队、利桥中队、中滩中队、渭南中队、石佛中队、新阳中队、琥珀中队、五龙中队。管辖全区道路总里程3549公里，其中国道310线长114公里，316线长17.2公里，城市主干道14条，长53.9公里，县乡道路481.7公里，其中县道路209.4公里，乡道159.6公里，专用道路112.7公里，村道1496.5公里。全区机动车保有量9.6万余辆，驾驶人9.7万余人。

【事故预防与处理】预防和减少各类道路交通事故发生，大队协调联合区交通运输局、区安全生产监督管理局、区住房和城乡建设局、麦积公路管理段进行道路交通安全隐患排查，对秦麦高速1440公里至1445公里路段、马跑泉高架桥路段和社棠工业园区2号大桥路段作为2017年交通安全隐患路段进行重点排查和治理。麦积公安分局交警大队配合区交通局、区安监局对农村公路急弯陡坡、临水临崖等重点路段进行严格排查，组织力量集中对本辖区X045线庄浪—北道（麦积段)、Y704线红花咀—刘坪线开展安全生命防护工程。1月至12月，全区发生统计重大道路交通事故18起，同期减少1起，下降5.26%，其中纳入统计范围内造成16人死亡，同期减少2人，同期降低11.11%；受伤人数15人，同期持平，直接财产损失50200元。排查隐患路段3处，均完成治理。

【车辆和驾驶人管理】2017年，大队受理各类驾驶证业务17223笔，其中初领业务838笔、换证业务7588笔、补证业务2362笔、注销登记业务147笔、满分学习业务1138笔、增驾申领业务458笔、驾驶证转入业务53笔、转出业务179笔。办理各类机动车业务13096笔，其中办理摩托车注册登记业务1769笔，低速车注册登记业务1883笔，小型汽车注册登记业务4016笔，小型汽车6年免检业务5428笔。免费办理电动自行车和残疾人机动轮椅车“两类非机动车”注册登记业务，全年完成挂牌登记27000余台。黄标车和老旧车辆淘汰力度，登记在册62辆黄标车、2026辆老旧车全部公告号牌作废。

【秩序管理】2017年，大队查处交通违法行为261868起，查处十一种严重交通违法行为98865起，农村道路查处违法行为8978起、城市道路查处违法行为67502起、国省道路查处违法行为22134起、酒驾查处220起、醉驾查处30起、毒驾查处1起。行政拘留296人。完善交通安全配套设施。投资170余万元，在交通流量较大陇昌路、天河南(北)路、羲皇大道部分路段实行道路中央隔离，新增护栏3000余米。在全区重点乡镇设置禁停标志76块。施划普通标线34978平方米，震荡标线1182平方米，彩色防滑标线3452平方米。优化城市交通管理。全区排摸非主次干道及小街巷33条，具备单项通行条件林水巷、石佛路等8条小街巷和非主次干道全部实行单向通行，推行公交优先政策，新建港湾式公交车站13处，开辟右转弯专用车道3处，投资258万元在区交警大队院内建立有47个车位升降横移立体停车库一个，新增各类公停车位2270个。

【交通安全宣传】进学校、乡镇、企业、军营20次，交通安全宣传20次，播放安全教育警示片20场次，展出案例展板80块，在麦积电视台开设《交通你我他》大型交通安全电视栏目，以剖析交通百态、服务百姓出行为宗旨，通过解读政策法规、评述交通话题，进一步宣传交管工作、树立亲民为民交警形象,栏目自 2016 年 9 月 30 日开播以来,播出 25 期。充分发挥新媒体在道路交通安全教育培训作用,建立开通 870 多个覆盖各镇(街道)、单位、有关企业道路交通安全工作人员和私家车主 14 万余人微信群,定期不定期向广大干部职工群众推送相关政策法规和道路交通安全知识,正确引领全民道路交通安全行为习惯。

【科技信息建设和应用】投资 20 余万元,在 310 国道元龙段(元龙木材检查站—太碌)建成兼具区间测速,全景图像和单点测速功能元龙省际服务站卡口。投资 113 万多元,在成纪大道建成单点测速,卡口功能区间测速 1 处;在区府路,社棠柏林村、潘集寨、310 国道水厂各建成公路卡口 1 处;在羲皇大道与高铁南站丁字路口建成智能红绿灯和电子警察 1 处,兼具卡口功能;在麦甘公路与渭南镇大桥交汇处,建成电子警察和红绿灯 1 处,兼具卡口和公路监控功能。

【勤务保障】在全区春运、春节系列文化活动交通保障、五一、伏羲文化旅游节、龙舟赛、山全国山地自行车邀请赛、环青海湖自行车赛、钓鱼赛、国庆期间交通保障等各类特勤 120 余次,重点特勤 30 余次。

天水市公安局麦积分局交通警察大队

大 队 长:雒武同

教 导 员:王利军

副大队长:蔡春栋

吴德强

雷李平

(供稿:张新生)

道路运输管理

【概况】天水市道路运输管理局麦积分局成立于 1985 年,于 2010 年 12 月 15 日更名天水市道路运输管理局麦积分局。分局内设职能股室 7 个(办公室、稽查中队、劳资统计股、运输股、运政大厅、法制安全股、机务维修股)。人员编制数 47 个,实际配备 37 个,(市运管局借调 14 人,实际正式在编人员 23 人);23 名正式在编人员(科级干部 4 人,一般人员 19 人;管理人员 11 人,工勤人员 12 人),大专以上文化程度 22 人,中共党员 8 名;聘用临时人员 15 人;离休人员 1 名,退休人员 20 名。

【春运管理】春运前夕分局联合交警队对 287 台客运车辆、436 台出租车、439 名客运车辆驾驶员发放春运备案证;通过春运前夕召开协调部署会、春运期间严格落实 24 小时值班制度和领导带班制度、安排工作人员对信息监控平台实行 24 小时值班制度、汽车站、火车站广场临时发车点实行驻站值班制度等有效举措,春运期间辖区道路运输市场平稳有序;国庆、中秋期间麦积山景区接待游客 25.03 万人次,麦积汽车站日均发班次约为 284 台,发送乘客 37845 人次,麦积山、仙人崖景区转运游客 51558 人次。未发生道路运输安全生产事故与乘客滞留事件。

【高考服务保障】高考期间社会服务和运输安全保障,经过严格挑选,组织 85 台出租车、140 台公交车成立"高考免费爱心车"服务车队,对持有 2017 年高考准考证学生提供免费运输服务。

【环保检查】与区相关部门联合,在麦积区重点路段对渣土运输车辆和大型货运车辆违法违规行为进行严厉打击。抽调工作人员配合区相关部门分别驻守辖区设立三个煤炭检查站,依法对运煤车辆进行检查。

【公交停靠站升级改造和站场建设】升级改造智能化公交站牌 10 个,通过沟通、协调,将麦积镇汽车站并入麦积客运站建设项目之中。社棠镇汽车站项目主体建设完成,正在进行附属设施建设。

【客货运输与管理】2017 年,辖区完成旅客周转量 26726.53 万人公里,货运周转量达 121437.14 万吨公里,公路运输总周转量 124110.40 万吨公里,三项基本指标与上年同期相比分别增长 12.94%、20.2%、20.3%。客运线路服务质量二次招投标 15 条,客运班线车辆报废 36 台,更新 10 台;新增公交线路 3 条,10 台车,报废公交车24台。乡镇班车通达率100%,行政村班车通达率93.4%;新增货运企业22家;路查路检各类营运车辆约13860台次,查处各类违法违规行为约1402起,其中涉嫌非法营运车辆75台、班线车违法违规经营行为97起、出租车违法违规经营行为174起、货运车辆违法违规经营行为700起;

天水市道路运输管理局麦积分局

党支部书记、局长:王立勋

副局长:张　健

赵万恒

李学文

（供稿:马　杰）

铁　路

天水车站

【概况】天水站为一等区段站,客货运站,兰州、西安两局分界站,是全路区域性货检站、全路客车上水站、全路垃圾投放站、列尾折返站、机车乘务员继乘站。天水车站管辖陇海线天水站,天平(天华)线杨家碾、周家村、清水县、新城乡、天河、张家川、麻庵河、青林站,宝兰高铁东岔、天水南、秦安站等12个车站。天水站站场为二级三场纵列式布局,Ⅰ、Ⅱ场14条到发线,9条编组线,设东、西、北3个货场,14条场段专用线,设有简易驼峰1座(1.83米),配备2台DF5调车机,行车、调车场分别采用R9容错计算机联锁系统和驼峰计算机控制系统,信号楼闭塞设备为双线四显示自动闭塞,采用调度指挥系统(TDCS)。天平(天华)线各站行车设备采用TYJL-Ⅱ型计算机联锁系统,为单线半自动闭塞设备,采用调度指挥系统(TDCS);宝兰高铁东岔、天水南、秦安站调度指挥采用分散自律调度集中系统(CTC),列车运行控制系统采用CTCS-2级列控系统。车站设办公室、党委办公室、技术信息设备科、安全科、劳动人事科、财务收入科、客货和统计科、职教科、武装保卫科9个职能科室,运转、客运、货检、清水县、张家川、天水南6个车间以及1个安全生产指挥中心(辅助生产机构);站党委下设4个党总支、20个党支部,共有党员194人。截至年底,车站有职工613人,其中男职工460人、女职工153人;文化程度大专以上学历319人、中专以下294人;干部62人、工人551人(其中生产一线大学生19人);干部技术职称高级4人、中级11人、初级41人;工人技师16人(其中首席技师1人)。

【安全工作】车站以深化“强基达标、提质增效”工作主题为核心,修订完善规章制度,构建人防、物防、技防“三位一体”安全保障体系。以确保高铁和客车安全为重点,强化过程控制,有效卡控关键岗位、关键人员、关键作业、关键时段风险。开展安全大检查工作,从安全管理、现场作业、设备质量、劳动安全等9个方面,排查安全风险隐患问题,紧盯高铁安全、客车安全、旅客乘降、人身安全、接发列车、施工安全、调车安全、防溜安全、货检安全等关键环节,建立安全大检查问题库,针对问题逐条制定切实可行整治措施并进行销号整改。落实高铁安全81条、客车安全116条细化措施以及高铁和客车安全“红线”制度,落实施工安全106条控制措施,截至年底,车站实现无铁路交通事故1942天。

【职工教育】开展职工岗位技能达标活动,培养中级工30人、高级工20人、高技能人才1人,占技术工人比例同比分别增长7.1%、4.7%、0.5%,全站工人技师、高级工达到技术工人总数18.1%;接收本科、高职毕业生69人,举办客运人员、调车人员、接发车人员职业技能竞赛,参加人员达143人次,选拔出17名车站优秀技能人才参加集团公司调车、客运、货检系统职业技能竞赛,并获得集团公司车务系统调车团体第3名、制动员个人一等奖、连接员个人二等奖,职教系统优秀职教干部三等奖。开展质量攻关活动,QC小组在安全质量提升中发挥显著作用,技术信息设备科QC小组被评为“全国铁道行业优秀质量管理小组”。举办各类培训班37期,培训4716人次。其中有各类适应性培训

（春运知识、调整列车运行图、防洪防暑、兼职师资轮训、《技规》《行规》）培训、班组长补强培训）、专项性培训（劳动安全专项、防寒过冬教育、施工安全专项）、资格性培训（职业技能鉴定、“三新”人员、2017年新入职学员岗前资格性等培训）等。

【党群工作】修定《天水车站党委中心组学习实施细则》，撰写调研文章17篇，在局级刊物进行发表交流5篇，其中《关于新形势下提升铁路基层站段党建信息化水平实践与思考》获得集团公司党建课题研究一等奖。编印《党支部工作长效文件汇编》和《党支部工作指导书》。对4个车间级党支部基础资料、表簿台册进行统一规范、统一管理，促进党支部工作规范化、程序化、标准化。成立天水南高铁党支部，牵头建立天水南站区党支部联合委员会，在宝兰高铁联调联试期间，组织开展“天站人高铁故事”主题征文和“我高铁梦”主题演讲比赛，编印《天站馨驿》站报、《新丝路、新梦想、新起点》画册、《讲好天站故事》和《我高铁梦》主题征文集，重新修订《天水车站新闻宣传工作实施办法》，完善关键时间节点新闻值班制度和信息报送制度，成立车站中心报道组—车间通联小组—班组信息员3级新闻信息采集网络，组织开展新闻宣传和网络舆情培训8次。先后在《新闻联播》《新闻直播间》《工人日报》《人民铁道报》等中央传统媒体相继刊发刊播25条，在人民网、新华网等中央级网络媒体刊发115条，车站连续两年被评为全局春运宣传工作“十大突出贡献单位”“十大突出进步单位”。

天水火车站

站　　长：巩增明
党委书记：于卉铭
纪委书记、副书记：王　斌
工会主席：任小京
副 站 长：牟彦祥
　　　　　王振中
　　　　　王建军
　　　　　申志祥

（供稿：天水火车站办公室）

邮　政

【概况】中国邮政集团公司天水市麦积区分公司内设综合办公室（含财务）、市场营销部、金融业务部、集邮与文化传媒部、包裹快递部、报刊收投中心、渠道平台部。下设网点27个，其中混业网点14个，分别是：道南邮政支局、区府路邮政所、分路口邮政所、青牛园邮政所、下曲邮政所、社棠邮政支局、花牛邮政支局、高家湾邮政所、甘泉邮政所、伯阳邮政储蓄所（纯代理金融业务）、元龙邮政支局、中滩邮政所、渭南邮政所、新阳邮政所；纯邮政业务网点13个，分别是：桥南邮政所、马跑泉邮政所、伯阳邮政所、麦积邮政所、党川邮政所、利桥邮政所、吴砦邮政所、街子邮政所、东岔邮政所、航修邮政所、林学院邮政所、石佛邮政所、南河川邮政所。邮政代办所2个，分别是琥珀邮政代办所、五龙邮政代办所。2017年，有职工总数是317人，其中退休职工106人，在岗职工211人。

【业务收入】2017年，全区邮政累计实现收入5302万元，同比增长19.83%。代理金融业务收入3857.43万元，同比增长1.43%；寄递业务收入512.98万元，同比增长10.22%；函件业务收入79.59万元，同比增长–3.24%；集邮业务收入118.97万元，同比增长18.2%；报刊业务收入171.33万元，同比增长1.5%；电子商务业务收入215.73万元，同比增长–24.69%；分销业务收入155.25万元，同比增长82.77%。

【邮务类业务】邮务类业务主要指传统函件（包括广告商函业务）、包裹业务。全年累计实现收入80万元；举办“腾邮峰会”新媒体广告签约会，成功发布朋友圈广告6笔，实现新媒体收入3.2万元；户外媒体实现收入0.3万元；文创产品实现商品销售收入1.7万元。

【金融业务】中国邮政集团公司天水市麦积区分公司储蓄余额2017年初22.07亿，年底储蓄余额达到22.15亿，全年累计余额净增0.08亿。代理保险业务，新承保保险费1.89亿元。

【分销业务】2017年，分销业务本着服务“三农”宗旨,向麦积辖区内各乡镇配送农资 80 余吨。实现收入 20 余万元。

【报刊业务】全年累计完成收入 171.33 万元,同比增长 1.5 %。全区商务期刊实现流转额 20 万元,同比增长 19%;以报刊大收订、日常补续订为基础,推进营销方式和盈利模式转变,2017 年大收订流转额完成 536 万元。增加信报箱群建设 2 处,增加电动三轮车 10 辆。2017 年妥投率达到 98%。

【基础设施】2017 年,中国邮政集团公司天水市麦积区分公司累计建设综合服务平台 334 处,其中便民站 219 处,村邮站 104 处,城市代投点 5 处,报刊亭 2 处,三农服务站 4 处。按区域分,城区 69 处(沿街商户 50 处,小区商户 14 处,综合商超 5 处),农村 265 处(乡镇 53 处,乡镇以下 212 处);按业务功能划分,邮件代投 117 处,办理代收费 216 处,其中在用 100 户,月均代收费 360 万,其中代收通信费 39 万,代收电费 321 万。

中国邮政集团公司天水市麦积区分公司

总经理兼党支部书记:马卫兵(3 月任)

副总经理:雷保平

裴天林

(供稿:汪荣芳)

中国联通麦积区分公司

【概况】中国联通麦积区分公司是中国联通天水市分公司所属县级分公司。主要经营移动通信业务,国内、国际通信,设施服务业务,数据通信业务和各类电信增值业务,固网通信业务,接入网业务,与通信信息业务相关系统集成业务等。现有员工 36 人,平均年龄为 29 周岁。现有基站 356 个覆盖麦积区所有乡镇和行政村。

【经营情况】分公司累计实现通信服务收入 2400 万元,同比增长 3.73%。

【网络投资】累计开通 FDD 4G 基站 15 个。全年配线扩容 5 处。完成专线接入项目 5 个,投资 15 万元。

中国联通麦积区分公司

总　经　理:程平平

副总经理:吴天平

(供稿:温彬)

电信公司

【概况】麦积电信分公司成立于 2002 年,是中国电信集团在麦积区下设分公司,是全区最大综合信息服务提供商和基础网络运营商。主要经营移动通信、固定电话、互联网接入及应用、卫星通信等综合信息服务。现有员工 103 人,拥有固定资产 2.76 亿元,通信总容量 23 万门,电话用户总数达 19.5 万户,承担全区党、政、军及重要单位和用户通信保障和服务工作,2017 年上缴利税 180 多万元。

【信息化应用】麦积电信分公司开发和推广信息化应用,推行“智慧云”和物联网等业务,努力使信息化成果惠及社会各行业和全市人民群众。先后为政府、教育、医疗卫生、交通物流、电力、金融等 20 多个行业和广大企业提供针对性信息化解决方案;认真履行电信普遍服务义务,积极服务“三农”,持续推进农村光网建设工程和电商服务,推进网络提速降费,取消长途电话漫游费,推行省内上网不限流量等优惠政策。

麦积电信分公司

总　经　理:白随心

副总经理:刘海灏

梁　剑

温建兵

(供稿:麦积电信分公司办公室)

商 贸

商业流通

【**社会消费品零售总额**】全区有限上商贸流通企业63家，其中批发业17家，零售业26家，住宿业7家，餐饮业13家。全年社会消费品零售总额101.2亿元，比上年增长9.05%。按经营地统计，城镇消费品零售额94.5亿元，增长9.23%；乡村消费品零售额6.7亿元，增长6.53%。批发业主要经营钢材，实现商品销售额113.8亿元，比上年增长10.36%；零售业主要经营家装建材、日用百货服装家电、小汽车、车用油品等，实现商品销售额73.6亿元，增长6.64%；住宿业实现营业额1.95亿元，增长13.93%；餐饮业实现营业额13.8亿元，增长14.7%。实现外贸进出口总额7384万元。

【**一级煤炭市场建设**】煤炭专营市场规划选址在天水市经济技术开发区、天水风动实业公司老厂区、社棠镇李家渠村，占地158.45亩，投资6000万元，分三期建成。一、二期总规划占地111.75亩，全面完工，设堆煤场12个，占地49亩；煤炭加工车间5个，建筑面积4525平方米；办公及附属建筑物7184平方米，道路占地45亩。开发区管委会对市场进行项目备案，可研、环评、安评全面完成。入驻煤炭企业18家。市场全面投入运营。

【**天水城市蔬菜仓储分拣中心建设**】该项目由天水市天天乐菜篮子有限公司投资建设，项目位于麦积区花牛镇罗家沟村东侧，总投资1.12亿元，占地78.31亩。建设冷库1座、静态库容为10000吨；配套建设制冷机房1座；制冰间及冰库1座，气调库2座；分拣、加工配送中心1座；综合仓储配送中心1座；建设综合办公楼1栋；配套建设配电室、地磅房、泵房等公用设施。总建筑面积4.6万平方米，其中库房车间3.7万平方米，办公楼0.9万平方米。2017年全年完成投资2200万元，正在进行工程主体外墙装饰，购置设备。

【**电商扶贫**】改造提升7个镇级电商服务站，新建村级电商服务点85个。全区170个建档立卡贫困村电商服务点全部实现开通运营。争取到省商务厅103万元建设资金，其中对7个乡镇电子商务服务站进行提升改造，按照每个电商服务站补助5万元标准，争取项目资金35万元；对34个贫困村电商服务点，按照每个服务点2万元标准，补助68万元；剩余51个建档立卡贫困村电子商务服务点正在争取区财政奖补资金支持。按照“走出去、请进来”方式，开展各类培训30多次，培训企业、合作社负责人、大学生村官、驻村干部等2200多人次，2017年7月29日至8月12日，举办为期15天产业脱贫示范工程电商培训班，培训贫困户47人，带动学员现场开设网店40家。依托甘肃省电子商务公共服务平台开展网上电商培训工作，在线注册培训人数为89人。组织电商企业参加全省优秀电商企业和优秀网店评选活动，引导参加国内外各类展销展会，年内培育2家知名电商企业。天水汇桥电子商务有限公司被省商务厅评为全省“优秀电商企业”，同时奖励人民币3万元。甘肃渭水原生电子商务有限公司、天水花牛苹果电子商务有限公司天猫旗舰店被省商务厅评为全省“优秀电商网店”，并各奖励人民币1万元。

天水市麦积区商务局

局　长：谢崇太

副局长：康晓文

安　平

（供稿：曹利斌）

投资服务中心

【概况】天水市麦积区投资服务中心（招商局）于2003年6月6日在麦积区（原北道）正式挂牌成立。与区招商局两块牌子、一套人马。为区政府直属正科级全额拨款参照公务员管理事业单位。内设办公室、招商部、项目部、项目落地服务中心。

【年度招商】2017年完成招商引资省外到位资金完成85.13亿元，新建项目到位资金49.28亿元，续建项目到位资金35.85亿元，当年完成重点产业到位资金65亿元，较上年同期62.49亿元增长41.11%；新引进投资1亿元以上重点产业项目18项，新开工建设1亿元以上资金到位率达到10%重点产业项目15项。第23届兰洽会签约项目15个，总投资47.88亿元。

【节会招商】第二十三届兰洽会期间，签约重点招商引资项目15项，总投资47.88亿元；深圳文博会期间，签约文化旅游类招商引资项目1个，总投资1.2亿元；2017甘肃省中医药产业博览会期间，签约中医药产业招商引资项目1个，总投资3000万元。

天水市麦积区招商局

党组书记、局长：陈建荣

副　局　长：李晓茹（女）

黄国斌（10月止）

田润仓（10月任）

纪检监察员：石玉峰（1月止）

（供稿：周鑫）

商贸流通企业选介

天水华阳实业开发有限公司

【概况】天水华阳实业开发有限公司位于天水市麦积区商埠路东步行街东口，注册资金2338万元，法人治理结构由股东会、董事会、监事会及经理班子组成。主营房地产开发、物业服务与管理、房屋场地租赁、农资化肥销售等业务。现有各类人员280余人，下设经营管理部门7个、全资子公司1个（天水亚太物业服务有限公司）、控股公司1个（天水瑞禾农业生产资料有限公司），现经营有亚太购物中心、新亚购物广场、华阳国际－生活广场三个大型商场，以及占地面积65亩大型仓储设施一处（柳林仓库）。

【华阳国际—生活广场建设】项目在建筑设计和业态布局上采用绿色、健康、互动、舒适、时尚等多元化现代理念，全面满足多层次消费者物质和精神需求，力求打造麦积区全新商业CBD。项目于2014年3月奠基动工，投资概算2.4亿元，总建筑面积6.77万平方米（地下2层、地上15层）。“华阳国际—生活广场”于2017年12月23日开业运营。目前，“苏宁易购华阳国际店”也已经进驻负一层开业运营。该项目与新亚购物广场、亚太购物中心相互呼应，形成共计11万平方米、特色鲜明“新亚商业圈”，成为麦积区商业中心功能齐全城市商业综合体。

天水华阳实业开发有限公司

党委书记、董事长、总经理：扈天生

党委副书记、纪委书记、工会主席：余亚平

党委委员、董事、副总经理、

工会副主席：马施静（女）

党委委员、董事、副总经理：刘志贞

党委委员、副总经理：裴晓军

（供稿：贺 东）

粮食工作

【粮油储备】进一步规范储备粮管理，加强储粮安全保粮，天水金穗粮油储备有限公司承储省级储备小麦2000吨，区级储备小麦16000吨，区级储备食用植物油125吨。

【粮食购销】全区粮食流通企业共收购各类粮食122224吨，其中国有企业12750吨。全区流通企业共销售粮食总量120357吨，其中国有企业12724吨。

【粮安工程】区军粮供应站粮食仓库搬迁重建项目已于2017年11月8日正式挂牌投入使用。确定在麦积区国有粮食企业天水金穗粮油储备有限公司渭南库（原渭南粮站）原址上拆旧建新，建设粮油收储库房一栋，建设面积1200平方米，仓容5000吨，已到位建设资金360万元，正在申请办理规划手续。

【粮油普查和库存清查】全面开展春秋两季粮油普查和库存粮油清查，全年普查各类储粮102190吨，储油1509吨，其中天水金穗粮油储备有限责任公司小麦18012吨（省级储粮2000吨、区级储备16000吨、周转小麦12吨、区级储备油125吨）；麦积军粮供应站成品粮折合原粮674吨（面粉223吨、大米451吨、油品60吨）；甘肃省天水粮油储备有限公司小麦83504吨（省级储备83119吨、商品小麦385吨、省级储备油1000吨、商品油319吨）。

【社会粮食统计及管理】完成局属国有企业和重点非国有企业各类粮食购销存统计工作。调查各类粮油经营企业67户。按企业性质分类，其中国有企业4户，私营企业15户，个体户48户；按经营类型分类，其中购销企业18户，加工企业4户，销售企业42户，其他企业3户。

【粮油市场价格监管】按照“双随机”原则，制定出台《麦积区粮食局双随机抽查工作实施细则（试行）》、完成《区粮食局双随机抽查行政执法人员名录库》《区粮食局随机抽查对象名录库》和《麦积区粮食局随机抽查事项清单》，在“麦积粮网”和“麦积区网络红页”进行公布，接受社会监督。全年开展各类粮油市场检查9次，检查各类粮油经营户41户。同时，建立健全监督检查信息档案和诚信评价体系，分户建立监督档案信息库。

天水市麦积区粮食局

局　　长：赵　春（兼区发展改革局副局长）

稽查队长：李敬东

（供稿：夏永太）

中央储备粮天水直属库

【机构设置】截至2017年底，全库有员工357人，在岗员工57人，内部退养和退休人员300人。全库内设综合、仓储、财务、购销科4个职能科室。库领导班子3人，其中：库党委书记、主任1人，副主任2人。

【轮换购销】紧密结合当地粮食供求始终保持平衡状态，轮入时从安徽、河南和陕西等小麦主产区建立收购网点并与系统单位加强合作保证轮入粮源；轮出主要销往当地粮食加工终端企业、周边

缺粮县乡，平均每年向当地粮食市场投放原粮在1万余吨,确保中央储备粮常储常新。

中央储备粮天水直属库

主　任:孙　健(2月任)

副主任:孙　健(2月止)

罗君仁

胡　泊

(供稿:徐怀斌)

中国石油天然气股份有限公司甘肃天水销售分公司

【概况】中国石油甘肃天水销售分公司其前身是中国石油有限公司甘青分公司天水站，始建于1950年1月。1985年上划甘肃省石油总公司，1998年整体划转中国石油天然气集团公司，2001年改制为股份公司所属的地区石油销售企业,担负着天水经济建设和工农业生产所需成品油批发、零售供应业务。

机关职能管理科室有综合办公室、营运部、财务部、质量安全环保部、投资建设部、人力资源部、党群工作部。

设有零售片区5个，2017年销售各类成品油28.44万吨。上缴各类税金2320.66万元。

【安全环保】牢固树立底线红线意识,实现安全零事故、环保零污染、计量质量零事故目标。对重点区域32座加油站完成微型消防站建设。全年开展安全检查6次，各类问题及隐患同比下降19.8%,整改率达97.7%以上。全年组织开展隐患排查3次,投入隐患整改资金,分别整改涉及47座加油站燃煤锅炉、应急设备、电器线路、屋面渗漏、罐区和地坪塌陷、防雷和防静电接地不合规等隐患。全年接受各级各类抽检6次,被检136个油样全部合格。

中国石油天然气股份有限公司
甘肃天水销售分公司

经理、党委副书记:杨迎春

党委书记:王佳平

副经理、纪委书记:郭　郁

总会计师:李　蓉

副经理、工会主席:管　荣

(供稿:刘炳忠)

供销合作商业

【概况】麦积区供销合作社联合社是1950年10月批准设立,2006年12月经区政府批准为主管全区供销工作直属全额拨款事业单位。其所属经营机构包括5个直属企业和19个基层供销社,直属企业分别为麦积区农副日杂公司，成立于1952年5月，以日用杂品和干鲜果品经营为主,2003年6月改制更名为天水瑞荣华农副日杂有限公司;麦积区生产资料公司,成立于1985年4月，以化肥经营为主,2003年6月改制更名为天水硕海华农业生产资料有限公司；麦积区再生资料回收公司,成立于1989年3月,以废旧物资收购、批发、零售经营为主,2003年6月改制更名为天水烁鑫华再生资源回收有限公司；天水供销大厦,成立于1990年9月,以工业品经营为主,2003年6月改制更名为天水倞盛华供销有限公司;麦积区陇鑫综合交易市场，成立于1994年8月,以副食品批发经营为主,2002年12月改制更名为天水龙鑫物业有限公司。19个基层供销社分别为东岔供销社、立远供销社、三岔供销社、元龙供销社、伯阳供销社、利桥供销社、党川供销社、麦积供销社、街子供销社、甘泉供销社、马跑泉供销社、社棠供销社、花牛供销社、五龙供销社、新阳供销社、渭南供销社、中滩供销社、石佛供销社、南河川供销社，以工业品、化肥、农药、农膜、小农具等零售经营为主。2002 年 12 月 19 个基层供销社改制为合伙企业，名称未变，除社棠供销社外，2009 年 7 月均实行二次改制，注销营业执照。

【供销社系统经济指标】2017 年 1 至 12 月，商品销售总额完成 24418 万元；农产品购进完成 4550 万元；利润总额完成 58.5 万元。

【农民专业合作社建设】实行合作社“民办、民管、民受益”。新培育农民专业合作社 4 家，2017 年 4 月麦积区慕达果品供销农民专业合作社联合社成立；2017 年 5 月麦积区花牛苹果农民专业合作社联合社成立；2017 年 8 月麦积区盛丰果品种植农民专业合作社、天水市麦积区天润果品农民专业合作社成立。

【供销合作社改革】2017 年利用省供销社扶持发展地方基层组织建设项目，麦积区争取到 21 个综合服务社建设点和相关扶持资金，为每个综合服务社完成门牌、门头制作安装，并为每个综合服务社配备电子商务办公设施设备。2017 年 3 月，麦积区供销合作社根据中央关于深化供销合作社综合改革决定和省、市关于深化供销合作社综合改革实施意见等文件精神，及时成立文件起草小组，，初步起草《麦积区供销合作社综合改革实施意见(征求意见稿)》，随后又征集相关部门单位意见建议，对《麦积区供销合作社综合改革实施意见》作进一步修改完善，并于 2017 年 6 月由份区政府召开专题讨论会议，经过反复修改，分别提交八届六次政府常务会议和区委常委会会议进行审议并通过，并以区委、区政府正式文件印发全区各镇和各相关单位贯彻实施。

天水市麦积区供销合作社联合社

党组书记、主任：杨少平
副 主 任：尹润强
霍有红
副 书 记：张春生
纪检书记：王 晖

（供稿：温文杰）

桥南综合商场管委会

【概况】2017 年，桥南商场改扩建项目位于新阳路 5 号，总投资 3 亿元，占地 26.69 亩，建设用地 26.26 亩。规划建设 4 幢高层商住，1 幢商业综合体，总建筑面积 71728.5 平方米。其中 4 幢住宅(1 号、2 号楼为 16 层，3 号、4 号楼为 15 层)，面积 28992.4 平方米，住户 289 户；1 幢商业综合体(8 层)，商业面积 19253 平方米，酒店面积 6711.4 平方米；地下总面积 16771.7 平方米，地下车位 332 个。1 号楼建设至 14 层，2 号楼建设至 11 层，3 号楼建设至 8 层，4 号楼建设至 11 层，5 号商业综合体建设至 7 层。

天水市麦积区桥南综合商场管委会

主 任：杨新泉
副主任：赵小峰
臧贵鑫
马金平

（供稿：庞军）

经济管理与监督

宏观调控

【概况】天水市麦积区发展和改革局(区粮食局、区物价局、区经济(装备)动员办公室)隶属区政府,现有干部职工79人,其中领导干部14人,一般干部职工65人。现有区政府项目办公室、区以工代赈办公室、区粮食市场稽查大队、区物价检查所、区价格认证中心5个事业单位,内设办公室、国民经济综合股、经济体制改革股、固定资产投资股、农村经济股、能源资源节约和环境保护股、社会事业发展股、稽察办公室、行政审批股、区经济(装备)动员办公室、物价业务股、副食品价格调节基金办公室、价格监测中心、物价法制股、农产品成本调查队、粮食业务股、粮食计财股17个内设机构。

【计划工作】对照省市规划,编制《麦积区"十三五"能源发展规划》和《麦积区农产品冷链物流业发展布局方案》。贯彻执行2017年国民经济和社会发展计划,编制2018年国民经济和社会发展计划草案。2017年,全区实现地区生产总值175.3亿元,同比增长4.7%;规模以上工业增加值47.2亿元,同比增长2.8%;固定资产投资115.6亿元,同比增长4.31%;社会消费品零售总额101.2亿元,同比增长9.05%;一般公共预算收入5.4亿元,同比增长16.31%;城镇居民人均可支配收入24973.1元,同比增长8.6%;农村居民人均可支配收入7056.5元,同比增长8.5%。制定出台《深入贯彻新发展理念实施方案》《关于深入推进巩固提高循环经济发展实施方案》《关于深入推进战略性新兴产业发展建设实施方案》《关于深入推进县域经济发展实施方案》《关于深入推进开发区建设实施方案》《关于深入推进项目储备和并联审批加快前期工作实施方案》《关于深入推进项目工作稽查督查实施方案》《关于深入贯彻新发展理念考核办法》等贯彻新发展理念"1+19"和《关于推进供给侧结构性改革方案》《天水市麦积区推进供给侧结构性改革降低实体经济企业成本实施方案》《关于加快补齐短板促进经济社会协调健康发展实施方案》等供给侧结构性改革"1+2+1+9"系列政策文件,完善推进农业产业、工业企业、科技创新,深化区域交流合作、扩大对外开放、促进诚信体系建设等相关配套政策措施,鼓励扶持企业去产能、去库存、去杠杆、降成本,全面落实稳增长、促改革、调结构、惠民生、防风险各项政策措施,着力加强经济运行监测分析。

【项目工作】2017年全区储备500万元以上项目260个;争取各类项目240个,涉及总投资20.8亿元,落实到位各类资金15.8亿元,其中争取中央预算内投资项目18个,截至2017年底,到位中央预算内投资1.81亿元。谋划2018年项目417个,涉及总投资1072.84亿元。区列479个建设项目完成投资76.06亿元，占当年投资计划150.27亿元50.6%。截止2017年底,全区通过审批监管平台在线办理项目77个,其中审批44个,备案33个,涉及总投资132亿元。2017年,麦积区发展和改革局负责实施项目5个，其中续建3个（甘泉镇利用世行贷款建设农村经济综合开发示范镇项目、2015年巩固退耕还林成果生态移民项目、麦积区三岔镇吴砦村生态文明小康村建设项目),新建2个(2017年以工代赈、2017年易地扶贫搬迁项目)，涉及总投资3.626亿元。截至2017年底,5个项目基本完成年度建设任务,累计完成投资2.412亿元。

【巩固退耕还林成果】完成2015年度巩固退耕还林成果项目建设,并通过市级竣工验收。2015年度基本口粮田项目调整变更为生态移民项目,截至2017年底，正在编制项目实施方案。完成2012—2014年全区农经项目政府投资计划市级审批项目竣工验收管理及2015年政府投资计划执行情况梳理汇总和区级验收备案。

【以工代赈易地扶贫搬迁】2017年,以工代赈项目分两批共下达资金604万元。其中:207万元用于续建项目(即:花牛镇沈家河村渭河大桥工程、琥珀镇霍家沟至康李村道路工程),397万元由区财政整合安排（即：中滩镇漆李村产业路硬化、元龙镇桑渠村巷道硬化、东岔镇东岔村提防、甘泉镇吴河村产业路硬化)。截止2017年底,2个续建项目全部完工;4个统筹项目完工3个,甘泉镇吴河村产业路硬化工程正在扫尾阶段，累计完成投资554万元。2017年易地扶贫搬迁项目涉及花牛、马跑泉、麦积、甘泉、新阳、琥珀、五龙、党川、利桥、东岔、三岔等11镇51村1036户4743人，其中建档立卡贫困户620户2797人,非建档立卡户416户1946人。新建集中安置点14个，住宅1036套10.1万平方米,配套建设基础设施和公共服务设施,项目总投资25381万元。截至2017年底,14个安置区建成住宅87套，完成房屋主体353套,正在主体施工70套、基础施工191套。累计完成投资1.57亿元,占总投资62%。

【循环经济节能减排】制定印发《2017年麦积区发展循环经济推进工作实施方案》和《2017年麦积区节能减排工作实施方案》，建立环境保护“八项机制”，健全大气污染防治部门联动工作机制。全年申请环保专项资金192.58万元,实施霞宇科技智能化节水项目，锻压机床制管生产线升级改造、众兴菌业7200吨杏鲍菇生产线等技改项目17个,完成投资9.81亿元。深入推进污染治理“十大工程”,新改造燃煤锅炉35台,累计完成改造194台，华瑞热力和典盛热力燃煤锅炉脱硫脱硝改造完成投入使用。开展重点领域节能降耗工作,预计全区单位生产总值能耗降幅2.75%。全面清理、淘汰“土小”企业55户,启动实施砖瓦行业新工艺项目6个。实施能源消费总量和煤炭消费目标责任管理,严控煤炭消费总量和增量,全年能源消费总量增幅控制在2.96%，清洁能源利用率达到60%。重点生态工程及生态恢复等适应气候变化工程稳步推进，全年完成营造林4.18万亩，森林覆盖率达到63.5%。麦积区二氧化碳排放降低率为3.77%,完成省、市下达目标。

【经济体制和生态文明体制改革】完成制定方案类改革12项,组织实施类改革49项,开展试点类改革1项。开展县域经济发展实地调研,制定完善推进农业产业、工业企业、科技创新等相关配套政策措施,激发大众创业、万众创新热情,鼓励扶持企业去产能、去库存、去杠杆、降成本。“放管服”改革持续加力。深入推行“双随机、一公开”工作,强化事中事后监管,有序推进社会信用体系建设工作，全区守信联合激励和失信联合惩戒机制不断健全。全力推进项目投资在线审批监管平台建设，加大平台操作人员业务培训力度，提高实操水平，全区投资项目申报审批实现网上受理、并联推送、限时办结、协调监管和信息共享。全面推进公务用车制度改革，组建成立区机关事务管理局，全面加快公务用车信息管理调度平台建设及公务用车管理信息化标识化工作，探索组建区级社会化车辆租赁平台，规范开展车辆租赁工作。深化投融资体制改革。探索新型融资方式，不断拓宽融资渠道，大力推行PPP和政府购买服务等融资模式，探索推进融资主体转型发展，鼓励和引导民间投资用于重大项目建设，进一步健全银企合作机制，多渠道、多方位破解项目建设资金难题。加快推进生态文明体制改革。不断完善主体功能区规划实施方案，贯彻落实生态文明建设目标评价考核办法，建立重点生态功能区产业准入负面清单制度。农业农村综合配套改革不断深化。设立镇农村公路管理所，启动农村"三变"改革，农村土地确权登记颁证工作顺利完成，城乡水务一体化改革稳步推进。不断加大土地流转力度，推进农村土地适度规模经营，累计流转耕地16.6万亩，流转率达23.2%。引导龙头企业、种植大户通过林权抵押贷款发展林业产业，完成抵押林权贷款800万元，成立林业专业合作经济组织3个，新增家庭林场2个，实现林下经济总产值1.86亿元。

物价管理

【价费改革】在资源性产品价费改革方面，落实简化城市供水价格分类、城镇居民用水阶梯价格制度、简化销售电价分类、居民生活用电实行阶梯电价制度、天然气阶梯气价制度等价费改革措施；在环境保护价费改革方面，落实好水土保持补偿收费改革措施；在行政事业性收费改革方面，落实高速公路清障救援服务收费、不动产登记收费、高等中职院校收费、第二类疫苗预防接种劳务费、收费公路车辆通行费、质量技术监督特种设备培训收费等价格改革政策，降低电信网码号资源占用费、增值税税控系统产品及维护服务费、取消通信行业特有工种职业技能鉴定收费、商业银行部分基础金融服务费等价费改革政策；在加快完善市场决定价格机制方面，落实放开部分服务价格、放开建设项目专业服务价格、放开部分交通运输服务价格政策措施；在医疗价费改革方面，落实《甘肃省特需医疗服务价格管理办法》《甘肃省疾病预防控制与卫生监督收费管理办法实施细则》《天水市医疗服务项目价格(2017)版》，放开公立医院医疗机构部分医疗服务项目价格、放开部分药品价格等价费改革措施。

【收费清单管理】按照国家、省、市相关文件精神，落实《收费单位情况和收支状况报告制度》《收费政策及执行情况后评估制度》《收费目录清单制度》《收费公示制度》等事中事后监管制度，开展2016年度收费情况年度报告审核工作，对全区行政事业性收费、经营服务性收费进行全面审核，同步做好《行政事业性收费目录清单》《涉企收费目录清单》《经营服务性收费目录清单》动态调整工作。是年，调整涉及卫计、交通部门收费项目4项；停征涉及药监部门收费项目2项；降低公安、水利两个部门收费项目11项；完成全区75个民办幼儿园收费备案工作；受市发改委委托依法对麦积区渭南、中滩西山坪、社棠3个镇供水站水价进行成本监审、听证及定价工作。全年完成全区113个收费单位收费情况年度报告审核工作，审核率为100%。经过清理，2017年全区保留进《行政事业性收费目录清单》收费项目54项，《涉企收费目录清单》收费项目35项，《经营服务性收费目录清单》

收费项目4项,做到目录清单之外无收费。

【重大执法审核】根据《国务院办公厅关于印发推行行政执法公示制度执法全过程记录制度重大执法决定法制审核制度试点工作方案通知》(国办发〔2017〕14号)文件精神,开展重大行政执法决定法制审核制度试点工作。结合法定职责,确定对行政处罚、行政强制两类重点执法行为进行重大执法决定法制审核。是年,成立重大执法决定法制审核制度试点推进工作领导小组,制定《重大执法决定法制审核制度试点工作实施方案》《重大行政执法决定法制审核制度》《重大行政执法决定法制审核目录清单》《重大行政执法决定法制审核程序》等系列配套措施,明确重大行政执法决定法制审核审核范围、审核内容、审核程序,在执法决定作出前必须提前进行法制审核,才能将执法决定送达被执行人。

【公平竞争审查】按照《天水市人民政府关于在市场体系建设中建立公平竞争审查制度实施意见》(天政〔2017〕91号)精神,全面推进全区公平竞争审查制度落实。是年,印发《麦积区人民政府关于在市场体系建设中建立公平竞争审查制度实施意见》,提出全区实施公平竞争审查制度总体要求、基本原则、具体任务、工作机制和保障措施,靠实相关部门工作职责;建立由30个区直部门和单位组成公平竞争审查工作部门联席会议制度,制定联席会议主要职责、工作规则和工作要求,建立公平竞争审查工作部门联席会议联络员制度,成立全区公平竞争审查工作部门联席会议办公室,统筹协调指导全区公平竞争审查工作有力有序开展;成员单位同步建立公平竞争审查机制,制定本单位开展公平竞争审查工作实施方案和公平竞争审查制度,内定审查机构,指定审查人员,明确工作方式、步骤和时间节点,细化审查流程,明确审查对象和审查内容,对增量政策和存量政策开展审查;成员单位按照清理要求汇总填写《麦积区政策制定公平竞争审查结论表》《麦积区公平竞争审查文件清理目录》,明确文件政策名称、政策措施类别、政策措施发布机关、政策措施制定时间、处理意见建议以及完成时间等,确保公平竞争审查工作有序有效开展。

【储备投放】按照市价调办《关于2016-2017年度市区两级淡季蔬菜肉食储备和投放工作实施方案》(天价基办〔2016〕13号)文件精神,该局精心组织麦积区2016—2017年度淡季蔬菜、大肉储备和投放工作。自2016年12月与天水森源农林科技有限责任公司和天水市康晟食品有限责任公司签订储备协议后,森源公司和康晟公司迅速组织人员,分赴西安、成都、汉中、及天水市甘谷、武山等蔬菜和生猪生产地,签订购销协议,组织运输,年内共完成库存蔬菜9个品种共计300吨(其中:大白菜100吨、圆白菜60吨、土豆50吨、芹菜5吨、辣椒5吨、蒜薹5吨、西红柿5吨、白萝卜40吨、胡萝卜30吨),签订生猪购销协议4950头,按期完成储备数量。投放工作中,该局在确定合理销售指导价后将储备蔬菜、大肉分批及时供应麦积区蔬菜大肉直销店。

【价格检查】按照省、市安排部署开展元旦、春节、五一、中秋国庆节假日期间市场价格、涉企收费、商品房销售价格、电力价格、城市供水供气供暖电信领域价格等7项价费专项检查,共组成检查组35个,检查收费单位114个,涉及收费行业部门整体收费情况良好,收费规范、制度健全、公示到位,未发现涉及价费违法违规问题。是年,按照"双随机,一公开"工作要求,该局改变检查方式方法,从《随机抽查行政执法人员名录库》《随机抽查对象名录库》中随机抽取检查人员和检查部门单位,采取检查收费账目、约谈相关人员和负责人、随机抽取被收费对象进行回访等方式,解收费单位收费政策是否执行到位，有无违规收费和提高收费标准、自立项目进行收费等价格违法行为，实现价格行政执法行为全程透明，有效整顿规范行业价格和收费秩序。

【价格监测】按照《甘肃省主要农产品价格监测报告制度》规定，重点加强对原粮购销价格（小麦、玉米），粮食种子销售价格（小麦种子、玉米种子），生猪、鸡蛋出场（收购）价格，仔猪销售价格7个品种价格监测任务，每15日直接向省、市直报价格监测情况，同时按照《甘肃省重要涉农价格和收费监测报告制度》规定，每30日直接向省、市直报涉农收费及建材（5大类、24个项目），重要农业生产资料（3大类13个品种）价格监测情况，密切关注重要商品价格走势，做到发现问题早，解情况早，采取措施早，防止散布涨价信息，串通合谋涨价等违法行为发生。是年，该局监测人员采价140次，上报省、市各类监测报表158份，撰写价格走势分析材料12份，对价格出现异常波动，确保在第一时间查明原因，第一时间上报有关情况，未发生迟报、漏报、瞒报等问题，全年未发生散布涨价信息、囤积居奇、串通合谋涨价等价格违法违规行为。

【价格举报】受理2017年，通过全国价格网上举报平台、“12358”价格举报投诉电话等渠道，共解答群众涉及各类价费咨询电话93个，调解价格纠纷案件21件，受理查处各类价费举报7件，办结7件，办理市委书记市长留言板举报问题2件，办结率为100%，处以经济处罚70700元。

【价格认定】加强刑事涉案物品价格认定工作，在全面落实《甘肃省涉案财物价格鉴定条例》《价格认证中心工作管理办法》有关职能和各项规定下，坚持按程序办事，以新颁布《价格认定行为规范》《价格认定文书格式规范》为准则，继续加强规范化建设依法办案，在规定时限内出具价格鉴定结论，树立“公平、公正、高效、廉洁”职业形象，对公、检、法部门打击违法犯罪活动作出贡献。2017年，办理涉案价格认定案件138件，鉴定总标498.26万元。

天水市麦积区发展和改革局

党组书记、局长：裴子本

副书记：刘建民

副局长：吕存喜（兼物价局局长）

赵　春（兼粮食局局长）

赵文啟

熊拜齐

温永需

（供稿：夏永太）

工业和信息化

【工业概况】麦积区现有工业企业335户，主营业务收入在2000万元以上21户，500—2000万元15户，300—500万元80户，100—300万元219户。21户规模以上工业企业完成增加值47.17亿元，同比增长2.8%；完成总产值79.35亿元，同比增长4%。完成（除卷烟厂）主营业务收入25.33亿元、增长1.4%。

【麦积区工业和信息化局概况】麦积区工业和信息化局是2010年8月6日经区委发〔2010〕34号文件《中共天水市麦积区委、天水市麦积区人民政府关于印发天水市麦积区人民政府机构改革实施意见通知》精神，将区发改局工业行业管理职责、区中小企业局、区乡镇企业局职责整合新组建成立。设5个内设机构：办公室、行业发展股、信息化推进股、经济运行股、项目技术股。2014年6月14日经麦机编办发〔2014〕33号文件《天水市麦积区机构编制委员会办公室关于成立天水市麦积区工业节能监察大队通知》精神，成立工业节能监察大队,股级全额拨款事业单位,核定事业编制8人,现增加核定事业编制11人。2017年底实有在职人员31人,其中副科级以上领导职务7人,非领导职务公务员10人,行政工勤人员1人,事业编制管理人员13人。

【工业项目建设】重大工业项目有序推进,总投资33.5亿元17个在建项目累计完成投资9.81亿元,2017年完成2.34亿元。东柯河工业园区污水并网项目完工,滨河东路南延段项目完成路基和给排水;入园建设霞宇科技型智能化节水项目完成前期手续办理,进场建设;孟姑1万吨浆水及特色食品深加工项目完成项目选址;长城果汁10万吨高端果蔬汁罐装基地项目正在开展前期工作即将入园建设。太昊航空客机改货机项目启动建设,众兴菌业7200吨杏鲍菇生产线项目完成投资2177万元,锻压机床及制管生产线转型升级、柔性多工位智能金属板材剪切产业化等2个项目当年分别完成投资2200万元、1500万元,润德沼气一万方生物天然气及有机肥生态循环利用项目获得国家计划内专项资金支持2459万元。

【东柯河工业园建设】二期401亩土地征地工作完成,三期500亩土地正在报批。一期道路、桥梁、涵洞、堤防、供电等基础设施项目完工,累计完成投资1.5亿元。园区污水主管道并网工程、滨河西路道路景观绿化工程、滨河东路南延伸段道路工程、河道改道堤防工程等4个基础设施建设项目进展良好,累计完成投资3000多万元。西北永新管业年产4.5万吨新型管材项目和三鑫商砼年产30万立方米商品混凝土搅拌站项目建成投产;投资3100万甘肃霞宇环保科技有限公司智能化农业高效节水灌溉系统设备研发及滴灌管项目完成地勘工作,即将开工建设;总投资6.5亿元长城果汁集团公司10万吨高端果蔬汁加工灌装生产线建设示范项目可研通过评审,并完成项目备案;甘肃孟姑食品有限公司投资5000万元食品深加工项目正在办理前期手续。

【工业扶持】天水九龙山禽业养殖有限公司获得生产线流动资金贷款贴息20万元,天水金盛包装彩印有限责任公司获得生产线流动资金贷款贴息15万元,天水黄河雕漆有限责任公司获得生产线流动资金贷款贴息15万元。

【技术创新】西北永新集团甘肃管业有限公司(西北永新牌PE100级给水管)荣获甘肃名牌产品,获得奖励5万元。天水锻压机床(集团)有限公司(QD11K-20×13000数控前送料重型剪切生产线)、天水星火机床有限责任公司(ZH5003C中框高速加工中心,CNC850船舶转子轴高精度加工机床)被鉴定为国际先进和国内领先水平新产品新技术,各获得奖励3万元。天水天祥水泥(集团)有限责任公司、天水锻压机床(集团)有限公司被评为国家级信息化和工业化融合管理体系贯标试点企业,获得奖励10万元。

天水市麦积区工业和信息化局

党组书记、局长:庞　龙
副 书 记:陈　娟
副 局 长:谢崇太
　　　　马整安
　　　　夏文强
总工程师:胡　瑛
纪检组长:李鹏程

(供稿:王伟)

统计工作

【概况】全局现有干部26名,在岗26名。在岗干部队伍中,年龄最小28岁,最大53岁,平均年龄40岁,具有研究生学历干部2名,本科学历干部18名,大专学历4名,中专学历1名,高中学历1名。具有大专及以上文化程度干部占全局干部96%。局党支部有党员23名,其中:女党员4名。全区现有统计人员420人,平均年龄35岁。

【全国第三次农业普查】2017年以来,按照国家、省、市农普办统一部署和要求,全面开展正式普查工作,完成数据报送及修正工作。通过全区上下努力工作,完成601农户普查表102405张,602规模户普查表191张,603单位普查表523张录入及上传工作。

【信息化建设】编印出版《麦积统计年鉴——2017》,按期发布《2017年麦积区国民经济和社会发展统计公报》,编发《统计与调查》15期,《麦积统计月报》11期,为党委、政府上报统计信息195条。

天水市麦积区统计局

党组书记、局长:王黎平(回族 女)

副 局 长:李志刚(2月止)

韩宝堂(2月任)

董继春

纪检监察员:韩宝堂(2月止)

总统计师:李瑞军

(供稿:牛磊)

审计监督

【概况】麦积区审计局为主管全区审计工作政府工作部门,内设办公室、综合股、财政审计股、经济责任审计股、行政事业审计股、社会保障审计股、资源环境保护审计股和固定资产投资审计股8个职能股室。麦积区经济责任审计办公室为正科级全额拨款参照公务员管理事业单位,麦积区“三农”资金审计中心为副科级全额拨款事业单位,麦积区计算机审计信息管理中心为股级全额拨款事业单位。区审计局设行政编制12名,参照公务员管理事业编制4名,事业编制24名。实有人员36名。

2017年,完成审计项目60项,完成年初审计项目计划20项300%。其中:预算执行审计7项,经济责任审计20项,固定资产投资审计5项,扶贫专项审计1项,专项资金审计27项。同时,对22个资金量相对较小、经济活动比较单一、运转比较正常单位主要领导进行离任经济事项交接。提出审计建议85条。报送审计信息56条,被各级审计机关及区级网站、政务信息等采用32条。

【财政审计】根据年度审计工作计划和财政预算执行审计工作方案,对2016年度区级预算执行情况、区地税局税收征管情况和4个区直部门、单位以及1个镇预算执行情况进行审计,并根据资金流向对9个相关单位和镇及6户纳税企业进行延伸审计。对预算编制不够规范、预算管理有待加强、预算执行进度较慢、税收征管不规范等方面问题提出审计建议。同时在财政预算执行审计基础上,综合政策措施落实跟踪审计、经济责任审计、固定资产投资等其他项目审计结果,向区人大常委会作专题报告,提出审计整改建议。

【经济责任审计】2017年,完成经济责任审计20项25名领导。同时,对单位资金量相对较少、经济活动单一、运转比较正常22个单位主要领导进行离任经济事项交接。

【扶贫专项资金审计】着重对麦积区2016年度财政扶贫专项资金、以工代赈资金、异地扶贫搬迁、财政发展资金、村级互助资金和精准扶贫专项贷款管理使用情况进行审计。抽查扶贫项目16个,入户走访农户62户,审计项目资金17961.3万元。

【固定资产投资审计】2017年,麦积区政府投资项目审计,按照《天水市审计局关于印发天水市审计系统购买社会审计服务管理办法（试行）通知》和《天水市审计局关于进一步加强政府投资项目审计通知》要求，按程序上报市审计局，由市审计局在中介机构备选库中抽取并委托审计。截至2017年底，完成固定资产投资审计5项，委托社会中介机构对164项政府投资项目工程造价进行审核。

【参加国家审计署、省审计厅审计】抽调2名职工配合省审计厅完成对清水县、甘谷县2016年度扶贫资金管理使用情况审计。抽调2名骨干配合市审计局完成对秦州区2016年度市级专项资金管理使用情况审计。抽调1名职工配合市审计局完成对张川县领导自然资源资产离任审计。抽调1名职工配合市审计局完成对秦州区、武山县、清水县2017年重大政策措施落实跟踪审计。抽调2名职工配合市经责办完成对天水市中西医结合医院院长经济责任审计。抽调1名职工配合市局完成对秦州区新型农村合作医疗保险基金审计。

天水市麦积区审计局

党组书记、局长：安晓明
党支部副书记：漆 毅（7月止）
副 局 长：张全恩（兼区经责办主任 3月止）
漆 毅（7月任）
刘天奇（7月止）
刘国强（2月任）
区经责办主任：刘天奇（7月任）
总审计师：张宏伟（7月任）
纪检监察员：王小军
三农资金审计中心主任：李桂梅（11月任）

（供稿：刘玉峰）

工商行政管理

【概况】天水市麦积区工商行政管理局机构设置：机关内设机构12个，分别为：办公室、人事股、监察室、财务股、法规股、注册登记股、市场规范管理股、商标广告监督管理股、消费者权益保护股、企业监督管理股、信息与网络监督管理股、非公企业党工委办公室（挂区推进非公经济跨越式发展领导小组办公室牌子）。挂靠2个协会，分别为：消费者协会、个体劳动者协会。天水市麦积区工商行政管理局设：道北、道南、桥南、马跑泉、甘泉、花牛、社棠、元龙、新阳、中滩、东岔、伯阳、渭滨、开发区14个工商所，为局派出机构，均为正科级建制。局设经济检查大队，正科级建制，局直属机构。

2017年区工商局获天水市工商局2017年度工商行政管理工作一等奖、被区委政法委评为全区综治（平安建设）工作先进单位、被区委命名为基层党建示范点。

【企业登记管理】按照全省统一部署，加强部门协调推进，在企业“五证合一”、个体工商户“两证整合”改革基础上，2017年9月底实施涉及18个部门20个单位“多证合一”改革。一年来，核发“五证合一”营业执照2026份，个体工商户“两证整合”营业执照2784份，核发“多证合一”营业执照764份。截至2017年底，麦积区登记注册各类市场主体29070户，注册资本（金）1339917.09万元。2017年新增各类市场主体4454户，注册资本（金）444081.8万元，与2016年同比分别增长10.03%、44.41%。其中：新增私营企业（含非法人分支机构，下同）1499户、注册资本（金）378729.2万元；个体工商户2781户，资金数额27254.3万元；农民专业合作社162户，出资总额37017万元。

【法治工商建设】按照法治工商建设要求，在行政执法工作中，强化法制宣传、强化执法培训、强化执法责任、强化执法监督工作，建立和完善行政指导制度，进一步规范执法行为，提高执法监管效能。2017年，查办各类经济违法案件108件，罚没入库金额9.94万元，案件数量、罚没款入库较去年同期分别增长468%、48%。

【依法监管】元旦春节市场专项整治行动，出动执法人员1065人次，检查市场经营主体3520户、批发市场25个次、集贸市场34个次、经营者仓储地36个次，立案查处案件13起，案值0.5万元，罚没金额0.6565万元，受理消费投诉42起，检查计量器具122台，没收不合格计量器具8台（杆），没收不合格洗发水6瓶、不合格瓷砖1箱、不合格箱包2只和衣服1件。加强省林学院等校园周边市场整治，维护校园周边环境，维护高考秩序，出动执法人员55人次，检查各类经营户46户，配合相关部门查处无证照经营10户。开展烟花爆竹专项整治，检查经营户91户（次），对无经营许可证13户和许可证过期4户，移送相关主管部门处理。开展红盾护农专项行动，打击假冒农资，出动执法人员444余人次，检查农资经营主体446户次，发放各类宣传资料2300余份，接受群众咨询400余人次，整顿农资市场54个次，取缔无照经营户3户，查处不合格化肥案件2件。配合河道部门清理整治沙场，出动执法人员28人次，清理沙场8户。加强网络交易行为监管，规范网络交易行为。加强社会综治工作，排查治安突出问题、社会矛盾，打击传销，巩固“无传销城市”创建成果，查处扰乱市场秩序不正当竞争行为等，突出宣传，强化责任落实，加强重点区域排查防范，出动执法人员426人次，发放宣传资料4000余份。打击非法集资，出动执法人员30多人次，配合金融办排查整治清理涉嫌非法集资6户。发挥职能，落实区委区政府部署重点工作任务，加强执法配合和协同监管，开展环境整治和生态保护、大气污染防治等工作，抽调5人开展冬春季联合执法检查，全局在全区范围，开展煤炭市场整治，清查煤炭经营户94户，进行依法规范。配合环保、工信等部门，清理土小企业43户，发放告知书43份，落实限期整改任务11户，按程序依法推进土小企业关停并转工作。

【商标兴区】建立商标品牌指导站5个，申请商标注册和品牌战略指导；商标监管执法力度，以高知名度商标、地理标志、涉外商标为重点，打击侵权假冒行为，保护商标专用权。全区现有效商标674件，其中：中国驰名商标4件、甘肃省著名商标30件、天水市知名商标22件。

【非公企业党建】按照党建工作目标要求，采取单独建、片区联建、同业共建、挂靠组建、派驻帮建、源头组建等方式，提升工作覆盖和组织覆盖，2017年，新组建党组织20个，覆盖企业新增375户。现全区有非公企业1872户，党组织431个，覆盖非公企业1257户，覆盖率达到67.1%；组织关系在区非工委党员426人，其中新发展党员9名；选派党员干部527人，担任非公企业党建工作指导员，实现党工作覆盖100%。

【非公经济发展】2017年，实现非公经济增加值74亿元，增速10.2%，占全区GDP42.8%，非公经济实现固定资产投资44.9亿元，预计增长10.5%；新增就业15925人，新增专利87项，非公企业招商引资项目50个，到位资金60.9亿元。其中，新建非公企业招商引资项目36个，总投资78.09亿元，到位资金34.05亿元；续建非公企业招商引资项目14个，到位资金26.85亿元；截至12月底，推进小微企业互助担保和“银政保”金融信贷工作，推荐小微企业56户，申请贷款9460万元，银行已向4户企业信贷420万元。办理动产抵押登记55户，落实银行信贷5.45亿元。

【消费维权】围绕服务主题主线，推进12315

行政执法体系建设，提升维权工作水平，着力营造安全放心消费环境。以“3·15”纪念活动为主，广泛宣传新《消法》，接受群众咨询390多人次，引导消费者健康、科学消费，提高消费者自我保护能力。围绕服务主题，推进12315行政执法体系建设，推进经营者自律，社会监督，政府监管社会共治维权机制建设，营造安全放心消费环境。依托12315消费者申诉举报网络，推进12315“五进”（进商场、进市场、进超市、进企业、进景区）工作，及时解决消费纠纷，保护消费者合法权益。2017年，天水市麦积区工商行政管理局12315指挥中心受理消费者申诉405件、举报82件，建议63件，为消费者挽回经济损失13.59万元，案件有效办结率100%。流通领域商品质量监管。开展读写台灯、冰箱冷柜、成人衣裤、童鞋、卫浴水龙头、电线电缆等17类商品专项检查或抽检，保障商品市场消费安全。

天水市麦积区工商行政管理局

党组书记、局长：常瑞奇

副　书　记：郭建从

副　局　长：颜　军

赵　潮

李　芳

裴爱田（4月止）

吴全辉（7月任）

非公企业专职副书记：刘建强

（供稿：刘世伟、张周军）

质量技术监督

【概况】天水市麦积区质量技术监督局前身是1980年成立天水市麦积区区标准计量管理所，1996年升格为麦积区技术监督局，1998年更名为麦积区质量技术监督局，2001年3月15日实施省以下垂直管理体制后，更名为天水市质量技术监督局麦积分局，并升格为行政一级局。2013年12月因质监体制调整，天水市质量技术监督局麦积分局整建制划转，2014年6月更名天水市麦积区质量技术监督局，为麦积区政府工作部门，正科级建制，业务接受上级质监部门指导和监督。全局有两室四股二队一办一所，即办公室、监察室、质量监督股、标准计量股、法制宣传室、特种设备安全监察股、稽查队、精准扶贫工作队、双联办，麦积区质量技术监督检测所。

主要工作职能：贯彻执行质量技术监督方面法律法规和方针、政策，拟定有关规范性文件，并组织实施，负责质量技术监督行政执法；负责质量宏观管理，组织推进质量发展工作。负责全区产品质量安全监督工作。统一管理全区标准化组织机构代码工作。负责全区计量工作综合监督管理。负责工业产品生产许可证管理工作和无证生产查处；负责管理相关检验、检测机构资质认定、认可工作；负责对特种设备设计、制造、安装、使用、检验、修理、改造实施监督管理与安全监察；

【质量发展】履行区质量发展领导小组办公室和创建全国质量强市示范城市工作领导小组办公室职责，呈请区政府制定印发天水市麦积区人民政府办公室《关于印发天水市麦积区贯彻落实<天水市质量发展十三五规划>实施意见》，召开全区质量发展暨创建全国质量强市示范城市推进会议；将质量发展工作纳入政府目标管理，并层层签订目标责任书；建立工作机制和考核机制；8月，麦积区创建全国质量强市示范城市工作领导小组办公室率先在全市范围内开展创建工作专项督查，协调解决21家成员单位业务衔接等问题；推荐甘肃丰收农业科技有限公司等3家企业3个产品参加甘肃名牌产品评审；推荐甘肃天宇建筑工程有限公司参加全省企业质量信用等级评价；组织天水众兴菌业科技股份有限公司等4家企业申报区政府质量奖；巩固提升“一企一策”帮扶企业13家，完善20家，提供服务152次。

【安全监察】召开全区特种设备安全会议和电

梯维保单位维保工作专题会议，并与435家电梯使用单位签订《2017年度特种设备安全生产责任书》，强化企业安全主体责任意识，进一步落实主体责任，筑牢安全防线；同时坚持“安全第一，预防为主，综合治理”原则，结合实际工作，以日常巡查监管和专项检查相结合监管方式，对辖区特种设备使用单位进行全面监管，使全年全区特种设备安全平稳运行，未发生安全事故。

【稽查打假】有重点、有计划、有步骤开展春季农资打假、建材、钢材、家具生产企业等专项整治行动，检查各类企业67户；同时办理产品质量申诉案件和上级转办案件，办结率和信息反馈率达到100%；深入开展煤炭检测专项监管行动，对辖区内煤炭经营单位抽取样品92批次，其中不合格6批次煤炭移送工商局处理；查处涉及生产许可证产品企业2户，严厉打击产品质量违法行为，有效维护消费者合法权益。

【标准化工作】督促企业严格按照标准组织生产，企业标准和产品质量水平进一步提升。特色优势农产品花牛苹果、下曲葡萄、元龙花椒按质量、标准统一规划种植，规模不断扩大，特色农业地方标准化覆盖率达95%，全区保有国家级农业标准化示范区2个；主要工业企业采标率达到100%。做好企业产品标准信息公共服务平台建设，全年全区上规模企业标准声明公布31家，涉及133项标准，覆盖197中产品。

【计量监管】结合“计量惠民生、诚信促和谐”双十工程，开展多项计量专项检查行动。加强“民用四表”、加油机、出租车计价器等涉及民生强检计量器具监管，完善强检工作计量器具档案并及时更新，辖区强检计量器具受检率达到95%以上。认真开展集贸市场在用衡器免费检定工作，在用衡器受检率达到98%；处理计量投诉1起，挽回经济损失1.2万余元；通过计量检查，规范市场计量行为，确保量值准确可靠，维护消费者合法权益。

【法制宣传】立足质监工作实际，以质量月、“3·15”消费者安全日、“5·20”世界计量日、等大型宣传咨询活动为载体，利用网络媒体、报刊、微信、LEP屏等载体，营造“人人追求质量、关注质量”良好氛围。编发《质监信息》51期；通过麦积质监网络红页，实时报道天水市麦积区质量技术监督局《质监信息》和最新工作动态，设立投诉举报专栏，有效地宣传麦积质监工作，扩大质监工作社会影响力。同时，建立健全“双随机一公开制度”，扎实推进行政审批“放管服”工作，规范法制审核工作。完善27名执法人员信息，完善278户企业信息，依法依规在网络红页上公开行政执法案卷10份；迎接区政府“放管服”专项督查2次，起草自查报告4份；下发《天水市麦积区质量技术监督局重大行政执法实施方案》文件1份，成立领导小组，制定法制审核目录及办法、撰写法制审核意见书、编制行政执法流程图、法制审核流程图等，规范法制审核工作。

天水市麦积区质量技术监督局

党组书记、局长：徐　峰
副　局　长：傅子武
张　璠（11月止）
吴文娟（11月任）
纪检书记：安小锋（4月止）
李　璟（5月任）

（供稿：罗闻九）

烟草专卖

【概况】麦积区烟草专卖局（营销部）成立于1995年8月，位于天水市麦积区花牛路11号，区局下设2个职能股室（专卖股、综合办公室）、3个稽查中队，1个卷烟市场部。有员工50人，其中正式职工36人，内退人员3人，退休职工4人，聘用职工7人。有卷烟正常经营户2351户。

【卷烟销售】2017年，销售卷烟20842.24箱，卷烟销售额为55905.74万元，单箱销售额2.68万元，卷烟经营毛利13775.34万元。一类卷烟销售1940.77箱，二类卷烟销售4988.02箱，三类卷烟销售8313.44箱，四类卷烟销售4976.42箱；其中三类以上卷烟结构为73.13%。重点品牌销售19968.56箱，双十五品牌销售7873.57箱，低焦油卷烟13044.3箱，细支卷烟销售679.1箱，555品牌32.77箱，万宝路品牌销售12.88箱。

【专卖案件查处】查获各类违法案件190起，其中无证经营案件43起，未在当地烟草专卖批发企业进货案件140起，销售非法生产烟草专卖品案件5起、无证运输案件2起。查获各类涉案卷烟82.83万支，其中非法流通卷烟58.8万支，案（标）值55.16万元，非法流通案值37.6万元，上缴罚没款约3.2475万元。有零售户总数2907户，其中正常经营户2786户。受理当事人主动申请许可72起，准予行政许可61起，不予行政许可11起，一季度上报注销户35户，正式履行公告注销手续。二季度上报注销户21户，三季度上报注销户42户。四季度上报注销户10户。

天水市麦积区烟草专卖局

局长、主任：滕金贵
王晓峰
朱　瑜
朱维刚（9月任）

副 局 长：赵耀东
卢　淞（女）

副 主 任：余维萍（女）

（供稿：刘　平）

食品药品监督管理

【概况】麦积区食品药品监督管理局为麦积区人民政府组成部门，承担全区食品药品安全监管工作，现有编制165人，实有人员155人，内设办公室、法规股、宣教股、综合协调与应急管理股、食品生产监管股、食品流通监管股、餐饮服务食品监管股、药品医疗器械化妆品监管股、技术标准监督股等9个股室，下辖区食品药品稽查局、区食品药品检验检测中心2个直属单位、20个镇（街道）食品药品监管所等22个正科级单位，主要负责全区食品（含保健食品）、药品、化妆品和医疗器械监督管理。

【监管对象】截至2017年底全区涉及食品、药品、化妆品、医疗器械监管对象包括：食品流通经营者户数1365户、餐饮服务经营者户数978户、食品生产企业62家(不包括小作坊)、“三小”生产经营单位1142户、药品生产企业4家、药品流通单位178户、医疗器械生产企业6家、医疗器械经营企业197家、医疗机构498家、化妆品经营户160户。

【项目资金】累计争取各类资金约175.1082万元。其中，远程监控设备等费用26.375万元，执法服装制作经费19.455万元，食品快检试剂购置经费15.5万元，基层所房屋租赁费22万元，食品药品抽检费用23.2782万元，食药监所规范化建设经费等41.5万元，公共服务补助资金10万元，省级抽检经费17万元。

【食品药品安全监管】办理食品经营许可证585户，其中流通环节336户、餐饮环节249户；办理“三小”登记证卡576张，其中食品小作坊登记证128张、小经营店登记证119张、小摊点登记卡329张。共受理审核药品医疗器械许可资料98份，配合市局新开办验收20家，GSP认证18家。全年GSP跟踪检查药品零售企业69家。完成国家、省、市下达各级各类食品抽检任务1070批次，食品安全快速检测14161批次；完成药品抽检112个批次；上报药品不良反应458例；上报医疗器械不良事件116例；受理各类投诉举报206起，核查率和答复率均为100%。重大节会期间食品安全保障行动21次，消除安全隐患182处，保障人数3万余人。全年查处食品药品违法案件122起，罚没款82.6万元。移送公安机关食品药品违法案件3起，对移送案件均报检察机关备案审查。

【宣传教育】全年对辖区内餐饮服务单位负责人及从业人员进行食品安全法律法规、食品安全知识培训，参训人员达1600余人次，通过培训提高从业人员从业能力和食品安全意识。“3·15”消费者权益日、“12331”食品药品投诉举报宣传月、“食品安全宣传周”、“药品安全宣传月”等大型集中宣传活动10次，发放科普宣传资料3万余册，以“饮食用药安全知识进万家”、“陇上护老”为主题，开展食品药品安全科普知识大讲堂2次，食品药品安全知识进社区、进校园、进农村专题讲座活动5次，累计受教育2000余人次，在各类媒体发布食药监管信息336条，营造全民参与、社会共治格局。

【示范创建】在巩固省级食品安全城市创建成果基础上，持续开展示范街、示范店创建工作，全区累计建成省级食品安全示范店38个，市级食品安全示范店45个，区级食品安全示范店68个，省级示范街道1条。

天水市麦积区食品药品监督管理局

党组书记、局长：雷晓利（兼区食安办主任）

副　书　记：张锦涛

副　局　长：海　峰

贾少华

食安办副主任：韩　华

纪检书记：雷德平（4月任）

稽查局局长：张鸿德

稽查局副局长：南小平

区食品药品检验检测中心主任：景秀珍（女）

区食品药品检验检测中心副主任：吕　建

（供稿：胡少邦）

安全生产监督管理

【控制指标】全区发生各类生产安全事故22起，死亡20人，受伤4人，直接经济损失4.85万元，与去年同期相比，四项指标呈“一升三降”趋势，即事故起数增加9起、上升69.2%，死亡人数减少1人、下降4.7%，受伤人数减少17人、下降80.9%，直接经济损失减少797.29万元、下降99.4%。

【隐患治理】按照“全覆盖、零容忍、严执法、重实效”要求，在全区范围开展安全生产主体责任百日推进活动、安全生产大检查及“回头看”、遏制重特大事故专项行动、“五小车辆”专项整治等活动，推动安全生产工作有序开展。狠抓道路交通安全专项整治，严查酒驾、醉驾、毒驾“三驾”，乱停车、乱变道、乱用灯“三乱”，闯红灯、闯禁行“两闯”等各类违法行为，查处交通违法行为223663起，非法营运17起，酒驾220起，醉驾30起，毒驾1起，行政拘留296人次。狠抓全国和省市两会、中国天水伏羲文化旅游节及中国龙舟公开赛麦积站、中国山地自行车公开赛甘肃·天水·麦积、中国垂钓电视直播精英赛麦积站、环青海湖国际公路自行车赛甘肃·天水·麦积站等重要节会和重大活动赛事期间安全保障工作，区委、区政府主要领导和分管领导多次带队深入企业、矿山、施工现场，采取不发通知、不打招呼、不听汇报、不用陪同接待、直奔基层、直插现场“四不两直”方式，对安全生产工作措施落实和安全事故预案制定情况进行督查检查，确保重要节会和重大活动赛事期间安全稳定。针对绝大多数生产安全事故发生在企业实际，扎实开展“企业安全生产主体责任落实年”活动，督促企业落实主体责任，强化现场管理和隐患排查，加大安全生产投入和宣传培训力度，全区生产经营单位安全管理水平显著提高。按照国家、省、市安全生产大检查工作要求，制定《天水市麦积区安全生产大检查实施方案》，成立由区政府区长任组长，区政府各位副区长任副组长，区安委会各成员单位主要负责人为成员安全生产大检查工作领导小组，全面组织实施全区安全生产大检查工作，研究解决工作中存在主要问题，领导小组下设办公室，办公地点设在区安委会办公室（区安监局），具体负责安全生产大检查日常工作。各有关部门、单位、镇（街道办事处）也都成立相应工作机构，由主要领导亲自负责，分管领导具体实施，结合各自实际制定工作方案，并相继组织开展“安全生产大检查、安全隐患大排查大整治、矿山企业安全隐患专项整治、燃气企业和用户安全隐患大排查大整治、农村道路隐患大排查大整治、涉氨制冷企业液氨使用安全专项整治、油气管道安全隐患专项整治和餐饮场所消防安全隐患专项整治、建筑施工安全隐患专项整治、人员密集场所消防安全专项整治、校园周边环境秩序安全隐患专项整治”等活动，通过采取联合检查、专项检查等多种形式，全面摸排企业安全生产薄弱环节，排查各类安全隐患，从严从重打击各类非法违法行为，安全生产工作得到进一步加强。安全生产大检查工作开展以来，全区检查各类生产经营单位2399家(次)，排查各类问题隐患1327条，现场整改712条，责令限期整改424条，其中下发《责令限期整改指令书》104份，行政处罚9起，罚款金额计7.658万元。针对麦积区安全生产监管专业人员不足问题，2017年以来，区政府通过购买社会服务方式，先后5次聘请化工、非煤矿山、建筑施工、机械制造、职业卫生、电气等方面安全生产专家15人次，组成15个督查检查组，采取现场查看、查阅资料、询问交流等方式，对全区安全生产工作进行专项督查检查，累计检查镇、街道、部门和企业199余家，发现安全隐患851条，限期整改575条，下发《安全问题隐患整改移交函》81余份、《责令整改通知书》11份。针对每次督查检查中发现问题隐患，区安委会办公室及时下发《关于全区安全生产综合督查检查发现问题隐患落实整改通知》，对排查出所有隐患按照定责任、定措施、定资金、定时限、定预案“五定”原则，制定下发整改清单，限期整改，实行闭环管理，截至2017年底，所有问题隐患已全部完成整改，有效防止和遏制各类生产安全事故发生。同时，开展以粉尘、噪音、化学、物力因素等为重点职业病危害因素专项检查，累计检查作业场所50余家，完成职业病危害因素评估检测30家，职业健康检查人数达0.35万人。2年以来，国务院安委会安全生产大检查工作巡查、综合督查、“回头看”检查组、省安委会安全生产第二巡查组先后四次来麦积区，通过查阅资料、现场查看、询问交流、召开座谈会等方式，对麦积区安全生产工作进行督查检查，反馈发现问题隐患20余条。针对反馈问题，麦积区及时研究制定整改方案、明确整改责任单位、责任人、监管责任单位、监管责任人、整改措施、整改时限，全区各级各部门按照“抓整治、促整改”要求，落实各项整改措施，截至2017年底，所有问题隐患已全部整改落实到位，并将整改落实情况及时上报。同时，结合反馈问题整改，狠抓企业主体责任落实，进一步明确从企业董事长、总经理到分管负责人、安全管理人员、车间主任、岗位员工安全生产责任，督促企业建立完善内部安全责任体系，突出抓企业主要负责人责任落实，建立安全生产互查互检和重点督查模式，通过重点行业领域专项整治，推进各行业、各企业主体责任落实，达到“压事故、保安全”目。在天水宏康气体有限公司、天水锻压机床有限公司等11家重点企业建成视频监控系统，并及时接入天水市安监局信息平台。

【基层基础及队伍建设】按照“健全机构、配强人员、提高素质、规范管理、有效保障”要求，不断健全镇(街道)安监机构，制定出台《关于加强全区乡镇街道安全生产监管队伍建设实施意见》，全面建立由各镇(街道)行政主要负责人任安委会主任安全生产委员会和分管负责人任站长安监站，配备129名专职安监员，购置电脑、摄像机、照相机、服装等办公和执法装备，并在全区17个镇1个街道办事处设立交管站，将镇(街道)安监站和交管站专项经费列入财政预算，按照一类镇15万元、二类镇10万元、三类镇7万元标准及时拨付安监站和交管站办公专项经费，专项用于安全生产监管工作。从2016年1月起，按照每人每月220元标准，落实区安监局、镇（街道）安监站151名工作人员安全监察岗位津贴，计39.86余万元。在全区379个行政村、35个社区设立安监室、交管室，设置“交警中队”26个，配备安全协管员414名，形成层层负责，上下联动区、镇（街道）、村（社区）三级安全监管体系。同时区政府将安全生产经费列入财政预算，按照不低于区财政上年支出0.5‰要求，预算安全生产监管专项资金20万元，已拔付到位。同时，先后组织140余名区、镇（街道）安监员参加全省安监人员业务培训班学习。实施生命防护工程建设，投资198.7万元，在锻风路X045线和马跑泉景观大道至麦积镇刘坪村Y704线邻水临崖、陡坡急弯等复杂地形路段，设置金属波形防护栏、水泥防护墩、凸透镜、警示牌、防护桩等路侧防护设施，有效改善农村道路通行条件。

【宣传教育】深入推进“安全生产月”、“安全陇原行”、“七五”普法、“12·4”法制宣传、全国第一个《安全生产法》宣传周、职业病防治法宣传周等活动，采取现场咨询、印发宣传资料、悬挂标语等方式，开展安全生产宣传教育活动。在区政府门户网站和麦积电视台开辟安全生产宣传专栏，对安全生产工作中涌现出先进单位和个人进行正面宣传，对严重违法违规和重大安全隐患典型案例进行集中曝光。以全国“安全生产月”宣传活动为契机，开展安全生产宣传教育进企业、进学校、进机关、进社区、进农村、进家庭、进公场所等“七进”活动，大力弘扬安全文化，提高全民安全意识。建立开通覆盖各镇（街道）、村（社区）、单位和有关企业安全生产工作人员微信群、微博、QQ群和微信公众号，定期不定期向广大干部职工推送安全生产知识，方便职工群众适时浏览、及时学习、随时掌握安全生产工作新时讯、新要求、新精神，为安全生产工作提供便利。截至2017年底，全区已建成“麦积区安监危化”、“麦积区非煤矿山”、“麦积区职业健康监管工作”等业务工作群和各镇（街道）、村（社区）、安委会成员单位、各企业微信工作群540余个，覆盖人数达2.3万余人，实现区、镇（街道）、村（社区）三级安全监管人员和监管对象全覆盖组织相关人员参加省、市“安全生产与应急处突专题培训班”、“乡镇安监站长和安监员培训班”等培训讲座。举办1期“重点企业安全生产知识培训班”、1期“镇街道部门安全监管人员安全生产知识培训班”和2期“职业卫生安全监管培训班”，累计培训各类从业人员2200余人。加强事故应急管理。依托区消防大队和行业重点企业，整合资源力量，组建成立矿山、危险化学品、油气输送管道等专业化应急救援队伍。编制《天水市麦积区安全生产事故应急预案》，修订完善各镇、有关部门、企业及学校、医院、商场等人员密集场所应急救援预案，组织重点行业领域开展各类应急救援演练，提高应对突发事件处置能力、应变能力和控制能力。

【安全监管】组织开展“今冬明春交通秩序整治”、“农村道路交通安全大劝导”等专项行动，强化交通运输各环节安全监管，加大专项整治力度，制定雨雪冰冻天气应对措施，投入10万余元，在310国道、麦甘公路沿途村庄路口，新增交通标志标牌和安全防护设施20余处，加强上路执法检查，严肃查处超载、超速、疲劳驾驶、无证无照、酒后驾驶、车辆带病运行等各种违法违规行为，检查各类车辆3500余台，查处道路交通违法行为245余起。公消防方面。组织消防、文广、建设、旅游、教体、运管等部门对学校、医院、宾馆饭店、商场超市、车站等人员密集场所及高层建筑开展消防安全大检查，先后检查社会单位215家，查出火灾隐患60余处，督促相关单位按要求进行整改。危化和烟花爆竹方面。组织相关单位对中石油下曲油库、昆仑燃气公司、西南管道公司等企业防冻、防凝、防泄漏、防静电等各项措施落实情况进行督查检查。对浏阳花炮和金典日杂等两家烟花爆竹批发企业及各镇、街道烟花爆竹零售经营户进行全面排查，持续加大对各类烟花爆竹违法行为打击力度。特种设备方面。组织质检、安监、消防等部门，加大对供水、供电、供气及供热设备设施及输运管线检查力度，重点对塔吊、物料提升机、起重机械、电梯、锅炉、压力容器、压力管道等特种设备安全检验检测及操作人员持证上岗情况、警示标识设置情况进行检查，检查单位15家，发现问题7条，全部进行现场整改。同时，组织开展非煤矿山、建筑施工、工矿商贸、涉氨制冷、有限空间作业、电力等行业领域专项检查，检查企业30余家，发现各类问题和隐患127条，下发《责令限期整改指令书》10份，各类问题隐患已全部整改到位。

天水市麦积区安全生产监督管理局

党组书记、局长：潘志强

副　局　长：张书明

何宏杰

裴国栋

执法监察队长：吕利成

（供稿：王玮）

财政·税务

财　政

【**概况**】麦积区财政局是区政府主管财政经济职能部门，承担着为全区经济社会全面、协调、提速发展提供财力保障和调节经济运行质量重要职责。下辖9个职能单位，内设16个职能股室。职能单位中，正科级参公单位3个，为非税收入管理局、财政监督检查局、农业综合开发办公室，正科级事业单位2个，为融资担保中心、收付中心；副科级参公单位1个，为政府采购办公室，副科级事业单位1个，为投资评审中心；股级事业单位2个，为信息中心、亚行办。内设职能股室分别为：办公室、预算股、国库股、农业股、行政政法股、社保股、经建股、会计股、税政股、教科文股、资产管理股、绩效评价股、乡镇财政管理股、金融债务股、国际股、综合股。

2017年5月27日，根据区编办《关于麦积区国库集中收付中心更名》文件精神（麦积编发〔2017〕59号），将“麦积区国库集中收付中心”更名“麦积区收付中心”。

现有人员编制108人，其中公务员编制15人(工勤2人)、参照公务员管理编制41人（工勤3人），事业编制52人。2017年末在册人数109人，其中公务员14人，其中机关工勤2人；参照公务员管理人员38人，其中工勤3人；事业编制人员57人，其中管理人员3人，专业技术人员2人。其中副处级1人，正科级13人（含主任科员5人），副科级9人，科员及职员81人，工勤5人。

【**财政收入**】2017年，全区完成大口径财政收入170559万元，占人代会批准预算163080万元104.59%，同比增长10.5%，增收7479万元。一般公共预算总收入完成385839万元，其中：本级一般公共预算收入54004万元，占人代会批准预算53577万元100.8%。同比增长8%，增收4000万元。政府性基金预算总收入完成71643万元，其中：本级收入46728万元，占人代会批准预算33680万元138.74%，超收13048万元。同比增长26.62%，增收9824万元。社保基金收入完成77970万元，占调整预算71839万元108.53%。

【**财政支出**】地方财政支出完成441687万元，占调整预算443638万元99.56%，同比增长12.33%，增支48478万元。一般公共预算总支出预计完成384703万元，其中：一般公共预算支出完成382117万元，占调整预算382826万元99.81%。同比增长13.22%，增支44610万元。分科目支出情况是：一般公共服务支出28701万元，国防支出27万元，公共安全支出14475万元，教育支出92201万元，科学技术支出1018万元，文化体育与传媒支出6382万元，社会保障和就业支出60876万元，医疗卫生支出45550万元，节能环保支出3389万元，城乡社区事务支出21865万元，农林水事务支出67404万元，交通运输支出3644万元，资源勘探电力信息等事务支出1033万元，商业服务业等事务支出1037万元，国土资源气象等事务支出1590万元，住房保障支出30829万元，粮油物资储备事务支出1207万元，债务付息支出685万元，债务发行费用支出4万元，其他支出200万元。上解支出1086万元，债务还本支出1500万元。安排预算稳定调节基金427万元。结转下年709万元。

政府性基金总支出完成60474万元，其中：本级支出59570万元，占调整预算60812万元97.96%，同比增长6.94%，增支3868万元。分科目支出情况是：国有土地使用权出让收入及对应专项债务收入安排支出57890万元，城市公共事业附加及对应专项债务收入安排支出61万元，城市基础设施配套费及对应专项债务安排支出465万元，地方旅游开发项目补助53万元，彩票公益金及对应专项债务收入安排支出822万元，债务付息支出270万元，债务发行费用支出9万元。债务还本支出904万元。调出资金11763万元。

社保基金支出完成76925万元，占调整预算76962万元99.95%。其中：企业职工基本养老保险支出20848万元，城乡居民基本养老保险支出27512万元，生育保险基金支出248万元，居民基本医疗保险支出28317万元。

【工业经济发展】争取到扶持工业发展专项资金3889万元，落实非公经济发展补助资金3888.5万元、区级工业企业专项奖励资金284.37万元、企业退税1935万元，有力支持全区工业企业转型升级和健康发展。支持东柯河工业园等园区基础设施建设，累计拨付东柯河工业园基础设施建设资金800万元，拨付拆迁补偿资金1000万元，不断提升园区综合服务能力，吸引区内外企业落户发展。

【农村经济发展】拨付强农惠农资金78075.37万元，其中强农资金55383.37万元（区级安排专项资金10537万元，上级下达农业专项11542.87万元、林业专项3910.9万元、水利专项4293万元、扶贫专项23702.6万元、农业综合开发3392万元）；惠农资金22722万元（粮食直补3234万元、村干部报酬1763万元。农村低保8409万元、城乡居民临时生活救助349万元、城乡居民医疗救助2025万元、农村五保户供养822万元、其他农业补贴6120万元）。坚持把精准扶贫、精准脱贫作为首要任务，整合统筹使用财政涉农资金38521.8万元（一般公共预算增量资金3197万元，财政存量资金4958万元，整合其它部门项目资金30366.8万元），落实“双助贷”资金1622万元，发放创业担保贷款3900万元。形成各类资金向贫困村和贫困户叠加投放态势，切实为贫困村、贫困户产业发展注入更多资金支持。组织实施农业综合开发项目。续建甘泉镇高标准农田建设项目、中滩镇高标准农田建设项目（第二批）和天水市麦积区3600吨果蔬恒温库扩建项目，截至2017年底，完成报账资金2006万元，占计划2054万元98%，未报账资金为项目管理及管护费用；下达农业综合开发第一批土地治理项目资金1372万元，其中1187万元用于西山坪片区高标准农田（中滩、五龙两镇4村）主导产业基础设施建设，185万元用于新阳镇高标准农田建设项目。2017年完成项目计划任务70%以上，完成报账资金1028.254万元，占计划1372万元75%，未报账资金为扫尾项目工程资金及管理管护费用。实施一事一议项目。2017年全区实施村级公益事业建设一事一议财政奖补项目159个，总投资3952万元，年内完成报账3440万元，占应报账资金91.2%。

【城市基础设施建设】拨付各类城市基础设施建设资金24651.76万元。其中：马跑泉公园提升改造3165.37万元，城市基础设施建设3000万元，城市美化亮化2000万元，集中供热扩建、老旧管网改造6700万元，渭河城区段防洪治理5000万元，渭河滨水公园建设1200万元，陇昌路、前进南路路面铺油及污水管网改造1000万元，其他2586.39万元。确保城市基础设施项目建设顺利实施，提升城市品味。

【民生政策落实】支持保障性住房建设，拨付棚户区改造、公共租赁住房及农村危旧房改造资金20909.1万元，其中棚户区改造、公共租赁住房补贴等资金19336万元，农村危旧房改造资金1573.1万元。支持社会保障事业发展，筹集中央、省、市、区各级财政及参保对象个人各类社会保障资金112381万元。其中:企业基本养老保险基金19298万元,职工基本医疗保险基金7025万元,工伤保险基金401万元,生育保险基金294万元,城乡居民养老保险基金15215万元,机关事业单位基本养老保险12906万元,职业年金6154万元,城乡居民基本医疗保险基金30257万元,困难群众基本生活救助资金17668万元,城乡居民医疗救助资金1663万元,就业专项资金1500万元。预计支出各类社会保障资金103592万元。其中:企业基本养老保险基金20848万元,职工基本医疗保险基金5578万元,工伤保险基金289万元,生育保险基金248万元,城乡居民养老保险基金27512万元,城乡居民基本医疗保险基金28317,困难群众基本生活救助资金15249万元,城乡居民医疗救助资金2025万元,就业专项资金3526万元。

【社会事业发展】投入教育经费92201万元,同比增长25.01%。其中:人员经费55743万元,城乡义务教育阶段公用经费和寄宿制学校公用经费5462万元、百人以下学校补助及特教学生补助908万元、农村义务教育阶段学生营养改善计划补助资金3565万元;拨付农村义务教育薄弱学校改造专项资金15300万元;拨付学前教育建设项目资金1965万元,中职及高中免学费和助学金1272万元,幼儿保教费、公建民营幼儿园教师补助及普惠性民办幼儿园奖补资金2076万元,“三区”人才支教、乡村教师生活补助、班主任津贴提标等2170万元,职业中专实训楼项目570万元,教育现代化推进工程中央基建投资预算3170万元,切实改善办学条件,保障义务教育均衡发展。投入科学技术经费1018万元,有力支持科学研究与开发、科技进步以及科普示范基地建设等。投入文化事业经费6382万元,推动文物保护、“四馆一站”免费开放及公共文化服务体系建设等事业发展。

【财政规范化管理年活动】主动适应新常态,推行财政规范化管理年活动,制定《天水市麦积区财政预算规范化管理办法》等14个财政管理办法,对财政预算管理、国库管理、政府性债务管理、政府采购管理、国有资产监管、财政监督、财政信息化管理、财政项目库建设、财政投资评审、财政内部工作配合、财政干部行为规范等11个大类49项财政日常管理行为进行规范,财政管理更加科学、高效。

【财政资金使用绩效管理】2017年全区政府采购预算,规范采购资金管理。累计政府采购总额9822.48万元,节约资金440.33万元,资金节约率4.48%。开展项目投资评审。遵循“科学合理、降低成本、提高效益”原则,对政府投资项目全面开展评审工作,评审项目174个,送审总金额116317.22万元,审减金额1497.43万元,审减率9.18%。制定《天水市麦积区区级预算绩效管理办法(试行)》和《天水市麦积区财政绩效管理专家库建设管理暂行办法(试行)》,对全区财政投资项目逐步开展资金使用绩效评价。纳入绩效评价项目63个,涉及评价资金12184.67万元。通过资金使用绩效管理,有效降低资金使用成本,提升资金使用效益。

【财政存量资金】全年清理收回财政存量资金23066.84万元,全部安排支出。其中按原用途继续安排使用13119.55万元,统筹使用9947.29万元(用于扶贫方面4958万元、用于民生保障方面4326.2万元、用于教育方面483.09万元、用于科技方面180万元)。制定《天水市麦积区财政存量资金规范化管理实施办法》,明确存量资金管理政策依据、回收机制、清理机制、考核机制、考核结果应用等,为存量资金规范化管理打下良好基础。

【政府性债务管理】2017年,全区纳入政府性债务系统管理债务余额为105086.36万元,其中政府负有偿还责任债务91123.15万元(一般债务67697.10万元,专项债务23426.05万元),政府负有担保责任债务12821.06万元,政府可能承担一定救助责任债务1142.15万元。政府性债务严格控制在核定限额之内。

【财政监督】2017年,对全区卫生系统、教育系统、环境保护以及社会团体等15个部门单位会计信息质量开展监督检查工作，查处违规违纪资金 684.10 万元，收缴罚款 2.48 万元上交国库；对花牛镇、中滩镇等 4 个镇 2013—2016 年财务收支管理使用情况进行全面监督检查，涉及资金 18783 万元；对 14 个镇 300 多个行政村村级财务管理使用情况开展监督巡查；对部分区直单位和镇 2015—2017 年中央预算内重点投资项目、转移支付资金管理使用情况、中央下达 2017 年项目建设和专项资金使用情况等进行监督检查。继续推进全区行政事业单位“小金库”专项检查工作，督促各单位对“小金库”进行自查自纠，建立“小金库”专项治理长效机制。通过监督检查，纠正财政资金使用中出现违规违纪问题，推进财政资金规范、安全、高效使用。

天水市麦积区财政局

党组书记、局长：闫金川

副　书　记：陈海荣

副　局　长：王永泽

白和平

牛建生

纪委书记：李燕燕（12 月止）

（供稿：朱育兵）

国家税务

【概况】麦积区国家税务局机关设 10 个科室，基层设 8 个税务分局和 1 个稽查局。区局有班子成员 6 人，全局现有干部职工 157 人，其中：离休人员 3 人，退休人员 49 人，在岗干部 105 人。在岗干部平均年龄 45 岁，30 岁以下 12 人，31 岁—40 岁 16 人，41–49 岁 40 人，50 岁以上 37 人。

2017 年底，全局管辖纳税人 8620 户，其中：各类企业纳税人 3610 户（一般纳税人 829 户，小规模纳税人 2781 户）；个体纳税人 4959 户（起征点以上 386 户，占个体户 7.78%），其他纳税人 51 户。

【税收收入】截至 2017 年 12 月 31 日，累计入库各类税收税入 73169 万元，占年税收计划任务 53700 万元 136.26%，超收 19469 万元；较上年同期 41923 万元增收 31246 万元，增长 74.53%。

【依法治税】以推进依法行政、建设法治国税为目标，以提高国税干部法制意识为目，全面落实“七五”普法规划和“十三五”时期全面推进依法治税工作实施方案，争创法治宣传教育基地和法治税务示范基地。严格依法公开行政审批和非行政审批项目，执法目录清单，执法权力清单，纳税人信用等级清单，对 A、B、C 级纳税人取消增值税发票认证工作，对 D 级纳税人进行重点监控，对涉税违法案件，实行“黑名单”制度管理。认真落实国务院 6 项减税政策及小微企业税收优惠“10 条措施”等一系列税收优惠政策，提高税收政策效应分析水平，强化政策实施效果后续管理及服务，确保各项税收优惠政策执行准确并落实到位。截至年底，181 户符合优惠政策条件小型微利企业减免税额 93.28 万元，为年应纳税所得额大于 30 万元小于等于 50 万元 7 户企业，减免企业所得税 26.62 万元。办理出口退（免）税资格备案企业 12 户。

【税收管理】对 41 户税负上升试点纳税人和 2 户税负下降纳税人开展一对一、面对面辅导，重点围绕税负分析相关数据填报方法和要求等内容，组织开展专项培训班 3 期，培训税务人员 30 人次，企业人员 300 多人次，发放各类纸质宣传资料 1000 余份。截至年底，累计入库增值税、罚款、滞纳金 816 万元。按照“边检查、边整改、边规范”工作方法，对区局贯彻执行国务院重大政策措施发布文件落实情况、组织收入原则执行情况、征收机关事中事后管理情况等进行全面细致核查整改，建立整改台账，确保“四个坚决”全面落到实处。

【纳税服务】以“便民办税春风行动”为工作重心，聚焦纳税人关心关注问题，分批落实好总局推出 5 类 20 项便民措施；以落实国地税合作规范为主线，将总局提出 4 大类 11 项措施进行细化，逐项抓好落实，扎实开展便民办税春风行动，使纳税人有更多获得感。推行多元化办税服务，开展预约服务、延时服务、错峰申报，全面推行“一站式”、“一窗式”、免填单等服务举措，优化办税流程，简化办税资料，切实减轻纳税人负担。联合地税局以加强合作为着力点，序时推进改革《方案》，各项工作取得良好进展。联合优化纳税服务，在联合办税服厅大力推行预约服务、延时服务和值班长制度，全面实行“一窗一人一机双系统”模式和“完税凭证一票制”。联合补充完善纳税人信息，截至12月底，双方联合采集纳税人信息1397条。联合办理注销登记，按照“先国税、后地税、先主税、后附税”方式，一方税务机关受理及时通过向另一方税务机关传递注销信息，实现联合办理注销登记782户。联合开展纳税信用评价工作，评价出A级纳税人6户，B级纳税人835户，C级纳税人249户，D级纳税人52户。联合进行税法宣传，在税法宣传月活动期间设置6个宣传咨询点，并联合邮政部门在邮政“双代”合作点同步开展宣传。同时，联合开展“三项专题宣传”、“送税法、问需求、优服务、促改革”和“互联网＋纳税服务”等宣传活动。联合开展税务稽查，共同制定稽查预案，联合对12户企业实施纳税检查，累计查补入库税款247.8万元。联合开展业务培训，共同对办税服务厅工作人员及纳税人开展业务培训，确保国务院新出台6项减税政策全面落地，联合举办四期集中培训。

【干部培训】3月份联合甘谷县、经济技术开发区国税局共同组织3期税务稽查及税收执法培训班，95人参加培训；10月份联合甘谷县国税局共同组织1期税务稽查及税收执法培训班，共29人参加培训。在全局结成18对师徒关系；推荐4人参加市局组织领军人才考试，2人参加省局组织领军人才选拔。

天水市麦积区国家税务局

党组书记、局长：叶　成

副 局 长：李国恩

贾晓明（11月止）

黄　诚

陈小军

纪检组长：马克俭

（供稿：张茹晶）

地方税务

【概况】天水市麦积区地方税务局组建于1994年8月，实行人员、经费、业务和机构四垂直的管理体制，全局现有干部职工107人，机关内设办公室、人事教育科、监察室、法规科、计划财务科、税政科、征管和纳税服务科、科技信息科、党建办等9个科室；下设发票管理分局、社会保险费征收管理分局、稽查局、征收服务分局、管理一分局、管理二分局、管理三分局、管理四分局、马跑泉征收管理分局、花牛征收管理分局、甘泉征收管理分局、中滩征收管理分局等12个直属单位，元龙、东岔2个农村税务所。

【税费收入】全年组织各类税费收入6.49亿元，其中税收收入3.63亿元，非税收入2.86亿元，市局口径累计入库3.93亿元，完成考核计划3.23亿元的121.71%，超收7013万元，超21.71个百分点。区政府口径累计入库3.93亿元，完成考核计划3.20亿元的122.81%，超收7300万元，超22.81个百分点。

天水市麦积区地方税务局

党组书记、局长：吴　群

副　书　记：李　斌（兼纪检组长）

副　局　长：霍红霞

张全明

冯　琦（4月止）

（供稿：丁鑫）

金融·保险

银行业

中国工商银行股份有限公司天水麦积支行

【概况】中国工商银行股份有限公司天水麦积支行是天水分行最大一级支行。麦积支行现坐落于天水市麦积区埠南路26号,支行机关设四部,即经营管理部、市场营销部、POS团队、ATM团队。现辖1个营业室、四个二级支行,即麦积支行营业室、麦积火车站支行、麦积道北支行、麦积花牛路支行和麦积开发区支行。麦积支行现有从业人员92人;其中大专以上文化程度69人,占75%;具有中级以上技术职称的30人,占32%,机关工作人员26人,一线网点工作人员66人。

其前身中国工商银行天水市北道办事处,成立于1984年1年1月1日,是辖区内四大专业银行之一。主要服务于本区居民,扶植大中小企业,支持本区工业经济和商业经济发展。作为中国资产规模最大商业银行一个一级支行,经过30几年改革发展,中国工商银行麦积支行,步入质量效益和规模协调发展轨道。

截至2017年12月末,中国工商银行股份有限公司天水麦积支行,全年各项存款余额为20.06亿元(含理财产品),比年初增加-1.14亿元,各项贷款余额23.85亿元,比年初增加3.53亿元,实现账面经营利润5468万元。

【经营范围】办理存款、贷款及结算业务;办理票据贴现;代理发行金融债券;代理发行、代理兑付、销售政府债券;代理收付款项及代理保险业务;经中国银行业监督管理委员会批准其他业务。

【业务经营】支持机械、烟草、财政、石油、铁路、电力、交通、地矿、军工等优质客户和优质项目;创新发展中间代理、理财业务、票据贴现、电子银行和消费信贷等新业务品种。

【服务拓展】2017年新建麦积营业室办公大楼,新增经融便利店三个,分别为营业室,火车站支行,开发区支行。给各网点新增大堂式自助存取款机6台,人工智能机10台,

缓解柜台压力,降低客户办理业务等待时间,有效解决因客户办理业务等待时间长而造成各种矛盾。

【支持地方经济建设】全力支持麦积区辖内企业、先后给大中型企业天平铁路有限公司、天水花园酒店有限责任公司、天水长城电工起重电气有限公司、天水万臻商贸有限公司、天水大成隆源商贸有限公司、天水江安钢化玻璃有限公司、天水新达钢结构工程有限公司、天水鑫盛宾馆有限公司等单位累计发放贷款13301万元;办理个人消费及按揭贷款776笔,金额3.77亿元,小微企业投放贷款14725万元,新拓户8户;个人公积金委托贷款净增5077.5万元。通过与麦积区财政局、中航飞机工业天水有限公司、天水住房公积金中心麦积管理部、甘肃省小陇山林业实验局等单位合作各项净增存款达0.41亿元,年末余额达2.41亿元。

中国工商银行股份有限公司天水麦积支行

行　长:陈效选

副行长:田辅忠

郭旭耀

尹江峰

（供稿:李延军）

中国建设银行股份有限公司天水麦积支行

【概况】建行麦积支行前身为中国建设银行天水市中心支行北道区办事处,1972年10月设立,隶属中国建设银行天水分行。2003年9月更名为北道支行,2005年1月，随地方更名为天水麦积支行,内设等4个部(室),下辖6个分理处。共有员工82人。2007年9月随着建设银行的股份制改革及上市，更名为中国建设银行股份有限公司天水麦积支行。2008年,随着建行天水分行扁平化管理的实施，中国建设银行股份有限公司天水麦积支行组织机构进一步优化，下属的分支机构上划天水市分行直管；现建行麦积支行下属两个对外营销团队；麦积营业室和社棠工业园支行两个营业网点和一个国库代理中心,员工41人。党员12人,支行班子成员5人。

【经营业绩】全行一般性存款17亿,贷款余额26.5亿,贷款余额较年初新增1.73亿元。其中对公贷款新增0.43亿元,个人贷款新增1.3亿元,公积金贷款余额7.62亿元，实现中间业务收入414万元;主要指标在省建行40多个县域支行考核中排名第一。

中国建设银行股份有限公司天水麦积支行

行　　长:蔡志东

副 长 行:张晓勇

刘小平(女)

纪检书记:钱　景

营运主管:李虹彬

（供稿:尹利军）

中国农业发展银行天水市麦积支行

【概况】1994年4月,中国农业发展银行(以下简称农发行)成立,是国有农业政策性银行,直属国务院领导。1996年12月,农发行麦积支行成立。机构设置为“一室三部”即:办公室、信贷业务部、会计结算部、营业室)。2017年年底,在岗职工21人。

【业务经营】2017年,累计投放各类贷款6笔85000万元,其中:累计投放扶贫贷款4笔73000万元;累计收回贷款13笔16970.14万元,其中:累计收回扶贫贷款10笔13152万元。2017年,各项贷款余额202049.86万元，较年初增加68029.86万元，增长50.76%(剔除秦安县支行划转20000万元,较年初增加48029.86万元,增长35.84%)。

【支农情况】全年累放自营性贷款0.7亿元，支持企业2个，确保多年来支持培育产业化龙头企业不断做大做强。已完成4笔续贷项目受理调查及上报,涉及贷款金额0.41亿元。

中国农业发展银行天水市麦积支行

党支部书记、行 长:施 勤

副 行 长:师强斌

马少巍

（供稿:马 磊）

天水麦积农村合作银行

【概况】天水麦积农村合作银行驻麦积区兴陇路。下设综合管理部、党建宣教部、财务会计部、风险管理部、清非中心、市场发展部、稽核审计部、纪检监察部,安全保卫部,电子银行部,科技信息部等11个职能部门，下设1个营业部,13个支行,22个分理处,共36家分支机构。全区布放自助取款机、自助存取款一体机共68台,170台惠农终端。三农便民服务点68家。2017年底,有职员工325人。

【存贷款业务】2017年末,各项存款期末时点余额796,483万元，较年初的722,076万元净增

74,407万元，增幅10.3%,；各项贷款期末余额644,839万元，较年初的613,059万元净增31,780万元,增幅5.18%。跨期贷款余额43,366万元,较年初的16,531万元增加26,835万元,增幅162.33%，不良率为6.73%；各项收入60,274万元,增幅11.78%;各项支出52,683万元,增幅25.67%；实现拨备前利润26,591万元，增幅13.15%；人均费用35.27万元。存贷占比为80.96%,资本充足率11.22%。

【信用村镇建设】创建信用村64个,信用镇3个。辖内共有农户101512户,建立农户资信档案97439户；评级授信59247户；授信金额达到24.46亿元;有信贷关系客户32085户。

【电子银行业务】2017年,个人网银注册签约客户4701户,实现交易2890191笔,企业网银注册签约客户257户,实现交易212302笔,手机银行注册签约客户9212户,实现交易699041笔,发展POS商户168户,实现交易107592笔,特惠商户签约168户,实现交易53796笔,微信银行绑定3408户。

天水麦积农村合作银行

行　　长:王军平
监 事 长:杨会兵
副 行 长:李　勇
　　　　　王　珂
　　　　　安秀玲
　　　　　钱瑞山
工会主席:贠强强

（供稿:胡雅芸）

中国邮政储蓄银行麦积区支行

【概况】中国邮政储蓄银行麦积区支行成立于2008年5月,隶属于中国邮政储蓄银行天水市分行,下辖自营网点2个、邮政代理网点14个,现有在岗职工29人。

【业务经营】2017年,发放贷款5.67亿元,各项贷款结余突破7.3亿元，贷款余额净增1.64亿元,其中与就业办合作再就业小额担保贷款,发放金额达到5200万元,全年发放涉农贷款3.5亿余元。自营储蓄存款余额达到达到2.68亿元,自营公司存款余额达到2.3亿元,

中国邮政储蓄银行麦积区支行

行　　长:秦红荣
副 行 长:郭广平
行长助理:王　娟

（供稿:杨蕊琴）

保险业

中国人民财产保险股份有限公司天水市麦积支公司

【概况】中国人民财产保险股份有限公司(PICC)是国内领先非寿险公司,公司前身是中国人民保险公司,成立于1949年10月,是国内历史最悠久、业务规模最大、综合实力最强大型国有财产保险公司,是国内财产保险市场领跑者,稳居亚洲财险公司第一、全球单一品牌财险公司第二。其分支机构中国人民财产保险股份有限公司天水市麦积支公司，经营除长期人身保险以外所有保险业务,包括企事业单位财产保险,。建筑和安装工程保险,货物运输保险,机动车辆保险,家庭财产保险,责任保险,人身意外保险,健康保险,农业保险等险种。公司设有经理室,综合管理部,理赔分部,三农业务部,商业非车险重要客户业务部,电销业务部,车商业务部,营销业务部本着“人民保险,服务人民”使命全方位为客户服务。人保麦积支公司正式员工36人。

【经营理念】人保财险麦积支公司秉承“人民保险为人民”企业宗旨,始终遵循“以市场为主导,以客户为中心”经营理念,全心全意服务好麦积区老百姓。人保财险麦积支公司进行专业培训机构,对公司全体承保窗口及查勘定损流动窗口人员进行“窗口标准化服务培训”,优化大同职场环境,让

客户感受到更好服务环境。全体窗口服务人员形象更加职业及标准化，并使用标准化语术及手势接待每一位客户，获得客户一致好评。打造“理赔无忧”服务品牌，客户提供“快，便，好”理赔快捷服务，提高理赔效率。车险查勘服务实现“四个一”（一句话，一瓶水，一本理赔指南，一次满意度回访）车辆损失1万元以下，材料齐全，一小时通知赔付。在大厅设有理赔窗口，每一位客户提供专业保险理赔咨询，赔案协调，案件处理服务。

【业务经营】2017年保费收入累计达4481.26万元。较去年同比增长8.4%。理赔结案率为100%，全年解决赔案支出2000.58万元。纳税总额1162万元。

【创新业务经营】国务院常务会议研究部署金融支持经济结构调整和转型升级政策措施，明确引导信贷资金支持实体经济、加大向“三农”和小微企业信贷倾斜、助推消费升级和推动民间资本进入等八项政策措施，并针对保险行业提出“要发挥保险保障作用，推广涉农新险种，试办小额信贷保证保险，推动发展国内贸易信用保险”要求，发出金融行业支持经济结构调整和转型升级重要信号。人保财险努力推进农业保险业务创新工作，着力完善农业保险经营机制和发展模式，开展有地方特色农险业务，并以农险业务为切入点，以小额保险为突破口，协调推进涉农保险业务发展，进一步巩固和提高其在“三农”保险市场主导地位，不断扩大“三农”保险覆盖面和渗透度。

中国人民财产保险股份有限公司
天水市麦积支公司

经　理：赵彬宇

副经理：李　乐

（供稿：宋若萱）

教育体育

教育管理

【概况】2017年，全区各级各类学校458所，其中幼儿园151所，教学点162个，小学99所，初中18所，九年制学校16所，高级中学8所，完全中学1所，中职学校2所，教师进修学校1所。在校学生92926人，其中幼儿园（包括附设班）18749人、小学40708人、初中19655人、普通高中12264人、中职学校1550人。教职工7888人，其中专任教师6883人，专任教师中幼儿园900人、小学3009人、初中1814人、普通高中984人，中职学校176人。学校占地总面积216万平方米，校舍建筑面积93.7万平方米。

【学前教育】探索实施幼儿园片区管理和结对帮扶，各级各类幼儿园保教水平整体提升，学前教育进一步发展。2017年，新增幼儿园24所，其中贫困村幼儿园13所，新增园位1610个，全区幼儿园总数达到151所，在园幼儿达到18749人，学前三年毛入园率达到91.83%。创建市级标准化幼儿园7所、普惠性幼儿园7所，落实普惠性幼儿园奖补资金130万元。

【义务教育】制定《关于扶持办好农村小规模学校实施方案》，加强农村小规模学校管理，规范农村小规模学校办学行为，促进农村小规模学校规范发展。2017年8月，天水市一中麦积校区、天润学校开始招生。全区小学、初中入学率均达到100%，小学毕业生升学率100%，九年义务教育巩固率达到95.62%，三残儿童、少年入学率达91%。麦积区义务教育均衡发展工作通过省上和国家评估验收。

【普高教育】落实省、市关于普通高中特色实验校创建工作要求，加快推进普通高中多样化特色发展，市九中创建为省级普通高中特色实验校。2017年，普通高中招生4325人，高中阶段教育毛入学率达到92.51%。实际参加普通高考5059人，其中文化课考生3974人，文理二本上线1454人，上线率36.59%。本专科录取4355人，录取率86.08%。二本以上录取829人，录取率19.11%。

【职业教育】2017年，全区中职招生1001人，毕业318人，就业315人，职校生一次性就业率达99.06%。“三校生”高考二本上线5人。组织967名学生参加市、区中等职业学校学生技能大赛，其中346名学生分别获得获得市、区一、二、三等奖。

【成人教育】国家开放大学（甘肃）天水学院麦积学习中心是承担麦积区成人高等教育主要机构。2017年，设置9个开放教育专业，其中本科专业3个：汉语言文学、行政管理、护理学，专科专业6个：小学教育、计算机、护理学、会计学、农村行政管理、学前教育。在校生252人，其中：本科生67人，专科生152人，全年培训在校学员2100人次。

【民办教育】2017年，新审批民办幼儿园4所，民办教育机构达到82所，其中幼儿园82所，初级中学1所，高中3所，职高1所。在校学生、在园幼儿16304人，其中幼儿园10538人，初中3163,高中2537人,职高66人。教职工1494人(幼儿园1110人,初中143人,高中215人,职高26人),其中专任教师875人(幼儿园541人,初中136人,高中184人,职高14人)。

【队伍建设】录用教师208人,高中、初中、小学生师比分别为12.4:1、9.04:1、14.3:1。全区小学专任教师学历合格率100%，大专以上学历占94%;初中专任教师学历合格率100%,本科以上学历占90%；普通高中专任教师学历合格率91%,研究生学历占5%;中职学校专任教师学历合格率83%,双师型教师占24.7%。开展中小学教师新课改教学技能全员培训等15123多人次。评选出"甘肃省特级教师""省园丁""省农村骨干教师"等94人。制定《关于调整乡村教师生活补助标准提高班主任津贴实施方案》,3052名乡村教师发放生活补助1098.72万元,2129名班主任发放班主任津贴115.08万元。

【教育管理】强化质量核心意识,加强教学质量监控,对城区片、新阳片初中语文和数学进行抽考,并召开抽考总结会,分析存在问题,研究整改措施,提升教学质量。制定《天水市麦积区教育教学质量奖励办法》,奖励高中、初中、小学24所,发放奖励资金190万元，调动学校和教师抓质量促发展性和主动性。抽取样本学校21所,认真组织完成国家义务教育质量监测任务，麦积区教体局被教育部基础教育质量监测中心评为2017年国家义务教育质量监测实施县级优秀组织单位。全区51所学校成立校务监督委员会机构,选聘监督委员293人。2017年,琥珀中心学校、正阳初中、渭南初中、社棠中心学校等四所学校被评为省级德育示范校。

【教研教改】成功举办麦积区第二届中小学、幼儿园高效课堂优质课评选活动，评选出一等奖优质课185节,二等奖优质课113节,三等奖优质课48节。片区内高效课堂展示交流活动12次、幼儿园"送教下乡"及帮扶活动2次。组织中小学教师参加"一师一优课"活动,全区5216名教师晒课6034节,晒课节数居天水市之首。组织40名高三任课教师赴兰州参加2017年高考命题趋势分析与考前冲刺备考策略研讨会,学习先进备考经验,提升高考备考水平。2017年,申报省、市教育科研课题50项,申请鉴定13项。

【办学条件】麦积区委、区政府坚持把教育摆在优先发展战略地位不动摇,不断加大投入,支持教育事业进一步发展,2017年，划拨教育用地30.21亩,投入资金4206.251万元,改善全区办学条件提供强有力基础保障。实施土建项目77个,总投资1.57亿元,完成74个,新建校舍4.13万平方米,校舍总建面积达93.7平方米,幼儿园生均校舍面积6.03平方米，小学7.75平方米，初中10.79平方米,普通高中21.57平方米,职业学校(含非全日制学生)20.82平方米。投资3636.46万元,采购各种教学设备22171台(件),小学、初中、高中生均图书册数分别达到19册、38册和35册,生机比分别达到1:11、1:6和1:12。

【信息技术】采购班班通教学设备952套、计算机230台、录播教室设备33套,实施"智慧校园光纤进班"项目1230个。开展"班班通"及"录播教室"项目培训,培训学校管理人员、基层一线教师3230人次。

【学校管理】坚持把平安校园、智慧校园、魅力校园建设作为强化学校管理,提升学校办学水平主要抓手,紧紧围绕"三园式"校园建设推进计划、"三园式"校园建设督导评估方案和创建指标体系,推进星级示范校建设。2017年,实验小学、市七中、市九中创建为星级示范校。全区41所学校创建为省、市级语言文字规范化示范校、绿色学校、省级快乐校园示范校、全国首届文明学校、全国校园足球特色学校等,保障义务教育均衡发展工作顺利通过国家和省上评估验收打下坚实基础。

【精准扶贫】2017年，在贫困村完成全面改薄项目30个、贫困村幼儿园建设项目13个。建档立卡贫困户子女发放学前教育免保教费补助、普通高中免学杂费和助学金、中职免学费和助学金、省内高职免学费和书本费等资金811.6743万元，资助学生(幼儿)10377人次。672名建档立卡贫困户大学生办理生源地信用助学贷404.7215万元。精准扶贫高校录取专项计划招录精准扶贫户子女638人。区职业中专举办全区精准扶贫创业能力提升电焊工培训班两期,培训精准扶贫户学员67名。

【学生资助】落实教育惠民政策,不断提高学生资助工作水平。2017年,发放学前幼儿奖补资金和免保教费补助资金、普通高中免学杂费资金和助学金,中职助学金和免学费资金等3210.3161万元,资助学生(幼儿)55322人次。全区中小学生和教师购买校方责任保险，参保率达100%。112名家庭经济困难大学生发放路费8.6万元。争取社会力量捐助资金206.53万元，资助贫困学生750人,帮助292名学生圆大学梦。3119名大学生办理生源地信用助学贷款，贷款金额1945.69多万元。

【校园文化】按照《甘肃省关于开展学校美育“一节一赛一交流”活动通知》,认真组织开展校园文化艺术节、合唱比赛、学校美育工作交流。在全区中小学组织开展2017年书香天水全民阅读活动,培养学生“爱读书、读好书”习惯,激发学生学习兴趣和热情，提升学生综合素养。成功举办城区、三新阳、中东路片中小学艺术素质测评与足球教学交流观摩会,全区53所中小学校长与体音美教研组长分别参加会议，共同交流艺术素质测评与足球教学有关工作。组织100名学生和50名教师参加天水市第二届硬笔书法大赛，麦积区教体局荣获优胜组织奖,47名学生获得一、二、三等奖,18名教师获得三等奖或优胜奖,16名教师获得优秀指导教师奖。

【卫生体育】食品卫生安全与传染病预防工作,联系区食品药品监督管理局、区卫计局对全区中小学、幼儿园食品安全与传染病防控工作进行专项整治,2017年全区中小学幼儿园未发生食品安全事故与大面积传染病疫情。成功举办麦积区第五届中学生运动会暨阳光体育联赛、“区长杯”校园足球联赛、校园足球特色学校“星级”锦标赛。承办“市长杯”高中、初中、小学校园足球联赛。代表天水市参加2017年甘肃省青少年校园足球联赛初中男女组比赛。市二中、花牛中学被教育部命名为“全国校园足球特色学校”,麦积区“全国校园足球特色学校”数量达到16所,居全市之首。

【学校安全】协同区安监、公安、工商、食药监等部门对全区各学校、幼儿园校园及周边环境进行4次专项整治,保障校园及周边环境安全。组织学校开展“4·25”反邪教、“全国交通安全教育日”“第九个防灾减灾宣传日”“远离毒品、关爱生命”等主题宣传教育活动,普及安全知识,提高师生安全意识和防范能力。2017年,聘请中小学法制副校长55名,举办法制教育专题讲座8场次。创建区级平安校园和文明校园25所。伯阳中心学校、凤凰初中、吴砦初中、向荣学校、天润学校被命名为“麦积区毒品预防教育示范学校”。

天水市麦积区教育体育局

党组书记、局长:陈宝林
副 书 记:张引周
副 局 长:何 旭
王鸿波
王惠东
胡党生
纪委书记:姜建辉

(供稿:刘保军 胡立强)

体育赛事

【概况】2002年,麦积区体育发展中心成立。是财政全额拨款正科级事业单位，原隶属麦积区文化体育局,2010年机构调整后，现隶属于麦积区教育体育局。2017年底,有在编职工42人,其中教练28人,(研究生2人、本科17人、大专10

人），有高级教练员3人、一级教练员11人、二级教练员14人，涉及田径、篮球、武术、摔跤、柔道、跆拳道、足球等专业。

下辖麦积区青少年俱乐部、麦积区体育总会、麦积区国民体质监测站、田径训练网点学校等机构，先后被国家体育总局和甘肃省体育局评为“全民健身活动先进单位”、“全国群众体育先进单位”、“全省群众体育先进单位”、“全省体育工作先进集体”等荣誉称号。

【庆元旦迎新春体育系列活动】2016年12月31日至2017年2月11日，“庆元旦迎新春”体育系列活动在麦积区桥南体育场拉开帷幕。活动由“五人制”足球赛、全民健身操舞展演、卦台山武术表演等体育活动组成，全区约1000余名体育健身爱好者参与活动。

【职工乒乓球比赛】4月26日上午，庆五一“工会杯”职工乒乓球比赛在麦积区辰耀乒乓球俱乐部开赛，区直部门、单位、驻区企业24支代表队100余名乒乓球爱好者参赛。

【超级、甲级业余足球联赛】2017年5月13日在天水市二中拉开战幕。本联赛是2017年中国天水伏羲文化旅游节麦积区系列文体活动重要组成部分，有陇南市和天水市21支代表队300余名运动员参赛，同时邀请陕西省宝鸡市足球代表队进行友谊赛交流活动。

【校园足球联赛】5月23日上午，“区长杯”校园足球联赛在桥南体育场开赛。有来自全区15所中小学200余学生参赛。

【第三届龙舟大赛】2017年6月24—25日，中国龙舟公开赛（甘肃·天水·麦积站）暨中国·天水·麦积第三届“伏羲杯”龙舟大赛在翠湖公园水域举行。来自广东、山东、浙江、贵州、四川、湖南、江苏、南京等地12支代表队和天水市两区五县11支代表队参赛。此项目也是2017年公祭伏羲大典暨第28届伏羲文化旅游节系列活动之一。国家体育总局、省体育局社会体育管理中心，天水市四大组织领导、及两区五县主要领导参加开幕式。

【中国垂钓电视直播精英赛】7月29日，2017年中国垂钓电视直播精英赛（FTT甘肃天水站）在麦积区甘泉镇九华山渔园举行。来自全国21个省、直辖市、自治区400多名运动员展开激烈角逐。国家体育总局社会体育指导中心、甘肃省体育局社会体育指导中心、中国钓鱼运动协会、天水四大组织、天水市体育局、天水市文化和旅游局、天水市公安局党委书记马瑛、麦积山大景区管委会主任；麦积区四大组织主要领导出席开幕式。

【中国山地自行车公开赛】9月16日，中国山地自行车公开赛天水麦积站在翠山梁开赛。国内外600余名运动员参赛。甘肃省体育局；天水市四大组织、市体育局、麦积山大景区管委会；麦积区四大组织相关领导出席开幕式。

【第二届全国钓鱼邀请赛】9月23—24日，2017年甘肃省第十七届钓鱼锦标赛总决赛暨中国·天水·麦积第二届“双玉兰杯”全国钓鱼邀请赛在麦积区甘泉镇九华山渔园举行。来自甘肃省第十七届钓鱼锦标赛前4站分站赛团体前8名、个人前33名及全国各省、市、自治区钓鱼协会和广大钓鱼运动爱好者300余名运动员参加比赛。甘肃省社会体育管理中心、市四大组织、区四大组织领导出席开幕式。

【麦积区第五届中学生运动会】9月27日，麦积区第五届中学生运动会在天水市二中体育场举行，全区34所学校代表队600多名运动员参加开幕式。本次中学生运动会从2017年4月开始。第一阶段为篮球、乒乓球项目选拔赛，19所初级中学、16所九年一贯制学校70支球队，1100名运动员进行120场次比赛；第二阶段男子甲组、女子甲组、男子乙组、女子乙组，篮球、乒乓球决赛，7所高中、12所初级中学29支代表队，440名运动员进行84场次比赛。

【第五届全国山地自行车邀请赛】10月21日，2017年中国·天水·麦积第五届“麦积山杯”全国山地自行车邀请赛在麦积山风景名胜区开赛。有来自北京、黑龙江、四川、重庆、湖北、福建、新疆、山东、云南、甘肃等23个省、市、自治区300余名业余自行车运动员参赛。甘肃省自行车运动训练管理中心、天水市四大组织、小陇山林业实验局、市体育局、市文化和旅游局、天水师范学院、麦积区四大组织委相关领导出席发车仪式。

麦积区体育发展中心

主　任:李永明

（供稿:王辉）

学校选介

甘肃林业职业技术学院

【概况】2017年,学院设有10个二级学院,开设49个专业。在校学生8304人,成人本、专科函授学员325人。教职工467人,其中专任教师408人,有教授22人、副教授129人。在麦积山风景区建有占地3700亩集教学、科研、旅游及生产经营为一体实训基地。校内建有占地55亩综合实训基地一处。校园占地面积430亩,校舍建筑面积19.5万平方米;固定资产总值39172万元。

【教学工作】新开设城市轨道交通运营管理等6个专业。修订“学院教学工作委员会工作制度”,组建新一届学院教学工作委员会。完善选修课选课及运行管理机制,强化公共任选课(MOOC部分)教学组织管理工作。

【科研工作】申报省科技厅、省教育厅、天水市科技局项目22项,获资助研究经费48万元,学院资助经费9万元。44项科研项目通过结项或鉴定验收,其中省科技厅项目1项、省教育厅项目9项、省规划办项目6、天水市科技局项目14项,校内项目14项。9项成果获省市奖励。

【队伍建设】制定“学院高层次急需教师引进实施办法”等规定,公开招聘教师6名,对11名专业急需硕士以上学位教师实行同工同酬。20余名教师参加技能培训交流,76名教师参加企业实践锻炼。组织开展学院、二级学院两个层次教师专业技能比武活动10次,并组织师生参加全国、全省技能大赛20项。

【基础建设】完成现代林业实训建设、数字化校园建设、林业司法鉴定中心等20项7029.15万元政府采购工作及办公设备采购、家属院维修改造等9项160.28万元学院采购工作。综合实训楼开工建设,完成建筑工程学院、经济管理学院实训厂房项目室内工程、旧操场跑道铺设工程、环境工程学院实训厂房和林业工程学院实验楼改造,集教学、实训、校园绿化改造为一体室外园林实训基地即将竣工。

【招生就业】录取新生2896人。与山东威龙葡萄酒有限公司、深圳创维科技有限公司、中国万达集团等20多家企业合作,在新生中“订单”培养学生800余名。与兰州城市建设学校等25所中职学校合作,在建筑工程技术等17个专业中开展“五年一贯制”人才培养。设立大学生就业创业指导服务中心,提升就业创业工作信息化服务水平。毕业生2732人,就业率92.32%。

【社会服务】制定《关于调整加强脱贫攻坚帮扶工作力量实施意见》,成立由党委书记任组长,党委班子成员任副组长,相关处室主要负责人为成员脱贫攻坚工作领导小组。在中层处级优秀后备干部中,选派甘肃林业职业技术学院计财处副处长和办公室副主任为周山村和柏树王村工作队队长兼第一书记,强化帮扶力量。学院领导分4批带领中层干部90余人次,赴两个村开展进村入户帮扶工作。同时向贫困户送去学院编印《脱贫攻坚惠农政策汇编》,建立《帮扶工作连心卡》。开展技术技能培训帮扶,学院成立经济林栽培技术专家组、土壤肥力检测分析专家组,选派4名果树培育方面专家,深入田间地头对两个村果农进行花椒修剪和病虫害防治技术指导培训;土壤肥力检测分析专家组对柏树王村和周山村耕地土壤进行采样和肥力分析,根据分析结果,给农民科学种植和科学施肥、管理提供可参考依据。根据柏树王村、周山村小学和村委会需求,学院自筹9万多元为两个村小学63名学生发放爱心温暖包,为村小学购置篮球等体育用品；为村文化广场购置电视等娱乐设备，为村委会购置电脑、广播系统等办公设备；两个村考上大学学生，按照本科2000元，专科1000元标准发放贫困奖学金，两个村有8人考上大学，发奖学金9000元。春节前夕，学院领导带领脱贫攻坚办公室人员慰问两个村困难党员16人，并发放慰问金。

甘肃林业职业技术学院

党委书记：高云峰

党委副书记、院长：陈逸平

副 院 长：姚德生

虎保成

冉福祥

罗广元

许祖生

（供稿：杨继文）

甘肃工业职业技术学院

【概况】2017年，学校设有8个二级学院，开设43个高职专业。全日制在校学生7971人，成人教育学生63人。教职员工331人，其中教师269人，有教授13人、副教授94人，"双师型"教师156人，外籍教师2人。拥有校内实验（训）室108个，校外实习实训基地84个。学校占地325亩，总建筑面积21万平方米，固定资产总值2.57亿元。

【教学工作】完成11门校级精品课程、5门微课、2个特色专业、1门精品资源共享课、5项校级教学成果建设、评审与验收工作。1名教师获得省级教学名师称号，2个教学团队获得省级教学团队。获批6个新专业。围绕产教融合，学校在工程测量技术、矿山机电、工艺美术品设计、导游专业及宝玉石鉴定与加工技术等5个专业进行现代学徒制试点工作，入选全国第二批现代学徒制试点单位。学校学生在各级各类职业技能竞赛中获奖40余项，先后承办组织甘肃省高等职业院校学生技能大赛、天水市中等职业学校学生技能大赛。

【科研工作】在科研项目上，获批省教育厅一般项目6项，科技成果转化项目1项；获批省教科所自然科学1项，社会科学1项；获批天水市科技局自然科学立项5项，人文社科立项1项。在科研成果方面，《天水长江黄河分水岭旅游资源开发研究》获天水市科技进步一等奖，《天水市非物质文化遗产保护与应用研究》荣获天水市科技进步三等奖。教师共发表论文33篇，获取国家专利30项目，编写完成教材2部，专著1部。

【招生就业】录取新生2770人，实际报到2469人。举办各类招聘会60多场，提供就业岗位3500余个，有2200名毕业生与用人单位签订就业协议或劳动合同。应届毕业生2792人，就业2637人。124名学生应征入伍。

【师资队伍建设】招聘9名专职教师、16名专职辅导员。制订《甘肃工业职业技术学院青年教师成长成才"青蓝工程"实施方案》，全年先后有9名青年骨干教师赴台湾兰阳技术学院参加学习培训，31名青年骨干教师赴深圳职业技术学院进行业务能力提升培训，在清华大学举办甘肃工业职业技术学院管理干部创新能力提升高级研修班。

【后勤保障】完成学校9号、10号教职工公租房、锅炉房煤改气改造、学生食堂等项目建设工作。办理彩陶创意产业园（5293平方米）初步设计图纸审查、施工图审查等前期工作。完成4、5、6公寓更新设施，888套储物柜、2241套床板、500套高低床、477套桌子采购工作。与天然气公司签订合同，完成餐饮中心、锅炉房、宿舍楼天然气管网敷设工作。筹划启动8#、9#学生公寓建设项目。

【交流合作】推进落实与台湾兰阳技术学院、台湾大汉技术学院签署合作协议，在师生相互参访、进修研习等领域开展合作。教师赴台参访研习同时，选拔2名学生赴台湾兰阳技术学院交流学习。参加第七届海峡两岸大学生计算机应用能力与信息素养大赛暨专业英文海峡赛（台北赛），获"两岸教育交流"贡献奖。通过美中友好志愿者项目引进外教1名。与甘肃国防科技工业职业教育集团内中核404有限公司、中核龙瑞科技有限公司等近30家企业开展多层次、多形式教育培训、技术服务和成果转化工作。与甘肃天水太昊航空公司签署合作办学协议,筹办航空维修专业。继续以冠名班、校中厂、学徒制培养等校企合作模式为载体,与华为集团、中核华兴集团、三和数码、联邦制药等知名企业开展深层次校企合作。

甘肃工业职业技术学院

党委书记:王志年(10月止)
杨　声(10月任)
党委副书记、校长:曹爱明
党委副书记:郭建忠
副校长:鲁挑建
李玉生

(供稿:赵新博、刘　超)

天水市第二中学

【概况】天水市第二中学是一所麦积区区属省级示范性普通高中。学校创建于1953年,初名为“天水市第二初级中学”,1958年更名为“天水市第四中学”,并始设高中班,1962年改为“天水县第一中学”,1986年改用现名“天水市第二中学”。2003年剥离初中部,学校变成一所独立高中。2006年3月命名“甘肃省示范性普通高中”,2017年3月命名“甘肃省普通高中特色实验学校”。

校园占地面积113亩,校舍建筑总面积36007平方米,绿化面积8200平方米。校内教学区、生活区、运动区区分明确,布局合理。现有教学楼2栋,建筑面积10254平方米;综合实验楼1栋,建筑面积4339平方米,装配有物理、化学、生物实验室、图书室、阅览室、计算机教室、语音室、录播室及多功能阶梯教室;学生公寓楼1栋,建筑面积5790平方米,综合楼1栋,建筑面积8068平方米,可容纳1800名学生住宿;运动场内有看台和高标准的400米塑胶跑道,建筑面积1845平方米,篮球场、排球场、乒乓球场齐全。今明两年拟新建1号教学楼,建筑面积8000平方米,总投资2500万元。

学校现有2559名学生,46个教学班,有教职工228人,其中正高级职称1人,高级职称42人,中级职称102人,本科以上学历198人,其中硕士研究生37人。国家级优秀教师、优秀班主任1人,陇原名师1人,省园丁、省级骨干教师、省级教学能手25人,市级学科带头人、市园丁、市级骨干教师、市级优秀教师、市级优秀班主任61人。

2017年高考二本上线510人,上线率65.13%。

天水市第二中学

校　　长:屈光平(1月止)
秦　旭(1月任)
党支部书记:石　峰
党支部副书记:李崇巍
副　校　长:王红利
王昭平

(供稿:曹建桥)

天水市第八中学

【概况】天水市第八中学位于天水市麦积区渭滨北路46号,是一所城区普通高级中学。现有教职工173名,学生2166名,教学班35个。

天水市第八中学始建于1980年,原名天水县第二中学,1986年更名为天水市第八中学。学校占地23679平方米。现有教学楼1栋、科技实验楼1栋、综合办公楼1栋,学生公寓楼1栋,建筑面积18981平方米,装配有校园网、多功能厅、多媒体教室、计算机教室、理化生实验室、舞蹈室、书法室、美术室、电子白板教室、录播教室和一间听课室,是一所教育教学设施齐全普通高级中学。

【教学改革】积极实施高中新课程,开展备课组活动。学校173名教师参加2017年中小学幼儿园教师新课改技能培训。155名教师参加甘肃省中小学(幼儿园)2017年教师信息技术应用能力提升工程培训。12名教师赴兰州参加高考研讨会；另有10名教师赴相关县区参加天水市高考研讨会；17名教师参加2017年“一师一优课，一课一名师”评选活动，分别获奖。

【学生管理】开展国旗下演讲、校园广播、专业心理咨询、安全教育等活动，把育人、安全、发展、法制观念始终放在首位，讲理想、讲安全、讲法制，常讲常新；基于学生矫正档案建立，突出行为异常学生重点帮扶，把帮扶教育学生落实到具体学生、具体班主任和具体部门。实施政教处学期定期约谈违纪学生制度。

【基础设施建设】2017年5月1日新建学生食堂投入使用，2017年6月16日新建学生公寓投入使用。2017年8月16日开建校门，2017年10月16日校门竣工，并投入使用。并改建学校下水管网，硬化学校中路，配备一个录播教室和一间听课室，学校公寓楼及门卫室实行军事化管理，学校管理、校容校貌和办学条件得到提升。

天水市第八中学

校　　　长：秦　旭（1月止）
副校长兼书记：丁贵仓（1月任）
副　书　记：王保录
副　校　长：安建辉

（供稿：全　娟）

天水市第九中学

【概况】天水市第九中学，位于麦积区前进北路11号，是一所省级示范性独立高级中学。学校现有教学班36个，在校学生2375人；教职工180人，其中专职教师174人，本科学历156人，研究生学历10人，中学高级教师35人，一级教师77人。学校现有国家模范教师1名，省级教学骨干5名，省级教学能手6人，市级教学骨干32名，省园丁6名，市园丁10名，市学科带头人3人。2017年市九中被甘肃省人民政府评为“甘肃省级文明单位”、被麦积区教育体育局授予麦积区2016–2017学年度综合考核先进学校、被天水市科协、天水市教育局授予“第32届天水市青少年科技创新大赛优秀组织奖”。

【教育教学】学校注重学生日常行为习惯养成和培养，并以此为基础，加强学生政治态度、意识观念、思想觉悟和道德品质教育与培养，逐渐形成“一二三四”德育框架：“一”即一个以校园文化建设为载体德育特色；“二” 即坚持依法治校与以德治校并举两个举措；“三”即讲情操，爱国爱民；讲文明，礼仪待人；讲勤奋，刻苦学习；“四”即形成青春期教育、团队组织教育、课堂教育、学校家庭社区教育四条德育途径。学校还与司法部门、驻地部队联系，坚持开展法制教育和国防教育活动；建立学生成长记录，形成对学生发展性评价机制，通过学生自评、学校阶段性评价等机制，保护学生自尊和自信，关心学生成长过程，促进学生健康、全面、和谐地发展。学校先后被评为“天水市文明单位”、“天水市国防教育先进单位”。学校“青少年法制教育基地”和平安校园创建工作已作为典型由市、区政法委上报省政法委在全省推广。学校团委被天水市团委授予“天水市五四红旗团委”称号、被天水市市委和市教育局授予“青年文明号”称号。

【队伍建设】坚持开展教师继续教育活动，坚持双周集中学习和单周教研组活动制度；邀请专家开设讲座；组织教师赴省内外开展教育考察学习活动；支持教师参加培训和学术交流活动；全体教师完成第一轮新课改培训。2人参加暑期高效课堂建设培训；10名高三教师上兰州参加高考备考暨研讨；2人上北京参加清华伟新扶贫高中班主任德育教育专题培训、甘肃省骨干教师培训；全体教师参加区教体局组织由师大附中教师主讲高考备考培训会和周六周天由区上兄弟学校教师主讲新课程学科技能培训。

学校实施名师工程。把教育教学水平高、教学质量好，学生家长满意度高高级教师、骨干教师、学科带头人及省市园丁45人纳入名师队伍，进行动态管理。通过树名师、创名班来建名校。

实施青年教师培养规划。为每一位青年教师

在校内骨干教师中聘一位指导教师，实行教学指导制度；坚持对青年教师进行“板书、普通话、课堂教学能力、班级管理能力、新课程、计算机辅助教学”等六个方面培训；定期举行青年教师教学基本功大赛和汇报课，并组织高级教师进行示范课活动，供青年教师观摩学习。

【教研教改】学校制订《天水市九中教育教学研究实施办法》《天水市九中校本教研制度》《天水市九中研究性学习实施方案》《天水市九中教学反思实施办法》等，结合学校教育教学实际情况，开展校本研究，促进教师敬业精神、专业水平、业务能力和综合素质全面提高。

【办学条件】学校被国家环保总局和教育部评为“全国绿色学校创建活动先进单位”。教育资源配置充足，使用充分。出率均为100%；装配电子备课室1个，电子阅览室1个，电子读物近万种；装备多功能厅一个，多媒体语音教室1个，微机室3个；内设学生阅览室1个、教师阅览室1个、书库3个。各类报刊杂志125种，工具书262种，藏书达到112367册(套)，达到《甘肃省中小学图书馆(室)建设规范》标准规定高级中学一类标准，有校医室一间，配有专职校医，卫生防疫制度和常见病防治制度健全，健康档案齐全；有心理咨询室一间，配有专职心理咨询教师，开辟心理咨询热线、网站和信箱，经常举行心理健康讲座，对学生进行心理健康教育。现有学生公寓楼2栋，学生食堂1栋，生活附属设施齐全。新建公寓楼建筑面积5278.5平方米，宿舍共117间，能容纳700名学生。

【校安工程】坚持“教育为先、预防为主、突出重点、保障安全”工作方针，继续完善“全方位、动态化、立体式”安全管理模式，建立健全定期检查和日常防范自查自纠相结合安全管理机制。建立学校安全意外事故处置预案制度，努力构建平安校园。学校建立安全保卫工作领导责任制和责任追究制。政教处与班主任、学生、家长层层签订责任书，明确各自职责。不断完善学校安全保卫工作规章制度。配合学校安装监控系统，给学校保安人员配备警棍、警徽，24小时轮勤值班；设立轮岗监护岗合理安排全校教师，每天由监护教师人员在各个时段在在校园内巡逻，确保校园及学生安全，学校教学秩序稳定。及时进行紧急情况下疏散演练。与道北派出所及学生家长沟通联系，掌握学生动态，形成合力，全方位做好学生教育管理工作。

【体育事业】市九中是“全国校园足球定点学校”。至今有二十四名足球队员相继获得市级、区级“运动之星”、“优秀运动员”等荣誉称号。现有五个篮球场、两个排球场、十二个乒乓球台、一个足球场、六道、250米长塑胶场地，总面积1.3525平方米。

天水市第九中学

校　长：裴浩杰
副校长：刘慧琴
　　　　周　炳
　　　　赵胤生

(供稿：陈志伟、张硕)

天水市麦积区职业中等专业学校

【概况】天水市麦积区职业中等专业学校是经甘肃省教育厅批准成立全日制公办中等职业学校，隶属麦积区教育体育局，属省级重点中等职业学校。甘肃省妇联家政服务培训基地、天水市贫困地区劳动力转移培训基地、国家级天水经济技术开发区职业教育培训基地和天水市第二十国家职业技能鉴定所、陕西师范大学教育教学实践基地、天水市麦积区普通话测试站。

2017年底，有教职工142人，其中专任教师137人，中级以上职称56人。全日制在校学生1172人。主要开设电子技术应用、机械加工技术、计算机应用、现代农艺技术、护理、学前教育、汽车运用与维修、旅游服务与管理等12个专业。

【升学考试】2017年，有232名考生，其中5名被二本院校录取，192名被高职院校录取。

【教育教学】学校组织8名中青年教师参加专

业骨干教师省、国家级、专业学科带头人、企业实践项目培训。在2017年市级技能大赛中,有31名同学获得一等奖,42名同学获得二等奖,70名同学获得三等奖,35位教师获得优秀指导教师荣誉称号。2017年省级技能大赛中,1名教师获得一等奖,2名同学获得二等奖,7名同学获得三等奖。2017年,学校鉴定所组织进行保育员、普通话、美容师等工种中级工鉴定考试,742人通过了鉴定,取得专业资格证。

【校园文化】2017年3月30日,举行主题"放飞梦想 畅想未来"首届校园风筝文化节。"五一"前夕,由民盟天水市委、天水孔子文化研究学院主办,民盟麦积区总支共同承办"传统文化进校园"活动在校区隆重举行。5月5日,举行"诵读经典诗词,奏响青春乐章"主题纪念"五·四"运动98周年校园文化活动。这些主题活动被天水在线,天水日报天水新闻或麦积有线报道。7月1日上午举行"共筑职教梦,喜迎十九大"主题庆祝建党九十六周年文艺汇演。9月8日上午,举行"庆祝教师节"暨2017级新生军训总结大会。10月31日,庆祝党的十九大胜利闭幕举行经典诗文诵读暨跑操比赛。12月8日,举行"铭记历史、砥砺前行"主题纪念"12·9"学生爱国运动82周年暨教师学习贯彻宣传党的十九大精神演讲会。

天水市麦积区职业中等专业学校

校　长:丁喜林

党支部书记:王黎明

副校长:彭玉明

黄　旭

（供稿:丁建民）

科技·卫生

科学技术

【概况】2017年，麦积区全方位实施科教兴区战略和创新驱动发展战略，组织实施科学研究、科技试验示范及推广项目90项，其中省列4项，市列14项，区列72项，通过鉴定验收30项，取得科技成果12项；推荐区内科技成果参评省、市科学技术奖，有32项成果获省、市科技进步、技术发明奖和企业创新示范奖；科技特派员工作立足农村产业发展，深入推进精准扶贫科技特派员支农工程，在科技扶贫和助农增收中发挥重要作用；举办各类实用技术培训320期，培训农民2.5万人(次)，开展科技活动周、送科技下乡等大型科普宣传活动12场(次)，赠发科技图书资料2.5万余册(份)；重视科技人才工作，表彰奖励2016年度科技特派员工作先进单位6个和先进个人30名，每名先进个人各奖励现金1000元，发放表彰奖励资3.096万元；对全区今年取得35项科技成果进行区科技进步奖评审，有22项成果获奖，奖励金额达25.758万元；完成对2016年114件专利资助资金9.53万元；切实加强知识产权宣传和保护，年内专利申请量达到300件以上；科技投入占本级财政支出比重达到1.9%，科技研究与试验经费支出占国内生产总值比重(R&D)达到0.76%以上。

【产学研结合】贯彻落实省委、省政府《关于加强科研院所高等学校与地方和企业科技合作促进科技成果转化意见》，麦积区政府与甘肃林业职业技术学院正式签订长期科技合作协议，区科技局与甘肃林业职业技术学院科研处、继续教育处分别签订技术培训与技术服务合作协议；麦积区生产力促进中心建成6个公共技术服务平台，年服务企业188多家，开展技术合作交流10次，举办培训150期，引进推广新技术、新品种15个。区科技局通过内引外联，促成区政府及相关部门先后与北京农学院、西北农林科技大学、兰州交通大学、甘肃省大樱桃技术工程中心、天水市果树所等20多家高校以及科研院所建立产、学、研协作关系，并与天水经济技术开发区、天水农业高新技术示范园建立长期科技合作关系。

【科技项目】2017年，全区组织实施科技试验、示范、推广项目90项，其中省列4项，市列14项，区列72项。截至2017年底，通过鉴定验收30项，取得科技成果12项。组织申报省列科技项目，有《CNC850/3m数控精密车削中心研发》等4项重点研发计划和科技重大专项被省厅立项。在市列项目上，麦积区组织申报21个项目，共有《YYG180J型掘进用液压凿岩机研发》《金银花保健茶生产技术研究与应用》等14个项目被市科技局立项实施。年内争取到位科技项目资金505万元。

【科技成果】2017年，组织申报省市科技进步奖，向省、市推荐参选科学技术奖，有32项获奖，其中有3项成果获省科学技术奖，完成公示，等待省政府下发文件；其次，组织申报2017年天水市科学技术奖，经过推荐，有29项获奖，其中：技术发明奖1项，市级科技进步奖28项。《石油钻机泥浆泵控制方法》获市技术发明二等奖（一等奖空缺）；市科技进步奖中有一等奖3项，二等奖17项，三等奖8项，《VTC5240数控立式复合加工中心》等3项成果获市科技进步一等奖；对申报参加区科技进步奖34项科技成果进行评审，有22项科技成果获得区级科技进步奖，其中一等奖5项，二等奖11项，三等奖6项；同时，区委、区政府对获得2016年度国内发明、实用新型及外观设计114件专利进行资助，共资助金额9.53万元。

【**科技特派员**】2017年，为全面贯彻落实省市科技部门和区委、区政府《关于扎实推进精准扶贫工作意见》《关于实施麦积区精准扶贫工作人才支撑工程意见通知》和《天水市麦积区深入推行科技特派员制度实施方案》文件精神，围绕全区209个贫困村产业特点，选派农口各部门209名科技特派员进驻贫困村开展精准扶贫工作。第六批科技特派员举办各类培训班320场(次)，受训群众2.5万人(次)，发放科技书籍3050余册、资料4.5万余份，接受群众技术咨询3530人(次)。其次，利用麦积科技信息网站和手机短信群发功能，收集整理并及时发布科技信息，发布以科技抗旱、果园管理、病虫害防治、无公害生产等为主要内容农业实用技术信息280条；科技特派员利用手机群发短信、微信1.4万条。引进新品种、新产品15个，推广新技术10项，并有21名科技特派员与基层组织或农户建立利益共同体；培育建成科技示范基地4个，科技示范村4个，科技示范户392户。

【**科技活动周**】2017年，区科技局组织区科协、文广局、农业、林业、畜牧、水务、地震、气象、工信、妇联、人社、食药监等区直部门及部分企业、合作社共计35家单位在商埠路步行街举行集中宣传活动。一周活动中举办培训班20期，开展科普宣传3场，展示、展出各种展板126块，科普挂图150张，发放农技、果树栽培、林业技术、农药使用等技术资料7600余份，接受群众咨询700余人；同时，开展送科技下乡活动5场次，在科技网站发布各类科技信息175条，其中有22条先后被省市科技网转发。

【**知识产权**】先后利用科技活动周、“3·15消费者权益日”、“4·26世界知识产权日”等活动，宣传《专利法》《国家知识产权战略纲要》《甘肃省专利条例》等法律法规。抢抓“国家商标战略实施示范城市”良好机遇，以建立和完善商标注册、管理、服务、保护体系为重点，加快推进自主创新，加大自主品牌培育力度；配合省、市知识产权部门开展打击盗版、假冒知识产权违法行为执法检查，先后对桥南建材市场、小商品城进行执法检查，查处10余起盗版、假冒他人专利违法行为，规范专利标记和专利号标注方式，切实维护专利权人及消费者合法权益。加大对专利申请资助力度，对获得2016年度国内发明、实用新型及外观设计114件专利进行资助，其中，发明专利20件，实用新型专利61件，外观设计专利33件，资助金额9.53万元。据初步统计，年内全区专利申请量达300件以上。

天水市麦积区科学技术局

局　长：曹福兴

副局长：郭晓华

周平定

（供稿：霍俊祥）

防震减灾

【**概况**】天水市麦积区地震局隶属于天水市麦积区人民政府，是参照公务员管理事业单位。人员编制9名，现有工作人员9名(其中司机1名)。

【**防震减灾工作**】依据《中华人民共和国防震减灾法》《破坏性地震应急条例》《甘肃省防震减灾条例》《甘肃省地震应急预案》，按照分级管理、分级响应、条块结合、属地管理原则，修订《麦积区地震应急预案》，并按预案要求，成立由区政府主要领导任总指挥，各位副区长和纪检委书记、政法委书记、人武部部长任副总指挥，各相关单位、镇、街道办事处主要负责人为成员麦积区抗震救灾指挥部，指挥部下设办公室和13个专业组，并明确职责落实责任。制定下发《麦积区地震应急处置手册》,区抗震救灾指挥部定期召开会议,研究部署防震减灾各项工作,并将防震减灾目标管理任务纳入全区考核指标。根据省、市有关精神和要求,建立健全灾害预警和灾害信息发布机制、防震减灾教育长效机制、救灾物资储备和救灾款物投入机制,从预测预警、应急响应、后期处理、物资储备、应急保障、应急值班等方面明确责任主体,靠实工作责任。截至 2017 年底,全区修订完善地震应急预案 255 个,其中各镇、街道办事处修订预案 20 个,区直机关修订专业组子预案 5 个,学校、医院修订预案 225 个,大企业预案 5 个。按照天水市防震减灾领导小组办公室《关于建设县区地震应急指挥系统通知》要求,区政府为区地震应急指挥中心解决 60 平米阵地,并筹措资金 20 余万元进行装修。麦积区地震应急指挥中心已正常投入使用。

【**地震监测设施建设**】截至 2017 年底,全区有骨干观测台站三个,宏观观测点分布到 17 个镇和 3 个街道办事处,共有灾害信息员 434 名,"三网一员"网络体系基本形成。本区三个地震监测台站(赵崖综合测报室、街子金龙水化台、元龙井水位观测点)均建立于上世纪八十年代,办公设施陈旧,工作人员报酬低,性不高。2017 年,政府区投入资金 3 万余元,提高三个台站工作人员(临时工)工资补助,更换办公设施。加强对三个台站工作人员业务指导,对台站工作进行不定期检查。同时,加强与周边地区地震台站联系,增加观测信息收集量,对收集观测数据及时分析,对发现异常做到及时跟踪落实并作出趋势分析。完善地震宏观观测网、地震灾情信息速报网、地震科普宣传网和防震减灾助理员等"三网一员"群测群防网络,在全区 17 个镇、3 个街道办事处确定防震减灾助理员 20 名,并配备北斗综合减灾信息终端,将报灾系统延伸至镇、街道。同时,434 名信息员主动做好地震宏观异常观测,努力捕捉地震前兆信息,提升震情预测准确性。

【**抗震设防监管**】坚持"预防为主,防抗救避"相结合方针,把抗震设防要求审批和抗震安全农居实施,城乡老旧房屋、危房改造、中小学校校舍隐患排查整治结合起来,分类施策、综合整治。全年组织检查 2 次,对城区和城郊区实施重大建设项目、生命线工程(天水火车站改造)、盛达新城、晟世珑庭、天伦惠民小区、天庆麦积小镇、保利上河雅颂、天水泰合欣燃气有限公司整体搬迁等项目进行实地踏勘并督促办理抗震设防审批手续,全年共办理审批 6 家。全年培训农村工匠两期 286 人,结合精准扶贫,对农村危旧房改造、移民搬迁等项目进行整合,从 2015 年开始三年来共改造 6026 户 C、D 级危房,其中 2017 年 D 级危房 1041 户,总面积约 59 万平米,设防标准严格按照八度进行设防。对原低矮、零乱道北铁路棚改、道北运输公司和金苹果公司、镇建二院(锦华名苑)、影剧院(雅澜国际)、乡企局(华世雅居)、桥南商场(金地理想城)、肉联场(明昊家园)等片区开发、旧城改造项目加快推进;建成恒顺·紫御润园、省建投·上尚宅、盛达新城、晟世珑庭、御景泽园、天庆国际、麦积小镇等一批高档住宅小区;实施安置区和保障性安居工程建设,颖川家园一期、祥丰家园全面建成,天邦翠湖湾、金鹏家园、金驼家园、双泉家园、崖湾家园、什字坪家园正在加快建设。

【**应急避难场所建设和救灾物资储备**】按照"均衡布局,通达性好,操作性强,安全保障,平实结合"原则,加大应急疏散通道和避难场所建设力度。城区 5000 平方米应急避难场所项目建成并投入使用,全区避难场所达到 704 个,其中城区道北体育场、桥南体育场、盛达广场、火车站广场、马跑泉公园、翠湖公园等大型场地设立避难场所 15 个,各镇、村、街道、社区、学校都以空旷地带、麦场、操场设立应急避难场所 689 个。完善救灾储备管理制度,加强应急救灾物资储备。其中:帐篷 460 顶,棉被 750 床,棉大衣 240 件,棉衣 120 件,棉裤 120 件,绒衣裤 180 件,同时储备雨衣、雨鞋、铲子、镐、斧子等应急救灾工具。

【**防震减灾宣传教育**】按照"主动、慎重、科学、有效"原则,开展防震减灾宣传教育活动。5 月 12 日上午,麦积区组织相关部门在商埠路步行街开展防震减灾科普知识宣传活动。宣传形式以悬挂横幅、设立宣传咨询台、摆放宣传展板，发放宣传资料、小册子等形式为主，当日发放宣传资料8000余册，讲解地震应急避险、自救互救、伤员搬运、自我防护及公共卫生安全等灾害卫生应急常识，使广大群众了解地震成因、地震前兆和危害以及地震发生时应急防震措施，利用乡镇集市、庙会向广大群众宣传15次(场)，发放手提袋、雨伞、围裙等宣传物品1万余件。印制《防震减灾科普知识读本》5000余册，向全区各中小学校发放宣传资料2万余份。全区各中小学校把防震减灾科普知识宣传教育纳入教学计划，利用主题班会、国旗下讲话、专题讲座，举办专题展览、黑板报等多种形式宣传教育活动，组织开展应急疏散演练活动，在每年“5·12”前后在全区中小学开展以应急避震，紧急疏散、自救、互救为主要内容应急演练，并将此项工作常态化，形成制度，2017年以来，全区各中小学校共演练达300余场次。应对“8·8”四川阿坝州九寨沟县地震灾害。8月8日21时19分，九寨沟县发生7.0级地震，此次地震波及麦积区全境，震感明显。虽然没有造成人员伤亡、房屋受损和其它方面损失，但一定程度上造成群众恐慌心理，结合防震应急宣传，地震局与省、市地震局、天水中心地震台汇报沟通情况，第一时间召开全区震情通报会议，给广大干部群众解疑释惑、应对。并利用这一契机，进一步宣传应急救援、抢险救灾知识，并发放《天水市麦积区地震灾害应急处置操作手册》500份。

天水市麦积区地震局

局　长:王佩春

副 局 长:曹平安

纪检监察员:吴　蓉

(供稿:陈雪梅)

天水中心地震台

【概况】天水中心地震台始建于1969年，行政位置为:天水市麦积区花牛路32号。台站地处秦岭纬向构造带中段以北，渭河断裂带南缘。

中心台2014年度有在职职工28人，其中高级工程师3人，工程师15人，初级职称10人。另有退休职工39名。

天水中心地震台所管辖子台有013地震台、天水地电台、五里铺台、北道应力站、通渭台、武山台、张川台、清水台、街子台。另在天水地区增加11个无人值守有人看护强震动观测站。2014年度中心台还承担喜马拉雅台阵二期项目16个野外临时台站运维。

013地震台原为西北地球物理研究所实验台站，1969年由天水中心台管理；五里铺台建于1954年，是天水中心台最早台站。中心台有40个观测项目。

中心台承担辖区内地震监测、科研、预报任务。

【监测工作】中心台狠抓职工日常观测责任心，完善台站制度建设，制定质量管理办法、工作细则及奖惩办法，责任到人；做好日检评、五日检评、月检评工作，及时发现观测中出现问题，及时解决；认真完成每月质量分析月报，及时对学科月评中出现问题做出改正，确保月评成绩优异，为年度评比打下坚实基础；对通渭台、武山台、北道应力站、013地电台、013地磁台、五里铺水氡、清水地下流体进行经常性巡检和督导。安排中心台四大学科组长对所负责学科范围各台观测资料进行监控、检评、复核、分析处理及仪器标定、检查、年度报告编写等工作，确保各台高质量完成工作；努力提高观测人员业务水平，熟悉各类观测仪器工作原理，掌握各种观测规范和评比标准，并与各学科保持密切联系，把握住各学科最新动态，为全国评比做好准备工作。

【科研工作】中心台以建设学习型台站为抓手，利用各种形式促进职工学术钻研氛围，创造和争取各种学习培训机会，为职工成长创造条件。充分发挥和挖掘年轻同志特长和优势，申报中国地震局、甘肃省地震局科研课题，促进台站监测、预报、科研工作向前发展。2017年度，中心台职工2

项课题在研，并又申请到中国地震局三结合课题6项,天水市科技局课题1项。发表论文1篇。中心台不断创建学术交流平台,2017年度先后举办和协办西北地区地震震情跟踪协作区会议、西北地区测震仪器维修片区专题研讨会、甘肃省全省地震台站信息安全与网络维护培训班、全省地震预报培训班。

【震情跟踪预测】中心台认真落实《甘肃省全国7级地震危险区强化监视跟踪工作方案》并进一步完善《天水中心地震台震情跟踪和应急工作方案》。值班人员随时监控资料——业务台长和组长每日监控资料——中心台会商组进行周会商月会商和临时紧急会商；坚持观测系统运行状态零报告制度;坚持观测资料异常变化零报告制度;坚持宏观异常零报告制度;坚持异常及时落实制度;时刻树立震情第一观念。2017年度,中心台继续与平凉中心地震台及天水市地震局开展视频周会商、月会商及年度会商。2017年6月和7月,中心台配合中国地震局和省地震局电磁学科组专家和地下流体学科组专家及形变学科专家对天水地区各项前兆异常进行逐一落实。

【专项工作】2017年度,中心台完成多项专项工作任务,主要有:完成天水中心地震台2017年度维修改造项目工程；完成中心台办公和家属区下水排污工程和自来水二次加压工程；完成武山台台站各项维修工作；完成武山台水化学实验室改造任务；完成中国地震局下达地震观测系统防雷接地示范工程；完成电磁卫星接收站建设和安装工作;完成天水地电台新台址宏观堪选等。

天水中心地震台

台　　长:武　银

支部书记:苏永刚

副 台 长:苏小忠

（供稿:武　银）

气　象

【概况】麦积区气象局属国家基本站,主要承担国家基本气象站地面气象观测、气象预报服务、人工影响天气、三农及气象防灾减灾服务、土壤水分观测、气象装备保障管理、防雷安全检测等工作。

全局在职人员15人,退休7人,其中大专以上学历14人，工作岗位设置为管理岗位3人,综合业务岗位12人。

【人工影响天气】麦积区人影办负责麦积区人工影响天气指挥工作,有1架移动火箭作业系统,作业点在麦积城区;11个高炮作业点，分别位于新阳、元龙、石佛、街子、花牛、五龙、琥珀、中滩、甘泉、渭南、社棠,炮点建设和管理工作由麦积区气象局负责。每年干旱季节,区人影办利用天水市新一代天气雷达和区人工影响天气作业指挥系统组织开展人工增雨作业,2017年人影增雨防雹作业67次/点。

【气象服务】全区建成2个新型自动气象站和50个区域自动站,其中2要素站8个,5要素站6个,6要素站6个,单要素30个。随着区域站数量增加,观测站网布局更趋合理,提高对天气气候、特别是对灾害性天气监测能力和水平。气象通讯装备实现现代化。先后建成卫星气象数据CMAcast接收系统，全面建成短时临近监测预警平台,8M SDH计算机广域网络,市县可视化天气预报会商系统,实现数据、语音、视频信息综合传输；建成实景监控系统2套,17个乡镇建立气象灾害预警信息电子显示屏并完成1个自动土壤水分观测站建设。建成全区17个乡镇气象工作站,在17个乡镇全部建立气象协理员;359个重点单位、社区、医院、学校建立应急联系人;在379个行政村建立气象志愿者。

【区域气候特点】麦积区地处甘肃省东南部,位于北纬34° 05′ 至34° 48，东经105° 12′ 至106° 42′ 。东靠陕西省宝鸡市凤县,南邻两当、徽县、西和,西连礼县、甘谷,北与秦安、清水接壤,中有秦州区。南北最宽约80公里，东西最长约140公里。属西北内陆黄土高原与西秦岭山地交界处,海拔高度900—2000米,年平均气温9-13℃;年降水量430-580毫米,年日照时数1900-2200小时。

【气候概况】2017年平均气温为12.5℃,与历年值相比偏高1.2℃。其中1、7月特高,2、4、5、6、8、9、11月偏高,3、10、12月正常; 年降水量为660.5毫米,与历年值相比偏多31%。其中1、7、9、11月偏少,2、3、5、8、10月特多,4月偏多,6月正常,12月无降水。年日照时数为1934.4小时,与历年值相比少74小时。年内第一场透雨出现在3月12日,日降水量28.0毫米;出现四次大雨和两次暴雨过程,分别出现在3月12日、5月22日、6月4日、7月5日和5月18日、8月7日, 日降水量分别为28.0、25.1、35.7、44.2毫米和57.1、84.9毫米;有四次连阴雨过程,分别出现在3月9-13日、4月7-11日、8月25日-9月2日、9月14-18日。5月18日出现冰雹一次,最大冰雹最大直径为6毫米。5月、6月各出现大风两次。7月中、下旬出现伏旱。7月14-16日出现干热风。异常气候现象:2月21日日降水量9.3毫米,3月12日日降水量28.0毫米,5月18日日降水量57.1毫米均超过历史同期各月一日最大降水量;3月月降水量为50.0毫米,超过历史同期各月最多降水量;7月总日照时数为293.1小时, 超过历史同期各月最多日照时数极值;8月3日日最高气温38.5℃,最高地面温度达68.7℃, 均超过历史同期各月极端最高气温和历史累年极端最高地温;10月总日照时数为47.8小时,超过历史同期各月最少日照时数值;12月全月无降水, 超过历史同期各月最少降水量。年平均最高气温19.2℃,超过历年平均最高。2017年度气温偏高,降水偏多,日照欠佳。

【自然灾害】3月9-13日、4月7-11日、8月25日-9月2日、9月14-18日四次连阴雨过程和7月中、下旬出现伏旱及14-16日干热风均对农作物生长造成不利影响。5月18日暴雨冰雹造成全区20个村1973户8879人受灾,受灾农田886公顷,成灾440公顷,造成经济损失1189.4万元,其中农业损失1149.4万元,基础设施损失40万元。

天水市麦积区气象局

局　　长:汪丽萍

副 局 长:辛昌业

气象台长:张浩良

（供稿:辛昌业）

卫 生

【概况】天水市麦积区卫计局位于麦积区商埠路西29号。现内设办公室、人事股、规划财务股、医政股、公卫股、项目办、应急办、计划生育基层指导股、计划生育家庭发展股、计划生育城市管理股、政策法规与宣传教育股、健康教育所、计生协会和红十字会办公室、医改办和健康促进模式改革办公室、精准扶贫办15个股室。

【城市公立医院综合改革】全面启动城市公立医院综合改革。调整区深化医改工作领导小组,实行双组长制, 制定麦积区城市公立医院综合改革实施方案,成立麦积区城市公立医院管理委员会。对全区27个公立医疗机构服务目录和价格全部进行调整,8月31日零时起, 四家综合改革城市公立医院取消药品加成,实行药品“零差率”销售,实现诊疗目录和医疗服务价格体系平稳过渡。

【国家药物制度实施】全面落实国家基本药物制度,实行公立医疗机构药品采购“两票制”,推动高值医用耗材阳光采购,有效挤压药品、耗材价格水分。执行网上集中统一采购、统一配送、统一价格和“零差率”销售。全区499个基层医疗卫生机构基本药物网上集中采购覆盖率100%。1-10月,基本药物网上采购总金额1616.01万元, 配送金额1613.07万元,配送率99.6%,入库金额1569.28万元,入库率98.2%。

【健康促进模式改革】分片分批次对700余名基层管理人员、乡村医生进行培训。定期开展督查指导,同时,针对不同人群开展随访。截至11月底, 调查排摸出疑似患有20种慢病目标人群95204人,累计体检87468人,体检率91.87%。确诊慢病患者37930人,全部建立健康档案,签订健康促进"4+1"服务协议，签约 41456 户，每季度进行健康干预随访，随访 39956 人次。

【新农合】2017 年全区参合 433083 人，参合率 98.23%。截至 2017 年底，有 1361571 例参合农民得到 21346.94 万元合作医疗基金补偿，总受益率达到 156.78%。新型农村合作医疗实现异地就医结算，为 163 例异地就医患者办理网上转诊，104 例已完成出院即时结报。推进城镇居民基本医疗保险和新型农村合作医疗两项制度整合，印发《天水市麦积区整合城镇居民基本医疗保险和新型农村合作医疗制度实施方案》。

【分级诊疗】区内市级医疗机构实施 200 个、区级医疗机构实施 250 个、乡镇卫生院实施 50 个新农合分级诊疗病种，有效促进医师、患者、资金三下沉。截至 2017 年底，全区补偿分级诊疗 22819 人，总医药费用 5815.93 万元，报销 5103.5 万元。继续实施万民医师支农和多点医师执业工作，10 名支农队员和 204 名多点执业医师在帮扶医疗机构开展帮扶，不断提高乡镇卫生院和村卫生室技术服务能力和水平。

【大病医保】对门诊慢特病和重特大疾病住院治疗费用个人自付部分达到起付线 5000 元（符合农村建档立卡贫困人群及城市低保人群起付线降低至 3000 元）纳入大病保险再次报销，对自付费用超过 30000 元建档立卡户，平安保险进行二次报销。截至 2017 年底，全区大病保险补偿 1129.64 万元，补偿 2923 人次。协调平安保险公司在区政务大厅、市二院、市四院均设一站式即时结报服务网点。

【绩效工资制度及人才招录】在基层医疗机构实施绩效工资制度和深化人事制度改革，各基层医疗机构在核定任务、核定收支、绩效考核基础上，将超收部分 50%作为奖励性绩效工资，按照职工履行岗位职责情况和出勤情况考核发放，充分体现"多劳多得、优绩优酬"分配原则。2017 年麦积区上报医疗卫生人才需求计划 193 人，经区人社局、区编办审核后，下达招录计划 56 人，其中市中西医结合医院 36 人，乡镇卫生院 20 人。

【疾病预防】继续推进免疫规划规范落实年活动，截至 2017 年底，报告乙、丙类传染病 19 种 1991 例，无甲类传染病报告，报告发病率 316.03/十万。开展流感、手足口病、狂犬病、流行性出血热等重点传染病监测；以第三轮全国艾滋病综合防治示范区为契机，全面强化艾滋病自愿咨询检测和高危人群行为干预等工作，使艾滋病疫情继续保持在低流行水平；2017 年，管理严重精神障碍患者 3158 人，在册患者 2950 人，死亡 208 人，检出率 5.29‰，在管患者 2832 人，管理率 97.72%、规范管理率 75.83%。加强饮用水监测、环境卫生、职业卫生和口腔卫生等项目工作。开展人群碘营养水平监测工作，加强人畜共患疾病防控工作；以实施结核病控制项目为载体，与市五院合作创建全省结核病防治"三位一体"新模式，免费发现治疗活动性肺结核病人 314 例，其中涂阳肺结核病 71 例，涂阴肺结核病人 243 例。

【妇幼保健】农村孕产妇住院分娩补助项目已补助 2261 人，补助资金 101.92 万元。产妇孕期艾滋病、梅毒和乙肝咨询检测 7718 人，检测率 100%，未检测出艾滋病病例，检出梅毒阳性孕产妇病例 5 例，乙肝阳性 215 例，对所分娩新生儿全部予以免费接种乙肝免疫球蛋白。开展对宫颈癌筛查、农村孕妇产前筛查、新生儿 48 种遗传代谢病筛查，对筛查发现相关疾病均给予对症治疗。新生儿疾病筛查 7656 名，筛查率为 99.19%，新生儿听力筛查 7521 名，筛查率为 97.45%。全区产妇 6308 人，活产 6343 人，住院分娩率 99.94%，孕产妇系统管理率 97.71%，高危孕产妇管理率和住院分娩率均为 100%，无孕产妇死亡，婴儿死亡 17 例，死亡率 2.68‰。全面推广《出生医学证明》信息管理系统，1-11 月份共办理《出生医学证明》7196 本，婚前医学检查 2424 对，婚检率 62.3%。

【中医药服务】全区公立医疗机构均设立中医科，配置中医诊疗设备，23 家卫生院、18 家分院建成中医馆。实施中医药适宜技术服务能力建设项目。花牛中心卫生院、伯阳镇卫生院被列为"2017 年为民办实事乡镇卫生院中医药适宜技术服务能力建设项目”单位,中医药人才队伍建设。选派各级医疗机构符合条件人员参加中医类住院医师规范化培训、中医骨干医师培训、中医全科医师转岗培训等各类中医药培训，要求每个医务人员至少掌握15项中医适宜技术和6项食疗保健技术。继续扎实开展中医师承教育，对全区师承教育工作20名指导老师和59名继承人颁发甘肃省中医药师承教育工作指导老师证书及继承人出师证书，并确定第三批五级中医药师承教育11名指导老师和22名继承人,全面开展第三批师承教育。截至2017年底,全区有32人荣获国家、省、市各类优秀中医人才、名中医称号。

【公共卫生】各项目实施单位均设立基本公共卫生服务项目经费专户,建立专账,专款专用,及时、足额发放村医补助。为切实做好全区基本公共卫生服务项目工作，开展3次集中督查和三期培训,培训人数达536名,实现村医全覆盖。12月7日—12月9日，组织全区卫计系统32名公共卫生负责人赴天津市西青区开展基本公共卫生服务项目培训学习。截至2017年底,全区建立健康档案583079人,建档率97.5%。65岁以上老年人健康管理54635人,规范管理37592人,规范管理率69.15%；高血压管理23348人，规范管理19443人,规范管理率83.28%。2型糖尿病管理4953人,规范管理4132人,规范管理率83.42%。

【流动人口服务管理】利用甘肃省流动人口信息平台,完成流动人口信息接收、通报、协查、反馈等工作。截至11月底,接收协查信息2740条,反馈信息2737条,反馈率99.89%。提交通报、协查信息1098条;开展流动人口基本公共服务均等化工作，全区共管理流入人口2935人，健康档案2935人份，建档率为100%，发现高血压患者6人,糖尿病患者 2人,65岁以上老年人29人,0–6岁儿童33人,孕产妇15人,均进行规范管理。在全市新市民健康城市行麦积区启动仪式上，为流入人口免费发放健康工具包,建立健康档案。通过入户摸底、手机定位,手机录音、调查问卷等方式,完成两个样本点40个流动人口动态监测。

【计生服务】贯彻落实《甘肃省生育保健服务证制度改革实施办法》和《甘肃省全面两孩政策实施细则》，实行一孩和二孩生育服务登记制度,简化再生育审批程序。截至11月底,全区完成生育登记对象3911对,再生育审批34对,发放《生育保健服务证》3945本。6月1日起全面推行网上生育登记工作。

【人口和计划生育】区政府与各镇、街道办事处、相关部门单位签订人口和计划生育目标管理责任书,对重点工作进行目标管理,截至10月底,人口出生率7.82‰,人口自然增长率5.01‰,农村符合政策生育率95.6%，出生人口总性别比为104.9。为实现“人人健康　家家幸福”。根据陇家福“健康百佳”评选活动要求,筛选上报助老之星30人,健康之星35人,关爱之星35人,健康新家庭5户,健康大讲堂5个,健康幸福寓所5个,健康助老中心5个。2017年,累计为计划生育家庭落实奖励扶助、特别扶助、特困救助等各类优先优惠资金471.21万元。实施孕前优生健康检查。截止11月8日,为3200对待孕夫妇开展免费检查,全区叶酸补服率达100%。

【卫生宣传】5月27日,举办主题为“关注流动人口健康,人人参与共建共享,关注城乡居民健康,全民争创幸福家庭”天水市新市民健康城市行暨麦积区5.29计划生育协会会员活动日大型宣传活动,群众和广大计生干部参与,自编自演文艺节目16个。8月2日,在社棠镇举办天水市陇家福“健康百佳”表彰活动暨“关爱和圆梦全市关爱女孩大型宣传活动女孩志愿行动”活动,为圆梦女孩发放1万元帮扶资金;借助“陇家福 幸福寓所”创建有利时机,新建或改建综合示范基地20个,编印宣传单20万份，流动人口和健康教育宣传品各10万份,义诊600多人次,发放各类宣传品5000余份。开通运行今日头条和微信公众号,确定专人负责舆情监测和信息宣传工作，累计发布信息稿件250余条。在各类刊物、网站上刊发宣传信息350多条;树立典型,开展评先选优。评选出道德模范9人,文明家庭4户,优秀服务窗口4个。

【卫生信息化建设】制定印发《天水市麦积区医疗卫生服务体系规划（2016—2020年）》(麦政办发〔2017〕135号)和《天水市麦积区“十三五”卫生和人口发展规划》(麦政办发〔2017〕134号)。成立卫计系统全民健康信息平台建设工作领导小组,制定工作方案和推进计划,全区二级以上医疗机构推进健康信息平台建设，推进区域医疗资源共享,逐步实现卫生资源配置均衡化和合理化,逐步实现互联互通。

【计生协会服务能力建设】结合计划生育协会“组织建设年”活动,进一步深化计划生育基层群众自治工作，开展创建流动人口计生协会示范点建设,组织开展“5·29会员活动日”、“7·11世界人口日”等重大节日宣传活动，继续推进计划生育“两户”家庭意外伤害保险工作,健全特殊困难家庭救助和帮扶机制，切实加强计划生育特殊家庭基本信息建档立卡及基本信息系统档案管理工作。继续动员全社会广泛开展无偿献血,举行大型义诊宣传活动4次,发放宣传资料1500余份。截至2017年底，献血累计1362人，献血量近26.3万毫升。

【乡村一体化管理】对乡镇卫生院、分院和村卫生室、分室行政、业务、药械、财务和绩效考核进行一体化管理,合理配置乡村医生,建立乡村医生档案,明确乡村医生工作职责。实行在岗乡村医生参加企业职工基本养老保险制度和乡村医生退养生活补助制度，对符合工作满五年以上、60岁退休等条件508名离岗乡村医生进行上报，经费由省市区按比例共同承担，退养生活补助已发放到位;落实乡村医生多渠道补偿政策。全面提高贫困村乡村医生待遇，落实基本公共卫生项目经费补助、药品零差率补助、一般治疗费收取等村医补助,全面提高乡村医生待遇,稳定乡村医生队伍。

【家庭签约医生服务】制定家庭医生签约服务方案,统一印制《家庭医生签约服务协议书》和《家庭医生签约服务联系卡》。将家庭医生签约服务纳入目标考核。组建以“医生、护士、保健员”为主家庭医生签约服务团队134个,参加医生588人,截至2017年底，普通人群签约316123人，签约率56.1%。重点人群签约110326人,签约率64.2%。建卡贫困户和城镇低保户签约112688人,签约覆盖率94.1%。

【卫生基础设施】全区实施建设项目5个,总面积47452平方米,总投资17746万元,已完成投资10656万元。其中区中医院迁建项目已经完成原施工单位审计和项目中期验收工作，市二院和原土建施工方拟定补偿协议，待协议签订后将进行原施工单位清场和资料移交工作；街亭分院改造项目可研报告及初步设计已经批复，现已开工建设；马跑泉中心卫生院迁建项目选址在颖川桥与颖川东路交汇十字路口东北角，规划用地面积15亩,截至2017年底,市规划局已批复选址意见书和红线图,正在市国土局办理土地手续;康宁医院迁建项目综合楼正在进行主体施工，后勤服务楼已封顶,计划年底完工;实现2018年全区标准化村卫生室全覆盖目标，利用国开行贷款和财政专项扶贫资金大力实施标准化村卫生室建设项目,2017年新建和完善137个标准化村卫生室(国开行贷款资金建设和完善129个、2017年第一批财政专项扶贫资金建设和完善8个)，截至2017年底,完工115个,施工22个。

【卫生健康精准扶贫】落实贫困参合人口政策内住院费用报销比例提高5个百分点和贫困人口大病保险报销起付线由5000元降至3000元,截至2017年11月，全区贫困人口住院费用报销7957人次3578.77万元,提高5%优惠金额189.56万元;大病保险报销1836人次626.9万元,建档立卡贫困人口报销727人次113.35万元,两项政策落实覆盖率100%。“三户一孤”人员大病保险项目实现全覆盖。受理“三户一孤”理赔案件220例，赔付资金352万元，其中大病赔付192例345.6万元，疾病死亡27例赔付5.4万元，意外死亡1例赔付1万元。

天水市麦积区卫生和计划生育局

党组书记、局长:田　强

副 书 记:陈元义(兼任区妇幼保健院院长)

副 局 长:张 辉(兼任区疾控中心主任)

卢 吉

胡二好(兼任区新合办主任)

周晓刚

王伟敏(兼任区爱卫办主任)

高凤玉

刘晓忠

纪检书记:张永弘

(供稿:卫计局编志办)

医疗机构选介绍

天水市中西医结合医院暨天水市第二人民医院

【概况】天水市中西医结合医院(天水市第二人民医院)是一所集医疗急救、公卫生、科研教学、康复理疗、健康检查、职业病防治为一体全国重点中西医结合医院、地市级中西医结合三级甲等医院和甘肃中医药大学附属天水中西医结合医院,也是甘肃省外科专业委员会腹腔镜外科学组天水培训基地、甘肃省天水腔镜诊疗培训中心、甘肃省肝胆胰外科研究所天水分所、兰州大学临床医学院肿瘤防治中心天水分中心、中国—巴基斯坦友好医院、中国武警脑科医院协作医院。

医院现有西院区(院本部)、南院区、东院区三个院区,占地110多亩。在职职工1400余人,其中正高职称27人,副高职称97人,中级职称247人,博士研究生1人,硕士研究生128人,享受国务院特殊津贴专家1人,"甘肃省'555'创新人才工程人才"1人,甘肃省中青年学术技术带头人 2人,甘肃省优秀专家1人,甘肃省名中医4人,天水市领军人才2人,"天水市'222'创新人才工程市级学术技术带头人"10人,天水市名中医6人。

医院核定病床1190张,拥有临床科室48个,医技科室9个。现有国家中医药重点专科1个、重点建设专科1个、省级中医药重点专科6个、市级医疗卫生重点学科12个,包括针灸科、康复科、老年病科、脑病科、脾胃病科、普外科、儿科、眼科、口腔科、妇科、泌尿科、功能科、放射科等科室。医院年门诊诊疗352872人次、出院病人31205人次、开展手术6818台次。

医院先后有《中国围产儿出生缺陷监测及高发出生缺陷病因学探讨》等120余项科研成果获得部、省、市科技成果进步奖,"祛风湿药褥"等3项发明获国家专利,在省级以上刊物发表学术论文1700余篇。

【业务管理】医院坚持开展以三甲评审标准和医疗核心制度落实为重点院级业务查房,每半年对全院各科室进行一次考核,量化打分,查漏补缺。全年开展院级业务查房56次,完成院级会诊及疑难危重病例讨论41次,召开医疗质量和安全分析评议会12次。科主任夜查房检查住院运行病历1346份,病案室院级质控员检查住院归档病历30905份。

临床路径管理。2017年对23个专业90个病种全面开展临床路径管理,进入路径病例数达17897例,总入径率53.59%,临床路径病种入径率92.74%,变异830例,变异率为4.64%,退出路径716例,退径率为4.0%。

分级诊疗持续开展,派出69名副高级职称以上医师对口甘谷县人民医院、甘谷县中医医院、甘谷妇幼保健院、麦积区妇幼保健院、麦积区中医医院进行多点执业;派出94名初中级医师到麦积辖区内23个卫生院进行多点执业,实施一对一帮扶。

【人才建设】28名专业技术人员晋升高级专业技术职务,其中正高7人,副高21人。举行院内各类学术讲座31次,参加人数为2200人次;有计划安排21名专业技术人员外出进行中长期进修培训。组织全体医师进行心肺复苏及气管插管培训,参加培训人数达267人次;组织全院临床医师160人次心肺听诊、腹部触诊技能考核工作;接收全市13名乡镇卫生院全科医师,组织全院护理技能培训12项。全年开展新业务、新技术27项,其中有6项新业务、新技术填补市内空白,21项新业务、新技术填补院内空白;天水市科技局科研立项7项,麦积区科技局科研立项8项;通过市级科研鉴定5项,区级科研鉴定及验收6项;获甘肃省皇甫谧中医药科技二等奖1项;获天水市科技进步二等奖3项、三等奖1项;获麦积区科技进步一等奖1项、二等奖2项、三等奖1项;举办省级中医药继续教育项目5项,省级继续医学教育项目8项,市级继续医学教育项目13项;医务人员在医学专业期刊上全文发表论文118篇,其中国家级16篇,省级102篇,出版专著3部。

【中医药工作】举办省中西医结合学会围手术期、急救、中医养生与康复三个专业委员会年会及省中医药学会脉管病专业委员会暨学术研讨会、基层医生中医适宜技术培训等学习班。制定全院医师中医适宜技术培训计划,印制培训手册,临床科室116名医师不定期到针灸科、康复科进行中医适宜技术培训并通过考核。今年,全院临床各科室开展中医适宜技术14类109项,中医适宜技术使用率达到86.83%;开展中医护理适宜技术40项,每个临床科室开展中医护理适宜技术均达到4项以上。

开展“西医学中医、中医学经典”继续教育活动。参加活动医务人员586人次。网络“西医学中医、中医学经典”继续教育活动参加人数928人次。派出2名护士长参加全国中医护理骨干培训,1名护士参加省级中医护理培训班,2名医生参加市级“西医学中医”培训班。

天水市中西医结合医院暨天水市第二人民医院

院　长:雷鹏举(12月止)
邵宏伟(12月任)
党委书记:曹明祥(8月止)
副 院 长:杨国栋(8月止)
成保胜
王定新
纪委书记:雷永宁

(供稿 雷艳芳)

天水市第四人民医院

【概况】天水市第四人民医院位于天水市麦积区区府路34号,始建于1951年,医院占地面积16781平方米,是一所集医疗、预防、保健、康复、教学为一体综合性二级甲等医院。现为国家卫计委、联合国儿童基金会和世界卫生组织联合认定“爱婴医院”,甘肃省文明单位,甘肃省人民医院协作医院,甘肃省肿瘤医院天水肿瘤协作防治医院,天津医科大学眼科医院天水协作医院,心胸肿瘤外科为第四军医大学唐都医院胸腔外科专科医联体成员单位;是天水市城镇职工、城镇居民医保定点医院,天水市两区五县新型农村合作医疗定点医院,兰州铁路局职工医保定点医院,天水市卫生学校教学医院,天水市医德医风示范医院。

床位编制650张,现有职工608人,其中卫生技术人员509人,高级职称47人,中级职称89人,初级职称373人,拥有各类大中型医疗设备120余台(件)。

2017年完成门诊诊次210803人次,出院人数18396人,开展各类手术3460台,床位使用率93.18%,床位周转次数18.66,平均住院日9.35天,出入院诊断符合率95.90%,入院三日确诊率95.37%,手术前后诊断符合率94.74%,临床与病理诊断符合率95.79%,治愈好转率97.83%,危重病人抢救成功率87.27%,死亡率0.41%。

【科教工作】开展各类新技术、新业务23项,向市、区科技局推选上报科研项目28项。举办全院业务学习讲座12次,举办培训班7期,组织理论考试10次,安排相关人员参加省内外各类学术会议及培训班60余次,安排47名医护人员分别赴天津医科大学眼科医院、空军军医大学西京医院、西安市儿童医院、兰大一院等省内外知名医院进修学习。接受武警天水支队、三岔卫生院等基层医院来院进修学习6人次。

天水市第四人民医院

党委副书记、院长:刘和平
党委书记:严　翼
副 院 长:白云峰
徐　健

纪委书记:雷永宁(3 月止)

谢红娟(3 月任)

(供稿:王 峰)

天水市第五人民医院

【概况】甘肃省天水传染病医院是甘肃省卫生厅批准集医疗、教学、科研于一体传染病专科医院，是国家公共卫生体系建设及突发公共卫生事件医疗救治体系重要组成部分，主要承担天水市两区五县重症传染病患者及辐射陇东南应急医疗救治任务。医院于 2004 年 10 月立项,2005 年 3 月动工建设,2006 年 8 月试运营，属国债资金建设项目。设置床位 120 张,占地面积 30.5 亩,建筑面积 13418 平方米,为县级事业单位,经费形式暂定为全额拨款。2006 年 9 月 27 日经天水市卫生局批准医院加挂“天水市第五人民医院”牌子,原甘肃省天水传染病医院职能定位和隶属性质不变。医院内设科室 21 个,其中:职能科室 8 个;临床科室 8 个;医技科室 5 个。由于医院各类卫生专业技术人员短缺,仅开设 16 个科室。

现有职工 82 人,其中医疗技术人员 55 人,副主任医师 2 人、中级职称 14 人,初级卫技人员 39 人。

2017 年接诊门诊病人 10270 人次,比去年增长 3.3%,收治住院病人 1148 人次,病床使用率 53.5%。三日确诊率为 100%,末发生任何医疗事故。

【队伍建设】2017 年,对医院中层管理岗位进行调整充实,新聘正科级干部 6 人,副科级干部 4 人,解决医院中层管理岗位长期缺失现状。全年聘任高级职称专业技术人员 1 人，中级职称专业技术人员 4 人,初级职称 7 人;转正晋级 5 人,岗位等级认定 10 人。

天水市第五人民医院

院　长:冯玉奇

副院长:马小平

副院长:县锦春

(供稿:杨宁)

天水市骨科医院

【概况】天水市骨科医院(原甘肃省小陇山林业实验局职工医院)位于天水市麦积区分路口,医院始建于 1970 年,医院占地面积 8266 平方米,总建筑面积 6773 平方米。隶属甘肃省小陇山林业实验局,公益二类差额拨款事业单位。医院是一所集医疗、教学、科研及预防保健一体综合性医院。医院于 2006 年 3 月被天水市卫生局批准 “天水市骨科医院”。2010 年被天水市卫生局及专家组审核认为符合晋升综合性二级甲等医院的条件，2011 年被省卫生厅批准为综合性二级甲等医院，是天水市医保定点医院,秦城区、麦积区、秦安县、武山县新农合直报单位。

医院现有病床 120 张, 事业编制人员 120 人,在职人员 98 人, 其中高级专业技术职称 13 人,中级专业技术职称 29 人。 退休人员 80 人。

医院现有 16 层螺旋 CT、口腔 CT、DR、四维彩超、胃镜、阴道镜、力普刀,24 小时心电、血压检测仪、麻醉机、生化分析仪等医疗设备。骨科、超声科、口腔科是本院的重点专科和品牌学科,在本地区享有良好的社会声誉。

设有手术室、骨外科、内儿科、妇产科、口腔科、中医科、检验科、超声科、门诊、药械科、放射科、公卫科、院感科、医务科、财务科及办公室。编制床位 120 张,目前开放床位 100 张。

天水市骨科医院

院　　长:何广祎

书　　记:张重文

副 院 长:王作朋

闫　超

工会主席:王清珍

(供稿:王玮)

天水市麦积区妇幼保健计划生育服务中心

【概况】天水市麦积区妇幼保健计划生育服务中心(原天水市麦积区妇幼保健院),位于麦积区社棠路51号。为正科级事业单位,隶属于天水市麦积区卫生和计划生育局。该院始建于1953年,占地面积约10亩,业务用房面积6132平方米。医院设有妇产科、儿科、内科、口腔科、保健科等17个临床及医技科室,开放病床110张,其中家庭式温馨病房24间。2017年在职职工人数94人,其中专业技术人员中副高级职称9人,中级职称40人,初级职称24人。对全区23个乡镇卫生院379个村卫生所妇幼保健服务工作进行技术指导和宣传教育,为全区妇女儿童健康提供服务。

【妇幼保健主要指标】2016年10月—2017年9月,全区活产为6342人,其中住院分娩活产为6338人,住院分娩率为99.94%;农村孕产妇3680人,其中住院分娩3520人,住院分娩补助3457人,补助金额计53.82万元,补助率为96.42%。5岁以下儿童死亡19例,死亡率3‰,婴儿死亡15例,死亡率2.37‰;新生儿死亡8例,死亡率1.26‰;无孕产妇死亡。新生儿疾病筛查7656人,筛查率99.19%,新生儿听力筛查7521人,筛查率97.45%。

【预防艾滋病、梅毒和乙肝母婴传播项目】加强项目信息管理,对各项目单位上报数据收集、整理、分析,对存在问题及时反馈,并通过定期督查促进各项目单位原始记录、咨询、检测和报表不断规范化,及时规范地为阳性产妇所生新生儿免费注射乙肝免疫球蛋白。2016年10月–2017年9月产妇孕期艾滋病、梅毒和乙肝咨询7718人,产时咨询为682人,检测7718人,检测率100%,未检测出艾滋病病例,检出梅毒阳性孕产妇病例5例,乙肝阳性215例,所分娩新生儿全部予以免费接种乙肝免疫球蛋白。

【农村孕妇产前筛查补助项目】按照省、市相关文件精神制定《2017年麦积区农村孕妇产前筛查补助项目实施方案》,对项目实施单位进行培训,对工作开展情况定期督导检查,2017年任务数为400人,完成率100.25%。

【新生儿48种遗传代谢病筛查】制定《麦积区新生儿48中遗传代谢病筛查实施方案》,确定二院、四院、区妇幼保健计划生育服务中心、广济医院为项目实施单位,对各项目实施单位根据分娩量确定筛查任务数,2017年筛查任务数2000人,完成率为100%,初筛阳性4例。

【新生儿多种遗传代谢病筛查】制定《麦积区新生儿多种遗传代谢病筛查实施方案》,确定驻区各助产机构为项目实施单位,对各项目实施单位根据分娩量确定筛查任务数。项目自2017年10月1日起实施,筛查任务数2300人。

【妇幼保健】2017年基层妇幼保健工作继续贯彻"以保健为中心,以保障生殖健康为目的,保健与临床相结合,面向群体、面向基层和预防为主"妇幼卫生工作方针,结合麦积区妇幼卫生工作面临困难和问题,继续坚持抓好区、乡、村三级妇幼卫生服务网络建设。定期组织业务骨干,对全区基层医疗保健机构、驻区及区直医疗保健机构进行妇幼健康业务培训,同时对开展相关妇幼健康工作进行督导。2017年我院结合公共卫生服务项目、卫生计生工作综合督查,对全区妇幼健康工作集中督导检查3次。

【《出生医学证明》管理】根据相关规定,从证件发放流程、档案管理、证件查寻等方面进一步完善详细工作程序,堵塞各种漏洞,确保证件规范、安全发放。加强对签发机构督导检查力度,对办理过程中发现问题及时整改、反馈。2017年1–10月共办理《出生医学证明》6493份,废证12份,废证率0.2%。

【儿童健康体检】对辖区内托幼机构儿童每年进行集中体检两次,9200名儿童、424名幼儿教师参加健康体检。体检结果经分析评价后,及时反馈给托幼机构和儿童家长。

【孕产妇、新生儿死亡评审】加强对孕产妇和新生儿死亡评审管理,重视对信息资料收集与整理,及时组织开展产科疑难病例会诊、孕产妇和新生儿死亡评审,充分发挥死亡评审效应,探讨有效干预措施,降低孕产妇和新生儿死亡率。2017年10月下旬开展孕产妇死亡评审1例,新生儿死亡评审3例。

天水市麦积区妇幼保健计划生育服务中心

院　长:陈元义(1月止)

副院长:夏存林(1月任)

焦　霞(女)

杨永珍(男)

(供稿:索红)

公共卫生监督

【概况】天水市卫生和计划生育综合监督执法局麦积分局承担监督检查辖区内相关单位卫生计生法律法规落实情况,依法开展公共场所卫生、饮用水卫生、学校卫生、医疗卫生、职业卫生、放射卫生、传染病防治、计划生育和中医服务等综合监督行政执法工作,查处违法行为。内设办公室,公共场所监督科,医疗市场、传染病防治监督科、中医服务监督科,学校、职业病及生活饮用水监督科,计划生育监督科,宣传培训科,法制稽查科,证件管理科,快速检测科。

【医疗市场监督管理】对全区医疗机构医疗服务开展情况进行日常监督检查。1-11月检查各级各类医疗机构257家,其中医院30家,妇幼保健院1家,社区卫生服务机构21家,乡镇卫生院及分院23家,门诊部及诊所101家,村卫生室77家,疾控中心1家,其他1家,完成日常监督560次,覆盖率100%。开展医疗机构依法执业和医疗安全监督检查工作。根据市卫生计生监督执法局《关于下发天水市医疗机构开展医疗安全专项整顿活动实施方案通知》要求,对辖区内各级各类医疗机构开展医疗安全专项整顿活动。监督检查辖区医疗机构57家,其中包括公立医院6家,民营医院20家,社区卫生服务机构22家、门诊部9家。对检查中发现问题医疗机构,现场下达卫生监督意见书,并追踪监督整改情况。在全区8家二级以上医疗机构及民营医院开展医疗机构不良执业行为积分管理工作。1-9月全区医务人员不良执业行为积分21人,积分21分。开展麦积区万名医师支农工作监督检查。对支援麦积区中滩、石佛、元龙、麦积卫生院12名支农队员2016年度工作情况进行全面考核,同时参加2017年“万名医师支援农村卫生工程”启动会,在会上明确工作任务,确保各项任务完成。1-10月检查受援卫生院4家,12名支农队员上岗工作、考勤情况以及具体开展医疗、护理等方面相关工作。根据《2017年甘肃省医疗卫生国家监督抽检计划》要求,组织开展麦积区医疗卫生国家监督抽检工作。检查各类医疗机构9家,其中医院2家,卫生院1家,门诊部1家,诊所5家,对《医疗机构执业许可证》取得及校验情况,在登记范围内开展诊疗活动情况,卫生技术人员使用、医学证明文件出具管理等情况进行监督检查。检查2家医疗机构临床用血工作建立落实情况。开展医疗计费监督检查工作。检查二级以上公立医院4家,开展医疗计费检查4次检查病历40份。开展医疗机构医疗服务项目价格动态监测,监测26家医疗机构,其中医院2家,妇幼保健院1家,乡镇卫生院及分院23家。根据省卫生计生委《关于开展传染病防治等法律法规落实情况监督检查工作通知》要求和市局安排。3月至6月份对辖区内医疗卫生机构、学校(托幼机构)、消毒产品生产企业、集中式供水单位、公共场所开展传染病防治法等法律法规落实情况监督检查。检查各类单位500余家,其中对存在问题单位下达卫生监督意见书。开展加强春季传染病防治监督执法工作。检查各级各类医疗机构22家,人感染H7N9禽流感防控工作、传染病疫情报告、预检分诊、发热门诊、消毒隔离、医疗废物处置等各项制度落实情况检查。对检查中存在问题医疗机构责令及时整改,对违法违规行为查处。按照《2017年传染病防治国家监督抽检计划》要求,结合麦积区卫生计生监督工作实际,制定《2017年天水市麦积区医疗卫生和传染病防治专项监督检查工作计划》,在全区42家各级各类医疗机构开展以预防接种、传染病疫情报告、医废管理、消毒隔离措施落实情况等为重点,检查医疗机构建立消毒管理组织、制度及落实情况,医务人员接受消毒技术培训、掌握消毒知识、执行消毒隔离制度情况检查,同时开展以医疗用品、器械消毒、灭菌情况,消毒产品进货检查验收、使用和管理情况，基层医疗机构安全注射情况检查。开展天水市麦积区医疗废物集中处置、医用废水处理专项检查。共检查医疗机构66家，其中三级医疗机构1家，二级医疗机构4家，一级医疗机构5家，民营医院22家，个体诊所10家，社区卫生服务机构23家，疾控中心1家。督促辖区内22家民营医院建立医用废水处理系统并使其处理系统正常运转10家。

【职业病防治及放射诊疗监督】对麦积区社棠镇卫生院等12家医疗机构开展放射诊疗建设项目职业病危害（放射防护）预评价评审，对麦积区善德堂中医康复医院进行控制效果评价报告评审及竣工验收。同时检查2家开展放射诊疗医疗机构，重点对放射诊疗机构建设项目、放射诊疗许可、放射工作人员职业健康监护、放射防护检测、个人剂量监测和放射防护用品配备、使用等情况进行检查。是检查天水市第二人民医院职业健康检查机构执业资质、技术服务人员、技术服务仪器设备、技术服务报告以及依法履行职责等工作。

【中医服务监督】开展学习宣传贯彻《中华人民共和国中医药法》工作，麦积分局组织全体卫生计生监督员和城区卫生计生监督协管员45人深入学习《中医药法》。利用麦积分局网络红页、微信公众号、微博等各类媒体平台，宣传解读《中医药法》内容。

【计划生育和母婴保健服务监督】根据《2017年甘肃省计划生育技术服务国家监督抽检计划》要求，组织开展麦积区计划生育技术服务国家监督抽检工作，对5家单位打击“两非”行为相关法律法规和工作制度执行情况、从事计划生育技术服务机构及人员落实禁止“两非”相关制度情况开展检查。检查辖区内开展母婴保健技术服务医疗机构10家，督促按照各项规章制度、诊疗规范开展门（急）诊采血、临床检验、临床检查等工作，防止血样外流、遗失等情况发生。对违法实施采血鉴定胎儿性别行为医疗机构查处，纳入打击“两非”黑名单进行重点管理。第三贯彻落实省卫生计生委等十一部门关于印发《甘肃省开展查处违法违规应用人类辅助生殖技术专项行动工作方案》通知文件精神，对各级各类医疗机构开展人类辅助生殖技术服务情况进行监管和核查，查处违法违规开展人类辅助生殖技术、采供精、采供卵和“代孕”相关服务医疗机构和医护人员。

【公共场所卫生监督】2017年对辖区内公共场所进行拉网式日常监督检查，检查各类公共场所447户，完成日常监督912次，监督覆盖率达100%，各类公共卫生场所卫生许可证持证率达96.7%，从业人员健康证持证率达98.9%。开展量化分级管理工作。全年进行公共场所量化评级单位148户，A级单位3户，B级单位5户，C级单位130户，新评73户，对75户已评定卫生信誉等级进行量化复评。并在辖区内开展树立量化分级示范店活动，方便被监督单位学习和提高卫生管理水平。11月24日召开麦积区量化分级管理授牌会议暨全区公共场所负责人培训班，培训人员146人，发放卫生信誉等级牌94个。按照市局及麦积区委、区政府安排和部署，全年开展重大活动公共卫生保障工作11次，完成“伏羲文化节”、龙舟赛、环湖赛、高考及2017年甘肃省麦积区省事业单位公开招聘等重大赛事安全保障，出动监督员216人次，提出整改意见73条，保障与会人员及参加考试师生身体健康和公共卫生安全。开展公共场所禁烟监督检查力度，创建无烟公共场所工作。2017年麦积分局继续将控烟工作融入卫生许可及日常性卫生监督工作中，协助被监管单位制定禁烟制度、控烟体系图，发放公共场所禁烟标志。在4月份借助召开住宿业现场观摩会议暨全区公共场所负责人培训班平台，开展公共场所禁烟知识宣传培训工作。按省、市工作要求及时完成“国家双随机”“省市双随机”任务，已完成监督检查73户，并及时进行网络报送。根据《天水市麦积区爱国卫生运动委员会办公室关于在全区开展除四害活动通知》，在全区101户公共场所经营单位开展统一“除四害”行动，督促经营单位完善除四害措施，要求其认真搞好环境卫生，清除垃圾死角、杂物、堵塞鼠洞、消除蟑螂，彻底改善室内环境卫生。

【学校传染病防控】学校卫生。按照《学校卫生工作条例》要求，加强麦积区各类学校传染病防控工作，建立和完善传染病防控制度，落实各项防控措施，全年完成中小学校及高校日常监督120户次、托幼机构日常监督检查102户次。根据“双随机”监督任务要求，按照国家卫生计生委监督中心抽取检查对象和执法检查人员名单，在规定时间内完成上报辖区内14所中小学校监督检查，教室环境监测及网络报送工作。根据《天水市卫生和计划生育综合监督执法局转发甘肃省卫生计生委综合监督局关于开展全省学校校医室（保健室）校医（保健教师）及饮用水调查通知》，对辖区内全日制普通高等学校、普通中小学共123所开展校医室（保健室）校医（保健教师）及饮用水调查工作。按照《关于开展第二批“健康校园”创建活动通知》，评定麦积区琥珀中心学校、麦积区中滩中学，为区级“健康校园”，推荐参加省、市“健康校园”考评。按照《2017年甘肃省学校卫生监督抽检计划》要求，将国家卫生计生委监督中心“双随机”形式抽取产生14所中、小学校、高校作为重点监督检查对象，通过教学环境、传染病和常见病防控、饮用水卫生等情况检查，纳入卫生监督协管范围进行监督检查和监测。按照《学校卫生综合评价》中所列学校传染病防控、常见病与多发病防治、生活饮用水、教室和生活环境、公共场所及突发公共卫生事件卫生管理等工作要求，开展10所中、小学校卫生综合监督评价工作。高考前夕，对天水市第七中学、市第九中学等4所学校进行空气抽检12份与现场监督检查，营造良好考试环境。

【生活饮用水】对二次供水永生物业麦积分公司（滨河小区）等三户企业进行现场验收，并予核发卫生许可证，同时建立分户档，进行集中管理，建档率达到100%。按照《生活饮用水卫生监督管理办法》工作要求，对16户生活饮用水二次供水及4户集中式供水单位进行日常监督检查，对检查中发现问题均下达卫生监督意见书。开展涉及饮用水卫生安全产品生产2户企业进行日常监督检查，对5户现制现售水单位，20处现制现售水应用现场进行监督检查，完善产品卫生许可批件，水质检验报告进行监督检查，保障饮用水符合国家相关卫生标准和规范。10月份陪同省局、市局对西北永新集团甘肃管业有限公司、甘肃霞宇环保科技有限公司进行现场监督检查，对存在问题提出整改意见。根据国家卫生计生监督信息报告系统内“双随机”监督任务要求，在规定时间内完成上报辖区内2户集中式供水单位监督检查、现场水质快速检测及网络报送工作。根据《2017年甘肃省公共场所和生活饮用水监督抽检计划》要求，开展集中式供水1户、农村集中式供水2户、城市居民住宅区二次供水10户、涉水产品生产企业2户、现制现售水应用现场2处卫生许可证、人员健康证、设施防护及周围环境、水质自检等情况进行监督检查。

【消毒企业卫生监督】对辖区内消毒产品生产单位及餐饮具集中消毒单位开展2次日常监督巡查，监督检查7家单位，并完成相关网络报送工作。5月份陪同省局、市局监督人员对2户餐饮具集中消毒企业和1户消毒产品生产企业进行现场检查，对存在问题提出整改意见。

【法制稽查】全年审核公共场所卫生许可申请资料220户，审查合格126户，审查不合格34户，正在审查办理单位60户；受理审核卫生许可证年度复核资料101户，经审查复核合格76户，审查不合格12户，正在审查办理单位13户。变更公共场所卫生许可申请资料3户，办理3户。审核医疗机构校验87户，审查合格79户，正在审查办理单位8户。同时对申请《医疗机构执业许可证》69家医疗机构，进行资料审核及现场验收工作，共办理59家，10户正在办理中。审核二次供水卫生许可申请资料15户，经现场审查合格办理6户，审查不合格3户，6户正在办理中。审核二次供水卫生许可变更资料1户，办理1户。

全年实施行政处罚174件，医疗市场查处各类行政处罚案件76件，公共场所查处案件98件（警告1件，警告并罚款97件）。共计罚金12.725万元，全部结案。

全年受理投诉举报案件26起，均依法进行查处及回复。

【证件管理】全年受理公共场所卫生许可证220件，办理126件，受理复核101件，办理76件，办理变更3户。受理生活饮用水15件，办理6件，办理生活饮用水变更1件，变更消毒产品许可证1件。健康证登记3171人，办理3000人。办理农村健康证251人，乡镇生活饮用水健康证2人。

【快检工作】全年对城区公共场所办证单位进行空气质量监测，监测单位207户。采集空气样品655份，合格650份，合格率99%。完成国家双随机抽检任务，对22家公共场所，20家学校进行监测，采集空气样品107份，合格107份，合格率100%，并出具检测报告单。对消毒产品生产单位和餐饮具集中消毒单位开展日常监督巡查，监督检查7家单位。同时配合省监督局和市局监督检查2家餐饮具集中消毒单位和1家消毒产品生产企业，对其存在问题提出整改意见。

【宣传培训】全年撰写、报送卫生监督信息简报42期，其中9期在麦积区政府网站刊登，3期专项工作在麦积区新闻频道上报道，且做到卫生监督信息简报及时、准确撰写、快速上报和分送。全年举办监管单位从业人员卫生知识培训班90期，共培训从业人员3000人。同时开展“3·15”消费者宣传日、职业病宣传周、安全生产宣传月活动、世界无烟日等宣传公共场所、医疗卫生相关卫生法律、法规知识及禁烟知识，期间接待咨询群众510余人，发放宣传资料及图册3600余份。为全面加强医疗卫生行业法律意识，引导民营医疗机构不断增强依法执业观念，提升医疗质量水平，落实医疗废物、污水安全管理和医院感染管理工作。麦积分局分别在1月3日组织全区20家民营医院召开医疗废物、污水处理专项培训会，2月8日组织召开全区民营医疗机构卫生计生法律宣传培训会和4月27日对20家民营医院和6家社区卫生服务中心负责人进行专项培训。

【卫生监督协管】召开2017年麦积区卫生计生监督协管工作现场培训会，参会人员120余人，会上培训《国家基本公共卫生服务规范(第三版)》，培训卫生计生监督协管各项业务知识，安排部署2017年有关工作。开展医疗卫生巡查工作。按照麦积分局《2017年麦积区卫生监督协管工作安排表》要求各乡镇卫生院及分院、社区卫生服务中心卫生监督协管站对协管范围内571家医疗机构开展巡查，上报第一、二、三季度《医疗机构及传染病管理巡查登记表》共5710份。开展消毒产品专项巡查工作。根据省市工作要求，全区27家卫生监督协管站在麦积区辖区内监督检查各类消毒产品经营、使用单位157家，检查各类产品600余个，督促消毒产品经营、使用单位建立健全进货验收登记制度，完善各类记录。开展2017年春季和秋季学期巡查工作。各协管站对管辖范围内各类学校、托幼机构开展传染病防控、生活饮用水(含桶装水及饮水机)、公共场所卫生等工作巡查，完成巡查各类学校、托幼机构514户次，上报巡查报表514份。开展2017年公共场所第一、二、三季度巡查工作。各协管站对辖区内各类公共场所644家进行巡查，共巡查1932户次，上报报表1932份。开展2017年农村生活饮用水卫生巡查。各协管站对辖区内农村饮水工程、乡镇水厂、企事业单位、各类学校托幼机构供水情况、二次供水单位进行巡查，巡查50家单位。召开全区2016年度卫生计生监督协管工作先进单位和先进个人表彰会，会上对2016年卫生计生监督协管工作开展情况做通报，同时授予马跑泉中心卫生院、马跑泉社区卫生服务中心等5家医疗机构“2016年度先进卫生计生监督协管站”称号，授予10名协管员“2016年度卫生计生监督协管先进个人”荣誉称号，并颁发奖牌和荣誉证书。开展职业病防治法宣传活动。按照甘肃省卫生计生委《关于开展2017年职业病防治法宣传周活动通知》，4月25日至5月1日在麦积区各乡镇、街道开展2017年职业病防治法宣传周活动，发放宣传资料1500余份，接受群众咨询2300余人次。

【专项工作】为加强甘肃林业职业技术学院校园周边安全管理，切实维护校园及周边良好治安秩序,保障学生和教职工人身安全及财产安全,麦积分局于2017年3月16日参加由区综治办组织开展校园及周边社会治安综合治理集中整治活动。麦积分局出动卫生计生监督员和监督协管员共计18人,对校园周边30户公共场所经营单位及4家医疗场所经营单位进行专项监督检查。通过宣传与整治相结合,净化校园周边社会治安环境。2月份麦积分局对全区4家餐饮具集中消毒单位开展一次餐饮具集中消毒单位专项监督检查。通过专项整治,杜绝餐具大包装现象,建立健全各项管理制度及管理档案。3月份麦积分局抽调全局骨干力量,分5个片区,出动人员28人,开展托幼机构春季传染病及生活饮用水专项监督检查工作,规范各托幼机构在环境卫生、提供饮用水、传染病防治方面要达到国家有关卫生标准、规范要求。9月份麦积分局利用半个月时间,抽调城区协管站卫生计生监督员在辖区内开展沐浴场所专项整顿工作。对全区不同规模洗浴17家、足浴19家进行全面监督检查,对存在违法事实6家单位进行立案查处。按照《天水市卫生和计划生育综合监督执法局关于开展住宿专项监督检查通知》,麦积分局组织监督员对全区119家住宿业场所"两证"持有情况、卫生管理、功能间卫生、公共用品卫生、卫生信誉等级保持情况、公共场所禁烟工作落实情况、特别是清洁工具使用情况及客用品更换情况进行全面检查,对存在违法事实9家单位进行立案查处。4月份麦积分局组织开展麦积山景区周边"农家乐"专项整治,重点对经营主体资格证照、从业人员健康体检、卫生许可证、客用品消毒保洁设施设备等关键环节全面检查。针对经营者对卫生规范解不清晰落实困难问题,分局给予集中培训、设置示范经营单位,进行现场观摩学习。11月份麦积分局组织卫生计生监督员和协管员60人对麦积区辖区内非法行医进行专项打击,对于查处5家无证诊所,当场没收药品、医疗器械,并张贴取缔公告予以现场取缔。专项行动中对发放宣传资料2000余份,张贴打击非法行医条幅和告知书500余份。为进一步落实《无证行医查处工作规范》,落实打击非法行医责任制,强化卫生监督协管站责任落实,对全区卫生监督协管员进行打击非法行医培训和进行询问,同时签订责任告知承诺书。

天水市卫生和计划生育综合监督执法局麦积分局

党支部书记、局　长:胡晓锋

副局长:毛瑞芳(9月任)

(供稿:杨 强)

文化·传媒·旅游

文化 广播影视

【概况】2010年8月，政府机构改革过程中，整合原区文化体育局、区广播电影电视局、区外事旅游局，组建成立麦积区文化广播影视局(简称区文广局)，区旅游局为挂牌单位。

区文广局下辖文化市场综合执法大队、文化馆、图书馆、博物馆、广播电视站5个下属事业单位。局机关内设综合办公室、文化股、广电股、文物股、人事股、财务股、项目办(产业办)，年内又增设行政审批股，共8个股室，另有美术馆、何家山广播电视转播台2个内设机构。有干部职工343人，其中在职人员268人。

【项目建设】综合性文化服务中心建设项目总投资3866.5万元，惠及道北办、17镇308个行政村，302村建设任务全部通过验收(剩余6村申请做调整)。区电影管理站、秦剧团、人民影剧院三个单位转企改制，组建由天水丝路文化旅游传媒有限公司控股天水市麦积区秦剧团有限公司；仙人崖、石门两文管所移交麦积山大景区；总投资2600万元建成区博物馆大楼，麦积遗珍—历史文物陈列布展工程按时完工，新博物馆顺利开馆运行。投资790万元的仙人崖石窟彩塑壁画勘察测绘工程完工并通过麦积区文化广播影视局初验收；投资92万元仙人崖安防工程完工并通过初验；投资560万仙人崖消防一期工程在施工；投资198.67万元仙人崖石窟塑像壁画修复工程经国家文物局批准立项，施工图编制工作进展顺利。8月初，争取到资金140多万的区广播电视台制播能力提升改造工程完成，《麦积新闻》进行重新定位与全新包装，在全市率先实现电视新闻双播主持，推出《一起读吧》等全新栏目。甘泉镇甘江村农村电影固定放映点工程建设完成；五龙镇刘家湾村农村电影固定放映点工程建设接近尾声；党川、利桥两镇综合文化站提升改造及五龙镇安家山、岳家湾、中庄，石佛镇刘家庄、东岔镇交川村文化广场工程建设完成；何家山电视调频转播台基础设施工程建设如期完工；凤凰山电视调频转播台提升改造工程实施；广播电视无线数字化覆盖工程二期四个点(伯阳、元龙、东岔、新阳)建设完工；麦积剧院、大革命历史纪念馆、马跑泉胡氏民居、双玉兰堂景观提升改造、霍松林文化艺术陈列馆等工程有序推进。年内完成区上下达固定资产任务7022万元(任务7000万元)，招商引资完成7600万元(任务7500万元)，项目争取完成1516.9万元(任务1500万元)。

【文化旅游产业发展】实现文化产业增加值5.7亿元，增速25%，完成投资额18.49亿元。马跑泉公园4A级、翠湖公园3A级景区创建启动，编制完成《创建国家全域旅游示范区实施方案》，实施智慧旅游、星级饭店、农家乐、乡村旅游，新建成1个自驾游基地，打造党川镇花庙村和利桥镇散岔村2个旅游专业村；党川镇花庙村和东岔镇桃花坪村旅游扶贫试点。全区年接待各类游客1469.11万人次，创旅游综合收入75.38亿元，同比分别增长28.02%和31.16%，其中乡村旅游接待游客612.92万人次，同比增长30.55%，创旅游综合收入4.28亿元，同比增长31.58%。

【公共文化服务】举办"金鸡迎春"庆新春社火展演、卦台山文化庙会、伏羲民间祭祀大典等节庆活动，谋划筹办"龙城水韵翠湖之夏"、"悦读麦积"地方文献展、卦台山民间祭祀等9大项。2017年伏羲文化旅游节系列文化活动和喜迎十九大文艺汇演。区秦剧团转企改制，成立"天水市麦积区秦剧团有限公司"。年内演出《万寿图》《慈母泪》《屠夫状元》等历史传统戏362场次，谋划创排以精准扶贫为主题内容现代秦腔曲目《怀恩寻母》，打磨提升被文化部艺术科技研究所列为优秀推广剧目《为子孙》。举办"书香麦积"全民阅读活动，"博物馆日"、"世界文化遗产日" 等主题文化宣传活动8场次。举办各类书画展15期、送戏下乡122场次、送文化下乡15次、开展全民阅读活动20多项、送图书下乡12次、下基层业务辅导16次；放映农村公益数字电影4450场次，观影人数534240人；中宣部"百县万村"示范点17个村综合性文化服务中心验收认定工作完成，省文化厅为17镇30个村配送锣、鼓等文化器材400余件。同时，借助麦积区麦积镇红崖村实景拍摄的电视连续剧《苦乐村官》央视1套、8套黄金时间热播东风，利用"国庆"旅游黄金周和双休日，组织文艺工作者在红崖村开展文化活动。配合举办中国龙舟公开赛麦积站、中国垂钓电视直播精英赛麦积站、中国山地自行车公开赛麦积站、麦积第二届双玉兰杯全国钓鱼邀请赛、麦积山山地自行车邀请赛等体育赛事。组织全区6名优秀农家书屋管理员参加在庆阳市举办的全省农家书屋管理员培训交流活动，全区"三区人才"、镇、街道办文化站站长及基层文化专干50余人次参加业务培训，379个民间自办文化社团、农村文艺人才各参加2次业务技能培训。

【文化遗产保护传承】成立区文物工作管理委员会、17个镇文物保护领导小组和347个村级文物保护小组。制作文物精品图片展架15组、精品图展15块，文物精品"四进"巡回展16次，发放宣传资料2600多份，服务观众20000多人。组织开展业务培训12期。成立麦积区非物质文化遗产中心。甘肃林业技术学院校史馆及标本展览馆两处"历史再现"博物馆建设完成。非物质文化遗产收集、整理、申报，非遗"一法一条例"宣传、民俗调研及非遗展示展演。编纂《麦积区非物质文化遗产概编》《街亭与麦积文化》完成出版。搬迁区博物馆5037件馆藏文物接待各类游客14.6万人次。

【文化市场监管】新成立行政审批股，梳理涉及麦积区文化广播影视局13类行政审批事项、6类备案事项。政务大厅一站式办理行政审批业务，下放电影放映点审批事项1件，取消打字复印审批事件项1件。受理行政审批事项18件，办结6件，12件按程序申报。组织开展"扫黄打非"专项行动，完善麦积区扫黄打非工作机构、人员、制度、阵地建设。元旦、春节、两考、十一、十九大及重点节庆期间开展文化市场守法经营安全大检查；为期三个月专项检查印刷企业、出版物经营单位；专项执法摸底调查、检查艺术品市场和电影院；打击无证照娱乐场所违法违规经营，依法责令停止经营活动；全区安装正版软件500余套，执法大队出动检查850人次，检查经营单位710家次，发现违规经营场所46家次，立案调查2家，停业整顿1家，罚款9500元，收缴非法出版物400余册（本），非法光盘品300张（盘）。开展校园周边环境综合整治。

【广播电视安全播出和宣传】整治非法销售安装使用卫星地面接收设施，会同各部门执法5次，出动车辆16辆，出动执法人员40余人（次），依法强制拆除非法卫星地面接收设施83套，取缔销售安装点6个。宣传报道春节、伏羲文化旅游节、龙舟赛等麦积区经济社会重大事件、重大活动，宣传、推介麦积地域、资源优势；策划播出《喜迎十九大》《晒晒新变化》《砥砺奋进五年》《学习贯彻十九大精神》等多个主题主线宣传专栏和系列报道，制播反映麦积区各行各业、各个基层单位贯彻学习十九大精神采访报道130多条。向市级以上媒体报送相关新闻稿件380条，在《直播天水》等市级媒体刊播新闻稿件103条。制作《魅力麦积》《党风廉政建设》专题片2部，上报《山地自行车赛》《龙舟赛》《全域无垃圾》《创建全国文明城市》等片花、公益广告10条。争取资金140多万，8月初完成制播能力提升改造工程，分八项内容对新闻演播间等全新升级改造（包括全景演播系统、LED主屏、录音系统、导播系统、虚拟演播系统、演播显示设备、高清制作系统）；邀请市广播电视台专业人士对栏目编排、板块设置重新规划，策划全民阅读和文化推广类电视栏目《一起读吧》；《全新包装麦积新闻》栏目，按时政、民生、资讯三大板块改版。

天水市麦积区文化广播影视局

党组书记、局长：兰春梅
副　局　长：李文生
雷鸿斌
李耀军
凌智明
副　书　记：温敬彬
纪 检 组 长：吴俊达

（供稿：董俊杰）

地方志

【**概况**】天水市麦积区地方志编纂委员会办公室是于2011年3月由原史志办公室（参照公务员法管理事业单位）分设成立的履行公共事务管理职能的全额拨款事业单位（麦区委发【2011】18号），2016年8月被批准列入参照公务员法管理事业单位（天人社发机构编制【2016】270号），编制9人。实有人数13名，其中：主任1名，副主任1名，主任科员以下7名。

【**业务工作**】按时上报《甘肃年鉴》《天水年鉴》麦积区入鉴资料。年鉴编纂实现一年一鉴。《麦积年鉴》从2011年开始至2017年已经连续编纂出版发行。2017卷实现公开出版发行。《麦积区志》设13篇85章356节145万字，志书所涉凡例、概述、大事记、建置区划、自然环境、政治、基础设施建设、经济、麦积山石窟、风景旅游、教科文卫体、社会、人民生活、人物、乡镇街道、附录等13篇，2017年完成初稿并修改完善，组建《麦积区志》总纂班子，同步启动总纂工作，邀请13名文史专家和社会人士分别担任13个篇目的分纂，提前分篇开展初稿改审工作，初审修改后送总纂审稿定稿，确保分编与总纂工作同步开展，加快和提高了《麦积区志》编纂工作进度与质量。为节省编印时间，压茬开展工作，一方面把通过总纂审定的志稿送印刷厂排版，印出评议稿，另一方面组织特邀审稿的老领导、专家、学者和编辑人员对初稿进行认真的评议和修改完善。开展乡镇、部门、企业志编纂工作。按照省、市要求，同步推进乡镇志、部门志、企业志、专业志编纂工作，坚持做到组织到位、机构到位、经费到位、队伍到位，工作进展较为顺利。《麦积区军事志》《麦积区组织史》《麦积区人民代表大会志》已出版发行，《甘泉镇志》评审中，启动编志的镇、部门、单位对编纂工作高度重视，主要领导亲力亲为，人、财、物保证到位。麦积区相继出版《小陇山林业志》《天水火车站志》《天水锻压机床厂志》《天水卷烟厂志》《天水矿产勘查院志》，还有一些镇志、部门志、企业志、专业志正在编纂中。挖掘地方特色文化，开展地情资料编研工作。组织区内文史爱好者和专业人士搜集整理地情资料，出版《麦积区金石校注》《天水县志校注》《天水地方新志古史集注》《天水县通志》《古镇新阳》《麦积史事拾零》《双玉兰志》等地情丛书，为宣传推介麦积、服务全区经济社会发展、满足人民群众文化需求起到推动作用。

【信息化建设】建设并开通《麦积方志网》，地方志和年鉴相关资料编辑录入，服务社会。加强与国家图书馆、北京市朝阳区方志馆、河北省滦平县方志馆、广东省长武区方志馆、湖北省襄樊市方志馆、省广播电视台资料库等单位开展资料交流，实现信息交流共享。

天水市麦积区地方志编纂委员会办公室

主　任：刘世清

副主任：侯新平

（供稿：张红霞）

档　案

【概况】天水市麦积区档案局(馆)为区政府直属参照公务员管理正科级事业单位，机关内设办公室、业务指导股、库房管理股、信息技术股、档案编研股5个职能股室，单位编制18人，现有干部职工18人，其中男8人，女10人，截至2017年底，在职工作人员18人。局领导班子由3人组成，党组书记、局长1名，副局长2名。馆藏档案158个全宗，58994卷51741件，其中清代档案7卷，民国档案1709卷，建国后文书档案42611卷51741件，科级档案1395卷，婚姻档案7819卷，干部档案2108卷，统计档案3345卷。照片4536张，声像229盒，印章503枚，书画89幅，荣誉牌证604件，图书资料4807余册，报刊2万余份。现已输入文件级目录40万余条，全文扫描档案70万余幅。

检索工具主要有案卷目录590册，全引目录2册，专题目录97册，重要文件卡片1337张，资料目录13册，资料分类目录13册，已开放档案目录61册，音像档案目录27册，电子检索目录33万条。

编研资料有《档案馆指南》《档案志》《1949–1956天水县教育档案资料选编》《税捐田赋追缴紧·兵丁徭役相逼急》《天水市北道区党政群机构设置档案资料选编》《北道区社会主义建设档案资料选编》《保护森林文献选编》《国道“310”相关政策节选》《旅游拉动战略奏响经济社会发展主旋律》《档案害虫分布和档案害虫防治》和《历史印记》系列丛书《民国契约》《民国教育》《民国交通运输》和《民国天水财税》等20余种。

【档案宣传】结合“6·9”国际档案宣传日，与市档案局携手在省林学院开展“国际档案日”进校园宣传活动，近1000余名师生观看《天水市档案资源展》和《麦积区馆藏档案精品档案展》，在二马路步行街举办《潮涌百年—天水近代民族工商业发展历程档案展》。重视媒体宣传，向各级各类媒体共报送信息48篇，其中中国甘肃网采用1篇，中国档案网采用4篇，甘肃档案信息网采用39篇，麦积区政府网采用8篇，麦积区有线电视台报道4次。编辑出版档案编研系列丛书《历史印记—民国天水财税》，撰写完成档案利用效益实例4篇、论文8篇。

【建档工作】经麦积区档案局业务人员精心指导，顺利完成市二中省特级档案室创建工作；完成马跑泉、利桥、东岔等3个镇政府和30个机关单位档案规范归档工作业务指导；指导天水市甘泉物流园区建立较为规范化档案室；完成区佛教协会档案室建档工作；完成区水利局实施《天水市麦积区2013年度山洪灾害防治》项目工程档案。

【档案征集接收】征集到民国档案95卷(787)件，长安大学教授赵秉中先生捐赠《文献昆虫学》手稿一套4册，入库照片档案1467张，图书资料68册，书画2幅。按要求接收区委办、区政府办文书档案3388件；党川镇婚姻档案2500卷；中滩婚姻档案5059卷、文书档案1345件；麦积区档案局文书档案635件，接收进馆档案折合成卷为8095卷。

【档案管理服务和利用】接待查档人员2670余人次，查借阅档案4720余卷，邀请甘肃政安消防队对全体档案干部职工进行消防安全培训，组织人员开展馆内消防、视频监控等安全隐患排查工作，6 个库房加装通风换气设备 12 台，对楼室内线路进行检修，更换破损玻璃门窗，对档案馆屋面铺设新防雨层。

天水市麦积区档案局(馆)

党组书记、局长:王　谦

副局长:孟兆琪

张想明

（供稿:高天峰）

旅游服务

【概况】天水市麦积区旅游局成立于 1988 年，其前身为天水市麦积区外事旅游局。经 2010 年 8 月全区机构改革，现挂牌于区文广局，设有办公室、行业管理股、市场促销股 3 个内设机构，卦台山旅游景点管理处、天水旅游服务接待处 2 个下属单位。现有干部职工 27 名，其中在职人员 23 人，离退休人员 4 人，外借 1 人，本科以上学历人员 14 人，专业技术职称人员 2 人。

【旅游接待】2017 年全区接待各类游客 1469.11 万人次，同比增长 28.02%，创旅游综合收入 75.38 亿元，同比增长 31.16%，其中乡村旅游接待游客 612.9 万人次，同比增长 30.55%，创旅游综合收入 4.28 亿元，同比增长 31.58%。

【项目建设】推进卦台山伏羲文化旅游产业园项目前期工作，在争取农发行甘肃省分行旅游扶贫政策性贷款方面，完成金融类可行性研究报告，计划贷款 2 亿元，农发行甘肃省分行进行现场考察；项目征地方面，完成调查摸底；照明提升方面，完成卦台山登山步道、仙女平台亮化；山体绿化方面，在原有绿化基础上，移栽补植 900 余株各类树苗。加快利桥红崖河漂流项目建设，全年累计完成投资 500 万元，完成射箭场、主大门、儿童水上乐园、越野地开拓及恐怖城建设。配合推进东柯新城、颍川新城重点项目建设，峡门风情小镇、九华山渔园、麦积山游客服务中心、黄河雕漆产业园、东柯草堂文化主题公园等项目正在有序实施。

【行业管理】2017 年以来，联合安监、工商、质监、卫生等部门，深入区内各旅行社和星级宾馆饭店、A 级景区开展检查 17 次，检查出涉及旅游安全问题 25 项，现场督促整改 6 项，限期整改 19 项；涉及旅游环境、秩序、服务质量问题 20 项，现场督促整改 14 项，限期整改 6 项。

【主体培育】导流山景区成功创建为国家 2A 级景区，指导桃花沟景区申报国家 3A 级景区；指导天泽宾馆、财富阳光大酒店、滨河大酒店、万达酒店创建星级旅游饭店，新增住宿单位床位数 615 张，同比增长 21.4%；加强旅行社或分公司组团招徕业务，完善旅游市场管理，新发展康辉旅行社服务网点 3 家、旅游百事通服务网点 4 家；新发展农家乐 62 户，加快甘泉、麦积等镇农家乐改造提升步伐，进一步改善农家乐接待环境；指导黄河雕漆、汉唐陶艺等企业开发新有地方特色旅游商品，开发 40 多个品种。

天水市麦积区旅游局

局　长:李文生

（供稿:温玉琪）

麦积山石窟

【概况】麦积山石窟位于中国历史文化名城——天水市城区东南 30 公里小陇山丛林之中，因其山形酷似农家麦垛，故得麦积山之名。海拔 1742 米，山高 142 米，山顶有隋敕建舍利塔一座。麦积山在整个东南崖面距地 10～80 米、面积约 10000 平方米陡峭壁面上，开凿有形制各异、大小不一窟龛以及摩崖造像，通过 14 层栈道彼此相通。麦积山石窟 1961 年被国务院批准为第一批全国重点文物保护单位。与敦煌莫高窟、洛阳龙门石窟、大同云冈石窟并称为中国“四大石窟”。现存洞窟 215 个，塑像 7200 余身，壁画 1300 余平方米。其中北朝时期洞窟占其中绝大部分。1984 年 10

月1日,麦积山石窟正式对国内外游客开放。1986年6月麦积山文物保管所更名为麦积山石窟艺术研究所。90年代,麦积山被公布为全国18个特殊旅游景点之一。2010年12月,麦积山成功晋升为“国家5A”风景名胜区。

【石窟管理机构整合移交】1月17日下午,甘肃省直石窟管理机构整合移交仪式在敦煌研究院兰州院部举行。整合后敦煌研究院将统一管理莫高窟、榆林窟、西千佛洞石窟、麦积山石窟、炳灵寺石窟、北石窟寺等六大国保级石窟,其中三处为世界文化遗产地,将形成“一院六地、一院五所”管理格局。

【文物保护与修复】2017年4月初,拍摄山顶9个区域正视图及麦积山石窟13号东崖大佛、麦积山石窟98号西崖大佛、麦积山003号千佛廊300DPI以上正视图,52.8GB文件图片。有效为麦积山石窟顶部拍摄出危险区域树木和危岩。保护59窟宋人题记修复工作,对59窟题记表面、地仗、边缘和所有产生病害进行原址保护与修复。2017年7月25日,甘肃省文物局组织文物数字化及保护方面相关专家在麦积山石窟研究所对《麦积山石窟塑像壁画数字化勘察测绘项目》进行验收。项目以麦积山第127和133号洞窟为试点洞窟,对窟内99平方米壁画、41身塑像、18通碑刻展开数字化勘察测绘工作,探索数字化成果在监测、保护、展示、利用等方面应用。

【遗产区巡查】2017年,进行遗产边界巡查、遗产区内居民用房改建活动巡查、极端雨雪天气及地震影响巡查。监测巡查人员分次对麦积山遗产区、缓冲区天池坪、香积山、土桥子、草滩、麦积乡桥等方向边界走向、节点位置、界碑界桩、自然环境等进行实地巡查,同步对遗产区、缓冲区内村庄进行摸底调查。

【文物参与外地展览】应故宫博物院邀请,麦积山石窟研究所馆藏文物于2016年9月28日至2017年1月3日,“梵天东土 并蒂莲花:公元400-700年印度与中国雕塑艺术大展”在北京故宫博物院展览。麦积山石窟展品有2件,一件是麦积山石窟第135窟泥塑坐佛,另一件是第117窟石雕坐佛并参与之后在福建博物院、浙江省博物馆及四川博物院巡展。展品是从印度各地9个博物馆中遴选出笈多与后笈多时期雕塑56件,从中国河北、河南、山东、陕西、四川、甘肃、新疆等地博物馆挑选出同时期雕塑精品119件,是中国首次将中印古代同时期雕塑艺术对比展示,也是中印两国文化交流项目重要一部分。

《丝路之魂—敦煌艺术、南北丝绸之路文化大展》于2016年12月27日至2018年4月10日在成都博物馆举办。麦积山石窟研究所为此次展览提供临摹雕塑16件、壁画复制品20件参展作品。

【麦积山雕塑论坛】“麦积山雕塑论坛·2017”已于2017年8月15日至16日在麦积山石窟成功举办。论坛邀请包括中央美术学院、中国美术学院、清华美院、鲁迅美术学院、西安美术学院、四川美术学院、广州美术学院、天津美术学院、湖北美术学院、上海美术学院等国内十大美术院校雕塑系及国内科研院所、地方政府以及麦积山石窟艺术研究所代表共计100余位参加。

麦积山石窟艺术研究所

党支部书记:王万珍

所　　长:李天铭

(供稿:刘静)

麦积山风景名胜区

【概况】天水市麦积山风景名胜区管理委员会,天水市政府派出机构,正县级事业单位,负责对国家级风景名胜区——麦积山风景名胜区综合管理。现有领导职数6名,干部职工101名,常年聘用人员100多名,机关内设办公室、规划建设、资源保护、经营管理、宣传、财务等6个科室,下设麦积山、仙人崖、石门3个景区管理所、景区执法大队、旅游接待站等5个单位,派驻单位有景区工商分局和景区公安派出所。景区旅游收入主要以门票为主。

麦积山风景名胜区位于甘肃省天水市麦积区境内,景区规划面积215平方公里,由麦积山、仙人崖、石门、曲溪、街亭温泉五个子景区180多个风景点组成。1982年被国务院审定公布为首批国家级风景名胜区。成为集全国重点文物保护单位、中国自然与文化双遗产、国家森林公园、国家地质公园、国家5A级旅游景区、世界文化遗产地等荣誉于一身国家精品景区。

麦积山景区文化底蕴深厚,石窟文化尤为绚丽夺目。中国"四大石窟"之一麦积山石窟始建于公元五世纪初,保存221座洞窟,10632身泥塑石雕,979.54平方米壁画。是中国唯一保存北朝造像体系最为完整石窟,被誉为"东方雕塑艺术陈列馆"。

【景区建设】麦积山大景区管委会拟投资15亿元,用三年时间,在距麦积山石窟8公里天水市麦积区甘泉镇峡门村,建设建筑面积26.1万平方米麦积山景区游客服务中心。该项目累计完成投资1.85亿元人民币,2017年12月11日,完成项目一期土方平衡招投标工作,12月15日正式开工。累计投入945万元,在麦积山和仙人崖景区全面建设智慧景区系统,建成高清监控系统、智能票务系统、语音导览、无线WIFI系统、智能停车场、远程信息发布、游客统计系统等,实现客源、客流地、票务等信息实时数据动态追踪管理和分析,并实现景区银联卡、微信、支付宝等电子支付。在景区内率先启动第三卫生间建设。在麦积山景区和仙人崖景区新建3座第三卫生间和3座水冲式旅游厕所,完成1座三星级旅游厕所改造提升,麦积山大景区管委会自筹944万元先后实施7个改造提升项目,主要包括管理用房、游客中心、旅游步道、仙人崖文物保护等项目。

【旅游推介】麦积山大景区管委会参加国家住建部组织中国首个"自然和文化遗产日"系列宣传活动、中国风景名胜区30年成就展、甘肃旅游发展委员会组织"2017丝绸之路国际博览会"、宝兰高铁沿线城市旅游宣传推介会,承办2017中国西北旅游营销大会。在推介会期间,派发旅游指南、旅游宣传资料5万份,继续加强与中央电视台、省市级电视台及平面媒体合作。央视摄制团队在麦积山大景区顺利完成《航拍中国》取景拍摄。管委会与天水电视台合作,成功主办唱响天水"麦积山杯"第二季天水青歌赛。天水电视台旅游频道《行游天水》栏目每天按时滚动播出麦积山大景区冠名专题片,天水日报也开设"麦积山旅游"专版。新华网、腾讯网、乐途旅游网、途牛网、携程网、百度贴吧、天水在线等旅游信息网站都及时转载麦积山大景区旅游动态信息,麦积山大景区网上检索量突破百万条。利用宝兰高铁开通,在西安—兰州—西宁沿线高铁上投放头枕巾、小桌贴、海报广告。组织举办"麦积山春季运动会"、"三八"妇女节职工趣味运动会和文艺汇演、"我眼中的麦积山"为主题的微摄影、"游天水、知天水、爱天水,天水莘莘学子免费畅游麦积山"、"全国无人机航拍大赛"等活动。全年游客接待突破248.3万人次,实现旅游收入2.17亿元,同比增长12%。

天水市麦积山风景名胜区管理委员会

党工委书记、主任:康泰来

副主任:司万增

马有仓

谢晓睿

纪工委书记:苟东波

(供稿:王雯霞)

天水汉唐麦积山艺术陶瓷有限公司

【概况】天水汉唐麦积山艺术陶瓷有限公司是1998年10月由金鑫装饰工程有限公司变更成立,位于麦积区甘泉镇工业示范区,主要研究、开发、生产以天水文化旅游为主旅游文化艺术品,于2000年正式投产,生产出具有甘肃、天水文化特色五大类系列产品:麦积山石窟雕塑100余种,壁画30多种,大地湾彩陶160余种,伏羲文化艺术品10种,其他具有甘肃文化特色产品60多种。

公司于2008年投资建设“天水汉唐艺术苑”是甘肃综合型旅游文化园区，艺术苑园区建设总面积60亩，分展示区、生产区、美术学院实习区、文化旅游区、餐饮住宿区五部分，公司现有固定资产3400多万元，员工58人，其中大专以上学历8人，中专学历15人，专业艺术人才35人，占全员工近30%以上，解决社会残疾人员2名，下岗人员6名，农村剩余劳动力20多名，几年中为社会贫困人员及光彩事业捐款20多万元。公司产品远销美国、日本、韩国、法国、香港、台湾、北京、上海、兰州、深圳、济南等国家和地区。

【重点工作】2017年，公司完成马跑泉公园景观雕塑工程，制作完成大型雕塑孔子、狮子、十八罗汉等，高度都在两米以上，材料采用JRC新材料，为以后在大型景观雕塑制作上打下基础。与中央美院、北京工业大学、北京服装学院等院校签订实习基地合作协议，合作良好，全年接待前来实习教师及学生600余人。重新装修公司展厅，接待参观游客1万人以上。

天水汉唐麦积山艺术陶瓷有限公司

董事长：方天平

总经理：刘春龙

（供稿：张晓霞）

社会服务与管理

人力资源和社会保障

【就业创业】城镇新增就业15925人，完成年目标任务106.17%。应届高校毕业生就业率85.9%。城镇登记失业率3.12%，低于控制计划0.88个百分点。就业技能培训6385人、创业培训1091人、岗位技能提升培训400人。劳务输转11.15万人。创劳务收入21.32亿元。

【社会保障】征缴城镇职工基本养老保险15141万元。基金支出18919万元，占年控制线18375万元的102.96%；征缴城镇职工基本医疗保险6311.97万元，基金支出5353.50万元，占年控制线5606万元95.50%；征缴城镇居民基本医疗保险767.62万元，基金支出1801.84万元，占年控制线3004万元59.98%；征缴失业保险283万元，基金支出67万元，占年控制线68万元98.52%；征缴工伤保险377.09万元，基金支出287.83万元，占年控制线172万元167.34%；征缴生育保险278.64万元，基金支出239.24万元，占年控制线192万元124.60%；城乡居民养老保险续保率97.68%。城乡居民养老保险养老金发放率保持在100%。完全失地农民参保率94.77%。全民参保登记率95.55%。财政独立核算机关事业单位养老保险233个单位18126人的纸质版清算工作完成。全民参保登记、参保信息系统录入、信息比对及入户调查50.01万人。整合城乡医保制度，实现异地就医直接结算，五险业务实现信息化办理。

【人事管理】在卫生和教育系统举办专业技术人才培训，提升医护人员、教师知识储备和工作能力。取消论文和计算机硬性要求，审查毕业证等证书。审查通过各类职称评定人员527人，其中高级122人、中级201人、初级204人。实名登记注册应届高校毕业生1221人，实现就业1092人，就业率达到89.43%。组织实施2017年“三支一扶”、“特岗教师”和事业单位招考工作，招录247人。累计安置648名高校毕业生从事公益性岗位工作。为区检察院、区法院招聘书记员36名。创建省级创业就业示范基地2家，市级创业就业孵化示范基地2家，区级创业就业孵化示范基地（园区）3家。入驻企业1926家，带动1.9万多人实现就业。

【劳动保障】完善劳动纠纷案件应急预案、劳资专管员、农民工工资保证金、应急周转金、用人单位诚信评价及失信惩戒等制度和跨地区劳动纠纷案件协查机制，重点监控拖欠农民工工资问题较严重的建筑、餐饮、住宿等行业。查处欠薪劳动违法案件152起，追讨农民工工资2613.69万元，涉及劳动者3901人；处置化解涉及劳动者1715人、金额2221.27万元的群体性上访事件28起；向公安机关移送涉嫌犯罪欠薪案件2起。劳动合同签订率94%，集体劳动合同签订率86.2%。劳动监察举报投诉案件结案率和农民工工资清欠率均达到98%。

【劳务输转】组织西青区60家企业，区内部分企业和城乡富余劳动力3000余人参加人才招聘暨劳务洽谈会，有214名大学生签约，各镇、道北办与天津市企业签订1990个劳务用工岗位合作协议，麦积区6家人力资源公司及培训机构和天津28家企业洽谈对接长期劳务合作意向。建立麦积区驻西青区劳务工作站，选派麦积区人力资源和社会保障局干部在西青区人社局挂职并兼任劳务站站长。

天水市麦积区人力资源和社会保障局

党组书记、局长：高炳蔚
副　书　记：吕树新
副　局　长：雷　楠
　　　　　　坚彦军
　　　　　　毛利斌
纪 检 组 长：王明清
区公务员局局长：王映东

（供稿：郭发荣）

民　政

【双拥优抚安置】开展“双十工程”、“丝绸之路双拥文明线”等双拥创建活动，通过省级双拥模范城检查验收。对驻市、区部队、优抚对象、部分烈属走访慰问。落实各项优抚政策，发放抚恤金1483.14万元。落实医疗保障政策，拨付一至四级残疾军人护理费11.5万元，一至六级残疾军人门诊费、参保费和重点优抚对象参保、参合费、大病医疗补助费56.2万元。退役士兵合法权益全面保障，接收2017年夏季退役士兵99人，发放退役士兵兵役优待补助金462.49万元，70余名退役士兵免费接受技能培训。27名符合安排工作条件的退役士兵全部安置到事业单位。向上争取资金170万元，升级改造区军供站基础设施及设备。

【社会救助体系建设】健全完善社会救助部门联席会议、居民家庭经济状况核对、“一门受理、协同办理”、社会力量参与社会救助“四个机制”，社会救助制度化、规范化、科学化。1月起，城市低保标准由原来月人均收入426元提高到460元；农村低保标准由原年人均纯收入2855元提高到3500元，一类保障对象月人均补助标准由285元提高到292元，二类保障对象月人均补助标准由249元提高到275元；农村特困集中供养对象供养标准由5998元提高到6418元，分散供养对象供养标准由4923元提高到5253元。截至年底，共有城市低保对象6369户15833人、农村低保对象11581户37903人、农村特困人员1476人、城市特困人员10人。累计发放城市低保金5091.81万元、农村低保金8411.66万元、农村特困供养资金825.66万元、城市特困供养资金7.63万元。执行定期核查制度，开展农村低保专项行动，科学合理确定所有保障对象保障类别，清理不符合低保条件“四有户”，纳入符合条件的生活困难家庭享受低保。清退不符合条件的城市低保对象588户1555人，新纳入城市低保对象223户612人；清退不符合条件农村低保对象6305户18209人，新纳入农村低保对象2637户9795人。给654户困难群众进行临时生活救助，发放救助金283.3万元。

【城乡医疗救助】界定医疗救助对象，落实救助政策，规范医疗救助程序，对城乡低保户、特困人员、计生两户和建档立卡贫困户参保参合费进行资助，资助110675人，拨付资助资金566.52万元；并将困难群众住院救助比例提高到80%，有效缓解城乡困难群众看病难得问题。累计医疗救助1590人，发放救助金1269.86万元。

【救灾救济】开展“5·12防灾减灾日”宣传活动，落实党员“一线救灾”机制，基层党员干部和灾害信息员签订“一线救灾”工作责任书，建立“一表两卡两清单”制度。建立灾害信息平台，区、镇（街道）两级都配备北斗综合减灾信息终端，将报灾系统延伸至镇、街道，解决救灾工作“最后一公里”问题。落实灾情核查统计上报工作。2017，因洪涝、大风、冰雹等自然灾害，造成4417户17671人受灾，农作物和经济林果受灾1468公顷，成灾694公顷，经济损失1772万元。发放救灾资金484万元，安排受灾群众基本生活。

【基层政权建设】完成379个村委会、35个社区居委会和村(居)监委换届选举工作。召开村务公开和村务监督培训会,培训基层工作人员40余人次。提高村务监督委员会务工补贴标准,从2017年7月1日起,村务监督委员会主任务工补贴标准由每人每年3000元提高到4000元,发放补贴资金132万元。完成北道埠街道办事处大桥社区和渭滨社区两个阵地建设项目,拨付建设资金100万元。通过省对麦积区第二次全国地名普查项目成果复核验收。

【社会组织管理】实施社会组织统一社会信用代码制度,新登记注册社会组织18家,注销61家。至年底,有各类社会组织554家(社会团体445家,民办非企业单位109家)。

【婚姻登记】2017年,办理结婚登记3612对,离婚登记699对,补办婚姻登记931对。

【殡葬管理】组织开展殡葬改革宣传进社区和清明节主题宣传,累计接待市民咨询300余人次,发放宣传册500余份。

【社会福利事业】为40名孤儿发放全年生活费30.72万元。为2489名重度残疾人、1926名生活困难残疾人发放补贴资金507.06万元。为403名经济困难老年人发放生活补贴24.01万元。为4名受助人拨付资金10万元。跟浙江万向集团争取到慈善捐款32.67万元,资助特困学生159人。"三留守"人员关爱救助工作启动实施。下发《天水市麦积区农村留守儿童"合力监护、相伴成长"关爱保护专项行动工作实施方案》,摸排出农村留守儿童1342人、妇女985人、老人1895人,签订监护协议书、录入数据,实行定期探视。建立困境儿童信息数据库,救助困境儿童保183名。重阳节前后举办老年人书画摄影展、老年人广场舞文艺汇演,组织各镇、街道、社区、社会组织慰问老年人。

天水市麦积区民政局

党组书记、局长:张敬忠
副　书　记:王保康
副　局　长:杨雅玲(7月止)
程东光
于　涛
刘德元(7月任)
纪 检 书 记:刘德元(7月止)

(供稿:陶金平)

镇·街道

马跑泉镇

【概况】马跑泉镇辖27个行政村、3个社区，总面积97平方千米，总人口6.1万人，其中农业人口5.2万人，耕地面积5.83万亩，2015年粮食总产量1.59万吨，农民人均纯收入6215元。辖区内有部、省、市属企业单位13家，个体工商户917户，私营企业85家；有高等院校（甘肃省林学院）一所、中小学校32所、幼儿园17所；有卫生院一所，村级医疗机构32所。

【重大项目协调保障】宝兰客运专线正式开通运营，公园佳苑一期9幢1270套住房完成建设，二期已征地74亩，剩余团庄村拆迁22户，甸子安置点、黑王安置点即将完工。麦积山大道改扩建项目累计征地138亩，拆迁企事业单位26家，农房325户290院，剩余团庄村拆迁2户。双泉家园、崖湾家园、什字坪家园等民生项目取得实质性进展。东柯工业园二期、甘泉物流园建设项目征地拆迁同步进行。渭滨佳苑164亩正式启动建设。主镇区改造、翠山新村等一批重大项目开展前期工作。

【城乡一体化建设】麦积新城、颍川新城、东柯新城片区开发和羲皇大道、麦贾公路沿线城乡基础建设取得进展。亚太酒店提升改造暨金田·仁和居小区建设项目正式启动，傲子坡滨河新村、大穆湾新村完成建设。落实环境保护“八项机制”，着力推进“十大工程”，改造胡王黑王片区土炕、土灶、小煤炉408个。全面推行全域无垃圾创建，建立垃圾分类、清理转运、禁烧管护等长效机制。统一购置发放400升垃圾桶1000个，户分离垃圾桶5000个，手推式垃圾车136辆。落实区、镇、村三级河长制，在辖区内8条主要河流设置河长制公示牌，组织平整河道、清运垃圾、修缮堤防约31公里。

【环境卫生整治】各村依照实际，加大环卫设施、公共厕所、综合市场等民生、项目建设力度，持续开展好垃圾集中点改建、环卫队伍充实、巷道美化亮化和临街立面粉刷美化等工作。按照“属地管理、条块结合、广泛动员、全民参与、综合整治、长效管理”总要求，扎实开展好城乡环境综合整治专项行动。各村对照环保问题整改清单和网格化管理措施，集中整治环境卫生脏、乱、差等突出问题，尤其是三十甸子排洪渠、胡王排洪渠、164亩、杨瑞生临时市场、上尚宅二期项目工地、团庄东部蔬果市场门口垃圾随意堆放问题严重，群众反应强烈。相关村要加大环卫力量和资金投入，坚持做到日产日清。2016年给各村发放垃圾桶、户分类垃圾箱要发放到位，及时清运，坚决不能将移动垃圾桶变成固定垃圾点，成为新污染源。按照“消化存量、杜绝增量”总体要求，继续保持对新城片区、主镇区、水源地“两违”管控高压态势，加强镇村巡逻查处力度，做到责任到人，预防在先。各村要进一步靠实责任，加大相关政策法规宣传力度，自觉履行发现劝阻举报职责，发现一起、汇报一起、查处一起、消除一起，坚决遏制“两违”行为蔓延势头。

全面落实河长制继续实施环保"十大工程",落实24小时巡查制度,加强和综合执法、环保、水务、畜牧等单位沟通协商,持续改善镇区环境质量,保障大气和生态环境安全。

【惠民政策落实】经全面核查、动态调整,全年保障低保1080户3027人、五保53人、重度残疾人517人、优抚对象468人、受灾困难群众1845户,全年累计发放救助救灾保障资金1599.26万元。新建综合性文化服务中心23个,农家书屋和文化信息资源共享服务点实现村覆盖。镇村医疗卫生服务体系全面建立,落实计生奖励资金2.8万元,扶助资金17.7万元。新农保参保2.99万人,新农合参保5.02万人,办理失地农民养老保险642人。

【精准扶贫】紧紧围绕与全省、全国同步建成小康社会奋斗目标,对照"两不愁、三保障"和"十不算"、"十不脱"要求,结合镇村实际,研究制定《马跑泉镇脱贫攻坚实施方案》。统筹各类财政专项扶贫资金,重点实施贫困村基础设施提升和产业发展项目,各行政村安全住房、安全饮水、文化卫生、通村道路等实现全覆盖。完成审计部门反馈1218条疑似问题整改,核查回退贫困户82户336人。推行双线排序比对法,建立完善贫困户发展帮扶需求清单、村级发展项目需求清单及9项政策落实清单,有效解决制约贫困户发展最直接最迫切问题。各村扶贫互助资金协会、农民专业合作组织、产业发展协会运转见效。落实贫困户救助补助资金1323万元,62户D级危房改建全部入住。全年脱贫4个村,减贫130户535人,贫困发生率降至2.29%。

【农业产业发展】以现代农业建设工程为抓手,新建果品基地1700亩,提质增效2055亩,推广优质核桃500亩,发展设施蔬菜1544亩,新增注册农民专业合作组织22个,流转土地550亩,花卉、食用菌、花椒、乡村旅游等新兴产业初见成效,果品、蔬菜、畜牧、劳务等优势产业进一步发展壮大。2处饮水灌溉工程、618米堤防护坡修护、12.7公里产业路拓宽砂化、3条涵渠排水泄洪设施疏通维护全部完成。大沟村等10个电商服务点建成并投入使用。全年完成禽流感防疫20.56万羽,口蹄防疫4.5万只,抗体检测85%以上,免疫密度达到100%。27个行政村完成土地权属调查,确权到户6.3万亩。全国第三次农业普查、全国第二次地名普查、文化资源普查、劳动力调查等统计工作完成。

天水市麦积区马跑泉镇

书　　记:高志强(区委常委)
人大主席:卢军辉
镇　　长:雷晓勇
副 书 记:董　超
纪委书记:姚尚文
副 镇 长:汝军军
刘海全
王军锋
武装部长:何思波

(供稿:郭霞霞)

花牛镇

【概况】花牛镇地处城郊,位于秦州、麦积城区结合部。全镇总面积155平方公里,耕地面积7.8万亩,现辖38个行政村3个社区,总人口5.9万人,其中城市人口1.3万人、农业人口4.6万人。辖区内有部省市属企事业单位8家,个体、私营企业128家,个体工商户432户。镇党委下辖47个党支部(党总支),其中:村党支部38个、机关事业单位党支部2个、协会党支部2个、企业党支部2个、社区党支部3个,有党员1476名。

【重点项目建设协调保障】2017年,累计完成征地1000余亩,拆迁农户600余户,企业180余家,高铁南站、麦甘公路、成纪大道建成通车;商贸城、体育中心、天水大剧场项目进展顺利;峡口新家园主体工程完成20余栋。天水南站综合交通枢纽及站前广场项目。占地802亩,涉及拆迁赵崖村农户634户2825人，地质队住户590户2950人。截至2017年底，完成征地465亩，迁移电力杆线及光缆电缆8条128根（含11万伏铁塔2座），拆除变压器6座，拆除大型移动信号塔1座、小型基站2处（不涉及迁移费用），改建赵崖村高位水塔1座，拆迁农户257户、企业52家，拆除房屋288837.12平方米，南站及配套设施全部建成，于2017年7月交付兰州铁路局正式运行；同时，占地约498亩（含中轴线公园）商业综合开发区涉及197户农户和52家企事业单位征迁安置工作于4月底全面完成并交付使用。市体育中心建设项目。该项日涉及肖家庄村南庄、高湾、罗沟、邓庄4村，涉及82户农户和34家小企业拆迁安置。截至2017年底，项目区380亩土地全面完成征收；涉及肖庄村82户农户房屋拆迁签订协议79户（剩余3户正在协商），完成搬迁拆除78户（有1户正在搬迁）；涉及企业34家，评估34家，签订拆迁协议33家，完成搬迁拆除32家，剩余1家企业在协商中。游泳馆、体育馆、体育场、体校各大场馆以及体育馆工程以南绿地工程项目全面协调保障到位，工程进展迅速，项目区域内建筑垃圾随清随运，各大场馆施工不受影响。天水大剧院建设项目。占地约60亩，涉及肖家庄北庄46户拆迁。截至2017年底，土地征收完成，房屋完成评估44户，拆除44户，剩余2户不影响工程进度，拆迁工作有序推进。商贸城建设项目。涉及花牛镇肖庄村、邓庄村两村，规划总用地988.8亩。截至2017年底，完成征地760.18亩。水投项目。涉及花牛镇邓庄、罗沟两村，需征地16.9818公顷255亩（其中：邓庄村190亩、罗沟村65亩）。邓庄村190亩征地中涉及村庄农户房屋占地150户约75亩，耕地约115亩。截至2017年底，暂不考虑农户拆迁及村庄占地，该项目需征收两村土地约180亩，其中代征罗家沟大桥项目用地约32亩，水投项目实际可用土地约150亩。截至2017年底，天水市引洮供水工程配套项目（水投项目）征地完成征地计130亩（其中：邓庄村征90亩，罗沟村征40亩），代征罗家沟大桥项目征地32亩全面完成。截至2017年底，两村有50亩土地还未征收到位，其中邓庄村30亩，罗沟村20亩，与农户协商。罗家沟、廿铺大桥项目。截至2017年底，罗家沟大桥经建成通车；廿铺大桥进行桥面架设，项目进展顺利。成纪新城土地贮备和净水厂征地工作。项目位于花牛镇峡口村，完成征地576亩，其中：成纪新城530亩、净水厂46亩。截至2017年底，，峡口新家园主体竣工净水厂项目正在建设实施。飞机场片区土地储备。飞机场周边规划储备土地4033亩，其中花牛镇规划占地约3300亩，涉及廿铺、董沟、峡口等9村。截至2017年底，花牛镇征收土地3044亩，其中：正式交付市国土储备中心2041.6亩；测量准备移交但未签定协议350亩，尚未交付652.4亩主要位于花牛村客机改货机项目规划用地和区人武部片区。

【基础设施建设】实施基础设施建设、安置房建设和乡村环境整治，农村D级危旧房改造摸底74户，截至2017年底，建设14户、主体工程完工60户；投资113万元完成白家河606平方米阵地及市级美丽乡村示范村建设；完成通村道路、巷道硬化18公里；落实市、区环保“八项机制”和“十大工程”，投资40万元在花牛村试点实施“三改一补”项目，截至2017年底，改炕216个，改灶60个，改暖65个；在罗家沟沿线和成纪大道沿线计划修建垃圾池35个；配合市政府完成北山深度绿化工程；联合城管、国土等执法部门，组织上百人联合执法组，依法开展强拆“两违”建筑物联合执法行动15次，累计拆除各类“两违”建筑物50处（户），拆除面积达4万多平方米。

【社会事业】按照全面建设小康社会总要求，镇领导班子始终坚持科学发展观，在加快经济建设同时，统筹抓好民政、教育、卫生、文化、综治维稳等各项社会事业。完成8个村标准化卫生室建设工作，全镇医疗基础设施不断完善。完成11个村幸福老人院建设，为留守老人提供休闲娱乐场所。教育事业进展顺利，学前三年毛入园率、义务教育适龄儿童入学率、九年义务教育巩固率分别达到90%、100%和95%。群众文化生活丰富多彩，建成村级文化体育活动广场所36处，农家书屋实现38村全覆盖。城乡低保、农村五保供养、新农合政府补助顺利实施。降水量监测设备和文化信息资源享村级服务点实现全覆盖。

【农业农村】2017年，在南北两山累计流转土地1000余亩，完成优质建园600余亩，使花牛镇“两梁一沟”和“一梁一川”花牛苹果种植面积达到3.5万亩(其中盛果20000亩、初果期10000亩、幼树5000亩，贫困户15000亩)，花椒5000亩(盛果3800亩、幼树1200亩、贫困户1890亩)，樱桃6000亩(盛果2800亩、幼树3200亩、贫困户3200亩)。引导发展畜牧养殖场4个，在一川形成以第二、第三产业主，苹果、花椒、樱桃、商贸等多业并举产业发展格局。新建电商平台9个，16个贫困村电商平台达到全覆盖。

【扶贫开发】2017年4-8月份，按照建档立卡贫困户动态管理要求，根据“12345”贫困人口识别程序，新识别贫困户25户98人，剔除不符合规定贫困户36户207人（剔除2017年以前脱贫不符合规定贫困户129户667人)，将14户55人经脱贫贫困户退回到未脱贫状态。经核查2014-2015年回退返贫115户507人。完成8村标准卫生建设、建设省级乡村建设1个，环境整洁村3个、启动建设剩余22村文化广场、乡村舞台，扶贫互助社资金运行率达到78%，完成60户D级危房危房改造，正建14户，完成55户C级危房摸底工作，计划在2018年完成加固维修，完成“雨露计划”、“两后生”培训计71户兑付资金106500元。截至2017年底，全镇剩余贫困户718户3148人，贫困发生率为7.26%。

【河长制和全域无垃圾创建】成立由镇党委书记任组长，党委副书记、镇长人副组长，其他党委成员及各村党支部书记、相关部门负责人为成员花牛镇落实河长制工作领导小组，研究制定《花牛镇全面推行河长制实施方案》，确定镇级河长7名、村级河长42名，明确各级河长主要管控职责，竖立河长制公示牌，组织各村动员人员、动用机械，对渭河、耤河河道护坡内存量垃圾进行为期两周集中清理，累计清理存量垃圾50余吨，对2个遗留采砂沙坑进行回填，并对部分河道进行清淤疏浚整治。7月份，配合区环保局、城建局对耤河河道排污口进行摸底调查，排摸出耤河排污口8个（其中九峪沟污水于今年5月份归入城市管网系统），对每个排污口上游污染源进行追踪溯源，正在配合市城投建设污水处理管网。8月份，研究制定《花牛镇全域无垃圾创建工作实施方案》，成立由党委书记和镇长为双组长花牛镇全域无垃圾创建工作领导小组，突出重点、细化措施、靠实责任，在全镇新建垃圾池49个，其中罗家沟沿线13个；在渭河、耤河河道及重点区域竖立严禁倒垃圾警示牌12个，各村基本都建立垃圾清运长效机制，初步解决全镇垃圾无序乱倒、村容村貌不整洁、村内卫生状况脏乱差问题。

天水市麦积区花牛镇人民政府

书　　记：强永斌
人大主席：凌云斌
镇　　长：裴利杰
副 书 记：霍　军
副 镇 长：季凡凡
　　　　　刘华锋
　　　　　李胜利
武装部长：郭建华

（供稿：张王玮）

社棠镇

【概况】社棠镇地处天水市麦积区东部城郊。全镇现辖4个社区居委会，17个行政村，全镇总人口32308人，其中农业人口4474户19104人，总面积64平方千米，现有耕地面积16220亩，2017

年全镇农民人均纯收入达到8526元,城镇居民可支配收入达到13562元。有党基层组织28个。其中党委1个,党总支1个(农村党总支1个),党支部26个(农村党支部17个)。有党员1033名。

【精准扶贫】整合第一批涉农资金316.89万元，完成四个贫困村5.4公里小巷道硬化,9.3公里产业路硬化,600米排洪渠建设;完成解决中山流域万亩葡萄基地灌溉问题中山流域提灌工程,总投资达到1500余万元；完成5个贫困村动力电、标准化卫生室、综合文化服务中心项目等全覆盖;完成13个文化广场项目建设203万元,安装太阳能路灯88盏;实施贫困户危旧房改造41户,按照政策2017年完成D级危房改造任务20户,补助资金49.5万元;发放精准扶贫专项贷款个人类1660万元、组织类24.4万元;发展果品、畜牧、蔬菜、劳务等特色优势产业,贫困村新建果品基地300亩、实施果园提质增效50亩,标准化畜禽养殖场3处,贫困村畜禽饲养总量达到500头(只),发展蔬菜种植2000亩。

【支柱产业】以中山流域万亩葡萄基地为重点,通过品种优化换代和水利设施配套完善,确定选择适应于本地种植并具有市场经济效益“巨玫瑰”大面积推广种植200亩,大力推广疏花疏粒、果穗套袋及增施有机肥、病虫害综合防治、节水灌溉等先进技术,发挥其示范带动和龙头引领作用,在东山、李家渠完成300亩果树建园,刘尧村花椒种植200亩。加强对失地农民就业培训,使社棠镇外出务工人员由体力型向技能型转变，全镇依靠精准脱贫政策引导累计培训农村就业人员1790人(次),有组织地向上海、广州、新疆等地输转务工人员2490人(次),创劳务收入6554万元。

【人居环境改善】以全域无垃圾和全国文明城市创建为契机，以庄天路沿线及主街区改造为中心,辐射带动全镇范围内各行政村、社区、驻镇单位,改善社棠镇人居环境。截至2017年底,投资300余万元,在辖区内栽植各类苗木20000余株、新建垃圾池20余个、新建景观墙2公里、发放各类垃圾收集桶1000余个、购买全新垃圾收集车1辆,结合河长制,将各河流、沟渠环境综合治理责任到人。并建立社棠镇全域无垃圾网格管理责任制,聘用责任心强年轻人担任镇级环境巡查员,定期对辖区内企业生产、居民生活等排污现象进行巡查,一旦发现问题,即时整改。

【项目建设】结合精准扶贫工作开展,通过多渠道多方衔接，落实项目资金400万元，完成率100%.;紧抓地处经济开发区有利条件和城中村改造机遇,通过招商引资进行开发改造,全镇实现引资4亿元,并实现全年固定资产投资2.5亿元。向阳村金台星光家园建设1栋2个单元26层商住楼,主体、外墙工程全面完成,刘尧村43户砖混结构两层独院生态移民搬迁项目建设，全部交付使用,柏林村异地搬迁勘探工程正在紧张实施。

【社会事业】截至2017年底,社会保障方面全镇参加城乡居民养老保险13587人，收缴保费156.32万元,持续率达到94.49%。新农合参合农民19419人，收缴参合费273.11万元，参合率100%,今年发放医疗救助金39.16万元,各种优抚金86.63万元，五保供养资金8.54万元，救灾款40.07万元。发放廉租房补贴142户37.14万元,重度残疾人护理补贴101人29.1万元,特困残疾人生活补贴62人7.44万元,发放农资综合补贴、粮食直补资金78.18万元。计划生育方面全面落实城乡143户独生子女领证父母奖励金发放,对3户农村女领证户发放1000元奖励金。申请4户特困救助,发放救助金76800元,为49人奖励扶助对象发放扶助金54390元,为79户两户子女办理意外伤残保险金2370元。

天水市麦积区社棠镇

书　　记:贾　珩

人大主席:汪双恩

镇　　长:成正强

副书记、纪委书记:罗红霞(女)

副 镇 长:卢德红

张进禄

谢志荣

安进斌

武装部长:马更兵

（供稿: 周彦龙）

甘泉镇

【概况】天水市麦积区甘泉镇地处天水市东南部,气候为北温带之南沿,气候条件非常独特,光、热、水资源丰富,属典型大陆性气候,四季分明,气候温润,温差较大,年均气温 11℃,年均降水 800 毫米,无霜期 179 天,海拔 1080 米—1750 米,土地肥沃,光照充足,交通便利,极适宜设施农业和农业产业化发展。

甘泉镇距天水麦积区城区 15 公里,是通往麦积山风景旅游区必经之地,麦贾公路和宝天高速公路公路贯穿全境,全镇总面积 240 平方公里,现辖 24 个行政村,93 个自然村,156 个村民小组,截至 2017 年底,约 9557 户,45725 人,全镇农业以果品、畜牧、劳务、商贸旅游为主。

甘泉镇旅游资源丰富——境内有知名“春晓泉”、“双玉兰堂”、“太平寺”、“云光寺”、“云雾山”、“杜甫草堂”等旅游景点,是古秦州著名东八镇之一。镇区依山带水、风光怡人、商贾活跃、交通便捷,依托麦积山大旅游产业圈,在麦贾公路沿线初步形成“农家乐”餐饮、休闲观光、垂钓娱乐等旅游经济线。

甘泉镇政府现有在职干部职工 134 人,离退休 15 人,在职人员其中行政人员 32 人(行政工勤人员 2 人),事业人员 102 人(事业工勤人员 9 人)。截至 2017 年底,甘泉镇设 1 个党委,有 27 个党支部,有党员 1071 人。

【组织建设】在党务工作方面,党委班子成员带领全镇党员干部,坚持把理论武装摆在首位,带头学习党十九大精神,自觉参加“党员固定活动日”,带动推进“两学一做”学习教育常态化制度化,镇党委全年累计集中学习 20 次,开展专题研讨 4 次,召开专题组织生活会 1 次。各基层党组织开展集中学习 107 次,开展专题研讨 107 次,教育辅导党员 1068 人,查摆问题 67 条,广大党员“四个意识”进一步增强,党员干部政治理论水平得到明显提升。全年培养入党积极分子 49 名,新发展党员 26 名,创建市级党建示范点 1 个,市级精神文明单位 1 个,整顿转化软弱涣散基层党组织 2 个。结合年初村“两委”换届选举,新调整村党支部书记 8 人。按照分类指导、整体推进、细化标准、全面规范原则,有 15 个党支部达到规范化建设标准。认真落实从严管党治党责任,对违纪违法 8 名党员干部给予党纪处分。采取组建扶贫互助社、集体土地租赁、入股等方式,逐渐消除“空壳村”,培育和发展壮大村级集体经济。依托精准扶贫,多方争取项目支持,选优配强驻村干部和大学生村官,推行为民代办服务,密切联系群众,打造特色鲜明党建示范点。

【精准扶贫】脱贫攻坚作为第一民生工程,2017 年度甘泉镇全面落实精准脱贫省市区“1+17”、“1+18”方案,实施全区扶贫攻坚工程,充分发挥驻村帮扶工作队作用,把富民产业作为群众增收主要渠道,加快以水、路、电、房为主基础设施建设。改造完成农村 D 级危房 84 户,摸底农村 C 级危房 126 户,开展贫困农户技术培训 4 次,培训贫困人口 300 余人,引导村级精准扶贫网店规范化、制度化建设,提升精准扶贫网店市场竞争能力。充分发挥互助资金作用,累计发放互助资金贷款 145 户 435 万元,引导村级扶贫互助社规范运行,做到用金融之水浇灌贫困之树。贫困村基础设施建设,改扩建村级文化广场 13 处。按照双线排序比对法,经各村民主评议,评议出好 168 户 643 人,中 165 户 635 人,差 114 户 437 人,全镇 2017 年稳定脱贫 117 户 481 人奠定坚实基础。

【重大项目协调保障】重大项目协调保障工作有力推进,全面完成麦积山大道一期征地拆迁任务，完成东柯大道拆迁22户，征地580亩，翠园二期征地390亩，麦积山大道二期征地100余亩，拆迁房屋120户2.4万平方米，完成曲溪供水甘泉水厂征地280亩，城乡投医养结合医院征地460亩，自驾车营地征地125亩，玉兰安置区300余亩，西部华昌欢乐城拆迁68户2.28万平方米，玉兰村三角地征地19户30亩，启动西联峰业征地丈量工作。启动玉兰小镇安置区建设，双泉家园顺利封顶，石沟村异地扶贫搬迁项目进展顺利，建成6层住宅楼三幢，精准扶贫小面积住宅和村级综合服务中心即将完工。天津援建人饮工程解决金胡、毛集、高庄等9村人畜饮水问题。完成招商引资4亿元，固定资产投资4亿元，项目争取400万元。

【农业工作】全年调运顶凌覆膜地膜40吨，完成顶凌覆膜任务10600亩，玉米保险投保2935户8050.1亩，因旱灾赔付119067.2元。落实玉米种植科技指导，20户农户提供200千克化肥，发放施肥机5台。完成8926户97829.81亩50077块地土地确权工作。协调引进土地流转大户3家，流转谢崖、归凤、吴寺等村土地3000余亩，建成千亩示范点一处。采取“买一补一”方式，完成耕地质量提升与化肥减量增效项目任务10000亩。

【林业工作】全面落实退耕还林政策，兑付4946.5亩补助资金223.45万，2015年种苗造林费39.8475万元，2016年种苗造林费12.8979万元。落实2016年选聘3名生态护林员工资8000元/人/年。选聘2017年生态护林员3名，2018—2020年选聘生态护林员每年26人。兑付2016年17703亩公益林补偿金181455.75元，2017年17703亩公益林补偿金182871.99元，2017年天保工程集体公益林27767亩生态效益补偿金78441元。

【动物防疫】与各村、各养殖企业签订《目标管理书》，整村推进、集中防疫，全镇免疫生猪口蹄疫8413头、猪瘟8424头、蓝耳病8215头，猪耳标穿挂8215头，牛口蹄疫免疫数1175头，羊口蹄疫免疫数3636头，鸡高致病性禽流感、新城疫免疫免疫352643只，免疫率均达到100%，全年为409头能繁母猪收缴保险费4908元，发放宣传资料700余份，消毒药物100袋。

【劳务输出】主动与区劳务办联系，拓宽就业信息，增加技能培训次数，组织劳务输转8000余人，其中就地转移5000余人，协调流转企业吸纳就业800人，实现劳务收入1.2亿元。

【小城镇建设】成功申报甘泉特色小镇全国第二批国家特色小镇，编制完成《天水市麦积区甘泉镇国家特色小镇建设规划》，抢抓一事一议财政奖补项目，在金胡村安装太阳能路灯69盏，西枝村安装太阳能路灯75盏，硬化廖庄村巷道500米，配套排水渠600米，胡沟村硬化小巷道1780米，八槐村新建排水渠386米，吴家寺村硬化巷道2700米，阳湾硬化巷道2500米，庙沟村硬化巷道1900米。同时，由甘泉国土所、城管中队、镇干部组成专项工作组，依法拆除麦积山大道沿线违章建筑40余处。

【全域无垃圾治理】镇政府多方筹集150万元，实行镇区、村组环境卫生大包干，每村选聘3—5名环境保洁人员，清除垃圾1000余吨，取缔临时垃圾点185处，清理河道5公里，制定完善卫生保洁、垃圾清运、设施维护、人员管理等制度，镇域内“脏、乱、差”现象得到明显改善。

【社会事业】核实确定1097户3014人农村低保扩面提标，统一建立电子档案。新增养老保险对象9人，发放二女户一次性奖励3人，计划生育特困救助1人，全年累计发放低保金634.86万元、大病医疗救助资金50万元、优抚资金25.5万元、五保户供养金49.38万元，下拨救灾救济资金92万元。发放贫困家庭“两后生”培训补助124人18.6万元。发放农业支持保护补贴360.4537万元，全面启动城乡居民社会养老保险工作，收缴社会养老保险基金200.16万元，参保率高达97%以上。收缴2018年度农村合作医疗基金651.706万元，参合率达97%，合作医疗覆盖面稳步提升。组织举办“正月十五”社火汇演活动，在农闲时间，部分村举办以精准扶贫精准脱贫为主题各种文艺活动。全年完成孕前健康检查432对,发放生育指标580对,办理流动人口婚育证明48人。加大科技项目实施力度,培育推广科技成果,提高科技对经济增长贡献率。坚持教育优先发展,优化教育布局,整合教育资源,完成投资110万元甘江幼儿园建设,促进全镇教育均衡发展;加强魅力名镇建设,深入挖掘杜甫文化资源,鼓励社会力量捐助和兴办公益性文化事业。

【社会治安综合治理】全年整治辖区内农用车、无证车辆违章载人现象,办理电动车牌照1452辆,坚决杜绝无证驾驶,无证上路风险。加大对矿山,建筑企业等安全宣传教育和监督管理,全力开展汛期险段、险情排查,在全镇地质灾害点统一设置警示牌,全力开展矛盾纠纷排查,对矛盾信访实行科级领导包案制,扎实开展积案化解,全年排查调处各类矛盾纠纷70余件,不断加大对赌博、盗窃、传销、禁毒等一系列影响社会稳定行为查处打击力度,针对小学附近居住有两名易肇事精神病人,要求中学及小学充实校园安全保卫人员,加强日常巡逻,同时对辖区内3名精神病人进行救治。

天水市麦积区甘泉镇

党委书记:陈书田
人大主席:党为民
镇　　长:石根才
副 书 记:左保明
纪委书记:李向军
副 镇 长:李雄颢
田娟娟(女)
强龙龙
武装部长:辛致玺
党建办主任:牛　坤

(供稿:李明伟)

麦积镇

【概况】麦积镇地处麦积区东南部5A级景区——麦积山风景名胜区内,距天水火车站28公里,交通便捷,麦贾公路、景区环道横贯全境,宝天高速公路途径街亭、宏罗、滩子三村。麦积镇历史悠久,自然人文景观丰富,名胜古迹星罗棋布,境内有世界文化遗产麦积山石窟,有仙人送灯、净土松涛美称仙人崖、净土寺佛教静地,更有植物园、温泉、溢香洞、罗汉崖、石莲谷等遥相呼应。

麦积镇现辖15个行政村,4800户2.1万人,镇域面积193平方公里,耕地总面积4.8万亩(其中退耕还林面积2.8万亩)。全年完成招商引资4.3亿元,项目争取400万元,固定资产投资3亿元,农村经济总收入达到1.525亿元,人均纯收入达到7926元。2017年,荣获全区农村环境综合整治及人居环境改善行动先进镇;荣获全区2017年度农村全域无垃圾创建工作先进镇;荣获全区食品安全监管工作先进单位;荣获全区防范和处理邪教工作先进镇;荣获全区重大动物疫病防控工作先进集体。

【经济建设】坚定不移贯彻新发展理念,坚决端正发展理念、转变发展方式,发展质量和效益不断提升。街亭全国养老示范基地、天水麦积客运站进展顺利,街亭古镇保护性开发项目、宏罗风情小镇快速推进,甘泉高庄至麦积山景区S218线旅游公路项目顺利实施。

【产业结构】实施曹温梁万亩苹果补植补造和果品提质增效,开展果园提升管理作务培训班3期,累计培训1689人次。以"合作社+农户"方式,在红崖、卧虎、草滩、后川、滩子等村发展土蜜蜂养殖105户。全力实施"旅游拉动"战略,壮大特色优势产业。随着麦积山大景区建设步伐稳步推进、大型电视连续剧《苦乐村官》上映热播及后川农家乐二期改造工程等一批文化旅游项目拉动,全镇旅游产品日益丰富,旅游综合收入稳步增长,带动全镇发展农家乐40余户;为麦积山景区、麦积山石窟输送从业人员400余人，其中销售旅游纪念品200人，讲解员60名，其他从业人员200余名。

【社会事业】贫困村水、路、房、自然村动力电实现全覆盖，建成滩子、陈山、北湾电商网站3个，全镇254户1034贫困人口稳定脱贫，贫困发生率从11.68%下降到6.56%。全面完成中小学教育改薄项目，完成雨露计划“两后生”培训120人，发放补助18万元。农村新型合作医疗稳步推进，缴费持续率达到100%。农村养老保险缴费持续率达到96.24%，社保卡办理人数达到12749人，发卡率达到84.71%。建成草滩、杨何、北湾农村互助老人幸福院3个，做好救灾救济、低保、优抚、医疗救助及残疾人保障工作。全面落实二孩生育、奖励扶助等各项计生政策。

【人居环境】实施易地扶贫搬迁、农村道路通畅、“一事一议”农村公益事业、“美丽乡村”建设、环境卫生综合整治等一大批基础设施建设项目，乡村面貌发生新变化。陈山新村一期、永庆新村易地扶贫搬迁基本完成入住，陈山新村二期工程进展顺利。实施通自然村道路硬化9.8公里，巷道硬化7.22公里；修建河堤10.1公里。建成陈山、北湾、后川、刘坪、麦积、宏罗、冯王7村综合文化服务中心(乡村舞台)。在景区环道沿线后川至滩子沿线打造园林小品4处，村庄绿化、亮化工程稳步推进。紧扣“环境优美、服务完善、管理有序、宜居宜业”目标，统筹推进全域无垃圾创建和河长制工作，新调整配备村级保洁员42名，购置分户垃圾桶5000个，修建垃圾收集处理场所15处，各村建立柴草堆放场、建筑材料存放场，做到场地规划合理、杂物堆放整齐；全面落实河段包干责任体系，对全镇东柯河、颍川河两大水系，涉及总长度30455米，落实镇级河长10人，村级河长20人。美丽乡村建设迈出重大步伐，创建后川村为省级美丽乡村，陈山村为区级美丽乡村，草滩村为万村整洁村。“两违”建筑管控力度逐步加大，坚持党政同责、一岗双责、层层落实原则，建立健全组织领导、责任落实等一系列制度体系，衔接麦积山大景区管理委员会、麦积山石窟，印制村民住宅建设方案500份，全面消除“两违”存量建筑10户，有效遏制各类违法用地违法建设行为。

【党建工作】全年累计开展党员固定活动日12次，学习系列讲话270余次，讲党课90余次，专题讨论135次，书写心得体会90多篇。组织党员干部赴麦积区大革命纪念馆、两当红色教育基地观摩学习4期167人次，党员干部理想信念更加坚定、党性更加坚强，政治意识、大局意识、核心意识、看齐意识进一步增强。加大党建工作落实力度，组织村党组织书记集中培训2次；创建党建示范点3个；新建村级阵地3个；10个党支部完成规范化建设。规范入党程序，严把入党关，全年审核发展党员11名，培养入党积极分子20名。促进党建工作与优势产业紧密结合，为全镇25个种、养专业合作社指派党建指导员10名，为产业发展提供坚强组织保障。推行“党建+”工作模式，以脱贫攻坚为切入点，统筹推进中心工作、重点任务、日常工作，培育出党员脱贫致富带头人80余人，结成帮扶对子75对。

全面落实省委“3783”主体责任和“866”要求及区委关于落实党风廉政建设和反腐败工作总要求，切实履行党委主体责任和纪委监督责任，推动全镇党风廉政建设和反腐败工作取得显著成效。落实全面从严治党主体责任“七必须七同步”要求，镇党委班子成员全面落实主体责任要求，开展同步学习40次，同步安排部署25次，同步强调20次，同步督促检查26次，同步调研15次，同步约谈90人次，同步排查廉政风险6次。加强对干部廉政教育，对全镇15个村69名村干部建立廉洁档案，签订廉洁履职承诺书，制定村干部廉洁自律“十不准”制度，配发廉洁教育读本和廉洁教育光盘，组织村“两委”干部学习200人次，建立“麦积镇廉洁教育短信平台”和“麦积镇党建、党风廉政建设微信群”，发送廉洁教育短信50余条。加强廉政文化建设，营造风清气正氛围。建立“麦积镇廉政警示教育基地”，各村建立“廉政教育室”，新制作60块廉政文化宣传牌，新建立5个村廉政文化长廊，组织党员干部观看警示教育片《永远在路上》《镜鉴》《党风廉洁教育片选编（一）》《巡视利剑》《辉煌六十年》5次。加强基层党组织负责人履职能力，组织开展科级干部和党组织负责人“三述”和测评会议。

【安全生产】按照“党政同责、一岗双责、失职追责”工作机制，在农用车辆非法载客上、项目实施单位及重点安全领域内，保持高压态势，层层落实工作责任，常态化开展道路交通、项目施工、消防等监管督查工作，全年累计开展专项督查10次，发现隐患问题117条，现场整改72条，限期整改35条，整改率达到100%。在敏感节点和重大节假日、庙会期间，加强对校园周边环境、人员聚集场所安全巡逻，确保全镇和谐稳定。紧盯目标任务，全面完成电动车挂牌工作，累计完成挂牌340辆。

【民主法治和社会治安综合治理】坚持和完善人民代表大会制度，切实加强对人大工作领导，支持人大主席团规范化建设，确保人大主席团依法开展工作监督和法律监督，组织区、镇人大代表开展项目建设监督考察现场会1次。加强对工、青、妇、武工作领导，规范化建成镇工会职工之家，配备图书2000余册，实施机关供暖改造项目，切实为干部职工提供舒适工作生活环境；精心组织，高效完成麦积镇第一次妇女改革换届选举大会；全年累计组织民兵点验2次，参加预备役、区人武部组织民兵训练4次，全镇成立民兵应急救援小分队15支。加强社会治理制度建设，完善党委领导、政府负责、社会协同、公众参与、法治保障社会治理体制，提高社会治理社会化、法治化、智能化、专业化水平。高度重视来信来访工作，及时化解各类社会矛盾纠纷，全年累计受理法律援助5起，化解矛盾纠纷28起，及时解决群众困难和诉求；全面开展“七五”普法，扎实推进“法律八进”工作，利用庙会、敏感节点、重大节日期间，在街道、集市、镇属单位开展法律法规宣传4次，发放宣传资料2000余份。

天水市麦积区麦积镇

党委书记：董小社
人大主席：王小林
党委副书记、镇长：张淑香（女）
党委副书记：汪　鹏
纪委书记：闫建军（4月止）
赵春明（4月任）
副 镇 长：姚旭春
赵春明（4月止）
赵　炜（4月任）
薛建林（7月任）
武装部长：潘文超
党建办主任：何亚民

（供稿：麦积镇政府办公室）

元龙镇

【概况】元龙镇地处秦岭山脉北麓、距麦积区城东约35公里处，310国道和陇海铁路贯穿全境。现辖22个行政村、88个村民小组、1个居委会、2.2万多人。总面积208.7平方公里，耕地36251亩，其中川地2923亩。作物种植以小麦、花椒、苹果、桃等为主，盛产石榴、核桃、柿子，有花椒栽培立地优势和传统基础，所产花椒以色红、粒大、肉厚、味浓、质优著称。因地理位置优越，交通条件便利，文化底蕴深厚，自古商贾云集，信息灵通，是麦积区东部政治、经济、文化活动中心。

【扶贫工作】元龙镇有建档立卡贫困村20个，建档立卡贫困户1564户、6141人，其中深度贫困村7个，364户、1670人，贫困发生率29.49%。实现整体脱贫2个村，脱贫919户，3887人。2017年底未脱贫645户、2254人，贫困发生率为10.82%。2018年计划整村脱贫11个村，2019年整村脱贫7个村。

【增收产业】发展养蜂户220多户、4800多箱，发展电商扶贫29户，农产品销售收入达102万元。在发展产业同时，把基础设施建设作为脱贫攻坚重点来抓，在青龙村、和平、园子3村实施单村人饮工程，解决安全饮水问题；硬化小巷道和通自然村道路5600米，解决行路难问题；实施危房改造和易地搬迁政策，解决49户人安全住房问题；新建文化广场11处，配套健身器材7套，解决群众对文化娱乐需求；配备专用垃圾箱1500个，解决全镇环境卫生差问题；发放精准扶贫专项贷款65户、325万元，互助社贷款26户、60万元，解决群众产业发展资金短缺问题；开展实用技术培训班14期，培训3000多人次，解决产业发展中技术不强问题。截至年底，剩余贫困人口645户2254人。青龙、后庄、元龙、和平等四村完成春季顶凌覆膜1000亩，均为分散覆膜。

【村内基础设施建设】在红星、青龙等10村实施巷道硬化工程，硬化巷道23.17公里。投资48万元完成红星村、关峡等5村329盏太阳能路灯安装工程。投资225万元，完成红星村四坪山产业路硬化工程。实施码头口村至园子村12.4公里通畅工程。

【桑渠村易地扶贫搬迁工程】该工程占地40余亩，建筑面积15000平方米，规划建设砖混斜顶结构住房110套，总投资2000余万元，配套实施场地硬化、绿化、亮化及水电路等基础设施建设工程，完成主体建设，正在做排水工程。

【元龙农贸市场改造提升项目】工程预算2000万元，新建建交易大棚一处，建筑面积2006.59平方米；修建一层商铺158间，建筑面积6300平方米，配套实施美化、绿化、硬化项目，全部完成。

【元龙花椒产业基地道路建设】元龙花椒产业基地建设将依托桑渠村花椒产业现有规模，通过改善农业基础设施条件，在现有3200亩集中连片种植区基础上，打造5000亩标准化花椒种植基地，抢抓天津市西青区对口帮扶机遇，实施产业基地道路建设项目，规划总长22公里，工程预算1222万元。完成15公里路基拓宽，铺设垫层工作，完成8公里硬化任务。

【井儿村美丽乡村建设】项目总投资1600余万元，对310国道沿线162户住户屋顶统一进行改造；对部分住房实施墙体改造；新修排水渠2.5公里；硬化道路1200米，配套修建主巷道大花坛24个，每个均为45平方米，户前小花坛248个，每个均为12平方米；新建956平方米办公阵地1处，砖混结构三层半，包括日间照料中心、阅览室、卫生室、村史馆、教育培训中心、健身中心等；实施井儿村河堤风情线景观工程，修建仿古城墙1390米，铺设渗水砖430米，挡土墙800多米，绿化800多米；新建六角重檐观景台1处；实施文化舞台改造提升工程。新建4000平方米休闲娱乐广场1处，配套人工湖1处以及亭子、假山、石景等；完成310国道井儿村段绿化1.5公里，种植乔木2000余棵、灌木19万余棵；新修排水渠1.8公里；新修产业路10公里。

【天柱山生态旅游项目】预算总投资1300余万元，安装太阳能路灯100盏，修建人性步道1600米，修建长城墙2500米，凉亭3处，绿化1500平方米。截至年底，上述工程全部竣工。

【G310国道元龙段美化绿化】西起青崖村，东至底川村，全长20公里，栽植苗木8种8000余株，修建文化墙6000米，装饰180000平方米，装饰沿线护坡3000平方米，修建道牙石3000米，并对沿线环境卫生整治，预算投资1100万元。全部完成。

【全域无垃圾创建】扎实开展全域无垃圾治理行动，投资150万元，购置清运车2辆，道路清扫车1辆，洒水车1辆，240L垃圾桶1500个，到户分类垃圾桶4500套，清理存量垃圾1000余吨，全镇环境保洁市场化运作正在稳步推进。

【河长制落实】严格落实河长制，成立河长制办公室，抽调精干人员充实到河长制办公室，配置相关办公家具。严厉打击非法采砂行为，组织开展15次专项行动，对境内7处非法采砂点进行处置。

【民生工作】2017年，发放低保户补助资金353.5035万元、五保户补助资金29.15415万元、优抚对象抚恤金13.1521万元、退役士兵抚恤金13.4565万元，临时救助33人、6.05万元，救助困难549户、2047人次，发放困难救助金49.7615万元，医疗救助88户、88人，发放救助金44.28万元。做好D级危房改造工作。全镇有D级危房38户，完工38户。认真做好信访维稳和矛盾纠纷排查调处工作。

【社会事业】联合元龙中心卫生院对本辖区安全存在薄弱环节加强整治，有针对性地开展专项整治行为，以事故为教育，加大对卫生宣传和督查力度，结合市级相关部门督查和检查。对学校卫生和生活用水进行春、秋季各2次巡查，全镇学校摸底13家，分户建档13家，生活饮用水摸底3家，分户建档3家，医疗机构摸底31家，分户建档31家，巡查334余次，公共场所摸底9家，严厉打击非法行医个体诊所，保障群众生产生活安全。落实边远农村教师生活补助，新建井儿村幼儿园，总投资40多万元，有效解决井儿村、红星村部分适龄儿童受教育情况。加强镇辖区食品卫生安全管理，与肉制品经营户签订“肉及肉制品安全承诺书”、与学校幼儿园食堂食品安全责任书、与辖区内药品医疗器械使用单位签订2017年度药械安全目标管理责任书、与食品加工小作坊签订食品安全生产加工责任书。建立健全22个村人口网格化地图，定期组织镇、村计生干部，对全镇22个行政村进行信息核查，重点核查身份证号码是否准确以及出生与孕情信息存在逻辑错误情况等。结合公安派出所对2017年度出生人口进行基础数据比对，进一步完善信息化管理。

【法制建设】全年镇党委、镇政府组织机关全体党员干部集中学习相关法律法规12次，专题讲座8次，办法制宣传专栏133期，发出宣传资料14000余份，加大依法行政力度，切实抓好人大代表建议、议案办理工作，加强基层民主法制建设，强化社区管理，尊重村民自治，认真落实政务、村务公开；切实抓好信访工作，层层签订信访责任书，抓好矛盾纠纷排查调处，认真处理和解决群众来信来访所反映问题，2017年深入开展矛盾纠纷排查调处活动，排查各类矛盾纠纷42起，处理信访案件4件。

天水市麦积区元龙镇

党委书记：潘新龙
人大主席：陶俊杰
党委副书记、镇长：赵 明
副 书 记：张楚仙(女)
纪委书记：贾玉龙(11月止)
曹 瑞(11月任)
副 镇 长：刘红吉
刘顺军
向爱东
武装部长：杨凯杰
党建办主任：裴志刚

(供稿：夏天奇)

伯阳镇

【概况】伯阳镇位于甘肃东南部，属渭河流域浅山区，距天水市麦积区城区20公里，310国道、陇海铁路贯穿全境，交通便利。全镇面积141.7平方公里，辖21个行政村，总人口2.38万人，耕地面积5.12万亩，果园面积2.83万亩，年产量达5万余吨，年产值过亿元，形成以苹果为主、伯阳鲜桃为特色果品支柱产业。2017年，全镇经济总产值达到22340万元，增长15%，人均纯收入达到7500元，增长12.3%。固定资产投资1.16亿元，超额完成任务，招商引资、项目争取均完成年初下达任务。

【精准脱贫】2017年，镇党委聚焦脱贫攻坚一号工程，围绕“真脱贫、脱真贫”，补短板、强弱项，统筹全镇各项重点工作落地见效。年度脱贫任务全面完成。按照“12345”贫困人口进出识别程序，依据贫困退出指标，全面完成年度动态管理工作。全年脱贫69户282人，剩余贫困户233户813

人，贫困发生率3.38%；各项帮扶措施有效落实。专项贷款后续工作全面完成，户户有果园富民产业实现覆盖，有需求主要劳动力参训全覆盖，贫困户入社率达到70%以上，年度贫困户危房改造全面完成，符合条件贫困人口教育、医疗特惠政策得到全面落实，各项惠农政策补贴、农房保险、“三户一孤”医疗保险、合作医疗、养老保险参合参保实现全覆盖，贫困村安全饮水、通硬化路、动力电、网络、互助资金实现全覆盖。

【全域无垃圾创建】围绕“镇域干净整齐、村庄优美靓丽”，以村级垃圾清理为切入点，全面推行“户分类、村收集、镇转运处理”农村垃圾收集处理模式，建立垃圾处理机制和村庄保洁制度，各村建立“两委包片、干部包段”环境保洁责任机制、组建常态化村庄环境保洁队伍、实施村庄环境卫生“日扫日清”工作机制，全镇创建工作有序、常态化推进。先后投入铲车20台次、翻斗车10台次、三轮车30多辆，发动干群5000余人次，对镇区、村庄主干道、通村道路、310国道沿线等重点区域进行彻底清理，清理清运存量垃圾达5000方，在兴仁桥头加装防抛网386米，各村环境卫生明显改观。

【河长制落实】根据省、市、区关于河长制落实有关精神，伯阳镇围绕“明确目标、落实责任、长效监管”要求。建立镇村联动、分级负责、部门协作河长制责任体系，明确各级河长职责，统筹辖区干支流、上下游、左右岸水域岸线，落实镇村两级河长25名；立足镇情、水情与河流实际，把依法打击私挖盗采、清理河道垃圾作为河道治理重要内容，坚持开展专项整治5次、定期不定期巡查20余次，拆除老旧便桥2座、设置道路限高栏6处，联合相关部门先后扣押非法采砂机械设备15台，清理河道垃圾20余吨；把河长制落实与其他工作日常检查、年度考核、奖惩选优并行挂钩。

【果品产业】强化科技支撑，邀请市、区农技专家开展培训8次，培训果农6200多人(次)，人人懂技术目标正在形成；完善果品市场体系，巩坪交易点各项建设任务全面完成，下河交易市场建设经营性用房70套，硬化交易场地8800平方米，搭建交易大棚3700平方米，顺利投入使用。巨隆苹果气调库、海丰源果业气调库投入使用，全镇果品产业链进一步完善；在石门村引进核桃种植大户3家，流转土地集中连片优质核桃建园3处2200亩，毛峪河流域适宜区产业转型实现突破。

【重大项目】攻坚克难，全面完成宝兰客专伯阳段保安、兴仁2村征地、拆迁后续各项工作。配合中铁二十一局一工区按期完成宝兰客专保安村隧道口刷坡改线工程。保安村红线内方神庙拆迁重建工作圆满完成。按时全面完成宝兰客专330千伏输变电线路86基塔位征地建设工作，有力保障联试联调工作按期进行；配合有关部门完成区列重点项目潘集寨至伯阳镇310沿线景观绿化工程前期工作。按时完成麦积区“孝文化产业园”项目选址工作，论证规划及前期手续正在加紧推进。

【重点工程】宝兰客专安置区后续工程全面完成。完成保安村A区、B区安置点广场及巷道硬化5000平方米、新修排洪渠350米、安装太阳能路灯61盏、新修各类花园、花坛35个；完成兴仁村安置点广场及巷道硬化6100平方米、新修排洪渠260米、新修河堤堤防367.7米、安装太阳能路灯48盏，两安置点水电管网入户及生活污水管网全部完成，按时实现群众入住；伯阳镇果品市场体3个子项目西坪果品交易市场、伯阳果品市场改扩建项目、范河干鲜果交易点项期工作顺利推进。伯阳村设施农业项目，邀请区农业局及山东有关专家正在进行前期设计；国开行贷款项目推进顺利，完成复兴等9村小巷道硬化23.42公里，完成兴仁等12村亮化路灯975盏，美化伯阳等14村文化墙4421.4米，建设范河等5村长城墙1735.3米，铺设南集等9村排污管道2.8公里。

【新农村建设】启动实施范河村、南河村易地扶贫搬迁项目。范河村安置点，总投资1595.2万元，新建二层民居住宅43套及配套“三通一平”、河堤、阵地等相关基础设施，占地24亩，建筑面积4252平方米，安置群众40户189人；南河村安置点，总投资1876万元，新建二层民居住宅57套，配套水、电、路网、河堤、挡墙及文化广场相关基础设施建设，占地33亩，建筑面积6060平方米，安置群众57户258人。各项主要建设任务全面完成；完成虎头川商贸流通开发项目一期后续工程，硬化广场及巷道1500平方米，新修排洪渠150米；西坪村易地扶贫搬迁项目70套住宅主体工程全面完工。

【基础设施建设】启动实施完成范河马家沟至石门映月湖、木湾焦家山至石门村道路建设项目。范河村马家沟至石门映月湖道路全长4.5公里，初步设计路宽6米，并建设桥涵、排洪渠等配套设施，该项目总投资690万元；木湾村焦家山至石门村道路全长10.5公里，设计路基宽度8–10米，路面宽度6–8米，该项目总投资800万元。截至年底，在没有前期资金支持情况下，通过镇村联动、党员带头，两条道路涉及征地及果树迁移全部完成，范河马家沟至石门映月湖道路路面硬化全面完成，木湾焦家山至石门村道路路基工程全线贯通，为伯阳镇毛峪河流域11村与麦积山大景区对接转型发展旅游经济奠定交通基础；实施毛峪河伯阳镇范河村段堤防工程项目，完成河道治理0.6公里、河堤540米；

【农业生产】2017年，完成8村全膜双垄沟播玉米2400亩、推广地膜洋芋1600亩；做好小麦“一喷三防”工作，落实各种防控药品550公斤；全面推广农业保险，完成苹果保险3500亩、玉米保险1200亩、马铃薯保险1200亩，切实增强群众抵御风险能力。

【人口和计划生育】截至12月底，全镇出生241人，出生率9.68‰，计生率89.63%，出生总性别比121.1，人口自然增长率为5.38‰，落实一男孩上环119例，结扎97例，(二女户29例)，全镇流出1900人，流入7人，办理婚育证1557人，已婚育龄妇女办证率100%，免费孕前检查217人，全面落实各项计生优惠政策，全年目标任务全面完成。

【强农惠农、民生补贴政策】2017年，全镇兑付农资综合补贴214.5739万元，兑付危改资金176.85万元、发放低保金351.9996万元、五保供养金29.7792万元、发放临时救助金20.3万元、孤儿救助金2.376万元、优抚金14.7026万元、残疾人生活补贴19.2万元，退伍军人补助金7.398万元，全年累计发放丧葬费75480元。

【劳务服务】全力与用工单位协调，全年组织700人参加精准扶贫劳动力培训。引导广大群众到工作福利好企业进行务工，全年劳务输转5300人，劳务创收达8400万元。

【科教文卫】成功举办2015年伯阳镇庆新春社火表演等大型群众文化活动6场次，群众文化活动日益繁荣；农村新型合作医疗参合率96.54%，新农合门诊特殊残疾病人补偿38人，新农合开卡195张，筛选并上报136条精准扶贫户住院信息，切实解决困难群众看病难、看病贵问题；养老保险参保率96.46%，全年累计发放养老金270多万元，发放率96.01%，信息采集率90%，养老保险参保费收缴工作全面完成。

【动物疫病防控与畜牧】高度重视动物疫病防范工作，以小反刍兽疫防控为重点，全面完成春、冬季集中免疫防控，应免疫密度达到100%，总体防疫密度猪瘟、猪口蹄疫、猪蓝耳、牛口蹄疫、鸡新城疫均达到100%、羊口蹄疫为100%、禽流感100%；兑付草原生态补助奖励资金25.385万元。

天水市麦积区伯阳镇

书　　记：杨高勇
人大主席：郭利荣
镇　　长：张彤文
副 书 记：刘田家（兼曹石村党总支书记）
　　　　　杨继荣
纪委书记：吕振煜
副 镇 长：王　平
　　　　　李金辉
　　　　　黄利敏
武装部长：王强军

党建办主任:缑晓锋

（供稿:吴进东）

渭南镇

【概况】天水市麦积区渭南镇地处三阳川渭河南岸，以伏羲卦台山而闻名，辖40个村,42739人,总面积128平方公里,耕地面积53472亩,其中山地42092亩、川地11380亩,2016年底人均纯收入5767元。辖区内陇海铁路东西贯穿,310国道南北跨越，麦甘公路横穿全境，交通十分便利,这里山川秀美,人杰地灵。2017年,完成固定资产投资1.68亿元，占任务100.7%；招商引资1.52亿元,占任务100.4%,项目争取300万元,人均纯收入达7234元,比去年增长12%,农村基础面貌得到改善，全镇经济社会呈现出又好又快发展强劲势头。

【精准扶贫】按照区委、区政府统一安排,围绕精准识别扶贫对象,规范建档立卡,做到“应进必进、应退必退、动态管理”确保全镇扶贫对象精准到村、到户、到人。结合本镇实际,制定《2018–2020年渭南镇脱贫攻坚实施方案》《党委班子成员和站所负责人联系贫困村责任落实制度》,为全镇实现同步建成小康社会指明方向。2017年新增深度贫困村12个,现有贫困村20个,建档立卡贫困人口2896户12330人,贫困发生率28.56%,2017年贫困村退出一个，贫困人口脱贫448户1957人,年底剩余1380户5674人，预计贫困发生率下降到13.49%。

【基础设施建设】投资65万元,在西湖湾村实施排污沟渠及配套护坡建设;投资88万元,在刘沟、西湖湾村实施护坡工程300米；投资226万元,在西湖湾村、能干村等村实施小巷道硬化工程19550平方米。累计完成危房改造132户,新建村级综合文化服务中心(含乡村舞台)32个,配套体育健身器材200余套，完成村级标准卫生室建设19个,贫困村基础设施面貌改善。

【产业发展】在刘沟黄坪示范点完成春季铺膜500亩、西湖湾村秋季铺膜300亩,投资174万,在渭西、营房、硬化产业路3200米;投资100万元,在南山果品基地拓宽砂化路10公里。在西湖湾村、营房村、张石、渭西村、马王等村新建园苹果800亩、核桃1000亩、樱桃550亩,花椒1520亩;在马王、雷尹建设中药材基地600亩;在西湖湾、营房建成万只蛋鸡养殖场,各项培训5场1500多人次。

【扶贫资金】上级下拨渭南镇“双助贷”资金总量3148.2万元,实际到账2958.2万元,农民借款户数723户,借款总金额2042.5万元,借款比率69.05%。

【重大项目建设】协调解决宝兰客专、麦甘公路征、330千伏宝兰客专输电站地拆迁遗留问题,有效保障重大项目建设进度。完成天平高速项目建设征地89.7亩，协调服务保障天水陆港城项目征地前期工作,及时梳理问题、排查纠纷、化解矛盾,妥善解决信访积案件4起,保障宝兰客专、麦甘公路、天平高速等重大项目等重点工作顺利进行。

【产业发展】在王李、王新、霍卢村实施节水灌溉农田5500亩;完成春季铺膜200亩、秋季铺膜1000亩;完成人工造林600亩、森林抚育3000亩。在渭西、吴村等村建设无公害设施蔬菜基地500亩,在汝季、雷尹建成村建成1000头生猪养殖场,实现农业产业化持续发展,确保农业丰产增收。

【城镇化建设】按照“村、户共同选址,镇政府统一审批”原则,以“科学合理规划,精心组织实施,加快工程进度,注重工程质量”为工作目标,实施缑庄村新农村、蒲石二期生态移民搬迁项目建设,两个项目主体工程建成,附属配套工程正在有序建设中。投资458万元,在渭红村、窦峡村、刘庄村、霍卢村实施麦甘路景观节点项目;投资266万元,实施中卦路提升改造工程;投资95万元,在刘庄村建设排洪渠900米;投资85万元,在渭红村建设排洪渠800米;投资102万元,在渭红村、王李村实施通自然村道路硬化2.9公里；投资140

万元，在麻坪村、王新、西湖湾、渭红村、刘庄村实施村庄环境整治美化工程项目；争取“一事一议”项目资金 510 万元，在苏景、马咀、雷尹、左李、渭西等村实施道路硬化 11.65 公里，在缑庄村、王新、西湖湾村安装路灯 170 盏，在霍卢村、营房修建排洪渠 2900 米，在窦峡村修建护坡 260 米，在渭红村修建公共活动场所 3700 平方米。渭南镇城镇化建设成果显著。

【社会事业】计划生育工作日趋规范。全面提高计划生育工作水平，通过加强入户调查力度、强化工作措施、靠实工作责任，切实做到软件资料规范运转、相互对口，硬件任务与软件资料对口，各种表、卡、册、单等资料齐全完备，硬件任务全面完成，2017 年，人口自增率保持在 7‰以内，符合政策生育率 95%以上，符合孕前优生检查对象参检率保持在 80%以上，各种优生优惠政策落实到位。全镇各村参保率达到 98%以上，基金收缴安全率和养老金发放率 100%，持续参保率达到 97%。确定低保户 858 户 3006 人、五保户 150 户 150 人，切实把低保名额落实到真正困难群众，2017 年，全镇发放临时救助 74 人 18.2 万元，发放抚恤金 469 人 162.9487 万元，大病医疗救助 124 人 121.42 万元，救灾款 377 人 18.605 万元，输转劳务 1.05 万余人次，创劳务收入 1.9 亿元，实现劳务经济快速发展。

【全域无垃圾创建】成立渭南镇环境保护领导小组，与辖区内砂场、石场、建筑工地签订责任书，集中整治砂场 3 家，拆除土小企业 9 家。实施全域无垃圾创建工作，建立完善垃圾保洁清运机制，累计出动人力 8000 多人次，出动车辆 7000 余次，中大型机械 530 台次，清理存垃圾 2 万余吨。投资 40 万元，实施西湖湾村环境综合整治项目和绿农养殖农民专业合作社规模化畜禽养殖污染防治项目。

天水市麦积区渭南镇

党委书记：曹　恒

人大主席：李小晶

党委副书记、镇长：汪正东

党委副书记：张　泽（11 月止）

王志奇（11 月任）

纪委书记：王志奇（11 月止）

赵达平（11 月任）

副 镇 长：贾江波

赵达平（11 月止）

高利强

装部部长：郭振强

（供稿：麦积区渭南镇政府办公室）

中滩镇

【概况】中滩镇位于麦积区西北部三阳川，渭河与葫芦河交汇处，渭河与葫芦河交汇处，北靠石佛镇，南接渭南镇，西连新阳镇，东抵天水市秦州区，距天水市市区 18 公里，与秦安、甘谷、清水、秦州等县区毗邻，天巉高速公路、秦南公路、麦甘公路、宝兰客专、天平公路横贯全境，天水国家农业园区坐落境内。全镇下辖 23 个行政村，总人口 3.8 万人，耕地面积 28334 亩，镇域面积 48 平方公里，2017 年农民人均纯收入 7110 元。

【精准扶贫】2017 年度全镇脱贫 182 户 789 人，剩余贫困人口 835 户 2966 人，贫困发生率降至 7.9%。严格对照村脱贫 20 项、户脱贫 11 项指标要求，完成农村 D 级危房改造 22 户；完成文沟、毛家等村新建乡村舞台 18 个，硬化活动场所 9000 余平方米，安装健身器材 98 件、篮球架 13 副，新修文化长廊 200 余米；完成余峡、演营等村卫生室建设 10 个；完成汪李、后川等 7 个贫困村日间照料中心；成立丁赵、霍坪、漆李、杨成 4 个村电子商务服务点，配套电脑、打印机各一台，座椅 2 套，档案柜各一个。联系人社、农牧、商务、妇联等部门，通过种植、养殖、劳务品牌、岗位技能提升等培训，对有需求贫困户进行专业技术培训，完成创业培训 130 人次、果树修剪培训 100 人次、实用技术培训200人次、陇原巧手培训30人次、岗位技能提升培训120人次；完成2016和2017两年雨露计划补助培训学员330人。

【水利设施建设】完成2016年第二批中央资金西山坪片区高标准农田建设项目，主要完成排灌站1座，面积300平方米；配套输变电线路0.2公里、埋设管道30.64公里、衬砌渠道8.5公里、新建渠系建筑物22座、新建小型蓄排水工程4座等其他水利设施。同时，完成田间道路干道14公里，栽植行道树3000余株。完成投资27万元中惠渠主干渠边坡垮塌、支渠通水不畅清淤和维修。

【道路建设】完成投资68万元雷张公路8公里铺油工程；完成漆李、丁赵、霍坪、雷王等6村11.88公里小巷道硬化工程，配套排水渠950米，安装太阳能路灯42盏。完成投资110万元漆李村至赵崖村产业路硬化2.1公里，宽4米。

【绿化工程】完成渠刘、余峡两村向面坡绿化工程，绿化面积3000亩；完成麦甘公路至漆李、麦甘公路至种田行道树栽植，栽植柳树、塔柏5600株。

【太阳能路灯安装工程】完成投资70余万元中卦公路、临园路、雷张公路太阳能路灯安装工程，安装路灯162盏。

【重大项目建设】完成天平高速公路毛家、背湾等6村土地面积丈量、地上青苗及拆迁房屋初步评估登记等工作，征地面积557余亩，拆迁户35户，个体企业15户。截至年底，完成520余亩土地征用和青苗费兑付工作，拆迁企业4户，农户14户。同时，完成临时用地征用200余亩。君太华远种养结合粪污处理项目。建成粪污处理站1座，储粪池10000立方米，配套干湿分离机、污水处理等设施，埋设管道2800米。蒲甸新农村二期建设项目。完成投资360万元蒲甸新农村二期16户建设工程。

【富民产业】完成西山坪片区谢坪、刘阳、漆李等10村全膜双垄沟播玉米5750亩。春季和秋季完成余峡、种田、谢坪3村退耕还林补植补造540余亩，栽植花椒苗木30000余株；新建九龙山流域漆李、文沟优质苹果建园600亩。完成投资300万元陇丰养殖场改扩建项目，同时加强对全镇动物疫情防控，开展防疫员培训4次，开展畜禽普查、疫病防治等知识业务培训2次，落实防疫措施，全镇畜禽防疫率达到95%以上。2017年办理畜禽出栏检疫236000头(只、羽)。

【人居环境】2017年，完成总投资360万元麦甘公路中滩段沿线景观工程10处，清理垃圾60余吨，回填土方5000余立方，栽植雪松、塔柏、樱花、红叶李等风景树共7000余株，建成港湾式停车带一处，休闲三角亭和廊架各一处，绿化面积22000余平方米。以实现全镇境域视觉内无垃圾为目标，按照“高标准、精细化、全天候”要求，与天水整运物业服务有限公司签订《环境卫生清扫及保洁协议书》，配备垃圾清运车3辆，保洁车16辆，配备中转垃圾箱10个，成立13人专业保洁队伍，负责对镇主街区环境卫生进行全天候清扫保洁，并与沿街门店店主签订门前“五包”责任书，对墙面、电杆、广告牌等“牛皮癣”进行彻底清理。全面开展卫生整洁示范村创建活动，着力解决“八乱”问题，集中力量对主次巷道内长期堆放存量垃圾、渠道和死角地带垃圾进行彻底清理，清理存量垃圾900余立方，新建垃圾中转站13处，刷白墙体10余万平方米，绿化2万平方米，砌筑护栏8000米，拆除残墙断壁500余米，脏、乱、差现象得到有效治理。在全镇各村实行“二箱一桶”模式，将垃圾有效分类处理，配套“二箱一桶”8200余套。另外，建立健全各项环境卫生治理制度，制定《农村环境卫生管理制度》《农村环境卫生综合整治村规民约》《农村环境卫生保洁制度》等制度。

【美丽乡村建设】全年硬化巷道2.45公里，砌筑道牙和渠道盖板2.5公里，安装铁艺护栏1800米，新建花坛1800平方米，改造主干道沿线墙体3900平方米，栽植行道树600余株，购置垃圾车1台，垃圾桶830个。

【河长制落实】成立中滩镇全面落实河长制工作领导小组，研究制定中滩镇《全面落实河长制工作实施方案》《全面落实河长制工作奖惩办法》，由党委书记和镇长分别担任渭河和葫芦河河长，细化相关村支部书记担任村级河长，明确整治范围、工作重点、责任人员和保障措施。并按照“河面无漂浮物、河中无障碍、河岸无垃圾”标准对麦甘公路沿线和葫芦河流域沿线各村主干道两侧、沿河护堤白色污染物、柴草和其它堆积物进行彻底清理，累计收集、清运垃圾杂物20余吨，平整河道1200平方米，改造河岸护坡300余米，拆除违建1250平方米。同时，设置警示教育牌6处，悬挂宣传横幅30余条。

【社会事业】全镇2017年参保20705人，参保率达到95%以上，并按月足额发放6018人养老金。2017年度参合33840人，参合率达96.5%以上，全年发放医疗救助金114.28万元，临时救助金5.7万元，低保金44.94万元，五保金75.43万元，残疾人补贴29.16万元，优抚金68.44万元，困难老人补助0.24万元，救灾救助47.1万元、孤儿生活保障补助金2.3万元，“四个一万”工程救助金3.42万元。完成投资400万元西坪初级中学综合楼建设项目，建筑面积1806.48平方米。每个农家书屋都有1000册以上图书，满足广大村民及外来务工人员阅读需求。同时，完善多功能文化活动室，集棋牌室、乒乓室于一体，大大地丰富群众文化生活。全面落实各项节育措施和优先优惠政策，实施二孩政策登记、审批和网上办证，2017年办理生育登记证230本，其中一孩办证149本，二孩办证78本，再生育审批办证3本，网上办证30本，现场办理200本。同时，注重计划生育家庭发展，结合精准扶贫对计生“两户”家庭全过程关心关爱和政策上倾斜照顾，2017年落实独生子女父母保健费11040元，独女一次性奖励2000元，扶助资金8079元，特别扶助资金7200元，失独家庭补助资金1万元。全年排查矛盾纠分44起，调处完成44起。全年开展安全生产和餐饮业检查7次，下发监督意见24条，限期整改4户，查处无证经营3户，限期办理从业人员健康证4人，办理农用三轮车、摩托车牌照1060套，办理机动车驾驶证(D、E)968本。

天水市麦积区中滩镇

党委书记：吴炜安
人大主席：曹亚锋
党委副书记、镇长：刘向东
党委副书记：于军平
纪委书记：何志勇
副 镇 长：赵锦鹏
刘　江
杨　梅(女 12月止)
武装部长：王　平
党建办主任：陈鹏飞

(供稿:张渊博)

石佛镇

【概况】石佛镇地处麦积区西北部，东邻花牛镇和清水县，西南频邻葫芦河，北与秦安县接壤，半山半川，总面积101.31平方公里，全镇现有34个行政村，71个自然村，203个村民小组，总耕地面积72683亩，9735户农户，农业人口42675人。

【精准扶贫】完成2014-2016年度脱贫人口核查核实工作，按照“十不算、十不脱”核查方法和要求，核查回退脱贫户57户241人。2017年，全镇脱贫378户1698人（其中:23个贫困村脱贫182户814人），夏家村实现整村脱贫。全镇贫困发生率从2016年底19.3%降到15%，农民人均收入从2016年底6879元提高到7911元。

【基础设施建设】完成巷道硬化12.1公里，完成夏家村、石崖村小型水利排洪渠基础设施建设2处503米，完成堤防工程1处，村容美化亮化3处，安装太阳能161盏。建成农村综合性文化服务中心项目28处，综合性文化服务中心全覆盖。完成18个标准化村级卫生室项目建设。完成农村D级危房改造农户66户。

【农业产业】2017年，完成苹果建园1200亩，导流山区域核桃建园0.1万亩，花椒建园0.17万亩,完成北山区域绿化 0.11 万亩,全镇果园面积达到 46177 亩,其中苹果 21860 亩,花椒 8200 亩,核桃 7321 亩,葡萄 8499 亩,樱桃 297 亩,推进蔬菜产业化发展,新建各类优化蔬菜大棚 400 座,蔬菜种植面积达到 2.25 万亩。新建成标准化规模养殖场 3 处,新建标准化养殖圈舍 202 栋,畜禽饲养达到 34 万头。完成省级示范项目土地平整 1100 亩,配套产业路硬化 10.6 公里。完成水土保持项目 3300 亩,栽植刺槐、花椒、核桃 50 余万株。完成膜下滴灌示范面积 0.5 万亩,水肥一体化技术示范面积 0.5 万亩,春季全膜覆盖 0.8 万亩,经济林确权颁证面积达 2.2 万亩。栽植行道树 3500 棵。

【重大项目协调保障】 宝兰客专协调保障工作。完成杨庄村水塔拆除工作,宝兰客专沿线区域环境卫生综合整治和联调联试期间保障工作,遗留问题基本解决。麦甘公路石佛支线协调保障工作。完成全线征地拆迁扫尾工作以及拆迁安置,全线建成通车。启动实施镇区路段人行道工程。完成石佛北山供水改造提升工程,4 月 25 日,由全国政协常委、全国政协民族宗教委副主任任法融捐助建设麦积区石佛北山供水改造提升工程全面竣工,市委王锐书记宣布工程竣工,该工程建成彻底解决山区 22 个行政村两万多群众吃水难得问题。完成窝驮新村 94 户住宅主体工程门窗安装,附属设施工程建设基本完工;三阳新村 9 栋住宅楼建设工程正在进行中,主体陆续封顶;启动马家山村异地搬迁项目。

【全域无垃圾创建】石佛镇全域无垃圾创建工作,以"有方案、有标准、有队伍、有经费、有机制、有实效""六有"要求各村开展全域无垃圾创建活动,先在石佛村试点,积累成熟经验后向全镇推广,各村确定垃圾清运人员 46 名,专业保洁人员 459 名,监管人员 42 名,配备垃圾清运车 43 辆;累计投入铲车、挖机 500 余台(次),整修清淤污水沟渠 4000 米,运转垃圾达 62 万方;采用"村民收、单位集、镇上筹"方式,筹集环境卫生保洁、垃圾清运经费 140 万元。全镇存量垃圾清理完毕,垃圾"日产日清"长效机制进入常态化运行。

【河长制落实】 石佛镇全面推行落实"河长制",设立镇级河长 6 名,村级河长 38 人,村上按照实际配置村级巡查员 24 名。开展河道综合整治,拆除砂场 6 家,平整河道面积 1700 平方米,清理垃圾 2000 余吨。结合全域无垃圾创建和"河长制"工作,各村、单位以横幅、板报、广播等形式对群众进行环境保护知识及有关法律法规宣传,河道河沟垃圾、村庄存量垃圾基本清理完成,建立垃圾"日产日清"长效机制。镇村干部深入田间地头 600 余人次,全力劝阻焚烧秸秆行为。严厉打击非法采砂、洗砂行为,拆除砂厂 6 家。将离河流、村庄较近两家养殖场搬迁至符合环保要求地段。在全镇推广使用清洁能源,建成沼气池 3 个,将镇机关燃煤锅炉改造电暖气。对 4 家产能落后土小企业进行关停取缔。

【社会治安综合治理】结合全区"平安麦积建设",认真开展以平安创建活动,深入集市、商场、学校开展综治、反邪教、禁毒宣传 3 次,设置反邪教宣传展板 15 幅,发放反邪教宣传单、卡片等 1000 余张,手机综治 e 通上报事件 290 起,对 11 名重点管控人员上门走访 132 次,组织社区矫正人员参加义务劳动 1 次,调解矛盾纠纷 192 件,与 136 名易肇事肇祸精神病人家属签订以奖代补协议,将 9 名可能危及公共安全、他人生命财产安全、造成社会危害易肇事肇祸精神障碍患者送至天水市第三人民医院接受治疗。

【民生事业】2017 年,全镇城乡居民基本医疗保险参保率为 95%,城乡居民基本养老保险收缴率达到 95%。累计输转农村剩余劳动力 12600 人,实现劳务收入 1.8 亿元。"三户一孤"人员大病救助保险政策全面覆盖。开展农村低保动态管理专项行动,对低保户进行入户核查,确定拟保对象 932 户 3460 人。

天水市麦积区石佛镇

党委书记:陈继忠

人大主席：张国梁
党委副书记、镇长：张海军
党委副书记：杨宏斌
纪委书记：蒲郁斌
副 镇 长：董永祥
　　　　　夏衍洲
　　　　　张振忠
武装部长：张　亮
党建办主任：罗继仁（10月止）
　　　　　　毛达飞（10月任）

（供稿：刘亚东）

新阳镇

【**概况**】新阳镇地处西北黄土高原南部，隶属甘肃省天水市麦积区。西毗甘谷，北临秦安，南接秦州，渭河、陇海铁路横贯全境，地理位置十分重要。行政面积86.6平方公里，下辖24个行政村，人口3.4万人。新阳镇古称“沿河城”，自古为商贾云集之地，文化发达，贸易繁荣。

【**脱贫攻坚**】通过对国家审计署驻兰特派办反馈新阳镇40条和市审计组反馈新阳镇疑似问题3167条数据核实，新阳镇剔除不符合识别标准贫困户53户248人。严格按照收入“十不算”和三保障“十不脱”核查标准，对全镇2014—2016年度脱贫人口935户3868人进行入户核查，回退19户79人。按照“双线排序比对法”，新识别贫困户4户12人，确定2017年预脱贫户505户、重点管理对象961户，并对错误和需修正信息在国扶系统中进行修改，保证基础数据真实准确。与区扶贫办衔接争取扶贫资金311万元，在姚沟、杨岘、王庄等村硬化村内巷道7.23千米，在王家庄实施投资200万元中车集团帮扶项目，完成巷道硬化1千米，产业路硬化3.2公里；投实施并完成11个行政村综合文化广场建设工程，实现综合性文化广场全覆盖；投资220余万元，完成11个行政村标准化村卫生室建设和3个村卫生室改造工作；完成温集、凌尧、王田等3村人饮管网改造；完成蚰咀和姚沟两村电商服务点建设，实现贫困村电商服务点全覆盖。

【**旱作农业技术推广**】2017年，在杨岘、新寨等村完成旱作农业技术推广5500亩（含2016年秋季覆膜3000亩），建成千亩示范点2个，实施科技增粮工程，推广配方施肥6800余亩，落实高效农田节水技术推广面积1700余亩，冬小麦“一喷三防”面积3235亩，实现夏粮增产1100吨，农民收入增加220万元。

【**退耕还林**】在张家阳山、等4村完成新一轮退耕还林1850亩，栽植各类苗木约57000株。巩固2014年度退耕还林3692亩，在赵家庄等10村完成补植补造1300余亩。

【**果品产业建设**】发展果品、畜牧等优势产业。按照“果品适宜全覆盖”要求，以优质高效果品基地建设好人低产低效果园改造为抓手，在坚家山村完成苹果基地建设1000亩，栽植高标准矮化密栽苹果50000株，完成温缑村苹果园提质增效500亩，完成川区8村老旧葡萄园、苹果园提升改造2175亩。

【**畜牧养殖业**】截至2017年底，新增畜禽存栏量2.6万头（只），推进市级动物防检疫示范乡镇创建，完成镇畜牧中心标准化建设，扩大人需患病监测范围，辖区散养户、养殖大户重大动物疫病免疫率达到100%，未发生重大动物疫情和畜产品安全事故。

【**劳务产业**】2017年，投入资金17万元，组织果品种植、畜牧、劳务技能培训8场1700余人次，有效输转劳动力7900余人次。

【**新镇区建设**】改善城镇投资环境和生活环境，增强城镇吸纳能力和承载功能，新阳镇整合各类项目资金完善基础设施建设。2017年启动实施新镇区南北一路建设项目，总投资1096万元（其中乡镇自筹480万元，争取市交通局路面硬化工程260万元，争取省市项目356万元），按照城市次干道建设标准设计，建成全长1公里、宽25米、双向两车道主街道1条，埋设污水、雨水管道1800米。配套安装10米高双臂式太阳能路灯112盏，栽植行道树500余株，新增绿化面积1500平方米。

【重点项目建设】2017年，新阳镇整合环境治理、传统村落保护公益事业建设和市、区美丽乡村建设资金1396万元，按照"基础设施完善、公共服务便利、村容村貌洁美"要求，坚持镇村融合发展，在胡大村实施美丽乡村项目，完成总长206米总门大道改造提升工程，硬化村庄道路11条1130米，埋设13条村庄主干道排污管1320米，安装太阳能路灯141盏。修建占地5600平方米主题公园景观工程1处。

【农村人居环境】在全长8.6千米新阳段麦甘公路沿线，按照实用性、功能性，兼顾绿化、亮化原则，打造永临桥三角地、胡大北门、珍珠坡微地型绿化3处景观点，总规划面积25000余平方米，重点打造以红25军强渡渭河、新阳历史文化等设计元素永临桥三角地景观点面积10000多平方米，其中文化广场500平方米，建成红二十五军过渭河纪念碑1座，安装庭院灯20盏，2个六角亭，1个四角亭，廊架56米，新打灌溉机井1眼，栽植油松、银杏、红叶石楠等各类绿化苗木16900余株。清运老镇区、麦甘公路和陇海铁路沿线7.7万立方米存量垃圾，完成辖区4家非法砂场、8座"两违"建筑和水泥厂拆除，依法关停5家砖厂；在镇区主街道新建、安装高位垃圾池15座，投资62.2万元，新购置摆臂式垃圾兜32个、240L垃圾桶360个、800个户用分类式垃圾桶。投资180万元，建成温家集夜狐沟300万方垃圾填埋场1处，建成赵家庄4.6万方垃圾填埋场1处，全镇聘用保洁人员达70名，负责对新老镇区主干道及部分麦甘公路、陇海铁路和新凤公路沿线进行划段包干清扫，全镇环境卫生综合整治齐抓共管机制逐步形成，辖区环境明显改善。

【社会事业】新阳镇全面落实"二孩"政策，提高依法行政水平和服务水平，完成孕前优生健康检查225例。现累计征收养老保险费130.91万元，完成本年度目标任务85.88%。收缴新型农村合作医疗费421.636万元，完成总任务86.38%。发放低保、五保保障金545.684万元。落实优抚对象、临时救助等各项优惠政策资金总计103.63万元。完成7所村小学学生食堂建设并投入使用。全力提高教育教学质量，竭力改善办学条件。新阳中心幼儿园顺利完成入住，全面改造村级文化活动场所，投资230万元，完成涉及赵家庄等18村文化服务中心项目建设工程，举办各类文艺活动3场次，进一步丰富群众文化生活。深入村组农户排查化解矛盾纠纷124起；以创建"平安乡镇"、"无邪教村"、"平安村"建设等为重点，发放反邪教、禁毒等各类法制宣传单500余张，解答法律咨询170余人次。进行安全大检查6次，排查处置安全隐患17处。做好学校周边环境整治工作，组织监察室、派出所、食药监所工作人员，开展"法治守护青春"、食品安全在身边等专题宣讲活动3场。

【党建工作】2017年，镇党委坚持"抓好党建是本职，不抓党建是失职，抓不好党建是不称职"工作理念，结合镇情，确定全镇党建工作基本思路，注重强基固本，将各类资源重点向党建工作基础薄弱村倾斜，高标准完成郭王等4村村级组织活动场所改扩建工作；突出引领作用，完成支部规范化建设13个，推广胡大村基层党建工作中好做法、好经验，突出功能完善和便民服务，年内创建党建示范点8个，全面完成郭王、赵胡2个村级软弱涣散党组织整顿；坚持抓学习、建制度，重点围绕十九大和习近平总书记新时代中国特色社会主义思想，推进全镇"两学一做"学习教育常态化制度化；围绕党员干部作风建设，按照"七必须七同步"要求，落实班子成员"一岗双责"，强化监督执纪问责，深入开展"三纠三促"专项行动和"三级联动、直通直查"，整改问题46条，核查问题11条并全部结，办结9件信访件，给予诫勉谈话、告诫约谈、提醒谈话各1人，给予党内警告处分1人、党内严重警告出发2人，有力保证村干部廉洁干事。

天水市麦积区新阳镇

党委书记:蒲海滨
人大主席:王正君
党委副书记、镇长:郭利刚
党委副书记:李斌奇
纪委书记:郭海明
副 镇 长:王代斌
谢瑞斌
温靓琛
武装部长:马永强(4 月止)
郭田忠(7 月任)
党建办主任:雷真武

(供稿:新阳镇政府办公室)

五龙镇

【概况】五龙镇地处麦积区西北部,西与甘谷县金山镇接壤,北和秦安县千户镇毗邻,距天水市城区 43 公里,现辖 28 个行政村,42 个自然村,146 个村民小组。截至 2017 年底,全镇总人口 24836 人,区域面积 72 平方公里,耕地面积 46971 亩,2017 年底人均纯收入 5970 元。2017 年五龙镇人民政府有机关工作人员 81 名,其中公务员 19 名,事业干部 52 名,行政工人 10 名。机构改革后,五龙镇党委、政府设置 5 个党政内设机构,主要是:党政综合办公室、经济社会发展办公室、民政办公室、人口和计划生育办公室、社会治安综合治理办公室;五龙镇人民政府设置 7 个事业机构,主要是:农业技术推广与综合服务中心、财政管理所、社会事业服务中心、综合文化站、动物疫病防控与畜牧技术服务中心、人口与计划生育服务中心、精准扶贫工作站。

2017 年,全镇农民人均纯收入达到 5970 元,同比增长 12%,固定资产投资完成 3200 万元,招商引资完成 3200 万元,项目争取完成 320 万元。

【旱作农业】实施“科技增粮工程”,按照“抓点带面,整体推进”工作思路,在温蚰公路、大凤公路和后佑公路沿线大力推广双垄沟播玉米 7000 亩,创建陈山村千亩示范点 1 个。

【产业结构调整】全镇按照“311”产业发展规划(即 3 万亩核桃,1 万亩花椒、1 万亩中药材),调整农业产业结构,加快发展核桃、花椒和中药材产业,全镇栽植优质核桃 31848 亩,优质花椒 37000 亩,种植中药材 6200 亩。

【畜牧养殖】扶持畜牧养殖业,建立农民专业合作社 28 个,新建标准化养殖小区 3 个,发展规模养殖户 21 户。饲养家畜家禽 16000 头(只),其中牛 398 头,羊 1092 只,猪 2130 头,家禽 14680 只。

【劳务经济】推进劳务输转,输转农民工 5740 多人,有组织输转劳务输转 3488 人,劳务培训 1824 人(其中引导性培训 1371 人、技能性培训 453 人),境外就业 176 人,累计创劳务收入 5068 万元。

【基础设施建设】投资 940 万元,实施完成柏树王等 9 村 18.8 公里巷道硬化建设项目;投资 450 万元,实施完成温家坪等 25 村综合文化服务中心建设项目;投资 680 万元,启动实施雷家湾村易地扶贫搬迁项目,修砌护坡 300 米,完成一层主体建设 34 户,两层主体建设 21 户;通过“一事一议”财政奖补项目,实施完成中庄等 5 村硬化道路 4.12 公里,修砌水渠 960 米,村内安装路灯 140 盏;实施完成 D 级危房改造任务 37 户;实施完成五龙街道提升改造工程和温蚰公路维修工程;实施完成小窑村和陈家湾村级阵地改扩建。

【扶贫攻坚】坚持把脱贫攻坚作为“一号工程”,围绕精准扶贫精准脱贫扎实开展联村联户和脱贫攻坚行动。严格按照省、市、区要求,完成国家审计署和市审计局审计反馈疑似问题核查整改工作和 2014 年度 -2016 年度脱贫人口全面核查工作。严格按照贫困人口进出识别程序,严把进出关,全镇脱贫退出贫困户 578 户贫困人口 2510 人,贫困发生率降至 25.47%。健全完善镇村级建档立卡各种软件资料台账,规范完善“853”挂图作业,完成大数据基础数据清洗工作,实现与国扶办系统对接。按照"六个到村到户"要求,驻村帮扶工作持续深入推进,精准扶贫"1+18"政策全面落实。

【社会事业】全面落实各项强农惠农政策,全年社会保障覆盖面稳步扩大,农村低保和农村五保供养标准逐年提高,养老保险参保人数达到14948人,持续率96%以上,养老待遇领取人数达4056人,发放率达100%。全面落实人口与计划生育工作责任制,加强流动人口管理及计划生育工作队伍建设,全面二孩政策和各项优惠政策得到全面落实,全镇人口出生率控制在10‰以内,计划生育率在80%以上,节育手术到位率85%。新型农村合作医疗参合人数达22948人,参合率年均96.83%。。

【环境卫生】结合全镇实际,在普遍整治基础上,以温岫公路、大凤公路和后佑公路沿线为主轴,以凌温村、刘家湾村、温家坪村、中石沟村、雷家湾村、安家山村、张强村和中庄村等12村为重点,开展以"三清三建",即清理乱堆乱放、清理乱搭乱建、清理乱涂乱画,建队伍、建设施、建制度为主整治活动,有力改善全镇环境卫生。2017年累计出动劳动力326人次,机动车辆20余台,清理垃圾264方,整修道路20余条,清扫垃圾死角80余处。

【民主法治】2017年化解各类矛盾纠纷74起,其中接待来访群众32次36人,来信12件次,来电20次,办结率达100%,切实做到"事事有交待、件件有回音",推进"平安镇镇"建设。

【依法行政】深入开展普法教育,增强干部学法、懂法、守法、用法意识,提高依法行政水平。自觉接受镇人大监督,全年办理代表议案4件、建议13件,满意率达100%,受理群众咨询15件,公开各类政府信息及工作动态10条。

天水市麦积区五龙镇

党委书记:方西马

人大主席:张　杰

党委副书记、镇长:姚国兵

副 书 记:裴建宗

郑勇民(挂职10月任)

纪检书记:岳永春

副 镇 长:柳　静

张仲良

杨　扬

武装部长:刘春雨

党建办主任:赵云辉

(供稿:坚彦奎)

琥珀镇

【概况】琥珀镇因琥珀沟发现有琥珀得名。位于105°27′,北纬34°42′。地处麦积区西北部,东与新阳镇相邻,南与秦州区关子镇接壤,西与甘谷县六峰镇、金坪乡相连,北临渭河。人民政府驻罗家村,距区政府63千米。

民国前期,先后属第五区、三阳乡、沿河城乡,民国29年(1940年)设琥珀乡,辖及原凤凰乡。1949年又析置霍李乡。1955年,新军(1952年从凤凰乡分置)、霍李并入琥珀,1958年9月琥珀再并新阳公社。1961年7月,设琥珀公社,1968年改名红光,1971年复名琥珀。2004年,庆胡、新军沟、杨家湾村并入琥珀。

2017年末,辖罗家村、霍家川、马家坡、高方、西山、张家寺、新军沟、杨家湾、唐温、庆胡、霍家沟、康李、郭文关13个村民委员会,80个村民小组,43个自然村。

南北最大距离3.2千米,东西最大距离12.42千米,总面积39.75平方千米。人口密度为每平方千米53人。

【精准扶贫精准脱贫】全镇贫困人口由2014年底1017户4140人减少到2017年底561户2178人,2017年脱贫179户801人,贫困发生率由31.68%下降到16.28%,人均纯收入从5170.4元提高到5741.36元,增长11.4%,打赢脱贫攻坚战奠定坚实基础。

【基础设施建设】投资48万元完成郭文关村修砌护坡300米；投资40万元完成康李村霍家山庄自然村便桥一座；投资35万元完成罗家村堤防工程；投资124万元完成2017年一事一议项目（包括罗家村巷道硬化、马家坡文化广场建设、霍家川排洪渠修砌）。相继完成罗家村、高方、郭文关、西山、新军沟四村巷道硬化。

【农业产业】新建花椒种植1800亩，花椒主特色增收产业，种植面积达到9300余亩，进入丰产期5000余亩，户均达到2.5亩。

【社会事业】完成投资162万元涉及11个村乡村舞台建设项目，完成唐温、庆胡两村标准化卫生室建设，完成霍家川、高方两村幼儿园建设，城乡居民基本医疗保险与城乡居民养老保险参保率都达到95%以上，11户D级危房改造全部完工并入住。

【异地扶贫搬迁】西山新村安置56户249人，其中建档立卡户28户132人，非建档立卡户28户117人，主体工程全部完工。琥珀新村安置254户1086人，其中建档立卡户154户636人，非建档立卡户100户450人，完成征地工作，基础工程全面展开。

【乡村建设】筹资600余万元，筹资80余万元建成麦甘公路入口景观花园；筹资75万元完成柳树巷道牙铺设2400米，回填土方8000余方，绿化带2400米，柳树巷中段修建景观花园一处；筹资55万元完成崖湾处300米河堤修砌和景观台建设；筹资49万元完成两层320平米综合服务中心建设；筹资49万元完成巷到硬化2245米；完成霍松林文化艺术成列馆、任法融道长捐资180万元大庄至窑上自然村大桥、柳树巷1200米道路铺油建设。

【垃圾清理】全镇累计投资30余万元，发动群众950余人次，动用铲车、挖掘机等机械110余工时，对河道进行清理、陈旧垃圾进行清运，累计清运、填埋垃圾等34.5吨，做到死角全消，不留漏洞。同时购买大型垃圾桶65个，小型垃圾桶3200余个，全部发放到户，实现户均一个，在罗家村、霍家川村、马家坡村建立垃圾清运长效机制，全域无垃圾创建活动向纵深推进。

【河长制落实】将28370米河流按照流域划分为三段，分别由党政负责人和分管领导任河长，按照地域将河流划分为17个分段，由所在村支部书记、主任为分河长，并确定巡查员，河长制工作全面落实奠定坚实基础。

【旱作农业】2017年，琥珀镇累计旱作农业项目双垄沟玉米播种面积达6000亩，实现产粮3300吨，实现增收594万元。

【蔬菜种植】依托上园子蔬菜种植合作社设施蔬菜大棚建设，全镇累计输在种植（集中分散种植）面积500余亩，为致富增收提供经济支柱。

【中药材种植】全镇累计种植中药材（冬花）1000余亩，实现收入330万元。

【民生保障】通过各类项目实施，采取超常规措施，关停危害人民利益采石厂、沙场及砖瓦窑等，责令恢复植被及原貌，大大改善生态环境及居住环境。社会保障稳步推进。累计养老保险待遇享受2136人，办理丧葬补助82人，发放补助8.364万元，发放最低生活保障金300.55万元，临时救助1.95万元，医疗救助36.42万元，特困供养29.6356万元，其他补贴、抚恤金45.7275万元，救灾款32.45万元。

天水市麦积区琥珀镇

党委书记：叶永明
人大主席：吴富强（12月止）
党委副书记、镇长：张晓东
党委副书记：冯　鸿
纪检书记：霍斌武
副 镇 长：杨　栋
朱　峰
蒋　露
武装部长：岳　旋

（供稿：胡少敏）

三岔镇

【概况】三岔镇地处麦积区东70公里，东邻东岔镇、西接元龙镇，北隔渭河与陕西省宝鸡市陈仓区凤阁岭镇相望，南靠小陇山林区与利桥镇相通，属东部林缘区。陇海铁路、310国道、“宝兰客专”穿境而过，东西跨度48公里。全镇有17个行政村，53个自然村，88个村民小组。区域面积312平方公里，耕地面积26393亩，现有3558户15248人，经济林果收入为其主要经济来源，花椒种植面积15070亩，2017年总产值9864.62万元，2017年全镇人均纯收入6470.24元。

三岔镇境内旅游资源丰富，名胜古迹较多，现存古迹有城隍庙、古城门、古城壕、古牌坊“三岔镇”牌匾为清乾隆书写。沿310国道自东向西有金龙山、大雄殿、朝阳观、药王洞、吴砦古城、柏林观、碧峪沟省级森林公园、前进沟生态休闲旅游等景点，景色奇秀险俊，是一个休闲、旅游、生态观光好地方。

镇政府现有干部职工63人，其中行政人员18人，行政工勤人员2人，事业人员30人，工勤人员7人，专业技术人员6人。

三岔镇设1个党委，18个党支部，有党员484人。

【精准脱贫】全镇始终把精准脱贫工作作为“一号工程”，精准识别出1160户4952人贫困人口并全面建档立卡。围绕精准扶贫“1+18”方案，根据贫困村、户需求清单，精准施策、精准发力，在产业培育、基础设施建设、易地搬迁、金融支持、劳动力培训等方面取得显著成效。紧盯2017年脱贫目标，落实危旧房改造152户，投入资金264.5万元，实施通畅工程4.8公里，新农合普惠政策报销1294.7万元，其中大病报销121.2万元，新合报销1173.5万元，雨露计划落实34人，享受社会救助22.05万元。顺利完成2017年脱贫任务并接受省上考核，脱贫227户1027人，返贫1户5人，贫困发生率为14.84%，入户率达97%，全镇精准脱贫工作取得一定成效。

【农业产业】实施“13565”现代农业推进计划，农业农村经济稳步发展，花椒产业作为当地农民增收主导产业得到进一步巩固提升。林果业迅猛发展，新建椒园300亩，改造提升老椒园2600亩，开展花椒种植技术培训3场次，培训农民300余人，花椒产量每年稳定在1600吨左右；实施巩固退耕还林成果，依托整村推进等项目，实施核桃建园500亩，全镇核桃种植面积达到9230亩，比去年增长5.7%；大力发展茱苓、天麻等中药材种植，面积达200亩；着力发展现代畜牧业，以鸡、猪、羊为主畜禽饲养达8058头(只)，继续扶持冷水鱼养殖项目，年产量30万斤，实现养殖产业新突破；劳务产业发展迅速，成为稳定农民收入主导产业之一，特别是由劳务经济人组织季节性赴疆摘棉劳务输出，成为三岔镇特色，2017年，组织各类劳动力输转1183人次，创劳务收入1326万元，开展劳动力就业技能培训、创业培训等1063人次；引进果蔬专业合作社，对原有11座温室大棚进行提质增效，扶持残疾人大棚蔬菜水果种植及各村新型农村经营主体，不断增加群众收入、拓宽群众增收致富渠道。

【基础设施建设】实施一事一议、人畜安全饮水、通畅工程、国家电网改造、“全光网”工程等项目130余个，总投资额达3.3亿余元%；硬化通行政村道路，小巷道硬化7074米，实施14个村安全饮水工程67处，安装太阳能路灯80余盏，新修挡土墙2100米16800立方，新修山河桥一座、改造供电线路5300余米，行政村动力电全覆盖，13个村实现通宽带，宽带用户达1397户，完成广播电视户户通工程，产业路砂化9500米。实施闫西村区级文明村创建以及4个整洁村建设，新建花坛1600平方米，改造危墙2420平方米，危房32座，栽植绿化苗木780株，投资15万元，落实公共设施试点村项目5个，全镇基础设施得到持续改善。

【小城镇建设】围绕“开发古吴砦，建设新三岔”思路，坚持“保护开发并重，规划先行”原则，完成吴砦古城高边坡灾害治理”工程，并编制完善吴砦古城专项保护规划。三岔新村工程总投资3474万元，建农宅147座，总建筑面积15793平方米；三岔新村一、二期工程及配套设施工程建设完工，农户搬迁入住，入住率高达90%。三岔新街区市场新建铺面16000平方米，市场交易大棚2000平方米，统一制作门头414平方米，公厕、绿化亮化等附属工程配套到位，成立市场管委会，创建街区垃圾收费、清扫、清运机制，市场运行规范有序，开展全域无垃圾创建工作，吴砦古城保护工程实施高边坡治理600米，砌筑片石5400立方，青砖恢复古城墙600米，被评为市级生态文明乡镇，古城景观与现代新村更加相得益彰。

【社会事业】继续推进农村教育、卫生基础工程建设，依托教育、文化、卫生和社会保障国家项目支持，完成前进、集村水关等村小学校舍改造工程；实施10个村“乡村舞台”和集村、太碌两村综合性文化广场建设；新建老年互助社3个；新型合作医疗参合率、城镇居民养老保险参合率分别达到97.3%和98.3%，累计发放低保、五保、优抚、医疗救助、社会救助、救灾救济等资金463.5万元；创建镇文化站为一级标准化文化站，开展各类文化活动20余次，成功举办第三届“隍庙文化节”；向外界宣传吴砦古城人文魅力，提升吴砦古城知名度。

【党风廉政建设】严格落实主体责任，牢固树立“主体责任履行不力、抓不上手就是失职、不称职”意识，真正把党风廉政建设作为“分内事”，认真履行集体领导责任，坚持将党风廉政建设与各项工作同部署、同落实、同检查、同考核，持续整肃“四风”问题，牢固树立“作风建设永远在路上”理念，把作风建设作为全面从严治党的重要切入点和突破口，横下一条心整治纠正“四风”顽疾，锲而不舍、久久为功，构建作风建设新常态。教育引导广大党员干部践行社会主义核心价值观，践行“三严三实”要求，讲正气、守正道、树形象，为经济社会发展凝聚精气神、增添正能量。开展村级组织党风廉政建设巡查，加大案件查处力度，始终保持反腐高压态势，本着关心爱护干部态度，常敲警钟、常紧螺丝、常提要求，对来信来访举报，纪检监察机关做到提前介入、查清事实、提前防范，防止小病成大患、小腐变大贪。多次召开镇村干部警示教育大会，以案说法以案说教，以惨痛经验教训引导广大党员干部特别是领导干部自觉绷紧廉洁自律这根弦，切实筑牢拒腐防变安全堤，党风廉政建设工作有明显提升。

【基层党组织建设】不断加强党委自身建设，通过“两学一做”、“党员固定活动日”等活动开展，认真学习党的十九大、十八大和十八届三中、四中、五中、六中全会精神和习近平总书记系列重要讲话。始终坚持民主集中制原则，充分发扬民主，班子成员畅所欲言，各抒己见，在班子内部形成想大局、谋大事良好工作氛围。全面落实党风廉政建设“两个责任”和“一岗双责”，党委书记亲自抓、分管领导具体抓、班子成员包片抓、纪检干部直接抓，形成一级抓一级，层层抓落实党建工作局面。不断加强基层党组织建设，新建北峪村级阵地二层坡屋顶500平方米一处，改扩建王山、秦岭村村级阵地2处，使全镇90%村建成综合服务中心；整顿软弱涣散党组织，对王山、葡萄两个村软弱涣散党组织，通过“两学一做”活动、镇领导包抓，转变作风，达到整顿提升要求，从后进转变成为一般支部。完成镇机关和闫西村8个党支部规范化建设镇，对全镇党组织建设夯实基础。全面推行“三四五”工作法，严格执行“四议三双”制度，镇村干部走访入户5024户（次），联系留守儿童173人，帮扶困难家庭1224户，参加志愿服务57次，帮找致富门路68项，代办群众事项983人（次），党群干群关系更加密切。镇、村安装甘肃党员教育智慧云电视平台电视机顶盒，将“两学一做”、“党员固定活动日”深度融合并常态化。加强队伍建设，培养入党积极分子17人，新发展党员8名，预备党员按期转正5名。严格落实“三会一课”制度，党员思想教育得到加强，认真整改党员自身存在不严不实行为，先锋引领和模范带头作用得到充分发挥。

天水市麦积区三岔镇

党委书记：张小虎
人大主席：杨宏学
党委副书记、镇长：杨彦君
副 书 记：夏利斌
纪检书记：胡小光
副 镇 长：张　鹏
李锁军
毛　瑞
武装部长：郭三永
党建办主任：刘凤鸣

（供稿：李亚飞）

东岔镇

【概况】东岔镇位于天水市麦积区东部，秦岭山脉北麓。东北以渭河为界与陕西省宝鸡市陈仓区胡店镇毗邻，南连利桥乡，西接三岔乡，镇政府驻地富家滩。

东岔镇境内群山耸峙，沟壑纵横，气候温润，森林密布，河流交错，3/4 土地覆盖着天然森林，自然资源十分丰富，为小陇山林场主要林区。地势自南向北下倾，最高海拔 2498 米（秦岭大堡），海拔最低为渭河河谷牛背 748 米。年最高气温 38.7℃，最低 -17.2℃，年降雨量约 754.4 毫米，无霜期 205 天。全镇区位优势较为明显，“310”国道、“宝兰”二线，“宝天”高速、“宝兰”高铁穿境而过，镇政府距麦积城区 96 公里，距宝鸡城区 63 公里，是连接宝鸡和天水两大中心城市结合部，镇辖牛背村是“310”国道由陕西进入甘肃省的第一村。

全镇辖 14 个行政村，88 个自然村，2689 户、10891 人，总面积 370 平方公里，其中耕地面积 16727 亩，大多为山坡地，仅有少量沟壑淤积沙平地。农业主要靠自流灌溉和小提灌。经济作物主要有小麦、玉米、药材、核桃、板栗、中华猕猴桃、木耳等，其中支柱产业为核桃、板栗、花椒产业。还有珍贵动物林麝、白臀鹿等。2017 年，全镇经济总收入 6654.05 万元，同比增长 12.2%，农民人均纯收入达到 6109.68 元。

【项目建设】完成“四电用房”、330KV 通电及宝兰客专剩余房屋征迁工作，启动实施立远片综合开发项目，完成 G310 国道至东岔火车站道路拓宽硬化项目，实施东岔汽车站及道路两边景观节点打造，完成聚信公司土地储备工作，完成码头桃园新村安置点土地丈量、地上附着物清点造册登记及规划设计、三通一平费用申请等前期准备工作。

【美丽乡村建设】东岔镇以码头村市级美丽乡村建设为抓手，投资 1100 万元，完成码头村村级活动场所、文化广场硬化及铺设地草，粉刷美化墙体、花坛、景观墙，在宝天高速东岔出口及码头桥头，新建小游园 2 处，牌坊门 1 处，更换商铺老旧门头 1000 平方米，新建花坛 5 个，栽植景观花草树木 1000 余株；投资 150 万新建东岔河堤 1000 米。完成宝天高速沿线四村土坯房改造，粉刷墙面 224 户 2 万余平方米，拆除简易房、土坯房等临时建筑 20 处、210 平方米。完成 G310 国道沿线新建花坛 77 个，粉刷墙体 3000 平方米，女儿墙 1100 米，栽植景观花草树木 2000 余株；围绕“宝兰客专”沿线环境综合整治工作，完成 G310 国道至东岔车站 5 公里河道垃圾清理，粉刷美化农户房屋 3000 余平方米，完成建筑垃圾清运 8100 立方米，完成彩钢房拆除 12 座 2165 平方米。

【基础设施建设】争取“一事一议”财政奖补项目资金 146.42 万元，完成安装码头、腰庄、乍岭、大沟里、土桥五村太阳能路灯 210 盏，硬化月林、立远巷道 2725 米；投资 49 万元，硬化龙凤村产业路 1 公里。

【农业产业】2017 年，在大沟、立远、交川 3 村完成核桃建园补植补造 520 亩，在桃花坪村新发展农家乐一处，完成 1000 亩顶凌覆膜任务，在龙凤、盘龙、交川、腰庄、大沟五村以“小红珠合作社”为引领，发展猪苓、天麻、柴胡、半夏等中药材种植户120户，315亩。

【社会事业】各村按照“地域相邻、人员相熟、构成相似”原则，以交通线、街巷道路为纵横线，以村民小组、驻镇单位为基本单元，将全镇划分为一个大网格，15个中网格，32个小网格。制作平安建设网格入户联系牌，以网格为单位，各网格配齐管理人员，组织开展矛盾纠纷调解、法制宣传教育、日常事务管理，按照“以格收集、值班受理、专人代办”方式，实现由“群众上门”到现在“上门服务”转变。深入开展加强和创新社会管理宣传活动，与14个村、10个驻镇、镇属单位负责人签订综治、禁毒、反邪教、维稳等目标责任书，借助码头、交川、土桥、东岔、桃花坪等村唱大戏机会，进行为期5天集中综治维稳宣传，并于6月27日至28日集中组织在全镇范围集中开展毒源植物踏查活动，发放宣传资料3000余份，悬挂横幅10条。进一步加强对邪教组织活动监控，深入开展邪教问题底数大调研活动，对全镇正常宗教参加人员和“法轮功”等非法邪教组织及有害气功习练人员进行全面摸底排查、登记造册后，建立全镇涉邪人员及组织数据库。通过“一折通”及时兑付退耕还林补助、粮食直补、农资综合补贴、良种补贴、公益林补贴、能繁母猪补贴、大病救助、白内障补助、抚恤金、退伍军人补助、农村低保、五保等惠农资金850余万元。坚持工作走在全区前列目标任务，对全年各项工作早部署、早安排，强化舆论宣传氛围，使城乡养老保险缴费标准、补助政策、保险待遇等工作做到家喻户晓，人人皆知，做到应保尽保，参保人数达6263人，其中，享受待遇人员1542人，持续缴费率达97.21%，60岁以上待遇领取人员待遇发放率100%，全镇集中收缴保费55.48万元，保费收缴率达100%，60岁以上待遇领取人员稽核照片信息采集工作完成100%。硬化码头、交川文化广场，支持群众性文化活动开展，组织交川、龙凤、月林、土桥、腰庄等11村群众开展民间文艺、社火汇演、秦腔演出等活动，利用“三八”国际妇女节、“五四”青年节、“六一”国际儿童节等重大节庆日，举办大型文艺演出，进一步丰富群众文化生活，构建安定团结、社会和谐稳定新局面。

【精准扶贫脱贫】严格按照“六个精准”要求，建立“镇有工作站、村有工作室”纵向领导体系，为推动精准扶贫精准脱贫工作提供机制保障。深化拓展“双联”行动，紧盯“2613”扶贫攻坚工程，全面落实精准扶贫“1+18”方案，进一步加强大数据信息平台建设，及时对扶贫对象进行动态管理。严格按照“十不算”和“十不脱”标准，对全镇2014–2016年脱贫人口进行全面核查，对不符合退出标准贫困户回退到贫困状态。按照“双线排序比对法”程序，对全镇未脱贫对象进行好中差排序，共有“好”148户660人、“中”302户1279人、“差”134户544人，2017年预脱贫人口160户697人。完成28户D级危房建设，C级危房摸底25户，完成10村乡村舞台建设。

天水市麦积区东岔镇

党委书记：王　萍（女）
人大主席：陈永强
副书记、镇长：何　辉
副 书 记：裴志雄
纪检书记：张四红
副 镇 长：刘纪文
　　　　　王勤飞
武装部长：李　明
党建办主任：谢小军

（供稿：裴晓斌）

党川镇

【概况】党川镇位于天水市麦积区东南部，地处小陇山林区，距离麦积城区50多公里，东接利桥镇，南邻陇南市两当县太阳镇、徽县太白镇，西靠秦州区娘娘坝镇、本区麦积镇，北连伯阳镇、元龙镇、三岔镇。总面积760平方公里，全镇总耕地面积1.5万亩，海拔高度在1060—2550米之间，气候温暖湿润，雨量充沛，年平均降雨量700毫米，年平均气温12摄氏度左右，无霜期约170天。全镇有10个建制村，53个村民小组，1289户5092人。

党川镇森林资源丰富，山清水秀，景色宜人，森林覆盖率85%，白皮松、杜仲、铁橡等珍稀树种分布较多。珍稀动物、大鲵、林麝、红腹锦鸡等常出没于山谷丛林间。中药材主要有党参、当归、天麻、柴胡、黄芪等，党川镇矿产资源丰富，尤以金矿资源储量最大。旅游资源丰富，辖区内有牧马滩、曲溪等观光旅游景点，东利公路、宝天高速公路和战备公路横穿境内，交通便利，是一个休闲、避暑、生态观光好地方。

镇政府现有干部职工69人，其中行政人员16人，事业人员53人，工勤人员5人，女干部17人。

党川镇设1个党委，12个党支部，1个党总支，有党员279人。

【农业重点工作】2017年全镇农业生产总值7677.55万元，农民人均纯收入6587.73元，较去年同比增长分别为12.35%、12%。

全膜玉米覆盖技术推广，发放地膜6吨，完成双垄沟播玉米2400亩。农作物种植布局，全镇农作物播种面积达1.4693万亩，其中粮食作物面积1.1175万亩，经济作物面积1832亩。粮食总产量达6258吨，油料总产量达120吨。

【农业产业】2017年育苗面积3000亩，亩均年收入达到1.8万元，年育苗收入可达3500多万元。农户散养鸡出栏9950只，产量达到19.9吨，收入达到54.01万元。种植猪苓、桔梗、半夏、秦艽、川地龙、牛蒡子等中药材186.35亩，其中发展猪苓种植户达到184户，种植量达到8万余窝，总投资800余万，预计总收益达6000万元。经过对新庄村气候、土质、水质检测，引进茶树种植项目，试种6个品种，有3个品种试栽成功，下一步将继续扩大种植面积，打造百亩茶园基地，打破天水无茶树种植现状。2017年党川镇林区养蜂3095箱，养殖户遍及10个行政村，养殖户总数为324户，产出蜂蜜77.4吨，经济收入达到227.73万元。当地农民将蓬勃发展养蜂业形象地称为“酿造甜蜜产业”。2017年党川镇与畜牧局联合协调下发3500个蜂箱，结合农村“三变”改革和各村养蜂产业实际情况，进一步加大养殖规模，提供技术和养蜂经验培训，使养蜂产业成为党川特色富民产业。

【动物防疫】组织镇村干部、防疫员深入开展口蹄疫、炭疽、猪瘟、鸡新城疫、禽流感、H7N9甲型流感等防治工作，重大动物疫病免疫率达到100%，耳标配带率达到100%，动物检疫出证率达到100%，确保全镇人畜安全。

【强农惠农】2017年，支付粮食直补、农资综合补贴资金66万元；落实退耕还林补助资金138.4万元；草原奖补资金28.26万元；落实农机具补贴资金17万元；落实其他补助3.2万元。各种惠农补贴公平、公正、公开，及时发放到农户，全面实施阳光惠民工程。

【基础设施建设】2017年，全镇聘任农村道路养护员42名，道路养护管理里程81.295公里。党川镇2017年有3个一事一议建设项目，石咀村安装太阳能路灯工程、新庄村巷道硬化工程、观音村便民桥工程等设三个项目，项目总投资80.6520万元。截至年底，3个项目全部完工。

【异地扶贫搬迁】2017年异地扶贫搬迁建档立卡贫困户18户73人，非贫困户2户9人，20户82人，涉及党川、石咀、马坪、观音、刘坪5村。占地总面积10亩，按照建设标准新建住宅20套，考虑到后续产业发展需要，各户新增农家小院54平方米，建成宽3米巷道1200米、挡土墙200米、铺设上下水管1500米、新建综合文化广场一处。该项目于2017年6月份动工建设，20套住宅全面施工。基础设施建设招投标手续报交易中心，到位资金中央补助40.4万元，贷款87.8万元。

【东西部扶贫协作】2017年天津李七庄街办

事处帮扶党川镇花庙村60万元,用于农村居民环境治理。主要建设内容是:1.粉刷砖墙面:涉及39户4276.3平方米;2.粉刷及改造土房:涉及29户3291.86平方米;3. 拆除危旧土房及活动板房:涉及22户42间528平方米;4. 拆除菜笆提升小矮墙:涉及33户1164米。现全部完工。

【木耳产业】2017年在花庙村花庙组西沟门口投入财政资金50万元，新建占地12亩木耳生产基地。该项目运营模式主要为给贫困户承包,每个大棚预计摆放菌棒15000棒、年产干木耳1500斤,按现在40元/斤市场价估算每个大棚每年毛利润60000元，每个大棚支出费用包括缴纳租金3000元、菌棒36000元、人工工资10000元,每个大棚每年纯利润11000元左右。

【小城镇建设】2017年全面开展花庙村省级美丽乡村创建工程。该工程拟投资1298万元,在花庙村阳山组新建旅游观光亲水平台，配套建成长500米景观河堤一处,安装护栏500米,新建中心花园2个400平方米；铺设渗水砖1600平方米,放置景观石10块,安装凉亭2个、廊架2个;新建集两委办公、电商服务、文娱活动、村史展示为一体阵地一处,建筑面积530平方米;新建阳山组排洪渠300米、黄坪组排洪渠120米;硬化花庙组至东沟口道路5公里、阳山组至八角坪组道路10公里;硬化瓜流沟组、黄坪组、阳山组小巷道2800米,改造八角坪巷道480米,全力打造一个集旅游、休闲、度假为一体生态休闲基地。

【危旧房改造】按照危旧房改造工作要求,通过全面调查摸底，对党川镇危旧房进行全面细致统计录入工作,对其中7户进行改造,3户建档立卡户,4户一般户,提高农户建房标准,做到安全、实用、美观。

【环境卫生】党川镇结合实际,建立健全组织机构,制定制度,划分环境卫生整治区域和河长制管理区域,保障经费。全面推进“户集、村收、镇运”垃圾集中处理模式,合理设置垃圾收集点,在党川镇10个村建立垃圾集中点10处，建立保洁队伍10支，投资30万元保障各村环境卫生整治经费运转,配备街道垃圾桶540个,到户垃圾桶1000个,做到户户有垃圾桶,确保村容整洁。

【人畜饮水工程】2017年党川镇党川村、马坪村移民点、火吉村移民点部分农户实施人畜饮水改善工程,确保农户用水安全。花庙村投资70万元实行农电网络改造工程,现全部完成。

【计划生育】全镇2017年出生人口51人,死亡29人，综合治理出生人口性别比控制在117:100。全年免费孕前优生健康检查任务37对,现完成38对,完成全年102.7%。全面实施两孩政策,推进网上办证,一孩登记生育指标23人,二孩登记生育指标28人,再生育登记办证2人,优质服务到位率100%。全镇发放农村独生子女父母奖励费81人4860元;独女户2户2000元;计生家庭养老领保人数4人,发放金额7920元。落实女扎23例,未出现有手术并发症和后遗症,避孕节育长效措施落实率97.27%,及时率92.57%。征收社会抚养费1户2万元，发放奖励扶助资金41人4.391万元。全面落实计生“特殊家庭”4+1联系人制度,帮扶1户。在特殊困难家庭救助方面,发放慰问品200元,失独救助金2万元。

【民政工作】2017年,45户特困供养人员发放供养资金21.2853万元;严格按照“应保尽保,应退尽退,分类施保”动态管理原则,对低保人员重新进行摸底调查,进一步开展认定工作。273户低保户发放低保金235.9849万元；发放救灾款45.1488万元,大病医疗救助金0.59万元。收缴养老保险费29.75万元,发放养老金709人78.93万元。

【精准扶贫】2017年，党川镇脱贫163户688人,新识别3户9人,回退8户37人,剔除7户34人,剩余贫困人口180户735人,贫困发生率14.41%。

【科技工作】党川镇举办5次实用技术培训,其中包括种植技术培训、养殖技术培训、电焊技术培训、陇原巧手培训等。通过播放科技录像电影15余场。

【卫生工作】辖区内村卫生室10个，村医11人。落实计生专职副主任报酬10人7400元,计生自管小组长报酬10人4480元。全镇累计建立纸质档案5272份,电子档案5272人份,建档率98%以上。综合建立居民健康档案,对村居65岁及以上老年人进行管理,并对所有登记管理老年人进行免费体检,65岁以上老年人累计建档484人,体检完成260人,体检率53%。2017年对观音村和刘坪村卫生室进行标准化建设,投入使用。镇卫生和计划生育服务中心巡回督查全镇卫生和计划生育工作4次,检查公共卫生场所2家,饮用水卫生24家,学校5家。医疗机构11家,药店1家,查处非法行医2家。督促亮证经营,公共用具一客一换,要定期开展消毒等。制作宣传展板300平米,发放各类宣传资料500余份,标语10余条,信息报送24篇,群众知晓率达96%以上。宣传免费孕前优生健康检查,优生优育,流动人口健康管理服务,婚育新风进万家等工作。镇中心卫生院对全镇妇女病普查70人,"两癌"筛查76人,艾滋病检测筛查473人。

【文化事业】党川镇综合文化站免费开放综合文化站,建立健全各村农家书屋和文化阵地,聘任文化志愿者1名,协助镇文化站工作开展。联系区文广局开展"送文化下镇"秦腔演出2次。党川镇在2017年完成石咀村等8个村综合文化服务中心建设。

【招商引资】2017年,天水红石矿业有限公司一期工程建设累计完成7500万元。党川镇党川村老街改造项目工程建设,投入资金350万。仙福阁度假山庄旅游开发项目工程,投入资金1000万,现完工。天水福如茨农业生态项目,投入资金1000万,截至2017年底,前期工作完成,准备基础工程建设。天水秋枫山庄农家乐建设,投入资金300万。

【项目争取】2017年,党川镇争取到花庙村美丽乡村配套资金200万元,进行花庙村道路建设。

【社会治安综合治理】按照社会治安综合治理工作要求,开展社会治安各项工作,不断加强宣传,认真开展邪教、毒情排查工作,加大各种犯罪活动打击力度,坚决扫除"黄、赌、毒"等社会丑恶现象,反邪教工作得到市、区一致好评;认真做好信访和矛盾纠纷调解工作,做到"小事不出村,大事不出镇",全镇社会治安稳定,未发生社会治安案件和群体性事件。党川镇去年荣获全区政法综治工作先进集体。

【安全生产】狠抓道路交通、农机、建筑、消防安全、食品药品安全、烟花爆竹、非煤矿山等安全生产查处和管理工作,签订各类责任书150份,全年组织镇安监站、党川派出所、党川林业派出所、党川林场、石咀村委会、马坪村委会80人次开展矿山及各项安全生产大检查5次,封闭矿硐3处,有效遏制重特大事故发生,保障人民生命财产安全,维护社会和谐稳定。

【防震减灾、防汛及护林防火】通过召开相关专题会议,与各村、各单位签订防汛、护林防火工作责任书,下发地质灾害应急预案,各村确定安置点,制定安全转移线路图,安排值班人员加强值班备勤,利用政信通平台及时发送防灾信息5000余条,保证群众能够第一时间获得信息,并作出应对安排,确保防灾减灾工作顺利开展。

【基层党建】2017年,党川镇给夏坪村投入6.3万元改扩建村级组织活动场所1处,投入30余万元新修通组道路3公里,为董坪、寺沟街等二个村民小组40户182人维修人畜饮水工程2公里。全镇发展预备党员3名,在村级活动场所建设上,投资94余万元,新建花庙村村级组织活动场所。

【撤乡建镇】2016年11月30日,党川乡上报麦积区人民政府《天水市麦积区党川乡人民政府关于党川乡撤乡建镇请示》,特申请撤乡建立镇制,原辖行政区域不变。2017年2月13日,麦积区人民政府根据甘肃省民政厅《关于天水市秦州区华岐乡等23个乡撤乡改镇批复》甘民复〔2016〕157号文件精神,批复党川乡撤销党川乡,设立党川镇,其行政区划管辖范围不变。2017年3月30日上午,在党川镇办公大楼前举行党川"撤乡建镇"揭牌仪式。

天水市麦积区党川镇

党委书记:田　平

人大主席:唐宏斌

党委副书记、镇长：张海斌
副 书 记：马锡田
纪委书记：高彦东
副 镇 长：毛　鹏
杨　杨（女）
武装部长：霍应斌
党建办主任：耿　平

（供稿：吴宇娟）

利桥镇

【**概况**】利桥镇位于麦积区东南部，地处秦岭南麓，红崖河上游，东靠东岔镇，南和两当县张家乡及陕西省风县唐臧镇接壤，西与党川镇和两当县太阳乡相连，北与三岔镇毗邻。总面积553平方公里。全镇总人口5100人，全镇现有8村50个村民小组，总耕地面积12210亩，2017年人均纯收入5710元。镇党委政府班子有科级领导干部9人。

【**项目建设**】全年新续建项目达到21个，总投资达到30余亿元。其中投资30亿元百花小镇项目开工建设，投资6500万元红崖河漂流运营良好，投资5200万元天盼利桥山庄即将正式营业。投资600多万元三岔村红崖河生态园项目正式施工。2017年东西协作天津市西青区精武镇对接帮扶吴河村生态旅游民俗村建设项目落实60万元，完成古戏楼维修。投资980万元利桥村异地扶贫搬迁项目71套5200平方米住宅主体完成。投资约700余万元三岔村异地扶贫搬迁前期手续办理完成，正在进行征地拆迁。投资107.6万元利桥镇综合文化站及服务业务用房项目、投资1235.54万元利桥村易地搬迁及街景整治项目正在施工建设。投资35万元百花、墁坪两个敬老院维修改造项目实施完成。

【**脱贫攻坚**】全年脱贫退出人口95户434人，剩余249户997人，贫困发生率由2016年27.2%下降到2017年底20.3%。8个贫困村实现水、电、路、网、标准化村卫生室、文化广场（乡村舞台）全覆盖，完成81户危房改造任务，足额兑付危改资金143.5万元。实施"一事一议项目"5个，完成巷道硬化7657米，安装太阳能路灯36盏，受益人口1100人。实施"一乡一业，一村一品"产业对接工程，用活用好扶贫互助贷款，整合扶贫项目资金，创新发展新型富民特色产业，打造秦岭村、杨河村党建引领木耳种植基地，建成43个木耳种植大棚、管护用房及配套设施，第一批投放菌棒10万棒，技能培训500人次，输转劳动力1033人，实现劳务收入1000万元，累计发展农村电商4个，实现农产品销售5万元。

【**种植业发展**】发展中药材种植2500亩，年产量362吨。巩固发展育苗产业300多户3200多亩，其中贫困户80多户700多亩。粮食生产以玉米、小麦、马铃薯为主，粮食总产量达到2745.68，实现粮食连续增产增收。

【**畜牧养殖**】2017年底，全镇鸡存栏量8800只，猪2100头，牛存栏2499头，羊存栏1725只。向畜牧局争取蜂箱2000个，通过收取蜂箱占用费方式全面消除"空壳村"，增加村集体收入。

【**美丽乡村建设**】组织拆除公路沿线彩钢房、破旧房屋、违章建筑32户91间2475平方米。疏通恢复河道3处，依法查处部分违法违规矿山、采砂行为，矿山、河道管理秩序明显好转。新建景观围墙约2.6万米，设置小花坛40余处，美化文化墙2.1万多平方米。添置垃圾桶90个，向全镇1250户群众每户配发铁质、塑料垃圾桶各1个。聘请保洁人员26名，每天定时清扫清运各类垃圾。

【**社会事业**】居民养老保险参保率达96.7%。巩固和发展农村新型合作医保，群众参保率达到97.18%。认真落实农村低保、五保、临时救助等相关政策，完成农村五保、低保提标和低保清理清查规范工作。足额发放优抚金、救助金及慰问物资。

天水市麦积区利桥镇

党委书记：刘　亮
人大主席：彭宏泰
党委副书记、镇长：霍彦庭

党委副书记:张建周
纪检书记:刘海军
副 镇 长:陈江平
曹瑞民
武装部长:米彦云
党建办主任:冯新军

（供稿:利桥镇政府办公室）

道北街道

【概况】道北街道位于麦积区城区铁路线以北,东与社棠镇下曲村想通,西与花牛镇峡口村隔河相望,南与北道埠街道相接,北与社棠镇、清水县金集镇相连,是麦积区政治中心,辖区总面积15.8公里,现辖4个行政村8个社区人。总人口3.6万余人。

【重点项目建设】固定资产投资。2017年下达总任务1亿元,计划投资1.186亿元。截至2017年底,完成投资1.186万元,完成任务100%,完成总投资100%。麦积区道北街道新乐园2号楼建设工程,计划总投资4300万元,累计完成投资4300万元。渭水园D5D6住宅楼建设项目计划投资3960万元,累计投资3960万元。道北街道商业局家属院一期扩建项目计划投资3600万元,累计完成3600万元。

兰洽会招商引资项目。位于天水市麦积区育才路10号,西邻麦积区食品厂,东邻天水市第七中学育才名苑(原武装部片区)住宅小区建设为兰洽会招商引资项目,该项目总投资1.51亿元,计划建设三栋高层住宅,截至2017年底,该项目投资1亿元,后续建设工作还在进行中。

育才小区棚户区改造项目。该项目位于育才路东段,包括运输公司家属院、商业局家属院、现全部完成拆迁安置,截至2017年底,正在进行项目施工阶段。检察院片区截至2017年底,完成拆迁安置工作,项目建设正在按有关程序进行。

【人口与计划生育】街道利用“5·29”、“7·11”、“10·28”、“12·1”等计划生育系列宣传日开展宣传活动24场次,发放宣传单(册)1000多份、计划生育药具800多盒、叶酸200瓶,固定宣传标语12条。实施流动人口健康教育和促进行动计划,开展新市民健康城市行活动;开展流动人口健康促进示范学校(区府路小学)和健康家庭评选活动;加快推进医疗卫生与养老服务相结合工作,道北社区建设成为医养结合示范点,社区服务中心、站为老年人做健康检查500多人次,65岁以上老年人健康管理率大幅提升;实施全面两孩政策强化宣传教育,深入开展第五阶段“婚育新风进万家”活动;道北社区创建为高规格人口与健康文化宣传阵地;推进陇家福幸福家庭创建和“健康家庭”行动,开展陇家福“健康百家”评选活动,为12户健康家庭颁发荣誉证书。强化基础基础建设,着力完善网络管理工程。稳定社区、村计生队伍力量,坚持计划生育月例会制度,重视社区计生协会工作,把协会建设成两委好帮手,育龄群众贴心人。发挥协会会员作用,经常上门服务,宣传计划生育政策,健康教育科普知识。五开展家庭扶助关怀。落实计划生育特殊家庭“4+1”联系人制度,签约医生制度、医疗扶助制度,建档率、签约率达到100%;完善计生特殊家庭扶助、关怀政策体系,确保扶助资金及时足额到户到人:为143户“两户”和9户失独家庭落实意外伤害保险,投保率达100%;计划生育特殊家庭年老夫妇住院护理补助,计划生育特殊家庭失能、失智老年人经济困难补贴等制度,确保扶助资金及时足额到户到人。落实计生主任、自管小组长报酬;落实计划生育特困家庭救助8000元;13户奖励扶助户13320元;特别扶助金132000元,失独家庭一次性补助2户30000元,发放独生子女父母奖励金33000元,其中城市27960元,农村5040元。以社区为服务站点,流动人口与常住人口同管理、同服务,利用辖区卫生机构服务平台,为婚育龄妇女搞好生殖健康服务,先后举办生殖健康知识讲座8期,受益达200余人次,开展生殖保健知识咨询达1000人次,做到关爱生殖健康、受益终生服务。健全“两非”工作管理措施,对辖区3个医院14个个体诊所都签定“两非”管理责任书。全年完成免费孕前健康检查230对。

【大气污染防控】道北街道以网格化队伍建设依托，联合辖区城管执法人员、42名网格员对辖区进行全方位执法整治，实现条块结合，日常巡查到位、重点整治到位。同时加大巡查力度。以建立常态化巡查机制为抓手，督促其实现错峰生产，同时对无环境影响评价手续车行予以查封；针对辖区内19个建筑工地，8个绿化工地，督促施工方全面落实工地标准化管理要求，按照“七个100%”落实，并对存在扬尘污染问题工地下达整改通知，督促采取降尘措施，清理建筑垃圾，避免施工扬尘。按照“街道、村社区、小区”三级网格原则，将办事处全体机关干部、全体村组干部纳入日常巡查监管工作体系，做到人人参与、人人压实工作。在对辖区所有餐饮业进行全面排查基础上，对50余家餐馆饭店下达限期整改通知，签订整改承诺书；针对露天烧烤、占道经营开展6次夜查烧烤集体行动，并有效遏制店外经营现象。

天水市麦积区道北街道办事处

书　　记：李应志
人大主任：赵　翔
主　　任：韩军峰
党工委副书记：罗旭宾（ 11月止）
纪工委书记：南　杰（ 11月止）
　　　　　　贾玉龙（ 11月任）
副 主 任：杨国鹏
武装部长：方　宁
党建办主任：张　茗

（供稿：王拓）

桥南街道

【概况】麦积区桥南街道办事处位于天水市麦积区城区渭河以南，西接花牛镇，东邻马跑泉镇，辖区面积10.6平方公里，辖管龙园、兴陇、泉湖、新苑、瑞苑、书苑、林苑天河、埠南、陇林十个社区居委会，常住城市人口14892户，44144人。辖区内有省、市、区级单位87个，街道党工委下设11个党支部，现有干部职工计119人。

【环境卫生整治】2017年，街道办事处与辖区820多家单位及门店签定《门前五包责任书》，并及时督促落实。累计组织发动组织辖区45多家单位和居民、低保户以及志愿者2000多人（次），清扫背街小巷15条，铲除小广告1200余处，清理杂草1000多平方米，垃圾清运车3辆，投入资金1万余元，清理死角垃圾50多吨。督促责任单位及时清理垃圾池（点）16个、无人管理垃圾7处。督促铁路小区等10多个居民小区多次进行环境卫生整治。

【社会保障】落实城市低保政策。通过“动态管理”，清理退出低保户116户268人，减员30户32人，增员24户28人，截至2017年12月全街道享受城市低保户1255户，3336人，现月发放金额851033元，新增低保户53户，126人，月发放金额25235元。做好相关社会救助工作。街道、社区上下牢固树立为民解困工作理念，开展医疗救助、临时救助工作，截至2017年12月街道为50人办理医疗救助，发放救助金309600元、临时救助49人156500元、急难救助20人10000元。

【军属优抚】做好伤残、参战、参试退役军人优抚工作。落实优抚政策，截至2017年12月发放对越参战立功退役人员优抚金1466135元。

【平安社区建设】重点针对辖区“三无小区”进行专项整治。截至年底，辖区安装电子监控设施小区达到53个，新增门卫人员小区达40个，新增保安队伍5个，建立一支8人街道义务巡逻队，各社区在小区设立民情信箱29个，设立“百姓说事点”11个。

天水市麦积区桥南街道办事处

书　　记：张　辉
人大主任：曹慧英（女　8月止）
主　　任：孙　娟（女）

党工委副书记：杨小舟
纪工委副书记：樊月升
副 主 任：王泛平（10月止）
王玉婷（女）
唐爱斌（10月任）
武装部长：唐爱斌（10月止）
康 宇（10月任）
党建办主任：史玲宏（女10月）
纪检专职副书记：刘志强

（供稿：陈云云）

北道埠街道

【概况】天水市麦积区北道埠街道办事处位于陇昌路西45号，地处麦积区中心地带，现有在编干部职工118人，辖区内有铁路、渭滨、羲皇、商埠、大桥、下曲、工业园7个社区。辖区内现有常住户12204户，人口28898人，有单位63个，其中行政事业单位27个，企业单位36个。

【民政工作】配合区人社局完成退休人员数据建模工作，并通过上门服务、电话联系指导退休人员进行网上人脸识别生存资格认证，为辖区143人组织督办资格认证。就业再就业及失业登记工作，就业困难人员实现再就业96人，新增就业人数达到3721人，系统实名登记人数3721人。在工作中建立下岗失业人员台帐，年登记失业人员224人，失业率控制在3.5%以内，办理失业优惠证114人。全年完成居民医保9413人（不包括低保人员），缴费131万元，完成居民医保任务116.4%。参保登记人数2113人。其中2017年新增40人，60岁以上享受待遇领取人员178人，待遇领取发放到位178人，发放率100%。应缴费人数1919，收费人数1648人（不包括未转社保93人），收缴保费92.33万元，续保持续率92.4%。对169名享受社会养老金人员进行生存认定，死亡停止4人，并对7人进行福利金追回工作，追回养老金6900元，完成区人社局稽核认证。2017年，社保卡数据采集人数2090人，修正入库人数2090人，完成率100%.社保卡制卡1720张，社保卡启用人数1600张，发卡率93.02%。社保卡信息合并未完成人数17人。

【社会保障】为6735名离退休人员办理资格认证；对248名“五七工、家属工”和一次性纳入退休人员进行调资工作，并对50名一次性纳入退休人员进行信息采集位；就业困难人员实现再就业37人，年内新增就业人数达到2445人，失业率控制在3.11%以内，全年登记失业人员247人，办理失业优惠证247人；完成居民医保8858人，全面完成居民医保任务。社保参保登记人数2089人，其中60岁以上待遇领取人员195人，实际待遇领取发放到位188人，待遇领取发放率96%，并对以上188人组织认证，完成区人社局稽核认证。保费收缴1712人，续保率达到91%；完成居民养老保险参保人员社保卡信息采集入库2080人，信息入库率98.5%，制卡1720张，系统启用卡发放1605张，发放率93.3%。

天水市麦积区北道埠街道办事处

书 记：靳国栋
人大主任：吴 平（7月止）
罗旭宾（11月任）
主 任：杜红丽（女）
副 书 记：汝进良
纪检书记：赵春燕（女11月止）
安海燕（女11月任）
副 主 任：张恩祥
武装部长：霍世杰

（供稿：赵明明）

人物 荣誉榜

先进集体

国家级荣誉

2017年1月，天水风动机械股份有限公司被国家工信部确定为“首批中国制造业单项冠军示范(培育)企业”。

2017年3月，麦积区农业综合执法大队被农业部评为全国农业综合执法示范窗口。

2017年4月，麦积区科协被人力资源社会保障部和中国科协评为“全国科协系统先进集体”。

2017年4月，甘肃省小陇山林业实验局东岔林场被中国林场协会评为“全国十佳林场”称号。

2017年4月，天水星火机床有限责任公司被中国机床工具协会评为全国统计工作先进企业。

2017年5月，天水市公安局麦积分局户政管理大队被公安部评为全国优秀基层单位。

2017年5月，麦积区果品产业局送展的花牛苹果在中国国际贸易促进委员会供销合作行业分会，组织的2017年上海·全国优质农产品博览会上，荣获优质农产品奖。

2017年7月，天水麦积农村合作银行被全国农村金融机构评为“全国农村金融机构十佳普惠金融机构”荣誉称号。

2017年7月，麦积区林业局被人社部、国家林业局评为全国集体林权制度改革先进集体。

2017年12月，花牛镇被中国气象局评为全国标准化气象灾害防御乡镇。

2017年12月，麦积区工商联被全国工商联评为“2017年全国‘五好’县级工商联”荣誉称号。

2018年1月，天水市麦积区人民法院执行局被最高人民法院评为“全国法院先进集体”。

2018年1月，麦积区社棠镇卫生院被国家卫生和计划生育委员会评为全国“2016—2017年度建设群众满意乡镇卫生院”。

省级荣誉

2017年1月，甘肃林业职业技术学院的伏羲文化在建筑装饰设计中的应用与设计研究项成果获甘肃省教育厅三等奖。

2017年1月，甘肃林业职业技术学院经济林种植土壤适宜性空间数据平台建立与应用研究成果获甘肃省科技厅科技进步三等奖。

2017年1月，麦积区农业局被甘肃省农牧厅、甘肃省人社厅评为全省农业科技推广工作先进集体。

2017年1月，麦积区果品产业局参与的《黄土高原雨养农业区苹果最佳建园模式研究》课题，被甘肃省政府评为省科技进步二等奖。

2017年2月，甘肃省小陇山林业实验局有8项科研成果获2017年甘肃省林业科技进步奖。

2017年2月，甘肃省小陇山林业实验局林科所被甘肃省人民政府评为2016年度甘肃省科技进步二等奖。

2017年2月，天水市麦积区被甘肃省卫生和计划生育委员会评为“2016年省级妇幼健康优质服务示范区”。

2017年2月，天水市麦积区档案局被甘肃省人力资源和社会保障厅、甘肃省档案局授予“2012年——2016年度全省档案工作先进集体”称号。

2017年3月，麦积区房地产管理局被甘肃省房地产市场调控和保障性安居工程领导小组授予“先进单位”称号。

2017年3月，麦积区文联被省文联命名为“全省文联系统先进集体”。

2017年6月，天水星火机床有限责任公司技术中心被甘肃省冶金机械工会评为创新型班组。

2017年6月，天水星火机床有限责任公司铸木分厂被甘肃省冶金机械工会评为工人先锋号。

2017年6月，甘肃省小陇山林业实验局林科所被甘肃省林业厅评为全省“林业科技创新先进集体”称号。

2017年7月，天水星火机床有限责任公司被甘肃省科技厅评为省技术市场工作先进经营单位。

2017年7月，道北街道办事处红旗路社区被中共甘肃省委、甘肃省人民政府评为“省级文明社区”荣誉称号。

2017年7月，麦积区卫生和计划生育局被甘肃省委、省人民政府命名为全省“文明单位”。

2017年8月，甘肃林业职业技术学院林业工程学院被甘肃省教育厅评为甘肃省“园丁奖”先进集体。

2017年9月，麦积区中滩中心卫生院被甘肃省人力资源和社会保障厅、甘肃省卫生和计划生育委员会评为“甘肃省基层卫生工作先进集体”。

2017年11月，甘肃林业职业技术学院的研究成果甘肃瑞香组织培养与快速繁殖技术研究、彩叶植物在天水城市绿化中的应用研究成果获甘肃省科技情报学会三等奖。

2017年11月，天水市卫生和计划生育综合监督执法局麦积分局被甘肃省卫生计生委综合监督局评为“全省首届卫生计生执法监督微课优秀作品评选活动”优秀组织奖。

2017年11月，麦积区妇女联合会被甘肃省妇女联合会评为全省宣传舆论阵地建设先进单位。

2017年11月麦积区图书馆被甘肃省图书馆学会授予2017年年会征文活动“优秀组织奖”。

2017年12月麦积区博物馆2017年度被甘肃省人社厅、甘肃省文物局评为甘肃省第一次可移动文物普查工作先进集体。

2017年12月，天水麦积农村合作银行被甘肃省扶贫基金会授予全省“关爱中小学生健康成长”安全爱心包公益活动扶贫捐赠单位。

2017年12月，麦积区农民负担监督管理领导小组办公室被甘肃省农民负担监督管理办公室评为2017年全省农民负担监测督导先进单位。

2017年12月，甘肃省地质矿产勘查开发局第一地质矿产勘查院《清水县农村集体土地使用权确权登记发证项目》被甘肃省测绘地理信息局测绘学会评为2016年度甘肃省测绘科学技术（优秀工程）奖铜奖。

2017年12月，天水市卫生和计划生育综合监督执法局麦积分局选送《麦积区道南如归招待所在经营公共场所未放置安全套或者设置安全套售设施案》被甘肃省卫生计生委综合监督局评为“2016年度甘肃省卫生计生执法监督优秀案例”。

2018年1月，天水甘泉物流园区管理委员会被甘肃省物流行业协会评为全省优秀会员单位。

2018年1月，麦积区委老干局被甘肃省委老干部工作局评为“全省离退休干部‘畅谈十八大以来变化、展望十九大胜利召开’活动先进集体”。

2018年2月，天水市麦积区编办被甘肃省编办评为全省“先进集体”。

2018年4月，麦积区卫生和计划生育局被甘肃省计划生育协会评为“2017年度全省计生保险推进工作优秀奖”。

先进个人

国家级荣誉

2017年1月，给麦积区机构编制委员会办公室唐海明被中央编办评为“全国先进工作者”。

2017年6月，麦积区科学技术局岳彦芳被中国生产力促进中心协会授予“服务精英奖”。

2017年7月，甘肃林业职业技术学院张德祥教授被国家林业局评为国家林业局第一批全国林业教学名师。

2017年8月，麦积区文化广播影视局周改珠在2017年中国图书馆学会年征文活动中提交的论文被中国图书馆协会评为一等奖。

2017年9月，天水矿产勘查院刘菊琴被中国地质矿产经济学会评为第二届全国地质勘查行业“最美地质队员”荣誉称号。

2017年11月，天水市公安局麦积分局刑事科学技术室民警李志钢、张兴鹏被公安部评为全国优秀技术民警。

2017年12月，麦积区气象局人影炮点赵文明被中国气象局评为2017年度全国百名优秀气象信息员。

2017年12月，天水市公安局麦积分局刑事科学技术室民警李志钢、张兴鹏被公安部评为全国优秀现场勘查员。

省级荣誉

2017年1月，天水市麦积区委党史办蔡甦被中共甘肃省委党史研究室评为“全省党史部门先进个人”。

2017年1月，麦积区委政法委赵宏被甘肃省人力资源和社会保障厅、甘肃省维护稳定工作领导小组办公室评为2013—2016年度全省维护稳定工作先进个人。

2017年1月，天水星火机床有限责任公司李维谦、刘克林的科研成果《一种电机制动保护系统》被甘肃省人民政府评为省级技术专利。

2017年4月，甘肃省小陇山林业实验局林业调查规划院张安堂被被甘肃省总工会评为甘肃省五一劳动奖章。

2017年4月，中国石油天然气股份有限公司甘肃天水销售分公司周成龙被甘肃省人力资源和社会保障厅、共青团甘肃省委评为甘肃省优秀共青团干部。

2017年5月，天水市第四人民医院马爱兰被甘肃省卫生合计划生育委员会评为“全省护理工作先进个人”。

2017年5月，天水市中西医结合医院暨天水市第二人民医院崔建萍、范小军、郭维娟被甘肃省卫生和计划生育委员会评为2016年度万名医师支援农村卫生工程支农优秀队员。

2017年5月，天水市第四人民医院李淑梅被甘肃省卫生合计划生育委员会评为“全省护理工作先进个人”。

2017年6月，天水星火机床有限责任公司王铁强被甘肃省冶金机械工会评为金牌工人。

2017年9月，麦积电信分公司被甘肃省电信公司评为2017年度校园迎新先进单位。

2017年9月，麦积区委农工部王卫东被甘肃省脱贫攻坚帮扶工作协调推进领导小组评为全省帮扶工作先进工作者。

2017年9月，麦积区文化广播影视局曹雪梅被甘肃省图书馆协会评为“甘肃省图书馆学会第一届青年人才奖”。

2017年9月，麦积区伯阳镇卫生院何鹏先被甘肃省人力资源和社会保障厅、甘肃省卫生和计划生育委员会授予“甘肃省优秀基层医务工作者”。

2017年9月，麦积区马跑泉中心卫生院吴东宏被甘肃省人力资源和社会保障厅、甘肃省卫生和计划生育委员会评为“甘肃省优秀基层医务工作者”。

2017年9月，麦积区甘泉中心卫生院院长白永杰被甘肃省人力资源和社会保障厅、甘肃省卫生和计划生育委员会评为“甘肃省优秀乡镇卫生院院长”。

2017年9月，麦积区社棠社区卫生服务中心主任曹守锋被甘肃省人力资源和社会保障厅、甘肃省卫生和计划生育委员会评为“甘肃省优秀社区卫生服务中心主任”。

2017年9月，麦积区计划生育服务站卢晓梅被甘肃省人力资源和社会保障厅、甘肃省卫生和计划生育委员会评为“甘肃省优秀计划生育技术服务人员”。

2017年10月，天水市第四人民医院牛伟平被甘肃省卫生合计划生育委员会评为“全省卫生应急技能竞赛活动突发中毒事件处置竞赛三等奖”。

2017年11月，甘肃省地质矿产勘查开发局第一地质矿产勘查院职工苏永红撰写的《化探一体化综合系统》参加省级化探、地质工程专业技术比武，获得由省总工会、人社厅、科技厅颁发全省技术创新成果一等奖，被授予省“五一劳动奖章”。

2017年11月，天水市卫生和计划生育综合监督执法局麦积分局冉慧玲在2017年“首届全省卫生计生执法监督微课优秀作品评选活动”中制作微课作品《放射卫生之个人防护用品配备使用情况监督管理》被甘肃省卫生计生委综合监督局评为优秀奖。

2017年11月，天水市卫生和计划生育综合监督执法局麦积分局常 明在2017年“首届全省卫生计生执法监督微课优秀作品评选活动”中制作微课作品《放射卫生之个人防护用品配备使用情况监督管理》被甘肃省卫生计生委综合监督局评为优秀奖。

2017年11月，天水市卫生和计划生育综合监督执法局麦积分局王子茹在2017年“首届全省卫生计生执法监督微课优秀作品评选活动”中制作微课作品《放射卫生之个人防护用品配备使用情况监督管理》被甘肃省卫生计生委综合监督局评为优秀奖。

2017年11月，天水市卫生和计划生育综合监督执法局麦积分局胡晓锋在2017年“首届全省卫生计生执法监督微课优秀作品评选活动”中制作微课作品《放射卫生之个人防护用品配备使用情况监督管理》被甘肃省卫生计生委综合监督局评为优秀奖。

2017年11月，麦积区文化广播影视局曹雪梅同志的论文在2017年甘肃省图书馆学会年会征文活动中，被甘肃省图书馆协会评为一等奖。

2017年11月，麦积区文化广播影视局牛建茹、屈利萍的论文在2017甘肃省图书馆学会年会征文活动中，被甘肃省图书馆协会分别评为二等奖。

2017年11月，麦积区文化广播影视局吴旭青、王晓莲的论文在2017年甘肃省图书馆学会年会征文活动中，被甘肃省图书馆协会分别评为三等奖。

2017年12月，麦积电信分公司被甘肃省电信公司2017年度实体渠道先进单位。

2017年12月，甘肃省核地质二一三大队地质钻探公司陈明军在甘肃省国防工业局首届“国防工匠”表彰大会上，获首批“甘肃国防工匠”殊荣。

2017年12月，甘肃林业职业技术学院李鸿杰、陈西仓被甘肃省教育厅评为甘肃省教学名师。

2017年12月，天水市卫生和计划生育综合监督执法局麦积分局常明、辛金燕被甘肃省卫生计生委综合监督局分别评为“2016年度甘肃卫生计生执法监督办案能手”。

2017年12月，天水市卫生和计划生育综合监督执法局麦积分局常 明在2017年全省“卫生计生监督两学一做”学习实践活动知识竞赛中被甘肃省卫生计生委综合监督局评为个人三等奖。

2017年12月，天水市卫生和计划生育综合监督执法局麦积分局冉慧玲在2017年全省“卫生计生监督两学一做”学习实践活动知识竞赛中被甘肃省卫生计生委综合监督局评为个人二等奖。

统计资料

行政组织及人口(一)

乡镇名称	村委会(个)	村民小组(组)	社区居委会(个)
总计	379	1976	34
马跑泉镇	27	163	3
社棠镇	17	68	3
渭南镇	40	177	–
花牛镇	38	163	3
东岔镇	14	88	–
新阳镇	24	155	–
中滩镇	23	136	–
伯阳镇	21	83	–
元龙镇	22	88	–
甘泉镇	24	157	–
麦积镇	15	88	–
五龙镇	28	127	–
琥珀镇	13	78	–
石佛镇	34	203	–
三岔镇	17	85	–
党川镇	10	53	–
利桥镇	8	50	–
道北办事处	4	14	8
北道埠办事处	–	–	7
桥南办事处	–	–	10

行政组织及人口(二)

乡镇名称	总户数(户)	总人口(人)	城镇人口(人)	乡村人口(人)
总计	177397	645000	351000	294000
马跑泉镇	16463	61297	36361	24936
社棠镇	9748	31851	20711	11140
渭南镇	11770	44748	3780	40968
花牛镇	14126	56937	19484	37453
东岔镇	3196	11590	1234	10356
新阳镇	9452	32675	8428	24247
中滩镇	9659	38155	4518	33637
伯阳镇	6471	25555	3612	21943
元龙镇	5938	22661	10023	12638
甘泉镇	12016	45777	6539	39238
麦积镇	5715	21069	2546	18523
五龙镇	6456	24985	0	24985
琥珀镇	3581	13834	2147	11687
石佛镇	11399	45385	6445	38940
三岔镇	3907	16194	2264	13930
党川镇	1586	5518	0	5518
利桥镇	1416	5195	1509	3686
道北办事处	13822	36331	36331	–
北道埠办事处	12097	28558	28558	–
桥南办事处	18579	49044	49044	–

注:全区常住人口 56.81 万人,总人口 64.5 万人均为市局反馈数。总户数及分乡镇人口数据由区公安分局提供。户籍人口城镇化率 39.45%,常住人口城镇化率 54.37%。

按当年价格计算的地区生产总值

指标名称	序号	绝对额（万元）		增幅（可比价）（%）		构成（%）	
		2017年	2016年	2017年	2016年	2017年	2016年
地区生产总值	01	1753337	1646627	4.7	7.4	100.0	100
第一产业	02	136105	130622	6.1	5.9	7.8	7.9
第二产业	03	740872	708633	3.5	5.9	42.2	43.1
第三产业	04	876360	807372	5.8	9.4	50.0	49

注：2016年起，依据R&D调查资料，将研究发支出计入地区生产总值，2016年相关数据重新修订。

气象(一)

单位:毫米

观测点	年降雨量	其中			
		春	夏	秋	冬
麦积区	660.5	211.2	282.4	154.2	12.7

气象(二)

单位:毫米

观测点	最高月降雨量		最大降雨量	
	降雨量	月份	降雨量	日期
麦积区	150.4	8月	66.7	6月3日—6月6日

气象(三)

观测点	最长连续无雨日期		年平均气温℃	最高气温	
	天数	起止		温度℃	日期
麦积区	26	1月12日–2月6日	12.7	38.5	8月3日

气象(四)

观测点	最低气温		无霜期(天)	年日照
	温度℃	日期		小时
麦积区	–9.8	12月18日	210	1934.4

农村基本情况

指标名称	单位	数量
1、乡镇政府办事处	个	20
其中:镇政府	个	17
2、村民委员会	个	379
村民小组	个	1978
3、乡镇及村组干部	人	3925
其中:乡镇干部	人	1633
村组干部	人	2292
4、农村户数	户	102547
农村人口	人	454136
5、自来水受益村数	个	371
自来水受益户数	户	100046
6、村镇现有房屋	万平方米	956.31
其中:居民现有房屋	万平方米	831.77
其中:钢混结构房屋	万平方米	274.62
砖木结构房屋	万平方米	366.06
7、通电话的村数	个	379
通电话的户数	户	72953
8、乡村卫生机构数	个	485
医院病床数	张	728
医生数	人	931
卫生护理员	人	415
9、农村适龄儿童人数	万人	4.42
农村适龄儿童入学人数	万人	4.40

全区农业总产值(一)

单位:万元

指标	现价农业总产值	可比价农业总产值
农林牧渔业总产值	222081.56	226654.25
一、农业产值	197399.86	199111.23
(一)谷物及其他作物	47890.30	48186.34
1.谷物(原粮)	37939.27	38256.14
(1)小 麦	13409.35	13880.64
(2)稻 谷	–	–
(3)玉 米	17626.27	17466.83
(4)杂 粮	108.88	113.90
谷 子	35.54	35.54
糜 子	6.35	6.35
高 粱	30.29	30.29
其他杂粮	36.70	41.72
(5)谷物副产品	6794.77	6794.77
小麦秸	2630.21	2630.21
玉米杆	4160.13	4160.13
谷(糜)杆	4.43	4.43
高粱杆	–	–
其他谷物杆	–	–
2.薯 类	3284.89	3407.38
洋 芋	3254.56	3377.05
薯 秧	30.33	30.33
3.油 料	5305.64	5151.19
油菜籽	4082.13	3880.35
向日葵	80.12	94.26
胡麻籽	445.84	479.03
其它油料作物	570.75	570.75
油菜籽杆	84.51	84.51
向日葵杆	3.31	3.31

全区农业总产值(二)

单位:万元

指标	现价农业总产值	可比价农业总产值
胡麻籽杆	34.88	34.88
其他油料作物副产品	4.10	4.10
4.豆 类	898.16	909.29
大 豆	835.24	846.37
豆 秸	62.92	62.92
5.烟 叶	7.38	7.38
烤 烟	6.88	6.88
烟 杆	0.50	0.50
6.其他农作物	454.96	454.96
青饲料	301.00	301.00
绿 肥	15.64	15.64
未列明的其他农作物	138.32	138.32
(二)蔬菜、园艺作物	50107.82	52398.43
1.蔬 菜	50078.61	52369.22
(1)黄花菜	65.81	65.81
(2)辣椒干	3288.60	3288.60
(3)食用菌(干鲜混合)	9289.33	9289.33
(4)其他蔬菜	37434.87	39725.48
2.花 卉	12.92	12.92
鲜切花	12.92	12.92
3.其他园艺作物	16.29	16.29
盆栽植物	16.29	16.29
(三)水果、坚果、饮料和香料	96321.72	95365.08

全区农业总产值(三)

单位:万元

指标	现价农业总产值	可比价农业总产值
1.水果、坚果	82064.24	80699.93
(1)园林水果	76262.06	74911.11
苹 果	59511.42	58180.79
梨	1041.13	1035.18
桃	1261.60	1247.23
杏	443.15	443.15
猕猴桃	47.36	47.36
葡 萄	12766.92	12766.92
柿 子	268.39	268.39
其他园林水果	922.09	922.09
(2)瓜果类	3170.10	2946.25
瓜 类	2723.19	2588.72
草 莓	446.91	357.53
(3)坚果类	2632.08	2842.57
核 桃	1861.59	2072.08
板 栗	187.87	187.87
毛 栗	88.22	88.22
松 子	494.40	494.40
2.香料作物	14257.48	14665.15
花 椒	14257.48	14665.15
(四)中药材	3080.02	3161.38
党 参	544.47	633.96
当 归	57.03	57.03
黄 芪	142.26	139.03
板蓝根	58.65	58.65
柴 胡	1369.43	1364.53
甘 草	36	36
其他药材	872.18	872.18

全区农业总产值(四)

单位:万元

指标	现价农业总产值	可比价农业总产值
二、林业产值	2312.96	2312.96
(一)林木的培育和种植	1485.94	1485.94
1.育种育苗	139.19	139.19
2.造 林	720.44	720.44
人工造林	720.44	720.44
3.抚育和管理	626.31	626.31
零星植树	107.41	107.41
迹地更新	411	411
成林抚育	107.90	107.90
4.封山育林	–	–
(二)木材采运	21.12	21.12
其中:村及村以下	21.12	21.12
(三)林产品的采集	805.90	805.90
1.天然和人工林的果实	–	–
2. 其他野生植物采集	805.90	805.90
野生药材	483.60	483.60
副食用野生植物	273.00	273.00
野柴草	49.30	49.30
三、牧业产值	21173.76	24025.79
(一)牲畜的饲养	4570.60	4682.22
1.牛的饲养	3248.89	3408.65
2.羊的饲养	708.81	676.87
绵 羊	399.68	367.74
山 羊	309.13	309.13
3.其他牲畜饲养	92.52	92.52
马	–	–

全区农业总产值(五)

单位:万元

指标	现价农业总产值	可比价农业总产值
驴	69.67	69.67
骡	22.85	22.85
4.奶产品	492.59	476.33
牛 奶	464.07	447.81
羊 奶	28.52	28.52
5.毛绒产品	27.79	27.85
山羊毛	5.18	5.24
山羊绒	22.61	22.61
(二)猪的饲养	13641.64	16067.30
(三)家禽	2818.17	3132.92
1.肉禽(毛重)	1058.68	1058.68
鸡(鸭、鹅)	1058.68	1058.68
2.禽 蛋	1759.49	2074.24
鸡 蛋	1759.49	2074.24
(四)其他畜牧业	143.35	143.35
1. 虫 类	122.00	122.00
蝎 子	122.00	122.00
2.活的家畜产品	21.35	21.35
蜂 蜜	19.71	19.71
蜂 蜡	1.64	1.64
四、渔业产值	213.98	234.90
养殖产值	213.98	234.90
五、农林牧渔服务业产值	981.00	969.37
(一)农业服务业	981.00	969.37

分乡镇2017年农业总产值

单位:万元

乡镇名称	现价农业总产值	可比价农业总产值
全区合计	222081.56	226654.25
渭南镇	13316.78	13857.35
石佛镇	19863.39	20412.98
中滩镇	20243.69	20810.22
新阳镇	9902.27	10181.41
五龙镇	8510.17	8833.28
琥珀镇	8278.05	8519.70
东岔镇	3063.16	3161.70
三岔镇	6837.06	7029.19
元龙镇	15332.83	15631.80
伯阳镇	20227.30	20156.97
社棠镇	11343.71	11476.49
马跑泉镇	20619.94	20920.08
花牛镇	22565.17	23035.08
甘泉镇	20734.85	21041.28
麦积镇	12799.39	12928.68
党川镇	2898.04	2977.66
利桥镇	2948.03	3054.62
道北街道	2597.73	2625.76

2017 年全区农业增加值

单位：万元

指标名称	计量单位	数量
一、农林牧渔业增加值	万元	136359.80
1、农　　业	万元	124629.67
2、林　　业	万元	1152.05
3、牧　　业	万元	10186.54
4、渔　　业	万元	136.48
5、农林牧渔服务业	万元	255.06
(1)农业服务业	万元	255.06
(2)林业服务业	万元	–
(3)牧业服务业	万元	–
(4)渔业服务业	万元	–
二、农林牧渔业产值价格指数	%	97.98
1、农业产值	%	99.14
2、林业	%	100.00
3、牧业	%	88.13
4、渔业	%	91.09
5、农林牧渔服务业	%	101.20
三、农林牧渔业可比增加值	万元	138823.24
1、农业	万元	125710.78
2、林业	万元	1152.05
3、牧业	万元	11558.54
4、渔业	万元	149.83
5、农林牧渔服务业	万元	252.04
四、农林牧渔业增加值可比增速	%	106.09
1、农业增加值可比增速	%	106.47
2、林业增加值可比增速	%	113.16
3、牧业增加值可比增速	%	101.49
4、渔业增加值可比增速	%	101.32
5、农林牧渔服务业增加值可比增速	%	106.29

乡村劳动力从业情况

单位:人

乡镇名称	合计	其中:按性别分组		按受教育程度分组			
		男	女	高中以上	初中	小学	文盲及半文盲
合计	240865	129232	111633	48403	101833	81900	8729
渭南镇	21879	11650	10229	6390	8645	6844	–
石佛镇	22150	10913	11237	3399	7683	10750	318
中滩镇	19154	11212	7942	5487	10112	3555	–
新阳镇	16431	8702	7729	5191	7215	3477	548
五龙镇	13260	6767	6493	2353	4507	5713	687
琥珀镇	6754	3542	3212	737	2184	3541	292
东岔镇	7166	4139	3027	1028	2983	2622	533
三岔镇	8497	4459	4038	2703	4583	962	249
元龙镇	11801	6462	5339	2587	4981	4154	79
伯阳镇	12233	7089	5144	2444	5200	3234	1355
社棠镇	9760	4853	4907	3021	4012	2664	63
马跑泉镇	27421	15336	12085	4596	14420	7195	1210
花牛镇	22218	11913	10305	2810	8995	8615	1798
甘泉镇	20454	10792	9662	2226	7999	8743	1486
麦积镇	11542	5816	5726	1143	3824	6468	107
党川镇	2560	1360	1200	302	1030	1228	–
利桥镇	2849	1662	1187	712	1212	925	–
道北街道	4736	2565	2171	1274	2248	1210	4

耕地状况

单位：亩

乡镇名称	年初耕地	当年新增	当年减少	年末耕地
合计	714438.67	–	3636.2	710802.47
渭南镇	53472	–	–	53472
石佛镇	72540	–	–	72540
中滩镇	28334	–	–	28334
新阳镇	47070	–	–	47070
五龙镇	47034	–	–	47034
琥珀镇	25173.4	–	–	25173.4
东岔镇	16727	–	–	16727
三岔镇	26393	–	–	26393
元龙镇	36161	–	–	36161
伯阳镇	51193	–	–	51193
社棠镇	15895.78	–	–	15895.78
马跑泉镇	58268	–	–	58268
花牛镇	77802.5	–	1230.20	76572.3
甘泉镇	80856.29	–	2406	78450.29
麦积镇	46492.7	–	–	46492.7
党川镇	13102	–	–	13102
利桥镇	12210	–	–	12210
道北街道	5714	–	–	5714

林业生产

乡镇名称	造林面积(亩)	年末实有育苗(亩)		四旁植树(万株)	本年出售树苗(万株)
		合计	新育		
合计	40248	3090	1997	172	2549
渭南镇	4770	110	80	14	102
石佛镇	3410	110	70	–	105
中滩镇	3000	350	255	6	324
新阳镇	2884	40	29	9	37
五龙镇	1100	50	36	8	46
琥珀镇	500	60	44	10	56
东岔镇	–	240	175	8	222
三岔镇	–	130	44	8	56
元龙镇	13740	85	62	9	79
伯阳镇	2276	52	38	11	48
社棠镇	–	50	36	12	46
马跑泉镇	1350	45	33	15	42
花牛镇	5960	78	57	16	72
甘泉镇	958	220	146	16	185
麦积镇	–	210	153	12	194
党川镇	–	920	491	7	620
利桥镇	–	340	248	6	315
道北街道	300	–	–	5	–

林产品产量

单位:吨

乡镇名称	核桃	板栗	毛栗	花椒
合计	1813	430.4	455	2675
渭南镇	120	–	–	20
石佛镇	–	–	–	161
中滩镇	–	–	–	110
新阳镇	30	–	–	55
五龙镇	–	–	–	180
琥珀镇	–	265	245	410
东岔镇	161	98.4	74	16
三岔镇	141	13	19	460
元龙镇	172	–	–	827
伯阳镇	65	–	–	60
社棠镇	–	–	–	52
马跑泉镇	60	–	–	60
花牛镇	80	–	–	176
甘泉镇	400	18	25	60
麦积镇	360	20	56	28
党川镇	114	16	36	–
利桥镇	110	–	–	–
道北街道	–	–	–	–

年末实有果园面积

单位:亩

乡镇名称	合计	苹果	梨	葡萄	桃	杏	其它
合计	241646	174506	4468	41660	5238	4351	11423
渭南镇	14578	8184	–	5200	–	100	1094
石佛镇	22778	12633	200	9112	90	450	293
中滩镇	7671	3832	–	2900	212	62	665
新阳镇	15505	8650	110	5460	85	1100	100
五龙镇	3310	3310	–	–	–	–	–
琥珀镇	6749	5045	–	–	–	–	1704
东岔镇	1540	350	–	–	100	520	570
三岔镇	3639	1589	131	5	35	980	899
元龙镇	14332	12408	155	30	1003	84	652
伯阳镇	28794	25305	134	100	2768	487	–
社棠镇	14101	3083	487	10149	186	81	115
马跑泉镇	27754	23359	1120	1110	365	360	1440
花牛镇	29053	20287	1901	4715	390	127	1633
甘泉镇	27069	25082	180	465	–	–	1342
麦积镇	20496	20446	50	–	–	–	–
党川镇	343	202	–	–	–	–	141
利桥镇	–	–	–	–	–	–	–
道北街道	3934	741	–	2414	4	–	775

水果产量

单位:吨

乡镇名称	合计	苹果	梨	葡萄	柿子	桃	杏
合计	299702.5	229419.5	7426	44592.8	1275	6530	3317
渭南镇	13000	7696	–	4900	300	–	48
石佛镇	19560	16020	230	2800	59	108	283
中滩镇	7457	5012	–	1321	326	75	41
新阳镇	9310	5380	160	2742	–	90	915
五龙镇	4470	4470	–	–	–	–	–
琥珀镇	5996.5	5996.5	–	–	–	–	–
东岔镇	1375	550	–	–	235	82	278
三岔镇	3790	2150.2	250	5.8	100	48	420
元龙镇	16964	14421	330	37	32	1330	120
伯阳镇	50964	46338	85	98	23	3650	770
社棠镇	28739	5742	1408	21114	–	211	63
马跑泉镇	33800	26500	2300	1960	–	600	280
花牛镇	36400	28860	2524	3800	–	326	99
甘泉镇	36576	34222.8	111	1515	–	–	–
麦积镇	22520	22492	28	–	–	–	–
党川镇	1256	500	–	–	200	–	–
利桥镇	25	–	–	–	–	–	–
道北街道	7500	3069	–	4300	–	10	–

全区农作物播种面积、亩产、总产量

作物名称	播种面积(亩)	亩产(公斤)	总产量(吨)
全年农作物播种面积总计	838559	–	–
一、谷物及其它作物播种面积	719435	–	–
粮食作物	631293	260.09	164193.84
复种的面积	127598	–	–
(一)谷物播种面积	547827	278.07	152332.92
1.小麦	288009	212.88	61310.24
玉米	240757	375.64	90437.51
谷子	1486	100.27	149
糜子	1500	17.75	26.63
高粱	3112	57.65	179.42
荞麦	12963	17.75	230.12
其它秋收谷物	–	–	–
2.豆类	31835	67.22	2140
其中:大豆	31835	67.22	2140
其它豆类	–	–	–
3.薯类	51631	188.28	9720.92
(二)油料	77427	146.81	11367
其中:胡麻籽	7271	145.37	1057
油菜籽	61099	141.13	8623
葵花籽	1140	171.93	196
其它油料	7917	188.33	1491
(三)烟叶	120	133.33	16.00
(四)其它作物	10595	–	–
1、青饲料	8135	–	–
2、绿肥	460	–	–
3、其它	2000	266.00	532
二、蔬菜园艺播种面积	95264	–	–
(一)蔬菜播种面积	95160	2418.92	230184
(二)花　卉	104	–	–
三、瓜果坚果饮料及香料作物播种面积	11639	–	–
其中:(一)瓜类播种面积	10409	2018.67	21012.3
其中:西　瓜	10409	2018.67	21012.3
(二)草　莓	1230	359.35	442
四、药材	12221	307.98	3763.8

粮食作物播种面积、亩产、总产量

单位：亩、公斤、吨

乡镇名称	农作物面积	粮食作物面积	粮食总产量	其中：小麦			玉米			洋芋		
				面积	亩产	总产	面积	亩产	总产	面积	亩产	总产
合计	838559	631293	164193.84	288009	212.88	61310.24	240757	375.64	90437.51	51631	188.28	9720.92
渭南镇	60740	45300	10592	25100	205.02	5146.00	11250	387.73	4362.00	4750	173.05	822
石佛镇	80455	56878	13004.5	24968	203.87	5090.24	19000	347.05	6594.00	6000	152.12	912.72
中滩镇	47527	23261	7648	7200	243.06	1750.00	13021	406.27	5290.00	3040	200.00	608
新阳镇	52860	39800	10949.11	21300	207.84	4427.00	15780	375.01	5917.61	2720	222.24	604.5
五龙镇	57610	46800	12577.01	19100	222.41	4248.00	18700	353.42	6609.01	9000	191.11	1720
琥珀镇	31474	22091	6428.6	9850	238.68	2351.00	8640	384.26	3320.00	3601	210.39	757.6
东岔镇	21600	19750	4603.4	9050	208.84	1890.00	6000	392.78	2356.70	300	210.33	63.1
三岔镇	32030	29830	7866.8	14740	238.13	3510.00	11450	355.02	4065.00	860	206.74	177.8
元龙镇	50247	41194	10459.7	18474	215.22	3976.00	14768	373.10	5510.00	3622	196.22	710.7
伯阳镇	59870	43548	10460.1	14002	236.18	3307.00	17750	359.55	6382.00	1250	206.48	258.1
社棠镇	17159	13200	4195.69	4750	204.42	971.00	7650	399.57	3056.69	800	210.00	168
马跑泉镇	77720	54900	13423.23	24800	215.73	5350.00	19500	353.08	6885.00	5500	164.55	905
花牛镇	80450	60000	14103	35000	198.11	6934.00	18000	357.39	6433.00	3300	171.21	565
甘泉镇	85994	70877	18466.21	36000	201.03	7237.00	26315	396.39	10431.00	2465	200.65	494.61
麦积镇	49667	38860	12640	14200	217.61	3090.00	22500	406.93	9156.00	1620	219.14	355
党川镇	16509	12925	3569.7	5020	209.36	1051.00	5578	408.39	2278.00	867	218.57	189.5
利桥镇	14067	10179	2720.09	3155	222.50	702	4355	368.66	1605.50	1836	211.65	388.59
道北街道	2580	1900	486.70	1300	215.38	280	500	372.00	186.00	100	207.00	20.7

经济作物播种面积、亩产、总产量

单位:亩、公斤、吨

乡镇名称	油料			其中:油菜籽		
	面积	亩产	总产	面积	亩产	总产
合计	77427	146.81	11367	61099	141.13	8623
渭南镇	4800	118.13	567	4800	118.13	567.00
石佛镇	9452	138.38	1308	8672	136.30	1182.00
中滩镇	6400	149.22	955	6250	148.00	925.00
新阳镇	6950	153.96	1070	6950	153.96	1070.00
五龙镇	5900	141.53	835	5100	134.31	685.00
琥珀镇	5200	139.23	724	5150	138.64	714.00
东岔镇	680	176.47	120	680	176.47	120.00
三岔镇	870	154.02	134	650	150.77	98.00
元龙镇	3171	165.88	526	1931	167.79	324.00
伯阳镇	7012	164.00	1150	2386	140.82	336.00
社棠镇	385	311.69	120	120	275.00	33.00
马跑泉镇	7420	147.17	1092	4220	135.55	572.00
花牛镇	6100	140.00	854	5300	136.98	726.00
甘泉镇	6630	139.67	926	4745	133.83	635.00
麦积镇	4400	153.41	675	2300	155.22	357.00
党川镇	995	130.65	130	885	133.33	118.00
利桥镇	432	164.35	71	330	154.55	51.00
道北街道	630	174.60	110	630	174.60	110.00

其它农作物播种面积、亩产、总产量

单位：亩、公斤、吨

乡镇名称	蔬菜			瓜类		
	面积	亩产	总产	面积	亩产	总产
合计	95160	2418.92	230184.00	10409	2018.67	21012.3
渭南镇	10340	2389.36	24706.00	300	2000.00	600.00
石佛镇	11160	2500.36	27904.00	45	2133.33	96.00
中滩镇	17860	2462.88	43987.00	–	–	–
新阳镇	4610	2414.97	11133.00	–	–	–
五龙镇	3060	2081.37	6369.00	–	–	–
琥珀镇	3183	2032.05	6468.00	–	–	–
东岔镇	550	2278.18	1253.00	20	2415.00	48.3
三岔镇	1150	2250.43	2588.00	25	2120.00	53.00
元龙镇	4822	2412.07	11631.00	132	2007.58	265
伯阳镇	4230	2397.64	10142.00	3000	1886.33	5659.00
社棠镇	1966	2478.13	4872.00	510	2245.10	1145.00
马跑泉镇	8940	2642.95	23628.00	3700	1837.84	6800.00
花牛镇	13400	2438.36	32674.00	670	2388.06	1600.00
甘泉镇	6310	2295.88	14487.00	952	2065.13	1966.00
麦积镇	2520	2448.41	6170.00	1055	2635.07	2780.00
党川镇	253	1624.51	411.00	–	–	–
利桥镇	756	2182.54	1650.00	–	–	–
道北街道	50	2220.00	111.00	–	–	–

牧业生产(一)

单位:头

乡镇名称	大牲畜合计	牛	马	驴	骡
合计	45748	35186	289	8050	2223
渭南镇	3458	1506	62	1540	350
石佛镇	3847	2119	17	1631	80
中滩镇	2586	2564	–	22	–
新阳镇	3350	2660	–	584	106
五龙镇	2285	1359	17	817	92
琥珀镇	2294	846	11	1195	242
东岔镇	964	964	–	–	–
三岔镇	2959	2806	21	132	–
元龙镇	2314	1537	39	428	310
伯阳镇	1271	1247	–	18	6
社棠镇	1466	1087	39	220	120
马跑泉镇	1535	1350	–	23	162
花牛镇	3278	1799	62	862	555
甘泉镇	3951	3426	10	400	115
麦积镇	3779	3715	11	38	15
党川镇	3120	2910	–	140	70
利桥镇	3255	3255	–	–	–
道北街道	36	36	–	–	–

牧业生产(二)

单位:头、吨

乡镇名称	猪存栏	出栏肉猪	猪肉产量	羊存栏	出栏肉羊	羊肉产量
合计	89938	107330	7513.1	26838	13937	209.06
渭南镇	8072	10367	725.69	1645	810	12.15
石佛镇	9198	12582	880.74	2686	1233	18.5
中滩镇	10244	12355	864.85	945	441	6.62
新阳镇	5065	6069	424.83	2180	1180	17.7
五龙镇	5370	5948	416.36	1640	675	10.13
琥珀镇	4167	5065	354.55	2638	1384	20.76
东岔镇	3025	2089	146.23	256	130	1.95
三岔镇	2236	2230	156.1	2240	956	14.34
元龙镇	2510	3240	226.8	604	242	3.63
伯阳镇	3760	3950	276.5	1012	505	7.58
社棠镇	4075	4836	338.52	763	605	9.08
马跑泉镇	7400	9520	666.4	2230	1720	25.8
花牛镇	7894	8780	614.6	1924	975	14.63
甘泉镇	7610	9857	689.99	2240	1234	18.51
麦积镇	3512	4367	305.69	837	336	5.04
党川镇	1900	1950	136.5	950	600	9
利桥镇	2200	2350	164.5	1630	711	10.67
道北街道	1700	1775	124.25	418	200	3

牧业生产(三)

单位:万只、吨

乡镇名称	出栏肉牛(头)	肉牛产量	鸡鸭存栏	鸡鸭出栏	鸡鸭肉产量
合计	9398	939.8	85.16	55.72	612.92
渭南镇	603	60.3	6.5	3.05	33.55
石佛镇	662	66.2	7.8	4.9	53.9
中滩镇	512	51.2	10.24	6.65	73.15
新阳镇	564	56.4	7.39	4.47	49.17
五龙镇	335	33.5	4.01	2.19	24.09
琥珀镇	544	54.4	4.21	2.98	32.78
东岔镇	110	11	2.3	1.85	20.35
三岔镇	813	81.3	1.83	1.54	16.94
元龙镇	360	36	1.32	0.81	8.91
伯阳镇	360	36	1.25	0.78	8.58
社棠镇	426	42.6	2.27	2.23	24.53
马跑泉镇	490	49	6.98	4.26	46.86
花牛镇	842	84.2	10	6.65	73.15
甘泉镇	500	50	7.2	4.95	54.45
麦积镇	425	42.5	8.13	5.25	57.75
党川镇	900	90	1	0.65	7.15
利桥镇	952	95.2	1.12	0.82	9.02
道北街道	–	–	1.61	1.69	18.59

渔业生产情况

单位：吨、亩

乡镇名称	水产品产量	养殖面积
合计	270	264.6
渭南镇	–	–
石佛镇	–	–
中滩镇	1	1
新阳镇	–	–
五龙镇	–	–
琥珀镇	2	8
东岔镇	24	22
三岔镇	15	8.2
元龙镇	–	–
伯阳镇	–	–
社棠镇	7	7.5
马跑泉镇	55	41
花牛镇	–	–
甘泉镇	156.5	155.9
麦积镇	8	19
党川镇	1.5	2
利桥镇	–	–
道北街道	–	–

规模以上工业企业主要经济指标(一)

单位:万元

项目	企业个数	从业人员	应收账款	产成品	流动资产	资产总计
总计	21	7471	104960.9	61475	506339.6	1012704.7
其中:1.国有	2	49	1338.3	459.4	2461.5	2699.3
2.集体	–	–	–	–	–	–
3.股份制及其它	18	7022	103607	60895.7	500221.5	997151.8
4.中外合资	1	400	15.6	119.9	3656.6	12853.6
在总计中:轻工业	7	3375	18015.7	33275.9	183427.6	419907.3
重工业	14	4096	86945.2	28199.1	322912	592797.4
农副食品加工业	1	2000	1050	8701.5	107855.4	315780.2
食品制造业	1	307	4372	88.5	10294.3	14740.9
饮料制造业	2	763	12220	24239.9	62120.6	86203.6
烟草制品业	1	–	–	–	–	–
纺织业	1	160	0	0	2056.7	2056.7
造纸及纸制品业	1	145	373.7	246	1100.6	1125.9
石油加工、炼焦	1	49	1338.3	459.4	2461.5	2699.3
橡胶和塑料制品业	2	172	4519.8	692.8	7501.7	20892.7
非金属矿物制品业	8	870	52531.5	143.5	77492.2	157558.7
通用设备制造业	2	1759	21736	19245	203688	369916
专用设备制造业	1	1246	6819.6	7658.4	31768.6	41730.7

规模以上工业企业主要经济指标(二)

单位:万元

项目	负债合计	主营业务收入	主营业务成本	销售费用	主营业务税金及附加	应交增值税
总计	592032.4	250347.8	196945.7	22542.8	2630.9	4346.9
其中:1.国有	1251.8	3998.4	2836	380.6	121.1	276.2
2.集体	–	–	–	–	–	–
3.股份制及其它	586705.6	237754.9	187053.6	21103.3	1595.7	3679.3
4.中外合资	4075	8594.5	7056.1	1058.9	914.1	391.4
在总计中:轻工业	157799.9	108292.4	77380.9	12037.4	1548.7	1144.2
重工业	434232.5	142055.4	119564.8	10505.4	1082.2	3202.7
农副食品加工业	73720.9	65742.9	45365.7	8221.2	247.5	0
食品制造业	16330	3488.1	3001.8	487.8	8.4	–135.7
饮料制造业	62770	33318.5	23901.1	3320.9	1246.2	922.4
烟草制品业	–	–	–	–	–	–
纺织业	4050	2100.4	2357.9	7.5	0.4	0
造纸及纸制品业	929	3642.5	2754.4	0	46.2	357.5
石油加工、炼焦	1251.8	3998.4	2836	380.6	121.2	276.2
橡胶和塑料制品业	17101	13293.3	12777.8	422.4	167.6	125.9
非金属矿物制品业	122287.4	66779.2	57007.4	5233.2	301.7	1814.4
通用设备制造业	272928	48942.3	39494.7	3901.4	93.4	85.8
专用设备制造业	20664.3	9042.2	7448.9	567.8	398.3	900.4

规模以上工业企业主要经济指标(三)

单位:万元

项目	管理费用	财务费用	利息支出	利润总额	亏损企业		税金
					亏损个数	亏损额	
总计	20870.7	9663.4	10291.5	3369	10	14059.1	6977.9
其中:1.国有	172.6	0.1	0	397.4	0	0	397.4
2.集体	–	–	–	–	–	–	–
3.股份制及其它	20049	9691.2	9594	3969.3	9	13061.4	5274.9
4.中外合资	649.1	–27.9	697.5	–997.7	1	997.7	1305.6
在总计中:轻工业	7297.1	2631.6	3537.8	12033	4	2568	2692.9
重工业	13573.6	7031.8	6753.7	–8664	6	11491.1	4285
农副食品加工业	3401.5	–360.4	0	13078		0	247.5
食品制造业	148.5	939.3	939.3	–1109	1	1109	–127.3
饮料制造业	2679.1	2054.1	2598.5	525.3	1	997.7	2168.6
烟草制品业	–	–	–	–	–	–	–
纺织业	67.4	0	0	–302.9	1	302.9	0.4
造纸及纸制品业	1000.6	–1.4		–158.4	1	158.4	403.7
石油加工、炼焦	270.1	0.1	0	362.7	0	0	397.4
橡胶和塑料制品业	653.2	154.1	153.3	–1190.8	1	1192.2	293.6
非金属矿物制品业	3044.5	974	646.6	140.1	3	2322.9	2116.1
通用设备制造业	6367.5	5755	5755	–5270	2	5270	179.2
专用设备制造业	3238.3	148.6	198.8	–2706	1	2706	1298.7

规模以上工业企业主要产品产量

单位名称	主要产品产量名称	计量单位	产品产量	同比%
卷烟厂	卷烟	万支	2000754	8.1
星火机床	金切机床	台	932	1.7
锻压机床	锻压机床	台	254	81.4
长城果汁	果汁饮料	吨	20587	15.1
华建混凝土	混凝土	立方米	525845	–2.5
风动机械	1.凿岩机	台	25342	108.3
	2.气动工具	台	5597	6.4
	3.工矿配件	吨	78	–48.7
众兴菌业	金针菇	万吨	14.36	38
黄河嘉酿啤酒	啤酒	千升	29342.7	–14.5
嘉诚实业	混凝土	立方米	132710	1.1
天祥水泥	1.水泥	吨	188026.8	–68.3
	2.水泥熟料	吨	166747.69	–56.4
铁路油脂	抱轴瓦油	吨	2474.8	–8.8
西北永新管业	塑料管材	吨	4265	121.6
天祥建材	混凝土	立方米	145988.1	–29.6
三鑫建材	混凝土	立方米	215643	–0.4
建投混凝土	混凝土	立方米	118464	–19.2
顺辰实业	混凝土	立方米	220504.18	–24.6
天威水泥	水泥	吨	215847	61.3
嘉乐乳业	乳制品	吨	4533.42	–9.1
龙飞纺织	纱	吨	1077.5	–21.4

全市“10强50户”工业企业中麦积企业主要经济指标

单位:万元

单位名称	工业总产值	工业销售产值	主营业务收入	利润
卷烟厂	527249.3	521090.8	-	-
星火机床	52274.9	49780.2	43196.2	-5286.1
锻压机床	5672.5	3993.4	5746.1	-1728
长城果汁	40030	24724	24724	1073
风动机械	11161.9	10014.5	9042.2	-2739.7
众兴菌业	73000	73000	65742.9	11880.4
黄河嘉酿啤酒	7107.4	7186.3	8594.5	-1058.1
西北永新管业	5007	5786	11774.1	-1202.9
铁路油脂	2359.9	2423.1	3998.4	414.6
嘉诚实业	4820	4820	4820	-0.1
天祥水泥	6597.2	8182.8	4385.2	-915
嘉乐乳业	3506.4	3506.4	3488.1	-1095.8
华建商砼	17790	17790	17790	1754.4
建投混凝土	4363.9	4363.9		
合计	760940.4	736661.4	203301.7	1096.7
占总值比重	95.9	95.8	81.2	32.6

注:主营业务收入、利润、利税等指标总值中不包括卷烟厂数。

规模以上工业企业产销总值

单位:万元

项目	企业个数	工业总产值		工业增加值		工业销售产值	
		总数	同比±%	总数	同比±%	总数	同比±%
总计	21	793575.5	4	471648.7	2.8	769091.6	3
其中: 1.国有	2	527249.3	4	434256.5	3.2	521090.8	1.6
2.股份制及其它	18	259218.8	5.1	35746.1	0.4	240814.5	7
3.外商及中外合资	1	7107.4	-25.5	1646.1	-19.5	7186.3	-20.6
在总计中: 轻工业	8	656850.4	6	450381.3	3.3	635321.7	4.3
重工业	13	136725.1	-4.9	21267.4	-6.5	133769.9	-2.7

注:同比增减%为当年字典库中报表单位相关指标与去年同期比(字典库每年有单位增减变动)

全市分县区 2017 年工业增加值

单位:万元

项目	企业个数	工业增加值	同比增长%
总计	170	1030715	6.8
清水	9	3322	–55.7
秦安	15	16624	–14.4
甘谷	20	19261	–25.2
武山	17	5041	–39.8
张川	9	12193	–1.1
秦州	32	398717	20.7
麦积	22	471649	2.8
开发区	46	103908	6

注:麦积规上企业总数包括烟厂是 21 户,因为龙腾纺织是 2016 年注销退出企业,根据规定要在名录库中空挂一年,则麦积企业总数是 22 户。

固定资产投资情况(一)

单位:万元、%

指　标	上年同期数	本年完成投资额	同比±%
固定资产投资	1107994	1155737	4.31
一、5000万元以上项目	620421	538545	-13.20
二、5000万元以下项目	412708	524077	26.98
三、房地产开发项目	74865	93115	24.38
(一)按构成分			
建筑安装工程	871078	1014620	16.48
设备工器具购置	64786	32480	-49.87
其他费用	172130	108637	-36.89
(二)按三次产业分			
第一产业	97257	55754	-42.67
第二产业	97468	94784	-2.75
#工业	97468	94784	-2.75
第三产业	913269	1005199	10.07

注:按构成分、三次产业分不含工矿私人建房投资。

固定资产投资情况(二)

指标名称	单位	数量
一、固定资产投资情况		
投资完成额	万元	1155737
1、5000万元以上项目	万元	473442
2、5000万元以下项目	万元	524077
3、房地产开发项目	万元	93115
4、麦甘公路	万元	32832
5、平天高速公路	万元	32271
二、投资项目施工和竣工面积		
1、施工面积	平方米	1009930
2、竣工面积	平方米	605172

固定资产投资资金来源情况

单位:万元

指　标	金　额
一、本年资金来源合计	1023250
1.上年末结余资金	3000
2.本年资金来源小计	1020250
(1)国家预算内资金	30919
(2)国内贷款	137307
(3)自筹资金	594543
其中:企事业单位自有资金	25966
(4)其他资金来源	257481
二、本年各项应付款合计	4831
其中:工程款	4025

房地产开发投资完成情况

单位:万元、平方米

指　标	金　额
房地产开发投资额	93115
一、按构成分:	
1、建筑工程	57882
2、安装工程	20902
3、设备工器具购置	251
4、其他费用	14080
二、按工程用途分	
1、商品住宅	73765
2、商业营业用房	17804
3、办公楼	461
4、其他	1085
三、本年待开发土地面积	75943
四、本年购置土地面积	–
五、本年土地成交价款	–

房地产开发投资资金来源情况

单位:万元

指 标	金 额
一、实际到位资金	124446
1、上年末结余资金	2281
2、本年实际到位资金	122165
(1)国内贷款	700
银行贷款	700
(2)自筹资金	34268
(3)其他资金来源	87197
定金及预收款	43840
个人按揭贷款	43357

建筑业企业基本情况

单位:个、万元、平方米

指　标	金　额
一、总专包企业数	15
(1)国有	4
(2)其他	11
二、劳务分包企业数	1
三、建筑业总产值	83947
(1)建筑工程	82712
(2)安装工程	1235
(3)其他	-
四、施工面积	854882
五、建筑业增加值	19783
六、竣工产值	47072
七、平均人数	4361
八、签订的合同额	154711
(1)上年结转	46459
(2)本年新签	108252

建筑业企业财务情况

单位:万元

指　标	金　额
一、资产合计	152518
1、流动资产合计	129817
#应收工程款	39880
#存货	14364
2、固定资产合计	7638
固定资产原价	8348
累计折旧	3916
#本年折旧	397
在建工程	2125
二、负债合计	113963
三、所有者权益合计	38555
四、营业收入	99991
五、营业成本	92699
六、营业税金及附加	2160
七、管理费用	2184
八、财务费用	1280
九、销售费用	9
十、营业外收入	22
十一、营业外支出	111
十二、营业利润	1659
十三、利润总额	1570

注:表中数据不包含劳务分包

社会消费品零售总额

单位:万元

指标名称	数　量	同比±%
社会消费品零售总额	1012422.3	9.05
按销售单位所在地分		
1.城镇	945383.8	9.23
2.乡村	67038.5	6.53

批发和零售业销售情况

单位:万元

指标名称	企业个数	数　量	同比±%
一、批发业	—	1138162.8	10.36
1、限额以上	17	681366.4	7.66
2、限额以下	—	456796.4	14.66
二、零售业	—	736329.2	6.64
1、限额以上	26	629529.4	5.67
2、限额以下	—	106799.8	12.74

注:批发业限额标准为年销售额2000万元,零售业限额标准为年销售额500万元。

住宿业经营情况

单位:万元

指标名称	企业个数	数量	同比±%
营业额总计	–	19538.6	13.93
(一)限额以上	7	4378.5	12.02
(二)限额以下	–	15160.1	14.50

注:住宿业限额标准为年营业额200万元。

餐饮业经营情况

单位:万元

指标名称	企业个数	数　量	同比±%
营业额总计	–	138025.8	14.70
(一)限额以上	13	9195.6	3.79
(二)限额以下	–	128830.2	15.57

注:餐饮业限额标准为年营业额200万元。

单位从业人员情况

单位:人

项　　目	单位数（个）	单位从业人员	女性人数	在岗职工人数
总　计	537	56734	20920	50586
一、按执行会计标准类别分组				
1.企　业	213	31458	10597	27014
2.事　业	242	20191	8615	18523
3.机　关	81	5041	1675	5005
4.其　他	1	44	33	44
二、按国民经济行业分组(GB/4754-2011)				
(一)农、林、牧、渔业	11	1316	400	1316
林业	2	211	73	211
农、林、牧、渔服务业	9	1105	327	1105
(二)采矿业	1	80	29	80
开采辅助活动	1	80	29	80
(三)制造业	70	13836	4807	13443
农副食品加工业	4	918	374	912
食品制造业	3	508	310	508
酒、饮料和精制茶制造业	2	773	348	773
烟草制品业	1	855	460	680
纺织业	3	418	278	418
家具制造业	1	12	5	12
造纸和纸制品业	1	64	21	64
印刷和记录媒介复制业	3	94	51	94
石油加工、炼焦和核燃料加工业	1	50	6	26
医药制造业	2	159	96	149
橡胶和塑料制品业	1	107	35	102
非金属矿物制品业	12	1103	193	1088
黑色金属冶炼和压延加工业	3	192	58	176
金属制品业	4	474	103	462
通用设备制造业	7	2384	634	2355
专用设备制造业	5	1622	443	1622
汽车制造业	1	45	12	45

续表

项目	单位数（个）	单位从业人员	女性人数	在岗职工人数
铁路、船舶、航空航天和其他运输设备制造业	1	43	18	43
电气机械和器材制造业	13	3476	1101	3375
计算机、通信和其他电子设备制造业	2	539	261	539
（四）电力、热力、燃气及水生产和供应业	3	702	180	658
电力、热力生产和供应业	3	702	180	658
（五）建筑业	12	4067	362	2442
房屋建筑业	10	3852	340	2227
土木工程建筑业	2	215	22	215
（六）批发和零售业	58	7595	3125	5400
批发业	30	3334	1956	3302
零售业	28	4261	1169	2098
（七）交通运输、仓储和邮政业	11	1160	335	999
道路运输业	4	467	138	448
航空运输业	1	80	30	55
装卸搬运和运输代理业	1	150	5	150
仓储业	4	253	59	224
邮政业	1	210	103	122
（八）住宿和餐饮业	16	825	547	777
住宿业	6	209	140	209
餐饮业	10	616	407	568
（九）信息传输、软件和信息技术服务业	1	157	42	157
电信、广播电视和卫星传输服务	1	157	42	157
（十）金融业	9	822	333	780
货币金融服务	6	688	276	646
保险业	3	134	57	134
（十一）房地产业	23	685	241	665
其中：1.房地产开发经营	22	621	209	601
2.物业管理	1	64	32	64
（十二）租赁和商务服务业	30	77	18	77
商务服务业	30	77	18	77

续表

项目	单位数（个）	单位从业人员	女性人数	在岗职工人数
（十三）科学研究和技术服务业	16	2920	745	2909
研究和试验发展	3	141	50	141
专业技术服务业	10	2653	639	2646
科技推广和应用服务业	3	126	56	122
（十四）水利、环境和公共设施管理业	12	568	231	533
水利管理业	1	20	8	20
公共设施管理业	11	548	223	513
（十五）居民服务、修理和其他服务业	2	251	183	251
居民服务业	1	226	178	226
机动车、电子产品和日用产品修理业	1	25	5	25
（十六）教育	70	7337	3467	6738
2.中等教育	66	6631	3152	6032
3.高等教育	3	683	311	683
（十七）卫生和社会工作	33	3166	2034	2507
卫生	32	3128	2024	2469
社会工作	1	38	10	38
（十八）文化、体育和娱乐业	5	75	25	66
广播、电视、电影和影视录音制作业	1	11	7	11
文化艺术业	4	64	18	55
（十九）公共管理、社会保障和社会组织	154	11095	3816	10788
中国共产党机关	6	143	31	141
国家机构	141	10733	3703	10428
人民政协、民主党派	1	39	9	39
社会保障	1	134	45	134
群众团体、社会团体和其他成员组织	5	46	28	46

单位从业人员劳动报酬情况及工资情况

项　目	从业人员工资总额（千元）	在岗职工工资总额（千元）	从业人员平均工资（元）
总　计	2772095	2586877	48776
一、按执行会计标准类别分组			
1.企　业	1213035	1080743	38461
2.事　业	1234642	1182989	61094
3.机　关	323093	321820	64093
4.其　他	1325	1325	30114
二、按国民经济行业分组(GB/4754-2011)			
（一）农、林、牧、渔业	45412	45412	34508
林业	10470	10470	49621
农、林、牧、渔服务业	34942	34942	31622
（二）采矿业	5531	5531	69138
开采辅助活动	5531	5531	69138
（三）制造业	570320	560828	40647
农副食品加工业	42341	42220	46023
食品制造业	9200	9200	18969
酒、饮料和精制茶制造业	30225	30225	37781
烟草制品业	67328	62382	77478
纺织业	9962	9962	24357
家具制造业	293	293	24417
造纸和纸制品业	2520	2520	40645
印刷和记录媒介复制业	2791	2791	29691
石油加工、炼焦和核燃料加工业	3550	2988	72449
医药制造业	6042	5730	38000
橡胶和塑料制品业	6160	6006	55000
非金属矿物制品业	53082	52361	48256
黑色金属冶炼和压延加工业	7457	6787	39665
金属制品业	13147	12917	27795
通用设备制造业	75888	75206	30637
专用设备制造业	50562	50562	29936
汽车制造业	987	987	22432

续表

项目	从业人员工资总额（千元）	在岗职工工资总额（千元）	从业人员平均工资（元）
铁路、船舶、航空航天和其他运输设备制造业	2503	2503	58209
电气机械和器材制造业	170058	168964	48298
计算机、通信和其他电子设备制造业	16224	16224	30903
（四）电力、热力、燃气及水生产和供应业	25993	25477	38508
电力、热力生产和供应业	25993	25477	38508
（五）建筑业	202676	122874	51001
房屋建筑业	191387	111698	50914
土木工程建筑业	11289	11176	52507
（六）批发和零售业	214222	178129	28232
批发业	86845	86039	26064
零售业	127377	92090	29929
（七）交通运输、仓储和邮政业	55842	50827	48643
道路运输业	23130	21468	51400
航空运输业	7676	6676	95950
装卸搬运和运输代理业	6010	6010	40067
仓储业	14467	13894	56074
邮政业	4559	2779	21710
（八）住宿和餐饮业	26171	24800	30717
住宿业	5455	5455	26226
餐饮业	20716	19345	32168
（九）信息传输、软件和信息技术服务业	3334	3334	21236
电信、广播电视和卫星传输服务	3334	3334	21236
（十）金融业	43266	42279	52635
货币金融服务	39794	38807	57840
保险业	3472	3472	25910
（十一）房地产业	21551	21065	31461
其中：1.房地产开发经营	20304	19818	32696
2.物业管理	1247	1247	19484
（十二）租赁和商务服务业	4583	4583	59519
商务服务业	4583	4583	59519
（十三）科学研究和技术服务业	126486	125767	43228
研究和试验发展	8936	8936	63376

续表

项目	从业人员工资总额（千元）	在岗职工工资总额(千元）	从业人员平均工资(元）
专业技术服务业	110680	110271	41719
科技推广和应用服务业	6870	6560	52045
(十四)水利、环境和公共设施管理业	35714	34945	62877
水利管理业	1278	1278	63900
公共设施管理业	34436	33667	62839
(十五)居民服务、修理和其他服务业	9962	9962	40996
居民服务业	9500	9500	43578
机动车、电子产品和日用产品修理业	462	462	18480
(十六)教育	587406	577808	79865
1.中等教育	540425	530827	81279
2.高等教育	45342	45342	66387
(十七)卫生和社会工作	205321	173007	64852
卫生	203138	170824	64942
社会工作	2183	2183	57447
(十八)文化、体育和娱乐业	5036	4492	67147
广播、电视、电影和影视录音制作业	321	321	29182
文化艺术业	4715	4171	73672
(十九)公共管理、社会保障和社会组织	583269	575757	52570
中国共产党机关	9774	9610	68350
国家机构	558270	550922	52014
人民政协、民主党派	2863	2863	73410
社会保障	9165	9165	68396
群众团体、社会团体和其他成员组织	3197	3197	69500

规模以上工业企业部分主要原材料、燃料、动力购进价格对照表

原材料名称	计量单位	2017年12月平均购进价格		
		本年12月	去年同月	同比±%
块煤	元/吨	570	565	0.8
废纸	元/吨	890	885	0.56
化学木浆	元/吨	5768	5760	0.14
生铁	元/吨	3358	3355	0.09
扁钢	元/吨	3820	3800	0.53
热炭	元/吨	4660	4650	0.22
焦炭	元/吨	2598	2956	0.08
电	元/千万时	0.62	0.62	–
汽油	元/吨	10212	10208	0.04
煤油	元/吨	9768	9766	0.02
柴油	元/吨	8602	8600	0.02

年份	能源消费总量	GDP（2010可比价）	单位GDP能耗	同比±%
2016年	63.54万吨标准煤	175.16亿元	0.3628吨标准煤/万元	–2.77
2017年	64.71万吨标准煤	183.46亿元	0.3527吨标准煤/万元	

规模以上工业企业主要能源消费与库存综合表(一)

项目	计量单位	年初库存	年末累计消费	工业生产消费	年末库量
原煤	吨	5159.78	39973.56	37211.54	2470.72
焦炭	吨	0	235	235	0
汽油	吨	1.25	205.51	43.65	1.5
煤油	吨	0.53	8.9	8.9	0.03
柴油	吨	50.27	2020.99	1012.1	81.14
燃料油	吨	0	41	41	0
电力	万千瓦时	0	9921.72	9622.94	0
能源合计	吨标准煤	0	50114.49	45125.58	0

规模以上工业企业主要能源消费与库存综合表(二)

项目	本年数量（立方米）	上年数量（立方米）	同比(%)
工业取水总量	1262961	1387420	-8.97
其中:1.地下水	1252433	1256865	-0.35
2.地表水	0	10423	\
3.自来水	10528	120123	-91.23
4.其它水	0	0	0
重复用水量	313859	322671	2.73
废水排放量	774292	733657	5.54

麦积区财政收入分项执行情况

单位:万元、±%

项目	累计	同比
一、税收收入合计	102860	5.44
01、增值税	60421	80.90
其中:营业税改征增值税	44452	247.63
02、消费税	742	-10.39
03、营业税	150	-100.54
04、企业所得税	10318	24.40
其中:国税	4959	-24.34
地税	5359	207.99
05、个人所得税	8264	15.76
06、资源税	8	-71.43
07、城市维护建设税	3977	-0.33
08、房产税	3434	30.08
09、印花税	900	29.68
10、城镇土地使用税	2960	-1.20
11、土地增值税	4808	70.98
12、车船税	1739	20.85
13、耕地占用税	355	-
14、契税	5084	42.53

续表

项目	累计	同比
二、非税收合计	67699	19.19
01、政府性基金收入	49403	18.64
其中：城市公用事业附加收入	37	–
农业土地开发资金收入	376	–
国有土地使用权出让金收入	48878	25.31
新增建设用地有偿使用费收入	112	–95.33
02、专项收入	12175	73.78
其中：教育资金	4556	–
排污费收入	7	–
水资源费收入	21	–19.23
教育费附加收入	1677	–7.40
地方教育附加收入（分享）	1116	–7.69
农田水利建设资金收入	4556	–
残疾人就业保障金收入	270	22.73
其中：地税	270	237.50
03、行政事业性收费收入	1220	–60.27
其中：水土保持补偿费收入	109	–
04、罚没收入	2601	–12.66
05、国有资源（资产）有偿使用收入	2100	2.49
06、捐献收入	107	100.00
07、政府住房基金收入	2	100.00
08、其他收入	71	–

续表

项目	累计	同比
大口径收入合计	170559	10.50
其中:国税	66122	62.13
地税	39801	–33.66
财政	64636	20.66
公共财政预算收入	54004	8.00
其中:国税	12591	71.54
地税	27160	–12.35
财政	14253	22.05
分级次完成		
中央级	42751	51.59
省级	17678	–34.51
市级	9378	–23.44
区级	100772	15.95

麦积区公共财政预算支出分项执行情况

单位:万元、±%

项目	累计	同比
公共财政预算支出合计	382117	13.21
* 一般公共服务	28701	16.68
国防	27	-79.23
* 公共安全	14475	8.44
* 教育	92201	25.01
* 科学技术	1018	-10.70
文化体育与传媒	6382	33.60
* 社会保障和就业	60876	-4.92
* 医疗卫生和计划生育	45550	12.41
* 节能环保	3389	-17.52
* 城乡社区	21865	32.13
农林水	67404	30.72
交通运输	3644	-61.43
资源勘探电力信息等	1033	-19.67
商业服务业等	1037	30.28
国土海洋气象等	1590	-
住房保障	30829	18.15
粮油物资储备	1207	40.68
债务付息支出	685	-
债务发行费用支出	4	100.00
其他支出	200	-
政府性基金预算支出合计	59570	6.94
地方财政支出合计	441687	12.33
* 八项支出合计	268075	12.62

金融机构人民币信贷收支表

单位:万元

来源项目名称	金额
各项存款	2427329
(一)境内存款	2427215
1.住户存款	1741105
(1)活期存款	642942
(2)定期及其他存款	1098164
2.非金融企业存款	468768
(1)活期存款	420079
(2)定期及其他存款	48690
3.广义政府存款	217328
(1)财政性存款	8754
(2)机关团体存款	208574
4.非银行业金融机构存款	13
(二)境外存款	114
资金来源总计	2427329
各项贷款	1799137
(一)境内贷款	1799090
1.住户贷款	634627
(1)短期贷款	139058
消费贷款	12890
经营贷款	126167
(2)中长期贷款	495569
消费贷款	226853
经营贷款	268717
2.非金融企业及机关团体贷款	1164463
(1)短期贷款	244881
(2)中长期贷款	919581
资金运用总计	1799137

城市建设

指标名称	单位	2016年	2017年
一、城市设施水平			
人均居住面积	平方米	27.2	28
人均拥有道路面积	平方米	23.2	23.2
人均拥有公共绿地面积	平方米	8.12	8.2
绿化覆盖率	%	36.16	37.17
二、市政建设			
道路长度	公里	89.5	89.5
道路面积	万平方米	319.2	319.3
路灯盏数	盏	10282	16000
三、园林建设			
城市绿地面积	公顷	461.13	475.38
公园个数	个	4	4
公园面积	公顷	160.57	160.57
四、城市人口和建设用地			
城市面积	平方公里	53	53
建成区面积	平方公里	28	30

城市旅游

指标名称	单位	2016 年	2017 年
年接待旅游人数	万人次	1147.55	1469.11
接待国外旅游人数	人次	612	1997
旅游综合收入	亿元	55.33	75.38
麦积山风景名胜区面积	平方公里	215	234.85
游览面积	平方公里	120	120
一、主要景区景点接待量			
麦积山景区	万人次	233.9	251
马跑泉公园	万人次	78.27	120.79
卦台山	万人次	45.37	54
龙园	万人次	20.35	26.08
乡村游	万人次	469.48	612.9
二、主要景区景点综合收入			
麦积山景区	万元	19390.03	21200
卦台山(捐赠)	万元	52.44	73.32
乡村游	万元	23474	42761.41

注:接待国外旅游人数统计口径 2016 年起采用公安分局联网登记人数。

年末公路通达及通车情况

指标	单位	2016 年达成数	2017 年达成数
一、公路里程总计	公里	1845.61	1921.264
1、国道	公里	229.39	229.39
2.省道	公里	83	83
2、县道	公里	214.83	209.434
3、乡道	公里	159.61	159.605
4、村道	公里	1103.51	1103.505
5、专道	公里	131.07	136.72
二、乡(镇)通车情况			
乡(镇)总数	个	17	17
通车的乡(镇)	个	17	17
三、村民委员会通车情况			
村民委员会总计	个	379	379
已通车的村民委员会	个	379	379
已通车的村民委员会占总数	%	100	100

邮政基本情况

指标	单位	2016 年	2017 年
邮政机构	所	28	27
其中:设在农村	所	21	17
职工人数	人	207	211
报刊流转额	万元	517	536
邮政业务收入量	万元	4940	5302
函件	万件	13.72	15.49
包件	万份	21.09	22.75
报纸	万份	534.73	572.38
杂志	万份	21.15	16.94
邮政储蓄年末余额	亿元	22.07	22.15

电信基本情况

指标	单位	2016 年	2017 年
职工人数	人	107	103
城控电话达到数	户	78413	84049
市话年末达到数	户	50724	49972
农话年末达到数	户	27689	34077
无线市话年末达到数	户	518999	565588
移动	户	375000	380000
电信移动手机	户	111999	127588
联通	户	32000	58000
邮电业务收入量	万元	12980	14742
其中:电信业务收入量	万元	8040	9440
邮政业务收入量	万元	4940	5302
移动业务收入量	万元	27000	25000
联通业务收入量	万元	2100	2800
互联网上用户	户	199899	223456

高级中学基本情况

指　标	单位	高级中学
学校数	所	8
教职工数	人	1098
专任教师	人	1008
学生数	人	12264
学校占地面积	平方米	366896
校舍建筑面积	平方米	264509.38
危房率	%	3.58

初中基本情况

指标	单位	初级中学	九年一贯制
学校数	所	18	16
教职工数	人	2262	
专任教师	人	2160	
学生数	人	19655	
学龄儿童入学率	%	100	
九年巩固率	%	95.62	
学校占地面积	平方米	519458.46	
校舍建筑面积	平方米	212026.58	
危房率	%	8.82	

普通小学基本情况

指标	单位	小学	教学点
学校数	所	99	162
教职工数	人	2721	
专任教师	人	2639	
学生数	人	40708	
学龄儿童入学率	%	100	
学校占地面积	平方米	1001649.73	
校舍建筑面积	平方米	315360.53	
危房率	%	7.88	

幼儿园基本情况

指标	单位	数量
学校数	所	151
教职工数	人	1612
专任教师	人	900
学生数	人	18749
学校占地面积	平方米	215516.78
校舍建筑面积	平方米	112991.61
危房率	%	3.55

体育事业基本情况

指 标	计量单位	总数
体育事业经费支出	千元	10570
等级运动员数	人	300
等级教练员数	人	29
其中:副高级教练员	人	3
中级教练员	人	10
初级教练员	人	16
等级裁判员数	人	105
举办县级以上运动会次数	次	9
参加县级以上运动会运动员人次	人次	3000
体育发展中心职工数	人	42
体育场地数	个	700
体育惠民工程	个	10
农民体育健身工程	个	283
全区体育人口	万人	23
人均体育面积	平方米	1.8

文化、广播、电视事业基本情况

指　标	单位	总数
机构数	个	7
人员数	人	268
文化馆数	个	1
图书馆数	个	1
博物馆数	个	1
艺术表演团体	个	1
广播发射台及转播台	座	3
广播节目套数	套	3
#自办	套	1
转播	套	2
平均每日广播节目播出时间	小时:分	18:00
#自办	小时:分	10:00
转播	小时:分	8:00
广播人口覆盖率	%	99.68
电视人口覆盖率	%	99.22

卫生事业基本情况

指　　标	单位	总　　数
卫生机构数	个	640
医院	个	5
民营医院	个	27
卫生院	个	23
卫生防疫站	个	1
妇幼保健院	个	1
专科防治所	个	1
个体办诊所(有资质)	个	75
社区卫生服务中心和服务站	个	24
村卫生室	个	476
卫生办事机构	个	2
厂矿医院、医务室等	个	5
卫生机构实有床位数	张	4511
医院实有床位数	张	3838
卫生院、社区实有床位数	张	673
卫生机构职工数	人	2352
其中:城区卫生机构职工数	人	1682
乡镇机构卫生院职工数	人	670

城镇待业人员情况

项　目	人　数
本年新登记失业人数	4215
其中:女性	2407
就业转失业	112
本年登记失业人员就业人数	2271
其中:女性	1139
年末实有失业人数	4195
其中:女性	2207
长期失业人数	706
年末从业人员总数	130840
登记失业率(%)	3.11

妇女组织情况

项目	合计	区	镇(街道办)
一、妇女组织(个)	56	36	20
二、妇女干部(人)	117	49	68
30 岁以下	21	11	10
31-50 岁	96	36	60
三、政治面貌			
共青团员	-	-	-
共产党员	34	25	9
四、文化程度			
大专以上	117	49	68

团员情况

项目	14-35周岁	现有团员人数	其中：女团员	少数民族团员	发展新团员	其中：女团员
总计	41035	17986	6950	43	468	296
一、农、林、水利业	9630	1960	960	9	0	0
二、工、交、邮电业	5210	1023	896	2	0	0
三、批发零售贸易餐饮业	4632	930	1260	18	120	83
四、地质、建筑业	3100	1890	560	3	146	92
五、教、文、广、电业	8620	5930	1960	4	196	120
六、卫、体、福利业	4120	2430	263	2	0	0
七、国家机关	1960	986	160	5	6	1
八、其他	3763	2837	891	0	0	0

社会办福利事业情况

项目	单位	数量
集体办敬老院	个	5
有敬老院的乡镇	个	5
职工人数	人	14
床位数	张	159
收养人数	人	32
年集体供给金额	万元	6420

工会组织情况

分组	工会数(个)
基层工会总计	631
其中:国有企业	4
集体企业	10
股份合作企业	2
其他有限责任公司	16
股份有限公司中的国有控股公司	1
其他股份有限公司	5
私营企业	343
事业	195
机关	52
个体经济组织	3

全区工会会员人数(人):70462,其中:女会员数(人)32882

农村住户基本情况

项目	单位	数量
调查户数	户	60
常住人口	人	263
不识字或识字很少	人	14
小学程度	人	71
初中程度	人	78
高中程度	人	34
中专以上程度	人	–
大专及以上程度	人	11
劳动力人数	人	140
其中:整年劳动力数	人	62
半年劳动力数	人	78
性别:男	人	68
女	人	72
期内主要粮食播种面积	亩/人	76.7
期内主要经济作物播种面积	亩/人	31.9

土地经营和主要农产品产量情况(人均)

项目	单位	数量
一、家庭实际经营土地情况	--	--
(一)期初实际经营土地面积	亩	1.25
1.耕地面积	亩	1.01
2.园地面积	亩	0.25
(二)期末实际经营土地面积	亩	0.88
1.耕地面积	亩	0.63
2.园地面积	亩	0.24
二、期内土地种植情况	--	--
(一)期内主要粮食播种面积	亩	0.38
1.小麦播种面积	亩	0.17
2.玉米播种面积	亩	0.18
3.大豆播种面积	亩	0.02
(二)期内主要经济作物播种面积	亩	0.15
1.油料作物播种面积	亩	0.09
2.蔬菜播种面积	亩	0.02
3.水果播种面积	亩	0.03
(三)农业生产技术应用情况	亩	0.02
1.机耕面积	亩	0.02
三、主要农产品产量	--	--
(一)谷物产量	公斤	99.19
面积	亩	0.37
1.小麦产量	公斤	38.48
面积	亩	0.18
3.玉米产量	公斤	60.72
面积	亩	0.19
(二)薯类产量	公斤	0.18
马铃薯产量	公斤	0.18
面积	亩	0.00
(三)豆类产量	公斤	2.86
面积	亩	0.02
1.大豆产量	公斤	2.86
面积	亩	0.02
(四)油料产量	公斤	13.66
面积	亩	0.09
3.油菜籽产量	公斤	13.66
面积	亩	0.09

可支配收入(人均数)

项目	单位	金额
可支配收入	元	7056.50
一、工资性收入	元	2886.77
(一)工资	元	2886.69
1.按月发放的工资	元	127.53
2.不按月发放的奖金津贴过节费等	元	2755.87
二、经营净收入	元	1780.64
(一)第一产业经营净收入	元	880.96
1.农业	元	763.43
2.林业	元	–4.33
3.牧业	元	121.86
(三)第三产业经营净收入	元	899.68
1.批发和零售业	元	669.69
2.交通运输仓储和邮政业	元	159.63
3.居民服务修理和其他服务业	元	–0.01
4.其他	元	–0.98
5.农林牧渔服务业	元	–190.45

续表

项目	单位	金额
三、财产净收入	元	332.96
(一)利息净收入	元	-15.04
(二)转让承包土地经营权租金净收入	元	316.41
(三)出租房屋财产性收入	元	11.97
四、转移净收入	元	2056.14
(一)转移性收入	元	2317.81
1.养老金或离退休金	元	200.74
2.社会救济和补助	元	79.01
3.报销医疗费	元	215.84
4.家庭外出从业人员寄回带回收入	元	1611.26
5.赡养收入	元	120.23
6.其他经常转移收入	元	6.57
7.从政府和组织得到的实物产品和服务折价	元	18.07
(1)食品	元	12.29
肉禽蛋奶及制品	元	12.29
(2)其他用品	元	5.77
8.现金政策性惠农补贴	元	46.04

消费支出(人均数)

指标名称	单位	金额
一、消费支出	元	8216.39
(一)食品烟酒	元	2347.44
1.食品	元	1841.63
(1)谷物	元	361.60
(2)薯类	元	101.19
(3)豆类	元	45.41
(4)食用油	元	156.71
(5)蔬菜和食用菌	元	249.21
(6)肉类	元	353.68
(7)禽类	元	46.83
(8)水产品	元	27.37
(9)蛋类	元	55.07
(10)奶类	元	106.22
(11)干鲜瓜果类	元	144.26
(12)糖果糕点类	元	46.01
(13)其他食品	元	148.06
2.烟酒	元	330.36
(1)烟草	元	260.98
(2)酒类	元	69.37
3.饮料	元	107.16
4.饮食服务	元	68.29
(1)食堂用餐	元	1.31
(2)其他在外饮食	元	59.00
(3)食品加工服务费	元	7.98
(二)衣着	元	424.17

续表

指标名称	单位	金额
1.衣类	元	291.23
2.鞋类	元	132.95
(三)居住	元	2087.38
1.租赁房房租	元	1.91
2.住房维修及管理	元	206.43
3.水电燃料及其他	元	436.70
(四)生活用品及服务	元	458.71
1.家具及室内装饰品	元	98.71
2.家用器具	元	122.03
3.家用纺织品	元	31.18
4.家庭日用杂品	元	148.06
5.个人用品	元	57.55
6.家庭服务	元	1.18
(五)交通通信	元	1232.09
1.交通	元	732.85
(1)交通工具	元	483.64
(2)交通费	元	114.32
(3)交通工具用燃料	元	98.33
(4)交通工具使用及维修	元	36.57
2.通信	元	499.24
(1)通信工具	元	138.60
(2)通信服务	元	360.64
(六)教育文化娱乐	元	685.91
1.教育	元	578.12

续表

指标名称	单位	金额
(1)学前教育	元	64.95
(2)小学教育	元	21.62
(3)初中教育	元	26.83
(4)高中教育	元	136.44
(5)中专职高教育	元	2.70
(6)大专及以上教育	元	325.57
2.文化娱乐	元	107.79
(1)文娱耐用消费品	元	35.93
(2)其他文娱用品	元	55.04
(3)文化娱乐服务	元	16.82
(七)医疗保健	元	849.01
1.医疗器具及药品	元	238.88
2.医疗服务	元	610.13
(1)门诊总费用	元	185.29
(2)住院总费用	元	424.84
(八)其他用品和服务	元	131.67
1.其他用品	元	83.83
2.其他服务	元	47.84
二、生产经营费用支出	元	2307.69
(一)第一产业经营费用支出	元	935.75
1.农业	元	369.53
2.林业	元	4.33
3.牧业	元	561.89

续表

指标名称	单位	金额
(二)第三产业经营费用支出	元	1371.94
1.批发和零售业	元	595.23
2.交通运输仓储和邮政业	元	99.97
3.农林牧渔服务业	元	190.45
三、财产性支出	元	29.77
四、转移性支出	元	261.67
(一)社会保障支出	元	259.68
1.个人缴纳的养老保险	元	56.75
2.个人缴纳的医疗保险	元	201.75
(二)其他转移性支出	元	1.98
六、购置资产及非经常性转移支出	元	5756.56
(一)购置资产支出	元	5226.44
1.建造住房支出	元	4090.48
建造住房材料	元	2546.10
2.购建第一产业生产性固定资产	元	978.28
3.购建第三产业生产性固定资产支出	元	157.68
(二)非经常性转移支出	元	530.13
1.婚丧嫁娶礼金支出	元	327.87
2.一次性馈赠支出	元	134.24
3.其他非经常性转移支出	元	61.77

调查户基本情况

指标名称	单位	本年
一、调查样本住户数	户	50.00
其中:家庭居住户	户	50.00
国家点住户	户	50.00
记账住户	户	50.00
二、期内全部住户成员数	人	164.00
其中:男性	人	77.00
女性	人	87.00
农业	人	49.00
非农业	人	115.00
三、6周岁及以上住户成员受教育程度	人	155.00
1.未上过学	人	11.00
2.小学	人	20.00
3.初中	人	60.00
4.高中	人	31.00
5.大学专科	人	20.00
6.大学本科	人	10.00
7.研究生	人	3.00
四、劳动力人数	人	90.00
其中:整劳动力人数	人	51.00
半劳动力人数	人	39.00
男性	人	44.00
女性	人	46.00

可支配收入（人均数）

指标名称	单位	本年
可支配收入	元	24973.10
一、工资性收入	元	16048.46
（一）工资	元	15855.86
1.按月发放的工资	元	8357.11
2.补发工资	元	1815.81
3.不按月发放的奖金津贴过节费等	元	5682.94
（二）其他	元	192.59
1.住房公积金	元	192.59
二、经营净收入	元	702.35
（一）第一产业经营净收入	元	–0.05
1.农业	元	–0.05
（二）第三产业经营净收入	元	702.41
1.批发和零售业	元	185.85
2.交通运输仓储和邮政业	元	516.55
三、财产净收入	元	3418.36
（一）转让承包土地经营权租金净收入	元	578.34
（二）出租房屋财产性收入	元	1119.66
（三）房屋虚拟租金	元	1720.37
四、转移净收入	元	4803.93
（一）转移性收入	元	5693.25
1.养老金或离退休金	元	3722.21
（1）离退休金	元	2803.16
（2）（城镇）居民社会养老保险	元	39.74
（3）新型农村养老保险	元	10.92

续表

指标名称	单位	本年
(4)其他养老金	元	868.39
2.社会救济和补助	元	645.97
(1)最低生活保障费	元	635.44
(2)其他社会救济收入	元	10.53
3.政策性生活补贴	元	9.26
4.报销医疗费	元	293.36
5.家庭外出从业人员寄回带回收入	元	791.58
6.赡养收入	元	213.21
7.从政府和组织得到的实物产品和服务折价	元	4.30
(1)食品	元	1.12
①.谷物薯类及豆类	元	0.83
②.食用油(植物油)	元	0.29
(2)其他用品	元	3.18
8.现金政策性惠农补贴	元	13.36
(二)转移性支出	元	889.31
1.个人所得税	元	30.15
2.社会保障支出	元	847.20
(1)个人缴纳的养老保险	元	614.84
(2)个人缴纳的医疗保险	元	225.13
(3)个人缴纳的失业保险	元	3.93
(4)其他社会保障支出	元	3.30
3.其他转移性支出	元	11.96
实物可支配收入	元	1843.51

总收入(未扣除生产费用)人均数

指标名称	单位	本年
总收入(未扣除生产费用)	元	26406.16
一、工资性收入	元	16048.46
(一)工资	元	15855.86
(二)其他	元	192.59
二、经营性收入	元	1246.10
(一)第一产业经营收入	元	0.03
(1)农业	元	0.03
(二)第三产业经营收入	元	1246.07
1.批发和零售业	元	403.55
2.交通运输仓储和邮政业	元	842.52
三、财产性收入	元	3418.36
(一)转让承包土地经营权租金净收入	元	578.34
(二)出租房屋财产性净收入	元	1119.66
(三)房屋虚拟租金	元	1720.37
四、转移性收入	元	5693.25
(一)养老金或离退休金	元	3722.21
(二)社会救济和补助	元	645.97
(三)政策性生活补贴	元	9.26
(四)家庭外出从业人员寄回带回收入	元	791.58
(五)赡养收入	元	213.21
(六)报销医疗费	元	293.36
(七)从政府和组织得到的实物产品和服务折价	元	4.30
(八)现金政策性惠农补贴	元	13.36
五、非收入所得	元	172.47
(一)非经常性转移所得	元	172.47
1.调查补贴	元	172.47

总支出(人均数)

指标名称	单位	本年
总支出	元	12761.06
一、消费支出	元	10481.68
(一)食品烟酒	元	3120.70
1.食品	元	2502.76
(1)谷物	元	377.79
(2)薯类	元	71.18
(3)豆类	元	39.35
(4)食用油	元	171.26
(5)蔬菜和食用菌	元	448.18
(6)肉类	元	426.61
(7)禽类	元	54.23
(8)水产品	元	54.61
(9)蛋类	元	56.66
(10)奶类	元	230.73
(11)干鲜瓜果类	元	260.04
(12)糖果糕点类	元	49.69
(13)其他食品	元	262.43
2.烟酒	元	316.39
(1)烟草	元	225.28
(2)酒类	元	91.11
3.饮料	元	101.13
4.饮食服务	元	200.42
(1)食堂用餐	元	5.35
(2)其他在外饮食	元	194.74
(3)食品加工服务费	元	0.33
(二)衣着	元	688.33
1.衣类	元	477.77
2.鞋类	元	210.56
(三)居住	元	3080.84
1.租赁房房租	元	31.71
2.住房维修及管理	元	55.72
3.水电燃料及其他	元	699.28
4.自有住房折算租金	元	2294.13
(1)租赁房房租中租赁公房房租	元	3.13

续表

指标名称	单位	本年
(2)租赁房房租中租赁私房房租	元	28.58
(3)住房维修及管理中物业管理费	元	45.29
(四)生活用品及服务	元	455.59
1.家具及室内装饰品	元	53.15
2.家用器具	元	83.59
3.家用纺织品	元	43.20
4.家庭日用杂品	元	166.37
5.个人用品	元	109.25
6.家庭服务	元	0.04
其中:家政服务	元	0.04
(五)交通通信	元	799.87
1.交通	元	298.84
(1)交通工具	元	35.83
(2)交通费	元	134.79
(3)交通工具用燃料	元	81.21
(4)交通工具使用及维修	元	47.01
其中:车辆保险支出	元	21.90
2.通信	元	501.03
(1)通信工具	元	67.67
(2)通信服务	元	433.36
(六)教育文化娱乐	元	1342.28
1.教育	元	1157.03
(1)学前教育	元	143.42
(2)小学教育	元	84.39
(3)初中教育	元	132.93
(4)高中教育	元	204.93
(5)中专职高教育	元	0.54
(6)大专及以上教育	元	531.43
(7)成人教育	元	59.40
2.文化娱乐	元	185.24
(1)文娱耐用消费品	元	0.06
(2)其他文娱用品	元	73.84
(3)文化娱乐服务	元	111.35
(七)医疗保健	元	769.95

续表

指标名称	单位	本年
1.医疗器具及药品	元	307.35
2.医疗服务	元	462.59
(1)门诊总费用	元	96.76
(2)住院总费用	元	365.83
(八)其他用品和服务	元	224.13
1.其他用品	元	143.57
2.其他服务	元	80.57
二、生产经营费用支出	元	369.23
(一)第一产业经营费用支出	元	0.09
1.农业	元	0.09
(二)第三产业经营费用支出	元	369.15
1.批发和零售业	元	214.44
2.交通运输仓储和邮政业	元	154.70
三、财产性支出	元	0.00
四、转移性支出	元	889.31
(一)个人所得税	元	30.15
(二)社会保障支出	元	847.20
1.个人缴纳的养老保险	元	614.84
2.个人缴纳的医疗保险	元	225.13
3.个人缴纳的失业保险	元	3.93
4.其他社会保障支出	元	3.30
(五)其他转移性支出	元	11.96
五、部分商业保险支出	元	5.72
(一)其他非储蓄性商业保险	元	1.98
(二)其他储蓄性商业保险	元	3.74
六、购置资产及非经常性转移支出	元	794.91
(一)购置资产支出	元	132.32
1.购买住房支出	元	132.32
(二)非经常性转移支出	元	662.59
2.婚丧嫁娶礼金支出	元	570.25
3.一次性馈赠支出	元	54.85
4.其他非经常性转移支出	元	37.49
七、借贷性支出	元	220.19
(一)归还住房贷款	元	220.19

农村科技服务组织建设

项目	单位	数量
乡科级专干	人	17
乡科协	个	17
乡科协职工	人	34
农技协会	个	30
企业科协	个	1
农技协会会员	人	2880
实施科技试验示范推广项目	项	72
科技特派员	人	209

重要文件辑录

重要文件

中共天水市麦积区委 2017 年工作要点

2017 年是实施“十三五”规划的重要一年，是推进供给侧结构性改革的深化之年，也是脱贫攻坚的决胜年。全区工作的总体要求是：全面贯彻落实党的十八大和十八届三中、四中、五中、六中全会精神，以邓小平理论、“三个代表”重要思想、科学发展观为指导，深入贯彻习近平总书记系列重要讲话精神，以“四个全面”战略布局为统领，自觉践行五大发展理念，坚持稳中求进工作总基调，持续实施好“一枢纽、一中心、四高地”总体发展构想，以推进供给侧结构性改革为主线，以提高发展质量和效益为中心，聚焦精准扶贫精准脱贫，全力加快新型工业化、信息化、城镇化和农业现代化进程，协调发展各项社会事业，落实全面从严管党治党要求，确保年内实现全区整体基本脱贫。

全区经济社会发展的预期目标是：生产总值增长 8.5%以上，公共财政预算收入增长 9%，固定资产投资增长 11%，限上工业增加值增长 9%，社会消费品零售总额增长 10%，城镇居民人均可支配收入增长 9%，农民人均纯收入增长 12%，万元生产总值综合能耗控制在省、市目标内。

一、全面深化改革，提升开放水平，不断增强发展动力

（1）深化重点领域改革。加快推进供给侧结构性改革，持续推进“三去一降一补”，提高供给结构对需求结构的适应性。深化行政管理体制改革，进一步加快转变政府职能，推进政府部门权力清单、责任清单和市场准入负面清单制度。要继续深化农业供给侧结构性改革，狠抓农产品标准化生产、品牌创建、质量安全监管，培育新型农业经营主体和服务主体，完善农村集体产权制度和农业经营制度，稳妥推进小城镇综合改革和农村综合改革试点工作。深化财税体制改革，改进财政预算管理制度，完善国库集中收付制度改革，推进各项税收制度配套改革。深化城市管理体制改革，加强城市管理综合执法机构建设，提高执法和服务水平。推进金融体制改革，发展普惠金融，完善政策性担保体系和小微企业服务体系。

（2）进一步扩大对外开放。紧紧抓住建设“丝绸之路经济带”机遇，加强与中东部地区的联系对接，积极承接产业转移，形成资源共享、优势互补、合作共赢的发展格局。坚持办好全国山地自行车邀请赛、中国龙舟公开赛等大型精品赛事，进一步提升麦积的知名度和美誉度。加强与“一带一路”沿线地区经济技术交流、产业合作和文化旅游合作，辐射带动各领域合作，着力把麦积打造成开放开发高地。全方位、多渠道开展形式多样的招商引资和推介洽谈活动，强化重点区域、重点产业、重要企业转移信息的捕捉，力争落实一批重大招商引资项目。

（3）强化项目支撑作用。认真实施“3341”项目工程，全力做好国家和省、市重大项目的服务保障工作。继续实行区四大组织领导包抓重点项目责任制，抓项目落地、抓建设进度、抓投资落实，确保区列重点项目按计划有序推进。精心谋划论证一批对全区经济社会发展具有较强支撑作用的重大项目，着力争取一批辐射带动能力强、聚集作用明显、就业空间大的大项目、好项目，为全区经济社会转型升级发展提供强大支撑。

二、实施“一号工程”，全面精准发力，坚决打赢脱贫攻坚战

（4）改善提升贫困村基础条件。坚持把脱贫攻坚作为头等大事和“一号工程”来抓，全面落实“六个精准”，严格执行“12345”贫困人口进出识别程序，推行“853”挂图作业，年内完成54个贫困村整村脱贫、减贫3.36万人以上，实现全区整体基本脱贫。大力实施“七个一批”工程，认真落实“1+18”精准扶贫实施方案，不断加快农村饮水安全、贫困群众易地搬迁、贫困村动力电提升改造、贫困村标准化卫生室以及“千村美丽”示范村道路、贫困村巷道硬化等项目建设，全面完成农村C、D级危房改造，持续改善贫困村户生产生活条件。

（5）大力培育发展富民多元产业。坚持因村因户施策，积极引导贫困群众发展优势主导产业，着力培育林下经济、农产品加工、现代服务、乡村旅游等多元富民产业，加快贫困村电商服务网点建设，促进群众持续稳定增收。全力推进花牛苹果产业园区、颍川河流域综合开发和琥珀旱地无公害农产品示范园等农业重点项目建设，实施好林果产品基地、设施蔬菜基地、畜禽标准化规模养殖场和中药材标准化种植等项目，以产业发展带动贫困户稳定增收。精准开展农村实用技术、就业技能培训和劳务输转，加大对富余劳动力的培训力度，提高组织化输转的程度，促进贫困户稳定增收。推进农业经营方式创新，继续抓好贫困村精准扶贫农民合作综合服务社试点工作，带动贫困村产业发展。

（6）提升公共服务和社会保障水平。持续改善农村义务教育学校办学条件，加快贫困村幼儿园建设，继续扩大职业教育覆盖面，实现贫困家庭“两职生”接受免费职业教育。做好建档立卡贫困户幼儿、义务教育、普通高中、中职和省内高职学生各项免补资金的发放工作，实现家庭经济困难学生资助全覆盖，落实贫困家庭学生在高校录取、毕业就业方面的优惠政策。实施好文化惠民扶贫项目，加快“乡村舞台”建设，确保村级文体设施达到“六有”标准。提高贫困人口医疗救助水平，扩大重特大疾病医疗救助病种和救助对象范围。落实好“三户一孤”人员大病救助保险制度，完善农村低保补差发放办法，提高贫困人口公共服务保障水平。

三、优化产业结构，转变发展方式，推动区域经济快速发展

（7）提高工业经济运行质量。坚持区域工业一体化，严格落实县级领导干部联系重点企业制度，鼓励传统装备制造企业实施重大技改和新产品研发，帮助天水长城果汁集团有限公司等企业上市融资，扶持星火、风动、锻压等市列“10强50户”企业提质扩量。加快东柯河健康谷产业长廊项目规划编制，实施好太昊航空客机改货机、卷烟厂老厂区转产改造等项目建设，完成风动凿岩采掘支护设备技改等项目。加快东柯河工业园园区基础设施建设，年内完成二期土地征收，实施好天水长城果汁集团有限公司10万吨高端果蔬汁加工灌装生产线等入园项目建设，力争将东柯河工业园园区升级为省级开发区。深入实施品牌带动战略，年内争创国家和省级名牌产品、商标5件以上。

(8)大力繁荣发展商贸流通业。进一步完善商贸流通网络，积极推进天水国际陆港建设，完成天豫商贸城、新亚购物广场二期、桥南副食品商场、天水城市蔬菜仓储分拣中心等商贸重点项目，加快实施桥南商场改扩建、天水煤炭专营配送市场等项目，启动三阳农产品批发市场、道北综合市场、麦积山旅游产品市场建设，促进产业升级发展。加快东柯河甘泉物流园基础设施建设，完成剩余土地报批和新建项目所需土地征用，启动天水邮件处理中心项目，力争引进一批大型现代物流企业入驻园区。支持家政服务、再生资源回收、各类便民服务店发展，形成消费便捷、服务良好的流通服务网络。

(9)全力推动文化旅游融合发展。积极推进翠山梁农业生态观光及运动长廊、东柯河健康谷产业长廊及宝天高速公路和310国道沿线百里生态旅游长廊建设，大力发展生态观光旅游业。加快天水华昌欢乐城、翠园文化产业园、黄河雕漆文化产业园和百花小镇、峡门风情小镇、麦积山石窟艺术研究所等旅游项目建设，启动国家级山地自行车训练基地二期项目建设及麦积山自驾车房车露营地项目前期工作，积极挖掘开发新的旅游景点和线路，全力创建“国家全域旅游示范区”。充分挖掘全区文化旅游资源，加快卦台山中华始祖伏羲文化旅游产业园、东柯杜甫文化主题公园等项目建设，提升全区文化品位。加快“农家乐”提升改造步伐，加大农家乐从业人员技能培训力度，进一步提升接待服务水平。

四、加快城市开发建设，改善农村条件，统筹城乡协调发展

(10)大力推进城市开发建设。以建设区域性现代化中心城区为目标，重点抓好马跑泉公园、翠湖公园、北山公园、藉河湿地生态公园、麦积新城、成纪新城、高铁新城、颍川新城、东柯新城“四园五城”建设，启动渭河三号桥、秦麦高速辅道拓宽、羲皇大道以南区域热源厂等项目，加快城市片区开发改造，实施好火车站广场提升改造，完成藉河生态麦积段综合治理工程，进一步完善城市功能。加快城区停车场、环卫设施升级、小巷道整治、城市排污、城区垃圾收集站和公厕等工程建设，进一步完善城市服务功能。

(11)扎实推进新型城镇化和新农村建设。认真做好全国新型城镇化试点和全国重点特色小镇建设工作，加快甘泉片区开发建设，启动马跑泉主镇区改造，加快高铁佳苑、渭滨佳苑等重大项目安置区建设；加快花牛镇白崖村、马跑泉镇团庄村等城中村建设项目，分期分片启动翠山新村、社棠镇白庄村等城中村改造项目，不断提升城镇化建设水平。全力抓好省、市新农村试点建设，完成60个村庄规划编制及10个美丽乡村规划编制等工作，实施好街亭古镇古民居保护、胡大传统村落保护和吴砦、利桥古城保护开发等项目。不断完善村规民约制度，大力改善农村文化生活，培育农民积极健康的生活方式。

(12)加快推进交通路网建设。扎实推进“6873”交通突破行动，全力做好宝兰客运专线、天平高速(麦积段)、静天高速(麦积段)、甘泉至麦积山景区旅游公路和陇海铁路元龙段改造等重点工程的保障服务工作，加快潘集寨至街亭出口公路(东柯大道)建设、街亭出口至温泉旅游公路建设等续建项目建设，实施好清社公路清水至社棠段三级公路、社棠风动厂至南崖公路等项目，加大县乡道路改造提升力度，不断完善全区交通网络体系。不断优化路网服务功能，完成安全生命防护工程，鼓励支持乡村自建农村道路，加大路政管理力度，健全农村公路管养机制，提高道路通行能力和养护质量。

（13）全力推进城乡生态环境综合治理。加大生态环境治理力度，实施好天然林保护、三北防护林五期、国家生态公益林保护、中小河流治理等工程，加大空气污染监管和治理，持续改善环境质量。加大城市环境整治力度，强化交通违法行为整治，严肃查处城区、城郊区、风景区等重点区域的违规违章建筑，不断改善市容市貌。抓好省、市美丽乡村示范村建设，认真实施农村环境连片整治项目，强化省、市50个整洁村环境整治，落实好农村垃圾收运处置制度，力争创建省级示范村3个、市级示范村6个，切实改善农村生产生活环境。

五、统筹社会事业，保障改善民生，着力构建和谐社会

（14）全面发展社会事业。组织实施好国家和省市、区列科技项目，提高科技对经济增长的贡献率。全面推动各类教育协调发展，深入推进义务教育学校联盟办学，配合实施好天水市体育中心建设项目，实现市一中麦积校区、润天学校秋季招生，完成10个行政村幼儿园建设，加快实施职业中专实训楼、16个转移支付及9个全面改薄等项目，启动龙园小学教学楼、桥南小学和天成小学教学楼等项目建设，进一步改善办学条件。不断完善医疗服务体系，启动实施马跑泉中心卫生院迁建、街亭分院改造项目，完成区中医院迁建、康宁医院等项目建设，年内完成4个乡镇卫生院职工周转房、30个标准化村卫生室等项目建设。认真举办好人口文化艺术节，继续落实好“全面二孩”政策，进一步提高人口和计划生育服务水平。

（15）积极实施民生工程。全面落实中央和省、市各项惠民政策，全力承办好省、市确定的惠民实事。加快保障住房建设，启动铁路沿线城区段片区棚户区改造项目，实施好祥丰佳苑、焦化佳苑等棚户区改造项目。加快全国综合养老示范基地及农村互助老人幸福院、城市社区老年人日间照料中心等项目建设，加强城乡低保动态管理，健全完善社会救助体系，全面提升五保供养水平和集中供养率。统筹做好城乡居民社会养老保险、机关事业单位养老保险制度改革后续工作、被征地农民养老保险参保以及城镇职工医疗、工伤及生育保险等工作，稳妥推进“五险合一”信息系统建设，全面提升社会保险信息化服务水平。全面推进大众创业、万众创新行动，不断促进就业再就业工作提质升级。大力创建“丝绸之路双拥文明线”，着力促进军民融合深度发展。

（16）强化精神文明建设。认真落实《公民道德建设实施纲要》，健全完善社会主义思想道德体系，加强社会公德、职业道德、家庭美德和个人品德建设，开展未成年人思想道德建设“金种子”工程。认真开展文明单位、文明村镇、文明行业创建活动和“陇人骄子”、“甘肃好人”、“最美天水人”、“最美家庭”、“五星级文明农户”等省、市各类道德模范挖掘培养和评选活动，着力培树一批叫得响、立得住、群众公认的先进典型，不断引领社会文明新风尚。继续开展好文化、科技、卫生“三下乡”、“千台大戏送农村”等群众性文化活动，不断丰富群众精神文化生活。

（17）加强民主法治建设。坚持和完善人民代表大会制度、中国共产党领导下的多党合作和政治协商制度，加强党对人大、政协工作的领导。按照“法定职责必须为、法无授权不可为”的要求，加快构建法治政府、效能政府、人民满意政府。强化党对统一战线工作的领导，建立健全统一战线工作机制。注重发挥群团组织的作用，依法规范和管理宗教事务。加强党对各类社会组织的领导，积极培育各种有利于促进社会公共利益、基层民主和社会自治功能的社会组织，努力形成推进各项工作的合力。认真落实“七五”普法规划，努力营造严格执法、公正司法、全民守法的法治环境，进一步提升依法治区工作水平。

(18)全力维护社会稳定。全面推行诉访分离制度，深化“平安麦积”建设，全面加强社会治理网格化管理，认真落实维护社会稳定工作责任制和“三防”措施，深入开展“严打整治”行动，不断增强群众的安全感。加大社会稳定风险评估工作力度，深入开展突出社会矛盾和信访问题集中排查化解活动，加强特殊人群管控，有效预防和化解各类社会矛盾。严格落实“党政同责，一岗双责”安全生产责任制，加强各行业安全隐患排查治理，防止重特大安全事故发生。认真落实县级领导坐班接访制度和重点信访案件包案制度，加大对非正常上访问题的综合治理力度，加强对“市委书记、市长留言板”网民反映问题的督查督办，及时就地解决群众合理诉求，确保社会大局和谐稳定。

六、加强党的建设，持续转变作风，为改革发展提供坚强保证

(19)加强宣传思想建设。坚持党管宣传、党管意识形态，把中国特色社会主义宣传教育与学习型党组织建设紧密结合，深入学习宣传贯彻党的十八届六中全会和习近平总书记系列重要讲话精神，大力推进理想信念和思想道德教育，持续深化“中国梦”和社会主义核心价值观主题教育实践活动，不断巩固全区人民团结奋斗的共同思想基础。积极开展党的十八届六中全会精神“进乡镇、入社区，进企业、入校园”宣讲活动，广泛开展形势政策宣传教育，用党的最新理论武装党员、教育群众、指导实践、推动工作。加大对外宣传力度，全方位宣传麦积的发展成就、资源优势和惠民政策，不断提高麦积的知名度和影响力。抓好舆情信息工作，加强舆论引导和舆情分析，营造积极健康向上的舆论环境。

(20)加强基层组织建设。继续深化区四大组织领导包抓基层党建重点工作制度，进一步完善乡镇(街道)党(工)委书记抓基层党建工作专项述职制度，全面完成村(社区)“两委”换届工作，加大资金投入和资产调配力度，大力实施“四线一区”麦积党建示范长廊建设，在各领域打造一批特色鲜明的党建示范群。加强村级组织活动场所建设和规范管理使用，全面推行村级事务代办制和村干部轮流坐班服务制，引导村级党组织发展特色产业，充分发挥村级党组织战斗堡垒作用；在机关全面推进党组织联村、党员干部联户的党建扶贫制度；在社区深化民情流水线工程，推行社区窗口服务和“一站式”服务、“两代表一委员”民情联络站等制度；在“两新”组织、教育卫生等薄弱领域重点抓党组织工作规范和作用发挥。加强党员教育管理，依托农村远程教育等平台，大力开展党员教育培训工作，不断提升全区党员队伍的整体素质。持续推进“两学一做”学习教育，严肃党内政治生活，认真落实“三会一课”、党性定期分析、民主评议党员等制度，不断严格和规范党内生活。

(21)加强干部和人才队伍建设。不断加强各级领导班子思想政治建设，进一步建立健全科级领导班子综合研判制度，提高各级党员领导干部的政治定力和执行能力。大力实施干部“能力提升和源头培养”工程，分类型举办各类主体班次，扎实做好村(社区)新一届“两委”班子的培训工作，提升党员干部综合素质。树立正确选人用人导向，坚持把在基层一线和复杂环境中完成急难险重任务，作为培养锻炼干部、考察识别干部的有效途径，加强对选派驻村帮扶等一线干部的选拔任用。进一步加强对领导干部的监督管理，积极推行科级党政正职个人重大事项报告、领导干部问责等制度。坚持党管人才原则，不断完善人才支撑体系，建立以业绩为重点的人才评价体系，健全人才流动配置机制，鼓励各类人才向重点领域、重点产业和基层一线流动，为全区经济社会转型升级发展提供智力支撑。

（22）深化党风廉政建设和反腐败工作。对照省委党风廉政建设“3783”责任体系、“866”衡量检验标尺和“111”督查落实细则，认真落实各级党组织全面从严治党主体责任，健全完善逐级约谈、述纪述廉述作风、报告主体责任落实情况等制度，推动党风廉政建设深入开展。坚持把纪律和规矩挺在前面，严格执行《准则》和《条例》，扎实推进惩治和预防腐败体系建设，广泛组织开展党性党风党纪教育、法制教育和诚信教育活动，提高各级党员干部的红线意识和法纪观念。持续深化“三转”，抓好区纪委派驻机构改革，研究制定派驻机构“三定”方案、区纪委派驻机构工作规则，实现派驻监督全覆盖。严格执行领导干部谈话诫勉、询问质询、干部任前廉政谈话等制度，严防权力集中、资金密集、资源聚集等重点岗位党员干部权力失控、行为失范。始终把“四种形态”贯穿监督执纪全过程，全力推行乡镇街道分片联合交叉纪律审查制度，制定下级纪委向区纪委报告线索处置和执纪审查情况的具体办法，扎实推进村级组织党风廉政建设巡查工作，着力整治和查处侵害群众利益的不正之风和腐败问题。

（23）持续改进工作作风。严格贯彻执行中央和省、市关于改进工作作风、密切联系群众的一系列规定，把作风建设情况纳入各级领导班子和领导干部年度考核、党风廉政建设责任制考核、干部考察、基层党建工作述职的重要内容，作为评价领导班子、选人用人、评先评优的重要依据，推动形成作风建设新常态。不断巩固群众路线教育实践活动、“三严三实”专题教育成果，深化“两学一做”学习教育，加强对干部纪律作风的定期不定期督查，对违反制度踩“红线”、闯“雷区”者严惩不贷。持续推进效能风暴行动，强化各级党组织效能问责，不断精简会议文件和改进文风会风，加大对有令不行、有禁不止，推诿扯皮、敷衍搪塞等问题的整治力度，切实转变干部作风、优化服务发展环境、推进各项重点任务落实。

实现2017年的发展目标，任务繁重、责任重大、使命光荣。区委要求，全区各级党组织要进一步开拓创新、真抓实干，不忘初心、继续前进，不折不扣把区委的各项决策部署落到实处，如期完成全年各项工作任务，奋力推进全区经济社会转型升级发展，以优异成绩迎接党的十九大胜利召开。

天水市麦积区人民政府关于印发《天水市麦积区水土保持实施办法》的通知

麦政发〔2017〕56号

各镇人民政府、街道办事处，区直有关部门，驻区有关单位：

《天水市麦积区水土保持实施办法》已经区八届政府第5次常务会议审议通过，现印发你们，请结合各自实际，认真抓好贯彻落实。2011年5月27日印发的《天水市麦积区实施〈中华人民共和国水土保持法〉细则》（麦政发〔2011〕61号）同时废止。

天水市麦积区人民政府

2017年5月19日

天水市麦积区水土保持实施办法

第一章 总 则

第一条 为了有效预防和治理水土流失，改善生态环境，促进经济社会持续健康发展，根据《中华人民共和国水土保持法》《中华人民共和国水土保持法实施条例》《甘肃省水土保持条例》等法律法规规定，结合实际，制定本办法。

第二条 凡在本行政区域内从事自然资源开发、生产建设以及其他可能造成水土流失活动的单位和个人，应当遵守本办法。

第三条 水土保持工作遵循“预防为主、保护优先、全面规划、综合治理、因地制宜、突出重点、科学管理、注重效益”的方针和“谁开发谁保护，谁造成水土流失谁治理，谁利用谁补偿”的原则。

第四条 一切单位和个人都有保护水土资源和防治水土流失的义务，并有权对有下列破坏水土资源、造成水土流失的行为向水土保持管理部门或者其他有关部门进行检举：

(一)违法毁林或者草场开荒，破坏植被的；

(二)违法开垦荒坡地的；

(三)向江河、湖泊、水库和专门存放地以外的沟渠倾倒废弃砂、石、土或者尾矿废渣的；

(四)破坏水土保持设施的；

(五)不经批准擅自动土造成水土流失的；

(六)有其他破坏水土资源、造成水土流失的行为的。

第五条 区水土保持管理部门负责本行政区域内的水土保持工作。区发改、工信、国土、环保、农业、畜牧、林业、交通、建设等有关部门按照各自职责，做好有关水土流失预防和治理工作。

第二章 规 划

第六条 根据甘肃省人民政府关于划定省级水土流失重点预防区和重点治理区的公告，水土流失重点区域分为西秦岭北坡省级水土流失重点预防区、陇南山地省级水土流失重点预防区和渭河流域省级水土流失重点治理区。

对水土流失重点区域应当制定具体措施，进行重点防治。

第七条 区水土保持管理部门应当根据国家、省、市的水土保持规划和要求，制定本行政区域的水土保持规划，水土保持规划应当与土地利用总体规划、水资源规划、城乡规划和环境保护规划相协调。水土保持规划一经批准，应当严格执行。

第八条 有关基础设施建设、矿产资源开发、城镇建设、公共服务设施建设等方面的规划，在实施过程中可能造成水土流失的应当在规划中提出水土流失预防和治理的对策和措施，并在规划报请审批前征求水土保持管理机关部门的意见。

第九条 区人民政府按照有关规定，安排水土流失区的部分扶贫资金和农业发展基金等资金，用于水土保持。

第十条 镇人民政府及有关部门和单位应当重视并开展水土保持宣传教育工作，增强全民水土保持意识，每年3月份为麦积区水土保持宣传月。

第三章 预防与保护

第十一条 镇人民政府应当根据水土保持规

划，积极植树种草，预防和减轻水土流失。并加强对取土、挖砂、采石等活动的管理。

第十二条　禁止任何单位和个人在下列区域从事开荒、挖砂、取土、采石：

(一)沿河两岸易造成水土流失的地带；

(二)公路两侧的山坡、排洪沟、植树台、路基坡面；

(三)侵蚀沟的沟头、沟边和沟坡地带；

(四)有崩塌、滑坡历史或者有崩塌、滑坡危险的地带；

(五)干渠两侧十度以上的坡地；

(六)水库最高蓄水线以外五百米以内和塘坝最高蓄水线以外二百米以内的地带；

(七)易发生泥石流的地区。

特殊情况需要在上述规定区域内抢修公路、水利工程等建设项目，进行挖砂、采石或堆放固体废弃物的，建设单位事后必须及时采取水土保持措施，进行治理。

第十三条　凡从事有可能造成水土流失活动的开发建设单位和个人，必须编报水土保持方案，水土保持方案的审批按照《天水市麦积区水土保持方案审批管理办法》执行。

第十四条　凡从事采(探)矿、挖砂、取土、采石、烧砖瓦等易造成水土流失的生产活动，生产建设单位或个人应当编制水土保持方案，报区以上水土保持管理部门办理审批手续，采取具体治理措施，防治水土流失。在生产和建设过程中，地点、规模发生重大变化的，应当补充或修改已批复的水土保持方案，并报原审批机关批准。

生产建设单位或个人未编制水土保持方案，或虽编制水土保持方案但未经批准的，生产建设项目不得开工建设。

企业投资建设的项目水土保持方案未经批准，国土资源部门不予办理用地许可手续。

第十五条　建设项目中的水土保持设施，必须与主体工程同时设计、同时施工、同时投产使用；建设项目竣工验收时，应当验收水土保持设施；水土保持设施未经验收或者验收不合格的，生产建设项目不得投产使用。

第十六条　镇人民政府、街道办事处应当采取措施，加强对采矿、取土、挖砂、采石等生产活动的管理，防止水土流失。

禁止在崩塌滑坡危险区、泥石流易发区和严重砂化区取土、挖砂、采石。

崩塌滑坡危险区、泥石流易发区和严重砂化区的具体范围，由区人民政府划定并公告。

第十七条　水土流失区和预防保护区禁止挖刨野生灌木、中药材、树根及烧木炭、烧砖瓦、开山采石、采砂等活动。

第十八条　在林区采伐林木的，采伐方案中应当有水土保持措施。采伐方案经林业主管部门批准后，由林业主管部门和水土保持管理部门监督实施。在五度以上坡地植树造林、抚育幼林、种植中药材等，应当采取水土保持措施。

禁止在退耕还林还草地、二十五度以上陡坡地开垦种植农作物。

在二十五度以下、五度以上的荒坡地开垦种植农作物的，应当采取水土保持措施。

第十九条　按照规划建设的水土保持设施，包括种植的林草、试验场地和其他治理成果，任何单位和个人不得破坏或侵占。

第二十条　生产建设项目选址、选线应当避让水土流失重点预防区和重点治理区；无法避让的，应当提高防治标准，优化施工工艺，减少地表扰动和植被损坏范围，有效控制可能造成的水土流失。

第二十一条　依法应当编制水土保持方案的生产建设项目，其生产建设活动中排弃的砂、石、土、矸石、尾矿、废渣等应当综合利用；不能综合利用，确需废弃的，应当堆放在水土保持方案确定的专门存放地，并采取措施保证不产生新的危害。

第二十二条　对于已建和在建而未编报水土保持方案的生产建设项目，在建设过程中能够造成或已造成水土流失的，其生产建设单位或者个人，应当在区水土保持管理部门规定的期限内提出水土流失防治措施，补报水土保持方案，并组织落实防治措施。

第二十三条　因从事生产建设活动，损毁水土保持设施的，应当缴纳水土保持补偿费。水土保持补偿费由区水土保持管理部门按规定标准收缴。

第四章　治理与开发

第二十四条　区水土保持管理部门应当根据水土保持规划，加强水土流失重点预防区和重点治理区的坡耕地改梯田、淤地坝等水土保持重点工程建设，加大生态修复力度，加强对水土保持重点工程的建设管理，并建立和完善运行管护制度与责任。

第二十五条　在水力侵蚀地区，区水土保持管理部门、镇人民政府及其有关部门应当以天然沟壑及其两侧山坡地形成的小流域为单元，严格执行国家和本省水土保持技术规范，因地制宜地采取工程措施、植物措施和保护性耕作等措施，进行坡耕地和沟道水土流失综合治理，建设水土流失综合防治体系。

在重力侵蚀地区，区水土保持管理部门、镇人民政府及其有关部门应当采取监测、径流排导、削坡减载、支挡固坡、修建拦挡工程等措施，并建立监测、预报、预警体系。

第二十六条　镇人民政府及有关部门应当根据水土保持规划，有计划地对水土流失进行综合治理，加大生态修复力度。水土流失的治理应当与开发利用水土资源、发展当地生产相结合，在发挥综合效益的基础上，注重提高经济效益。

第二十七条　区水土保持管理部门、镇人民政府应当根据批准的水土保持规划，制定具体的治理实施规划。对禁止开垦坡度二十五度以下、五度以上的坡耕地，根据当地水土资源，修建水平沟田、水平梯田、水池、水窖等蓄水保土工程和引水工程，整治排水系统，建立经济沟、经济坡等高效益单元。

第二十八条　积极鼓励有条件的单位和个人按照水土保持规划参与水土流失治理，并予以资金、技术等方面的扶持。

第二十九条　鼓励和支持公民和集体经济组织承包治理荒山、荒沟、荒丘、荒滩，防治水土流失，保护和改善生态环境。促进土地资源的合理开发和可持续利用，并依法保护土地承包合同当事人的合法权益。

承包治理小流域，必须签订治理合同，由区政府发给承包证书。承包合同应依法签订治理范围、治理标准、承包期限、当事人权利、义务及违约责任等。承包后满两年包而不治的，收取水土保持补偿费，由发包单位终止合同，转包他人治理。

第三十条　企事业单位或者个人在建设和生产过程中必须采取水土保持措施，对造成的水土流失负责治理。损坏水土保持设施、地貌植被，不能恢复原有水土保持功能的，应当缴纳水土保持补偿费，由区水土保持管理部门统一安排治理。

第三十一条　在城市供水水源涵养保护区，区水土保持管理部门、镇人民政府及有关部门应当采取预防保护、自然修复和综合治理措施，配套建设植物过滤带，积极推广沼气能源项目，开展清洁小流域建设，严格控制化肥和农药的使用，减少水土流失引起的面源污染，保护饮用水水源。

第三十二条　对生产建设活动所占用土地的地表土应当进行分层剥离、保存和利用，做到土石方挖填平衡，减少地表扰动范围；对废弃的砂、石、土、矸石、尾矿、废渣等存放地，应当采取拦挡、坡面防护、防洪排导等措施。生产建设活动结束后，应当及时在取土场、开挖面和存放地的裸露土地上植树种草、恢复植被，对闭库的尾矿库进行复垦。

天水市麦积区人民政府关于印发《天水市麦积区水土保持方案审批管理办法》的通知

麦政发〔2017〕57号

各镇人民政府、街道办事处，区直有关部门，驻区有关单位：

《天水市麦积区水土保持方案审批管理办法》

已经区八届政府第5次常务会议审议通过，现印发你们，请结合各自实际，认真抓好贯彻落实。2011年5月27日印发的《天水市麦积区水土保持方案审批管理规定》(麦政发〔2011〕63号)同时废止。

天水市麦积区人民政府

2017年5月19日

天水市麦积区水土保持方案审批管理办法

第一条　为了加强水土保持方案的编制、申报和审批管理工作,根据《中华人民共和国水土保持法》《中华人民共和国水土保持法实施条例》《甘肃省水土保持条例》和国家计委、水利部、国家环保局《开发建设项目水土保持方案管理办法》等法律法规规章规定,结合实际,制定本办法。

第二条　凡在本行政区域内从事采(探)矿、开山采石、烧砖瓦、取土、挖砂及开发区建设、市政基础设施建设、房地产开发、建材、大规模经果林开发等易造成水土流失的生产建设活动，生产建设单位或个人应当编制水土保持方案，报区水土保持管理部门办理审批手续,采取具体治理措施,防治水土流失;由省、市审批的，应当报区水土保持管理部门备案。在生产和建设过程中,地点、规模发生重大变化的，应当补充或修改已批复的水土保持方案,并报原审批机关批准。

生产建设单位或个人未编制水土保持方案，或虽编制水土保持方案但未经批准的，生产建设项目不得开工建设。

第三条　建设项目中的水土保持设施，必须与主体工程同时设计、同时施工、同时投产使用;建设项目竣工验收时,应当验收水土保持设施;水土保持设施未经验收或者验收不合格的，生产建设项目不得投产使用。

第四条　凡从事有可能造成水土流失的开发建设单位和个人,必须编报水土保持方案。其中,审批制项目，应当在报送可行性研究报告前完成水土保持方案报批手续;核准制项目,应当在提交项目申请报告前完成水土保持方案报批手续;备案制项目,应当在办理备案手续后、项目开工前完成水土保持方案报批手续。经批准的水土保持方案应当纳入下阶段设计文本。

第五条　从事生产建设活动可能造成水土流失的生产建设项目必须在先行办理水土保持方案审批手续后,方可办理项目立项审批或者核准、备案等其他前期工作审批手续。水土保持方案未经水土保持管理部门批准，发展和改革部门不予办理项目审批、核准或者备案手续。

企业投资建设的项目水土保持方案未经批准,国土资源部门不予办理用地手续。

第六条　开发建设项目的初步设计，应当依据水土保持技术标准和经批准的水土保持方案，编制水土保持篇章，落实水土流失防治措施和投资概算。初步设计审查时应当有水土保持方案审批机关参加。

第七条　水土保持方案分为水土保持方案报告书和水土保持方案报告表。凡征占地面积在1公顷以上或者挖填土石方总量在1万立方米以上的开发建设项目，应当编报水土保持方案报告书;其他开发建设项目应当编报水土保持方案报告表。

水土保持方案报告书、水土保持方案报告表的内容和格式应当符合《开发建设项目水土保持方案技术规范》和有关规定。

第八条　水土保持方案的编制工作由开发建设项目单位或者个人委托有资质的单位进行编制。

第九条　编制水土保持方案所需费用应当根据编制工作量确定,并纳入项目前期费用。

第十条　水土保持方案必须先经水土保持管理部门审查批准后，开发建设单位或者个人方可办理土地使用、环境影响评价审批、采矿批准、项目立项审批或者核准等其他有关手续。

第十一条　水土保持管理部门审批水土保持方案实行分级审批制度，区级立项的开发建设项目和限额以下技术改造项目的水土保持方案报告书、水土保持方案报告表由区水土保持管理部门审批，并协助指导需由上级水土保持管理部门审批的项目业主办理水土保持方案报批工作。

区水土保持管理部门审批的水土保持方案，应报上级水土保持管理部门备案。

第十二条　开发建设项目单位或者个人要求审批水土保持方案的，应当向有审批权的水土保持管理部门提交书面申请和水土保持方案报告书或者水土保持方案报告表。

水土保持管理部门受理申请后，应当委托有关机构依据有关法律、法规和技术规范进行技术评审。水土保持管理部门应当自受理水土保持方案报告书审批申请之日起20日内,或者应当自受理水土保持方案报告表审批申请之日起10日内,做出审查决定。但是,技术评审时间除外。对于特殊性质开发建设项目的水土保持方案报告书,20日内不能做出审查决定的,经本机关负责人批准,可以延长10日,并应当将延长期限的理由告知申请单位或者个人。

第十三条　水土保持方案报告书及水土保持方案报告表按下列条件进行审批：

(一)符合有关法律、法规、规章和规范性文件规定；

(二)符合《开发建设项目水土保持方案技术规范》等国家、行业的水土保持技术规范、标准；

(三)水土流失防治责任范围明确；

(四)水土流失防治措施合理、有效,与周边环境相协调,并达到主体工程设计深度；

(五)水土保持投资估算编制依据可靠、方法合理、结果正确；

(六)水土保持监测的内容和方法得当。

第十四条　经审批的项目,如性质、规模、建设地点等发生变化时，项目单位或个人应及时修改水土保持方案，并按照本规定的程序报原批准单位批准。

第十五条　项目单位必须严格按照水土保持管理部门批准的水土保持方案进行设计、施工。项目工程竣工验收时，必须由水土保持管理部门同时验收水土保持设施。水土保持设施验收不合格的,项目工程不得投产使用。

第十六条　水土保持方案未经审批擅自开垦荒坡地，或者未采取水土保持措施擅自采伐林木的,分别按《中华人民共和国水土保持法》《中华人民共和国森林法》相关规定给予行政处罚;水土保持方案未经审批擅自开工建设或者进行施工准备的,按照《中华人民共和国水土保持法》及有法律、法规规定给予行政处罚。

第十七条　区水土保持管理部门工作人员在水土保持方案审批过程中滥用职权、失职、渎职的,由纪检监察机关依规依纪调查处理,情节严重构成犯罪的,由司法机关依法追究刑事责任。

第十八条　本办法自发布之日起施行，有效期5年。

天水市麦积区人民政府关于印发《天水市麦积区水土保持设施验收管理办法》的通知

麦政发〔2017〕58号

各镇人民政府、街道办事处,区直有关部门,驻区有关单位：

《天水市麦积区水土保持设施验收管理办法》已经区八届政府第5次常务会议审议通过，现印发你们，请结合各自实际，认真抓好贯彻落实。2011年5月27日印发的《天水市麦积区水土保持设施验收管理规定》(麦政发〔2011〕62号)同时废止。

天水市麦积区人民政府

2017年5月19日

天水市麦积区水土保持设施验收管理办法

第一条　为了加强开发建设项目水土保持设施的验收工作，根据《中华人民共和国水土保持法》《中华人民共和国水土保持法实施条例》《甘肃省水土保持条例》和水利部《开发建设项目水土保持设施验收管理办法》等法律法规规章规定,结合实际,制定本办法。

第二条　本办法适用于本行政区域内编制水土保持方案报告书的开发建设项目水土保持设施的验收。

编制水土保持方案报告表的开发建设项目水土保持设施的验收,参照本规定执行。

第三条　区水土保持管理部门应当定期对水土保持方案实施情况和水土保持设施运行情况进行监督检查。

第四条　开发建设项目水土保持设施经验收合格后,该项目方可正式投入生产或者使用。

第五条　区水土保持管理部门负责开发建设项目水土保持设施验收工作的组织实施和监督管理,按照开发建设项目水土保持方案的审批权限,负责项目水土保持设施验收。组织完成的水土保持设施验收材料，应当报上级水土保持管理部门备案。

第六条　水土保持设施验收的范围应当与批准的水土保持方案及批复文件相一致。

水土保持设施验收包括以下的主要内容:检查水土保持设施是否符合设计要求，施工质量是否合格,以及投资使用和管理维护责任落实情况,评价防治水土流失效果，对存在问题提出处理意见等。

第七条　水土保持设施符合下列条件的,确定为验收合格:

(一)开发建设项目水土保持方案审批手续完备,水土保持工程设计、施工、监理、财务支出、水土流失监测报告等资料齐全;

(二)水土保持设施按批准的水土保持方案报告书和设计文件的要求建成，符合主体工程和水土保持的要求;

(三)治理程度、拦渣率、植被恢复率、土壤流失控制比等指标达到了批准的水土保持方案和批复文件的要求及国家和地方的有关技术标准;

(四)水土保持设施具备正常运行条件,且能持续、安全、有效运转,符合交付使用要求;水土保持设施的管理、维护措施落实。

第八条　在开发建设项目土建工程完成后,应当及时开展水土保持设施的验收工作。建设单位应当会同水土保持方案编制单位，依据批复的水土保持方案报告书、设计文件的内容和工程量,对水土保持设施完成情况进行检查，编制水土保持方案实施工作总结报告和水土保持设施竣工验收技术报告。对于符合本规定第七条所列验收合格条件的，方可向审批该水土保持方案的机关提出水土保持设施验收申请。

第九条　区水土保持管理部门负责验收的开发建设项目,可以不进行技术评估,直接进行竣工验收。

第十条　区水土保持管理部门协助指导需由上级水土保持监督管理部门验收的项目业主办理申报验收工作。监理单位、监测报告编制单位应当参加现场验收。

第十一条　区水土保持管理部门在受理验收申请后，应当组织有关单位的代表和专家成立验收组,依据验收申请、有关成果和资料,检查建设现场,提出验收意见。

建设单位、水土保持方案编制单位、设计单位、施工单位、监理单位、监测报告编制单位应当参加现场验收。

第十二条　验收合格意见必须经 2/3 以上验收组成员同意，由验收组成员及被验收单位的代表在验收成果文件上签字确认。

第十三条　区水土保持管理部门应当自受理验收申请之日起 20 日内做出验收结论。

对验收合格的项目，水土保持管理部门应当自做出验收结论之日起 10 日内办理验收合格手续,作为开发建设项目竣工验收的重要依据。

对验收不合格的项目，水土保持管理部门责令建设单位限期整改,直至验收合格。

第十四条　分期建设、分期投入生产或者使用的开发建设项目，其相应的水土保持设施应当按照本规定进行分期验收。

第十五条　水土保持设施验收合格并交付使用后，建设单位或经营管理单位应当加强对水土保持设施的管理和维护,确保水土保持设施安全、有效运行。

第十六条　水土保持设施未建成、未经验收或者验收不合格，主体工程已投入运行的，按照《中华人民共和国水土保持法》《甘肃省水土保持条例》及有关法律法规规定,给予行政处罚。

第十七条　开发建设项目水土保持设施的验收费用,由项目建设单位承担。

第十八条　水土保持管理部门工作人员在水土保持施设验收过程中滥用职权、失职、渎职的，由纪检监察机关依规依纪调查处理，情节严重构成犯罪的,由司法机关依法追究刑事责任。

第十九条　本办法自发布之日起施行，有效期 5 年。

天水市麦积区人民政府关于印发《天水市麦积区城乡居民临时救助实施办法》的通知

麦政发〔2017〕92 号

各镇人民政府、街道办事处,区直有关部门：

《天水市麦积区城乡居民临时救助实施办法》已经 2017 年 8 月 3 日区政府第七次常务会议审议通过,现予印发,请认真贯彻执行。

天水市麦积区人民政府

2017 年 8 月 10 日

天水市麦积区城乡居民临时救助实施办法

第一条　为规范和完善城乡社会救助制度，妥善解决城乡困难群众的突发性、紧迫性、临时性生活困难,根据《天水市城乡居民临时救助实施办法》(天政发〔2016〕4 号),结合麦积区实际,制定本办法。

第二条　本办法所称城乡居民临时救助（以下简称临时救助),是指政府对在日常生活中由于突发性、意外性、临时性原因造成基本生活出现暂时困难的家庭和个人,给予应急性、过渡性救助的制度。

第三条　临时救助实行政府救助、社会互助和家庭自救相结合,坚持及时、适度、公开、公平的原则。

第四条　临时救助实行地方政府负责制。区政府负责临时救助政策制定、资金投入、工作保障和监督管理等工作；

镇政府、街道办事处负责本辖区内临时救助申请的受理、审核和申请对象家庭基本状况的调查工作；

区民政部门是政府临时救助工作的主管部门，负责本行政区域内城乡居民临时救助工作规划的制定、执行和救助资金审批、发放等日常管理工作；

区财政部门负责临时救助资金预算、审核、拨付等工作；

区审计、监察部门负责临时救助资金使用的监督检查。

第五条　临时救助对象包括：

(一)在城乡居民最低生活保障(以下简称城乡低保)和其他专项社会救助制度覆盖范围之外,家庭人均收入一般不高于当地低保标准 150%,由于突发性、意外性原因造成基本生活出现暂时困难的家庭和个人；

(二)已纳入城乡低保和其他专项社会救助制度覆盖范围,但由于突发性、临时性原因导致基本生活暂时出现较大困难的家庭和个人；

(三)区政府认定需救助的其他特殊困难家庭和个人。

但因较大范围的水灾、旱灾、风雹等自然灾害,以及发生事故灾难、公共事件、社会治安事件等突发性事件,需要开展紧

急转移安置和基本生活救助的家庭和个人,以及生活无着的流浪、乞讨人员,按照国家有关规定进行救助,不适用本办法。

第六条　临时救助标准，应当根据救助对象困难原因、程度、种类等因素,结合临时救助资金状况,合理划定救助档次和标准,实施分类救助：

（一）享受城乡低保的家庭，因特殊原因造成基本生活暂时特别困难的，一般给予 1000–3000 元的临时救助；

（二）因长期患重病或因子女教育费用和两女结扎户负担过重造成基本生活暂时特别困难的家庭，可一次性给予 3000–5000 元的临时救助；

（三）因重大疾病和各种突发性意外事件造成基本生活暂时特别困难的家庭和个人，一次性可给予 5000–10000 元的临时救助；

（四）其他由区政府认定需救助的特殊困难家庭和个人，视具体情况，确定救助标准。

被救助家庭和个人一般每年只享受 1 次救助，特殊情况可享受 2 次救助。

第七条　临时救助申请审批程序：

（一）困难家庭和个人向户籍所在地镇政府或街道办事处提出书面申请。

（二）镇政府或街道办事处在接到申请后，在村（居）民委员会协助下，对申请人情况进行全面调查核实，视情况组织民主评议，提出审核意见，并进行不少于 3 天的张榜公示，公示无异议的，报区民政部门审批。

（三）区民政部门接到调查及审核材料后，应当在 5 个工作日内完成审批，对符合救助条件的，通知申请人所在镇人民政府、街道办事处予以不少于 3 天的张榜公示。公示无异议后，及时给予救助。

（四）对因突发性灾难需紧急救助的家庭，区民政部门可先行救助，事后按规定补齐审核审批程序，并向社会公示。

对不符合临时救助条件的，应在审核审批不同环节，分别由镇政府、街道办事处或区民政部门书面通知申请人，并说明理由

第八条　临时救助资金筹集渠道：

（一）国家和省财政拨款；

（二）市、区财政安排的预算资金（根据所辖人口和省上确定的 1:1 的比例标准列支）；

（三）社会捐助。

第九条　临时救助资金由区财政部门按照国库集中支付的有关规定，通过代办金融机构，实行社会化发放，办理资金的筹集、划拨和监督管理，专款专用，结余资金可结转下年使用，不得用于平衡预算或挪作他用。

第十条　区民政部门应建立救助对象临时救助工作档案，做到资料完整、管理规范。

第十一条　区民政部门和镇政府、街道办事处应当公开临时救助制度和申请受理、审核、审批、发放程序，公布临时救助对象及发放情况，并公开监督举报电话，接受社会监督。

第十二条　对于提供虚假证明，采取欺瞒手段骗取临时生活救助资金的，区民政部门应追回救助资金。

第十三条　行政机关工作人员在临时救助工作中玩忽职守、徇私舞弊或者滥用职权，违规办理临时救助的，由所在单位或者上级主管部门给予行政处分；构成犯罪的，依法追究刑事责任。

第十四条　本办法自发布之日起施行，有效期为 5 年。

天水市麦积区人民政府关于印发《天水市麦积区城乡居民医疗救助实施细则》的通知

麦政发〔2017〕93 号

各镇人民政府、街道办事处，区直有关部门：

《天水市麦积区城乡居民医疗救助实施细则》已经 2017 年 8 月 3 日区政府第七次常务会议审议通过，现予印发，请认真贯彻执行。

天水市麦积区人民政府

2017 年 8 月 10 日

天水市麦积区城乡居民医疗救助实施细则

第一条　为规范和完善城乡医疗救助制度，帮助城乡困难群众实现病有所医，根据《天水市城乡居民医疗救助实施办法》（天政〔2016〕5 号），结合麦积区实际，制定本细则。

第二条　本细则所称城乡居民医疗救助（以下简称医疗救助），是指政府对城乡居民最低生活

保障对象、特困人员为主的困难群众给予医疗费用补助的救助制度。

第三条 医疗救助应遵循以下原则:

(一)属地化管理;

(二)公平、公正、公开和便民;

(三)突出重点,分类救助;

(四)统筹协调,与城镇居民基本医疗保险、新型农村合作医疗保险、城乡居民大病保险相结合;

(五)与当地经济社会发展水平相适应。

第四条 区民政部门是城乡医疗救助工作的主管部门,负责医疗救助的审核、审批和资金发放等日常管理工作;

区财政部门负责本区医疗救助资金的筹集、核拨、监督工作;区卫计、人社、审计、监察等部门在各自的职责范围内,做好城乡医疗救助相关工作。

第五条 医疗救助对象是指持有本区常住户口,因患病造成生活困难的以下几类居民:

(一)城乡居民最低生活保障对象;

(二)特困人员;

(三)区人民政府认定的其他特殊困难群众。

医疗救助对象应当积极参加城镇居民基本医疗保险、新型农村合作医疗保险。

第六条 医疗救助标准按救助对象医疗费用自付部分的40%-80%进行确定,但个人年度救助总额原则上不得超过30000元。

第七条 医疗救助实行住院救助为主,门诊救助、参保参合救助、其他特殊救助为辅的方式,解决救助对象的就医困难。

(一)住院救助。对医疗救助对象的住院治疗费用,经城镇居民基本医疗保险、新型农村合作医疗保险、城乡居民大病保险报销后,个人负担较重的,给予一定数额的住院救助资金。

(二)门诊救助。对城乡低保户中无生活来源、无劳动能力、无法定赡养人、扶养人或抚养人的居民、特困人员等重点救助对象,每年给予一定数额的门诊救助金。

(三)参保参合救助。资助城乡低保对象和特困人员参加城镇居民基本医疗保险和新型农村合作医疗保险。

(四)其他特殊救助。对有其他特殊困难需要医疗救助的困难群众,经区民政部门认定后给予救助。

第八条 医疗救助一般在治疗结束后实施,情况特殊的可在治疗前、治疗中实施救助。

第九条 医疗救助对象在住院和门诊治疗期间,还可享受济困病床等相关优惠政策。

第十条 申请医疗救助应提供以下材料:

(一)申请书;

(二)村(居)民委员会出具的本人患病和生活困难证明;

(三)本人的身份证、户口簿、城乡居民最低生活保障证或特困人员证原件及复印件;

(四)医疗机构诊断证明或医疗费用结算明细单。

第十一条 医疗救助按以下程序办理:

(一)申请人持第十条规定的材料向所在镇政府或街道办事处提出申请。

(二)镇政府、街道办事处应当在接到申请后的3个工作日内完成初审并报区民政部门审批。

(三)区民政部门接到上报申请后,应当在5个工作日内审批完成。对符合救助条件的,在作出审批决定后2个工作日内通知申请人领取医疗救助金;对不符合救助条件的,应书面通知申请人,并说明理由。

第十二条 区民政部门应当建立健全医疗救助对象档案,一户一档,做到资料齐全,管理规范。

第十三条 医疗救助资金筹集渠道:

(一)国家和省财政拨款;

(二)市财政补助资金;

(三)区财政补助资金(每年按照本区城乡人口人均不低于1元的标准列支预算);

(四)市、区福利彩票公益金(每年按照当年福利彩票公益金的1%提取);

(五)社会捐助。

第十四条 区财政部门应设立城乡医疗救助资金专户,及时办理资金的筹集和核拨;区民政部门应建立相应的城乡医疗救助资金支出专户,办理资金的核拨、支付等业务。

医疗救助资金实行“专款专用,实行国库集中支付,量入为出,收支平衡”的原则;不得挤占挪用,结余资金可结转下年使用。

第十五条　医疗救助实行定点医疗制度。定点医疗机构应与城镇居民基本医疗保险和新型农村合作医疗保险定点医疗机构相一致。

第十六条　提供医疗救助服务的医疗机构,应当在规定范围内,按照当地城镇居民基本医疗保险和新型农村合作医疗用药目录、诊疗项目及医疗服务设施目录,为救助对象提供基本医疗服务。

第十七条　区卫计部门应加强定点医疗机构的监督管理,制定医疗救助诊疗服务标准,规范医疗服务行为,提高服务质量和效率,配合区民政部门做好医疗救助与新型农村合作医疗制度的衔接。

第十八条　区人力资源和社会保障部门应配合区民政部门做好医疗救助与城镇居民基本医疗保险制度的衔接,提供救助对象参加城镇居民基本医疗保险等情况。

第十九条　区审计、监察部门应加强医疗救助资金管理使用情况的监督检查。

第二十条　对于提供虚假证明,采取欺瞒手段骗取医疗救助资金的,区民政部门应追回救助资金。

第二十一条　行政机关工作人员在医疗救助工作中玩忽职守、徇私舞弊或者滥用职权,违规办理医疗救助的,由所在单位或者上级主管部门给予行政处分;构成犯罪的,依法追究刑事责任。

第二十二条　本细则自发布之日起施行,有效期为5年。

天水市麦积区人民政府关于印发天水市麦积区行政许可办理规定通知

麦政发〔2017〕106号

各镇人民政府、街道办事处,区政府各部门、区属及驻区有关单位:

2015年8月18日印发的《天水市麦积区行政许可办理规定(试行)》(麦政发〔2015〕102号)有效期已满,根据办理需要,要继续贯彻施行。现将修订后的《天水市麦积区行政许可办理规定》印发你们,请结合实际认真贯彻执行。

天水市麦积区人民政府

2017年9月25日

天水市麦积区行政许可办理规定

第一条　为了规范行政许可办理行为,保护公民、法人和其他组织的合法权益,保障和监督行政机关依法履行职责,根据《中华人民共和国行政许可法》(以下简称《行政许可法》)和其他有关法律、法规和政策规定,结合实际,制定本规定。

第二条　本行政区域范围内的公民、法人或者其他组织申请行政许可,行政机关和法律、法规授权的具有管理公共事务职能的组织(以下统称行政机关)接收、受理、审查行政许可申请,作出和送达行政许可决定的活动,适用本规定。

第三条　行政机关办理行政许可的依据、过程和结果的公开,应当与实施政务公开相结合。

第四条　行政许可申请书需要采用格式文本的,行政机关应当向申请人提供格式文本。格式文本应当包含下列主要内容:

(一)申请人姓名或者名称;

(二)申请从事的行政许可事项名称;

(三)申请人应当具备的条件以及申请人的承诺;

(四)申请人提供的材料目录以及申请人对其所提供材料真实性的保证;

(五)申请人的联系方式;

(六)申请人签章及申请日期。

行政机关应当在政务大厅办事窗口和本单位网站或网络红页上公示申请书格式文本,方便公民、法人或者其他组织索取或者下载。

第五条　除依法应当由申请人到行政机关政务大厅办事窗口提出行政许可的申请外;申请人

可以委托代理人办理行政许可申请的，但应当向代理人出具有明确委托权限的委托书。代理人应当向受理申请的行政机关提交委托书。

第六条 申请人到区政务大厅提出行政许可申请的，行政机关驻大厅工作人员应接收行政许可申请,并当场登记。

申请人通过信函、电报、电传、传真、电子数据交换和电子邮件等方式提出行政许可申请的,行政机关应当在收到后的一个工作日内予以登记。

第七条 行政机关按照《行政许可法》第二十六条第一款的规定，确定由一个机构统一受理和送达行政许可申请的，应当建立行政许可申请接收、审查、决定和送达的内部流转程序和工作规范，并在办公场所和本单位的网站或网络红页上予以公示。

第八条 行政机关对申请人提出的行政许可申请,应当审核下列内容：

（一）申请事项是否属于行政许可事项；

（二）是否属于本行政机关职权范围；

（三）申请材料是否齐全,是否符合法定形式。

行政机关应当根据审核结果,按照《行政许可法》第三十二条的规定,对申请分别作出处理。

第九条 行政机关应当就申请人提交的申请材料是否齐全、是否符合法定形式进行审查。能够根据书面材料判定符合行政许可条件，且可以即时制作行政许可决定和行政许可证件的，行政机关应当当场作出行政许可决定，并向申请人颁发行政许可证件；能够根据书面材料判定不符合行政许可条件的，行政机关应当作出不予行政许可的书面决定,并说明理由。

第十条 行政机关根据《行政许可法》第三十四条第三款的规定需要对申请材料的内容进行实地核查的,应当事先告知申请人核查的内容、时间及方式。

实地核查时，行政机关指派的两名以上工作人员应当向申请人出示有效证件表明身份，并告知申请人具有的权利和义务。对核查结果,应当制作核查笔录或者现场勘查记录,并作出核查结论。

第十一条 拟决定的行政许可直接关系他人重大利益的，行政机关应当书面告知利害关系人拟作出行政许可决定的内容、提出陈述和申辩的权利、方式和期限。

利害关系人提出意见的，行政机关应当制作陈述笔录,并经陈述人签名认可。

行政机关决定不采纳利害关系人意见的,在向申请人送达行政许可审查决定的同时，应当向利害关系人书面说明理由。

第十二条 除可以当场作出行政许可决定的外,行政机关应当在《行政许可法》以及其他法律、法规规定的期限内,作出是否准予行政许可的决定。

依照《行政许可法》第二十六条第二款的规定实行统一办理的，负责统一受理和送达的行政机关应当在受理行政许可申请之日起 5 日内，将申请书及相关材料转送统一办理的相关行政机关,不得要求申请人重复提供申请资料。相关行政机关应当自收到行政许可申请及相关材料之日起 7 日内,提出审核意见,并送交受理的行政机关。

行政机关书面承诺的办理期限短于法定办理期限的,应当在承诺的办理期限内作出决定。

第十三条 行政机关作出准予行政许可的决定,应当按照《行政许可法》第三十九条的规定,向申请人颁发行政许可证件。行政许可证件应当载明下列主要事项：

（一）证件名称和编号；

（二）发证机关名称；

（三）持证人姓名或者名称；

（四）行政许可事项名称及适用范围；

（五）证件有效期；

（六）发证日期；

（七）发证机关印章；

（八）法律、法规、规章规定的其他内容。

第十四条 除当场作出行政许可决定的外,行政机关作出是否准予行政许可的决定，应当自作出决定之日起 10 日内,按照法定方式,将行政许可决定送达申请人。决定准予行政许可的,应当向申请人送达准予行政许可的决定或行政许可证件;决定不予行政许可的,应当向申请人送达不予行政许可的书面决定并说明理由(决定中应写明申请人对不予行政许可决定有申请行政复议或提起行政诉讼的权力,以及申请行政复议或提起行政诉讼的时限和途径)。

申请人和行政机关对送达方式和期限另有约定或者行政机关有承诺的,行政机关应当按照约定或者承诺的方式和期限送达(约定或承诺的时限应短于10日)。

第十五条 被许可人要求变更行政许可事项的,应当向作出行政许可决定的行政机关提出申请。变更申请可以参照行政许可申请的方式提出。申请的内容应当包括要求变更的事项、变更的理由,并提供与申请变更事项有关的材料。

行政机关应当按照《行政许可法》和本规定关于行政许可申请审查的有关规定,对被许可人提出的变更申请进行审查。符合法定条件、标准的,行政机关应当依法办理变更手续;不符合法定条件、标准的,应当作出不予变更的书面决定,并说明理由。

第十六条 被许可人需要延续依法取得行政许可有效期的,应当按照《行政许可法》和其他法律、法规、规章规定的程序提出申请。

行政机关应当按照《行政许可法》和本规定关于行政许可申请审查的有关规定,对被许可人提出的延续申请进行审查,并作出是否准予延续的决定。符合法定条件、标准的,行政机关应当依法办理准予延续的手续;行政机关作出不予延续决定的,应当书面告知申请人,并说明理由。

行政机关应在行政许可有效期届满前作出是否准予延续的决定。行政机关逾期未作出决定,依法视为准予延续的,行政机关事后应当及时补办准予延续的手续。

第十七条 被许可人未在行政许可有效期届满前提出延续申请的,该行政许可在有效期届满后自然失效。被许可人需要继续从事该行政许可事项活动的,应当重新提出行政许可申请。

第十八条 为了公共利益的需要,行政机关依法拟变更或者拟撤回已经生效的行政许可的,应当事先书面告知被许可人并说明理由,同时告知被许可人依法享有的陈述、申辩等权利。被许可人要求陈述和申辩的,行政机关应当认真听取,并作好陈述笔录。必要时,行政机关可以举行听证会。

因行政机关依法变更或者撤回已经生效的行政许可,给被许可人造成财产损失的,行政机关应当按照公正、合理的原则,依法给予补偿。

第十九条 行政机关决定不予行政许可,或者不予变更、延续行政许可,以及主动变更、撤回行政许可的,应当书面告知申请人享有依法申请行政复议、提起行政诉讼的权利。

第二十条 行政机关应当通过本单位网站或网络红页及时公布行政许可事项,办理的依据、办理要件、申请资料、办理时限,建立和完善网上内部流转程序;有条件的,应当实现行政许可申请的网上受理、办理过程的网上查询和办理结果的网上公开。

行政机关实行统一办理行政许可的,应当创造条件,通过互联网络,共享有关行政许可信息,实现网上统一办理。

第二十一条 法律、法规、规章规定行政许可决定应当向相关行政机关抄告的,负有抄告责任的行政机关作出准予、变更或者延续行政许可的决定,均应当抄告相关行政机关。

第二十二条 行政机关应当建立行政许可档案管理制度,对行政许可的相关资料须立卷归档,接受有关机关的监督检查。

第二十三条 行政许可申请人隐瞒有关情况或者提供虚假材料申请行政许可的,经行政机关查实后,申请人在一年内不得再次申请该行政许可,法律法规另有规定的除外;行政机关应当建立该申请人的不良记录档案,并通过互联网实现信息共享,供有关行政机关备查。

第二十四条 本区行政机关应当依据《行政许可法》以及有关法律、法规和规章关于行政许可办理的规定,制定办理行政许可操作规程,并向社会公布。

第二十五条 本规定自发布之日起实施，有效期5年。

天水市麦积区人民政府关于印发天水市麦积区行政审批批后监督检查管理办法的通知

麦政发〔2017〕107号

各镇人民政府、街道办事处，区政府各部门、区属及驻区有关单位：

2015年8月18日印发的《天水市麦积区行政审批批后监督检查管理办法（试行）》（麦政发〔2015〕103号）有效期已满，根据工作需要，需继续贯彻实施。现将修订后的《天水市麦积区行政审批批后监督检查管理办法》印发你们，请结合实际认真贯彻执行。

天水市麦积区人民政府

2017年9月25日

天水市麦积区行政审批批后监督检查管理办法

第一条 为了加强对行政审批批后监督检查的管理，保护公民、法人和其他组织的合法权益，维护公共利益和社会秩序，提升政府公信力和执行力，根据《中华人民共和国行政许可法》和国务院有关行政审批制度改革工作规定制定本办法。

第二条 本区行政区域内的行政机关和法律、法规授权的具有管理公共事务职能的组织（以下称“行政机关”），对公民、法人或者其他组织（以下称“行政相对人”）从事行政审批事项活动，包括未经行政审批擅自从事依法应取得行政审批的活动，实施监督检查和处理，适用本办法。

第三条 依法实施行政审批的行政机关是行政审批事项批后监管的责任机关，审批权、批后监管权职权划分另有规定的除外。

批后监管责任机关应当按照本办法开展行政审批的批后监督检查，法律、法规、规章另有规定按照其规定进行。

第四条 行政审批的批后监督检查，应当根据法定审批条件，以及技术规范、技术标准和有关法律、法规、规章的规定进行。

第五条 行政审批的批后监督检查，应当遵循“合法合理、程序规范、高效便民、公开透明”的原则，坚持权力与责任、检查与指导、惩处与教育相结合。

第六条 行政机关实施行政审批批后监督检查，应当坚持监管与服务的统一。正确处理履行监管职责与服务发展的关系，防止过度监管、不当监管和违法监管，既要防止监管缺位，又要防止监管错位和越位。

第七条 行政机关应当建立行政执法、行业自律、舆论监督、群众参与相结合的行政审批批后监督检查体系，发挥社会监管、行业监管、技术监督、行政监督的综合效应，加强行政审批批后监管力度，实行全过程监管。

第八条 行政机关内部应当分离行政审批的办理权和监管权，分别由不同的内设机构行使。建立批后监管工作责任追究制度，对不履行监管义务、监管不力的、对监管对象违法行为不予查处的，应当严格责任追究。

第九条 行政机关对每项行政审批应当制定具体的监督检查制度。监督检查制度应当列明监督检查对象、内容、方式、措施、程序、工作要求等。

第十条 对行政相对人从事行政审批事项活动的监督检查，行政机关可以依法通过书面检查、实地检查、定期检验、抽样检查检验检测等方式进行。

第十一条 行政机关实施监督检查前，应当制订检查工作方案，方案包括检查目的、检查范围、检查方式（如事先通知或事先不通知）、检查重点、检查时间、检查分工、检查进度等。同时，准备相关检查文书以及必要的设备，根据既往检查情况和行政相对人报送资料情况等，了解行政相对人近期状况。

行政机关监督检查结束后，应当形成书面检查报告。

第十二条　行政审批批后监督检查，应当建立检查结论处理规范。同时，按照符合法律目的、平等对待行政相对人、参照先例、必要适度等基本要求，制定并公布检查结论处理的规则和标准。

第十三条　行政机关进行例行监督检查和随机抽查，应当事先拟订检查计划。检查频次根据行政相对人情况确定。对诚信度高的行政相对人，可减少检查频次；对确定为重点监督对象的行政相对人，应当根据情况适当增加检查频次。

第十四条　书面检查的内容主要是行政相对人是否按照行政审批确定的条件、范围、程序等从事被审批事项活动的情况。

行政机关不得要求行政相对人报送与监督检查无关的材料。

必要时，行政机关可以采取其他监督检查方式作进一步核查。

第十五条　行政机关实施实地检查、抽样检查检验检测等现场监督检查，应当委派两名以上行政机关工作人员进行，行政机关工作人员应当出示合法、有效的证件。行政机关工作人员应当遵守被检查单位的安全管理规章制度，保证自身和被检查单位生产经营活动的安全。

第十六条　行政机关可以依法委托具备法定资质的专业技术机构进行检查、检验、检测。受委托专业技术机构应当按照技术规程或者约定的期限，出具检查、检验、检测结果报告。通过约定委托专业机构检查、检验、检测的，行政机关应当与所委托的专业机构签订协议，明确检查、检验、检测的期限，所依据的技术规范、内容、结果报告等。

第十七条　法律、行政法规规定的除《中华人民共和国行政许可法》第十二条第(四)项以外的其他事项需要年度检验的，行政机关应当在作出该行政审批决定时，将年检的期限、方式和要求书面告知行政相对人。行政机关实施年检，可以在一定时间内集中办理，也可以根据作出行政审批的时间先后分别办理。行政机关实施年检应当与日常监督检查相结合，不得以年检替代日常监督检查。

第十八条　行政机关工作人员履行检查职责时，可以依法查阅或者要求有关单位和个人提供相关材料。有关单位和个人应当予以配合，如实反映情况，提供有关材料，对检查中所指出的问题应当及时加以纠正。行政相对人对检查结果有异议的，可向上级部门或同级人民政府有关部门反映。

第十九条　行政机关工作人员进行检查，应当制作现场检查笔录。检查笔录经核对无误后，行政机关工作人员和行政相对人在笔录上签字或盖章。行政相对人拒绝签名或者不能签名的，应当注明原因。有其他人在现场的，可由其他人签名。法律、法规、规章对现场笔录的制作形式另有规定的，从其规定。

第二十条　经书面检查合格的，可以不向行政相对人书面反馈检查结果；设施、设备检验合格的，应当发给相应的证明文件。发现行政相对人已经不具备从事行政审批事项活动的条件，尚能整改的，应当责令限期整改；已经不能整改的，或者整改时限届满仍未改正的，应当作出检查不合格的结论，依照有关法律、法规、规章的规定处理；发现属于违法行为的，应当依据相关法律、法规、规章，作出相应的行政处罚决定。

行政机关应当按照《天水市麦积区政府信息公开规定》，依法公开监督检查和处理结果书面记录。

第二十一条　行政机关应当将下列监督检查材料（包括文字档和电子档）归档保存，完善监督检查数据库：

(1)行政相对人报送的材料；

(2) 由行政机关工作人员签字的监督检查记录，包括现场勘验笔录、询问笔录、当事人陈述笔录等；

(3) 行政机关根据监督检查记录作出的处理结果记录，包括事先告知书，受委托专业技术机构的检查检验检测报告，公告，送达回执，检查工作内部流转记录等；

(4)投诉举报材料；

(5)法律、法规、规章规定应当归档保存的其他材料。

第二十二条　行政机关应通过多部门、多环

节联手，实施综合监管，共享监管信息，强化监管机构间的协调配合，统一监管标准、程序、原则和目标等。完善事先以及事后的监管影响评估制度，实施监管工作风险管理，提高监管效能。

第二十三条　行政机关在行政审批的批后监管中，应当引入诚信管理，实施分类监管。应当以日常监管信息、表彰奖励类良好行为信息、不良行为信息、信用评价信息等为基础，建立健全行政审批诚信档案制度，并定期依据监管对象的诚信情况、日常经营活动情况、违法情况等，将监管对象分为不同类别，建立相应的激励机制、预警机制、惩戒机制等。

第二十四条　行政机关应当积极推行批后监管的“双随机一公开”制度，按照随机抽查和日常监管相结合的原则，根据监管对象和内容，合理确定批后监管的方式、方法和比例、频次，既要保证批后监管的全覆盖，又要防止检查过多和执法扰民。

第二十五条　行政机关在行政审批的批后监管中，应当发挥行业协会的作用，实施自律监管。指导行业协会建立行规行约，制订行业标准，完善行业竞争规则；坚持以政府引导、行业推动、企业实施和社会参与相结合的机制，有效开展企业社会责任建设工作；制订并组织实施行业职业道德准则，推动行业诚信建设。

第二十六条　行政机关应当明确负责投诉举报工作的机构，落实专人受理对违法从事行政审批事项活动的投诉和举报。投诉举报工作的机构接到投诉、举报的，应当登记受理并依法进行核查；应当为投诉人、举报人保密，保护其合法权益。

行政机关应当畅通群众参与渠道，调动社会力量参与监督；进一步发挥新闻媒体作用，强化舆论监督。

第二十七条　行政机关对行政相对人从事行政审批事项的活动进行监督检查时，不得妨碍行政相对人正常的生产经营活动；不得索取或者收受行政相对人的财物，不得谋取其他利益；除法律、行政法规另有规定的外，不得收取任何费用。

第二十八条　行政机关和相关责任人违反本办法规定的，由纪检监察机关责令其限期改正；贻误工作、造成不良后果的，视情节轻重，依照法纪追究责任。

第二十九条　本办法自发布之日起施行，有效期为5年。

天水市麦积区人民政府关于印发天水市麦积区城镇住房保障家庭租赁补贴实施办法（试行）的通知

麦政发〔2017〕142号

各镇人民政府、街道办事处、区直有关部门、单位：

《天水市麦积区城镇住房保障家庭租赁补贴实施办法》已经区政府同意，现予以印发，请遵照执行。

天水市麦积区人民政府

2017年11月27日

天水市麦积区城镇住房保障家庭租赁补贴实施办法（试行）

第一章　总　则

第一条　为进一步完善住房保障体系，解决城镇低收入家庭住房困难问题，规范城镇住房保障家庭租赁补贴工作，根据《住房和城乡建设部财政部关于做好城镇住房保障家庭租赁补贴工作的指导意见》（建保〔2016〕281号）、《天水市房地产管理局天水市财政局关于转发＜省住建厅省财政厅关于做好城镇住房保障家庭租赁补贴工作的指导意见＞的通知》（天市房〔2017〕22号）精神，结合实际，制定本实施办法（以下简称本办法）。

第二条　本办法适用于全区范围内城镇住房保障家庭租赁补贴发放的申请、审核、发放、退出及监督管理等活动。

第三条　本办法所称城镇住房保障家庭租赁

补贴(以下简称住房租赁补贴),是指区政府向符合城镇住房保障家庭租赁补贴条件的家庭发放适当货币补助，由其到市场上租住房屋的住房保障方式。

第四条 区房地产管理局负责全区住房租赁补贴的发放和管理工作。街道办事处、镇人民政府负责本辖区城镇居民住房租赁补贴的申请受理、入户调查、公示等工作。区财政、民政、国土、人社、工商、税务、公安交管、公积金管理中心等部门依照各自职责,做好住房租赁补贴相关工作。

第二章 申 请

第五条 住房租赁补贴的对象为城镇低收入住房困难家庭(含最低收入家庭)以及新就业高校毕业生、外来务工人员(含农民工)等住房困难群体。

城镇低收入住房困难家庭是指家庭人均收入低于上年度本区城镇居民人均可支配收入80%,在本区无住房或家庭人均私有住房建筑面积低于16平方米的家庭。

新就业高校毕业生是指具有本区常住户口,有国家承认的全日制本科及以上学历，自毕业的次月起计算毕业不满5年，在本区已与用人单位签订一定年限劳动合同并已履行满一定年限的高校毕业生。

外来务工人员是指在本区已与用人单位签订一定年限劳动合同并已履行满一定年限的，在本区已实际居住满一定年限的人员。

第六条 本办法所称用人单位，是指在本区依法注册成立的企业、公司、民办非企业组织。

第七条 申请住房租赁补贴的城镇低收入住房困难家庭,应同时符合下列条件:

(一)申请人及家庭成员具有本区常住非农户口;

(二)申请人家庭是纳入城市低保的家庭,或人均收入低于上年度本区城镇居民人均可支配收入的80%的家庭（单独成户的个人年收入应低于上年度本区城镇居民人均可支配收入);

(三)申请人及家庭成员在本区无自有产权房屋，或自有产权房屋人均建筑面积低于16平方米;

(四)单独成户的个人提出申请的,申请人须年满18周岁。

第八条 申请住房租赁补贴的新就业高校毕业生,应同时符合下列条件:

(一)申请人具有本区常住户口;

(二)申请人具有国家承认的全日制本科及以上学历,自毕业的次月起计算毕业不满5年;

(三)申请人在本区就业,与用人单位已签订1年以上劳动(聘用)合同,并已履行至少1年,现用工单位为其连续缴纳城镇职工基本养老保险满1年;

(四)家庭人均年收入低于上年度本区城镇居民人均可支配收入。

第九条 申请住房租赁补贴的外来务工人员,应同时符合下列条件:

(一)申请人在本区就业,与用人单位已签订1年以上劳动(聘用)合同,并已履行至少1年,现用工单位为其连续缴纳城镇职工基本养老保险满1年;

(二)申请人在本区实际居住满1年;

(三)家庭人均年收入低于上年度本区城镇居民人均可支配收入;

(四)申请人及家庭成员在本区无自有产权住房，或自有产权房屋人均建筑面积低于16平方米。

第十条 申请家庭属下列情形之一的，不得申请租赁补贴:

(一)政府财政供养的人员;

(二)单独成户的个人是在校学生的;

(三)直系亲属有两套或两套以上住房的;

(四)有私有非住宅的;

(五)已购买保障性住房或承租廉租住房的;

(六)转让自有住房的(因特殊原因将原住房转让造成家庭住房困难的除外);

(七)有私有自用车辆、营运车辆的(摩托车、三轮车除外）；

（八）有注册资金在 3 万元以上经营性实业的；

（九）新就业职工和外来务工人员用人单位已安排住房的。

第三章 审 核

第十一条 住房租赁补贴实行申请审核制度，常态化受理。

第十二条 城镇居民申请住房租赁补贴以家庭为单位，由户主为申请人，其他家庭成员为共同申请人，向户籍所在地镇人民政府（街道办事处）提出书面申请，同时授权镇人民政府（街道办事处）核对家庭财产和收入。

第十三条 新就业高校毕业生、外来务工人员由用人单位统一向注册地镇人民政府（街道办事处）申请住房租赁补贴。

第十四条 申请家庭有下列情形之一的，其住房建筑面积纳入面积核定范围。

（一）房屋所有权登记在申请人及家庭成员名下的房屋；

（二）承租的公有性质房屋；

（三）拥有的宅基地房屋；

（四）已办理了商品房预售合同登记备案的房屋；

（五）与他人共有产权的房屋；

（六）父母与子女共同居住在其中一方名下的房屋；

（七）父母或子女居住在对方名下的房屋。

第十五条 城镇居民申请住房租赁补贴的家庭，应当如实填写《麦积区城镇住房保障家庭租赁补贴申请表》，同时提交下列材料：

（一）申请书；

（二）居民户口簿、身份证；

（三）婚姻状况证明；

（四）居住证明；

（五）家庭成员收入证明；

（六）家庭收入和财产查询授权书；

（七）其它与收入、住房、户籍有关的证明材料。

申请家庭提供的户籍、身份、婚姻材料应当是国家有权机关或法律授权的机构提供、出具、存档的具有法律效力的证件、文书、协议。申请家庭应当对提交的材料真实性和完整性进行书面承诺。

第十六条 新就业高校毕业生、外来务工人员申请住房租赁补贴，应当如实填写《麦积区城镇住房保障家庭租赁补贴申请表》，同时提交下列相关材料：

（一）申请书；

（二）居民户口簿、身份证；

（三）婚姻状况证明；

（四）居住证明；

（五）申请人和家庭成员收入证明；

（六）劳动（聘用）合同；

（七）缴纳社会保险证明；

（八）住房租赁补贴担保书；

（九）其它与收入、学历、住房、户籍、就业相关的证明材料；。

其中（四）、（五）、（六）、（七）、（八）项证明材料，由用人单位提供。

用人单位应当为申请住房租赁补贴的城镇新就业高校毕业生、外来务工人员提供担保，同时提供用人单位工商营业执照、税务登记证、组织机构代码证（多证合一的，提供多证合一执照）。

第十七条 镇人民政府（街道办事处）在收到申请之日起 15 日内，组织工作人员对申请人的家庭经济状况和实际居住情况进行调查核实。调查核实结果不符合条件的，书面通知申请人并说明理由。调查核实结果符合条件的，出具审核意见。

第十八条 符合条件的申请人，镇人民政府（街道办事处）应当在辖区内公示，公示内容包括申请人姓名、保障人口、户籍所在地镇（街道）名称等，公示期为 5 日。

对公示结果有异议的，镇人民政府（街道办事处）应当重新组织工作人员对申请人的家庭经济状况和实际居住情况进行调查核实。公示结果无异议的，镇人民政府（街道办事处）应当将申请材料、家庭经济状况调查结果等相关材料报送区房地产管理局。

第十九条　区房地产管理局应当严格审查镇人民政府（街道办事处）上报的申报材料和审核意见；申请材料和审核意见不完整的，通知镇人民政府（街道办事处）限期补充齐全申报材料和审核意见；在限期内未补充齐全的，应当将申报材料退回镇人民政府（街道办事处）。

第二十条　区房地产管理局应当入户抽查，对符合条件的予以批准，批准意见返回所在镇人民政府（街道办事处）进行二次公示，公示期为5日；对不符合条件的，通过所在镇人民政府（街道办事处）书面通知申请人并说明理由。

第四章　资金来源及发放

第二十一条　住房租赁补贴资金来源包括中央财政城镇保障性安居工程专项资金，省级财政安排资金，市、区财政安排资金。

第二十二条　城镇住房保障家庭租赁补贴结合本区住房租赁市场的租金水平、申请家庭困难程度及支付能力、地方财力状况等因素，分类别、分层次确定租赁补贴的发放标准，并实行动态调整，具体标准以年度方案为准。

第二十三条　住房租赁补贴户均补贴面积不得超过60平方米，补贴资金按月计算，按季度发放。

第五章　退　出

第二十四条　镇人民政府（街道办事处）通过群众举报、媒体监督、信息核对、巡查检查等方式，发现住房租赁补贴家庭有下列行为之一的，应当上报区房地产管理局取消该家庭住房租赁补贴资格：

（一）因家庭人数或住房面积发生变化，致使家庭人均住房面积超出麦积区城镇住房保障家庭租赁补贴保障条件的；

（二）因家庭生活条件改善，人均可支配收入高于上年度麦积区城镇人均可支配收入80%的；

（三）承租人将承租的住房转借、转租的；

（四）承租人连续六个月以上未在租赁住房居住的。

第二十五条　住房租赁补贴家庭在领取当年第四季度补贴后，次年第一季度补贴发放前；应当主动向申请住房租赁补贴的镇人民政府（街道办事处）申报家庭人口、收入、住房、资产及租房等变动情况；家庭情况未发生变动的，也应当向申请住房租赁补贴的镇人民政府（街道办事处）进行无变动情况申报。

第二十六条　住房租赁补贴家庭因自身原因未申报或未及时申报家庭人口、收入、住房、资产及租房等情况的，视为自愿放弃住房租赁补贴资格，其住房租赁补贴资格自动终止。

第二十七条　申请家庭采取隐瞒情况或提供虚假材料等不正当手段骗取住房租赁补贴的，该家庭的有关行为纳入社会诚信信息系统并记入住房租赁补贴档案，5年内不得再次申请住房租赁补贴，并由受理其申请的镇人民政府（街道办事处）负责追回补贴资金。

第六章　附　则

第二十八条　对办理城镇住房保障家庭租赁补贴工作中存在违法违规行为的单位或个人，要依法依规追究相关责任。

第二十九条　本办法自印发之日起施行，有效期2年。

天水市地方志编纂委员会办公室文件

天志办审〔2018〕9号

天水市地方志办公室
关于印发《麦积年鉴（2018）》评审意见的
通　知

麦积区地方志办公室：

按照国务院《地方志工作条例》、中指组《地方综合年鉴编纂出版规定（试行）》《地方志书质量规定》《天水市地方志审稿验收实施方案》（天政办发[2011]195号）和《天水市地方志办公室关于进一步落实年鉴审稿验收工作有关事宜的通知》（天志办发[2013]14号）精神，市地方志审稿委员会年鉴审稿组吴宏波、王淑兰、石瑜、丁维忠、李鹏旭同志对《麦积年鉴（2018）》送审稿进行了评审，认为《麦积年鉴（2018）》送审稿资料翔实、框架合理、体例规范、语言较精练，较为系统地反映了麦积区2017年度各行业各领域的基本情况，地域特色和年度特色鲜明，总体符合地方综合年鉴编纂出版相关规定，通过了评审会评审，吸收评审意见后，达到公开出版要求。现将该年鉴在封面封底扉页、彩页、框架、正文等方面存在的问题予以反馈，请认真修改完善。

附件：《麦积年鉴（2018）》评审意见

天水市地方志办公室

2018年8月31日